L'EMPIRE IMMOBILE
ou
LE CHOC DES MONDES

DU MÊME AUTEUR

Rue d'Ulm, chroniques de la vie normalienne, 1946 (nouvelles éditions, 1964 et 1978).

Le Sentiment de confiance, essai, 1947.

Les Roseaux froissés, roman, 1948 (nouvelle édition, 1978 ; édition de poche, 1985).

Le Mythe de Pénélope, essai, 1949 (nouvelle édition, 1977).

Faut-il partager l'Algérie ?, essai, 1961.

Quand la Chine s'éveillera... le monde tremblera, essai, 1973 (nouvelle édition, 1980 ; éditions de poche, 1975 et 1979).

Le Mal français, essai, 1976 (édition de poche, 1978 ; nouvelle édition, 1979).

Discours de réception à l'Académie française et Réponse de Claude Lévi-Strauss, 1977.

Les Chevaux du lac Ladoga — La justice entre les extrêmes, essai, 1981 (édition de poche, 1982).

Quand la Rose se fanera, essai, 1983 (édition de poche, 1984).

Chine immuable et changeante, album (texte de l'auteur, photographies de Michel Piquemal), 1984.

Encore un effort, Monsieur le Président..., essai, 1985 (édition de poche, 1986).

Réponse au discours de réception à l'Académie française de Georges Duby, 1988.

DIRECTION D'OUVRAGES COLLECTIFS

Qu'est-ce que la participation ? (auditions de François Bloch-Lainé, José Bidegain, François Ceyrac, Eugène Descamps..., avec une introduction et des commentaires de l'auteur), 1969.

La Drogue (exposés du Pr Jean Delay, du Pr Deniker, du Dr Lebovici, du Dr Olievenstein..., introduits et commentés par l'auteur), 1970.

Décentraliser les responsabilités. Pourquoi ? Comment ? (rapports d'enquêtes de Michel Crozier et Jean-Claude Thœnig, d'Octave Gélinier, d'Élie Sultan, présentés par l'auteur), 1976 (édition de poche, 1979).

Réponses à la violence. Rapport au président de la République du Comité d'études sur la violence, la délinquance et la criminalité, présidé par l'auteur, 1977 (édition de poche, 1977).

L'Aventure du XXe siècle, 1986 (nouvelles éditions, 1987 et 1988).

A PARAÎTRE

Une collision culturelle :
* Le regard des Anglais
** La vision des Chinois
*** L'œil des missionnaires.

ALAIN PEYREFITTE

de l'Académie française

L'EMPIRE IMMOBILE

OU

LE CHOC DES MONDES

Récit historique

FAYARD

A la mémoire

de Fernand BRAUDEL, qu'avait captivé l'expédition en Chine de lord Macartney, en laquelle il voyait un moment privilégié pour l'histoire comparée des civilisations et des mentalités,

et de Robert RUHLMANN, dont l'inépuisable et amoureuse connaissance de la Chine m'a tant apporté.

> *« Rien ne serait plus trompeur que de juger de la Chine selon nos critères européens. »*
>
> Lord MACARTNEY[1].

> *« L'Empire chinois est celui du despotisme théo-cratique. L'État patriarcal en constitue le fonde-ment ; à la tête, un père qui règne aussi sur la conscience individuelle. Ce tyran dirige, à travers une multitude d'échelons hiérarchiques, un gouver-nement systématiquement organisé. [...] L'individu est moralement dépourvu de personnalité propre. L'histoire de la Chine est encore essentiellement sans histoire ; elle n'est que la répétition d'une même ruine majestueuse. Aucun progrès ne peut y prendre place. »*
>
> HEGEL[2].

> *« Il est facile de réfuter la conception hégélienne d'une Chine croupissant dans son immobilisme... Et pourtant, Hegel avait raison. »*
>
> Étienne BALAZS[3].

AVERTISSEMENT. Les noms chinois figurent dans la transcription offi-cielle *pinyin*, à l'exception des noms trop connus en Occident sous une autre orthographe (Pékin, Nankin, Canton, Tientsin, Jehol) et des transcriptions plus ou moins fantaisistes trouvées dans nos sources et cartes d'époque. Un index à double entrée permet de passer d'une romanisation à l'autre.

INTRODUCTION

Aventure d'une recherche[1]

> « L'histoire se nourrit aussi bien des témoignages des
> rois que de ceux de leurs valets de chambre. »
>
> VOLTAIRE[2].

*Le heurt d'une société avancée et d'une société traditionnelle, je
n'en ai jamais connu d'exemple plus fort que la fière rencontre, lors
de l'expédition Macartney en Chine, du premier pays saisi par la
révolution industrielle et de la plus brillante des civilisations coutumières. Le débat entre monde industrialisé et tiers monde — entre
« Nord et Sud », comme on dit pudiquement aujourd'hui — a été
initialement vicié par la conquête coloniale. Celle-ci a infligé à l'âme
du colonisé d'intolérables blessures ; et à celle du colonisateur, après
l'enivrement de sa domination, un fréquent sentiment de culpabilité
pour cause de conduites spoliatrices. La plupart des collisions culturelles furent donc celles du « civilisé » et du « bon sauvage ». Mais la
rencontre entre les représentants de deux sociétés qui se croient
chacune — non sans de solides raisons — la plus civilisée du monde,
et qui ont connu au cours des siècles un développement séparé, a
quelque chose d'unique. Elle n'en est que plus exemplaire : elle présente
la pureté d'une expérience de laboratoire.*

*En Pologne, dans les années d'après-guerre, on pouvait acquérir
aisément des ouvrages anciens que cherchaient à vendre les grandes
familles ruinées par le régime. En 1954, chez un bouquiniste de
Cracovie, je fis ainsi l'emplette d'une* Bibliothèque des voyages[3] *dont
se défaisait un survivant d'une illustre lignée. Ces récits d'explorations[4]
portaient l'ex-libris du prince Adam Jerzy Czartoryski*, devenu en
1802, par un effet paradoxal du partage de la Pologne, ministre des
Affaires étrangères du tsar Alexandre Ier. Les invasions russes avaient
provoqué, à un siècle et demi de distance, l'ascension de l'ancêtre et
la détresse des descendants. Terrible destin de ces aristocrates, préci-*

---

* On verra ce prince jouer un rôle dans ce récit (ch. 83 : « Golovkine »).

pités de leurs palais dans les fosses de Katyn ; magie des livres chargés d'ans, perdus et retrouvés...

Cette collection était remarquable à deux titres. D'abord, l'Europe, dans la seconde moitié du XVIIIe siècle, est prise d'une frénésie de pérégrinations. Elle en avait connu une semblable, au tournant des XVe et XVIe ; puis elle avait passé deux siècles et demi à digérer ses trouvailles. Voici qu'elle effectue un nouveau bond en avant : le temps du « monde fini » allait commencer. Ensuite, la plupart de ces ouvrages sont traduits de l'anglais. Après une période où les Espagnols et les Portugais, puis les Hollandais, s'étaient partagé le monopole des grandes explorations, c'est le tour des Anglais — peuple chétif par le nombre, géant par la vigueur. Ils distancent de loin la France des Bougainville et La Pérouse. Ils sont présents partout ; ils vont bousculer la plupart des sociétés archaïques et les forcer — sans qu'elles le veuillent, mais sans eux-mêmes l'avoir vraiment voulu — à entrer dans le monde moderne. Comment s'étonner si, avec le relais de leurs colonies émancipées, l'anglais est devenu la langue universelle ?

De tous ces récits, ceux qui me captivèrent le plus furent deux Relations du Voyage à la Chine et à la Tartarie à la suite de l'ambassade du lord Macartney. *L'une, écrite par sir George Staunton, second personnage de l'ambassade ; l'autre, par l'intendant de la mission, John Barrow, celui-là même qui a conté l'histoire des « révoltés du Bounty ». Ces douze volumes[5] me furent, je l'avoue, une complète révélation. De la Chine au XVIIIe siècle, j'ignorais à peu près tout, sauf ce qu'en avaient dit les Jésuites, Leibniz, Voltaire : qu'elle était un merveilleux Empire, parfaitement gouverné par un « despote éclairé » que l'Europe pouvait lui envier.*

Or, saviez-vous qu'en pleine Révolution française, les Anglais avaient envoyé une nombreuse expédition dans l'Empire chinois pour l'amener à s'ouvrir à eux ? Que, nouveau David contre Goliath, ils entendaient, eux huit millions[6], traiter d'égal à égal avec un pays qui en comptait trois cent trente — le tiers de l'humanité —, tant ils avaient conscience d'être « la plus puissante nation du globe » ? Mais que l'Empire du Milieu — « seule civilisation sous le Ciel » — repoussa brutalement toutes leurs demandes ?

Saviez-vous qu'ils découvrirent une Chine toute différente de celle qu'avait idéalisée le siècle des Lumières ? Qu'ils s'employèrent à détruire irrévocablement ce mythe et dénoncèrent comme une super-cherie la correspondance des missionnaires catholiques ? Que l'« insurpassable modèle » commença d'apparaître momifié dans ses rites et confit dans sa vanité ?

Le plus singulier est qu'un incident apparemment sans importance cristallisa l'échec de Macartney : celui-ci refusa d'accomplir le kotow *— c'est-à-dire de se prosterner, conformément au protocole de la Cour, neuf fois face contre terre devant l'Empereur. L'épisode eût enchanté Montesquieu, qui expliquait la mort de César par ce petit fait : le tyran négligea, contre la coutume, de se lever devant le Sénat. Les actes les plus arbitraires avaient laissé les républicains sans*

réaction, mais cette insolence déclencha l'attentat : « On n'offense
jamais plus les hommes que lorsqu'on choque leurs cérémonies et
leurs usages, ce qui est toujours une marque de mépris[7]. »

La « Cour céleste » fut scandalisée. L'Empereur abrégea l'ambassade. Cette rupture amorça une dramatique réaction en chaîne : le
choc des deux nations ; l'effondrement de la Chine ; la domination
anglaise en Asie du Sud-est au XIXe siècle ; le malentendu haineux
entre l'Occident et le tiers monde au XXe.

Défense d'innover

Venus proposer le mouvement et l'échange, Macartney et ses
compagnons ont vu dans la société chinoise un modèle de société
close. Le système est compact comme une boule de billard — si
complet, précis, exigeant, qu'on court un grand risque à ne pas s'y
plier. On n'y échappe que par la fraude, la concussion, ou l'inertie —
le non-agir ; rarement par l'initiative. Défense d'innover. Il suffit de se
reporter aux précédents. Les « textes canoniques » — ceux qui ont
inspiré ou qu'a inspirés Confucius — contiennent la solution de
chaque difficulté. Tout y est dit. Il serait outrecuidant d'y rien changer.

Pour ne pas changer, il vaut mieux éviter d'échanger. Or, les Anglais
avaient porté le négoce à un niveau jamais atteint ; ils voulaient le
porter plus haut encore. Ils avaient compris que, par le commerce,
chacun gagne : le vendeur et l'acheteur ; de même que deux amants,
dont aucun ne saurait se donner seul les satisfactions que l'autre lui
procure. La Chine mandchoue pousse à l'extrême le mépris du
commerçant, la méfiance envers le négoce, le refus des inventions
étrangères. Bien qu'une économie intérieure de marché y soit fort
développée, le commerce extérieur y est étranglé par le garrot d'un
monopole sous contrôle bureaucratique. Macartney en Chine, c'est la
rencontre de ceux qui ont le plus développé la civilisation du libre
échange, avec ceux qui y sont le plus réfractaires.

Cette expédition fait pénétrer dans le mystère du « sous-développement » des sociétés traditionnelles et du « développement » des pays
avancés, dont la rencontre va probablement dominer les siècles à
venir.

L'invariance chinoise

En août et septembre 1960, à partir de Hongkong, j'effectuai ma
première plongée dans l'univers chinois. Aussitôt, me frappa la
ressemblance de cette société avec celle qu'avaient décrite les compagnons de Macartney. On eût dit que chaque Chinois portait dans ses
gènes l'héritage entier de l'Empire de Qianlong. La Chine avait une
façon bien chinoise de se révolter contre elle-même. Afin de rompre
avec son passé, elle y cherchait des références auxquelles se raccrocher
pour mieux affirmer son invariance.

Elle ne cessait d'être surpeuplée : menacée en permanence par la misère, l'anarchie ou l'éclatement. Sa médecine restait fidèle à l'acupuncture, aux plantes, aux douze pouls qui excitaient l'hilarité des médecins anglais. Et surtout, devant les incertitudes de l'existence, les Chinois se reposaient toujours autant sur leur collectivité : le groupe déterminait à la place de l'individu ce qu'il fallait, et ne fallait pas, penser ou faire.

La manière dont les Chinois de 1960 adhéraient au jugement de Qianlong sur l'expédition Macartney soulignait encore cette continuité. Les manuels d'histoire, les ouvrages universitaires, les intellectuels avec qui je m'entretenais donnaient tous raison à l'Empereur — en langage marxiste. Macartney avait adopté une attitude « impérialiste », « capitaliste » et « colonialiste ». Chacun approuvait Qianlong pour sa réponse cinglante : « Nous n'avons besoin de personne. Retournez chez vous. Reprenez vos cadeaux. » C'est précisément ce que Mao venait de faire, en renvoyant les techniciens et « conseillers » soviétiques et en proclamant : « Comptons sur nos propres forces. »

Beaucoup de responsables chinois se persuadaient encore — malgré le désastre du Grand Bond en Avant — que la Chine était supérieure à tout autre pays ; l'Occident pouvait, au mieux, lui fournir quelques recettes. Si elle avait connu tant de malheurs depuis cent vingt ans, c'est qu'elle avait été pillée par des nations rapaces. La faute ne saurait lui en incomber. Son retard, elle allait le rattraper en quelques années, pour retrouver sa prééminence plurimillénaire.

Au cœur de la Révolution culturelle

En juillet et août 1971, conduisant dans la République populaire la première mission officielle de l'Ouest qui y eût été admise depuis cinq ans que durait la Révolution culturelle, je fus frappé des étranges similitudes que le pouvoir d'État présentait avec celui auquel Macartney s'était frotté.

Même culte de l'Empereur : Mao avait simplement remplacé Qianlong. Tout était suspendu à son bon vouloir. Même délégation de pouvoir, pour la gestion quotidienne, à un Premier ministre qui interprétait la pensée du dieu vivant et louvoyait entre les intrigues et les factions, sans autre appui que l'approbation d'en haut. Même souci des rites protocolaires, à travers lesquels s'exprime le respect des traditions et de la hiérarchie. Même adhésion à un système commun de références donnant réponse à tout : la « pensée-Mao » après la « pensée-Confucius », le Petit livre rouge après l'Édit sacré de Kangxi*.

Même prédominance de la terre : si Qianlong traite par le mépris les produits de la révolution industrielle anglaise et les commerçants de toute nationalité, si Mao s'est appuyé sur les paysans plutôt que

---

* A cette différence près que le confucianisme des élites coexistait avec une religion populaire, mélange de bouddhisme et de taoïsme ; tandis que le maoïsme, faisant table rase, ambitionnait de s'emparer des masses.

sur les ouvriers, c'est que la quasi-totalité de la population vit à la campagne et de l'agriculture... Mêmes conflits secrets qui éclatent soudain, annoncés seulement par quelques indices qu'on ne comprendra qu'après coup. En septembre 1971, revenus en Europe, nous apprenions comme tout le monde que le maréchal Lin Biao, le disciple bien-aimé de Mao, l'enthousiaste promoteur du Petit livre rouge, se serait enfui vers Moscou et aurait été abattu en plein vol. Nous nous rappelâmes alors que le chef du protocole chinois m'avait recommandé, à la mi-juillet, de porter mes toasts à Mao et à Zhou Enlai, mais non à Lin Biao — pourtant successeur désigné. Quelques années après leur retour, Macartney et ses compagnons apprenaient que le favori Heshen avait été victime d'un drame équivalent. En Chine, de nos jours comme hier, la roche Tarpéienne, n'est pas près, mais à l'intérieur du Capitole.

Même méfiance à l'égard des étrangers. Ils ne peuvent que perturber l'Ordre chinois ; leurs curiosités sont dangereuses ; il faut les surveiller étroitement... Mêmes réflexes collectifs : pendant les étouffantes nuits d'été, les Chinois continuaient à coucher dans les rues... Même frugalité ; même bol de riz et de légumes cuits ; mêmes baguettes... Mêmes cotonnades bleu-gris pour se vêtir... Même goût pour le tabac.

La violence révolutionnaire elle-même témoigne combien l'héritage est resté vivace. On tue le « féodal », le « réactionnaire » qui dort en chaque Chinois. Si la « libération » a scellé ses bouleversements dans le sang, c'est que le poids des traditions était resté trop lourd : les paysans libérés avaient continué à trembler devant leur maître dépossédé. Il ne suffisait pas de supprimer les examens, grades et privilèges de la bureaucratie mandarinale, que la bureaucratie du parti avait tout naturellement remplacée. Il fallait concasser les classes, humilier les intellectuels, pulvériser la hiérarchie. C'est ainsi que la Chine allait et venait du meurtre du passé, au passé retrouvé. Des panneaux rouge et or répétaient ce mot d'ordre : « Que l'ancien serve le nouveau ! » Le tour de force de Mao fut alors de donner aux Chinois le sentiment qu'ils restaient fidèles à leur héritage, tout en l'abolissant.

Lorsque parurent, en 1973, mes réflexions sur cette Chine en effervescence, avec maintes références à l'ambassade Macartney, nombre de lecteurs me demandèrent comment s'en procurer le récit. L'idée de le republier me tenta : cette expédition était inconnue en France. Certes, les deux relations de Staunton et Barrow, aussitôt traduites, avaient remporté sur le moment un vif succès[8]. Napoléon les avait lues. Elles lui auraient inspiré le mot fameux : « Quand la Chine s'éveillera, le monde tremblera. » Mais, depuis, l'épisode était tombé chez nous dans l'oubli. Même les ouvrages érudits n'en soufflaient mot ; les sinologues, contraints par leur petit nombre de se spécialiser, n'y avaient consacré aucune étude. Commença alors une longue traque des sources.

En Angleterre, le retentissement de l'ambassade avait dissipé les

illusions. Si la Chine restait fermée, il faudrait enfoncer les portes !
Quatre comptes rendus avaient paru sur le moment, outre ceux,
officiels, de Staunton et de Barrow. Le journal de Holmes, soldat de
la garde, à la simplicité naïve. Celui d'Anderson, valet de pied de
l'Ambassadeur — « arrangé » par un journaliste tendancieux. Celui
d'Alexander, l'un des deux peintres qui suivaient l'expédition —
comme aujourd'hui des photographes —, aussi coloré que ses aqua-
relles[9]. Celui enfin de Hüttner, Allemand que le page[10] de l'Ambassadeur avait pour précepteur, et dont le père lazariste Lamiot, missionnaire à Pékin, écrit qu'il « n'a pas dû inventer la poudre[11] ».

Deux autres relations s'y ajoutèrent par la suite. Celle de Dinwiddie,
l'« Astronome », qui est atterré par « l'infantile crédulité des Chinois[12] ».
Celle de lord Macartney lui-même[13], éditée partiellement et tardive-
ment : en 1908, par Helen Robbins, après la découverte inopinée du
manuscrit ; et en 1962, dans une minutieuse édition critique, par le
professeur Cranmer-Byng[14].

Le regard anglais, l'œil missionnaire

Suffisait-il de réimprimer à la paresseuse l'un de ces témoignages ?
Ils se complétaient et se corrigeaient. Poursuivant la chasse, je
découvris des textes jamais édités ni même utilisés. Le journal du
page[15] : le petit Thomas Staunton, enfant de onze ans au départ, note
candidement ce que son père et l'Ambassadeur dissimulent diploma-
tiquement ; son travail d'écolier prend en défaut l'exactitude des
adultes. Puis sa relation, en 1817, d'une seconde ambassade, celle de
lord Amherst. Enfin, ses Mémoires, en 1856. Le carnet de sir Erasmus
Gower, qui commandait l'escadre. Le journal de l'Indostan, tenu par
son capitaine, Mackintosh, homme d'affaires redoutable, aguerri à la
navigation commerciale en Extrême-Orient. Celui de Winder, secrétaire de l'ambassade et cousin de Macartney. Les notes scientifiques
du docteur Gillan, médecin de l'expédition. La correspondance entre
les fondés de pouvoir de l'East India Company à Canton et les
« messieurs » de Londres. La correspondance entre Macartney et le
ministre de l'Intérieur, Dundas, l'homme fort du gouvernement Pitt.
Nous disposions ainsi d'une quinzaine de témoins qui avaient vécu,
du côté britannique, les péripéties de l'expédition.

Ne pouvait-on équilibrer la vision des Anglais par celle d'autres
Occidentaux ? Un Suisse, Charles de Constant, et quatre Français : le
chevalier d'Entrecasteaux, envoyé de Louis XVI à Canton en 1787 ·
Charpentier de Cossigny, qui, après un long séjour à Canton, réagit
en 1799 à la relation de Staunton ; le chevalier de Guignes, chargé de
mission à Canton de 1784 à 1799 ; l'agent de la Compagnie française
des Indes Piron, qui assiste au passage de Macartney à Macao. Cinq
témoins ; les deux derniers ont consacré aux relations difficiles entre
Anglais et Chinois des rapports substantiels, conservés au Quai
d'Orsay. Mais, surtout, les missionnaires — français, espagnols,
italiens, portugais — qui vivaient alors à Pékin ou à Macao s'intéres-

saient de près à l'ambassade. Le célèbre père jésuite Amiot écrivit ses dernières missives à propos de l'expédition anglaise. Les archives des Jésuites contiennent des dizaines de lettres qui auraient été publiées comme les précédentes Lettres édifiantes et curieuses, si la Société de Jésus n'avait été dissoute en 1773. Les archives des Lazaristes et des Missions étrangères en recèlent aussi.

A Macao, j'eus la chance de fréquenter le plus érudit des historiens portugais, Mgr Teixeira. Arrivé enfant en Chine, il a passé sa longue vie à fouiller les archives des gouverneurs portugais et des missions catholiques. Le séminaire Saint-Joseph, qu'il dirigeait dans la vieille cité portugaise, comptait en 1966 une centaine de prêtres européens et de séminaristes chinois... Dès les premiers troubles de la Révolution culturelle, tous se sont enfuis vers Hongkong. « Comme une volée de moineaux. Ah! le temps où l'on recherchait le martyre est bien passé ! » me dit-il tristement. Le père Teixeira s'est retrouvé seul avec les plus âgés de ses confrères. Il ne lui restait plus qu'à se consacrer à la publication des Annales de Macao[16].

A le croire, la mission Macartney avait autant pour objectif de préparer un coup de main sur Macao, que d'ouvrir la Chine au commerce. « Les Anglais sont essentiellement jaloux. Le petit Portugal était installé à Macao depuis deux cent cinquante ans : il leur fallait s'emparer ou bien d'un autre Macao, ou bien du nôtre. Macartney a procédé à des relevés minutieux des défenses portugaises. Les mission-naires n'étaient pas dupes de ce manège ! Avec les Chinois, on peut toujours s'entendre. Avec les Anglais, rien à faire ! »

Quel paradoxe ! Pendant les guerres de la Révolution et de l'Empire, le Portugal était allié des Anglais. Cependant, ses missionnaires en Chine s'acharnaient contre les Anglais — ces « mécréants orgueil-leux ». Mgr Teixeira ne faisait que reprendre à son compte la querelle des pères portugais qu'avait côtoyés Macartney. En revanche, alors que France et Royaume-Uni étaient en guerre, les prêtres français de Pékin se mirent en quatre pour aider les Anglais...

Le père Teixeira, tout en me faisant bénéficier de ses recherches, mimait la présentation de Macartney à Qianlong : « Il a plié dédai-gneusement le genou, comme ça. C'était une insulte à l'Empereur ! Les missionnaires portugais faisaient le kotow toute la journée, sans même qu'on le leur demande ! A la place de Macartney, je n'aurais pas fait un kotow, mais dix, mais cent ! Et ça aurait marché ! Des liens plus étroits se seraient peu à peu tissés entre l'Occident et la Chine, si deux grands vaniteux n'avaient pas tout cassé : Macartney et, quatre-vingts ans plus tôt, le cardinal de Tournon. Celui-ci, au lieu d'apaiser la querelle des rites chinois comme il aurait pu le faire facilement, a ruiné, par son intransigeance stupide, deux siècles d'efforts des missionnaires. » Et Mgr Teixeira de caricaturer les attitudes prétentieuses du légat du pape. Sa longue barbe, aussi blanche que sa robe et, comme elle, trempée de sueur, frémissait d'indignation.

L'ensemble des textes publiés ou inédits que j'avais pu réunir *représentait la valeur de douze mille pages : il était aussi impossible de les éditer intégralement, que dommage de se contenter d'un seul. J'entrepris donc de faire la synthèse de ces témoignages sous forme d'un récit. Le « regard des Anglais » et l'« œil des missionnaires » seraient publiés, au moins par extraits, dans des ouvrages annexes.*

La vision des Chinois

Me manquait encore la vision des Chinois. En 1928-1929, un bulletin à tirage restreint des Archives chinoises, le Zhanggu Congbian, avait bien publié quelques édits impériaux relatifs à cette ambassade, qui n'étaient connus auparavant que de source anglaise. Mais il me paraissait impossible que la bureaucratie céleste n'eût pas consacré une correspondance à cette expédition sans précédent.

Dès 1980, je demandai à un professeur d'histoire à l'université de Pékin de m'aider dans cette investigation. Il avait contrôlé la traduction du Mal français en chinois*. Il me promit d'essayer d'orienter un de ses étudiants vers la recherche, dans les Archives impériales, des lettres de Cour et des mémoires mandarinaux relatifs à l'expédition anglaise.

Entre-temps, en 1981, 1984, 1986, 1987 et 1988, je m'appliquai à refaire par tronçons le trajet qu'avait parcouru l'expédition : Macao, les îles Zhoushan et le port de Ningbo, le golfe du Beizhili, Tientsin, Pékin, la randonnée en Tartarie jusqu'à Jehol (Chengde), le voyage dans l'intérieur des terres de Pékin à Canton, via Suzhou et Hangzhou, et de nouveau Macao. Pour l'excursion à Jehol, j'eus la chance d'être accompagné par le professeur Hou Renzhi, spécialiste à l'université de Pékin des fouilles archéologiques de l'époque mandchoue. Il savait tout sur les bâtiments, subsistants ou disparus, qui avaient hébergé Macartney et ses compagnons, ou que simplement ils avaient pu voir à Pékin, dans les environs, ou sur la route de Tartarie. A Jehol, nous passâmes deux jours à repérer les différents édifices qui avaient servi de décor au séjour de la mission, dans cette « résidence montagnarde pour échapper à la canicule ».

A mon septième voyage, en 1987, m'attendait une surprise — la plus agréable que puisse éprouver un chercheur. Un étudiant, le jeune Zhu Yong, avait passé plus d'un an à trier des papiers entassés au fond des caves de la Cité interdite. Il avait rassemblé la valeur de quatre cent vingt pages, calligraphiées dans la langue concise de la bureaucratie céleste. J'allai me pencher sur ce trésor. A l'encre de Chine, sur des rames de papier de riz, étaient écrites d'une part les lettres de Cour — édits de l'Empereur lui-même, ou instructions

---

* Un colloque à l'université de Wuhan, à propos de cet ouvrage publié en Chine sous le titre *Le Mal bureaucratique*, aboutit à la conclusion que le « mal français » et le « mal chinois » étaient identiques... Je ne serais pas allé jusque-là. Encore que cette idée ne fût pas neuve en Chine. Yenfu écrivait en 1895 : « En France, après la Révolution, trois Républiques se succédèrent, mais le pouvoir autoritaire de l'administration en sortit renforcé[17]. »

signées en son nom par le principal ministre ou l'un des cinq autres Grands Conseillers ; mémoires adressés directement par les plus hauts mandarins à l'Empereur. Tous étaient pliés en accordéon dans un format identique. Des apostilles en vermillon : les observations consignées de la main même de l'Empereur, qui passait plusieurs heures par jour à lire et annoter cette correspondance[18]. Les feuilles paraissaient toutes fraîches. On eût dit que ces originaux avaient été écrits la veille — et repassés au fer chaud pour effacer tout froissement.

On me remit les copies microfilmées de cette correspondance avec autant de soin qu'un prêtre m'eût présenté le Saint Sacrement ; non sans me faire remarquer que jamais n'avait été réuni un pareil corpus de correspondance de Cour. « Le privilège d'en emporter copie prouvait que la politique d'ouverture adoptée par le IIIᵉ Plénum de décembre 1978 s'étendait aux archives » — ce domaine sensible entre tous : la mémoire collective des Chinois.

Cette correspondance céleste sans précédent sera prochainement portée à la connaissance du public. On en trouvera quelques extraits significatifs dans le présent ouvrage. Le lecteur aura, par exemple, la surprise de découvrir une anticipation de l'affaire Greenpeace, avec deux siècles d'avance ; et d'apprendre que lès Anglais proposaient à la Chine une alliance militaire contre la France. Ces missives sonnent comme autant d'alarmes devant le danger. On voit l'immense organisme se mettre en état de fabriquer des anticorps, pour expulser le corps étranger qui a eu l'audace de s'introduire en lui.

A mon huitième voyage, en 1988, j'eus encore une double satisfaction : de recevoir la collection complète de la correspondance impériale relative à l'ambassade Amherst ; et surtout de constater que la thèse de Zhu Yong, reconsidérant l'histoire à la lumière des choix historiques de 1978, allait porter un jugement très sévère sur la politique de Qianlong — fermeture et refus de la modernisation.

Trente caméras le long de la route

Stendhal voyait dans le roman « un miroir qui se promène le long de la route ». Le récit qu'on va lire est établi grâce au jeu d'une trentaine de miroirs ; ou, plutôt, de caméras, juchées sur l'épaule de quelques-uns des acteurs, ou embusquées sur le chemin de l'ambassade. Je me suis contenté de mettre en ordre et de confronter les témoignages. Le plus souvent, je n'ai eu qu'à les laisser parler. Les points de vue sont assez variés pour que, deux siècles plus tard, nous puissions, d'abord, cerner la vérité d'un événement resté sur le moment obscur à ses témoins, quand il n'était pas délibérément obscurci par eux ; ensuite, faire apparaître en pleine lumière les grandes questions que pose ce rendez-vous manqué de l'Histoire.

Pourquoi la Chine était-elle, jusqu'au XVIᵉ ou au XVIIᵉ siècle, le pays le plus évolué du monde, dépassant l'Europe occidentale par la fécondité des inventions et le raffinement de la civilisation ? Pourquoi s'est-elle laissé ensuite rejoindre, puis distancer, au point d'être colonisée au XIXe siècle en certaines portions de son territoire, tout comme si elles étaient habitées par des peuplades demeurées à l'âge de pierre ? Au point de devenir, au XXe, un des pays les plus attardés et les plus pauvres du monde ? Pourquoi, comment, certains pays se sont-ils « éveillés » et d'autres — ou les mêmes, ensuite — « endormis » ? Le sort qui fut hier celui de la Chine ne risque-t-il pas d'être un jour le nôtre ?

Trois quarts de siècle avant que l'empereur Qianlong n'accueillît Macartney, Pierre le Grand avait voulu que la Russie imitât l'Occident coûte que coûte. Kangxi — son contemporain et celui de Louis XIV —, le grand-père de Qianlong, avait entrevu la même nécessité. A son tour, trois quarts de siècle après l'échec de Macartney, l'empereur Meiji Tenno l'a ressentie impérieusement pour le Japon. Les Japonais, longtemps à la remorque de la civilisation chinoise, ont pris leur essor, dans le temps même où ce qui avait été le principal foyer de leur civilisation s'éteignait sous ses propres cendres. Pourquoi, à mi-chemin entre Pierre le Grand et Meiji — géographiquement et historiquement —, Qianlong a-t-il écarté avec dédain les apports étrangers qui lui étaient proposés ?

Échanger, est-ce effacer notre identité ? Est-ce aller vers un métissage ethnique et culturel qui produirait des mulâtres café-au-lait aux yeux légèrement bridés, dans une civilisation du Coca-Cola et du chewing-gum ? Cette uniformisation est-elle la seule alternative aux recrudescences d'un nationalisme voué à l'enfermement, à la fermentation, aux convulsions de l'intégrisme ? Nos enfants sauront-ils inventer la synthèse harmonieuse entre la tradition et la modernité, entre la fidélité à soi-même et l'ouverture aux autres ?

Ces questions, chacun devine qu'elles vont peser de plus en plus sur le destin des peuples. Pour sentir comment l'événement de l'ambassade Macartney s'inscrit dans la trame d'un destin planétaire, il n'est que de suivre le parcours de l'un de ces témoins — Thomas Staunton. A ces interrogations, son aventure en trois épisodes permet d'apporter des commencements de réponses ; elle ouvre une lucarne sur des horizons méconnus.

PROLOGUE

Le témoin de trois étapes
(1793, 1816, 1840)

> « *Vous qui vivez — et surtout vous qui commencez à vivre — au XVIIIᵉ siècle, félicitez-vous.* »
> CHASTELLUX, *De la félicité publique*[1].

14 septembre 1793, Mongolie, quatre heures du matin : il fait encore nuit. Dans la capitale-campement de Jehol, où la Cour impériale passe l'été, des lanternes en papier illuminent la tente[2] du Fils du Ciel. De la nombreuse mission britannique, seuls vont être admis à y pénétrer lord Macartney, sir George Staunton son second, le père Li son interprète — un prêtre tartare* sorti d'un séminaire de Naples — et Thomas Staunton, son page de douze ans, le fils de sir George. Le gamin n'a quitté l'Angleterre, voici un an, que pour cet instant : il relèvera le pan du manteau des chevaliers du Bain que porte l'Ambassadeur. Pendant la traversée, alors qu'aucun autre des sept cents Anglais ne s'est donné la peine d'apprendre le chinois, il l'a fait, lui, sans peine : avec la facilité d'un enfant doué.

Voici l'Empereur. Tous — courtisans, princes tartares, envoyés de nations vassales — accomplissent le *kotow* : trois génuflexions, accompagnées chacune de trois prosternements[3], le front frappant neuf fois le sol. Tous, sauf les Anglais, qui se contentent de mettre un genou en terre : le Lord a éludé ce rituel, qu'il estime humiliant pour son pays. Il se veut le premier envoyé de tous les temps et de tous les pays à accréditer auprès du Fils du Ciel une ambassade permanente et à traiter avec la Chine d'égal à égal, au nom de celui qu'il appelle le « souverain des mers », le « plus puissant monarque du globe ».

---

* Les notes utiles à la compréhension du texte sont précédées d'un astérisque et placées en bas de page ; les notes documentaires et érudites sont numérotées et renvoyées en fin de volume.

Le terme *tartare*, le seul utilisé en Europe à cette époque, englobe les diverses populations du nord de la Chine, autres que les Chinois *han* : essentiellement les Mandchous et les Mongols.

Un chambellan l'introduit. Macartney gravit les marches de l'estrade impériale, accompagné du page qui porte la traîne. A la hauteur de son front, il élève la boîte d'or ouvragé renfermant la lettre de créance de George III. L'Empereur remet à Macartney un sceptre blanc, sculpté en pierre dure, son présent pour le roi George ; et un autre, en jade, pour l'Ambassadeur lui-même. Macartney et son page redescendent à reculons. Maintenant, sir George, accompagné de son fils, monte faire sa révérence. Le monarque lui offre également une pierre sculptée. Informé que le page parle le chinois, il défait une bourse de soie jaune qu'il porte à la ceinture et, privilège rare, en fait cadeau à l'enfant, auquel il marque son désir de l'entendre. Avec aisance, Thomas* exprime au souverain la gratitude qu'il éprouve d'avoir reçu un présent de ses mains augustes. Qianlong est visiblement ravi, comme si la gracieuse prestation de l'enfant effaçait l'incongruité de son maître.

Un Staunton en remplace un autre

Vingt-trois ans après, le 28 août 1816, sir Thomas Staunton, ayant pris de l'âge et du galon, se préparait à la deuxième audience qu'un Fils du Ciel allait accorder à une mission britannique. L'Empereur n'était plus le grand Qianlong, mais son fils Jiaqing. Thomas avait, lui aussi, remplacé son père dans le rôle du second personnage de l'ambassade. Le nouvel ambassadeur s'appelait lord Amherst.

Les Anglais arrivaient fourbus à Pékin. Forts du précédent de 1793, ils n'avaient cessé, depuis leur entrée en territoire chinois, d'affirmer leur inébranlable position : ils ne feraient pas le *kotow*.

Sir Thomas venait de vivre à Macao et à Canton une douzaine d'années comme commissaire, puis fondé de pouvoir de la Compagnie britannique des Indes orientales. Lui qui avait été le premier Anglais à parler cette langue, il était devenu le premier des sinologues anglais qui révélaient à l'Occident l'autre face de la Chine, celle qu'avait masquée l'utopie des missionnaires. Il était auprès d'Amherst un conseiller plus précieux encore que son père auprès de Macartney, puisqu'il connaissait à fond le chinois et les Chinois.

Or, à peine arrivés à Pékin, en pleine nuit, lord Amherst et sir Thomas sont poussés dans une cour du Palais d'été. On veut les jeter aux pieds de Jiaqing, séance tenante. On les prend aux épaules. Ils résistent à la bousculade. Ils refusent de voir l'Empereur ? On les chasse dans l'instant.

Sir Thomas, porte-parole de l'opium

Encore vingt-quatre ans plus tard, le 7 avril 1840, les débats à la Chambre des communes sont ardents. Des négociants anglais à Canton sont menacés d'une condamnation à mort ; une expédition

---

* Il s'appelait en vérité George, comme son père, Thomas n'étant que son second prénom. C'est néanmoins par celui-ci, pour éviter toute confusion, que nous l'appellerons, comme le faisait son père.

militaire se prépare contre la Chine. Un honorable parlementaire, sir Thomas Staunton, se dresse pour prendre la parole[4]. A Portsmouth, quarante-huit ans plus tôt, il avait embarqué avec la première ambassade britannique auprès de l'Empire du Milieu. Le voici, précisément, élu de Portsmouth :

« Avons-nous contrevenu aux lois internationales en pratiquant le commerce de l'opium ? Non : quand le vice-roi de Canton utilise son propre navire pour le trafic de la drogue, nul ne doit s'étonner que les étrangers en fassent autant.

« Pékin a le droit de durcir les mesures judiciaires qui répriment le trafic d'opium. Mais peut-il brutalement condamner à mort des étrangers, quand la peine la plus élevée était jusque-là l'interdiction de commercer, ou, au pire, l'expulsion ? Cette rétroactivité est une atteinte intolérable au droit des gens. Les Chinois voudraient traiter les sujets britanniques comme ils traitent leurs sujets en rébellion — au fil de l'épée. Prenons garde ! La considération que nous perdrions en Chine, nous ne serions pas longs à la perdre en Inde et, de proche en proche, sur toute la Terre ! La guerre qui se prépare est une guerre mondiale. Elle aura, selon son issue, des répercussions incalculables, diamétralement opposées selon son résultat. Nous n'avons pas le droit de l'engager, si nous devons la perdre. Mais nous n'avons pas le droit d'y renoncer, si nous devons la gagner. »

On l'écoute dans un silence religieux : chacun sait que non seulement aucun membre du Parlement, mais aucun sujet britannique ne connaît la Chine aussi bien que lui. Quelques minutes plus tard, des applaudissements prolongés saluent sa péroraison : « Je considère, quoiqu'avec regret, que cette guerre est juste et qu'elle est devenue nécessaire[5]. »

1793 ou les deux An I

A onze ans, engagé comme page du premier ambassadeur anglais à Pékin ; à trente-cinq, second d'un nouvel ambassadeur ; à cinquante-neuf, parlementaire et partisan décidé de la guerre de l'Opium : tel est le témoin privilégié d'un demi-siècle où se nouent des événements aux dimensions mondiales.

Les relations de l'Extrême-Orient et de l'Occident ne commencent pas en 1793, tant s'en faut. Mais 1793 est le surprenant point de départ d'un long affrontement, dont ni la Chine ni l'Occident n'ont encore fini de payer les frais.

1793 : ce millésime paraît aux Français si français ! On dirait qu'ailleurs l'Histoire s'est arrêtée, pour concentrer toute son énergie, destructrice et créatrice à la fois, sur les événements de Paris. La France part en guerre contre l'Europe, non pour s'arrondir d'une province, mais pour « abattre les tyrans ».

Quel contraste avec le calme qui règne dans les deux autres plus puissants pays du monde — lesquels, cette même année, vont, par une sorte de non-événement, façonner l'histoire des deux siècles suivants ! Apparemment, il ne se passe rien ni au Royaume-Uni, ni en Chine. Les Anglais, qui voient arriver par milliers des émigrés hagards, restent un peu à l'écart, tout fascinés qu'ils soient par ce qui se passe en France. En Chine, l'empereur Qianlong accomplit la cinquante-huitième année de son règne. Il ne sait rien de la Convention ni de la République française. Quand l'information finira par arriver à Pékin, que peut-elle apporter, sinon l'inutile nouvelle d'une tornade sur un océan ignoré ?

L'Angleterre est alors le pays d'Occident qui, malgré ses dimensions restreintes et sa population encore faible, est entraîné dans l'ascension la plus rapide par l'économie marchande, le machinisme, la révolution industrielle, encore balbutiants en Europe continentale. La Chine est parvenue à son apogée. Pendant le long règne glorieux de l'empereur Qianlong, elle a plus que doublé sa population propre*, ainsi que la superficie des territoires sur lesquels s'étend la *pax sinica* : Annam, Cochinchine, Siam, Birmanie, Népal, Tibet... Corée, Mandchourie, Mongolie, Turkestan et Asie centrale jusqu'à la mer d'Aral et même à la Caspienne. Jamais autant d'hommes ne se sont inclinés devant la même autorité.

Entre ces deux sommets de l'accomplissement humain, seul le commerce avait jusque-là tissé des liens ténus. Et si ces deux mondes avaient alors multiplié leurs contacts, pour s'enrichir réciproquement de ce que chacun réussissait le mieux ? Si le pays qui avait, des siècles avant les autres, inventé l'imprimerie et le papier, la boussole et le gouvernail, la poudre à canon et les armes à feu, et celui qui venait d'apprivoiser la vapeur et allait maîtriser l'électricité, avaient marié leurs découvertes ? L'échange de cultures entre Chinois et Européens aurait à coup sûr provoqué de part et d'autre un jaillissement de progrès. Quelle révolution culturelle...

Telle était la chance que l'Histoire offrait à l'Extrême-Orient et à l'Occident ; et qu'un dialogue de sourds — les sourds les plus puissants du globe — a fait avorter. Deux orgueils s'entrechoquent, chacun s'imaginant au centre de l'univers, pour repousser l'autre dans une périphérie barbare.

La Chine refuse de s'ouvrir au monde, au moment même où les Anglais veulent, de gré ou de force, ouvrir le monde à tous les échanges. Les deux extrémités de l'Eurasie vont passer en cinquante ans de la collision culturelle au cliquetis des armes.

Thomas Staunton a été le « spectateur engagé » d'une grande occasion manquée.

---

* Selon les recensements de l'époque, confirmés par les recherches les plus récentes de la démographie historique : entre 140 et 160 millions en 1730, peu avant le début du règne de Qianlong ; autour de 330 en 1796, à son abdication. *Cf.* note 6 de l'Introduction.

PREMIÈRE PARTIE

« LA PLUS PUISSANTE NATION DU GLOBE »

VERS LA CHINE
(septembre 1792-juin 1793)

« L'empire de la mer a toujours donné aux peuples qui l'ont possédé une fierté naturelle, parce que, se sentant capables d'insulter partout, ils croient que leur pouvoir n'a pas plus de bornes que l'océan. »

MONTESQUIEU, *1748*[1].

« Le projet de l'Angleterre est de former des établissements libres et indépendants sur les côtes de la Chine. »

Joseph-Antoine d'ENTRECASTEAUX, *1787*[2].

« Quelque chose qu'un homme puisse entreprendre séparément pour son propre avantage sans empiéter sur l'avantage d'un autre, il a le droit de le faire. »

Edmund BURKE, *1790*[3].

CARTE sur laquelle on a tracé la Route des Vaisseaux le LION et l'INDOS...
1 Golfe de PEKIN jusqu'en ANGLETERRE avec l'Indication ...
par les Conquetes

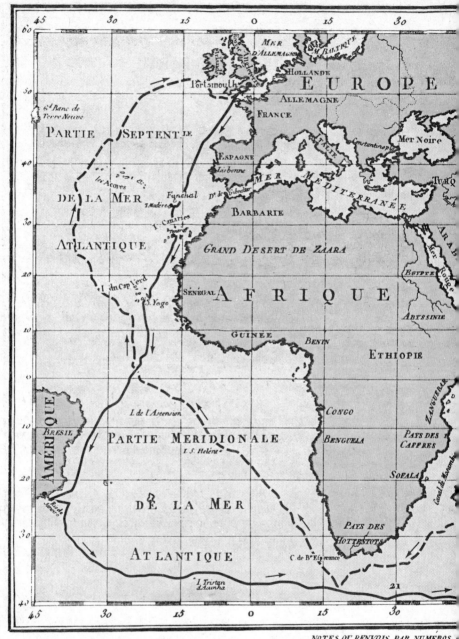

NOTES OU RENVOIS PAR NUMÉROS,

1 Petite Horde Kirghis Caissacks *sous la protection de la Russie mais non ses tributaires*

2 Autre Horde des Kirghis Caissacks, *non tributaires*

3 Grande Horde des Kirghis Caissacks, *Sujets de la Chine*

4 Etablissement des Tartares Tourgouts *sur la Riviere Ely que leur accorda l'Empereur de la Chine en 1703*

5 Grande Bucharie, *Sujets de l'Empire de la Chine, ancienne Scythie*

6 *Sur les bords de l'un de ces Lacs est la Cité d'Ely ou l'on envoie les exilés de la Chine*

7 *On croit que ces montagnes sont les points les plus élevés de la*...

8 Kiachta, *Entrepôt du commerce entre la Chine et la Russie.*

9 Mai-chin *ou la Cité du commerce.*

10 Yasca *détruit par un traité*

11 Fleuve Amour *ou Staghalien, ou Fl. des Russes.*

12 Anciens Tartares Manchous, *Conquerans de la Chine*

us l'ANGLETERRE jusqu'au Golfe de PÉKIN en CHINE et ensuite
fferents Pays Circonvoisins et les Limites de L'EMPIRE de la CHINE,
EMPEREUR TCHIEN LONG (Qianlong)

PARTIE DE L'EMPIRE DE RUSSIE

Chaine de Montagnes qui separent
Russie et la Chine
TARTARES de DAOURI

EMPIRE DE LA CHINE
TARTARES KALKAS

Fl. Amour

Mer
d'Ocsk

Zhé-Hol
PÉKIN
Taku
Fl. Jaune
Whang ho
Yang tse Kiang

Gobi ou Shamo
Desert de Sable

TARTARES
DE TURKESTAN

Mer ou
Lac d'Aral

PERSE

THIBET

BOOTAN

Res de
Corée
Mer de Corée

Mer du Japon

Tung-hai
Chusan
ou Mer
Orientale

BENGALE
Fort (Calcutta)
William
BAYE DE

IN DOSTANS

Tonquin

Bombaye
Goa
Madras

BENGALE

MER
D'ARABIE

Canton
Macao

Formose
Iles Rieu
(Likéjö)

B.ª de Tourane

I. de
Luçon

MER

R.ª G.
de Siam

Moroti

Philippines

ÎI de France
Réunion

OCÉAN

Equateur

Pulo
Condore

Mindanao I.

INDIEN

D.ª de
Banca

D.ª de la Sonde

Borneo

I.Celebes

La GUINÉE

Batavia

Java

Timor

NOUVELLE GALLES MÉRIDIE

22

23

NOUVELLE HOLLANDE

I.ª Paul
et d'Amsterdam

R.ª de l'Escadre d'Angleterre en Chine
R.ª de l'Escadre de la Chine en Angleterre

3

CHAPITRE PREMIER

L'ivresse des départs
(26 septembre-8 octobre 1792)

Le *Lion*, vaisseau de soixante-quatre canons, l'*Indostan*, trois-mâts de la Compagnie des Indes jaugeant douze cents tonneaux, et une corvette, le *Jackall*, levèrent l'ancre avec la marée du matin. La rade de Portsmouth s'éloignait rapidement. L'escadre naviguait cap à l'ouest. Pour profiter du vent, lord Macartney se priva du plaisir d'aborder à Weymouth où le roi, qui l'attendait en famille, l'avait invité à s'arrêter[1]. Sur la dunette arrière du *Lion*, il gonfla ses poumons d'air marin. Il se sentait enivré par cette aventure : jamais souverain britannique n'avait mis sur pied une aussi imposante ambassade ; et jamais État d'Europe n'en avait accrédité de semblable en Chine.

Macartney, ancien ambassadeur auprès de Sa Majesté Impériale la tsarine de toutes les Russies, ancien gouverneur des Caraïbes, puis de Madras, n'était pas un débutant. Sir George Staunton* non plus, qui l'avait intelligemment secondé dans ces deux derniers postes : il saurait prendre la tête de l'expédition s'il arrivait malheur à son chef. Le roi George III envoyait à la Chine de brillants commis. L'ambassade se montait à une centaine de personnes — diplomates, jeunes gens de l'aristocratie britannique, savants, médecins, peintres, musiciens, techniciens, soldats, domestiques. En comptant les marins, on approchait les sept cents hommes[2]. L'embarquement s'était étalé sur plusieurs jours[3].

Gazettes et dépêches apportaient les nouvelles de France : abolition de la monarchie, massacres dans les prisons, proclamation de la République, défaite des Prussiens à Valmy. Macartney était assez averti pour deviner que le Royaume-Uni ne resterait pas à l'écart de la tourmente. Il pouvait songer à la prophétie hasardée par son ami[4] Edmund Burke : « Je vois près de nous un bouleversement universel qui entraîne dans une ruine commune la religion, la morale, la

---

* On trouvera en tête des Annexes la liste des personnages, soit européens, soit chinois ou tartares, du récit, avec une courte biographie.

tradition, le respect de toute autorité — régénération monstrueuse du genre humain, qui le ramènerait à l'état sauvage[5]. »

Rien ne fait mieux saisir l'importance accordée à cette mission en Chine, que ce départ maintenu alors que la guerre se profile à l'horizon. Le Cabinet britannique sait qu'il aura besoin de tous ses navires et que rien ne pourra rappeler ces trois-là, une fois partis. Un courrier à cheval peut rattraper une armée ; on ne rattrape pas une escadre : elle part à la grâce de Dieu. La mission de Macartney l'accrédite aussi auprès de tous les souverains d'Extrême-Orient : empereur du Japon, empereur d'Annam, roi de Corée... Il a le pouvoir de visiter tous pays utiles à sa mission principale — ouvrir la Chine au commerce anglais. Puissance déjà planétaire, la Grande-Bretagne ne met pas tous ses œufs dans le même continent. État aux longs desseins, elle investit sur l'avenir.

Ce même jour, à l'autre bout du monde, les commissaires de l'*East India Company*, partis de Londres en avril et arrivés à Canton le 20 septembre, sollicitaient de la guilde des marchands de cette ville qu'elle leur ménageât une entrevue avec le vice-roi. Ils avaient charge de lui remettre un message de sir Francis Baring, président de la Compagnie. On y lisait notamment : « S.M. Britannique, désireuse de resserrer des liens d'amitié entre les deux Cours et de développer le commerce entre les deux nations à leur avantage réciproque, a résolu d'envoyer à Pékin, comme ambassadeur extraordinaire, son bien-aimé cousin lord Macartney[6]. » Des échanges sur un pied d'égalité : les objectifs de l'expédition étaient exposés aux interlocuteurs chinois au moment précis où elle s'ébranlait.

On a perdu le Jackall

Le vent d'est, si favorable, ne dura pas. L'air fraîchit ; la mer se creusa. On amena les voiles hautes et on serra les ris. La tempête arrachait aux drisses des sifflements prolongés. La traversée commençait mal. Que serait-ce, sous les typhons de la mer de Chine ?

Le petit Thomas, familier de Voltaire, put se demander si le bateau allait s'ouvrir en deux, comme celui de Candide devant Lisbonne. Sir Erasmus Gower, qui dirigeait l'escadre, jugea préférable de chercher un abri derrière l'île de Torbay.

Le *Lion* et l'*Indostan* y restèrent deux jours à réparer et à attendre le *Jackall*, perdu dans la tourmente. On reprit la mer, sans lui, le 30 septembre. Le 1er octobre, on passait au large d'Ouessant. Un vent modéré poussa bientôt les navires à travers le golfe de Gascogne, que John Barrow trouva « à l'image de la nation dont il baigne le rivage : agité, même par temps calme[7] ».

Voguait-on trop vite ? Le *Lion* démâta : trop de toile à la hune de misaine. Le dommage fut rapidement réparé[8]. L'agilité des matelots dans les vergues et les cordages faisait l'admiration du petit Thomas. Son père fondait sur lui beaucoup d'espoirs : c'était le seul survivant de ses enfants. Ses manières étaient irréprochables ; il devinait d'instinct ce qui convient à un jeune garçon de la *gentry*. Il apprenait en se jouant : il était capable de réciter une page de journal après l'avoir lue. Depuis quelques semaines, son occupation principale était d'apprendre le chinois. Il ne quittait pas les deux interprètes, avec qui on communiquait en latin. C'est en cette langue que l'enfant traduisit son enthousiasme : *« Si matres nunc viderent*[9] *!»* — « Si leurs mères les voyaient ! »

Les passagers mesuraient le confort du *Lion*, ce grand vaisseau de haute mer. En écoutant l'orchestre de cinq musiciens allemands jouer du Haendel et du Haydn, Macartney pensait avec soulagement que le *Jackall*, si la malchance voulait qu'il fût perdu corps et biens, n'avait à son bord ni les indispensables interprètes, ni la précieuse cargaison de présents pour l'Empereur[10].

Le premier des moyens nécessaires à l'ambassade, c'était en effet des truchements. On n'en avait trouvé ni dans tout le Royaume-Uni, ni en Suède, ni à Lisbonne[11]. On avait préféré se passer des Français, si versés en chinois que fussent les quelques religieux qui avaient réussi à revenir de l'Empire du Milieu. Ne seraient-ils pas tentés de servir leur pays, cet éternel rival, plutôt que George III ? Sir George Staunton avait donc dû gagner l'Italie, pendant l'hiver précédent, pour recruter au *Collegium sinicum* de Naples deux prêtres chinois désireux de retourner dans leur patrie. Ils avaient été dénichés par sir William Hamilton, ministre de Sa Majesté à Naples — celui-là même dont la femme, ancienne prostituée, devait inspirer à Nelson une irrésistible passion[12]. Les pères Li et Zhou ne parlaient pas un traître mot d'anglais, mais leur latin était fort acceptable. Sir George voulut bien accorder le passage gratuit jusqu'à Macao à deux autres Chinois, les pères An et Wang, suffisamment formés pour porter l'Évangile à leurs compatriotes. Tous cinq furent à Londres en mai.

Quant aux cadeaux destinés à l'Empereur, ils étaient au cœur de la démonstration qui devait l'éblouir. Ils prouveraient que l'Angleterre était bien « la plus puissante nation du globe », et la civilisation la plus avancée. Staunton s'était assuré, à bord du *Lion* et de l'*Indostan*, qu'on avait solidement arrimé la précieuse cargaison. Elle témoignerait avec éclat du génie britannique.

L'opium : y penser toujours, n'en parler jamais

Ce que nous appelons l'« Asie du Sud-Est » et l'« Extrême-Orient », du Pakistan à la Corée, c'étaient, pour le siècle des Lumières comme pour Christophe Colomb, *les Indes*. Et pour un Anglais, les Indes, c'était la Compagnie*. Elle connaissait de graves difficultés. Edmund Burke déclarait en 1783 : « Dire que la Compagnie va mal, c'est dire que le pays va mal[13]. » Ce qui est bon pour la Compagnie est bon pour l'Angleterre...

---

* Il existait aussi des Compagnies hollandaise, espagnole, suédoise, danoise des Indes orientales ; et une Compagnie française, alors en liquidation.

En vue d'encourager le commerce du thé, dont la Compagnie avait le monopole, et de mettre fin à la contrebande, Pitt avait baissé les droits de douane de dix à un[14]. Les importations du thé de Chine avaient triplé en deux ans. Mais ce commerce restait sans contrepartie. Les Chinois n'avaient besoin de rien. « Je ne saurais nommer », écrit un des directeurs de la Compagnie, « un seul article susceptible de succès là-bas ; on a tout essayé[15]. » *Un seul ?* On se gardait de nommer l'opium. Le trafic progressait vivement depuis 1780. On y pensait toujours, on n'en parlait jamais. A cette honteuse exception près, le marché chinois, étranglé par le goulot de Canton, ne s'ouvrait toujours pas aux exportations anglaises. Londres avait fini par se convaincre que seuls, des accords au plus haut niveau lèveraient les obstacles.

En 1787, Pitt et son ami Dundas, président du Conseil de surveillance de la Compagnie, avaient déjà décidé d'envoyer un ambassadeur en Chine. Le colonel Cathcart, qui avait fait ses preuves dans l'armée du Bengale, avait mis à la voile dans l'enthousiasme. Pourtant, les fondés de pouvoir de la Compagnie à Canton, consultés, n'avaient pas mâché leurs mots : « Le gouvernement chinois méprise toutes les nations étrangères. Son ignorance de leurs forces lui donne une confiance excessive en sa propre puissance. Il ne voit dans une ambassade qu'une marque d'allégeance[16]. »

Les choses se passèrent fort mal : intempéries et épidémies jusqu'à l'escale du Cap ; puis Cathcart lui-même tomba malade ; il mourut en vue de la Chine. Quand le *Vestal* fut rentré à Londres fin 1788, Macartney suggéra à Pitt que son collaborateur Staunton reprît la mission. La question resta trois ans pendante. Les diplomates hésitaient. Mais les industriels multiplièrent les pressions[17]. L'idée grandit de confier l'opération, en amplifiant ses moyens, à Macartney lui-même, dont les réussites successives en Russie, dans les Caraïbes et en Inde, en des missions difficiles, paraissaient autant de gages de succès. C'est ce que lui proposa en octobre 1791 Dundas, devenu ministre de l'Intérieur, mais resté attentif aux affaires des Indes[18].

Offrir à la Chine une représentation de notre génie

Macartney accepta le défi. Le conflit européen qui se dessinait donnerait pour longtemps aux militaires le pas sur les diplomates comme lui. Mieux valait, à la tête d'une riche ambassade, aller défendre les intérêts britanniques, loin des champs de bataille. Trois jours avant Noël, il présenta ses conditions à Dundas — pécuniaires, nobiliaires et d'autorité. Il obtint un traitement de quinze mille livres* par année d'absence et une promotion comtale** — admirable

---

* 9 millions de francs de 1989. Pour les équivalences, voir Annexe VIII.

** On accepta le marché : il sera fait immédiatement vicomte Macartney of Dervock, du nom de son domaine dans le comté d'Antrim ; comte, il le deviendra à son retour de Chine. La moitié à la commande, le solde à la livraison.

dignité nobiliaire qui, depuis la vieille Angleterre jusqu'aujourd'hui, stimule en tout domaine le service du pays.

Il exigea de choisir lui-même tous les membres de l'ambassade. «Ils devront être, dit-il à Dundas, immédiatement utiles à la négociation, ou propres, par leurs talents et leur savoir, à accroître le crédit de notre pays[19].» A commencer par son bras droit. L'expérience Cathcart ne devait pas se renouveler: avec un suppléant dûment accrédité, la mission irait jusqu'au bout. Macartney avait fait conférer à son ami Staunton le titre de ministre plénipotentiaire. Quant au page dont il aurait besoin pour les cérémonies, sir George avait imposé son fils. Thomas parlait élégamment le français et le latin, qu'il apprenait sous la férule de son précepteur allemand, lui aussi du voyage, M. Hüttner.

L'Ambassadeur disposait d'un intendant, John Barrow, de deux secrétaires, Acheson Maxwell et Edward Winder, de trois attachés d'ambassade, de deux médecins, les docteurs Gillan et Scott, d'une escorte militaire avec ses officiers. Cela ne lui suffisait pas encore. Il se persuadait que seuls les Anglais étaient assez civilisés pour rabattre la prétention millénaire des Chinois au monopole de la civilisation.

Encore devaient-ils faire admirer leurs techniques — dans la paix ou pour la guerre. «Nos machines les plus modernes n'ont pas pu encore être montrées aux Chinois par les missionnaires catholiques. La présentation des inventions les plus récentes: machine à vapeur, machines à filer, à carder, à tisser le coton, ne devrait pas manquer de plaire à ce peuple curieux et industrieux.» «Les récits de diverses missions en Orient nous ont convaincu qu'il convenait de pourvoir toute ambassade d'une garde. Son évolution rapide devant l'Empereur, le maniement des pièces d'artillerie modernes ne peuvent manquer d'impressionner, donc d'appuyer notre diplomatie[20].»

Il voulait que cette suite de gentilshommes et ce matériel jouent leur rôle dans la représentation d'elle-même que l'Angleterre allait offrir à l'empereur de Chine. Dundas lui avait rétorqué avec humour «qu'il ne conduisait pas une délégation de la *Royal Society*». Macartney avait tenu bon. Il n'oubliait ni les abus dont les marchands anglais souffraient à Canton, ni les ports dont son pays souhaitait depuis si longtemps l'ouverture, ni la concession d'un territoire pour y entretenir un entrepôt permanent, ni l'introduction des produits britanniques sur le marché chinois. Mais son ambassade devait être, *aussi*, une délégation de la *Royal Society*[21].

L'expédition comptait donc ses artistes — deux peintres, Alexander et Hickey — et ses savants; et d'abord le docteur Dinwiddie, astronome, physicien, habile dans toutes les démonstrations de la mécanique et de l'optique. Personne n'était plus apte que lui à faire admirer aux Chinois les vertus des ballons à air chaud et des palans les plus récents.

C'est dans les locaux de la Compagnie, au cœur de la *City*, que Macartney et Staunton avaient préparé leur ambassade. Ses bâtiments superbes à Londres formaient un contraste saisissant avec la précarité de sa position à Canton.

Les négociations que Cathcart n'avait pu même entamer, Macartney devrait les mener six ans plus tard dans un climat encore alourdi. Aussi la Compagnie s'était-elle d'abord opposée au projet, redoutant qu'on irritât davantage les Chinois par une telle initiative. Elle n'osait plus rien tenter. L'ambassade était une idée de politiques, non de marchands. N'allait-on pas compromettre, par trop d'ambitions, les situations acquises là-bas, si inconfortables fussent-elles ? Mais les politiques l'emportèrent. La Compagnie s'inclina. Le choix arrêté, elle s'employa du mieux qu'elle put à faire réussir l'entreprise. Elle ne négligea rien pour informer Macartney et Staunton[22].

L'ancien gouverneur de Madras était bien placé pour nouer le fil des affaires chinoises à celui des affaires indiennes. Il savait l'enjeu que le commerce de Canton représentait pour la Compagnie. Cet Empire indien avait quelque chose de précaire. La famine y faisait des ravages. Et, lors de la dernière guerre contre les Français, ceux-ci avaient suscité des rébellions de rajahs qu'on avait eu bien du mal à réprimer. Dès la paix signée en 1783, le Parlement, estimant impossible qu'une compagnie marchande pût gouverner souverainement un Empire aussi peuplé, avait placé les établissements anglais de l'Inde sous un contrôle plus étroit de la Couronne.

L'idée qui s'était emparée de Macartney, quand il était gouverneur de Madras, ne cessait de progresser à Londres. Pour lui comme pour Dundas, l'avenir des Indes britanniques passait par la Chine. La conquête du marché chinois aiderait l'Angleterre à supporter ses frais de souveraineté aux Indes.

La place croissante que tenait l'opium dans le commerce des Indes avait suscité de violents débats aux Communes. L'honorable Philip Francis avait condamné l'extension de la culture en Inde du pavot, « un des produits les plus néfastes qui fussent au monde[23] ». Il est heureux, pour l'honneur britannique, qu'un membre du Parlement se soit indigné que l'on pût tirer bénéfice de ce qui s'apparentait à un lent génocide. Dundas avait tranquillement répondu que l'opium était un article de consommation courante en Asie, et que plus on en exportait de l'Inde vers la Chine, moins il sortait d'argent d'Angleterre vers l'Inde. Macartney aurait préféré « que l'on pût remplacer cet opium par du riz ou tout autre produit plus sain[24] ». Mais il se résigna vite.

La balance commerciale de l'Europe avec l'Asie était de plus en plus déficitaire[25]. L'Europe ne vendait presque rien en Chine, sauf quelques pendulettes et autres menus produits manufacturés. La Chine exportait vers l'Europe toujours plus de thé, de porcelaine, de soieries, de chinoiseries. Il fallait donc que les importations croissantes en Europe fussent compensées par des exportations de produits industriels d'Europe. Si la Chine s'ouvrait, l'opium indien de contrebande ne serait plus nécessaire. En attendant, il payait le thé. L'Angleterre avait une vision mondiale, sinon morale, de ses échanges. Les choses ont-elles beaucoup changé, quand les grandes nations industrialisées vendent des armes aux pays sous-développés ?

La seizième ambassade, mais la première

Dundas avait remis à Macartney, le 8 septembre 1792, des instructions officielles. Un préambule solennel : « Les Anglais sont les plus nombreux à commercer en Chine. Mais tandis que les autres nations européennes ont fait accompagner leurs marchands par des ambassadeurs, ou même des missionnaires introduits dans le milieu policé de la Cour de Pékin, les négociants anglais, sans appui, demeurent confinés loin de l'Empereur. On peut légitimement parler de sous-représentation de notre puissance en Chine[26]. »

Le Cabinet britannique s'interrogeait sur la nature des restrictions que Canton imposait au commerce européen. Que ce traitement eût pour origine une politique délibérée, ou une xénophobie générale, ou la corruption, ou les abus d'une administration provinciale mal contrôlée par la capitale, c'était à la sagacité de l'Ambassadeur de le découvrir. « Notre choix s'est arrêté à une personnalité aussi considérable que la vôtre, sur le conseil des hommes qui ont la plus grande expérience des affaires de la Compagnie à Canton, et qui ont pu être les témoins des vexations auxquelles on y est exposé[27]. »

Dundas précisait, si l'on peut dire : « Vous obtiendrez une audience dès votre arrivée, vous conformant à l'étiquette de la Cour, pour autant que vous ne compromettrez pas l'honneur de votre Souverain, mais sans vous laisser paralyser par des vétilles de protocole[28]. » Les rites, vous les honorerez, sans nous déshonorer, tout en les honorant... Suivaient sept points dans lesquels Macartney retrouvait les suggestions qu'il avait lui-même écrites à Dundas[29] :

1. Ouvrir de nouveaux ports au commerce britannique en Chine.
2. Obtenir la cession d'une portion de territoire ou d'une île, aussi proche que possible des zones de production de thé et de soie, où les marchands britanniques puissent résider toute l'année et la juridiction britannique s'exercer.
3. Abolir les abus existants dans le système en vigueur à Canton.
4. Créer de nouveaux marchés en Chine, spécialement à Pékin.
5. Ouvrir au commerce britannique, au moyen de traités bilatéraux, les autres contrées de l'Extrême-Orient.
6. Demander l'installation d'un ministre permanent à Pékin.
7. Enfin, *last but not least*, mission de renseignement : « L'expédition doit tout voir, sans exciter la méfiance des Chinois, et se faire une idée exacte de leur puissance[30]. »

Vaste programme, où l'on sentait déjà percer la relation coloniale... Cette ambassade avait, certes, des devancières. Le Portugal s'y était risqué cinq fois, de 1521 à 1754 ; rien depuis quarante ans. Les Pays-Bas, trois fois, de 1656 à 1686 — rien depuis cent ans. La Russie, plus proche et plus assidue, sept caravanes entre 1656 et 1767. La France, jamais : elle se contentait d'envoyer des missionnaires, mais qui ne la représentaient pas[31]. Au total, quinze missions, dont l'éclat n'avait été rien moins qu'éblouissant[32].

Thomas Staunton résumerait ainsi, vingt ans plus tard, la situation précaire de ces quinze « ambassades » : « Ce grand empire, trop assuré de ses propres ressources intellectuelles pour chercher à entrer en relation avec les puissances européennes, trop vaste pour qu'on puisse l'y contraindre, n'a jamais admis quelque espèce de rapport que ce fût avec l'Occident[33]. » Macartney était bien décidé à rompre avec ces habitudes. Son ambassade n'était que la seizième ? Elle serait la première digne de ce nom.

A vrai dire, seuls les Russes avaient mené de véritables négociations avec les Chinois. En rivalité sur les vastes espaces parcourus par les nomades tartares, ils ne pouvaient s'ignorer[34]. Il revenait à Marcartney de faire sentir qu'une puissance nouvelle était née en Occident : les vaisseaux du Royaume-Uni, bouleversant la géographie, le faisaient aussi frontalier que les autres « Barbares de l'Ouest », ceux d'au-delà des steppes. Sa mission était de rendre la Grande-Bretagne, voisine par mer, aussi inévitable à la Chine que la Russie, voisine par terre.

CHAPITRE 2

« Les maîtres de l'humanité »
(9-27 octobre 1792)

*« Dans notre pays, le commerce a déterminé une course
universelle à la richesse, et l'argent reçoit des honneurs
qui reviendraient de droit au savoir et à la vertu. »*
Samuel JOHNSON, 1759[1].

Le 9 octobre, les Anglais sont dans les parages de Madère,
possession portugaise. Le capitaine Mackintosh, commandant de
l'*Indostan*, y avait, lors d'un précédent passage, perdu son navire
corps et biens — n'échappant lui-même au désastre, avec son
cuisinier, que parce que tous deux se trouvaient à terre. Le gouverneur
de l'île, prévenu par Lisbonne de l'arrivée de l'escadre, fait tirer des
salves d'honneur[2].

Les Portugais colonisés par les Anglais

Les Anglais sont bien vus dans l'île. Ils en achètent le vin. Ils y
détiennent une vingtaine de maisons de commerce, que leurs capitaux
et leur activité ont mises à l'abri de toute concurrence. Les Portugais
sont colonisés dans leur propre colonie par les Anglais. Macartney et
Staunton savourent ce triomphe de la civilisation marchande dont
ils sont les messagers. Le dénuement des Portugais jure avec
l'insolente prospérité de la factorerie anglaise[3].

Sur des milles, on voyait les femmes porter les genêts qui servaient
à faire le feu. «Alors même qu'elles sont encore jeunes, la rudesse
de leurs travaux leur donne un air décrépit[4].» Chacun jetait dans les
rues des immondices, à la satisfaction des cochons errants. La
mauvaise nourriture provoque épidémies et scorbut chez les nombreux pauvres, tandis que l'abondance inflige la goutte aux rares
riches. Et les uns comme les autres sont piqués de petite vérole. Bons
protestants, nos Anglais furent prompts à établir un lien entre cette
arriération évidente et la religion catholique[5]. Staunton songe à cette

Italie du Sud d'où il a ramené les interprètes ; Macartney, à son Irlande, et à la misère des petites propriétés archaïques des paysans catholiques du Connemara.

Un Empire marchand

Voguant vers l'empire le plus ancien, le plus vaste, le plus peuplé du monde, Macartney ne cesse de se dire qu'il va y affirmer une vérité neuve, révolutionnaire : la Grande-Bretagne est « la plus puissante nation du globe ». George III est le « souverain des mers ». Lettres, notes, rapports de l'Ambassadeur redondent de ces formules. Il enrobera cette révélation déplaisante pour ses hôtes : « l'Orient » et « l'Occident » serviront à cela. A Qianlong la primauté du monde oriental, à George III celle de l'hémisphère occidental. Mais son entreprise elle-même dément cette concession de pure courtoisie : l'Orient doit s'ouvrir à l'Occident ; les maîtres de l'Occident viennent réclamer, au nom de leur puissance et de leur intérêt, qu'il n'y ait plus qu'un monde — pour qu'ils y circulent et commercent librement.

Sir Walter Raleigh, sous Elisabeth Ire, affirmait déjà : « Celui qui commande le commerce, commande la richesse du monde, donc le monde[6]. » L'hymne de cette ambition, tout Britannique en sait d'avance les paroles :

Rule, Britannia,
Britannia, rule the waves.

En « gouvernant aux ondes », huit millions d'Anglais savent pouvoir parler en maîtres aux trois cents millions de Chinois.

L'orgueil anglais est né. C'est celui d'une nation qui monte en puissance, qui se connaît une irrépressible énergie vitale et a pris le monde sans frontières des océans pour horizon de son vouloir-gagner. Goldsmith n'écrivait-il pas déjà, au lendemain des victoires de la guerre de Sept Ans, parlant de ses compatriotes :

L'œil farouche, le port altier,
J'ai vu passer les maîtres de l'humanité[7].

Quand Adam Smith publie en 1776 un ouvrage appelé à demeurer fameux : *La Richesse des nations*, il y décrit une économie d'échanges *observée*, celle que marchands, capitalistes et entrepreneurs pratiquent. A la différence des philosophes français, ses contemporains, il ne spécule pas sur l'organisation inédite d'un monde idéal ; il décrit un système dont il constate autour de lui la réalité et l'efficacité.

Smith croit en l'heureux effet des dispositions bienveillantes de la nature : l'offre trouve toujours demande. Y a-t-il pénurie ? Qu'on laisse jouer l'initiative ! Il parie sur l'intérêt personnel, dont il voit combien il s'accompagne d'ingéniosité et d'innovations[8]. Fécondation mutuelle des techniques, universalité des échanges — telle est l'idée que Macartney se dispose à aller « vendre » à Qianlong... La pensée de Smith est la doctrine officielle. En 1787, Pitt donne un grand dîner ; l'économiste écossais y assiste. Le chef du gouvernement britannique se tourne vers lui au moment de prendre place à table :

« Asseyez-vous le premier, monsieur, nous sommes tous vos disciples[9]. »

Dès 1753, Samuel Johnson, bougon mais fasciné, avait exprimé la critique du moraliste devant cette croissante société de consommation, ses « articles inconnus hier, indispensables aujourd'hui et dépassés demain[10] ». « Révolution industrielle » ? L'expression, sujette à caution, résume mal cette intensification de la créativité économique. Elle nous enferme dans les ateliers où les premières machines font retentir leur vacarme. Or, la révolution économique qui éclate en Angleterre tout au long du XVIIIe siècle repose avant tout sur des navires, comme ceux qui portent l'ambassade. Dans toute sa carrière, d'ailleurs, Macartney s'est fait l'agent de cette révolution de plein vent — révolution maritime et commerciale.

Une réaction en chaîne

En un siècle, les jeux complexes de l'offre et de la demande quintuplent le tonnage de la flotte marchande. Ils ouvrent, à l'intérieur du royaume, routes, canaux, établissements bancaires, puits de mine ; font passer du stade artisanal au stade industriel les productions de fer et de laine ; font naître celles de porcelaine et de coton. Les manufactures sortent de terre. La multiplication des machines, les sommes que requièrent ces investissements, font apparaître deux hommes nouveaux : l'ouvrier, qui ne vit que de son travail à la fabrique ; l'industriel.

Les grands entrepreneurs sont honorés, courtisés, souvent anoblis, comme Robert Peel senior ou Richard Arkwright. Quand Wedgwood se fait amputer d'une jambe, en 1768, toute l'aristocratie londonienne prend de ses nouvelles[11]. La noblesse, sur laquelle ne pèse pas, comme sur le continent, la crainte de « déroger », s'honore d'exercer des activités économiques : un duc fait creuser les premiers canaux ; un lord bouleverse l'assolement des terres... Un monde original naît en Angleterre. Ni d'un coup. Ni par étapes programmées. C'est un ensemble aux innombrables interactions ; une réaction en chaîne.

La révolution est d'abord dans les têtes — et elles pensent à tout à la fois[12]. La richesse marchande, la puissance navale, la prospérité financière, la productivité agricole, la croissance démographique se relancent mutuellement. Mais elles auraient trouvé une limite, si n'était intervenu un phénomène absolument neuf, que Watt et Boulton présentent en ces termes, en 1775, au roi George III : « *Sir, we sell what the world desires : power*[13]. » « Nous vendons la puissance que le monde convoite. » Ils font un jeu de mots sur *power*, à la fois *énergie* et *pouvoir*. La formule traduit l'avènement moderne du pouvoir économique. Fini le spectacle paisible d'un âne actionnant un moulin : le cheval devient vapeur — la plus fructueuse conquête de l'homme. Innovation comparable seulement à la maîtrise du feu, à la naissance de l'agriculture, ou aux inventions que la Chine n'a pas su exploiter : l'imprimerie, la poudre à canon, la boussole[14]. Sans la vapeur, pas de machinisme, mais seulement, comme en Chine, des inventions ingénieuses, isolées, sans expansion.

Macartney avait suivi cet enchaînement des inventions qui s'appellent l'une l'autre. Il en emportait des échantillons dans ses cales. Le monde changeait : les Anglais le changeaient.

Née dans le commerce, cette explosion économique ne reste pas insulaire. C'est elle qui vient de lancer Macartney sur les mers. La prospérité anglaise a précédé les colonies, mais ne les a pas négligées — à commencer par celles d'Amérique du Nord, enrichies en 1763 du Canada français. En 1783, l'émancipation des « treize colonies » a été une épreuve bien surmontée : les exportations anglaises à destination des nouveaux « États-Unis » ont repris rapidement.

Aux Indes, les Anglais s'étaient appuyés, dès le XVIIᵉ siècle, sur les trois comptoirs de Bombay, Madras et Calcutta, qui drainaient les produits du sous-continent et jalonnaient une route maritime tendant toujours plus vers l'est. Ils esquissaient un empire à la phénicienne[15] : un empire sans colonies aurait eu leurs préférences. Ouvrir la porte chinoise fait partie d'un plan plus général. Macartney a mission de prendre contact avec le Japon, la Corée, Manille, les Moluques[16]. Dundas s'efforce de convaincre les Hollandais de céder à la Couronne britannique l'île de Rhio, en face de Singapour[17]. Et les premiers colons anglais — surtout des forçats — s'installent en Australie.

Par cette chaîne de comptoirs, les Anglais voudraient offrir au monde ce que filent et tissent, fondent et façonnent les ouvriers du Royaume-Uni. Comme sur une médaille allégorique, le Commerce et l'Industrie, silhouettes plantureuses, se donnent la main.

Peu après 1763, lord Clive, fort de ses récentes victoires en Inde sur le Grand Mogol et sur les Français, avait proposé à Londres de conquérir la Chine par les armes. Le premier Pitt avait repoussé l'offre, au motif qu'il était insensé de prétendre soumettre une telle masse humaine[18]. La diplomatie, trente ans plus tard, allait-elle se révéler plus efficace ? Macartney en portait l'espérance.

Mais l'idée de « progrès » — qui ne s'appelle pas encore « développement » — pouvait-elle être imposée par la force, la ruse ou même la séduction, à des hommes pour qui « le Maître parlait rarement de profit et célébrait la volonté céleste[19] » ? Confucius n'avait pas lu Adam Smith.

Souverains des mers

La traversée de Madère aux Canaries fut un enchantement. Au bout de quatre jours, Ténériffe apparut, comme née de la mer. Le soldat Holmes est impressionné : « C'est, de toutes les montagnes isolées, la plus élevée du monde[20]. »

Il n'était pas prévu de s'arrêter à Santa Cruz, où le mouillage est exécrable en hiver[21]. Mais sir Erasmus Gower trouva à l'escale un double avantage : donner au *Jackall* une chance de rattraper son retard ; s'y fournir en vins plus propres au transport que ceux de

Madère. Les hommes de l'escorte ne sont pas peu fiers de remarquer que le meilleur cru a reçu l'appellation de *London Particular*[22].

Madère, les Canaries, les îles du Cap-Vert : autant d'escales où les Ibériques ont devancé les Anglais. Mais, en cette fin du XVIIIe siècle, ils ne paraissent plus les entretenir que pour le meilleur usage du commerce britannique — ou plutôt anglo-saxon : les Américains y achètent déjà le vin que les Anglais ne prennent pas[23].

La réserve des Espagnols rend difficile le contact avec l'île. Heureusement, il s'y trouve beaucoup d'Anglais, fiers de faire les honneurs de leurs domaines. L'aristocratie espagnole locale passe son temps en exercices de piété. Il ne faut pas s'étonner, note sarcastiquement Holmes, si leurs affaires ne prospèrent pas[24].

Plusieurs Anglais «essayèrent d'atteindre la pointe du Pic en s'attachant avec leurs pieds et leurs mains aux escarpements des rochers[25]». Les Anglais, qui créeront l'alpinisme en Suisse et en Savoie au milieu du siècle suivant, font déjà la démonstration de leur instinct : le défi que l'on s'impose ; le sport qui entretient le goût du risque, le sens de l'effort et l'esprit d'entreprise.

Dans la rade, au mât d'un vaisseau, un pavillon insolite : les trois couleurs de la nouvelle République française. Le commandant salue de ses canons l'escadre. Il veut la braver, plus que l'honorer : quelques boulets font rejaillir la mer. «Ce commandant, croyant que la guerre était commencée, s'était vanté, en Gascon qu'il était, de nous lâcher une bordée pour nous faire tout le mal possible avant d'amener son pavillon ! Voilà les gens qui crient le plus haut contre la tyrannie avec laquelle nous exercerions la souveraineté des mers[26].»

Un gagneur : de la chance et du caractère

«Lord Macartney, vicomte de Dervock, ambassadeur de Sa Gracieuse Majesté.» Les petits gouverneurs portugais et espagnols, d'île en île, lui rendaient les honneurs à coups de salves et de dîners de gala. Venus de cette Europe d'Ancien Régime à laquelle le préjugé nobiliaire servait de ciment, ils avaient de quoi être impressionnés. Un lecteur du *Gentleman's Magazine* aurait pu les mettre à l'aise : Macartney était un homme nouveau, et sa généalogie moins glorieuse que sa carrière.

Les chances qu'il avait su saisir s'enchaînaient. Le décès de Cathcart avait été la dernière. Si elle lui avait été offerte, c'est qu'il avait eu celle de cumuler l'expérience de la diplomatie à Saint-Pétersbourg, la pratique du commandement aux Caraïbes, la connaissance de l'Orient à Madras. Qu'est-ce donc qui l'avait fait envoyer auprès de Catherine II, à vingt-sept ans, sinon la faveur de Henry Fox, premier lord Holland, l'intraitable négociateur du traité de Paris, au sommet de sa puissance ? Et à quoi devait-il cette protection amicale, sinon à sa rencontre fortuite à Genève avec le fils de Henry Fox, Stephen, qui menait un jeu enragé sur tous les tapis verts du continent[27] ?

Mais le hasard ne suffit pas à forger un destin. La nécessité y joue son rôle — la nécessité intérieure. Il ne manquait pas de caractère. Devant son portrait peint par Reynolds en 1764, Fox s'était exclamé : « Oh ! c'est outrageusement ressemblant[28] ! » Il avait reconnu l'œil ardent, le front sûr de soi. Et, en fait d'ardeur et d'assurance, il était un connaisseur, lui qui venait de dépouiller la France de presque tout son empire colonial et de consacrer la suprématie britannique sur les sept mers.

De la chance et du caractère, il en avait fallu à Macartney pour ajouter, si jeune, à une courte galerie d'ancêtres, ce portrait peint par un artiste célèbre. Il n'est que l'arrière-petit-fils d'un émigré écossais, George Macartney, surnommé *Black George*[29], arrivé en 1649 au sein d'une colonie de peuplement dans l'Irlande papiste. *Black George*, son fils et son petit-fils allaient, par un travail acharné et une adroite politique matrimoniale, accroître leur pré carré : maisons, fermes et moulins. Leur activité terrienne et leur engagement politique, dans la ligne que l'on commence à appeler *whig*, leur valent aisance et bonne renommée.

Le fils de *Black George*, grand-père du futur lord Macartney, siège au Parlement d'Irlande en 1700 — pour cinquante-quatre ans. Au soir de sa vie, il reporte ses espérances sur son unique petit-fils, notre héros. On soigne son éducation. Le petit George est initié aux classiques latins, grecs et français. On l'inscrit dans le célèbre *Trinity College* de Dublin, sentinelle protestante en pays catholique — à treize ans, alors que ses camarades en ont seize ou dix-sept ; on a triché sur son âge[30].

Le rite de passage

A l'automne 1757, Macartney, à vingt ans, part pour Londres accomplir son stage d'avocat, sans aucune intention de plaider[31]. Il va y tisser sa toile d'amitiés dans un milieu sans équivalent sur le continent, que Napoléon nommera l'« oligarchie ». Celle-ci sépare ceux qui réussissent à se faire un nom, de ceux qui s'y montrent inaptes — les *winners* des *losers*. Elle donne la puissance à qui sait s'en emparer.

La véritable formation de l'élite britannique, c'est le « grand tour » — le voyage sur le continent. A la fin de 1759, Macartney vogue vers Calais. Ils ne sont pas moins de quarante mille chaque année, les Anglais qui parcourent le continent durant deux, trois ou même cinq ans, selon leurs moyens et leurs introductions. Un rite de passage, mais à quel prix prohibitif[32] ! On y apprenait à voir, à juger, à admirer, à se sentir définitivement supérieur — ne fût-ce qu'en conquérant le capital de culture accumulé par toute l'Europe.

Héritier à vingt-deux ans de la fortune familiale, c'est en Suisse que sa vraie fortune attend Macartney. Après seulement six mois de voyage, il se lie à Genève, en janvier 1761, avec Stephen Fox, le fils du triomphateur de la guerre de Sept Ans. Macartney réussit à protéger son ami contre des escrocs et contre sa passion du jeu. Il ne le quitte plus, le ramène sain et sauf à Londres en juillet. Reconnaissante, toute la famille Fox s'entiche du jeune Irlandais. A la fin de la même année, quand Stephen retourne à Genève, son père prie Macartney de lui servir de *mentor*.

Ce second voyage a quelque chose de féerique. Toutes les portes s'ouvrent à eux. Le nom de Fox permet à Macartney de rencontrer des gens qu'il n'aurait pas seulement songé à approcher. Il est reçu par le duc de Wurtemberg[33], va voir Rousseau à Neuchâtel, Voltaire à Ferney. « Quel est ce jeune homme », s'écrie celui-ci, « qui sait tant de choses, à un âge si tendre et sur tant de sujets[34] ? » Sur le grand homme, Macartney fait si forte impression, qu'il reçoit de lui des recommandations auprès des ducs-ministres, Richelieu et Choiseul, comme auprès des philosophes Helvétius et d'Alembert. Voltaire écrit à Helvétius : « Voici, mon illustre philosophe, un gentilhomme anglais très instruit et qui pense tout comme vous : il trouve notre nation fort drôle[35]. » Dans ce siècle auto-proclamé « des Lumières », Macartney puise l'énergie lumineuse à la source.

Il rencontre l'esprit — et aussi l'or. Avec les Fox, il est entré dans un cercle où l'on compte en milliers de livres, à une époque où un ouvrier tisserand n'en gagne pas une en deux semaines[36]. Un cercle où l'on cesse de faire antichambre. Sans les Fox — et malgré des dons pour l'écriture, une mémoire hors de pair, la parfaite maîtrise du français, du latin et de l'italien, un goût pour les dames mûres —, Macartney n'aurait pas eu l'occasion de se porter au premier rang. Lord Holland lui a procuré cette chance et il a su la happer.

Le jeune Macartney, d'emblée, est entré dans le monde de la fortune britannique, qui a pour théâtre la planète. Le foyer où l'oligarchie forge sa puissance, éprouve ses hommes et renouvelle ses énergies, c'est le commerce maritime. Les Anglais deviennent les transporteurs des cinq continents. Le tonnage marchand britannique est double du français, quadruple du hollandais, du suédois, du danois, décuple de l'espagnol. On vend à Batavia ce qu'on achète à Rio ; on achète aux Indes ce qu'on revendra en Europe : mais pas assez encore, jamais assez. Macartney a pris la mer pour convaincre Qianlong de laisser grandir ce va-et-vient.

CHAPITRE 3

L'Europe enchinoisée
(27 octobre-30 novembre 1792)

On fut en vue des îles du Cap-Vert le 1er novembre. La sécheresse tropicale les réduisait au rôle d'une simple halte. Mais elles démontraient encore la puissance de l'Empire britannique, fondée sur des points d'appui en territoires alliés : autant de colonies « informelles » dans le monde ibérique.

Pourtant, dans le port de Santiago, de nouveau un navire français, sur lequel flotte cet irritant pavillon bleu-blanc-rouge. Mais la silhouette n'est pas sans rappeler quelque chose. Quoi ? C'était le *Resolution*, à bord duquel le capitaine Cook se couvrit de gloire durant son deuxième voyage, puis le troisième où il perdit la vie... Les Français l'avaient récupéré et rebaptisé *Liberté* ! Macartney partage la colère de ses compagnons, à voir le célèbre vaisseau profané par les « sans-culottes ». « Comment ! Ce bâtiment qui a servi tant de nobles découvertes converti en contrebandier ! Et il porte le pavillon de la "République française" ! Que ne puis-je conserver cette demeure flottante du plus grand de nos explorateurs[1] ! »

Après cinq jours de relâche, le *Jackall* n'avait toujours pas rejoint. On remit la voile sans lui.

Deux jours plus tôt, la République française, battant les Autrichiens à Jemmapes, commençait à occuper la Belgique.

Un grand commis... voyageur

La fulgurante carrière de Macartney avait toujours gravité autour du commerce — et elle continuait.

Produit de l'oligarchie britannique, il s'était mis à son service. En France, un homme qui monte se voit nommé intendant d'une généralité ou maître des requêtes ; sa carrière peut le conduire en province ; mais, vite, elle se déroule dans quelques arpents de la capitale. En Angleterre, il part pour l'étranger, en mission commerciale. Anobli en 1764, sir George Macartney est envoyé en Russie pour renégocier le traité de commerce qui lie les deux États depuis 1743. Lorsque le chef du *Foreign Office*, Grenville, lui conseille d'emporter une copie du *Navigation Act* de 1651, il répond fièrement : « Pour éviter de m'en encombrer, je l'ai appris par cœur[2]. » Le voilà ambassadeur à vingt-sept ans.

Il va si bien plaire à Catherine II et à son ministre Panine, qu'il obtient d'eux des avantages inespérés. Les négociants anglais ne paieront pas un taux de taxe supérieur à celui des Russes eux-mêmes ; et ils auront le droit de commercer à travers toutes les Russies. Le ministre de France, le marquis de Bausset, peint complaisamment l'envers du décor : Macartney fait une affaire d'honneur, donc d'État, de ce que, lors d'un carrousel, il n'a pas été installé à la place qu'il estime revenir à l'envoyé de Sa Gracieuse Majesté[3]. Macartney indispose. Les questions de protocole prennent dans son esprit une importance démesurée.

A son retour de Russie, en 1767, les salons lui décernent un brevet de grand diplomate. C'est alors qu'il épouse la fille de lord Bute, ancien Premier ministre. L'union fait jaser. Lady Bute parle de mésalliance ; de bonnes âmes murmurent sur l'arrivisme du marié ; d'autres sur la laideur de la mariée[4]. Macartney pourrait dire, comme un siècle plus tard ce *dandy* très parisien qui avait épousé un richissime laideron : « Elle est fort bien, vue de dot » — quitte à appeler la chambre nuptiale « la chapelle expiatoire ». Tout au long de leurs nombreuses séparations, Macartney n'en commencera pas moins ses lettres par « mon très cher amour » — « *my dearest love*[5] ».

Il tâte de la vie politique. Il siège quelques mois au Parlement, puis devient, de 1769 à 1772, chef du secrétariat privé pour l'Irlande, en résidence à Dublin[6].

Le voici, en 1775, gouverneur des Caraïbes. Il s'y fait valoir comme administrateur énergique et chef courageux, quand la guerre d'Indépendance américaine jette son archipel dans la tourmente. L'amiral d'Estaing paraît en juin 1779 devant la Grenade, avec vingt-cinq vaisseaux de ligne, douze frégates et six mille cinq cents hommes. Macartney fait face, avec ses vingt-quatre bouches à feu et trois cents volontaires. Les archives de notre Marine ont conservé sa superbe réponse, en français, à la sommation de déposer les armes : « Milord Macartney ne sait pas en quoi consiste la force de M. le comte d'Estaing. Il connaît la sienne et fera tout ce qui dépendra de lui pour défendre son île[7]. » La moitié de ses effectifs tués ou hors de combat, Macartney prend le chemin de la captivité.

Il arrive à La Rochelle le 4 septembre 1779 ; puis on l'envoie en résidence surveillée à Limoges, où il devient vite la coqueluche de la bonne société. Mais il reste blessé d'avoir dû se rendre sans les égards qui lui revenaient. Il écrit à son ministre : « Je ne sais pas si la conduite de l'amiral d'Estaing, si contraire aux usages, les pillages qu'il a autorisés et son refus d'une reddition honorable ont été, ou non, approuvés par ses compatriotes ; mais il a établi un précédent douloureux, dont les Français auront indubitablement à souffrir en retour[8]. » Il ne transige jamais sur la dignité.

Le 9 septembre, il écrit au ministre de la Marine de Louis XVI, le comte de Sartine : « Si Votre Excellence n'y trouve rien à objecter, je désirerais fort me rendre à Paris au plus tôt, avec M. de Montrésor, mon aide de camp prisonnier comme moi. Pillé de tous mes effets à la prise de la Grenade, je me trouve dans un état qui me rend ce voyage de la plus haute nécessité[9]. » Sartine fait mieux. Macartney est échangé contre un M. de Verdière, tombé aux mains des Britanniques. Il est de retour à Londres[10] en novembre 1779.

Mais il y est encore « prisonnier sur parole » : il devra son « élargissement », qui lui permettra de partir pour l'Inde, aux négociations que, pour son compte, George Staunton mènera auprès de la Cour de France[11], durant l'année 1780.

Les Indes : des lauriers et du plomb

A Madras, Macartney va faire la connaissance de l'*East India Company*, dont il ira plus tard défendre en Chine les intérêts autant que ceux du roi George : et qui pourrait les démêler ?

Le Premier ministre, lord North, l'envoie sur ce front de la richesse anglaise, lui aussi menacé par les Français : à Madras, pour y gouverner l'un des trois « territoires » de la Compagnie. Absorbé par les rapports avec ces rajahs et nababs qu'il faut tenir en permanence dans les intérêts de la Grande-Bretagne, il se trouve ainsi au cœur d'un des soucis majeurs du gouvernement britannique[12].

Macartney n'eut pas à se repentir d'avoir accepté cette mission de confiance. Le traitement du gouverneur de Madras l'enrichit : trente-cinq mille livres* d'économies[13]. Mais il s'en contente, et résiste aux tentations de « ce pays dangereusement voluptueux qui en conduit des milliers aux pires excès[14] ».

Après six ans à Madras, il peut rentrer mains et conscience propres — rare, à l'époque. Pitt lui propose le gouvernement général des Indes. Se croyant indispensable, Macartney, qui n'est que baron irlandais, exige d'être admis dans la pairie d'Angleterre. C'est placer la barre trop haut. Il ne sera pas gouverneur général[15].

Son incorruptibilité lui vaudra des lauriers parlementaires : aux Communes, on le louera[16] d'avoir refusé à Madras un cadeau de trente mille livres du nabab de Carnatique, qui cherchait à être rétabli dans son pouvoir. Le nabab avait circonvenu la Compagnie. Macartney restait le seul obstacle. Il en écrivit à ses supérieurs : « Si l'ordre de restaurer le nabab devait être confirmé, contre les idées qui ont guidé mon action, ma démission s'ensuivrait aussitôt[17]. »

Sur le moment, cette vertu intraitable lui vaut du plomb. Le major général Stuart, qu'il a fait arrêter par Staunton pour corruption, le provoque en duel à leur retour à Londres. Macartney ne recule pas.

---

* 21 millions de francs de 1989.

Il ne nourrit aucune illusion sur sa capacité aux armes, face à un militaire entraîné de longue main. Il regarde la mort en face. Voici, miraculeusement retrouvé dans une collection particulière, le mot qu'il adresse à lady Macartney — et qu'elle n'a pas dû connaître :

Londres, le 8 juin 1786

« Mon très cher amour,

« Quand vous recevrez cette lettre, je ne serai plus. Vous quitter est la seule peine que j'éprouve en ce moment. Mais j'ai foi que nous nous retrouverons en un monde meilleur, car, bien que le pas que je vais franchir doive m'être pardonné, je ne vois pas que d'autres crimes pèsent sur moi.

« Mon testament, que vous remettra sir George Staunton, vous montrera que je vous ai gardé la même affection et la même confiance qu'au premier jour. Je me permets de rappeler à vos soins ma nièce, Mlle Balaquier, sir George Staunton, le capitaine Benson et M. Acheson Maxwell. Adieu.

Macartney[18]. »

Orgueil de son intégrité ; courage indomptable ; foi dans l'au-delà, malgré son scepticisme envers toute Église ; attentive affection pour sa femme ; fidélité à ses trois collaborateurs et amis, qu'il emmènera en Chine sept ans plus tard ; sobriété dans l'expression et contrôle de soi : tout l'homme est là — à la hauteur de son destin.

Cette lettre, il l'a sans doute écrite avant quatre heures du matin. Dans l'aube pâle de Hyde Park, les deux hommes sont à douze pas. Stuart demande à Sa Seigneurie si cette distance n'est pas excessive pour sa vue basse, et lui fait remarquer que son arme n'est pas amorcée. Les coups sont échangés. Macartney est blessé. L'affaire est lavée. Non, Stuart insiste : Sa Seigneurie l'a offensé, le premier sang ne suffit pas. Macartney consent au duel à mort. Mais les témoins finissent par séparer les adversaires[19].

Un homme qui bouge dans une Angleterre qui bouge

Après son retour des Indes, Macartney s'était refait une santé en Irlande. Dans son château de Lisanoure, il avait découvert les charmes de la vie rurale et de la culture de soi, facilitée par une rente annuelle de mille cinq cents livres* que lui avait votée la Compagnie[20]. Il siège de temps à autre à la Chambre des pairs de Dublin. Surtout, il lit. Le catalogue de sa bibliothèque, que nous avons retrouvé[21], révèle le personnage. On y rencontre classiques anglais et ouvrages français — philosophes et textes libertins. Les livres de voyages sont nombreux. La collection complète des *Lettres édifiantes*

---

* Soit 900 000 francs de 1989.

et curieuses*, que les pères jésuites ont envoyées de Chine, y voisine avec les *Recherches philosophiques sur les Égyptiens et les Chinois*[22]. Un *Armorial de France, Arms of Nobility and Peerage*, une collection dépareillée du *Gentleman's Magazine*, aident à parachever le portrait de celui qui est devenu, à la force du poignet, un grand seigneur.

De Lisanoure, puis de Londres où il avait acheté une maison sur Curzon Street, de son domaine de Parkhurst — dont il finira par porter le nom, dans la pairie si convoitée d'Angleterre —, il suivait les affaires du Royaume et de l'Empire, si étroitement mêlées désormais ; il s'attachait, en connaisseur, à celles de l'Orient.

Un homme qui bouge dans une Angleterre qui bouge. Celle-ci n'est pas seulement richesses, lords et entrepreneurs. Les usines nouvelles agglutinent autour d'elles un nouveau prolétariat. Londres a sa populace, toujours prête à des émeutes féroces. Cette autre Angleterre est encore l'Angleterre : pleine d'énergie, trempée dans la lutte pour la vie, nationaliste en diable. Les entreponts du *Lion* et de l'*Indostan* sont pleins d'hommes sortis — de gré ou de force — de cette Angleterre-là : la Chine ne les impressionnera pas.

Quand la France voisine a implosé sous la Révolution, l'Angleterre a été un moment tentée par le vertige du neuf. Elle n'y a pas cédé — sans doute parce que le neuf l'habite.

« La Chine plus que divine »

A partir des îles du Cap-Vert, les alizés imposent un vaste détour. Le vent est debout au large de l'Afrique équatoriale. On est presque contraint de passer par Rio de Janeiro : c'est ainsi que le Portugais Cabral découvrit le Brésil en voulant contourner l'Afrique. Le *Lion* et l'*Indostan* s'en vont donc rebondir, comme par une bande de billard, sur le port de Rio : la *volta*.

Le 18 novembre, l'escadre passe la ligne. Le climat équatorial ne réussit pas à Son Excellence : le 22 novembre, Macartney est affligé d'une crise de goutte qui ne le lâchera pas d'un mois. Il serre les dents[23]. Ses compagnons ne s'aperçoivent de rien[24].

Au cours des longues journées de navigation, Macartney avait beaucoup à lire : il avait fait livrer pour la bibliothèque du *Lion* tous les ouvrages publiés en Europe sur la Chine depuis un siècle. Le dossier que lui avait remis la Compagnie ne comptait pas moins de vingt et un volumes[25]. En outre, il se replongeait dans des carnets de notes qui parlaient de Chine. Loin de se douter qu'elle serait un jour son destin, il avait toujours soigneusement transcrit des conversations qu'il ressuscitait aujourd'hui.

Il pouvait s'imaginer qu'il la connaissait déjà. Il buvait son thé de Chine dans de la porcelaine de Chine. Sur son écritoire en laque de Chine, des personnages de nacre aux yeux bridés. Les parcs de ses relations les plus fortunées, fuyant la géométrie « à la française »,

---

* Collection de lettres sur les missions publiées par la S.J. entre 1735 et 1776.

imitaient l'art chinois des jardins : on s'y promenait parmi le beau désordre d'essences multiples, les pagodons en marbre blanc, les ravins miniatures qu'enjambaient en arc des ponceaux inutiles. L'Europe s'était toute enchinoisée. Ses palais, tendus de toiles à motifs chinois, offraient un bric-à-brac céleste. Le vrai coûte des fortunes : on l'imite. Les chinoiseries se fabriquent à Bristol comme à Limoges. Les porcelaines de Sèvres ou de Meissen, les meubles de Chippendale ou les soieries de Lyon façonnent le goût européen au « modèle chinois ».

Dès 1708, Daniel Defoe raillait cette mode : « La reine elle-même aimait à se montrer vêtue de Chine. Nos maisons en furent envahies[26]. » Et Louis-Sébastien Mercier : « Quel misérable luxe que celui des porcelaines chinoises ! Un chat, d'un coup de patte, peut faire un dégât pire que le ravage de vingt arpents de terre[27]. » Comment, dans l'Europe du XVIIIe siècle, peut-on ne pas être Chinois ?

Macartney devine-t-il que l'entichement persistant de ses contemporains masque leur méconnaissance de cette autre face du monde ? Ces belles œuvres d'art rompent avec celles auxquelles ils sont accoutumés : mais c'est la rupture qui les séduit, non la beauté. Aussi prennent-ils souvent le faux pour le vrai : les Chinois fabriquaient eux-mêmes par milliers, pour cette lointaine clientèle inexperte, des vases à la patine artificieusement séculaire[28]... Ce goût de l'exotisme ne livre aucune clef pour la Chine. Omniprésente à l'Occident, elle lui reste absolument étrangère. Elle ne lui adresse aucun message. Ce qu'il imagine lire dans les chinoiseries n'y est pas écrit.

L'enchinoisement avait atteint l'esprit. Là aussi, Macartney devinait l'erreur. Le feu sacré des Jésuites avait appelé l'attention des esprits « éclairés » sur les mœurs et croyances façonnées par les préceptes de Confucius. Déjà, La Mothe Le Vayer, précepteur de Louis XIV, psalmodiait : « *Sancte Confuci, ora pro nobis*[29]. » Leibniz recommandait aux souverains d'Occident de se mettre à l'école de la Chine, d'en faire venir des lettrés et de lui envoyer les leurs, afin de découvrir la vérité universelle d'où naîtrait la divine harmonie. Il avait écrit au Roi-Soleil pour lui proposer d'instituer une écriture en idéogrammes, inspirée du chinois et compréhensible par tous les peuples[30]. A la manière des *Lettres persanes*, Oliver Goldsmith avait publié des *Lettres chinoises* en 1762 ; et *L'Espion chinois* avait promené des mandarins à travers l'Europe pour qu'ils lui rendent sensible l'incongruité de ses mœurs.

Ces enthousiasmes, profonds ou légers, dégageaient la même conviction : il existait un modèle de gouvernement des hommes par eux-mêmes et de l'homme par sa raison. Sans religion et sans Église[31] : le vert paradis de la libre pensée[32]. Ce modèle, il suffisait de le copier. Sa flatteuse réputation courait l'Europe. En Chine, affirmait Voltaire, le prince, entouré de lettrés, écoute leurs avis et même leurs réprimandes, sous le regard exigeant du peuple. On avait rimé cet emballement :

> Vossius apportait un traité de la Chine
> Où cette nation paraît plus que divine[33].

Les beaux esprits ironisaient, comme Boulainvilliers : « Les Chinois, privés de la Révélation, sont donc aveugles. Mais, depuis quatre mille ans, leur ignorance ne les a privés d'aucun de ces merveilleux avantages : abondance, arts, études, tranquillité, sûreté[34]. »

La mode vint à l'économie ; les Chinois servirent, là aussi, de modèles. Moins aux Anglais, gens pratiques qui n'avaient besoin de personne pour remembrer leurs terres, creuser leurs mines, faire tourner leurs navettes — qu'aux Français, gens de théorie. Les physiocrates vantaient *Le Despotisme de la Chine* : Quesnay trouvait une complète ressemblance entre son propre système et les notions chinoises d'harmonie cosmique, de primat de l'agriculture, d'organisation garantie par l'État[35].

Les hommes des Lumières remettaient tout en cause dans la société européenne ; rien dans la société chinoise. Leur esprit critique, si aigu d'un côté, s'émoussait de l'autre. Le paradis raisonnable de la Chine athée leur permettait de dénoncer l'enfer de l'Europe soumise à « l'Infâme » — au clergé. Ainsi comptèrent-ils pour rien les cruautés des empereurs, les séismes des changements de dynastie, les autodafés de livres, les supplices d'opposants, les rébellions toujours renaissantes et toujours noyées dans le sang. Quand on a décidé d'être aveugle, l'évidence cesse d'avoir cours.

Le dialogue de sourds

Les rares opinions discordantes, il fallait les chercher dans l'obscurité des bibliothèques. Macartney avait-il lu le récit, déjà féroce, du capitaine Dampier à la fin du XVIIe siècle ? Berkeley, qui n'avait trouvé dans Confucius que des préceptes simplistes — rien de comparable à l'enseignement du Christ ? Defoe dénonçant cette nation « qui ose prétendre se suffire à elle-même et regarde les vaillants marchands anglais comme des barbares indésirables[36] » ? En tout cas, il avait lu le seul des grands esprits de son temps à avoir opiniâtrement résisté à la vague de *sinomania* : Montesquieu. Celui-ci tirait l'essentiel de ses informations du Jésuite Foucquet (qui, oralement, exerçait son esprit critique aux dépens des écrits de ses confrères[37]). Aussi reprochait-il à la Société de Jésus d'avoir péché par crédulité : « J'ai toujours dit que les Chinois n'étaient pas si honnêtes gens qu'ont voulu faire croire les *Lettres édifiantes*[38]. »

Macartney connaissait les pages sévères de l'*Esprit des lois* : « La Chine est une tyrannie, parce qu'y règnent l'insécurité et la terreur. Son gouvernement ne subsiste que [...] par l'exercice du bâton[39]. » Et par la routine : « Les rites rendent le peuple soumis et tranquille[40]. » Altérer un rite, ce serait ébranler l'édifice de l'obéissance.

Les Jésuites étaient-ils dupes ? Non. Mais ils étaient contraints de ne publier sur la Chine que ce qu'un Chinois pouvait lire sans en être vexé — ce qui aurait signifié la fin de leur aventure missionnaire. Leurs *lettres* étaient *édifiantes* : non seulement ils devaient s'y abstenir de dénigrer, mais ils les écrivaient systématiquement pour faire apprécier la Chine et soutenir leur entreprise. Que de brillants sinologues ont été amenés, consciemment ou non, à en faire autant sous Mao, pour ne pas risquer de se couper de leur raison de vivre !

Les philosophes sont moins excusables, qui se sont laissé intoxiquer. Pourtant, Voltaire lui-même finit par se déprendre de sa lubie chinoise, et rejoignit, s'il ne les dépassa, les critiques de Montesquieu. Quelques phrases, de-ci, de-là, le révèlent. Dès 1755 : « Ces Chinois chez qui nous avons voyagé à travers tant de périls, ne savent pas encore à quel point nous leur sommes supérieurs[41]. » Seize ans plus tard, il dénonce les faiblesses de l'écriture chinoise : « Il a fallu des années pour faire imprimer un poème qui aurait été imprimé en deux jours si les Chinois avaient voulu se réduire à l'alphabet des autres nations[42]. » La science chinoise, enfin, est ravalée à l'empirisme : « Je ne m'étonne pas que les Chinois aient inventé la poudre quinze cents ans avant nous ; leur terre est pleine de salpêtre[43]. »

Voltaire aurait pu, dès les années 1750, désintoxiquer ses contemporains. Il ne l'a pas fait, alors qu'il avait mis tant de fougue à les convaincre. Pourquoi ? La réponse vient peut-être de l'un d'eux, l'auteur de *L'Espion chinois* : « Voltaire n'a point écrit des *choses* ; il n'a fait des livres que pour les remplir de *paroles*[44]. » Voltaire a eu des convictions successives, qu'il n'eut pas le scrupule d'effacer à mesure. Il ne fut pas assez honnête pour revenir publiquement sur un argument dont il s'était trop servi — à savoir que les Chinois apportaient la preuve qu'on peut se passer de théologie, d'Église et peut-être même de Dieu. Il rejoignit les rares observateurs lucides — mais sans faire amende honorable.

Ainsi se poursuivait un dialogue de sourds, où l'Europe tenait le rôle du bavard, faisant les demandes et les réponses — et la Chine celui du muet.

CHAPITRE 4

Sous la protection de la flotte anglaise
(30 novembre 1792-21 janvier 1793)

Le 30 novembre, les deux bâtiments entrèrent dans la « splendide baie de Rio[1] ». « Le rivage est semé de villages riants et de plantations florissantes[2]. » Nos Anglais voient tout en beau : maisons de pierre de taille, rues rectilignes et pavées, fontaines alimentées en permanence par un immense aqueduc, en font un « aimable séjour[3] ».

Ces protestants sont frappés du contraste entre un goût prononcé pour les plaisirs et la stricte observance d'un culte qui paraît plus catholique encore d'être exotique : offices annoncés à volées de cloches et bruit de pétards, processions chantantes à la nuit, images saintes à tous les carrefours. L'irritation puritaine explose : « Plongés dans la mollesse et la débauche, les habitants sont superstitieux, ignorants, paresseux ; ils préfèrent l'ostentation[4]. »

Les couvents sont nombreux ; Holmes formule de noires insinuations sur ce qui s'y passe[5]. Macartney lui-même dénonce une dépravation générale : « Libertinage scandaleux chez les femmes, tendances contraires à la nature chez les hommes. Des officiers de la garde firent des propositions à certains de nos aspirants, mais ces jeunes gens tirèrent leur dague, avec une dignité toute britannique[6]. »

Une baleine vaut sept nègres

Pour une contrée catholique, le Brésil paraît cependant prospère à nos voyageurs : étonnant ! Mais ils observent fièrement que les Brésiliens dépendent étroitement de la marine britannique. Sans elle, pas de cachalots — précieux « pour leur huile », mais plus encore « pour leur sperme [*sic*], l'ambre gris ». Un baleinier anglais était mouillé en rade, avec à son bord « soixante-neuf baleines, estimées chacune à deux cents livres sterling* en moyenne[7] ». L'Angleterre avait établi dans l'Atlantique Sud un véritable empire baleinier.

Sans la protection de la *Navy*, pas de traite des Noirs non plus.

---

* Soit 120 000 francs de 1989.

« Un nègre moyen vaut vingt-huit livres* ; une baleine, sept nègres[8]. »
Et sans nègres, pas de culture de la canne à sucre.

Nos Anglais vont visiter les entrepôts où sont parqués les esclaves
« achetés à leurs semblables sur les côtes d'Afrique ». Ils y constatent
un hallucinant maquignonnage, sans pourtant s'en offusquer : « On
les nettoie, on leur frotte la peau avec de l'huile, on cherche à cacher
leurs maladies ou leurs défauts corporels, afin d'en tirer un meilleur
parti[9]. » On en transporte par an au Brésil « vingt mille, dont cinq
mille pour Rio seule[10] ».

Ce sont les firmes anglaises de Lisbonne qui assurent la majorité
du commerce extérieur. « Tout l'or du Brésil passait au Royaume-
Uni, qui tenait le Portugal sous son joug », dit un contemporain[11].
Décidément, ces colonies indirectes sont plus enrichissantes que les
colonies directes, dont il faut supporter les frais de souveraineté.
Voilà un système qu'il serait bien profitable d'étendre à la Chine.

On leva l'ancre le 17 décembre 1792. A Paris, le procès de
Louis XVI avait commencé.

L'esprit agile du petit page

Le regard de Thomas était clair, comme sa voix. Il le levait vers
ses maîtres sans crainte ni effronterie. Sa future charge de page pour
la parade ne l'absorbait pas à bord. En revanche, il étudiait beaucoup
le chinois avec « M. Prune ». Le gamin n'avait pas résisté au plaisir
d'appeler ainsi M. Li, dont le nom désignait ce fruit. Il s'initiait à la
calligraphie avec les trois autres prêtres, MM. Zhou, An et Wang. Sa
fine oreille percevait les tons ; son œil retenait la configuration des
caractères.

Le père avait d'abord essayé d'assister aux leçons données au fils ;
mais, à cinquante-six ans, son esprit rouillé n'arrivait pas à suivre
l'agilité de Thomas. Il renonça assez vite, en faveur de la bibliothèque
du *Lion*. Il découvrit que, depuis au moins le IIIe siècle avant notre
ère, une route de la soie, par caravanes de chameaux, traversait
l'Asie centrale ; mais les Méditerranéens n'avaient jamais vu de
Chinois. Pline l'Ancien écrivait d'eux : « Les *Seres* [les hommes de
la soie], semblables aux sauvages, fuient la société des autres hommes,
et attendent que le commerce vienne les trouver[12]. »

Voilà bien la raison de l'ambassade. Car déjà, la difficulté de ce
commerce était la même que sous Qianlong. L'Occident, déjà,
ignorait tout de la Chine, mais ne pouvait se passer des produits
chinois : soie, fourrures, épices. Sénèque, déjà, reprochait à ses
compatriotes de « se ruiner pour que leurs femmes portassent des
voiles de soie dont la transparence offensait la pudeur[13] ». Se ruiner :
car la Chine, déjà, n'avait besoin de rien. Elle exportait sans importer.
Rome n'avait plus de bon argent pour payer... Les invasions barbares
ont mis fin à ce commerce à sens unique. La route de la soie est et

---

* Soit 16 800 francs de 1989.

restera longtemps coupée. Mais dans cette première confrontation des cultures, l'Occident a été dominé.

Deuxième confrontation au Moyen Age, avec de nouvelles routes de la soie, terrestres et maritimes : même résultat. Les Chinois connaissaient gouvernail et boussole, à l'époque où les Normands cabotaient avec des barques à rames. Ils imprimaient leurs textes sacrés, quand les scribes carolingiens[14] recopiaient les leurs. La Grande-Bretagne n'était encore qu'une marche barbare de l'Occident, quand la Chine avait déjà atteint la perfection d'une civilisation immuable. Sir George se préparait à la troisième confrontation.

Quinze jours plus tard, ce sont encore des cétacés que l'escadre rencontra à Tristan da Cunha, rocher stérile, surgi de la mer à mi-chemin de Rio et du Cap : « une foule immense de cachalots qu'on voyait bondir à la surface des vagues[15] ». Le 7 janvier, on doublait le cap de Bonne-Espérance, à une centaine de milles de la côte. Malgré l'été austral, la brume paraissait chargée de neige[16].

Une soirée à Saint-Pétersbourg

Le *Lion*, en ce 15 janvier 1793, grinçait faiblement sous les coups amollis de la houle. Le Lord se pencha sur la malle où il avait serré son journal entamé dès son départ pour Saint-Pétersbourg, en 1764[17]. Il feuilleta un cahier qui faisait revivre une soirée dans cette ville, chez le prince Galitzine. Il y avait rencontré un certain Bratichtchev, qui avait occupé des fonctions élevées à Irkoutsk et s'était même rendu à Pékin pour discuter avec les Chinois de problèmes frontaliers. Ce Russe, un des rares à connaître le chinois, lui avait expliqué qu'affronter la Chine, c'est « naviguer dans la brume ».

Les Russes étaient les seuls rivaux des Anglais en Chine. Les Portugais malgré leur Macao, les Hollandais malgré leurs îles de la Sonde, les Espagnols malgré leurs Philippines, déclinaient. Les Français, qui auraient pu récolter le champ ensemencé par leurs missionnaires, souffraient de leur faiblesse marchande et, maintenant, des désordres qui les écarteraient longtemps des routes du monde. Les États-Unis, bien que leur premier navire eût touché Canton dès 1784, étaient encore nains. Les Russes avaient connu, dès avant Pierre le Grand, une vive expansion en Asie centrale. Mais, depuis les années 1720, leurs ambitions avaient été bloquées par les empereurs mandchous.

L'Angleterre prenait le relais : les Indes la rendaient limitrophe de l'Empire chinois, ou de ses vassaux de Birmanie et du Tibet. Sur cinq navires occidentaux de haute mer qui mouillaient à Canton, quatre étaient britanniques[18]. Le moment était venu de profiter du recul russe et de l'impuissance convulsionnaire de la France.

Les Chinois, lui avait encore expliqué Bratichtchev, sont d'une incroyable ignorance sur tout ce qui n'est pas la Chine[19]. Ils la croient l'immense milieu de la terre ; ils se représentent celle-ci comme un carré aux extrémités duquel sont rejetés pêle-mêle tous les autres pays, juste bons à payer tribut ou à être souverainement ignorés. Un jour, le père Ricci montrait un globe terrestre à des Chinois. Ils furent plus incrédules encore que déconfits. « La Chine est trop petite », décidèrent-ils[20]. Cette sphère était trop éloignée de leur conception de l'Univers, dont la Chine occupe le centre, sous la voûte d'une gigantesque carapace de tortue.

Le cru et le cuit

De cette soirée à Saint-Pétersbourg, Macartney retenait que la supériorité chinoise est un postulat depuis que la Chine existe. La « civilisation » ou la « barbarie » n'est pas question de race, mais de soumission à la culture chinoise. Le Barbare inféodé est appelé en mandarin « Barbare cuit » ; auparavant, il était « cru ». Il y a donc trois catégories d'humains : les « hommes aux cheveux noirs », comme ils se nomment eux-mêmes, les seuls civilisés ; les *cuits*, qui viennent témoigner de leur obéissance à l'Ordre céleste ; les *crus*, qui n'ont pas pu (ce qui est pardonnable) ou voulu (ce qui ne l'est pas) prendre part aux bienfaits de la Civilisation.

Nous savons aujourd'hui, par les Archives impériales, que toute mission étrangère est enregistrée comme *délégation vassale* : marchands latins de la Rome ancienne ; moines envoyés par les papes de l'âge gothique ; la France même est inscrite comme *pays tributaire*, à la date de 1689, en raison de l'arrivée de Jésuites français que, pourtant, Louis XIV s'était soigneusement gardé de mandater.

Rien n'échappe à cette captation civilisatrice. Le Barbare *cru* commence à *cuire* dès qu'il passe à proximité du foyer chinois où tout se façonne, le kaolin comme l'argile humaine. Qu'il le veuille ou non. Qu'il le sache ou non.

Macartney approchait du foyer. La soirée à Saint-Pétersbourg s'imprimait à nouveau profondément dans son esprit. Le geste d'inféodation, il ne l'accomplirait pas. La prétendue supériorité chinoise devrait compter avec la réelle supériorité britannique.

Le 21 janvier, à Paris, la tête de Louis XVI roule dans le panier de son. Les Conventionnels scellent les assises de la République avec le sang du Roi. La Cour de Saint James prend le deuil.

CHAPITRE 5

Un air de Chine
(fin janvier-16 juin 1793)

Encore quinze jours de solitudes océanes, et l'on aborde, le 1er février, à l'île d'Amsterdam, dont les grèves se couvrent d'une multitude de phoques[1]. Surprise : « Des hommes agitent un mouchoir au bout d'un bâton[2] » — trois Français* et deux Anglais. On les avait déposés sur cette île déserte pour y préparer « une cargaison de vingt-cinq mille peaux et les aller vendre à Canton[4] ». « Les Chinois ont porté au plus haut degré l'art de préparer les peaux de veaux marins, d'en ôter les poils longs et rudes, pour ne laisser que les duvets[5]. » Ces cinq hommes étaient « d'une excessive malpropreté, mais aucun d'eux ne souhaitait repartir[6] ».

Ce même 1er février, à Paris, la Convention déclarait la guerre au roi d'Angleterre. Pendant que leurs pays se feraient la guerre, ils s'échineraient ensemble à arracher la peau des vingt-cinq mille carcasses qu'ils laisseraient pourrir sur le rivage. Voilà à quelle barbarie, déjà, poussait la folie des fourrures, que prisaient tant les mandarins** — presque le seul article, avec l'opium, qui pût s'écouler en Chine.

On appareilla le lendemain[8]. Le *Lion* arriva le 25 février en vue de Java, sans avoir approché un seul bâtiment dont on pût se faire reconnaître. Plusieurs cas de scorbut s'étaient déclarés à bord, malgré les citrons recommandés par Cook[9]. Le *Lion* retrouva avec soulagement l'*Indostan*, qui attendait à la pointe occidentale de Java[10]. Les deux vaisseaux avaient été séparés durant de longs jours.

Il avait fallu deux mois pour passer du Brésil à Java. Deux mois sans croiser une voile, sans autre escale que deux rochers perdus dans l'immensité marine, deux reposoirs de phoques — mais d'où ni le commerce, ni l'Angleterre, ni la Chine n'étaient absents.

Longs jours, longues lectures, longues réflexions, longues conversations aussi. Au début, Macartney n'avait pas beaucoup aimé les

---

* Louis XVI s'intéressait au commerce des fourrures. Dans ses instructions à La Pérouse, il lui ordonnait d'aller à Canton s'informer de la pelleterie[3].

** Cet épisode fascinait Fernand Braudel, qui lui a consacré un long passage de *Civilisation matérielle et capitalisme*[7].

31

quatre prêtres, qui cumulaient les traits de Chinois, de papistes et de Napolitains : une épreuve envoyée par le Ciel à un protestant d'Irlande ! Pourtant, comment se passer des deux interprètes ? Le père Li avait la bouche gâtée par le tabagisme ; où qu'on le rencontrât, il tirait sur sa longue pipe. Le père Zhou avalait par moments des pépins de melon d'eau séchés. Difficilement supportable pour un *gentleman*. Mais comme ils connaissaient l'histoire de leurs pays ! Macartney les interrogeait en latin. Il retrouvait alors l'aisance de *Trinity College*.

Flux et reflux entre ouverture et fermeture

A force de les entendre et de dévorer sa bibliothèque, Macartney avait fini par se faire une certaine idée des rapports entre Chine et Occident à travers les âges. Tantôt le dragon chinois, tranquille, déploie ses anneaux ; tantôt, inquiet, il se replie sur lui-même. Toujours la même société qui se défait et se reconstitue. L'éternel retour de l'ordre et du désordre fait une histoire immobile. Le contraire de l'Angleterre, modèle de progrès continu, à la conquête d'un monde en expansion.

Dans ce flux et reflux millénaire, l'empereur Qianlong était-il plus proche de l'ouverture, ou de la fermeture ? Il avait accueilli des missionnaires, qui se flattaient de tenir auprès de lui le premier rang. Mais il avait persécuté convertis et prêtres chinois, maté férocement des révoltes, chassé les Européens — sauf la poignée qui lui était utile —, enfermé leurs commerçants dans le double ghetto de Macao-Canton, censuré tout ce qui critiquait sa dynastie mandchoue, mis dix mille livres à l'index, brûlé deux mille autres, exécuté des centaines d'écrivains. S'il étendait la Chine, c'était sans l'ouvrir.

Macartney savait qu'il allait auprès d'un vieillard un peu sourd. Les missionnaires n'avaient-ils pas fait savoir qu'il souhaitait se procurer deux cornets acoustiques ? Mais resterait-il sourd aux avances de « la plus puissante nation d'Occident » ?

La dynastie tartare-mandchoue aurait pu ouvrir la Chine comme l'avaient fait, au XIII⁰ siècle, les Tartares-mongols de Gengis khan et de Kubilaï. Mais, après eux, les Ming avaient refermé la Chine sur elle-même. Les Mandchous ne leur succédèrent que pour s'y enfermer à leur tour. Le dernier Ming, Chongzhen, assailli par une révolte paysanne, se sentit si abandonné du Ciel, qu'il se pendit. Les Mandchous, voyant la décomposition de l'Empire, s'en emparèrent. A nouveau, des étrangers gouvernaient la Chine. Mais elle était bien finie, cette Chine multiple et foisonnante que Marco Polo avait célébrée...

A la seule exception du contemporain de Louis XIV, le grand Kangxi, les Tartares-Mandchous, devenus les maîtres, ne songèrent qu'à jouir en paix de leur proie. La Chine que ces étrangers occupaient avait derrière elle trois siècles de fermeture au monde. Pour mieux la posséder, ils tournèrent la clé à double tour.

Après quatre siècles de piétinements aux portes de Cathay, Macartney croit savoir où il va — et comment ouvrir la serrure.

Premier choc culturel

Le 6 mars 1793, on était en rade de Batavia [Djakarta]. Les Indes néerlandaises, c'était enfin le retour à la civilisation. De là, la Chine paraissait toute proche.

L'expédition britannique donnait des inquiétudes aux Hollandais, traditionnels rivaux. « Ces messieurs ne dissimulèrent point l'intention de leurs agents de Canton de contrarier les démarches de l'ambassade[11]. » Macartney se mit en devoir d'apaiser ses hôtes. Finalement, on s'accorda à reconnaître que le commerce des deux nations pouvait prospérer de concert sur l'immense marché chinois. Le gouverneur de Batavia assura qu'il enverrait sur l'heure à Canton des consignes de conciliation.

La rade présentait déjà un air de Chine, avec ses innombrables jonques aux voiles nervurées comme des ailes de libellules. « Impossible d'exprimer le plaisir qu'éprouvèrent nos Chinois, lorsqu'ils aperçurent le premier bâtiment de leur patrie[12]. »

Premier choc culturel : on distinguait aisément les maisons des Chinois et des Hollandais. Dans les premières, basses, étroites et sales, faites de planches et quelquefois de briques grises, les locataires s'entassaient les uns sur les autres. Celles des Hollandais, propres et spacieuses, étaient bâties de briques rouges, souvent revêtues de marbre et parcourues de l'eau rafraîchissante des fontaines.

Pourtant, surprise : « La plupart de ces belles demeures sont inhabitées[13]. » Les vaisseaux de la Compagnie hollandaise croupissent dans la rade. Des pirates malais ou chinois viennent les assaillir en vue même de la ville : aucun bâtiment de guerre n'est là pour les défendre. On redoutait en outre une attaque de Français venus de l'île de France*. La ville était bien incapable de faire face à pareille agression : la moitié de la garnison était à l'hôpital[14].

Où le Fils du Ciel désavoue les Chinois d'outre-mer

L'émigration chinoise est ancienne : à Batavia, les Chinois viennent en masse, cherchant fortune. En ville, ils sont commis, courtiers, détaillants. A la campagne, ils se font fermiers, laboureurs, valets. Rien ne rebute leur énergie, même pas le travail de la canne à sucre — réservé ailleurs aux esclaves noirs. Nombreux sont ceux qui s'enrichissent dans le grand négoce. Les Chinois répandus sur le pourtour de la mer de Chine se montrent experts en économie marchande — alors que tout est fait, en Chine même, pour les décourager d'y déployer ce talent. De 1793 à 1978, tendance lourde.

Leur nombre et leur réussite font peur. La Compagnie hollandaise

---

* L'île Maurice, colonisée par les Français depuis 1712.

des Indes orientales, en 1740, sur le bruit de quelque rébellion, avait organisé leur massacre. Vingt à trente mille avaient péri : dix Saint-Barthélemy en quelques heures*. «Cette sauvagerie fut désavouée par la Hollande. Les directeurs de la Compagnie craignirent qu'elle n'excitât l'indignation de l'empereur de Chine.» Ne se vengerait-il pas sur les affaires — et peut-être même les hommes — de la Compagnie à Canton ? Ils envoyèrent une ambassade pour expliquer et excuser une mesure aussi radicale. Agréable surprise : l'Empereur, avec flegme, leur fit répondre «qu'il s'embarrassait fort peu du sort de sujets indignes qui, pour l'appât d'un vil gain, s'étaient expatriés et avaient abandonné les tombes de leurs ancêtres[15]».

Déjà, cet empereur était Qianlong. Déjà, il témoignait du même dédain pour le commerce, le profit, les échanges internationaux ; de la même sévérité pour les Chinois tentés par l'étranger ; du même attachement à l'immobilité — qu'il afficherait par la suite...

A côté de la ruche chinoise, les Hollandais font triste figure. Marais pestilentiels, «fièvres cycliques» qui tuent dès le second accès, «faute que l'on connaisse l'usage de la quinine[16]». «Nous vîmes une dame arrivée depuis dix mois avec onze personnes de sa famille. Elle avait déjà perdu son père, six sœurs et un beau-frère[17].» En dépit de la rapidité avec laquelle on fait fortune, les Européens se fixent peu.

Les mœurs ne sont pas faites pour leur insuffler de l'énergie. On passe la matinée à boire vin, genièvre et bière, et à fumer. «On déjeune surtout de liqueurs, puis de café[18].» La sieste suit ; on ne laisse jamais un célibataire ou un voyageur de passage, sans qu'une jeune esclave vienne lui tenir compagnie «jusqu'à ce qu'il s'endorme[19]».

Histoire immobile ? Pas pour tout le monde. Des navires marchands français relâchent. L'équipage de l'un d'eux, imbu des idées nouvelles, revendique que l'on respecte une «égalité culinaire» : «Il s'était mis en tête que les principes sacrés et imprescriptibles l'autorisaient à exiger qu'il lui fût servi un dîner aussi fin qu'à ses officiers — sans qu'on eût à se soucier de qui le paierait. Les marins étaient entrés dans la salle à manger des officiers avec les plats qu'ils y apportaient et avaient invité leurs chefs à partager avec eux ce dîner. Les officiers demandèrent au gouverneur de Batavia un petit détachement, pour rappeler aux mutins les règles élémentaires de l'organisation de toute société[20].»

L'alliance des puissants contre la «canaille» se reconstitue aussitôt — même entre belligérants. Depuis déjà cinq semaines, la République française est en guerre avec la Grande-Bretagne et les Provinces-Unies. Il est vrai qu'à Batavia, nul ne le sait, puisqu'il faut six mois pour qu'une nouvelle parvienne. Mais tous voient venir ce conflit, qui va durer plus de vingt-deux ans.

---

* Deux siècles plus tard, sous Soekarno, cinq cent mille communistes, ou supposés tels, dont beaucoup de Chinois, seront massacrés : ce ne sera pas une «première».

La mort frappe en mer de Chine

L'ambassade ne demeura qu'une dizaine de jours à Batavia. On leva l'ancre le 17 mars, afin d'être en mesure d'entrer dans le détroit de Banca quand la mousson serait favorable. Ce dernier tronçon du trajet débuta sous de bons auspices. Les capitaines Gower et Mackintosh achetèrent un brigantin français pour servir d'allège ; en l'honneur de l'amiral-duc, frère du roi, on le rebaptisa *Clarence*.

Or, voici que le *Jackall* réapparut, son équipage au complet. Très endommagé par la tempête qui avait fait rage au large de Portsmouth, il avait dû faire demi-tour pour réparer. Il avait manqué de peu l'escadre à Madère, puis aux îles du Cap-Vert. Sans jeter l'ancre une fois, il avait contourné l'Afrique. Ses hommes, réduits à d'infimes rations, paraissaient épuisés. On fêta le lieutenant Saunders, qui avait su mener cette corvette depuis l'autre bout du monde[21].

L'euphorie fut de courte durée. Le vent était debout. La dysenterie ravageait les équipages, « en raison du manque de commodités des navires[22] ». On attendit près de deux mois que la mousson changeât de cap. En revanche, les pirates malais ne changeaient pas le leur. Plaie de cette région, ils écumaient la mer et surgissaient à tout moment, comme de nulle part. « Armés en course, ils croisaient ; mais l'apparence redoutable de nos vaisseaux les tint à distance[23]. »

La mort frappait. On lavait ponts et entreponts au vinaigre. On faisait des fumigations. « C'est incroyable, note Macartney, comme les hommes se font à tous les malheurs. La mort d'amis ne trouble guère les survivants qui, par la fréquence même de ces pertes et la résignation propre aux marins, continuent de se comporter comme si de rien n'était[24]. » Les valides, trafiquant avec les Malais, rentraient à bord, qui avec des singes, qui avec des oiseaux multicolores.

« Le 28 avril, nous arrivâmes au détroit de Banca, entrée de la mer de Chine[25]. » Cette fois, on faisait route. Le 10 mai 1793, on franchissait à nouveau l'équateur — dans l'autre sens. Malgré les rafales de pluie, le thermomètre dépassait 35 °C. Le *Clarence* et le *Jackall* devaient sonder sans arrêt la mer peu profonde. « Nul espoir d'enrayer la dysenterie, tant que manqueraient air pur et provisions fraîches[26]. » « Quelques-uns n'étaient qu'une plaie, depuis les pieds jusqu'à la tête. La douleur augmentait en raison de la chaleur. Notre courage se soutenait par l'idée de remonter vers le nord. Autrement, le désespoir nous aurait rendus fous[27]. » C'est sur cette mer que dérivent de nos jours les *boat-people*...

Cimetière d'une ambition française

L'escadre longea bientôt la côte de Cochinchine. C'est le nom qu'en Europe, on donnait alors à tout le Vietnam. La navigation devenait plus aisée, les vents plus agréables. On distinguait des collines bien cultivées. On rencontrait jonques, sampans, bateaux de pêche. Le 25 mai, en vue de la baie de Tourane [Danang], « on avait touché à l'extrémité méridionale du continent chinois[28] ».

De fait, la « Cochinchine » avait fait partie intégrante de l'Empire chinois. Elle s'en était émancipée, sans rompre ses liens de vassalité. Les princes annamites, avec force *kotow*, offraient tribut à leur suzerain, le Fils du Ciel. Macartney estimait que ces relations avec la Chine suffisaient à rendre ce pays digne de l'intérêt de l'ambassade.

Aborder ne fut pas une mince affaire. On ne pouvait se fier aux cartes marines, trop imprécises. On héla les nombreuses barques de pêche qui croisaient à proximité. Toutes s'enfuirent. Une chaloupe de l'*Indostan* en poursuivit une et finit par ramener à bord un vieillard terrorisé. On l'apaisa avec quelques dollars espagnols*, qu'il reconnut. Il désigna du doigt le chenal ; on gagna l'abri ; le vieillard prit ses jambes à son cou[29]. Les Cochinchinois pouvaient croire à une invasion : le pays vivait une interminable révolution. L'un des deux partis se croyait assuré d'un prochain secours de la France — bien en peine, dans ses propres spasmes, d'intervenir.

On protesta du caractère pacifique de l'ambassade. Prudent, le commandant de la place dit qu'il attendrait les ordres de la capitale. Le ravitaillement fut chiche. Au bout de quarante-huit heures, le gouverneur de Tourane approcha sur une galère pontée, suivi de neuf esquifs de ravitaillement. Macartney fut invité à séjourner à terre. Il comprit les raisons d'une telle amabilité, quand on lui parla de lui acheter des armes. Peu soucieux de se mêler d'une guerre civile, il invoqua sa hâte de se rendre au plus tôt auprès du Grand Empereur : le gouverneur, en tributaire respectueux, entendit ce langage.

Du moins accepta-t-on le festin du gouverneur. « Au lieu de pain, à chaque convive, une jatte de riz bouilli[30]. »

Les Anglais se donnèrent le plaisir de visiter le cimetière d'une ambition française. En 1787, signé à Versailles, un traité d'alliance avec le prince annamite Anh donnait à la France la baie de Tourane et l'île de Poulo-Condor. La protection française avait permis à Anh de l'emporter sur ses ennemis. Les Français s'installèrent dans l'île de Callao. « Ils ne devaient y voir, commente Staunton, qu'une première étape, avant de s'emparer de toute la Cochinchine. Mais la Révolution a anéanti tous les efforts de cette nation en Orient... L'établissement que projetaient les Français avait sans doute pour objet de se procurer les marchandises de la Chine à beaucoup meilleur marché que les Européens ne les paient dans la Chine même**[31]. »

L'établissement français devait être mis au passé. L'avenir, aux yeux de Macartney, était en Chine même — et s'ouvrait à lui. Sans s'attarder, ses équipages reposés, ses cales approvisionnées, il mit la voile pour la dernière étape : cap sur Macao.

---

* Voir Annexe « Monnaies » *in fine*.
** Le gouvernement chinois ne mettait en effet aucun droit d'exportation sur les marchandises que ses sujets embarquaient dans leurs propres navires. Mais Staunton ne prêtait-il pas aux Français un génie commercial qui n'était guère leur fort ?

DEUXIÈME PARTIE

UNE AUTRE PLANÈTE

VERS L'EMPEREUR
(juin-septembre 1793)

« *Si quelque étranger entre secrètement en Chine, on lui défend de retourner en son pays, de peur que d'aventure il ne trame des complots parmi les siens à la ruine de l'Empire. C'est pourquoi on punit fort sévèrement les Chinois qui, sans permission du souverain, négocient ou conversent avec des étrangers.* »

Nicolas TRIGAULT, S.J., 1617[1].

« *L'objet de la politique de la Cour tartaro-chinoise ne tend qu'à contenir le peuple dans la tranquillité. On y fait peu de cas du commerce avec les nations étrangères. On n'y reçoit des ambassades qu'autant qu'elles peuvent être envisagées comme des marques de soumission. Quand ces ambassades sont admises, ceux qui les composent ont des conducteurs, des interprètes et des gens de service, sous la dépendance d'un ministre auquel ils sont tenus de rendre compte. Les ambassadeurs ne peuvent pas dire un mot qui ne soit rapporté; ne peuvent pas faire un pas hors de l'enceinte qui leur est assignée pour demeure; ne peuvent recevoir ni faire de visites, que celles qui sont d'étiquette; point de festins, point de spectacles que ceux que le Souverain leur donne.* »

Joseph-Marie AMIOT, S.J., 1789[2].

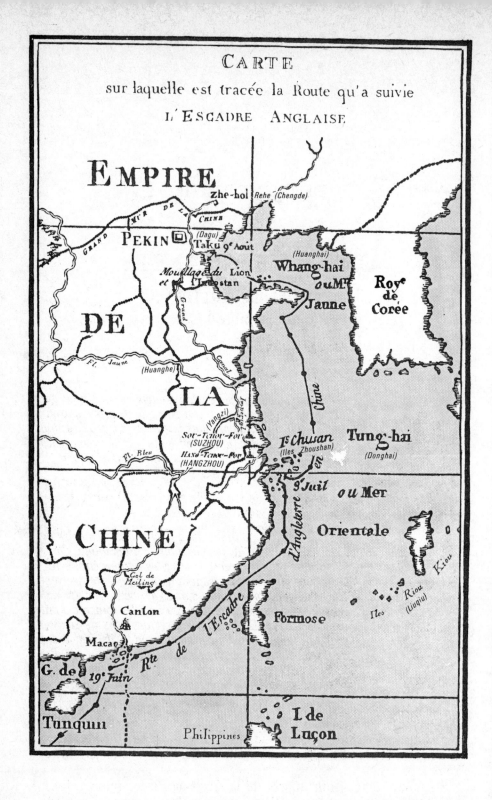

CARTE

sur laquelle est tracée la Route qu'a suivie

L'ESCADRE ANGLAISE

EMPIRE

Zhe-hol Rehe (Chengde)

GRAND MUR DE LA CHINE

PEKIN   (Dagu)
Taku 9ᵉ Août

Mouillage du Lion
et de l'Indostan

Whang-hai
ou Mᵉʳ
Jaune

(Huanghai)

Royᵉ
de
Corée

DE

Fl. Jaune (Huanghe)

Grand

Gd Canal

LA

(Yangzi)

Soo-Tchou-Fou
(SUZHOU)

Hang-Tchou-Fou
(HANGZHOU)

Fl. Bleu

Iˢ Chusan
(Iles Zhoushan)

Tung-hai
(Donghai)

9ᵉ Juil

en Chine

ou Mer

Orientale

Kiou

Riou
(Liuqiu)

Iles

CHINE

Col de
Meiling

Canton

Formose

d'Angleterre

de l'Escadre

Macao

G. de

Rᵗᵉ de l'Escadre

19ᵉ Juin

Tunquin

Philippines

Iˢ de
Luçon

38

CHAPITRE 6

Macao, sas entre deux mondes
(19-23 juin 1793)

> « *Les Portugais ne tirent rien de Macao ; nous pour-rions le leur acheter ; cela représenterait pour nous une acquisition capitale.* »
>
> David Scott, 1787[1].

Enfin, le 19 juin 1793, neuf mois après leur départ, les Anglais aperçoivent la terre chinoise. Le lendemain matin, ils jettent l'ancre au large de Macao. La Chine est là, toute proche. Mais Macartney se garde d'y aborder. Il l'effleure seulement, de peur qu'elle ne le happe. Il refuse d'entrer dans l'Empire par la porte obligée. Même Macao ne le retiendra pas, qui est déjà la Chine, mais pas tout à fait l'empire de Chine. L'Ambassadeur se contente d'y envoyer Staunton s'infor-mer auprès des commissaires de la Compagnie.

Sir George longe des îlots stériles et accoste au pied d'une vieille ville coloniale. Les maisons se couvrent d'une lèpre verdâtre. Les ruelles tortueuses montent à l'assaut d'une forteresse couronnée de canons. Il se plonge quatre jours dans cet extraordinaire condomi-nium, administré par un gouverneur portugais qui a autorité sur les Européens, et par des mandarins chinois qui exercent leur juridiction sur leurs compatriotes. Avec cette différence que les Portugais sont en quarantaine : ils ne peuvent sortir de leur presqu'île, dont l'accès est barré par un mur percé d'une porte, que seuls des Chinois peuvent franchir. Les mandarins vont et viennent à leur guise[2].

Dans cette cité sino-portugaise, se marient les deux cultures d'Extrême-Orient et d'Extrême-Occident. Elle est le « camp de base » de toutes les compagnies marchandes et de toutes les entreprises missionnaires d'Europe. Elle joue alors, depuis près de deux siècles et demi, le rôle que lui ravira plus tard Hongkong — d'un *sas* entre deux mondes.

Staunton va recueillir auprès de la Compagnie des informations fraîches sur les intentions de Pékin. Nos Anglais avaient su, par un courrier arrivé à Batavia, que leurs affaires se présentaient plutôt bien. Mais ils étaient avides d'apprendre en détail comment la Chine avait reçu la nouvelle de leur prochaine arrivée. N'étaient-ils pas partis de Portsmouth le jour même où les commissaires de la Compagnie, arrivés à Canton, demandaient audience aux autorités ?

Les entrevues sollicitées avaient été accordées, le 11 octobre par le surintendant des douanes, le 18 par le gouverneur Guo Shixun, remplaçant le vice-roi Fukang'an en campagne au Tibet.

Ces hauts fonctionnaires savaient déjà qu'avec les Anglais de Canton, ils n'avaient pas affaire à des Barbares ordinaires. Portugais, Hollandais et tous autres agents ou missionnaires pratiquaient le *kotow* sans façons. Les Anglais s'y étaient toujours refusés ; ce refus avait été ritualisé, lui aussi. Alors que Chinois et Anglais sont en conférence chez le surintendant, un coup de canon retentit ; il annonce l'arrivée d'une lettre de Cour. Les Anglais se retirent. Par discrétion ? Non : pour n'avoir pas à faire le *kotow* devant l'étui, revêtu de soie jaune, qui contient le message impérial. Quand le mandarin a pris connaissance de l'auguste correspondance, les Anglais sont réintroduits. Anglais et Cantonais ont arrangé ce *modus vivendi*, mais il n'est pas sûr que Pékin le connaisse[3].

Par les archives du Grand Conseil, nous savons aujourd'hui ce que le gouverneur rapporte à l'Empereur de l'entrevue du 18 octobre : « Les Barbares anglais, à leur arrivée à Canton, ont demandé à se rendre au palais du gouverneur et à celui de la douane pour présenter une requête. Nous leur avons immédiatement donné audience. Leur rapport déclare que le roi d'Angleterre, n'ayant pas été en mesure il y a deux ans de présenter ses félicitations à Votre Majesté pour Son quatre-vingtième anniversaire, Lui dépêche présentement l'envoyé *Ma-ga-er-ni** pour offrir un tribut. L'usage veut qu'après avoir reçu l'autorisation d'entrer dans un port, les Barbares présentent au vice-roi de la province une copie de la requête de leur souverain, avec la liste des articles du tribut. Mais le roi des Anglais ne nous a transmis aucun de ces deux documents. Nous ne possédons que la missive apportée par les commerçants anglais. Vos humbles esclaves n'ont pas osé transmettre un tel document à Votre Majesté[4]. »

Est-il bienséant de faire annoncer une ambassade royale par des marchands — individus méprisables ? Fi donc ! Ce torchon n'est pas digne de l'Empereur. Les mandarins savent qu'ils courraient de grands risques en faisant suivre un document non conforme à l'immuable étiquette. « Les commerçants anglais ne peuvent connaître la composition du tribut ; on le préparait encore quand ils ont quitté leur pays. Mais ces articles sont nombreux et lourds. Si, de Canton à Pékin, on devait emprunter la voie fluviale ou la route, il est à craindre que des pièces de ce tribut ne soient endommagées. D'ailleurs, en ce moment, les navires ont déjà pris la mer et ont Tientsin pour destination. Sans doute ne serait-il pas convenable que

---

* Romanisation littérale de la transcription chinoise de *Macartney*.

les étrangers mouillent dans un port de leur choix ; pourtant, on ne peut demander au roi des Anglais que ses bateaux reviennent à Canton ; on perdrait trop de temps en allées et venues. [...] Nous suggérons à Votre Majesté de donner à tous les vice-rois et gouverneurs des provinces du Zhejiang, du Fujian et du Zhili, l'ordre de requérir de leurs surbordonnés qu'ils procèdent à des inspections et qu'ils laissent passer ces navires. »

Au reçu de ce rapport, le pinceau rouge de Qianlong a écrit : « JE VOUS TRANSMETTRAI MES INSTRUCTIONS[5]. »

Elles n'avaient pas tardé à être envoyées. Deux fois plutôt qu'une. Elles considéraient avec satisfaction la venue d'une ambassade qui pouvait « contribuer à la gloire de l'Empereur ».

« Votre serviteur ne peut contenir sa joie »

L'agrément impérial avait été formulé le 3 décembre 1792. Il fut rapporté à Canton par le vice-roi Fukang'an lui-même, de retour dans sa capitale, après ses succès militaires au Tibet contre les guerriers gurkhas du Népal. Il parvenait à la Compagnie, le 5 janvier 1793, par l'intermédiaire de la guilde*. De ce côté, aucune entorse aux convenances[6] : les marchands sont faits pour parler aux marchands.

Des ordres avaient été expédiés vers tous les ports de mer chinois — de recevoir les Anglais honorablement, mais aussi de les surveiller de près. Les vice-rois et gouverneurs de la côte avaient aussitôt accusé réception des instructions de l'Empereur. Voici la réponse du vice-roi du Zhili, Liang Kentang : « Votre serviteur constate que la vertu et l'immense prestige de Votre Majesté se propagent si loin, que les Barbares étrangers ne peuvent s'empêcher de faire un long voyage pour manifester des sentiments sincères et porter tribut. Et au moment précis où les Barbares naviguent pour venir témoigner de leur révérence, c'est le retour triomphal des troupes d'élite victorieuses au Tibet. Glorieuse dynastie, qui connaît des succès éclatants, comme on n'en avait encore jamais vu ! Votre serviteur ne peut contenir sa joie, et il lui semble qu'en raison des circonstances, il serait bon de récompenser les Anglais pour la sincérité qu'ils témoignent dans leur désir de contempler la Civilisation[7]. »

Et voici la réaction du vice-roi du Shandong, Jiqing. « Votre esclave a fait inspecter les zones portuaires du Shandong. Si les navires portant tribut jettent l'ancre, les officiers locaux devront redoubler de vigilance, prendre en charge les Anglais et les envoyer au plus vite à la capitale. Ainsi les Barbares, qui ont navigué plus de

---

* La guilde des marchands ou *hong* est une association investie du monopole du commerce extérieur depuis 1720. Le terme de « guilde » risque d'induire en erreur. Le *hong* n'est pas, comme dans l'Occident médiéval, une confédération de libres marchands, mais une organisation placée sous le contrôle étroit d'une bureaucratie d'État. C'est une régie commerciale. Son pouvoir, comme tout pouvoir, émane de l'Empereur.

dix mille *li**, pourront-ils contempler respectueusement Votre Majesté. Votre esclave, au reçu de cette instruction, a transmis des ordres à toutes les préfectures et leur a demandé de les retransmettre à toutes les villes côtières. Votre esclave** enverra des fonctionnaires qualifiés pour décharger le tribut et le transporter à Pékin[8]. »

Orgueilleuse jubilation devant cet humble pèlerinage venu de l'autre extrémité de la Terre ; vigilance à l'égard de Barbares dont il faut toujours se méfier : le système d'accueil se met en place.

Staunton, quant à lui, met en place son système d'explication et d'accusation à propos des difficultés futures : narrateur officiel qui reconstitue l'histoire après coup, il dénonce la jalousie des concurrents européens et l'hostilité locale des mandarins corrompus.

De fait, certains des Européens de Macao et de Canton s'inquiétaient. Les lettres apportées de Batavia calmèrent les Hollandais. Mais de la part des Portugais, les Anglais devaient « attendre toutes les embûches qui seraient en leur pouvoir[9] ». Depuis l'arrivée des lettres de Cour, les mandarins se montraient plus coopératifs ; mais, sur le fond, « toujours aussi mal disposés ». Le surintendant des douanes[10], « persuadé que l'objet de l'ambassade était de demander une réparation éclatante des torts qu'on avait faits aux Anglais, craignait qu'il n'en résultât un sévère examen de sa conduite[11] ». Il redoublait d'intrigues pour paralyser les premières démarches.

Toutes portes ouvertes

Écrivant sur le moment un journal non destiné à publication, Macartney ne veut retenir que l'aspect favorable de ces informations. Le récit que lui fait Staunton après quatre jours passés à Macao le rassure pleinement. Les instructions impériales aux mandarins lui ouvrent toutes les portes de la Chine. Que demander de plus, pour le moment ? Staunton lui raconte que le gouverneur a beaucoup insisté auprès des commissaires anglais pour que l'ambassade débarquât à Canton et, de là, rejoignît Pékin par l'intérieur, comme faisaient tous les visiteurs étrangers. Il ne s'était laissé ébranler que lorsqu'ils avaient « argué que la fragilité des précieux cadeaux destinés à l'Empereur ne souffrirait pas un long voyage terrestre[12] ».

Macartney s'amuse d'entendre de la bouche de Staunton que les commissaires anglais n'avaient pu se dispenser de donner des précisions sur les présents que l'ambassade apportait. Les mandarins avaient soutenu qu'ils ne sauraient annoncer à la Cour l'arrivée de l'ambassade, sans joindre une liste exacte des présents. Le monarque jugerait d'après leur qualité « du degré de respect qu'avait pour lui le

---

* Le *li* équivaut à un demi-kilomètre : on est loin du compte. Dix mille, comme nous dirions une infinité.

** En général, les mandarins mandchous utilisent avec l'Empereur l'appellation « *nucai* », « votre esclave » ; tandis que les mandarins *han* se désignent plutôt comme « *chen* », « votre serviteur ». La conception chinoise du mandarin n'est pas celle d'un esclave soumis à la force du souverain des steppes.

prince qui les lui envoyait[13] ». Ainsi avait été établie une première liste, à moitié imaginaire : ce ne serait pas la dernière.

Si l'escadre relâchait à Canton, les mandarins recommenceraient sûrement leurs pressions. Mais ils ne pouvaient l'empêcher de passer au large : comment interdiraient-ils ce que l'Empereur avait autorisé ? Tout allait donc bien.

Nous voici au cœur du système. A travers tout l'Empire, les mandarins représentent l'Empereur : à la fois l'exécutif, le législatif et le judiciaire. Ils sont l'Empereur lui-même : « le père et la mère du peuple ». Ils interprètent ses volontés et vont plus facilement au-delà qu'en deçà, le zèle n'étant pas puni, alors que la désobéissance l'est impitoyablement. En outre, ils collectent l'impôt, non sans arbitraire. Entre ce qu'ils prélèvent et ce qu'ils font parvenir aux échelons supérieurs, se glisse une marge qui s'étend en proportion de l'avidité du mandarin. Cette marge mesure la réalité de leur pouvoir : c'est elle qui intimide, elle qui corrompt[14].

A Canton, la guilde dispose du monopole du commerce avec les Européens. Ce privilège, le vice-roi et le surintendant des douanes le vendent très cher, pour leur compte privé, aux marchands auxquels ils l'accordent ; et ils forcent la guilde à leur laisser une large part de ses bénéfices[15], au détriment des compagnies étrangères. Barrow apprend que « les principaux envoyés du gouvernement arrivent toujours pauvres à leur poste et en repartent avec d'immenses richesses[16] ». De fait, les commerçants étrangers, ne pouvant en appeler à Pékin, n'ont qu'un recours : offrir des « cadeaux » aux autorités, par l'intermédiaire de la guilde.

Telle est cette bureaucratie céleste, que le siècle des Lumières enviait tant à la Chine. Tel est le vrai système auquel entendent s'attaquer les Anglais d'Angleterre, qui veulent une Chine ouverte ; non les Anglais de Macao et de Canton, qui préfèrent s'arranger avec la Chine close — quitte à faire payer un peu plus cher leurs clients européens.

Quand les Chinois ont peur de la Chine

L'escale de Macao vit aussi la soudaine dispersion des quatre prêtres chinois qui accompagnaient l'ambassade. Précipitamment, les deux pères An et Wang, à qui l'on avait accordé un passage gratuit depuis Portsmouth, souhaitèrent débarquer. Et des deux interprètes, le père Zhou demanda à les imiter : pourtant, il était salarié à cent cinquante livres par an depuis son embarquement[17]. C'était une rupture de contrat.

Certes, la situation de ces truchements était inconfortable. Leur émotion à Batavia, à la vue des jonques chinoises, n'allait pas sans effroi. Les lois font interdiction à un Chinois de quitter la Chine, sauf sur ordre exprès de l'Empereur, et de servir des Barbares. Zhou et Li étaient doublement coupables : d'être sortis de l'Empire sans autorisation ; de s'être mis au service d'une puissance étrangère — et même de deux : le Saint-Siège, puis l'Angleterre.

Chez les Chinois, la curiosité l'emportait parfois sur la crainte : « Il arrive que des Chinois de Canton aillent en Angleterre ; mais la peur d'être découverts fait qu'aussitôt qu'ils le peuvent, ils retournent à Canton, sans oser jamais mentionner leur voyage[18]. »

Zhou fit donc défection, malgré les exhortations de Staunton. Li accepta de rester. « Il se trouvait dans une position semblable, mais montra plus de fermeté[19]. » Mandchou, il appartenait au peuple maître. Il courait moins de risques ? Surtout, il espère qu'on le prendra pour un Occidental : « Ce Tartare n'avait point les traits qui caractérisent les Chinois. Il prit, avec l'uniforme anglais, une épée et une cocarde[20]. » Staunton ne semble pas avoir senti la contrainte qui pesait sur les ecclésiastiques chinois : leur condition les avait empêchés de laisser pousser leurs cheveux, alors qu'un Chinois devait, sous peine de mort, porter la natte imposée par les Mandchous. Li, qui seul pouvait se faire passer pour un Européen, échappait à cette terrible obligation.

Macartney, philosophe, se console de la perte du père Zhou : « Son compagnon, qui reste avec nous, sans être un savant aussi accompli, a le caractère bien meilleur, une très bonne tête, et nous est sincèrement attaché[21]. » C'était sous-estimer la difficulté. Les excellentes dispositions de Li ne suppléeraient pas sa mauvaise connaissance de la langue de Cour. Dans ce pays de concours, il ne suffisait pas de rédiger en style de certificat d'études, là où il aurait fallu un style de doctorat.

Trois prêtres venaient donc de quitter l'escadre. Deux autres montèrent à son bord — deux Lazaristes français, qui attendaient à Macao un moyen de se rendre à Pékin, pour se mettre au service de l'Empereur comme mathématiciens et astronomes : les pères Hanna et Lamiot. Pour commencer, ils embarquèrent sur l'*Indostan*, Macartney ne souhaitant visiblement pas que des Français fussent mêlés de trop près à la direction de l'ambassade.

Le *Lion*, l'*Indostan*, le *Clarence* et le *Jackall* appareillèrent le dimanche 23 juin, pendant que les cloches des nombreuses églises de Macao, à toute volée, appelaient les fidèles à la messe. Macartney et Staunton regardèrent s'éloigner cette presqu'île au mouillage bien protégé par les petites îles voisines. Elle aurait bien fait l'affaire de la Couronne et de la *Royal Navy*.

CHAPITRE 7

Canton évité
(23-25 juin 1793)

L'escadre longea la côte à une dizaine de milles. Macartney voulait s'offrir le plaisir de contempler l'embouchure de la rivière des Perles, dans laquelle, à la différence de tous les autres navires venus d'Occident, il pouvait se permettre de ne pas entrer. C'est Pékin qui l'intéresse. Il veut y parvenir par le plus court chemin, et surtout le plus libre : la mer. Non seulement pour gagner un bon mois par rapport à l'itinéraire continental ; mais pour échapper aux manœuvres de sape des fonctionnaires vénaux qu'il sait aux aguets.

Staunton avait encore appris à Macao qu'aux termes d'un édit impérial, des pilotes se tiendraient dans chaque port, prêts à conduire les vaisseaux britanniques, soit à Tientsin, soit dans tout autre lieu qu'ils voudraient choisir. L'effet qu'on pouvait attendre de l'ambassade se faisait déjà sentir à Canton : le commerce était soumis à moins d'entraves ; on accueillait avec plus d'égards les interventions des agents de la Compagnie ; il était même question d'abolir les droits exorbitants qui pesaient sur le commerce de Macao[1].

Ces nouvelles confirmaient Macartney dans son intuition : pour améliorer la situation cantonaise, il fallait échapper à Canton. Et elles le soulageaient : jusqu'à ce jour, toutes les informations recueillies à propos de cette ville l'avaient incliné à l'anxiété.

Les anciens commissaires de la Compagnie à Canton, que Macartney et Staunton, avant leur départ, avaient criblés de questions au siège de Londres, leur avaient décrit la vie sinistre dans le ghetto occidental. Les *factoreries* — à la fois magasins, entrepôts, bureaux et résidences, pressées les unes contre les autres et devant lesquelles flottent les drapeaux de leur pays — sont des réduits à rats. Les conditions dans lesquelles y vivent les sujets de Sa Gracieuse Majesté au service du commerce de Chine « ne sont dignes ni de l'époque, ni de sujets britanniques[2] ». Les Occidentaux y étaient privés de tout contact avec les Chinois, auxquels il était interdit sous peine de mort d'enseigner leur langue aux Barbares. Chaque nouvelle crise faisait peser une menace sur toute la colonie européenne.

Par exemple, les déboires de l'amiral Anson. En 1741, les cales pleines de malades, il s'était présenté devant la rivière des Perles pour se ravitailler à Canton. Les autorités lui firent savoir que son *Centurion*, navire de guerre de soixante canons, ne pouvait remonter jusqu'à la ville. Il obtient l'autorisation d'arriver en chaloupe. Il veut une audience du vice-roi. Les commissaires de la Compagnie britannique l'en dissuadent : ils s'arrangeront eux-mêmes avec la guilde.

Enfin approvisionné, le navire reprend la mer. Il capture un bateau espagnol. Derechef, le voici à Canton, suivi de son prisonnier qu'il faut ravitailler. Cette fois, les autorités cantonaises exigent les taxes dues pour deux navires marchands. L'affaire s'envenimait, quand un quartier en bois de la ville prend feu. Cet incendie sauve tout. Il n'est maîtrisé que grâce à l'intervention des matelots d'Anson.

Du coup, le vice-roi le reçoit pour le remercier. Anson en profite pour protester — déjà — contre les taxes exorbitantes, la mesquinerie bureaucratique, les brimades de toute nature[3]. A son retour, Anson se vanta de ce que ses propos vigoureux avaient incité les Chinois à plus d'égards. Macartney se serait volontiers inspiré de cet exemple. Mais il savait qu'à peine Anson avait mis la voile, les commerçants britanniques s'étaient retrouvés aux prises avec des brimades aggravées. La leçon d'Anson n'était-elle pas plutôt que, l'affrontement passé, l'accord que l'on pense avoir obtenu des Chinois n'a jamais existé ? Ce n'était pas à Canton qu'il fallait traiter. C'était à Pékin.

Faux poison et vrai racket

Macartney avait eu connaissance d'une autre mésaventure arrivée vingt-huit ans après celle d'Anson. En 1769, le *Granby*, portant à son bord le « trésor » en espèces de la Compagnie, passe devant les bureaux des douanes. Des douaniers grimpent à bord ; quelques coups de poing les envoient dans l'eau fangeuse. Le bateau est arraisonné. Les commissaires font valoir en vain qu'un navire portant un trésor n'a pas à se soumettre au contrôle. Le *Granby* immobilisé, ses matelots vont courir les bouges.

Un soir, un des commissaires remarqua que quelques hommes avaient préféré passer la nuit à la chinoise, allongés sur le quai. Le lendemain, trois étaient morts ; cinq autres trépassèrent le lendemain. On cria au poison. Vengeance ! A l'autopsie, aucune trace de poison. Mais les autorités chinoises ne devaient pas avoir la conscience tranquille : elles abandonnèrent les poursuites contre le *Granby*, qui put reprendre la mer[4].

L'affaire Anson réglée par un incendie ; l'affaire du *Granby* classée sans suite après huit morts suspectes : les rapports entre Européens et Chinois à Canton avaient quelque chose d'inquiétant. En revanche, on pouvait voir les marchands chinois traiter impérialement leurs clients européens. Ah ! comme les Chinois seraient agréables, si l'administration ne faisait pas peser sur eux la terreur[5] !

Tout pouvait faire incident. Les Chinois interdirent à un certain capitaine Elphinstone[6] de poursuivre le chargement de son navire, parce qu'il avait osé amener dans la factorerie anglaise une jolie petite Indienne rencontrée à Madras, et qu'il comptait ramener avec lui en Angleterre pour tous usages. Il clama que les Chinois se moquaient bien de la loi qui fait interdiction aux étrangers d'introduire des femmes en Chine : on en voulait à son argent. Là, il avait raison : l'affaire lui coûta cinq cents dollars. Mais il avait tort aussi : les Chinois étaient intraitables sur ce chapitre. Voulaient-ils protéger la pureté de la race chinoise des femmes barbares, encore plus dangereuses que les hommes ? En tout cas, ils tenaient à s'assurer que l'implantation étrangère, sans femmes, resterait provisoire.

Macartney était bien renseigné sur la vie que les Anglais menaient là-bas : aucune liberté, aucune dignité, et le rançonnement par une bureaucratie menaçante ; un vrai coupe-gorge.

La tentative du capitaine Flint

Ce point de passage obligé, par où la Chine commerçait avec le monde, Macartney était chargé de le faire sauter. Les tentatives précédentes avaient échoué. La plus proche du succès avait été celle de Flint, juste quarante ans avant lui.

En 1753, la Compagnie lui avait donné instruction d'essayer de rouvrir un comptoir au-delà de Canton, sur la côte de la Chine centrale, à Ningbo. Deux ans plus tard, Flint et ses hommes y arrivent et sont fort bien accueillis. Il y remplit ses cales de marchandises, et l'année suivante encore. Mais quand, en 1757, il se présenta à nouveau, on le fit attendre ; on saisit la moitié de sa cargaison ; on lui ôta ses canons sans explications[7].

Là-dessus, Qianlong publia un édit prescrivant que le commerce étranger se ferait exclusivement à Canton[8]. La Chine retournait à sa nature. Elle verrouillait. L'Empereur renvoyait les Anglais à la case-départ : Canton.

Aussitôt, le vice-roi du Zhejiang ordonna à Flint de partir. Flint fit voile, mais vers le nord ! Il remonta le Baihe jusqu'à Tientsin — où il fut le premier Anglais à pénétrer. Son intention était d'aller jusqu'à Pékin voir l'Empereur. Il dut se contenter de convaincre un mandarin local de transmettre sa requête à la Cour, et s'en retourna vers Canton sans attendre la réponse.

La réponse l'attendait à Canton, sous la forme d'une convocation du vice-roi. Méfiants, les commissaires de la Compagnie tinrent à l'accompagner. A peine furent-ils dans la cour du palais, qu'on les dessaisit de leurs épées, qu'ils furent poussés en direction du vice-roi et qu'on voulut leur imposer le *kotow*. Les Anglais refusèrent. Flint fut condamné, pour avoir enfreint la volonté impériale en gagnant Tientsin, à trois ans de relégation à Macao, suivis du bannissement[9]. Quant au mandarin de Tientsin qui avait eu la faiblesse de transmettre la requête de Flint, on apprit qu'il avait été décapité.

Macartney jugeait sévèrement la conduite de Flint : « Que pouvait-on attendre de l'initiative d'un particulier, soutenu par une poignée de particuliers, parti sans sauf-conduit, sur un petit navire, pour dénoncer les agissements du vice-roi de Canton[10] ? » Il s'appuyait, lui, dûment mandaté, sur le « souverain des mers », le monarque « le plus puissant du monde », et arrivait sur un grand vaisseau de guerre.

La tentative de Flint se solda par un édit impérial qui, en 1760, durcit les conditions du commerce étranger[11] : 1o Les étrangers doivent quitter Canton au Nouvel An chinois et se retirer à Macao jusqu'à l'automne ; 2o Les Chinois ne doivent ni commercer avec les étrangers ni les servir, sous peine de déportation ; 3o Les étrangers n'ont pas le droit d'apprendre le chinois, ils n'auront de contact qu'avec les interprètes accrédités par la guilde de Canton ; 4o Des fonctionnaires chinois doivent être installés à bord de tout bateau marchand étranger pendant son séjour dans les eaux chinoises ; 5o Il est interdit aux étrangers de porter des armes, comme d'envoyer des courriers vers l'extérieur sans passer par l'entremise des autorités chinoises ; 6o Les étrangers impliqués dans un incident avec un Chinois seront soumis à la juridiction chinoise.

C'est quand il avait eu connaissance de cet édit, que le général-lord Clive, maître tout récent des Indes voisines, avait proposé au Cabinet de Sa Majesté de s'emparer de la Chine[12]. Cet édit était vieux de trente ans. Mais que sont trente années ? Pendant « quatre millénaires », la Chine a eu beau bouger, éclater, se disloquer, elle reprend toujours sa forme antérieure. Telle était donc encore à Canton, jusqu'à l'arrivée de l'expédition anglaise, la situation de contrainte et de déshonneur à laquelle Macartney était chargé de mettre un terme.

Il fallait qu'il crût à sa bonne étoile. Il savait par cœur, comme jadis le *Navigation Act*, les lignes du père Amiot — le célèbre doyen des ci-devant Jésuites en Chine, qu'il espérait rencontrer à Pékin — sur « la Cour tartaro-chinoise » : « On n'y reçoit des ambassades qu'autant qu'elles peuvent être envisagées comme des marques de soumission[13]... »

Macartney venait déjà d'échapper au piège de Canton. Il ferait en sorte d'échapper aussi au piège de ces absurdes coutumes de la Cour de Pékin. L'escadre s'éloigna de l'embouchure de la rivière des Perles et cingla vers la haute mer.

CHAPITRE 8

Bêtes curieuses
(24 juin-5 juillet 1793)

La prochaine escale sera l'archipel des Zhoushan, dans la province du Zhejiang. Par vents favorables, sept cents milles en six jours — deux cents kilomètres par jour. On dispose des cartes marines dressées par les Anglais au début du siècle, quand ils possédaient encore un comptoir à Ningbo. Au-delà, s'ouvriront des mers inconnues[1].

Le premier kotow

Pendant ce temps, Guo Shixun, gouverneur militaire du Guangdong, la province de Canton, a écrit à l'Empereur, le 26 juin* : « Comme les vents marins sont irréguliers, il n'était pas impossible que les navires tributaires eussent malgré tout à mouiller dans un des ports du Guangdong. Votre esclave Guo Shixun avait donc ordonné aux sous-préfets de Macao et de Xiangshan de s'y tenir prêts et, à leur entrée au port, de les faire escorter, de faire mettre les soldats en rangs, afin de faire montre de rigueur. Or, voici que les rapports du sous-préfet de Xiangshan et du fonctionnaire des douanes de Macao annoncent que lesdits navires tributaires naviguent vent en poupe depuis Macao ; ils vont, semble-t-il, faire route au large du Zhejiang[3]. »

Macartney cingle triomphalement vers les Zhoushan. Des courriers galopent vers Pékin. L'abeille anglaise effleure déjà la toile de l'araignée céleste.

Le *Lion* arrive le premier aux abords de l'archipel. Il choisit un mouillage où attendre les autres bâtiments, qui le rallieront trois jours plus tard. Des milliers de jonques viennent admirer ce spectacle jamais vu. L'exotisme est à double sens : « Un pilote chinois est

---

* Il a fallu six jours à l'autorité de Canton pour réagir au passage de Staunton à Macao. Mais il n'est pas si aisé d'aller de Macao à Canton — trois jours dans les conditions les plus favorables[2].

monté à bord avec quelques-uns de ses compatriotes. Ils ont tout examiné avec une grande curiosité. Apercevant le portrait de leur Empereur dans le salon de réception de l'Ambassadeur, ils se sont immédiatement jetés face contre terre et ont baisé le sol plusieurs fois avec beaucoup de dévotion[4]. »

Un *kotow*, devant une simple image ! Macartney note le geste avec amusement. Il ne songe pas à y lire un avertissement. Pourtant, ces premiers Chinois de Chine rencontrés par l'Ambassadeur lui présentent la principale difficulté qu'aura à affronter son ambassade. Il ne veut pas la voir. En février 1792, il avait reçu un mémoire fort clair du médecin de la mission Cathcart : l'Ambassadeur aurait à accomplir la nonuple prosternation*, sans qu'on dût la tenir pour une marque de soumission. Le Lord avait haussé les épaules : « Rien d'original[5]. » Il connaît le problème ; mais il ne le reconnaît pas.

« Venise chinoise »

Aux Zhoushan comme à Macao, l'Ambassadeur laisse à son second les contacts locaux. Il reste à bord du *Lion* dans un mouillage sûr, à une cinquantaine de milles de l'île principale. Sir George embarque sur le *Clarence*. Progressant dans l'archipel, le brigantin s'arrête d'abord dans l'île de Luowang. Ce sont les premiers vrais contacts avec la terre chinoise — les images d'une autre planète.

Ils abordent sur une côte basse : « Cette plaine, conquise sur la mer et protégée par une digue, était bien cultivée, couverte de riz et arrosée par des rigoles[6]. » Staunton admirerait bien la netteté du travail, mais il a tout de suite perçu que « l'engrais humain donne son odeur peu flatteuse à la campagne chinoise[7] ». Il précise que, dans ces « matières révoltantes », « on a soin de mettre tremper le grain avant de le semer ; cette préparation serait favorable à la germination et chasserait les insectes destructeurs[8] ». Dès le premier contact, c'est le choc — cultural, mais déjà culturel.

Un paysan vient à la rencontre de ces Martiens. Il porte un vêtement de coton bleu, des bottines et un chapeau de paille conique attaché par-dessous le menton avec une cordelette. Il conduit les voyageurs au village et les fait entrer dans une maison où un fermier les contemple, interdit. « La maison, en bois, avait des poutres non équarries ; point de plafond pour cacher la toiture en paille de riz ; un sol de terre battue. Des nattes suspendues aux poutres divisaient en chambres la pièce unique. Deux rouets à filer le coton ; mais les sièges étaient vides : les femmes s'étaient sauvées. Alentour, des touffes de bambou[9]. »

Le lendemain, le brigantin entre enfin dans la rade de Dinghai, chef-lieu des Zhoushan : « Telle est la vigilance qu'on exerce en Chine, que déjà l'on était instruit de l'approche du *Clarence*. Un officier monta aussitôt à bord pour l'inspecter[10]. » L'accueil du

---

* Voir Prologue, note 3.

gouverneur militaire de la ville est néanmoins fort honnête. Le contrôle n'exclut pas la courtoisie : victuailles livrées à bord, festin dans le palais du gouverneur, spectacles. Des galeries à colonnes de bois vernissé en rouge entourent la vaste salle de réception. Soutenues par des cordons de soie ornés de glands, des lanternes l'éclairent : certaines en gaze brodée ; d'autres en corne si diaphane, que les voyageurs la prennent d'abord pour du verre. « Ce procédé pour traiter la corne, assouplie dans l'eau bouillante, aplatie, raclée, étirée, n'est connu qu'en Chine, malgré sa simplicité », observe Staunton[11]. On envoie vers l'Ambassadeur une députation pour l'inviter à descendre à terre. Seul le désir exprimé par les Anglais de se rendre sans délai auprès de l'Empereur met un terme à la fête.

Comme il en a reçu l'ordre de la Cour, le gouverneur tient des pilotes à leur disposition, pour les conduire le long des côtes jusqu'à la prochaine province ; et ainsi de suite jusqu'à Tientsin. Mais Staunton ne veut pas de ce cabotage ; il fait part de son intention de rejoindre Tientsin au plus court, par la haute mer. Le mandarin est bouleversé. « Il n'avait jamais pensé que ce fût possible et demanda à réfléchir jusqu'au lendemain[12]. »

Les documents chinois nous livrent le nom de cet officier perplexe : Ma Yu. Nos Anglais ne se douteront pas du malheur qu'ils attirent sur sa tête. Ce général de brigade a vu passer quelques jours plus tôt un autre navire anglais, envoyé par la Compagnie aux devants de l'escadre pour le cas où elle ne passerait pas par Macao. Il n'en dit rien à Staunton — discrétion que la hiérarchie céleste ne saurait lui reprocher. Mais rien non plus à celle-ci. Cela lui vaudra d'être dénoncé par un édit de l'Empereur lui-même. Ma Yu « doit être puni[13] ». Les Anglais ne sont pas seuls à vivre sous surveillance.

Ils profitent de ce délai pour visiter Dinghai. Avec ses canaux qu'enjambent des ponts en dos d'âne et ses étroites rues pavées de pierres plates, elle leur paraît une « Venise chinoise ». Sur place, vous trouveriez la comparaison un peu exagérée : Venise sert à magnifier la visite — et les visiteurs.

Mouvement perpétuel de la fourmilière

Pour le regard européen, tout est surprise ; rien ici n'est pareil. Les voyageurs ne savent plus où donner de la curiosité. « Les maisons n'ont qu'un étage. Sur les toits élégamment incurvés, les tuiles coloriées imitent des peaux de bête. Le faîte est surmonté de figures d'animaux[14]. » Ces rationalistes peuvent-ils imaginer que ces figurines sont là pour éloigner les esprits malins ?

Les boutiques font étalage de vêtements, de victuailles, d'ustensiles, et jusqu'à des cercueils fort joliment peints. On expose à la vente, tout vivants, volaille, poissons et anguilles conservés dans des vases remplis d'eau, et même des chiens destinés à la casserole. Partout, on vend des bâtons d'encens qui se consumeront dans les temples. « Les personnes des deux sexes sont habillées de la même manière en cotonnade bleue : robes amples et pantalons longs. Les hommes rasent leurs cheveux, à l'exception d'une touffe très longue[15]. » Les conquérants mandchous, au XVIIe siècle, ont imposé aux mâles chinois cette « queue de cochon ». Quiconque ne se soumettait pas à ce signe d'allégeance encourait le châtiment suprême — souvent appliqué jusqu'aux années 1720. En cette fin du XVIIIe siècle, nul n'aurait plus songé à se soustraire à l'humiliante obligation.

« L'activité règne, surprenante sous la chaleur. Chacun est comme forcé au travail par une impérieuse nécessité. Tous ont un air affairé[16]. » Un cliché prend naissance : « La Chine ne connaît point d'oisifs. Pas de promenades publiques, car on n'a pas le temps de se promener[17]. » Hier comme aujourd'hui, ce mouvement perpétuel de la fourmilière étonne le visiteur.

« Pas un mendiant dans les rues[18]. » Des témoins français nuancent : « Il y a des mendiants, surtout des lépreux[19]. » Le père Lamiot affirmera que « si les Anglais n'ont pas vu de mendiants, c'est qu'on les leur a cachés[20] ». Hüttner fait une remarque qui conserve toute sa valeur : « Des milliers de pauvres étaient prêts à transporter sur leurs épaules ce qui ne pouvait être placé dans les voitures[21]. » Un Chinois est toujours disposé à l'effort, pour gagner une sapèque ou une boule de riz. Et puis, il y a la solidarité familiale. Le partage est un rite. « Entre parents, pas question de gratitude », dit un oncle à son neveu[22].

L'activité règne, les mendiants sont rares : la Chine du XVIIIe siècle connaît une prospérité qui la ruinera à terme, par l'expansion démographique.

Les pieds fétiches

Les Chinoises aperçues ont les pieds mutilés. « On dirait que le bout en a été coupé par accident. On en arrête la croissance dès la plus tendre enfance. On laisse à l'orteil sa position naturelle, et l'on comprime les autres doigts jusqu'à ce qu'ils ne puissent plus être séparés de la plante, à laquelle ils adhèrent[23]. » Les mères doivent surveiller leurs filles « pour les empêcher de se débarrasser de ces ligatures douloureuses. Plus tard, les jeunes filles ne peuvent marcher sans être soutenues. Leur démarche reste chancelante[24]. »

Les préjugés sont souverains. « Les femmes de la lie du peuple et de la campagne se dispensent de cette coutume ; mais les autres femmes les traitent avec le plus grand mépris. On ne les emploie qu'aux services les plus abjects[25]. »

Ces Chinoises qui se soumettent à la souffrance inspirent à Staunton une réflexion de sociologie comparée que n'eût pas désavouée Montesquieu : « Une telle coutume n'a pu être introduite par la violence. Si les hommes voulaient enfermer leurs épouses, ils pouvaient y réussir autrement. Les femmes sont moins libres dans l'Indostan qu'à la Chine ; elles sont exemptes de cette mutilation. Un usage aussi absurde ne s'est étendu et maintenu que par les femmes qui s'y sont prêtées. Les hommes les y ont encouragées, de même qu'en Inde ils ont favorisé l'usage, plus barbare encore, qui veut qu'elles se brûlent après la mort de leur époux, par la crainte du mépris public. Il faut que les siècles aient succédé aux siècles, pour enraciner de tels préjugés[26]. »

Macartney relativise : « Nous n'avons sans doute pas poussé l'usage au point des Chinois, mais pour ne parler que de souliers, n'admirons-nous pas les talons hauts[27] ? » Il soulève un coin de voile. Un missionnaire lui a glissé avec un sourire indulgent : « En amour, un joli petit pied est puissamment suggestif[28]. » On sait aujourd'hui que ces pieds nains jouaient un grand rôle sexuel. A force d'avoir souffert, ils devenaient siège des plus grandes jouissances. Leur attouchement par l'homme était le préliminaire obligé[29]. Une femme qui voulait attirer l'attention sur elle laissait apercevoir sous le pan de sa robe son pied botté de soie — son « lys d'or ». L'entremetteuse disait au galant : « Vous lui toucherez hardiment le pied. Si elle se laisse faire, la partie est gagnée[30]. » Les peintures érotiques chinoises peignent des scènes où le seul vêtement porté par une femme est le chausson de soie qui cache le pied fétiche[31].

Dans le palais du gouverneur de Dinghai, Staunton avait observé une autre étrangeté. « Sur plusieurs tables, on avait placé des caisses d'arbres nains, pins, chênes, orangers avec leurs fruits. Aucun de ces arbustes ne dépassait deux pieds. Pourtant, ils avaient tous les signes de l'âge. Leur terre était parsemée de petits cailloux qui, proportions gardées, pouvaient être appelés rochers[32]. »

Les « paysages en pot », attestés depuis le IVe siècle, imités avec mille ans de retard par les Japonais sous le nom de *bonsaï*, sont à la nature végétale ce que les pieds mutilés sont à la nature humaine. Les Chinois produisent les uns avec autant de soin que les autres, et selon la même méthode : la compression par ligatures, qui rabougrit. Étrange attrait pour la miniature.

En retour, voici les « hommes aux cheveux rouges » découverts par le « peuple aux cheveux noirs ». Mutuelle surprise : « Ils se rassemblèrent en foule autour de nous. Le peuple s'approchait, familier sans être tumultueux[33]. » « Ils ne pouvaient s'empêcher de s'esclaffer devant nos cheveux couverts de poudre et de pommade[34]. » Les voyageurs étaient engoncés dans leurs vêtements à l'européenne peu faits pour la canicule subtropicale, tandis que la multitude réunie autour d'eux était vêtue légèrement[35].

C'est le premier regard qui compte. Des récits des Anglais, transpire leur enthousiasme de découvreurs. Même si Dinghai n'est qu'un modeste port, il a pour eux l'incomparable attrait des choses neuves. Mais ils y entendent aussi les premiers éclats de rire que leur passage va soulever partout en Chine. Eux qui croyaient s'y avancer en maîtres du monde, ils s'y découvrent objets de dérision.

CHAPITRE 9

La rafle des pilotes
(6-18 juillet 1793)

Le lendemain matin, 6 juillet, les Anglais sont à nouveau reçus par le gouverneur militaire de Dinghai. Superbe dans sa robe brodée d'un lion, emblème de ses fonctions militaires, il paraît, accompagné de deux mandarins et de plusieurs subalternes. On s'assoit sur des fauteuils « de drap écarlate anglais », pour prendre rituellement du thé bien chinois. Le magistrat gesticule un discours. « M. Prune » en résume la substance : « L'usage immémorial des Chinois avait été de naviguer le long des côtes, de province en province, et c'était donc le seul que l'on pût adopter[1]. » Toujours rituellement.

Staunton lui répond « que les vaisseaux anglais étaient plus puissants que les chinois ; ils devaient donc suivre la route de haute mer. On irait chercher des pilotes à Ningbo, si les Zhoushan ne pouvaient pas en fournir[2]. »

Comment ce gouverneur militaire pourrait-il admettre la supériorité navale d'un vassal tributaire ? Mais devant cette froide résolution, il s'alarme. Il avoue naïvement que, si les Anglais allaient chercher ailleurs les pilotes qu'il ne leur aurait pas fournis, on pourrait l'accuser d'avoir mal reçu l'ambassade. L'Empereur « le priverait peut-être des marques de sa dignité ». Il montra à son bonnet un bouton rouge — celui de la seconde classe. « De peur d'encourir cette disgrâce, il fit chercher dans toute la ville des hommes connus pour être allés à Tientsin[3]. » Quel étrange spectacle pour les Anglais, ce fonctionnaire de haut rang qui laisse voir une crainte révérentielle de l'Empereur...

La troupe ramène « des misérables qu'elle a raflés ; ils se prosternent tandis qu'on les interroge. Quelques-uns ont fait le voyage de Tientsin, mais ne sont point marins. D'autres sont gens de mer, mais n'ont jamais vu ce port[4]. » On repart en quête ; les soldats mettent la main sur deux hommes qui répondent aux conditions, bien qu'ils aient quitté la mer depuis longtemps. Ils supplient à genoux qu'on les laisse à leur commerce. Prières inutiles. L'intendant Barrow ne peut s'empêcher de les plaindre : « Le gouverneur fut inexorable, et on leur enjoignit de se tenir prêts à partir dans l'heure[5]. »

« L'incroyable inertie des Chinois »

Les Chinois, conclut Barrow, font tout pour « éviter les voyages au long cours. Les marchandises transportées par cabotages successifs doivent rapporter des bénéfices à une foule d'intermédiaires. D'où la cherté des denrées qu'on apporte dans la capitale. Il en allait de même du commerce terrestre de l'Asie vers l'Europe, par des caravanes qui changeaient de halte en halte. Les marchands placés aux deux extrémités de la chaîne n'avaient aucune relation entre eux[6]. »

Aussi les superbes vaisseaux anglais suscitent-ils la stupeur : « Des jonques sortirent des havres en si grande foule, qu'il devenait difficile à l'escadre de passer parmi elles sans en briser quelques-unes. Cependant, ceux qui les montaient ne s'effrayaient nullement. »

Barrow s'étonne de la vulnérabilité des jonques, incapables de résister à un typhon à cause de leur hauteur au-dessus de l'eau, et pourtant chargées de bois de charpente tellement empilés sur leurs ponts, « qu'il semblait qu'un coup de vent dût suffire pour les faire chavirer[7] ». Anderson observe, d'après les peintures des deux siècles passés, que « les jonques n'ont en rien changé[8] ». Il aurait pu faire la même remarque jusque dans les années 1980 ; mais alors ces embarcations, de plus en plus souvent, ont acquis des moteurs et perdu leurs voiles.

La navigation est archaïque : « Ils n'ont aucun procédé pour déterminer la latitude et la longitude[9]. » Cependant, ils prétendent que plusieurs de leurs navigateurs anciens ont fait de longs voyages, dans lesquels ils étaient guidés « par des cartes gravées sur l'écorce d'une citrouille ». Nos Anglais ont peine à croire, mais doivent admettre, que les Chinois ont inventé la boussole, et même en connaissaient l'usage « quand l'Europe était dans la barbarie[10] ».

Il reste étrange que la Chine ait inventé la boussole ; que les Européens, avec plusieurs siècles de retard, lui aient emprunté cet instrument, grâce auquel ils ont parcouru les mers et découvert les continents ; enfin, que les Chinois, après avoir précédé les Européens dans la navigation hauturière jusqu'aux côtes d'Afrique, aient renoncé à s'éloigner des mers d'Extrême-Orient au moment où les Européens y accédaient... grâce au génie inventif de la Chine. Pourquoi cette décrépitude de la flotte mandchoue, après la splendeur des marines des Song, des Mongols et des premiers Ming ?

Au demeurant, les Chinois interprètent la boussole à l'envers. L'empereur Kangxi, grand-père de Qianlong, a exprimé un jugement qui en dit long : « J'ai entendu des Européens soutenir que l'aiguille se tournait vers le Nord. Nos plus anciens auteurs disent qu'elle se tourne vers le Sud. Or, plus je vais, plus je suis convaincu que les Anciens ont raison en tout[11]. »

Dans l'éternelle querelle des Anciens et des Modernes, l'Empereur prend résolument parti : le présent n'est que le passé abâtardi. Bien que venu du Nord, le Mandchou ajoute un argument inattendu : « Toute action languit et s'interrompt dans le Nord. Comment le pouvoir d'attirer l'aiguille viendrait-il de ce côté-là ? » De fait, les palais, les temples, la Cité interdite, tournent toujours leur entrée vers le Sud. « La force, l'énergie, la prospérité sont au Sud[12]. » Dans la confrontation Nord-Sud, on ferait plutôt aujourd'hui le raisonnement inverse : malchance du Sud, chance du Nord.

On n'en reste pas moins surpris que, malgré l'usage de la boussole, des architectures aussi inadaptées que les navires chinois « puissent faire un voyage dangereux comme celui de Batavia[13] ». D'ailleurs, les naufrages sont fréquents : « Le seul port de Canton recense chaque année la perte de dix à douze mille hommes[14]. » Lorsqu'un vaisseau chinois est sur le point d'entreprendre un voyage à l'étranger, « on regarde sa perte comme probable[15] ».

Macartney, à son habitude, pose la bonne question : « Deux cent cinquante années se sont écoulées depuis que les Chinois ont aperçu les premiers bateaux européens. Ils ne cachent pas leur admiration pour notre art de naviguer. Et pourtant, ils n'ont jamais imité nos constructions navales ou notre science maritime. Ils s'obstinent à adhérer aux pratiques maladroites de leurs ignorants ancêtres. Cette inertie est d'autant plus incroyable, qu'il n'existe pas de pays où l'art de la navigation serait plus nécessaire[16]. »

La médecine des « douze pouls »

Pour avoir mangé trop de fruits, un des passagers du *Clarence* est pris de coliques. A cette époque, maladie et mort ne cessent de rôder sur les bateaux. Le moindre « flux au ventre » est donc pris au sérieux. On n'avait à bord du *Clarence* ni médecin, ni pharmacie. On fut donc obligé de réclamer les secours d'un médecin chinois. « Il prit gravement le bras gauche du malade, sans poser aucune question sur la nature ni la cause de la maladie, et lui tâta le pouls d'abord avec quatre doigts, puis avec trois, ensuite avec deux, et enfin avec un seul, en changeant à chaque instant de position, et en promenant sa main en avant et en arrière, comme sur les touches d'un clavier. Il fixait les yeux à terre, dans un profond silence, comme si la nature de la maladie devait être indiquée par les pulsations. Il déclara que le mal provenait de l'estomac (cela était hors de doute, d'après les symptômes dont il avait dû être instruit avant de monter à bord) : il ordonna ensuite un traitement que le malade provoqua lui-même, et la guérison suivit de très près[17]. »

Ce scepticisme de bon ton préfigure celui des médecins occidentaux pendant les deux siècles suivants : hors de la médecine occidentale, c'est-à-dire scientifique et rationnelle, point de salut ; les « douze pouls » des Chinois, leurs plantes médicinales, leur acupuncture, c'est « du charlatanisme ».

Navigation sans pilote

Le gouverneur rendit visite au brigantin. La hauteur des mâts, les matelots perchés pour carguer la voilure, excitèrent sa surprise. « Les matelots chinois font en effet leurs manœuvres sans quitter le pont[18]. » Le *Clarence*, ayant embarqué ses pilotes, alla rejoindre le *Lion*[19].

7 juillet : le *Clarence* rallie l'escadre. Les pilotes sont placés l'un sur le *Lion*, l'autre sur l'*Indostan*. Staunton annonce fièrement : « L'escadre était arrivée aux bornes les plus reculées où fussent encore parvenus des navigateurs européens. Elle avait à parcourir sans cartes, sur dix degrés de latitude, une mer qui n'est connue qu'à ceux qui en habitent les rives : la mer Jaune, bordée par la Chine, la Tartarie et la Corée[20]. »

On appareilla le 8 juillet. Les pilotes perdirent toute utilité dès que fut hors de vue la côte dont ils connaissaient bien la configuration. « Les pilotes européens ne sont pas plus tôt à bord d'un bâtiment, qu'ils y commandent en maîtres : ceux-ci, au contraire, étaient comme terrifiés par la nouveauté du spectacle. » Croyaient-ils encore que, la Chine se situant au centre du monde, les océans extérieurs étaient les antichambres du néant ? Les Anglais n'hésitèrent pas à gagner la haute mer, « en prenant la précaution de faire marcher en avant les deux brigantins[21] ». Les sondeurs étaient plus utiles que les pilotes.

Les deux vitesses

L'entrecroisement des témoignages anglais et chinois fait éclater un double décalage de civilisation. La marche rapide des navires anglais stupéfie la Cour, d'autant plus qu'ils naviguent sur des mers qui leur sont inconnues. Un mémoire mandarinal s'interroge sur les raisons de la performance[22]. Mais, pendant que l'escadre cingle vers Tientsin, la poste impériale fait merveille pour informer Pékin des progrès des Anglais. Les courriers chinois à cheval, porteurs de clochettes, foncent par la voie terrestre. Dès que le prochain messager entend la clochette de celui qui arrive, il bondit pour prendre le relais. La poste chinoise surclasse autant la poste anglaise, que la flotte anglaise surclasse la flotte chinoise. Trois siècles déjà que, sur les mers, la Chine s'est endormie. Depuis le XVIe siècle, l'Angleterre a fait le choix de la mer ; la Chine, celui de la terre. Leurs exploits respectifs, dans le domaine de leur préférence, sont inégalés.

A la décharge des Chinois, Staunton note charitablement que « la nécessité est la plus grande inventrice. Les Grecs, si admirables par leurs découvertes, n'ont jamais su déterminer la position d'un vaisseau en mer : la Méditerranée est parsemée d'îles innombrables. Les Chinois ont le même avantage. Le perfectionnement de la navigation parmi les Européens date de l'époque où leurs besoins leur firent entreprendre des voyages au long cours sur l'océan[23]. »

La remarque va loin. Mais pourquoi les Chinois n'ont-ils pas ressenti ces « besoins » ? Ni surtout nourri ces passions, qui ont fait agir les Occidentaux sans qu'ils se laissent dicter leur chemin par le besoin : la pure passion de savoir, qui traque la découverte ; la pure passion de gagner, qui en multiplie les applications ?

12 juillet. « Brumes si épaisses qu'on ne pouvait s'apercevoir d'un bout du vaisseau à l'autre[24]. » Ces parages sont inconnus des Occidentaux. L'habitude de l'explorateur est de nommer les terres qu'il découvre : sir Erasmus Gower n'y manque pas. Il inscrit sur ses cartes de nouveaux jalons : cap Macartney, cap Gower, île Staunton[25]. Fort heureusement, les Chinois n'en apprendront rien. Qu'eussent-ils pensé de « tributaires » qui prenaient symboliquement possession des rivages de l'Empire ? Nationalisme et idéologie font de nos jours l'opération inverse. Durant la Révolution culturelle, on a baptisé « avenue Anti-impérialiste » le « quartier des légations » de Pékin ; « rue Anti-révisionniste », celle où est située l'ambassade soviétique. L'avenue Victoria, à Tientsin, est devenue « avenue de la Libération ». Et, déjà, les chauffeurs de taxi appellent le pic Victoria « Hongkong ». Nommer les choses, c'est les faire naître pour soi.

Alors que les Anglais s'attribuent plaisamment la géographie de la Chine, les Chinois s'apprêtent à les prendre en main. Une lettre impériale, émanant du principal ministre Heshen, avertit le vice-roi du Zhili, Liang Kentang : « Les navires tributaires anglais sont passés à Macao le 20 juin, ils ont atteint Dinghai le 4 juillet : leur navigation vers le nord, toutes voiles dehors, a été très rapide. Mais lorsqu'ils arriveront au large de Tientsin, comme ils sont pourvus d'une coque massive qui leur interdit les hauts fonds, il faudra transporter hommes et articles du tribut sur des bateaux pouvant s'ancrer dans l'océan intérieur. Puis, pour passer de l'océan intérieur à la rivière, il faudra de nouveau transborder hommes et articles du tribut sur des embarcations plus petites. Les transbordements successifs prendront beaucoup de temps. Que Liang Kentang et Zhengrui s'occupent de l'Envoyé tributaire avec tout le soin requis[26]. »

Liang Kentang répond : « Votre serviteur a déjà enjoint à tous Vos fonctionnaires d'affréter tous les bateaux de façon appropriée, puisque les articles du tribut sont fort nombreux[27]. »

Le 17 juillet, à Paris, quatre jours après avoir poignardé Marat, Charlotte Corday monte à l'échafaud dans la robe rouge des parricides. La Convention, hiératique, conduit au Panthéon la dépouille de l'« Ami du Peuple ».

CHAPITRE 10

« L'éclat du nom anglais »
(19-31 juillet 1793)

Le 19 juillet, le *Lion* jette l'ancre dans la baie de Zhitao que les pilotes, justifiant le peu d'estime où les Anglais les tiennent, ont prise pour les îles Miao, situées beaucoup plus au nord.

Comme on approche du moment où débarquera l'ambassade, Macartney fait lire aux équipages des quatre navires une proclamation solennelle sur la conduite à tenir : « La bienveillance des Chinois nous est indispensable pour atteindre nos si importants objectifs. Elle ne pourra résulter que de leur jugement sur la conduite des sujets britanniques qu'ils vont recevoir. Les impressions laissées par l'inconduite de certains Anglais à Canton sont défavorables ; les Chinois les regardent comme le peuple le plus méchant de toute l'Europe [...]. Les autorités prennent le parti du dernier des Chinois dans les différends qu'il peut avoir avec des étrangers, jusqu'à venger sa mort, s'il succombe*. A Canton, un canonnier d'un vaisseau anglais, pour avoir été la cause innocente de la mort d'un paysan chinois**, fut mis à mort. Il faut donc, même avec les plus pauvres gens du pays, observer beaucoup de réserve et de douceur[2]. »

L'Ambassadeur demande donc à l'ambassade et aux équipages de montrer bon ordre, tempérance et discipline, « afin de renforcer l'éclat du nom anglais ». En cas d'inconduite, il « estime de son devoir de punir tout contrevenant ». Bien plus, il « laisserait la justice chinoise suivre son cours ». Terrible menace ! Macartney serait fort marri de devoir s'y résigner, puisque ses instructions visent à soustraire tous ses compatriotes à l'autorité judiciaire des Chinois. Mais sa suite n'a pas lu ces instructions...

---

* Récemment encore, dans un accident de voiture, si un Occidental en poste en Chine tuait par mégarde un Chinois, il était aussitôt renvoyé dans son pays, même si aucune faute ne pouvait lui être imputée. C'est le résultat, non l'intention, qui compte.

** Selon nos autres sources, le canonnier du *Lady Hughes*, en 1784, avait tué deux bateliers chinois. Il voulait tirer une salve d'honneur et ignorait que la pièce était chargée à boulet[1].

Personne ne pourra, sans sa permission, se rendre à terre ; ni, une fois à terre, s'éloigner du cantonnement ; ni, surtout, se livrer au moindre trafic. « Son Excellence se relâchera volontiers de cette rigueur, lorsque les négociations seront assez avancées pour que le succès de la mission soit infaillible. »

Ainsi, cette expédition, toute tournée vers le commerce, s'interdit le commerce tant qu'elle n'a pas atteint son but. Hypocrisie ? Non : bonne connaissance de la mentalité des Chinois. Staunton et Barrow ne se font pas faute d'éclairer leurs lecteurs sur le mépris dans lequel les Chinois — en tout cas les mandarins — tiennent le négoce. « Leurs préventions, dit Barrow, les Chinois les sucent avec le lait : contre les étrangers, contre les commerçants[3]. » « Il n'y a en Chine, précise Staunton, que quatre classes : les lettrés, au nombre desquels on choisit les mandarins ; les paysans ; les artisans ; enfin au rang le plus bas, les marchands[4]. »

Le Comité secret des directeurs de la Compagnie était allé jusqu'à autoriser Macartney à casser le commandant ou les autres officiers de l'*Indostan* qui se rendraient « coupables de désobéissance aux ordres de Son Excellence, ou de trafic[5] ». Macartney est lucide. Il n'ignore pas la réputation dont souffrent les Anglais : méchants et marchands — on ne peut craindre pire.

Pour avoir une chance d'élargir les relations commerciales, il fallait commencer par se présenter sous un visage neuf. Pourtant, cette pudeur à l'endroit du commerce n'allait pas sans inconvénients. Les mandarins provinciaux au contact de l'expédition anglaise, en ne la voyant rien apporter d'autre que des présents à l'Empereur, laisseront deviner leur déception. Pas de cadeaux pour les intermédiaires chinois ? Point de ces montres et boîtes à musique que l'on aimerait tant recevoir, ou en tout cas acheter à prix d'ami, avant de les revendre à meilleur compte, ou de les offrir à de puissants protecteurs ? Faute d'entretien, l'amitié dépérira.

Tandis que l'ambassadeur du roi d'Angleterre a fait connaître à sa suite ses volontés, l'Empereur s'est soucié de rappeler à ses fonctionnaires les règles immuables : « Dans la manière de traiter les Barbares, il faut trouver le juste milieu entre prodigalité et parcimonie. Lorsque l'Envoyé tributaire anglais sera arrivé, vous ne devrez pas le recevoir avec plus d'éclat que ne le prévoient les règlements ancestraux. Cependant, comme il visite pour la première fois Notre illustre pays après un long voyage, il ne devra pas être assimilé aux Envoyés de Birmanie, d'Annam et autres, qui apportent fréquemment le tribut[6]. »

Traitement spécial pour l'Envoyé anglais ? Pas tellement spécial ! « Apparemment, l'Envoyé tributaire devrait arriver à Jehol pour Nous contempler en audience après le 26 août ; il pourra alors être convié au banquet, et recevoir des présents, en même temps que les princes et ducs mongols et que les Envoyés tributaires birmans et autres : voilà qui sera fort commode[7]. »

« Ne pas heurter les Envoyés qui viennent de si loin », a écrit le pinceau impérial. Il ne faut pas *saisir* trop brutalement le Barbare qui aspire à la Civilisation : il ne faut le *cuire* qu'à feu doux.

La bureaucratie céleste se met en mouvement

Soudain, surgit un petit navire de construction européenne[8]. « C'était l'*Endeavour*, aux ordres du capitaine Proctor, chargé par la Compagnie de nous attendre. Ne nous ayant pas trouvés, il s'était tenu en croisière à l'entrée de la mer Jaune[9]. » La Compagnie avait pris ses précautions, au cas où Macartney eût brûlé l'étape de Macao, pour lui faire savoir les dernières nouvelles de Pékin. L'*Endeavour* se joignit à l'escadre, désormais composée de cinq bâtiments.

Le 20 juillet, les Anglais arrivent en vue de Dengzhou fu*. Ils se rendent compte que Miao n'est pas un port sur le continent, comme ils l'avaient imaginé, mais une île, et qu'ils ont mouillé dans une rade dangereuse.

Le préfet de Dengzhou fu, mandarin de haut rang, « courtois, intelligent et curieux », note Macartney[10], monte à bord du *Lion*. Il propose à l'Ambassadeur tous les moyens de transport à Pékin par voie de terre. « La Cour lui avait mandé des ordres à cet effet. » Les Chinois ont vraiment horreur des voyages en mer. Macartney veut poursuivre sa navigation. D'ailleurs, il apprend de la bouche d'un nouveau pilote que le golfe de Beizhili* ne présente aucun danger en cette saison ; et les jonques qui doivent transporter les bagages par le fleuve jusqu'à Tientsin attendent. « Elles sont grandes et conçues de façon que nos caisses ne courent aucun risque d'être endommagées ou mouillées[11]. »

Les cinq navires mettent donc à la voile le 22 juillet. En trois jours, ils atteignent l'embouchure du fleuve Baihe : mais le fond du golfe, envahi d'alluvions, leur est inabordable. L'escadre mouille donc le 25 à l'aube, à cinq milles de la côte, dans sept brasses d'eau seulement. Le *Jackall* part en avant et aborde à Dagu.

Le soir, le *Jackall* rallie l'escadre ; Campbell et Hüttner viennent rendre compte à Macartney de l'accueil fort honnête qu'ils ont reçu.

Certes, il leur a fallu répondre à mille questions sur l'expédition : nombre, âge, qualités des participants, force du *Lion* et de l'escorte, présents, etc. ; un secrétaire consignant par écrit les réponses. Mais on leur a annoncé que deux grands mandarins viendraient à bord du *Lion* pour complimenter l'Ambassadeur et organiser avec lui le voyage jusqu'à Pékin[12].

Premiers contacts avec la bureaucratie céleste : ses formidables rouages prennent en charge l'expédition, comme pour la broyer.

---

* Voir cartes et index.

CHAPITRE 11

La livraison du tribut
(31 juillet-5 août 1793)

Le 31 juillet, à midi, voici les deux hauts mandarins annoncés. « Ils n'avaient jamais vu de bâtiments de la hauteur du *Lion*. Ils ne savaient comment s'y prendre pour escalader le côté du vaisseau. On fut obligé de descendre vers leur jonque un fauteuil avec des cordes et de les hisser sur le pont, à l'aide de poulies[1]. »

Un troisième mandarin, le plus élevé en grade, « craignant la mer », préféra rester sur la terre ferme.

Les Archives impériales révèlent ce que les Anglais n'ont pas compris. C'est pour des raisons de préséance[2] que le légat Zhengrui n'est pas monté à bord. Les grands mandarins ne daignaient pas *monter* à bord des navires étrangers. Leurs soldats s'y hissaient, puis y recevaient une passerelle de bambou jetée d'un point haut de la jonque impériale, par laquelle le grand personnage *descendait* sur le vaisseau barbare. Les imposantes dimensions du *Lion* interdisaient cette mise en scène rituelle. Et il n'aurait pas été de la dignité du légat impérial de se balancer, pendu comme une araignée au bout d'un filin. *Perdre la face*, c'eût été la faire perdre à l'Empereur qu'il représentait.

Sept grandes jonques suivent, surchargées de provisions : « Vingt bœufs, cent vingt moutons, cent poulets, cent canards et plusieurs dizaines de caisses de conserves variées. Tant, que nous en déclinâmes la plus grande partie[3]. » Prévenances « d'une qualité que les étrangers ne rencontrent qu'en Orient ». L'hospitalité chinoise « respecte les formes, même envers un ennemi[4] ».

Les deux mandarins se nomment Wang et Qiao[5]. Wang est un militaire, porte un bouton de corail rouge sur son bonnet, insigne du second grade, et une plume de paon accordée par l'Empereur, récompense de ses services. Qiao, qui arbore un bouton bleu, un grade au-dessous du rouge, est un lettré. « Après beaucoup de civilités, nous nous mîmes au travail[6]. » On règle les détails du transbordement des présents, dont ils ne manquent pas de demander une nouvelle liste. L'opération prendra de quatre à cinq jours.

Le repas qui suit à bord du *Lion* est somptueux et amical. Les deux Chinois apprennent à manier avec dextérité le couteau et la fourchette. Ils goûtent fort les alcools anglais, genièvre, rhum, cherry-brandy. Rien d'étonnant si, note Macartney, « en nous quittant, ils nous serrèrent la main avec effusion* ». Plus encore qu'à leur arrivée, les fauteuils sont nécessaires à leur descente.

Macartney, tout heureux de faire les honneurs du *Lion*, est ce jour-là, pour la dernière fois, maître à bord et maître de céans. Les Anglais ne savent pas encore qu'une fois à terre, gardés par ces deux aimables mentors, surveillés, conduits, éconduits, reconduits, ils n'auront plus jamais la maîtrise de leurs mouvements.

Le civil et le militaire

Pendant de longs mois, Wang et Qiao allaient être les accompagnateurs de l'ambassade. Staunton fait d'eux un portrait en pied : « Le mandarin civil, Qiao, ne s'empressait jamais de parler. Tout annonçait la solidité de son jugement. Le désir de remplir fidèlement son devoir semblait être son unique soin. Il avait été précepteur d'un des enfants de la famille impériale ; on le regardait comme un homme instruit et plein de sens[7]. » Voilà campé, par un lettré britannique, le lettré confucéen type : pondération, modestie, autorité qui ne cherchent aucunement à faire montre d'elles-mêmes.

« Le mandarin militaire, Wang, était simple, franc et courageux, comme le veut la carrière des armes. Musclé et de haute taille, couvert de cicatrices, il se tenait droit. Sa force et son adresse étaient fort estimées dans l'armée chinoise, où arcs et flèches restent préférés aux armes à feu. Il se comportait envers ses nouveaux amis avec autant de familiarité que s'il les eût connus depuis longtemps[8]. »

Volet civil, volet militaire : diptyque de la « bureaucratie céleste » qui règne sur la Chine. Elle a toujours recherché un équilibre : prépondérance du civil — qui, en chinois, se dit « lettré » —, forte influence du militaire. Mao et Deng, glorieux survivants de la Longue Marche, maîtres absolus de l'Armée rouge, ne sont-ils pas arrivés au pouvoir suprême en tant que civils ? En Chine comme dans la République romaine — et comme dans les démocraties —, la toge a le pas sur les armes.

A diverses époques, cette règle a souffert des exceptions. Les conquérants mandchous ont un moment privilégié les armes. Les « Seigneurs de la guerre », dans nos années 20, puis la Révolution culturelle pour arrêter ses propres débordements, ont recommencé. Mais Wang ne l'a jamais durablement emporté sur Qiao.

---

* Surprenant : les Chinois, sous la dynastie mandchoue, ne serreraient pas la main, mais s'inclinaient plusieurs fois.

La liste des présents

Pendant que les coolies transbordent les caisses des navires britanniques dans les jonques, Macartney fait dresser — une fois de plus — la liste du contenu. Pour rehausser l'éclat des présents, il convient, croit-il, d'en donner la description dans un style « oriental[9] ».

De cet « Orient », Macartney ne retient que l'idée qu'il s'en fait — l'emphase de la description. Il oublie le premier devoir de la politesse chinoise : rabaisser la valeur de ce qu'on donne, pour ne pas humilier celui qui reçoit. Mais comment Macartney se serait-il résolu à décrire ses cadeaux comme « juste quelques souvenirs », des « petites futilités de rien du tout », des « bagatelles de notre misérable pays » ? Il va paraître arrogant.

« Il eût été inconvenant d'offrir des frivolités propres à satisfaire une curiosité de quelques instants. Sa Majesté Britannique a fixé son choix sur des objets capables de démontrer l'avancement des techniques et des sciences en Europe et de faire éclore quelques idées nouvelles dans l'âme sublime de Sa Majesté Impériale. »

Suivait la présentation des principaux articles. « Le *planétaire** représente l'Univers, dont la Terre n'est qu'un point minuscule. Il résulte de tout ce qu'ont pu produire de plus parfait l'astronomie et la mécanique réunies. Il imite exactement les divers mouvements de la Terre, les révolutions de la Lune, l'orbite du Soleil, ainsi que Jupiter avec ses quatre lunes, la planète Saturne, avec son anneau lumineux et ses lunes ; enfin, les éclipses, conjonctions, oppositions des corps célestes. Il indique le mois, la semaine, le jour, l'heure, la minute au moment précis où on l'observe. Il n'en existe point d'aussi parfait en Europe ; il est calculé pour plus de mille ans.

« Un *globe* représente les continents, mers et îles de la Terre. On y distingue les possessions des différents souverains, les capitales et les grandes chaînes de montagnes. Cet ouvrage comprend toutes les découvertes faites en différentes parties de la Terre, dans les voyages entrepris sur ordre de Sa Majesté Britannique. On y a tracé la route des vaisseaux employés à ces expéditions. »

Armements en tout genre

Au milieu de la description, se glisse habilement la politique, et même l'intimidation : « Sa Majesté Britannique, reconnue par le reste de l'Europe comme la première puissance maritime du monde, voulait donner à Sa Majesté Impériale une marque de son attention, en lui envoyant, avec l'ambassade, quelques-uns de ses plus grands vaisseaux. Mais elle a été contrainte d'en employer de moins considérables, à cause des écueils de la mer Jaune, peu connus des

---

* Devenus plus pédants, nous appelons *planétarium* une représentation en miniature de la voûte céleste qu'on nommait au XVIIIe siècle *planétaire*.

navigateurs d'Europe. Au reste, elle lui fait hommage d'un modèle réduit du plus grand vaisseau de guerre anglais, le *Sovereign*, armé de 110 canons du plus gros calibre. » Discrète façon de montrer que le *Lion*, vaisseau de 64 canons, et les quatre bâtiments qui l'accompagnent, ne sont rien à côté de l'impressionnante flotte que Londres pourrait expédier vers Canton, si jamais...

Mention spéciale est faite « des obusiers et des mortiers », et d'armes portatives, carabines, fusils, pistolets à répétition. Là encore, allusion à l'écrasante supériorité de l'armement britannique ; mais aussi offre délicate de ventes illimitées de l'artillerie la plus performante du monde. Sans parler des « épées tranchantes, qui coupent le fer sans s'émousser » — manière incisive de présenter la supériorité britannique en aciers spéciaux.

Puis vient la description, non moins minutieuse ni moins ampoulée, du télescope de Herschel, des chronomètres, des porcelaines de Wedgwood, des lentilles de Parker, des étoffes...

Suivent des tableaux : portraits des « membres de la famille royale » et de « personnages éminents » ; « représentations très exactes de cités, églises, châteaux, ponts, batailles sur terre et sur mer, chantiers navals, courses de chevaux ».

La vision des Chinois

Wang et Qiao se dirent très impressionnés ; les Anglais les en aimèrent davantage : ils ont eu le coup de foudre pour eux. On ne sait rien de l'effet produit dans l'autre sens, puisque ces mandarins n'avaient pas le droit de correspondre directement avec l'Empereur. La relation de la première rencontre entre Macartney et la bureaucratie céleste, c'est le troisième homme, le légat Zhengrui, qui l'adresse, bien qu'il n'y ait pas assisté : « Les navires tributaires sont venus jusqu'au port de Tientsin. Lorsque Votre esclave s'est proposé de monter à bord desdits navires pour instruire les Barbares de l'étiquette, ledit Envoyé *Ma-ga-er-ni*, se considérant d'un rang élevé, s'est jugé digne d'une entrevue sur un pied d'égalité. Si Votre esclave s'était porté tout de suite à sa rencontre, les convenances auraient été blessées. »

(Dans la marge du mémoire, le pinceau rouge de l'Empereur a noté à cet endroit : « EXCESSIF, ON NE PEUT VOUS APPROUVER. » Ce légat impérial est plus impérialiste que l'Empereur.)

« Aussi Votre esclave a-t-il enjoint à l'intendant Qiao et au colonel Wang, avec qui il avait quitté le port, de monter à bord du navire et de faire la proclamation suivante : "Le légat impérial Zhengrui a pris la mer pour venir examiner le mémoire tributaire [la lettre de George III] et la liste des articles du tribut. Il nous a envoyés à bord les chercher." L'Envoyé tributaire s'est alors découvert et, tourné dans la direction où, au loin, se trouvait Votre esclave, il s'est exprimé ainsi : "Nous avons été comblés des Célestes bienfaits." L'Envoyé a également accueilli l'intendant Qiao et le colonel Wang avec grand respect. Au milieu d'une cabine de l'un des grands bateaux, était exposé le portrait de Votre Majesté ; le cadre en était d'or, serti de perles et de pierres. Ledit Envoyé tributaire n'osait point s'asseoir devant.

« Parmi les articles du tribut, il y en a un fort grand, démonté et rangé dans des caisses. D'après les Barbares, tous les articles peuvent être transportés à Jehol, sauf un, auquel leur Roi tient beaucoup et qui subirait à coup sûr d'irréparables dommages s'il devait être installé à Jehol, puis redémonté. Votre esclave sollicite les Instructions impériales [...]. L'Angleterre est située au loin, par-delà plusieurs océans. Son Envoyé a parcouru des dizaines de milliers de *li* et voyagé onze mois pour présenter le tribut. C'est sans précédent dans l'histoire. Voilà une très grande œuvre qui s'accomplit sous Votre glorieuse dynastie[10]. »

L'objet d'un mémoire de légat paraît moins d'informer Sa Majesté Sacrée de ce qui est, que de Lui rapporter ce qu'Elle aime entendre.

Comment se faire comprendre ?

Les pères Zhou, An et Wang, puis les pères Hanna et Lamiot, et même le petit Thomas, avaient beaucoup peiné à traduire l'inventaire, ainsi que la lettre de créance. Faite à partir de la version latine qu'avait procurée Hüttner, cette version chinoise, conservée jusqu'à nos jours dans les Archives impériales, verse dans le charabia. Par exemple, on a transcrit phonétiquement ce que les Anglais appellent « planétaire ».

Les bons pères attachés à l'Empereur recommenceront la copie ; car « la manière d'écrire le chinois pour la Cour n'est familière qu'aux personnes qui la fréquentent[11] ». Ils traduiront « planétaire » par cette charmante image : « horloge musicale géographique et astronomique[12] ».

On imagine les péripéties de cette double traduction. Chinois et Anglais ont chacun leur langue savante. Le chinois classique est utilisé par tous les fonctionnaires de l'Empire — et incompréhensible par quiconque n'est pas lettré. Le latin est la langue de communication de l'intelligentsia européenne — en déclin, il est vrai, devant l'« universalité de la langue française » ; il permet en tout cas aux Anglais de communiquer avec un prêtre chinois formé en Italie.

Au XXe siècle, en Chine, le chinois classique n'est plus guère enseigné qu'à l'université et encore, peu d'étudiants l'apprennent. En Europe, le latin n'est même plus chanté dans les églises. En revanche, quand des hommes d'affaires français ou allemands arrivent en Chine, quelle langue parlent-ils ? Celle de Macartney. Dans cette collision culturelle, l'expédition anglaise l'a emporté sur deux bureaucraties *« célestes »* — et sur tous ses concurrents.

Les premières conversations mettent aussi à l'épreuve les ressources linguistiques de l'ambassade. Elle a perdu à Macao l'un de ses deux interprètes, le Chinois terrorisé. Celui qui reste, le Mandchou, a fort à faire. Sir George et le petit Thomas essaient leurs talents avec un bonheur inégal. Staunton le reconnaît d'autant plus aisément, que sa fierté paternelle adoucit sa déception personnelle. « L'on voulut éprouver le talent de deux personnes attachées à l'ambassade qui, pendant la traversée, avaient étudié la langue chinoise. L'une d'elles avait apporté dans cette étude toute l'attention et la persévérance de l'âge mûr ; mais, à son extrême mortification, elle n'arrivait pas à entendre un traître mot de ce que proféraient les mandarins, à qui sa prononciation était tout aussi inintelligible. L'autre personne, qui était un jeune garçon, avait assurément beaucoup moins peiné ; mais son esprit était plus agile ; il prouva qu'au besoin, il pouvait être un interprète fort convenable[13]. »

Situation surréaliste : les chances de succès d'une ambassade en Chine reposaient entre les mains d'un prêtre mandchou et d'un enfant anglais. Le premier, parti adolescent pour l'Europe, n'avait de la Chine que la pauvre connaissance de ses souvenirs ; le second, celle de ses livres. De la politique, l'un et l'autre ignoraient tout.

Réussirent-ils dans leur premier travail ? Non : « Les caractères fautifs sont nombreux », révèle un rapport de Zhengrui. Ces objets décrits avec tant d'amoureux détails, les mandarins ne les désignent jamais autrement que par leur numéro d'ordre sur la liste. On ne se demandait pas à quoi ils pouvaient bien servir : l'important était qu'il ne manquât pas une pièce du service.

La ruche à l'ouvrage

Le transbordement des caisses sur de grandes jonques commence le 2 août. Ce n'est pas une mince affaire. Le rapport du vice-roi Liang Kentang, en date du 3 août, précise : « Il y a en tout 590 pièces à transférer des navires barbares jusqu'au port. Les opérations de manutention s'effectuent sans discontinuer et ne sont pas encore terminées. Les passagers desdits navires entreront eux-mêmes dans le port, après que le tribut aura été entièrement déchargé[14]. » On le remarquera : l'ambassade ne sera autorisée à débarquer que lorsque les Chinois auront pris livraison de tous les présents. Le « tribut » sert de passeport.

Le chargement est achevé le 4 août[15]. Il faudra recommencer à Dagu, sur des jonques plus petites, pour remonter le fleuve jusqu'à Tongzhou, à douze milles de Pékin, où la navigation s'interrompt. « Les Chinois travaillent bien, chantant et criant sans cesse, mais très disciplinés et bien commandés, intelligents, fertiles en astuces et expédients. Des mandarins recensent les articles et en donnent des quittances, — aucune perte n'est à craindre[16]. »

« Croyant, avoue Winder, les Chinois peu versés dans le maniement des forces mécaniques, nous leur avions fourni des palans : précaution inutile. Avec leur propre technique, ils transbordèrent les colis les plus lourds avec une agilité incroyable, à l'aide de poulies glissant sur une corde tendue entre les mâts[17]. » Hüttner ne fut pas moins surpris : « Nous craignions que les grandes pièces ne pussent passer des vaisseaux dans les jonques sans dommage : ces craintes étaient vaines, en raison de la quantité de bras qu'ils employaient et de leur extrême attention. La force des Chinois est plus considérable qu'on ne devrait l'attendre d'un peuple dont le riz et l'eau forment presque la seule nourriture, tandis que nos matelots reçoivent chaque jour de la viande et des boissons fortes[18]. »

Ces notations restent toujours justes. L'habileté des Chinois à la manutention ne se dément pas. Et leur alimentation se compose encore essentiellement de riz et de légumes bouillis. La viande de bœuf ou de mouton dont jouissaient les Anglais de 1793 n'est toujours pas d'actualité en Chine.

Rassuré par tant de diligence, le Lord se décide à laisser le *Lion* et l'*Indostan* s'éloigner. Les fonds sont incertains et les équipages en proie à la maladie : il renvoie les bâtiments vers les Zhoushan, en eau profonde, où l'approvisionnement est sûr. Mais il emmène à Pékin le commandant de l'*Indostan*, le capitaine Mackintosh, qui, après les premières négociations, pourra emporter en Angleterre les premières dépêches.

Lorsque l'Ambassadeur quitta le bord, le 5 août, il fut salué par dix-neuf coups de canon et trois « *hurrah*[19] ». Mais les marins étaient mortifiés d'avoir fait tout ce chemin sans avoir la chance « de voir la fameuse capitale de la Chine[20] ».

Deux hommes seront particulièrement navrés de devoir rester à bord : les pères Hanna et Lamiot, qu'on avait embarqués à Macao, et auxquels les officiels chinois refusent l'accès au territoire. On n'entre pas au service de l'Empereur sous le couvert d'un Envoyé barbare. Qu'ils retournent donc à Macao et s'adressent au vice-roi de Canton. Ainsi le voulait la procédure immuable. On ne la change pas, même pour faire plaisir à une grande ambassade.

CHAPITRE 12

« Tout est neuf pour toi »
(5-7 août 1793)

Le préalable des présents une fois levé, on entasse bagages, soldats et domestiques sur des jonques, auxquelles leur faible tirant d'eau permettra de remonter jusqu'à Dagu. Macartney et sa suite auront la satisfaction d'aborder le territoire chinois sur trois bâtiments britanniques — les plus légers, le *Jackall*, le *Clarence* et l'*Endeavour*.

Le 5 août, la flottille s'engage dans l'embouchure du Baihe. Les Anglais restent confondus devant l'abondance des bateaux autour d'eux et la foule massée sur les berges. « Sur chaque rive, un grand nombre de maisons en terre et chaume, assez semblables aux chaumières du Hampshire[1]. » « De beaux enfants presque nus » ; des adultes « bien portants et robustes, bien qu'ils mangent très peu de viande[2] ». Que cette frugalité obligée favorise au contraire cette bonne santé, l'idée n'en vient pas à Macartney, décrit par ses compagnons comme « perclus de goutte[3] » à cause de « son faste gastronomique[4] ».

Le Lord est encore plus séduit par la vue des femmes : « Des jeunes femmes couraient le long du rivage avec agilité : leurs pieds n'avaient point été martyrisés. On nous expliqua que cette coutume était moins fréquente dans les provinces du Nord qu'ailleurs. Les femmes portent leurs cheveux uniformément noirs et raides, proprement tressés, rattachés sur le haut de leur tête par une épingle à cheveux[5]. » Ébloui, l'Ambassadeur se laisse aller à un lyrisme inattendu. « Je pus difficilement me retenir de citer l'exclamation de Miranda dans *La Tempête* de Shakespeare : "Oh merveille ! Quelle population splendide vit ici ! Que l'humanité est belle ! Qu'il est beau, le monde neuf qu'habitent de telles créatures !" »

Il a oublié l'avertissement désabusé de Prospero à la princesse : « Tout est neuf pour toi. » Il est heureux comme un Christophe Colomb qui aurait enfin abordé à Cathay. Il entame un voyage triomphal. « Mes soldats furent amenés sur la rive, où ils firent bonne figure. Wang et Qiao vinrent nous convier à un banquet. Assez fatigué, je déclinai l'invitation et naviguai encore un mille en amont, jusqu'au *yacht** mis à ma disposition pour me conduire vers la ville de Tongzhou, à douze milles de Pékin. Ce *yacht* était vaste, propre et confortable. J'y retrouvai Wang et Qiao, venus m'y souhaiter la bienvenue. » Macartney ne doute pas que chaque membre de l'ambassade soit aussi dorloté : « Tous les autres gentilshommes de l'ambassade semblaient être l'objet des mêmes attentions[6]. »

Vite dit. Dinwiddie, « l'Astronome », a de moins bons souvenirs. Contraint de passer la nuit à bord, sur un banc, il s'y sentait si mal qu'il « se réfugia sur le pont extérieur, où il essaya de dormir, appuyé sur un rouleau de câbles[7] ».

Dans la Chine populaire comme dans la Chine impériale, les chefs de délégation, les « hôtes distingués », se voient réserver un raffinement de sollicitude, qui contraste avec la rusticité de l'accueil dont doivent se contenter... tous les autres. La société chinoise était et reste terriblement hiérarchisée.

L'ambassade demeure trois jours à Dagu. Présents, bagages et hommes doivent passer des grandes jonques aux embarcations équipées pour remonter le fleuve jusqu'à Tongzhou. Trente-sept seront nécessaires. Une véritable flotte.

Les membres de l'ambassade, suivis d'une centaine de mandarins, découvrent avec plaisir ces embarcations, dans lesquelles ils passeront de si longues journées pour aller à Pékin, mais surtout pour en revenir. Les voilà entraînés sur l'immense réseau fluvial qui sillonne la Chine, et qu'admirait Adam Smith : « La multiplicité des moyens de navigation intérieure épargne en Chine la plus grande partie du travail de manutention, réduisant encore le prix des objets manufacturés[8]. » Si l'économiste admire ce « modèle chinois », c'est que, justement dans les années 1770, les Anglais commencent à relier par des canaux leurs différents bassins industriels, rattrapant un retard millénaire sur la Chine[9].

Ces *yachts* conviennent beaucoup mieux que les grossières jonques aperçues jusque-là, à leur idée du confort. Les gentilshommes y disposent de six cabines, deux autres servant de cuisines et une dernière de salle à manger. « Aux fenêtres, de la soie transparente flottait au vent[10]. » Le bois était enduit de ce « vernis jaune qui, en éclat et en finesse, surpasse de beaucoup les vernis d'Europe[11] ». Mais Hüttner exprime un regret discret : « Nous trouvâmes toutes les commodités, à l'exception de celle que nous autres Européens regardons comme la plus essentielle[12]. » Lacune durable.

Plusieurs mandarins de haut rang sont venus informer Macartney que le vice-roi du Beizhili, qui a été envoyé par l'Empereur à sa rencontre, vient d'arriver de Baoding, à cent milles de là. Ce 6 août, à huit heures du matin, l'Ambassadeur, sir George, Thomas et l'interprète montent dans des palanquins « en bambous, recouverts

---

* C'est le mot qu'emploient nos Anglais. Simple transposition pour « jonque ».

de satin, portés chacun par quatre hommes robustes, deux à l'avant et deux à l'arrière[13] ».

Aisance souveraine d'un grand mandarin

Escortés par une troupe de cavaliers, ils atteignent le temple du dieu de la Mer, *Haishenmiao*, « caravansérail où les voyageurs de qualité sont logés lors de leurs déplacements officiels[14] » et où le vice-roi avait pris ses quartiers.

Devant les grilles du temple, des tentes ornées de banderoles. Plusieurs compagnies de soldats, sabre au poing ; des cavaliers, portant un arc et un carquois ; aucune arme à feu. Le vice-roi reçoit les quatre visiteurs avec cordialité aux portes du temple. Il les invite à pénétrer dans un grand salon, bientôt rempli des membres de sa suite.

Cérémonie du thé, « questions sur notre état de santé », « satisfaction causée par notre arrivée à l'Empereur, qui souhaitait nous voir le plus tôt possible »... On se décida enfin à parler affaires : « *We now entered upon the business[15].* » On sent l'impatience de Macartney. Impossible d'aborder le vif du sujet, sans le préalable de compliments oiseux. Encore de nos jours, cette pratique a le don d'exaspérer trop d'hommes d'affaires venus traiter entre deux avions, et qui signent parfois le contrat quelques minutes avant de repartir.

« Nous informâmes le vice-roi que l'ambassade était si nombreuse et les présents si volumineux, que nous allions avoir besoin de vastes quartiers à Pékin. » Le vice-roi informe alors l'Ambassadeur du désir de l'Empereur de le voir en Tartarie, à Jehol, dans sa « capitale montagnarde pour échapper à la canicule ».

Macartney est déconcerté. Tout se complique. Pour rejoindre Jehol, il devrait laisser à Pékin une grande partie des présents, qui ne pourraient être sans dommages transportés si loin par voie de terre. Il ne peut qu'insister sur l'espoir que « l'ambassade sera reçue avec les honneurs qui lui sont dus » et dans « des locaux assez spacieux ».

Qui donc a averti Macartney qu'il lui faudrait aller à Jehol ? Wang et Qiao, le 31 juillet, à bord du *Lion* — selon le rapport de Zhengrui ? Ou Liang Kentang, le 6 août, dans le temple de la Mer, comme Macartney l'indique dans son journal ? Qui affabule ? Zhengrui, pour dissimuler que Qiao et Wang n'ont pas fait la commission que lui-même aurait dû faire ? Ou Macartney, pour donner à croire que les nouvelles importantes ne peuvent lui avoir été transmises que par des personnalités de première grandeur ? En tout cas — les archives le montrent — il y a longtemps que les Chinois tiennent pour acquis que les Barbares viendront contempler le Fils du Ciel en Tartarie.

Pour l'immédiat, l'Ambassadeur demande au vice-roi que puissent être soignés les matelots malades et qu'un laissez-passer soit remis à sir Erasmus Gower pour faire réparer les bateaux dans les ports, soit à l'île Miao, soit à Zhoushan : « car, la saison avançant, l'escadre devait rapidement quitter le golfe de Beizhili[16] ».

« Impossible, dit Macartney avec enthousiasme, de décrire l'aisance du vice-roi durant toute cette conférence, l'attention avec laquelle il écouta nos requêtes, le naturel avec lequel il les exauça. Il offrit même de fournir à nos bateaux des provisions pour les prochains douze mois. » A peine si le Lord note au passage : « J'espère que cette proposition ne signifiait pas son souhait de nous voir partir rapidement[17]. » Il ne devine pas que les Chinois n'ont pas imaginé un seul instant qu'il souhaiterait s'établir à demeure.

Mais comment se méfier de cet agréable vieillard à l'aspect vénérable, à la longue barbe argentée, aux yeux brillants d'intelligence[18] ? Carrière exemplaire[19] : Liang Kentang, né en 1715, a obtenu son grade de docteur aux examens en 1756, a servi comme magistrat de district, préfet, juge provincial, gouverneur suppléant du Hunan ; enfin, en 1791, vice-roi du Beizhili, avec plume de paon et veste jaune. Il croise aujourd'hui Macartney ; sa carrière se poursuivra. Il prendra part, à plus de quatre-vingts ans, au banquet en l'honneur des « mille grands vieillards ». Trop âgé pour servir dans l'administration active, il recevra à quatre-vingt-cinq ans la charge honorifique de gouverneur général du Grand Canal. Tel est ce modèle de fonctionnaire lettré dont, affirme Barrow, « la politesse et la dignité ne peuvent être égalées par le plus habile des courtisans d'Europe[20] ».

Où les Anglais se font mal juger

A leur retour aux *yachts*, les Anglais trouvent sur leurs tables le dîner le plus somptueux qui leur ait été encore offert. En le dégustant, Macartney a tout loisir de réfléchir aux deux points nouveaux qui ressortent de sa conversation avec Liang.

Le séjour de l'Empereur à Jehol dérange ses plans. Son but est d'ouvrir une ambassade permanente. Elle ne peut s'installer que dans la capitale — une capitale fixe, comme le sont les capitales d'Europe en son temps. Aussi tient-il à des locaux spacieux — pas seulement pour protéger les présents. Et il ne veut pas entendre parler de la singulière proposition faite par Zhengrui à Campbell et Hüttner, venus en éclaireurs le 26 juillet[21] : la possibilité d'entreposer dans les missions catholiques toute marchandise que les Anglais auraient à vendre. Les Anglais n'ont rien à voir avec les missionnaires chrétiens — et rien à vendre ! Ils veulent des locaux bien à eux !

Un autre objectif de Macartney est d'obtenir l'ouverture du port de Zhoushan au commerce britannique. Habilement, il exploite les difficultés de l'escadre pour qu'elle soit autorisée à y relâcher temporairement.

Sur l'installation à Pékin, Macartney a d'abord le sentiment d'avoir été entendu. Sur le mouillage de l'escadre, satisfaction lui sera donnée. Il est assez content. Les Chinois le sont moins. Le vice-roi n'a pas tardé à s'apercevoir que l'Ambassadeur ignore les rites. Lecture lui a été faite de l'édit impérial prescrivant son accueil ; Macartney ne mentionne même pas cette formalité, qui lui a paru négligeable[22].

Or, c'est justement sur ce point que la Cour juge Macartney, et le juge fort mal, ainsi que le montre la correspondance envoyée aussitôt à Jehol par les mandarins[23]. Au lieu de se prosterner neuf fois, comme tous les Chinois présents, l'Envoyé du roi de l'Océan occidental s'est contenté d'enlever son chapeau. Le vice-roi applique ses instructions : ne pas être encore trop exigeant sur l'étiquette, mais observer et rendre compte[24]. Il n'a pas cillé ; il n'en a pas moins pensé et écrit :

« Le 6 août, *Ma-ga-er-ni* et autres sont descendus à terre solliciter une entrevue. Vos esclaves leur ont fait savoir que le Grand Empereur avait une Instruction à leur communiquer. L'Envoyé, ayant ôté son chapeau, se tenait debout avec déférence. Vos esclaves lui ont proclamé ceci : "Notre Grand Empereur nous a spécialement chargés de prendre soin de vous. En route pour Jehol, vous aurez droit à des vivres dans les résidences et, après avoir frappé le sol de votre front devant le Grand Empereur, vous serez invités à un banquet et recevrez des présents. Lorsque vous rentrerez dans votre pays, on vous octroiera un an de grain. Quant à la viande et autres denrées périssables, les fonctionnaires locaux vous les fourniront." L'Envoyé et autres, ayant écouté respectueusement, furent pénétrés de gratitude. L'interprète s'est exprimé en ces termes pour l'Envoyé : "Nous sommes venus de loin célébrer en frappant le sol de notre front l'anniversaire de Dix Mille ans." Vos esclaves, après avoir proclamé le bienveillant édit, ont invité l'Envoyé tributaire et autres à se rendre dans la grande salle de l'Est, pour procéder aux salutations d'usage*. *Ma-ga-er-ni* et autres se sont de nouveau découverts et ont salué en joignant les mains, déférents au plus haut point. » Le procès-verbal fait grâce au contrevenant de ses intentions : elles sont pleines d'égards. Mais il n'a pas la manière.

Le vice-roi dépose sa carte de visite

Le vice-roi, son rapport fait, commença à prendre ses distances. Le lendemain à l'aube, il envoya Wang annoncer à Macartney son intention de lui rendre visite. Cependant, en raison de son grand âge, il ne traverserait pas la passerelle jusqu'au *yacht*. Macartney répondit qu'il serait « désolé d'obliger le vice-roi à mettre en péril sa vie ou sa santé pour une simple visite de courtoisie[25] ». Wang précisa que le vice-roi viendrait dans son palanquin jusqu'à la passerelle et enverrait sa carte de visite, en espérant que l'Ambassadeur considérerait ce geste comme une visite effective.

Ainsi fut fait. Le vice-roi arrive en grande pompe, précédé d'une parade militaire et accompagné d'une suite impressionnante de mandarins. Tous s'agenouillent à l'instant où son palanquin est posé

---

* Comprenons : pour se prosterner devant la *table aux parfums* où des inscriptions figurent la « présence réelle » de l'Empereur.

à terre. Il fait alors porter sa carte par un officier, qui la remet à l'interprète ; et, sans plus attendre, s'en retourne vers ses quartiers.

Macartney n'en croit pas ses yeux ; mais il a décidé de ne pas s'offusquer. Le vice-roi, qu'un voyage de cent milles ne paraissait pas avoir fatigué la veille, était incapable de franchir la passerelle du *yacht* ? Allons donc ! Il voulait bien recevoir, mais non être reçu. Cependant, il avait eu la subtilité de faire sonder l'Anglais. Il n'avait marqué sa supériorité qu'avec l'accord de son vis-à-vis : jolie leçon d'art diplomatique.

Quant à la carte de visite, elle était d'un usage courant en Chine. (Elle fait à nouveau fureur en Chine populaire, inspirée par les hommes d'affaires de Hongkong, du Japon, de Corée du Sud, qui en ont la manie. Après un détour, ce rite revient en Chine.)

Barrow sauve la face de l'ambassade, en soulignant que les dimensions de la carte de visite étaient à la mesure de l'honneur rendu à Macartney : « Le vice-roi envoya à l'Ambassadeur une grande pancarte en papier cramoisi, d'une étendue suffisante, quand on la dépliait, pour tapisser les murs d'une chambre[26]. »

« Tenir la bride aux gens venus de loin »

Macartney aurait eu de meilleures raisons d'être choqué, s'il avait connu la lettre de Cour qu'un courrier au grand galop apportait à Liang et à Zhengrui, au moment même où tous trois conversaient : « La fonction de vice-roi est importante. Si Liang Kentang accompagne l'Envoyé tributaire, il est à craindre que celui-ci ne trouve là motif à jactance. » On conseille donc au vénérable vieillard d'aller surveiller les travaux d'aménagement de la rivière Yongding. « Voilà comment il faut tenir en bride les gens venus de loin[27]. » C'est parler en bon cavalier tartare : de la main à la bouche du cheval, souplesse et fermeté.

Dans la même instruction, toutefois, Qianlong paraît se montrer conciliant pour le *kotow*, eu égard aux différences de mœurs : « Si les Anglais ne se plient pas aux cérémonies, ils n'ont qu'à observer les coutumes de leur pays. Inutile de les obliger à faire le *kotow*[27]. »

Stupéfiant abandon, après tant de rigueur ? L'Empereur renoncerait-il ? Point du tout. Il sait faire la différence entre l'essentiel et l'accessoire. Son indulgence s'applique seulement aux marques de soumission à l'égard de ses émanations : *kotow* devant un édit, ou devant le banquet impérial, ou devant la table aux parfums, ou devant le légat. Qianlong est prêt à renoncer à ces hommages symboliques, dont la signification rituelle dépasse à l'évidence l'entendement obscur des Barbares occidentaux. On imagine la consternation de Macartney s'il avait appris à quoi il avait échappé.

Avec un humour acide, Qianlong assène à Zhengrui : « Si cet envoyé se prosterne devant vous, cela n'a rien d'honorable ni pour vous, ni pour lui[28]. » Le Barbare n'honorerait pas le légat, mais, à travers la personne physique de celui-ci, la présence spirituelle de l'Empereur. Et s'il se prosterne sans savoir ce qu'il fait réellement — se soumettre à la perfection de l'Ordre céleste, pour se disposer à la Civilisation —, ce geste n'a rien d'honorable pour lui non plus. Le salut d'un chien qui fait le beau est-il honorable ?

Néanmoins, dans une nouvelle lettre aux mêmes destinataires[29], Qianlong corrigera le tir. Il comparera Macartney au souverain annamite N'guyen qui, bien que roi, se soumet de bonne grâce au cérémonial, y compris le *kotow* devant un simple mets. Macartney n'est pas roi ; il n'est qu'un *envoyé de l'allégeance*. Il doit donc le respect au légat impérial.

Les recommandations de Qianlong ne cessent d'osciller entre l'exigence et l'indulgence. L'exigence, parce que « le Barbare traité avec faveur devient arrogant » ; l'indulgence, parce qu'il faut laisser les étrangers pratiquer leurs « coutumes », *su* — usages vulgaires —, bien distinctes des « cérémonies », *li* — expression suprême d'une politesse ritualisée, inaccessible aux Barbares tant qu'ils n'ont pas été cuits au foyer céleste.

Dans une lettre adressée au chevalier de Guignes, qui se croit toujours agent du roi de France à Canton, alors que Louis XVI a été décapité sept mois et demi plus tôt, le père Raux écrit : « Les vaisseaux de l'ambassadeur Macartney sont à Tientsin et six missionnaires ont été demandés à Jehol[30]. » De fait, le 7 août, Heshen* a mandé à Jehol plusieurs Occidentaux des missions, choisis parmi les plus compétents, bons horlogers et connaissant parfaitement l'astronomie et la géographie[31]. Il y sont appelés en leur qualité d'experts en choses et langues occidentales : l'Empereur, lui aussi, se prépare.

---

* Le tout-puissant favori de Qianlong, principal ministre, qui dirige à la fois le Grand Conseil impérial, le Grand Secrétariat et d'autres réseaux d'influence. Les Anglais l'appellent « Premier ministre » ou « Grand *Colao* ».

CHAPITRE 13

Présents ou tributs ?
(8-10 août 1793)

Les préparatifs du départ et la mise au point de l'ordre de marche vont bon train. Macartney s'émerveille : « La machinerie de l'administration chinoise est si bien organisée et son autorité si puissante, qu'elle est prête à surmonter immédiatement toute difficulté et à produire tout ce que la force humaine peut accomplir[1]. » L'envoyé de la société la plus antibureaucratique du monde ne peut s'empêcher d'admirer la plus bureaucratique.

Le 8 août au soir, pour fêter le succès des opérations, Macartney fait donner la fanfare de sa garde. L'Astronome remarque que ces airs martiaux firent « très peu d'impression sur les matelots chinois[2] ».

Le lendemain matin — réponse chinoise — gongs et tambours de cuivre résonnent avec un vacarme assourdissant. Ils donnaient le signal du départ. « Toutes les embarcations sont équipées de cet instrument bruyant, remarque Winder. Le voyageur inhabitué en est tiré de son sommeil. Quand on navigue, le gong sert de signal, notamment à commander la marche des haleurs[3]. »

En moins d'une heure, toute la flotte s'ébranlait et remontait le fleuve, à la vitesse de quatre milles à l'heure[4]. Jusqu'à Tientsin, prochaine étape, deux jours : quatre-vingts milles sinueux. « Les méandres formaient un paysage enchanteur », écrit l'Astronome. « En quelques heures, l'aiguille de la boussole fit le tour complet du cadran[5]. » « A chaque instant, dit Hüttner, nous croisions des bateliers empressés à nous regarder. Leurs visages exprimaient la stupeur ; beaucoup riaient aux éclats, montrant du doigt quelque singularité dans notre personne ou notre habillement. Une foule innombrable de curieux se rassemblait instantanément sur le rivage[6]. »

En marins invétérés, les Anglais examinent ces innombrables bateaux de transport : « Certains sont de grande taille : jusqu'à cent soixante pieds de long. Leur construction est très solide. Ils ont la forme d'un abreuvoir long à fond plat. Chaque extrémité est recourbée vers le haut ; la poupe, plus élevée que la proue. Les voiles sont en nattes, disposées en éventail ; on les replie à l'aide de bâtons en bambou. Les Chinois ignorent l'usage de la double poulie[7]. »

Anderson a compté six cents bateaux sur un trajet de vingt-quatre milles, et au moins le double ancrés sur les rives. « D'après les calculs les plus modérés, nous aperçûmes au moins un demi-million d'individus. » « Charmantes maisons de campagne », « jardins délicieux », « riches cultures tirées au cordeau[8] ».

Où deux mondes s'entrechoquent

Parmi les bannières qui donnaient à la flotte un air si pimpant, quelques-unes avaient de quoi inquiéter. « Il faut, note Hüttner, que les Chinois aient été bien flattés de voir venir d'un pays si éloigné une ambassade qui occupait tant de bateaux, car, sur les banderoles, ils avaient mis en grands caractères, dans la langue du pays : *Envoyé payant tribut au Grand Empereur*[9]. » Sur les banderoles comme dans la liste qu'il avait fournie, les mandarins avaient remplacé *li* — « présent » — par *gong* — « tribut ». Cette substitution déplut à l'Ambassadeur. Les mandarins déclarèrent que *gong* se dit toujours des présents qu'on fait à l'Empereur[10].

C'était une interprétation. Ce n'était pas la bonne. Macartney avait pour mission d'être, non un envoyé momentané de plus, apportant *tribut* en signe de soumission ; mais le premier ambassadeur accrédité durablement auprès de l'Empereur et chargé de *présents* pour lui. Les textes dont nous disposons maintenant montrent que, *depuis le début*, les Chinois n'admettent pas cette distinction. Ils entendent appliquer à cette mission mêmes vocabulaire et protocole qu'aux autres.

L'Empereur y veille personnellement. Il a reçu à Jehol la liste des présents. Le « titre fantaisiste » que s'attribue Macartney dans la traduction chinoise a jeté Qianlong dans une vive irritation : *Qin Chai*, « légat du souverain » — « *missus dominicus* », disait Charlemagne. C'est justement le titre de Zhengrui. L'Empereur réagit aussitôt, dans un édit du 6 août : « L'interprète des Anglais aura imité les titres de Notre Cour pour honorer l'Envoyé. C'est ignorer le poids des mots. *Ma-ga-er-ni* n'a droit qu'à l'appellation *gong shi*, convoyeur du tribut, pour être en conformité avec les rites[11]. »

Avec les rites. Avec ce qui a toujours été et doit être à jamais. « Il convient de remplacer le titre, dans toute future traduction, par *Envoyé tributaire* ou *Envoyé vassal*. »

Il n'y a qu'un empereur, celui de Chine. Accepter le terme de « légat du souverain », ce serait concéder au roi d'Angleterre le rang d'égal. Et Macartney ne doit pas être défini par rapport à celui qui l'envoie, mais par rapport à ce qu'il vient faire : acte d'allégeance.

Pivot de l'ordre universel, unique intercesseur du monde auprès du Ciel, l'Empereur ne peut concevoir que d'autres traitent de pair à compagnon avec lui. Il est le premier des lettrés et le gardien des usages. « L'honnête homme », dit Confucius, « se discipline par les rites, et ainsi ne saurait s'écarter du droit chemin[12]. » Laisser approcher de l'Ordre chinois un Barbare qui ne commencerait pas par se conformer aux mots et rites de la Chine ? Jamais.

Zhengrui est ensuite prié de glisser dans la conversation cette phrase : « Les objets que votre pays apporte en tribut, la Cour céleste les possède déjà[13]. » Ainsi, l'Envoyé tributaire ne pourra plus se prévaloir du caractère extraordinaire de ces objets.

La volonté de rabattre la crête aux Anglais est flagrante. Des témoins impartiaux, les tributaires coréens, révèlent la mauvaise foi de l'Empereur. « Originales et ingénieuses, ces offrandes anglaises sont sans équivalent chez les Occidentaux[14]. » C'est précisément le jugement que formulent les Anglais eux-mêmes.

L'Empereur, comme Macartney, ne laisse rien au hasard. Ce sont beaucoup plus que des susceptibilités à fleur de peau. Des convictions profondes — respect de l'Ordre cosmique d'un côté, sens de l'honneur de l'autre — se disposent à s'affronter à propos d'un cérémonial. Le différend n'est pas dû — comme l'imaginent les Anglais — aux interventions intempestives de fonctionnaires subalternes ; ni — comme le croient les Chinois — à l'ignorance des Barbares. Il est la conséquence, ici, du refus de se rabaisser quand on se sent porté sur les ailes de l'Histoire ; là, de rites définis une fois pour toutes, et qui sont le fondement de la Civilisation. A travers ces difficultés protocolaires, ce sont deux mondes qui s'entrechoquent.

Comme s'il redoutait le choc, Macartney, pour le moment, évite tout incident. Il fait semblant de ne voir, dans le *« gong »* des banderoles, qu'une inexactitude de vocabulaire. Mais il n'est pas dupe. Dans son compte rendu de mission — encore inédit — daté du 9 novembre 1793, Macartney explique qu'il a craint que ses remontrances au sujet de cette inscription non seulement n'eussent pas obtenu réparation, mais eussent marqué la fin de sa mission[15].

On a beau appartenir à un peuple de marins, il est lassant d'être toujours sur l'eau, quand la terre est à portée de passerelle. Quelques privilégiés avaient pu mettre pied à terre, à Macao, Zhoushan ou Dagu. La plupart des Anglais n'avaient quitté leur vaisseau que pour monter sur une jonque. L'Astronome, bien décidé à ramener une moisson d'informations pour régaler les sociétés savantes d'Europe, marque d'une pierre blanche la journée du 10 août.

D'abord, il effectue le premier relevé de latitude « jamais réalisé sur cette rivière[16]. » Résultat : 39° 10. La latitude de Tolède. Puis Dinwiddie herborise. Avisant une plante utilisée pour la teinture, il en arrache un brin, que Linné n'a pas eu la chance de déterminer : autre « première », dont le savant est tout fier. Un Chinois s'approcha pour lui offrir un légume sans aucune valeur, ce qui provoqua l'hilarité générale. « Les Chinois des basses classes se permettaient de telles libertés dès qu'ils le pouvaient.[16] » Sa curiosité submergée par celle des Chinois, l'Astronome doit battre en retraite pour échapper à l'étouffement.

Sur la terre ferme, on est donc, encore plus que sur les *yachts*, à la merci des indigènes — badauds, ou militaires censés protéger des badauds. « Toutes les fois qu'un Européen descendait à terre, la présence de soldats attestait qu'il était sous la protection du gouvernement. Peut-être étaient-ils chargés de le surveiller[17]. »

Depuis le 5 août, la cuisine est chinoise. Fascination et rejet s'entremêlent : « On nous servait à la mode du pays des viandes à l'étuvée, coupées par petits morceaux carrés, assaisonnées de sauces avec beaucoup d'épices. Les mets les plus recherchés sont les nageoires de requins et les nids d'hirondelle[18]. »

Le valet de pied Anderson fait le dégoûté : « Nous reçûmes nos provisions de bouche, que nous préparâmes nous-mêmes : les Chinois sont si malpropres, qu'il était impossible de s'habituer à la cuisine de cette nation, à moins d'y être contraints par la faim[19]. » Il reconnaît toutefois que les Chinois savent accommoder le riz. Seule touche de propreté dans leur cuisine : « ils lavent le riz dans de l'eau froide, le passent au crible, le jettent dans de l'eau bouillante, et, quand il est éclaté, le passent une seconde fois, le remettent dans un récipient jusqu'à ce qu'il devienne blanc comme neige et se revête d'une croûte. Ce riz remplace avantageusement notre pain[20]. » Toujours vrai : « L'homme jaune, remarque Claudel, ne mord pas dans le pain ; il happe des lèvres, il engloutit un aliment semi-liquide[21]. »

Les manières de table ne séduisent pas Anderson : « La table sur laquelle ils mangent n'est pas élevée de plus d'un pied, et ils s'assoient autour, sur le plancher. La marmite de riz est placée au milieu ; chacun en remplit son bol, et le mange avec des légumes frits, à l'aide de deux petits bâtons pointus. Rien n'approche de la voracité avec laquelle les Chinois dévorent ces aliments[22]. »

La nourriture revêt pour les Chinois une importance primordiale. L'heure des repas revient avec une régularité rituelle. « Les mariniers prennent leurs repas au lever du soleil, à onze heures, et le soir à sept heures[23]. » « S'il y a quelque chose que nous faisons sérieusement, ce n'est ni l'étude, ni la prière, c'est manger », dit un Chinois de notre siècle ; « manger est pour nous une des rares vraies joies de la destinée des hommes[24] ».

Menteurs et voleurs

En fait de Chinois, les Anglais connaissent surtout ceux qui les servent. Ils leur parlent par signes, puisque l'unique interprète est accaparé par l'Ambassadeur. Ce qui ne les empêche pas d'élaborer une théorie. Nous voyons naître sous nos yeux l'image, qui deviendra classique, du Chinois menteur et sournois, prompt à voler mais aussi à confesser sa faute sans rougir : « Ils dérobent tout ce qu'ils peuvent, mais révèlent à la première remarque l'endroit où ils ont caché leur larcin. Une supercherie impudente fut essayée par notre cuisinier, lors d'un repas où il servit deux volailles, chacune avec une cuisse en moins. Lorsqu'on lui fit observer qu'une volaille possédait deux cuisses, il rapporta en riant les cuisses manquantes[25]. »

Montesquieu accusait les marchands chinois d'utiliser trois balances, dont deux fausses : « Une forte pour acheter, une légère pour vendre, et une juste pour ceux qui sont sur leurs gardes[26]. » Barrow généralise : « Le marchand chinois trompe ; le paysan vole ; le dignitaire extorque le bien d'autrui[27]. » Le vol lui apparaît comme un sport national. Mais ni lui ni ses compagnons n'ayant jamais eu affaire aux marchands, il n'y a là que médisance — empruntée à l'expérience des Anglais de Canton[28].

Contraste : un individu goinfre, menteur, immoral, répugne à des individualistes puritains ; mais ils restent saisis devant la discipline et la puissance du groupe. Nouveau cliché, qui se forme sous nos yeux — mal ressenti par les Chinois, aujourd'hui encore : d'aberrantes « fourmis », dans une impressionnante « fourmilière ». Aperçus en gros plan, les Chinois suscitent le sourire des Anglais ; mais une impression de masse, celle d'un ordre souverain, s'impose dans les visions panoramiques.

C'est un panorama mouvant qui défile devant les jonques remontant le Baihe. Même la nuit, le spectacle ne s'arrête pas : « Sur les rives, s'allumèrent une infinité de lampions de papier peint, les uns blancs, d'autres bleus, d'autres rouges. Avec les lanternes suspendues au mât des jonques et les lampes aux fenêtres des cabines, ils composaient une saisissante illumination, qui se reflétait sur la surface du fleuve[29]. »

Notre témoin ajoute la note acoustique de cet étrange *son et lumière* : « Chacune des sentinelles placées sur le rivage portait un morceau de bambou creusé, sur lequel elle frappait avec un maillet à intervalles réguliers, pour indiquer qu'elle ne dormait pas et pour marquer, toutes les deux heures, la relève des veilles de la nuit : cet usage, ainsi que je l'ai appris des soldats eux-mêmes, est observé dans toute l'armée chinoise[30]. »

Comme au bord du Nil, voici des pyramides. Mais elles sont de sel. Aux environs de Tientsin, vous pouvez toujours en voir, ainsi que le chargement du sel sur des bateaux : la région est couverte de marais salants. « M. Barrow évalua la quantité de sel à six millions de livres. En France, pour l'impôt sur le sel, on estimait que chaque individu en consommait vingt livres par an. A supposer que chaque Chinois en fasse autant, il y avait dans ces pyramides de quoi subvenir, pendant un an, aux besoins de trente millions de personnes[31]. » Tandis que les Chinois cherchent à impressionner leurs visiteurs par des illuminations, les Anglais, pragmatiques et commerçants, dénombrent les consommateurs et calculent leurs futurs bénéfices. Si la population de cette province consomme six millions de livres de sel, combien de yards de cotonnades de Manchester ne serait-elle pas capable d'absorber ?

Ce 10 août 1793, premier anniversaire de la chute de la royauté, Paris célèbre en pompe la Raison. La Vendée est en feu.

CHAPITRE 14

En remontant le fleuve
(11-16 août 1793)

Modestes pyramides, unique relief : la remontée du Baihe devient monotone. Aussi est-on heureux d'atteindre Tientsin le 11 août. La première grande ville ? C'est peu dire : une concentration humaine comme nos Anglais n'en avaient jamais vu, même à Londres et Paris ; au confluent de trois fleuves, « la plaque tournante de tout le trafic fluvial et maritime de la Chine du Nord[1] ». Pourtant, Tientsin leur paraît un immense faubourg : la Tamise à Limehouse, pas à Westminster ; la Seine à Javel, pas sous Notre-Dame. « Les bâtiments ne sauraient même souffrir de comparaison avec ce qu'on voit dans les plus misérables quartiers de Londres. Tout annonçait la pauvreté et le mauvais goût[2]. » Telle est bien l'impression que l'on éprouve encore aujourd'hui à Tientsin, ville morne, où même les habitants ont l'air de s'ennuyer.

Comme les Mamelouks

« Des flots innombrables de peuple de tout âge, de tout sexe, dès qu'on nous aperçut, déferlèrent sur les deux rives. » Cette multitude humaine n'existait pas alors au monde ailleurs qu'en Chine. « La populace s'avançait jusqu'au milieu du fleuve. Les femmes n'avaient pas craint de mouiller leurs petits pieds. »

Pour le regard anglais, tous les Chinois sont interchangeables : « Étrange, tant de têtes couleur de bronze, pressées les unes contre les autres comme dans un groupe de Hogarth ! Il y manquait la variété de physionomies que sait représenter notre artiste anglais[3]. »

Barrow apprécie le déploiement bruyant et coloré des fastes officiels ; les sons retentissants des gongs, des cymbales et des trompettes ; un théâtre élevé en face du fleuve, et sur lequel des comédiens chantaient, accompagnés par des instruments aigus ; la multitude de pavillons et de kiosques décorés avec élégance de rubans et de draperies de soie. Il aime « la gaieté intarissable du peuple ». Mais sans illusion : « L'arrivée d'Elfy-Bey* à Londres n'a pas attiré la moitié autant de monde ; les Chinois nous mettent plus au rang des Barbares, que nous n'y mettons les Mamelouks[4]. » Rire, montrer du doigt — autant de manières pour une foule de rejeter l'insolite. Rarement peuple répondit mieux à la définition de la grégarité par Freud : « L'individu se sent incomplet quand il est seul. Mais le troupeau refuse tout ce qui est nouveau, inhabituel[5]. »

Cet étalage de faste et de foule n'était qu'un spectacle que les Chinois se donnaient à eux-mêmes, et dont « les gens des Océans » étaient le clou, mais aussi l'otage. Dans le journal de Macartney, l'inquiétude se fait jour ; car, parmi tous ces visages souriants d'hôtes empressés, voici soudain un masque renfrogné. Sur le quai où les attendent les officiels après cette lente remontée triomphale, paraît en effet, à côté du vieux vice-roi, le légat Zhengrui, qui avait refusé de monter à bord du *Lion*.

L'Astronome plante le décor : « Les gentilshommes devaient être prêts, en habit de cérémonie, dès que le bateau aurait jeté l'ancre. On fut conduit sous un pavillon dressé pour l'occasion. Des fonctionnaires fouettaient sans merci la foule pour qu'elle garde ses distances. Le Lord, sir George et l'interprète prennent place sur un plateau surélevé, à gauche, face au vice-roi et au légat, à droite ; assis en contrebas, les gentilshommes d'un côté, les mandarins de l'autre. Le pavillon était tendu de tissus peints et soutenu par des piliers en bambou gainés de soie rouge. Des tapis couvraient le sol[6]. »

Nouveau banquet. L'hostilité ouverte du légat contraste avec l'urbanité bienveillante du vice-roi. Un accord finit pourtant par se conclure sur le calendrier prochain de la mission**. Elle remontera en sept jours le fleuve jusqu'à Tongzhou, et de là ira en une journée, par voie de terre, jusqu'à Pékin, distant de douze milles. L'ambassade sera probablement retenue dans la capitale plusieurs jours, pour le déchargement des présents et bagages, et pour la mobilisation des porteurs et attelages à destination de Jehol[7].

Les Chinois s'entendent alors réaffirmer l'intention de Macartney de laisser à Pékin la plus belle partie du tribut. Le légat proteste. Il vient de recevoir instruction d'en « escorter jusqu'à Sa Majesté tous les objets[8] ». Macartney lui remontre que ce transport risquerait de leur être fatal et que « rien ne saurait le contraindre à offrir des présents abîmés. Ce ne serait digne ni de Sa Majesté Britannique, ni de Sa Majesté Impériale. » Heureusement pour Macartney, le vice-roi semble comprendre ses raisons. On en reste donc au premier arrangement, non sans que le Lord ressente « une vive appréhension devant le fâcheux caractère du légat[9] ».

---

* Elfy-Bey, envoyé des Mamelouks à la Cour de Londres en 1803. Barrow écrit er 1804.

** A la lumière des Archives impériales, le lecteur est sceptique. Macartney présente comme le fruit d'une délicate négociation ce qui figure dans les documents depuis des semaines.

82

Pourtant, Zhengrui suivait la logique chinoise. Une mission tributaire devait livrer *tous* ses tributs aux pieds de l'Empereur. Les Anglais se diminuaient eux-mêmes en laissant le plus précieux à Pékin. Si le légat céda, ce fut en pensant : « Ils sont fous, ces Barbares ! » Malentendu sur le fond des choses — entre deux civilisations.

Chapeau levé ou front frappé ?

Macartney est surpris par la curiosité des mandarins de Tientsin, qui tranchent avec la gravité des autres accompagnateurs. Ils examinent sans gêne tout ce que possèdent les Anglais : habits, livres et meubles. Au lecteur français d'apprécier le rapprochement que fait Staunton : « Si l'on devait les comparer à des Européens, ce serait avec les gentilshommes français sous la monarchie : des manières séduisantes, une familiarité immédiate — mais, sous le masque, le contentement de soi et l'orgueil de la supériorité nationale*[10]. » On dirait que Staunton a surpris le mémoire du vice-roi : « Nous prévoyons d'offrir de la part de Votre Majesté un banquet à l'Envoyé. En posant le pied sur le sol de Chine, il pourra admirer l'éclat d'un pays supérieur[11]. »

Les archives font apparaître que ces courtisans légers étaient en fait scandalisés. Le succulent dîner n'avait pas été offert par le vice-roi, mais *par l'Empereur*. Les Anglais, sans se poser aucune question, mangèrent d'excellent appétit. Les Chinois s'attendaient à les voir comme eux se jeter par terre à l'arrivée des plats.

Le légat et le vice-roi glissèrent dans leur rapport pour Jehol que l'Envoyé tributaire avait « levé son chapeau et frappé son front ». Ces derniers mots étaient l'expression reçue pour marquer le *kotow*. Mais comment « frapper son front » sans se prosterner ? En associant, dans une expression ambiguë, les idées de chapeau levé — à l'occidentale — et de tête pilant le sol — à la chinoise —, ces lettrés experts inventaient une pieuse métaphore, pour signifier que Macartney avait été aussi respectueux qu'il savait l'être.

Là-dessus, le digne vieillard tire son épingle du jeu en annonçant que, « conformément à une instruction antérieure », il s'en va diriger les travaux de la rivière Yongding[12].

Zhengrui est plus filandreux. Il évoque les contorsions de l'Envoyé tributaire ; le portrait impérial qui est à bord du *Lion* et qu'il n'a pas vu ; les présents que les Anglais préféreraient laisser à Pékin ; leur surprise inquiète quand ils ont appris que l'audience aurait lieu à Jehol. Enfin, il affirme que l'appellation abusive dont s'était paré l'Envoyé tributaire a été rayée de la liste de présents et qu'elle n'a transpiré nulle part[13].

---

* Le traducteur français de 1804 a prudemment omis cette comparaison.

Pour Staunton, l'événement important, c'est la venue clandestine d'un jeune Chinois qui avait longtemps rôdé autour du *yacht*. « On introduisit, dit-il, un jeune homme proprement vêtu, dont le maintien était humble et modeste. Converti à la doctrine du Christ, ce jeune néophyte, professant son attachement au missionnaire qui l'avait arraché à l'idolâtrie, remplissait une mission au péril de sa vie. Il apportait des lettres à l'Ambassadeur, sans l'autorisation des magistrats de la ville d'où il venait, ni de celle où il se trouvait[14]. »

Aux précautions effrayées de ce converti, Staunton se rend compte que même les Chinois n'ont pas la liberté de communiquer entre eux ; à plus forte raison les étrangers. Il n'y a point, en Chine, de poste publique. « L'Empereur seul reçoit et expédie des messagers. Ceux-ci se chargent quelquefois des lettres des particuliers qui obtiennent cette autorisation comme une faveur signalée. Telle est la méfiance inquiète du gouvernement chinois, qu'il se réserve le droit exclusif de donner des nouvelles au public, ou de l'en priver[15]. »

Ces lettres, écrites en français, provenaient d'un missionnaire français, le père Joseph de Grammont, ci-devant Jésuite de cinquante-sept ans, résidant en Chine depuis un quart de siècle[16]. La première remontait à trois mois. A la fois offre de services et mise en garde, elle était aussi énigmatique dans son contenu que dans son acheminement. Le père de Grammont priait Macartney d'user de lui pour préparer sa réception à Pékin dans ses détails matériels, mais de faire comme s'il n'avait pas reçu sa lettre. Il l'avait écrite en mai, sur la fausse nouvelle que l'ambassade était parvenue à Tientsin. « J'ai mis tout en mouvement, Monseigneur, pour disposer les esprits le plus favorablement possible. Je me hâte de prévenir Votre Excellence qu'il est essentiel de ne communiquer à personne le motif secret et principal de Sa* mission, avant Son arrivée à Pékin. J'espère n'être pas inutile à Votre Excellence, si, ma lettre reçue, Elle veut bien m'honorer de Ses ordres[17]. »

L'initiative venant de l'Ambassadeur, elle ne choquerait pas : il était naturel qu'un Européen arrivant s'adressât à un Européen sinisé pour lui demander une aide. Dans l'autre sens, impossible : ce père n'étant reconnu que comme serviteur de l'Empereur, il n'avait aucun droit d'offrir ses services à qui que ce fût.

Le second message, qui datait de quelques jours seulement, prévenait l'Ambassadeur contre un missionnaire portugais, Bernardo d'Almeida, qui devait lui servir d'interprète à Jehol, malgré son hostilité bien connue aux Anglais — ou à cause d'elle. « Si les affaires de l'ambassade, comme je l'espérais, se fussent traitées à Pékin, j'aurais été tranquille, parce qu'il m'eût été aisé de détruire les mauvaises impressions que peuvent faire les propos téméraires de ce

---

* Le missionnaire s'adresse à Macartney à la troisième personne. Il affecte de connaître les buts de l'ambassade aussi bien que l'Ambassadeur lui-même. Aussi celui-ci le tiendra-t-il à bout de gaffe.

Portugais. Mais l'Empereur et toute sa Cour étant aujourd'hui à Jehol, où je ne saurais suivre Votre Excellence sans y être appelé par le gouvernement, je suis dans des inquiétudes mortelles sur la conduite de ce Portugais. » Le père de Grammont offrait donc de se substituer à d'Almeida.

Ce ci-devant Jésuite pratiquait-il candidement le jeu personnel[18]? Macartney se garda, pour lors, de lui faire tenir la moindre réponse. Mais, arrivé à Pékin, il vérifiera le renseignement : bien qu'il ne parlât ni l'anglais, ni le français, ce père d'Almeida avait bien été désigné par la Cour comme interprète officiel de l'ambassade.

Macartney demanda qu'on l'autorisât à choisir un factotum parmi les missionnaires européens au service de l'Empereur, dont il parlerait la langue. Wang et Qiao l'assurèrent qu'une réponse favorable de la Cour était probable[19]. L'Ambassadeur ne sait pas encore que « pour les Chinois, un refus direct à quelque espèce de requête que ce soit annoncerait un manque d'éducation. Aussi adhèrent-ils toujours d'abord à ce qu'on leur propose[20]. » Il l'apprendra à ses dépens, mais ne l'acceptera jamais : « Ils ont si peu idée de ce qu'est une obligation morale, qu'ils promettent tout ce qu'on leur demande, sans avoir la moindre intention de tenir parole[21]. »

Théâtre en continu

Moins préoccupée que Macartney, sa suite fut plus attentive à la représentation théâtrale qui lui était offerte. Au milieu de rubans et de flammes de soie multicolores, les acteurs maniaient épées, javelots et lances avec des sauts périlleux qui arrachaient des cris d'admiration. Les rôles de femmes étaient joués par des hommes, « les Chinois ne permettant pas à leurs femmes de jouer au théâtre ». On leur assura que c'étaient des eunuques[22].

L'orchestre était composé d'instruments à vent, qui ressemblaient à des trompettes, à des cors de chasse et à des cornemuses d'Écosse. Leur musique était si dissonante, que les oreilles britanniques ne pouvaient la supporter. « Pourtant, nous fûmes fort satisfaits de l'ensemble, soit par sa nouveauté, soit par l'exécution[23]. » Allez aujourd'hui à l'« Opéra de Pékin » : vos impressions seront les mêmes.

En lisant Macartney, on croirait le spectacle flatteusement réservé aux Anglais. Mais il y a toujours un témoin qui mange le morceau. L'Astronome révèle que cette représentation « insipide » avait commencé avant l'arrivée de l'ambassade. Elle se poursuivit quand l'escadre remit la voile — à quoi le public ne prêta pas attention[24]. Les Chinois au théâtre ne se laissent pas distraire.

La flotte s'ébranle donc. L'Astronome est très critique sur la tenue des soldats alignés sur la berge : leur lourd casque d'acier, avec une mentonnière de cuir, est idéal pour se faire étrangler ; leur arc et leurs flèches ressemblent à ceux qu'on expose à Londres pour représenter les guerres dans l'Antiquité ; leurs rares mousquets sont en piteux état[25].

Holmes s'amuse franchement : les soldats ont la pipe à la bouche et l'éventail à la main. Quelques-uns sont debout, d'autres assis. Ils sont « revêtus de petites plaques minces de cuivre ou de fer, qui leur donnent l'air de ces coffres anglais garnis de clous de cuivre[26] ».

Staunton a appris que ces militaires d'aspect peu martial ne sont pas des professionnels. Aussi montre-t-il de l'intérêt pour cette formule d'enrôlement — en grand commis d'un pays qui n'a jamais apprécié la conscription. « Le cérémonial achevé, les soldats vont déposer leurs armes et leurs uniformes, jusqu'à une nouvelle occasion de les reprendre. Dans l'intervalle, ils travaillent la terre, ou dans les manufactures[27]. » On se croirait en Suisse.

Baignade tragique dans l'indifférence

Pendant que l'opéra continue, l'ambassade rembarque. Des canons tirent leur salve. Si on peut appeler canons « des pièces de bois creuses, dont une extrémité est fichée en terre : on la remplit de poudre et on la décharge en l'air[28] ». « La flotte appareilla, note Anderson, au milieu du plus grand concours de bateaux et de peuple que j'aie jamais vu ; je craignais une collision[29]. »

Ce sera pire. Une vieille jonque portait tant de badauds, que l'arrière du bâtiment s'effondra : environ quarante personnes se noyèrent. « Rares furent ceux qui se sauvèrent en saisissant les cordes qu'on leur avait jetées. La curiosité chez les Chinois l'emporta sur l'humanité. Ils étaient plus occupés du spectacle de l'ambassade, que de la vie de leurs compatriotes[30]. »

« Non-assistance à personne en danger » ? Pareil comportement, un Chinois du temps présent le jugeait ainsi : « Il existe des héros assez fantasques, pour se jeter à l'eau afin de sauver un enfant. Un homme marié ne le ferait pas. La foule est indifférente, parce qu'elle doit se protéger elle-même[31]. » Dures à la peine, insensibles à la mort d'autrui, amusées par la nouveauté : telles sont restées les masses chinoises.

Au rythme des haleurs

Désormais, on avance nuit et jour sur le fleuve Baihe, grâce au halage à bras d'homme. Grande surprise pour nos voyageurs : « Il y a sur toutes les rivières de l'Empire des Chinois, dont l'unique occupation est de tirer les jonques. Chaque haleur porte un morceau de bois dont les deux extrémités sont reliées à deux cordes fixées au mât et à la proue de la jonque[32]. » « Ils passent la tête à travers cette machine. Quand ils sont prêts, le conducteur leur donne le signal[33]. »

Ainsi harnachés comme bêtes de somme, ils se mettent en route d'un pas réglé par un refrain cadencé. Le « ho-hisse » chinois se dit :

« *Hoy-alla-boa* ». « L'usage de ce refrain est universel en Chine[34]. »
Ce halage à la chinoise se poursuivait encore dans les années 1970.

Anderson plaint ces malheureux : « Je les ai vus quelquefois
s'enfoncer jusqu'aux épaules dans un sol fangeux, obligés de se tirer
l'un l'autre en même temps qu'ils tiraient la jonque[35]. » L'Astronome
admire leur adresse à lutter contre le courant, à se dégager de la boue
qui leur monte jusqu'à la taille, ou même à traverser à la nage les
affluents du Baihe. « Tout cela avec gaieté, par une sorte de bonne
volonté naturelle à accomplir leur devoir[36]. » Voire : au retour, on
verra des paysans fuir la corvée. Il est vrai que, s'ils ne peuvent y
échapper, ils aiment mieux avoir l'air content que malheureux.

De Tientsin à Tongzhou, du 11 au 16 août, cinq jours de remontée
sans quitter le bord. Les cigales assourdissent les voyageurs — elles
demeurent, du nord au sud de la Chine, la voix stridente de l'été.
Les moustiques partent à l'assaut ; aujourd'hui encore, on ne s'en est
pas vraiment débarrassé, dans ces plaines humides. Le regard
agronomique de Macartney détaille la variété des cultures : maïs,
sorgho, millet, riz, concombres, arbres fruitiers. Il apprend que
sécheresse et sauterelles provoquent de fréquentes famines. « Le
brigandage est alors courant, mais les autorités le répriment peu ; car
ces vols, dictés par la faim, cessent dès le retour de l'abondance[37]. »

Et toujours, une foule d'embarcations pallie l'insuffisance des
maisons, « ayant chacune un étage de dix ou douze logements
distincts au-dessus du pont, et dans chaque logement une famille[38] ».

Observant les cargaisons destinées à la capitale, les Anglais remarquent un « article de commerce » dont ils eurent « assez de peine à
deviner l'emploi » : « C'étaient des gâteaux secs et bruns, semblables
à nos pains d'une livre. Ils étaient composés d'un mélange de
matières fécales, pétries et desséchées au soleil. On les porte dans
cette forme au marché de la capitale, où les jardiniers des environs
les achètent. Ils les dissolvent dans de l'urine, et s'en servent pour
fumer leurs terres[39]. » Thème à répétition.

Sans plus de commentaires, Anderson note aussi : « Le soir, deux
Chinois de nos jonques, après s'être dépouillés de leurs habits et y
avoir trouvé de la vermine en abondance, la mangèrent avec autant
d'avidité que si c'eût été un mets exquis[40]. »

La danse du mandarin

Ces journées plutôt monotones, les Chinois s'efforçaient de les
animer. Qiao, joyeux compagnon, donne à la cérémonie du thé un
caractère inattendu : « Il dansait et chantait à la fois, fredonnait
quelques chansons jouées à la flûte par Thomas Hickey, l'un de nos
peintres, tout en battant la mesure avec son éventail sur les tasses de
thé[41]. » « La politesse des Chinois bien élevés a quelque chose
d'exquis », confirmera cinquante ans plus tard le père Huc[42]. Donnée
immédiate de la conscience chinoise.

Qiao accepte même de réjouir les Anglais à ses dépens, en essayant de parler leur langue. L'Astronome reconnaît qu'il y parvenait facilement pour « *very well* » ou « *How do you do ?* », mais que c'était peine perdue pour « *broth* » — « bouillon »[43]. Qui n'a jamais peiné avec le « *th* » et le « *r* » anglais ?

La monotonie du paysage est enfin interrompue par le spectacle d'une des maisons que l'Empereur utilise dans ses tournées. Quel contraste, entre les masures « aux murs d'osier crépis d'argile, couvertes de chaume, quelquefois de gazon[44] », et ce somptueux bâtiment dont le toit de tuiles jaunes brille comme de l'or poli ! Seule l'opulence d'État ose se montrer. La Chine impériale ne se distingue pas tellement, sur ce point comme sur beaucoup d'autres, de la Chine communiste : toute richesse individuelle est suspecte ; ou, du moins, le fut pendant les trois premières décennies du régime.

La différence avec la campagne européenne, semée de châteaux, saute aux yeux de Staunton : « Tous les grands édifices ont quelque usage public ; ou bien ils sont habités par de hauts dignitaires. Tel qui a reçu de ses pères une fortune considérable, mais qui n'occupe point d'emploi dans le gouvernement, jouit de ses richesses dans l'obscurité*[45]. »

Bâtir, en effet, c'est affirmer une permanence. Or, en Chine, il n'est pas de situation assurée de durer. L'État donne et retire les honneurs comme les fonctions ; et le Ciel, retirant son mandat, fait crouler des dynasties. « Les grandes créations des Chinois (palais, portes, murailles...), notera Teilhard de Chardin, sont faites de poussière, et leurs seules substances solides (jade, bronze, porcelaine) ne servent qu'à des bibelots[46]. » « Servir, quand on y est invité, se retirer, quand on est congédié », dit Confucius[47]. Un incident banal vient en apporter la démonstration.

La chaleur est telle que certaines provisions sont gâtées. Macartney reste stupéfait devant le châtiment immédiat que subissent les responsables. Sur ordre de Wang et de Qiao, les mandarins chargés de l'approvisionnement sont privés de leurs boutons — c'est-à-dire dégradés ; et les serviteurs frappés à coups de bambou.

Macartney intercède en leur faveur auprès des deux accompagnateurs : « Tout en recevant des réponses favorables, nous avons aisément perçu qu'aucune indulgence ne devait être attendue[48]. » Il comprend que les Chinois disent toujours oui, mais n'en font jamais qu'à la mesure des usages.

---

* Sans doute faut-il bémoliser un peu. Et les villas de Suzhou et de Hangzhou ? L'art du jardin, qui a si profondément influencé l'esthétique occidentale, a été développé par des lettrés fortunés — à l'abri de hauts murs, il est vrai — et poursuivi plus tard par des marchands.

CHAPITRE 15

Une leçon de *kotow*

Le vice-roi et le légat avaient donc adressé à la Cour de prudents rapports sur l'attitude de l'Envoyé tributaire devant le banquet de Tientsin. Parvenus à Jehol, ces rapports provoquèrent la perplexité du Grand Conseil. L'habile métaphore fut prise au pied de la lettre : Macartney avait « frappé de sa tête ». Il se serait conduit si mal à Dagu devant l'édit céleste, et si bien à Tientsin devant des victuailles ? Avait-il réellement fait ces progrès ?

Heshen répond aussitôt au vice-roi, le 14 août, par des demandes de précisions[1]. « Nous savions que les usages des peuples occidentaux ignorent la cérémonie qui consiste à frapper du front le sol. Peut-être la lettre du vice-roi n'a-t-elle pas distingué cette nuance et a-t-elle indiqué par erreur que cet envoyé avait frappé le sol du front. »

S'il l'a réellement fait, l'incident est clos. S'il s'est contenté d'*incliner la tête*, qu'on l'informe qu'il devra se conformer à un rite auquel se plient tous les tributaires, même rois, devant l'Empereur. Une mise en garde d'homme à homme sera faite sur le ton de la confidence : « Si vous n'apprenez pas à accomplir cette cérémonie, vous serez la risée de tous les envoyés des pays vassaux, qui vous prendront pour des rustres. » En plus, il échouera dans la mission dont le roi d'Angleterre l'a chargé. « Inutile de cacher la vérité. »

Le ton n'est plus aux aménités du mois précédent, quand l'Empereur entendait faire exception en faveur des envoyés d'au-delà des Océans. Il ne s'agit plus, comme huit jours plus tôt, de permettre à chacun d'honorer ses usages nationaux. Il s'est passé quelque chose. Quoi ? Une remarque relevée dans les archives lazaristes le laisse clairement entendre : « La cérémonie du *ko-téou* paraissait d'abord ne pas former de grande difficulté ; les mandarins n'y insistaient pas. Les dispositions du gouvernement changèrent tout à coup, lorsqu'on eut communication du but de l'ambassade : ce qu'elle demandait n'étant pas de nature à s'acheter avec des bijoux et de belles paroles. Le refus du *ko-téou* était un prétexte[2]. »

Le but de l'ambassade communiqué aux Chinois ? La lettre de

George III n'a pas été remise. Seuls les Anglais devraient avoir connaissance de ce que Macartney entend négocier avec Qianlong.

Y a-t-il eu une fuite ? Peut-être. Peut-être aussi la Cour a-t-elle davantage médité sur les formules inconvenantes de la lettre qui accompagnait les présents : elle aura compris qu'elles ne pouvaient être mises au compte de l'ignorance. Une chose est sûre : un tournant décisif de l'expédition intervient dans la première quinzaine d'août, sans qu'apparaisse encore le motif exact du revirement.

Datée du 14, la lettre de Heshen parvint le lendemain au légat Zhengrui, qui ne fut pas long à comprendre qu'il risquait dans cette affaire de perdre son bouton. Macartney fut « arraché à la contemplation du paysage[3] » par la visite de ses cornacs.

Voici Zhengrui, accompagné de Wang et de Qiao, plus solennels que lors de leur quotidienne visite de courtoisie. L'Empereur, disent-ils, s'est déclaré satisfait. Il met à la disposition de l'ambassade deux maisons au choix : l'une en ville, l'autre à six milles dans la campagne, mais plus agréable et toute proche du Palais d'Été, le *Yuanming yuan*. Le calendrier se précise aussi : à la mi-septembre, cérémonies pour l'anniversaire de l'Empereur à Jehol, puis retour immédiat à Pékin, où l'Empereur suivra de peu. Il ne sera donc pas nécessaire de transporter à Jehol tous les cadeaux : voilà Macartney soulagé.

« Ils abordèrent ensuite le sujet des usages de la Cour avec un art, une adresse et une habileté tels, dans l'emploi des sous-entendus, que je ne pus m'empêcher de les admirer[4]. » C'est par le vêtement que l'affaire est introduite. Comme l'habit chinois l'emporte sur l'occidental ! Car il ne gêne ni la génuflexion, ni la prosternation. « C'est pourquoi ils redoutaient les difficultés que nous occasionne-raient nos jarretières et les boucles de nos culottes[5] ; ils nous suggéraient de nous en séparer avant de nous présenter à la Cour[6]. »

Macartney les rassure : il feint d'être convaincu que l'Empereur préférera voir l'ambassadeur britannique lui rendre le même hom-mage qu'il rend à son propre roi.

Les trois mandarins lui expliquent alors le *kotow*, comme s'il l'ignorait. Macartney se réserve de répondre dans une lettre qu'il remettra à Pékin. Les mandarins changent de sujet. « Ils nous confièrent que l'Empereur ne chasserait pas cet automne, mais rejoindrait Pékin très tôt, afin que nous ne soyons pas retardés. Je leur répondis que Sa Majesté Impériale pourrait, au vu de la lettre du Roi et de mes démarches, juger quel délai me sera nécessaire pour traiter les affaires dont on m'a chargé[7]. »

Macartney a-t-il enveloppé ses refus de circonlocutions complai-santes ? L'interprète avait-il brouillé le message ? Ou encore, le légat, sûr d'amener les étrangers à résipiscence, pécha-t-il par optimisme ? Toujours est-il que le rapport de Zhengrui, s'enfonçant dans le mensonge, assura la Cour que les Anglais étaient « profondément honteux de leur ignorance des cérémonies » et que, sous sa direction, « ils s'exerçaient quotidiennement à se prosterner et à frapper le sol du front[8] »... Zhengrui sait qu'il ment, et que cela risque de lui coûter cher. Il entrouvre une porte de sortie : « Toutefois, les Barbares étaient assez enclins à oublier le prosternement. »

Où l'on parle d'une rébellion au Tibet

Les Chinois explorèrent un autre sujet de mécontentement : le Tibet. Le vêtement y tenait aussi sa place. Macartney apprit que des troupes britanniques installées au Bengale auraient porté assistance aux insurgés tibétains. « Je fus alarmé par cette nouvelle, mais répondis sans hésiter : impossible. » Des Européens auraient combattu sur le « Toit du monde » contre les armées chinoises ? On les aurait reconnus... à leurs chapeaux ? Il fallait nier. Il nia[9].

Quelques jours plus tard, les Chinois lui demandent si les Anglais seraient prêts à les aider contre les rebelles du Tibet. Il subodore un piège. Il répond aussitôt que les possessions anglaises sont bien trop éloignées du lieu des combats, pour apporter une aide quelconque. « Car si nos troupes pouvaient porter assistance à celles de l'Empereur, elles pouvaient tout aussi bien avoir aidé ses ennemis[10]. »

La lenteur des messages venait de mettre Macartney en situation délicate. Il avait quitté l'Angleterre en septembre 1792, avant d'avoir aucune nouvelle des combats qui s'étaient déroulés dans l'Himalaya six mois plus tôt : les Gurkhas, peuple guerrier du Népal, avaient lancé une expédition à l'automne 1791 contre le Tibet, poussant à la rébellion les populations locales. Les autorités de ce protectorat chinois avaient demandé secours à Pékin. Qianlong s'était empressé d'intervenir. Au printemps 1792, une armée chinoise, commandée par le vice-roi de Canton Fukang'an, avait écrasé les Gurkhas. Le Népal dut se reconnaître tributaire de l'Empire et les Tibétains payer l'intervention chinoise au prix fort. Or, Londres ignorait cet aboutissement quand l'ambassade avait quitté Portsmouth. On n'en savait toujours rien chez les Anglais de Macao, quand l'expédition y passa fin juin 1793 : les nouvelles parviendront le 8 septembre. C'est à son retour à Canton que Macartney pourra se rassurer : ses dénégations seront confirmées par les faits[11].

Au long de cette épopée planétaire, la difficulté des communications provoquait de dramatiques malentendus. Mais dans cette affaire il y avait surtout eu de la négligence de la part du gouverneur général des Indes, lord Cornwallis, qui n'avait pas songé à faire tenir à Macartney un message à Batavia.

Au fait, si les Anglais n'étaient pas intervenus, qu'étaient donc ces « chapeaux » que les Chinois avaient distingués au milieu des turbans ? Mauvaise querelle ? Illusion d'optique due à l'altitude ? Ou peut-être quelques « cipayes », déserteurs de l'armée anglaise...

Macartney se tira du mieux qu'il put de ce mauvais pas. Mais son enthousiasme, si vif à Dagu, a beaucoup diminué. On le sent déconcerté et inquiet. L'incertitude où il est de la situation au Tibet l'ébranle. L'affaire est ancienne, mais les Chinois seuls le savent.

91

S'agit-il d'un brûlot pour naufrager l'ambassade, dont l'objectif a été découvert ? Celui qui propage ces bruits est le général Fukang'an, vice-roi de Canton, qui a mené la campagne punitive. Il a toutes les raisons de se méfier des Anglais.

Un malentendu fondamental

On demande à Macartney s'il apporte un cadeau personnel pour l'Empereur. Il n'y avait pas pensé, mais a la présence d'esprit de répondre qu'il espère voir l'Empereur accepter de sa part un carrosse (c'est le sien). Il en profite pour ajouter qu'il a également prévu des cadeaux pour le Nouvel An chinois — le 31 janvier 1794.

Il cherche ainsi à faire comprendre qu'il serait heureux de demeurer à Pékin au moins jusque-là. « L'idée m'était venue, par diverses allusions, que les habitudes des Chinois les inclineraient à ne pas nous autoriser à résider longtemps parmi eux[12]. » Il repense à la nouvelle qu'on lui a glissée : l'Empereur, renonçant à sa saison de chasse, va rentrer rapidement à Pékin. Était-ce pour entamer avec l'ambassade des négociations approfondies ? Ou, plutôt, pour ne pas risquer, en la faisant attendre, d'en retarder le départ ? Et si on ne la laissait pas dépasser la limite des quarante jours que le Tribunal des rites impartit ordinairement aux délégations tributaires[13] ?

Il voit bien que le légat cache mal son hostilité. En revanche, il pense avoir gagné Wang et Qiao à sa cause. Ceux-ci, dès que le légat a le dos tourné, ne cachent pas « leur hostilité à l'égard de ce collègue tartare, qui a le privilège exclusif de correspondre avec l'Empereur. Ils redoutent son caractère exécrable[14]. »

Au moment de débarquer à Tongzhou, Macartney fait le point. Il prend d'innombrables notes. L'ambassade est accueillie avec empressement : vivres en surabondance ; honneurs militaires à répétition, « avec drapeaux musique et, la nuit, feux d'artifice[15] ». Tout leur a été offert sans qu'ils aient jamais été autorisés à le payer[16]. Mais le Lord commence à voir dans ces largesses un effet des rites qui, peu à peu, l'emprisonnent.

Car la liberté de mouvement des Anglais est étroitement restreinte : « Lorsque nous éprouvions le désir de faire de petites excursions, le refus était présenté avec tant d'amabilité, que nous aurions eu mauvaise grâce à ne pas accepter gaiement cette contrariété... Nous avons été épiés de très près ; toutes nos façons d'agir, même banales, furent scrutées avec une attention indiscrète[17]. »

Macartney apprend vite. S'il a fermé les yeux sur les drapeaux où figure l'inscription *Envoyé payant tribut au Grand Empereur*, il devine bien qu'il y a là un malentendu fondamental, qui ne sera pas facile à dissiper. « Sans principes communs, ce n'est pas la peine de discuter », dit Confucius[18]. Macartney s'était embarqué pour la Chine avec de solides principes, qu'il imaginait universels ; il commence à constater qu'ils ne lui ouvrent pas le monde chinois. Il se sent poussé dans un entonnoir par une main gantée de soie.

CHAPITRE 16

Assignés à résidence dans un temple
(16-21 août 1793)

A Tongzhou, la navigation s'arrête. On est presque arrivé. Pékin : douze milles. Pourtant, l'ambassade, avant de se muer de flottille en caravane, va devoir piétiner quelques jours. Macartney voudrait aller de l'avant, laissant son second veiller au transbordement des bagages. Impossible : aux yeux des Chinois, il n'est que le convoyeur du tribut ; on ne saurait l'en séparer. Halte forcée, si près du but de tant de rêves.

« 17 août. A sept heures du matin, le Lord et sir George quittèrent les jonques en palanquins, escortés par des soldats chinois et suivis d'une foule immense[1]. » Les autres restent confinés dans leurs jonques, d'où ils observent un nouveau chef-d'œuvre de déménagement[2]. Les bagages sont débarqués de vingt-sept jonques et entreposés dans deux vastes hangars construits en quelques heures avec des tiges de bambou entrecroisées. « Une telle célérité, pour le déplacement d'un aussi grand nombre de colis, dont la plupart pesaient un poids énorme, ne peut être obtenue ailleurs qu'en Chine, où tout est à chaque instant commandé par l'État. » Voilà encore ces grands capitalistes admiratifs de l'économie étatique. « Les tâches les plus pénibles sont exécutées avec une bonne humeur à laquelle on ne pourrait guère s'attendre sous un gouvernement si despotique. Les Chinois sont capables de déplacer n'importe quel poids en additionnant leurs forces autant de fois qu'il le faut. Ils attachent sur les côtés de la charge deux solides bambous ; si deux ne s'avèrent pas suffisants, ils les croisent avec deux autres[3]. » La main-d'œuvre ne manque pas, ni le bambou.

La minutieuse vigilance des Chinois émerveille Anderson : « A la porte de chaque hangar, se tenaient deux fonctionnaires : ils inspectaient et mesuraient chaque paquet, pour dresser un état. Pas la plus petite boîte ne put entrer sans cette formalité[4]. »

La suite rejoint Macartney dans le temple où l'ambassade est hébergée — ou plutôt assignée. Sur douze bonzes, un seul est resté, en vue d'entretenir dans le sanctuaire la flamme de l'autel : les autres se sont retirés, laissant aux Anglais un caravansérail pour visiteurs de haut rang.

Des auberges existaient bien — mauvaises chaumières, où les voyageurs ordinaires obtiennent pour une piécette une tasse de thé et la permission de s'allonger dans un coin[5]. On doit y apporter avec soi son couchage. Si le client est insolvable, « il laisse sa couverture[6] ». A Pékin, les marchands en déplacement logeaient dans les maisons de leurs guildes. Les candidats aux examens impériaux disposaient de locaux spécifiques. L'hôtellerie chinoise était si rudimentaire — elle l'est restée jusqu'aux années 1980 — que, quand on voulait faire honneur à des hôtes de marque, on réquisitionnait les temples.

Ceux-ci servaient aussi de lieux de rassemblement pour la vie communautaire. C'est là que se faisaient les rencontres amoureuses ; là encore que campaient les troupes en cas de besoin. Le temple est le plus bel endroit de chaque bourg[7]. Richement décoré, il est souvent le seul bâtiment digne d'intérêt que l'on puisse visiter dans les villes d'aujourd'hui ; mais il est presque toujours vide. Bien des temples ont été dévastés au cours de ce siècle par la soldatesque, longtemps avant l'ouragan de la Révolution culturelle.

Suit un déjeuner. Douze fois douze mets : les cent quarante-quatre plats du banquet d'honneur, encore en usage de nos jours. Sortis de leurs jonques, les Anglais ne sont plus protégés par elles ; leurs agapes maladroites — ah, ces baguettes ! — sont livrées au regard du public. Une foule s'amasse pour s'esclaffer de leur gaucherie[8].

Comment en imposer aux Chinois ? Macartney recourt à l'appareil militaire — signe précurseur des temps futurs. Il fait disposer sa garde personnelle devant le portail extérieur, « afin qu'elle imprimât aux Chinois, sur notre ambassade, une haute opinion dont nous faisions dépendre sa réussite[9] ».

Des Anglais dans un temple bouddhiste : ils écarquillent les yeux. Ils s'étonnent que, au contraire de l'Occident, la religion n'ait pas produit une architecture originale. Les temples ne diffèrent pas des palais impériaux ou des belles demeures princières. A tous, la géomancie a dicté l'orientation sud-nord. Tous portent un toit cornu, que surmontent figurines protectrices ou gueules menaçantes. Dans tous, les cours pavées alternent avec les pavillons soutenus par des colonnes vernissées de rouge[10].

Même les nombreuses inscriptions sacrées ne sont pas une particularité des temples. La Chine, pays de l'écrit, ressemble à une immense bibliothèque : « Les sentences, les maximes ont tout envahi : pagodes, monuments publics, enseignes des marchands, portes des maisons[11]. » Depuis, les auteurs ont pu changer, non ce goût des citations offertes à la méditation des passants.

« On remarque plusieurs statues, en bois ou en porcelaine, de divinités mâles et femelles[12] » qui campent une hiérarchie céleste, à l'image de la société mandarinale. Ces sculptures « aux proportions anatomiques choquantes[13] » heurtent les Anglais.

Les moines chassés par l'ambassade revenaient aux heures de

prière dans « un petit édifice carré, avec un autel surmonté de figures colossales de porcelaine. On allume des bougies chaque fois qu'une personne se présente pour prier, à charge de payer. Dans une petite lampe, brûlent des mèches d'encens[14]. »

Les chambres que les moines avaient laissées aux Anglais étaient agréables et fraîches. « Une estrade en planches, garnie de couvertures de laine et d'un oreiller, y servait de lit. Les gens du peuple gardent, la nuit, leurs habits du jour[15]. » Sauf quand, l'été, ils couchent nus. Ces deux pratiques demeurent de nos jours.

Où l'on croit voir Vierge Marie et Franciscains

La Chine est hiérarchisée ; son clergé aussi. On traite hiérarchiquement les Barbares : « Les logements des supérieurs du couvent furent affectés aux personnes les plus distinguées de l'ambassade. Les autres furent mises dans des chambres où fourmillaient scorpions et scolopendres[16]. » L'Astronome devait partager une chambre avec sept compagnons : « La chaleur était telle, que d'eux d'entre eux préférèrent le portique ; un troisième les suivit quand apparut un scorpion[17]. »

Les dévots venaient en foule, malgré la présence des Anglais. Staunton s'amuse de la ressemblance entre les cultes bouddhiste et « romain ». La statue de *Shengmu*, la Mère Sacrée, assise avec un enfant dans les bras, « la tête ceinte d'un cercle de gloire et honorée par des cierges qui brûlent devant elle, ressemble en tout point à la Vierge Marie[18] ». Et les moines, avec leur longue robe en grossière laine brune, leur ceinture de corde blanche, leur vie conventuelle faite d'ascèse, de jeûnes et de pénitences, font irrésistiblement penser aux Franciscains[19].

Bien que le gouvernement, en principe, « ne se mêle pas des affaires de conscience, il prohibe les religions qu'il croit capables de porter atteinte à la tranquillité publique[20] » — ce qui est le cas du christianisme. Cette proscription-là choque beaucoup moins les Anglais que celle du commerce occidental. Elle n'entame pas l'image de tolérance dont la Chine jouit dans l'intelligentsia européenne : « En Chine, on ne connaît point de religion dominante. L'Empereur a sa religion, celle du Lama. Plusieurs mandarins en professent une autre. La majorité du peuple est attachée aux temples de Fo [Bouddha]. »

Ce tableau est un peu simplifié. La religion la plus répandue était syncrétique : mi-bouddhiste, mi-taoïste. Telle paroisse, telle confrérie, tel particulier s'adressait à un bienheureux plutôt qu'à un autre : piété locale, ou préférence personnelle, plus que choix théologique. Chez les mandarins, la religion populaire taoïste était mal vue. Sa diversité se pliait mal à l'ordonnance officielle ; et ses rituels initiatiques échappaient au pouvoir. Pour nos Anglais, « pas de nation plus superstitieuse ». Macartney observe qu'on sacrifie à Confucius

« un porc, une brebis et un taureau[21] » : exactement l'offrande que les Latins appelaient *suovetaurilia*.

A la veille de se marier, d'entreprendre un voyage ou quelque autre affaire importante, les Chinois se rendent au temple. Ils interrogent la divinité, « après avoir effectué des prosternations qui ne diffèrent pas de celles que fait le mendiant au mandarin qui passe, ou le mandarin à l'Empereur[22] ». On jette en l'air un dé de bois. Quand il est tombé, le chiffre d'en haut indique la page dans le livre du destin, que le prêtre tient ouvert. « Si la réponse qu'on y lit est favorable, le questionneur se prosterne en signe de reconnaissance. Sinon, il tente une deuxième, voire une troisième épreuve, qui détermine irrévocablement ce qu'il doit faire[23]. » Vous pouvez voir encore aujourd'hui utiliser ces procédés dans les temples de la Chine rouge qui se rouvrent au culte, après leur fermeture sous la Révolution culturelle.

« Bien peu de Chinois, note Staunton, étendent leurs vœux au-delà de ce qui a rapport au bien-être de cette vie[24]. » Vite dit. Mille exemples attestent la croyance dans une vie future — comme le récit du père Le Comte, auquel un vieil homme avait demandé le baptême, afin d'échapper au destin de cheval que les bonzes lui promettaient pour son existence future[25].

Éclipse de lune et monopole du savoir

Une éclipse de lune devait être visible dans le ciel de Chine le 21 août. L'Astronome avait tout calculé. Il n'entendit d'abord goutte à la chronologie que lui présenta Wang. Quand il put surmonter les défaillances de l'interprète, il constata qu'elle était exacte. Mais il n'ignorait pas que les missionnaires européens de la Cour avaient précisément pour fonction de prédire les événements du ciel. Les Anglais furent davantage impressionnés par le sens politique avec lequel le gouvernement gérait le phénomène. Ils virent, « sur les murs des maisons, l'annonce officielle de la prochaine éclipse[26] ».

Exploitant la crainte révérentielle que les éclipses suscitent dans le peuple, l'Empereur se réserve le droit exclusif d'en supprimer la surprise. La prescience impériale des éclipses inspire aux Chinois une « grande vénération envers un pouvoir dont ils reçoivent d'aussi utiles instructions[27] ».

Céleste, la Cour l'est plus que par métaphore, quand elle perce les secrets du Ciel. L'Empereur sait, mais se réserve l'exclusivité du savoir. Il utilise *sa* science pour manifester son caractère sacré, et donc pour éloigner les masses de *la* science. Ses astronomes chrétiens font de lui le grand mage :

Rien n'est secret pour lui dans tout cet univers,
Et pour lui nos destins sont des livres ouverts[28].

Il appuie son pouvoir sur les connaissances de quelques-uns et sur l'ignorance de la multitude ; mise en scène qui perpétue l'ignorance, la mue en respect, maintient le peuple à sa place.

La science la plus certaine est celle du gouvernement. « L'Empereur n'entreprend rien d'important à l'approche d'une éclipse ; il affecte de corriger dans les affaires publiques les fautes commises, dont l'éclipse est la punition. Il invite son peuple à lui exprimer ses avis et critiques[29]. » Déjà, c'est l'appel, par un despote absolu, au libre examen de chacun : *que cent fleurs s'épanouissent*. Fables...

« Quand l'éclipse commença, on entendit un vacarme effroyable. Cloches, gongs, claquettes et tambours firent un bruit si terrible, que le dragon, qui tenait la lune dans ses griffes, en fut épouvanté et abandonna sa proie[30]. » Le dragon est l'animal le plus honoré de Chine. C'est un être de l'autre monde. Il apparaît, rarement, à travers les nuages. Il peut rester tapi au fond des lacs. S'il s'éveille, il ébranle le monde. Est-il bon ou mauvais ? Il est dans l'ordre du monde. Le tumulte pour qu'il lâche prise est de même nature que le bruit pour tenter de ramener vers son corps l'âme du parent qui se meurt : démarche toute pratique[31].

L'ambassade n'est pas tendre envers les missionnaires, qui « n'ont rien fait pour permettre au peuple chinois d'accéder à la science européenne. Ce n'était pas plus leur intérêt que celui des empereurs. » Pourquoi donc avoir gardé les Chinois sous ce boisseau obscurantiste ? Barrow pointe un doigt accusateur : « Il y aurait eu trop d'abnégation à renoncer au crédit que des connaissances supérieures leur avaient donné, en faisant participer les Chinois à leurs lumières[32]. »

A en croire nos voyageurs, le système perdure parce que la bureaucratie céleste et ses comparses occidentaux y ont également intérêt. L'immobilisme est garanti par les avantages qu'en tirent ceux qui le perpétuent. Les missionnaires se sont faits les complices des superstitions qu'on les croirait chargés de renverser. Ils sont partenaires de l'Empereur dans le maintien de l'ignorance populaire et du savoir caché.

Ainsi du moins des protestants anglais, adeptes de l'universalité du savoir occidental, dénoncent-ils l'ignorantisme du clergé catholique. C'était injuste. L'histoire des efforts déployés depuis le XVIᵉ siècle par les missionnaires pour diffuser la science occidentale en Chine inclinerait au contraire à taxer nos Anglais d'ignorance. On ne peut reprocher à ces prêtres de s'être heurtés à un mur d'indifférence ou d'hostilité et, finalement, de n'y avoir creusé qu'une petite niche. Ce mur, l'ambassade va en mesurer à son tour l'épaisseur.

CHAPITRE 17

Une ville en bois
(19-20 août 1793)

Anderson fut le touriste le plus audacieux : « 19 août. Je visitai Tongzhou et ses faubourgs ; non sans beaucoup de fatigue et d'embarras. » Comme la plupart des villes chinoises, cette cité a une forme carrée. « La place forte est ceinte de fossés et de remparts, défendus par quelques canons et par une nombreuse garnison parfaitement disciplinée. Elle n'est accessible que par trois portes, qu'on ferme tous les jours à dix heures du soir, et qu'on ouvre à quatre heures du matin[1]. »

Les maisons, à un étage, sont en bois ; excepté celles des mandarins, bâties en pierres ou en briques. « Point de verre pour les fenêtres, mais du papier translucide, tendu sur un châssis de bois, ou de la soie pour les plus riches[2]. » Peu ou point de meubles. Souvent badigeonnées, les façades disent la qualité de leurs propriétaires : nul, sinon un mandarin, n'aura de murs rouges. Les boutiques flattent l'œil par l'élégance de la décoration. Des banderoles indiquent la nature des marchandises. « La plus chétive habitation a ses idoles. Et pas de jonque qui ne porte aussi son dieu et son autel[3]. »

Les trottoirs — encore rares en Europe à l'époque —, les nattes tendues par-dessus les rues étroites d'une maison à l'autre pour abriter du soleil, rendraient la promenade à pied très agréable... sans l'empressement de la foule. La badauderie est à double sens. « Assailli par vingt ou trente personnes, je me vis plusieurs fois obligé d'entrer dans une boutique, en attendant que les curieux se fussent dispersés. J'en étais quitte pour l'emplette d'un éventail ou d'une pipe[4]. »

Quiconque a voyagé en Chine aura vécu ces petites mésaventures, jusqu'à ce qu'au début des années 1980, l'ouverture du pays ait banalisé l'étranger dans les grandes villes ; mais non dans les bourgades écartées.

Le nègre de l'Ambassade

Les habits courts, les perruques poudrées des Anglais procurent un spectacle neuf. Mais la surprise devient stupeur devant le domestique noir que l'un des Anglais a engagé à Batavia. « Jamais on n'avait vu d'être de cette espèce. Quelques-uns doutaient que ce fût un homme ; les enfants l'appelaient "*fan-quee*" *[fangui]*, c'est-à-dire "diable barbare"[5]. » De nos jours, les étudiants africains dans les universités chinoises suscitent toujours la même curiosité, qui n'est pas toujours bienveillante.

Ce nègre aurait choqué les Chinois, prétend Anderson, non pas par la couleur de sa peau, mais parce qu'il était esclave. D'où notre témoin tire-t-il cette information ? L'esclavage n'existe-t-il pas en Chine, même s'il est rare ? Barrow[6] révèle : « Un esclave mâle vaut le prix d'un cheval. » « Un homme, indique Staunton, peut se vendre lui-même, par exemple pour assister son père dans la détresse et lui procurer un enterrement décent[7]. »

On mesurera la crédulité d'Anderson quand on lira sous sa plume[8] que la Grande Muraille « n'a coûté que quelques années à bâtir ». Il a l'œil aigu ; mais sa naïveté face au « meilleur des mondes » disqualifie ses réflexions, dès qu'elles ne se fondent pas sur une observation précise ; c'est-à-dire, dès qu'il cède la plume... à son « nègre ».

Les greniers de l'Empereur : l'État-Providence

Les Anglais ne virent personne qui eût la tournure d'un mendiant. « Beaucoup paraissaient peu fortunés ; aucun n'était réduit à la charité[9]. » Lorsque la famine menace, l'Empereur intervient pour fournir des secours. « Les greniers publics sont ouverts. Les indigents sont dispensés de payer les impôts ; ils reçoivent même des secours pécuniaires : ainsi, le souverain remplace en quelque sorte la Providence en faveur de ses sujets. Il est même tellement jaloux de ce privilège exclusif de la générosité, qu'il a rejeté une fois avec courroux les offres des marchands qui proposaient de soulager une province désolée par la famine[10]. » En réalité, malgré les greniers de l'Empereur, la famine tue en Chine.

Vaches maigres ou grasses, le système d'État demeure. Une fortune personnelle ne permet pas de s'attacher la gratitude du peuple[11]. Décidément, les Anglais sont loin de chez eux, et la Chine d'hier proche de la Chine d'aujourd'hui.

L'attention des Anglais est éveillée par un étrange édifice de onze étages. Une pagode ? « Ses deux premiers étages n'ont ni portes ni fenêtres ; aucun vestige d'escalier[12]. » Le monument, bien que couvert d'herbe et de mousse, est bien conservé*. On prétend que sa fondation

---

* En août 1986, j'ai pu retrouver à Tongzhou cette pagode de onze étages, en cours de restauration.

est antérieure à la construction de la Grande Muraille. Aujourd'hui superbe d'inutilité, il aurait été longtemps, rapporte Staunton, « une tour de guet pour avertir des incursions des Tartares[13] ».

La femme enchaînée

Quelques Anglais purent faire des sorties, sur de forts chevaux à la robe tachetée comme celle des léopards. Ils observent en agronomes, et admirent la fertilité de la campagne. La récolte d'automne se préparait : millet et maïs — introduit d'Amérique dans le courant du XVIᵉ siècle, rare exemple d'innovation importée. Le blé est battu avec des fléaux, ou bien foulé aux pieds des chevaux ; on se sert aussi d'un gros cylindre. Le van est si semblable à celui qu'utilisent les paysans d'Europe, que nos voyageurs y voient la confirmation qu'il est une invention chinoise. Grâce aux descriptions adressées en Europe par les missionnaires, l'agriculture chinoise a contribué à la révolution agraire en Occident au XVIIIᵉ siècle. Ainsi des charrues légères munies d'un semoir[14].

Les animaux restent invisibles : ils sont nourris à l'étable de fèves et de paille hachée. La terre manque en Chine pour la pâture. Point de villages non plus, mais des chaumières éparses et sans clôtures. « Aucune précaution contre les bêtes féroces et les voleurs[15]. » Cette sécurité fait l'admiration des Anglais, dont la société, à l'époque, est beaucoup plus violente — dans les villes, sur les grands chemins, à la campagne[16].

Les femmes des paysans, astreintes aux tâches ménagères, « soignent les bêtes, élèvent des vers à soie, filent du coton, tissent des étoffes, tout en rivalisant avec les dames de haut parage par la petitesse de leurs pieds. Leurs maris ont sur elles un empire extraordinaire. Ils ne leur permettent pas de s'asseoir à leur table : ils se font servir par elles[17]. »

Cette habitude, constante sous les toits confucéens[18], existe toujours dans les milieux populaires, surtout au Sud et à Taiwan. Elle choque les Anglais, plus qu'elle n'aurait choqué un paysan du Rouergue ou de Corse.

Respect des anciens et culte des ancêtres

Staunton verse dans l'angélisme : « Dès leur plus tendre enfance, on apprend aux Chinois à se conduire avec douceur et respect. Des sentences d'une morale simple et pure sont écrites dans la pièce où se rassemble la famille. Il y a toujours quelqu'un en état de les lire aux autres[19]. » Ces préceptes sont restés en vigueur jusqu'aujourd'hui. A se demander comment furent jamais possibles ces vagues sanglantes qui jalonnent l'histoire de la Chine, jusqu'aux débordements féroces des jeunes Gardes rouges.

Les vieillards habitent avec les jeunes gens de leur famille et

« modèrent leur impétuosité[20] ». La vertu du grand âge n'a jamais cessé d'être honorée. Le père Amiot raconte comment Qianlong a fait venir à Pékin, en 1785, cent quatre-vingt-douze familles, dont le chef comptait six générations de descendants en vie. Quatre d'entre eux étaient plus que centenaires. « L'Empereur a envoyé à tous de magnifiques présents et composé lui-même des vers en leur honneur[21]. » Dans la Chine maoïste, ces antiques traditions avaient été reprises en compte par le Parti. On se groupait en famille — ou dans les unités de travail de quartier — pour lire les formules de la « pensée-Mao ». Selon un principe énoncé par Zhou Enlai, on s'arrangeait, dans les comités de toutes sortes, pour réaliser la « triple union des âges » — jeunes, adultes, vieillards — et ainsi celle des qualités correspondantes : impétuosité, force, modération, judicieusement mêlées comme dans les sociétés primitives.

Ce respect de l'âge culmine avec le culte des ancêtres. Chaque maison possède un arbre généalogique. Les exemples des aïeux sont sans cesse évoqués. Au moins une fois l'an, le clan se recueille sur leurs tombeaux ; jamais ses membres ne se perdent de vue.

La surprise admirative des Anglais est celle d'Occidentaux chez qui la famille nucléaire, réduite aux époux et aux enfants, devient la règle. En Chine, chaque membre de la famille patriarcale obéit au devoir d'entraide. Staunton en conclut — un peu vite : « Il n'est pas même nécessaire qu'il y ait des hôpitaux[22]. » C'est la sécurité sociale garantie par le groupe familial. La Providence d'État n'intervient que pour les grandes calamités, qui excèdent les moyens de la solidarité du clan. Mais on pourrait retourner la formule de sir George : c'est la carence de l'État qui contraint la famille à jouer ce rôle. Aujourd'hui encore, c'est parce que la collectivité n'est pas en mesure de verser une retraite aux paysans qu'ils résistent si vigoureusement à la politique de l'enfant unique : faute de fils, qui assurera leurs vieux jours ?

Cohésion sociale, respect des hiérarchies, devoir de piété filiale, culte des ancêtres : ces vertus confucéennes ont défié les siècles.

CHAPITRE 18

Nuages
(16-21 août 1793)

Entre-temps, Macartney se concentre sur sa mission. Les signes de difficultés s'accumulent. Ce fut d'abord une nouvelle lettre du père de Grammont, datée du 16 août, évoquant sans les préciser des bruits divers qui couraient à Pékin : « Je supplie Votre Excellence de ne pas dédaigner mes offres de service. Les affaires se traitent ici tout autrement qu'ailleurs, et ce qui serait chez nous raison et justice, n'est souvent ici que déraison et mauvaise humeur[1]. »

Quels étaient les mobiles de ce religieux tenace ? Gratitude pour la protection britannique accordée à la Société de Jésus ? Espoir que le succès de l'ambassade améliorerait le sort des étrangers en Chine ? Croyance qu'elle cherchait à favoriser la propagande de la foi ? Si oui, il ne pouvait se tromper davantage. Cette expédition de sept cents hommes sans un seul *clergyman* est bien du siècle des Lumières : indifférence à l'égard de sa propre religion d'État, mépris déclaré à l'égard du catholicisme « romain ». Le bon père ne devait pas être si naïf et, dans ses démarches répétées, les rivalités au sein du petit milieu des missionnaires comptaient sans doute pour beaucoup. En tout cas, la crainte de représailles du pouvoir impérial suffisait à expliquer le secret, en apparence rocambolesque, dont il s'entourait. La lettre parvenue à Macartney le 17 août n'était pas plus explicite que les deux précédentes ; mais ces insinuations durent l'alarmer.

Le lendemain matin, Wang l'informa que la caravane serait prête à partir le 21, traverserait Pékin et irait tout droit au Palais d'Été, où l'Ambassadeur trouverait un missionnaire européen à son service. Wang ne précisa pas sa nationalité. L'information confirmait les avertissements de Grammont. On se préparait à imposer un interprète à Macartney ; sans doute ce d'Almeida contre lequel le père l'avait prévenu. Dans la Chine impériale ou populaire, dans la Russie des tsars comme dans l'Union soviétique, l'interprète n'est pas celui qui traduit les réalités locales de la façon la plus pratique pour le visiteur, mais celui qui les présente de la manière la plus flatteuse pour le régime. Il est donc essentiel que les autorités fournissent elles-mêmes tout intermédiaire, collaborateur, domestique.

Ce soir-là, Wang et Qiao seuls firent visite à Macartney : une indisposition passagère empêchait « le Tartare » de les accompagner. Macartney se douta qu'il s'agissait d'une maladie diplomatique[2].

Zhengrui, en fait, attendait avec inquiétude la réaction de la Cour au rapport fort optimiste qu'il avait envoyé de Tientsin. Dans l'incertitude, il préférait fuir le contact. Expédiées le 18 août de Jehol, les directives du Premier ministre durent lui arriver le lendemain : « Votre rapport a été lu. Quand l'Envoyé tributaire atteindra Jehol, il devra respecter l'étiquette. Vous avez à l'en instruire dans tous les détails. Il ne pourra être introduit à l'audience que lorsqu'il sera versé dans les salutations du *kotow*[3]. »

Les ordres étaient clairs. Restait à les faire appliquer. Et Zhengrui se rendit compte qu'il s'était beaucoup avancé.

Le jeu du chat et de la souris

C'était mettre les points sur les *i* — ou sur les *« yi »*, qui, en bon chinois, veulent dire « usages ». Les Anglais commencent à mesurer combien la Chine est une société *rituelle*, sans doute plus que toute autre. « Qui ne connaît pas les rites, dit le Maître, ne sait pas comment se tenir[4] » : le rite est le fondement du confucianisme, qui est lui-même l'essence de l'identité culturelle chinoise — jusqu'à nos jours. Parmi les « Treize Classiques » au programme des concours impériaux, trois étaient consacrés aux rites. Parmi les six Tribunaux de la Cour — qui correspondent à des ministères — le Tribunal des rites n'a pas d'autre objet que de veiller à leur fixité ; notamment en gérant les déplacements des envoyés et la réception des tributs ; et aussi en contrôlant le « système des examens », un des principaux instruments de cette perpétuelle reproduction. Rien d'étonnant à ce que cette affaire du *kotow* ait pu tourner au drame.

Zhengrui, ayant vendu la peau de l'ours, comprenait qu'il jouait sa carrière. Il sous-traita cette mission à Wang et Qiao, mieux capables que lui de dorer la pilule. Macartney nota leur tentative avec inquiétude.

C'est au retour des « hangars de bambou », en raccompagnant l'Ambassadeur, que les deux compères l'entreprirent. « Ils m'informèrent que l'Empereur avait acquiescé à notre demande de nous faire accompagner d'un missionnaire européen et que nous pouvions choisir n'importe quel Européen alors au service de l'Empereur à Pékin[5]. » Bonne nouvelle, mais on verra qu'elle était fausse. « Ils nous apprirent également que l'Empereur nous tenait en grande estime. » Inquiétante entrée en matière. Les Chinois, encore aujourd'hui, insistent volontiers sur des propos agréables, quand des désagréments doivent suivre.

De fait, on en vient aux rites. Les deux mandarins expliquent à la fois que le *kotow* est un détail insignifiant — et une difficulté majeure.

Pour étayer leurs arguments, « ils s'agenouillèrent sur le sol et s'exercèrent en me suppliant d'essayer. Devant mon refus, ils le demandèrent à mon interprète. Ce dernier, bien que sujet chinois, répondit qu'il ne pouvait agir que selon mes instructions. Ils parurent fort déçus de ne pas me trouver plus souple[6]. »

Macartney, lui, est déçu de ne pas les trouver plus rigoureux : « Ils disent une chose, puis son contraire. Lorsque nous relevions une contradiction, ils ne s'en cachaient pas, comme d'une chose sans importance. » Ils sont assez raffinés pour ne pas montrer le déplaisir de leur échec : « Nos musiciens, rangés sur la terrasse, exécutèrent plusieurs morceaux qui leur firent trouver la musique européenne infiniment agréable[7]. »

Démonstration d'artillerie

Le 19 août au matin, Macartney rencontre, près des « hangars de bambou », Wang, Qiao et le « légat tartare », apparemment remis. L'Ambassadeur leur offre une présentation des huit petits canons de campagne en cuivre, prêts au départ avec le reste des cadeaux et des bagages : « capables de tirer sept coups à la minute », affirme l'Astronome[8]. Le légat traita ces pièces avec désinvolture, prétendant qu'elles ne constituaient pas des nouveautés en Chine. Macartney n'en croit pas un mot ; mais il commence à comprendre que les Chinois ne reconnaîtront jamais une infériorité, en quoi que ce soit. Discrète épreuve de force : pas question pour les mandarins d'admirer ; ils préfèrent ignorer. Mépris incantatoire : la supériorité anglaise contreviendrait à l'Ordre chinois ; elle ne peut pas exister.

Au cours de cette démonstration d'artillerie, un incident porta les mandarins à la mauvaise humeur. Voyant des hommes de l'autre côté de la rivière, à plus de cinq cents mètres, ils leur crièrent, avec force gestes effrayés, de s'éloigner. « Les Chinois sont si poltrons, rapporte Holmes, que le seul bruit de ces canons les fait fuir comme des moutons pris de panique[9]. » Pendant le tir — à blanc, bien entendu — le lieutenant Parish se tint à une dizaine de mètres devant la gueule des canons. « Les mandarins en conçurent une vive irritation. Plus les hommes sont ignorants, plus ils sont offensés par la révélation de leur ignorance[10] », conclut philosophiquement l'Astronome.

Vif succès des premières funérailles

« Cette nuit », nous révèle le journal de Macartney à la date du 19 août, « est mort de dysenterie, après une longue maladie, Henry Eades[11] », expert dans le travail du fer et du cuivre. Premier décès en terre chinoise d'un membre de l'expédition. La dysenterie en frappera beaucoup d'autres, surtout au retour ; les obsèques se feront à la sauvette. Pour Eades, au contraire, elles se firent en fanfare

« afin, dit Anderson, d'inspirer aux Chinois une haute idée de nos cérémonies funèbres » — et, sans doute, de leur exécution militaire.

« Comme nous n'avions point, note Anderson, amené d'aumônier, je fus chargé de lire les prières[12]. » Si Louis XV ou Louis XVI avaient envoyé une ambassade en Chine, elle eût sûrement comporté des prêtres et marqué la rencontre de la chrétienté avec des confucianistes. Nos Anglais se veulent-ils avant tout les envoyés de la Compagnie ? En tout cas, ils sont protestants et pratiquent le « sacerdoce universel ».

« Le 20 août à neuf heures, la marche commença dans l'ordre suivant : un détachement de l'artillerie royale, crosse en l'air ; les hommes portant la bière ; deux fifres exécutant un air funèbre ; la personne faisant fonction d'aumônier ; les mécaniciens, domestiques... Nous avançâmes ainsi avec solennité vers le cimetière[13]. » L'autorisation donnée aux Anglais d'y enterrer un des leurs est la marque « d'une générosité que nous n'eussions pas rencontrée dans quelques-unes des contrées éclairées d'Europe » — éclairées, mais... catholiques. Et si l'ensevelissement en terre chinoise représentait une assimilation, définitive et radicale, à la Civilisation céleste ? Le *kotow* d'éternité ?

La cérémonie remporte le vif succès escompté : la voilà bien, la révérence des Chinois pour les funérailles. « Les spectacles les plus brillants ne pourraient jamais attirer une telle foule dans une ville en Europe. Les soldats se rangent en cercle autour de la fosse. Les prières sont lues, la bière est recouverte. Le détachement tire les trois salves. » Anderson promène un regard curieux autour de lui : « Le cimetière renferme un grand nombre de monuments en marbre et en pierre portant des inscriptions : quelques-uns étaient dorés et enrichis de dessins et de belles sculptures. Cet emplacement est très grand, mais point fermé. Il n'existe en Chine de cimetière que près des grandes villes : ailleurs, on se fait enterrer où l'on veut[14]. »

Nos Anglais s'informent : le site des sépultures est une question délicate, à laquelle la géomancie donne les réponses. Les cercueils, fermés hermétiquement par plusieurs couches de laque, reposaient parfois des mois dans une maison, en attendant une sépulture favorable — par exemple une tombe au milieu des champs cultivés. Dans les parties de la Chine qui comportent quelque relief, les cimetières sont souvent situés sur des hauteurs, ou dans la pierraille inculte. « Ce qui importe le plus », dit Confucius : « la nourriture, les funérailles[15] ». Culture du sol et culte des ancêtres, il faut bien trouver un compromis entre ces deux obligations.

CHAPITRE 19

En passant par Pékin
(21 août 1793)

Le 21 août, l'ambassade allait atteindre et dépasser Pékin : on lui avait fixé sa résidence à six milles au-delà, vers l'ouest, près du Parc de la Parfaite Clarté — le *Yuanming yuan*.

Les voyageurs avaient passé la nuit sur des bancs, les lits de camp ayant été expédiés la veille. « Aussi n'étions-nous guère dispos[1]. » Tout le monde se lève au son du tambour, dès deux heures du matin. Le tambour ponctue les veilles dans les villes chinoises ; comme le crieur, jadis, en Europe. Quatre palanquins sont réservés à l'Ambassadeur, sir George, son fils et « M. Prune ». Quant aux autres, « nos charrettes à deux roues n'avaient ni ressorts ni sièges. Il n'y avait rien d'autre à faire que de s'asseoir en tailleur, sur le plancher, à la chinoise[2]. »

Cet inconfort avait-il échauffé le flegme britannique ? « Nous allions partir, quand s'éleva au milieu de nous une fâcheuse querelle, à cause de la répartition des places dans les voitures. Ce ne fut qu'avec des peines infinies que les mandarins vinrent à bout de tout concilier[3]. » A quatre heures, le cortège s'ébranle.

Trois mille porteurs ouvrent la marche, chargés de six cents ballots, dont certains si énormes qu'il fallait trente-deux hommes pour les convoyer. Un nombre proportionné de fonctionnaires maintenaient l'ordre et dirigeaient les portefaix. Venaient ensuite vingt-cinq chariots et trente-neuf brouettes chargés de vin, de bière et autres denrées d'Europe, de munitions de guerre et autres objets non fragiles, suivis des huit pièces d'artillerie de campagne[4].

Derrière les bagages, le légat tartare, les mandarins de la Cour et leur nombreuse suite, en chaise, à cheval ou à pied. Puis l'Ambassadeur. Enfin, son escorte, dont les charrettes sont « peu différentes de nos corbillards[5] ». Les mandarins Wang et Qiao ferment la marche.

Tandis que leurs voitures répercutent tous les cahots de la route, les Anglais, une fois de plus, songent à la supériorité de leurs carrosses et calculent les profits qu'ils pourraient faire en les exportant ici.

On traverse la ville de Tongzhou ; de vastes foules sont rassemblées sur le trajet. A mesure que la matinée s'avance, la chaleur devient insupportable[6].

Installé dans son palanquin, Macartney contemple le pavage en dalles taillées, de vingt pieds de long sur quatre de large : comment a-t-on pu transporter des blocs de granit aussi gigantesques ? Un pont de marbre blanc à cinq arches* fait son admiration[7]. « La route qui conduit à Pékin, écrit Winder, est large de cent cinquante pieds, ombragée d'arbres majestueux. En son milieu, d'immenses drapeaux flottent à de hautes hampes[8]. » Les voyageurs entrent enfin, vers neuf heures, dans Pékin, « tendre objet de leurs aspirations ».

Du haut des murailles de l'enceinte, des salves d'honneur furent tirées. « La face extérieure des remparts est presque verticale ; l'intérieure, très inclinée, les rangs de briques s'élevant par degrés à la façon des pyramides d'Égypte[9]. » Mais les Anglais ne les examinent pas en touristes. Que vaut cette enceinte carrée ? Elle est certes impressionnante de hauteur et d'épaisseur[10]. Pourtant, pas de canons : simplement des meurtrières pour laisser passer les flèches. Entre les étages de la « tour des archers » qui surplombe la porte, les embrasures propres à recevoir une bouche à feu ne sont que peintes en trompe l'œil, « comme on figure quelquefois des sabords sur les flancs des navires marchands », note Staunton[11] !

Une agitation continuelle

Une fois dans la capitale, c'est une mer humaine — la mer toujours recommencée. « Des bandes joyeuses, au son d'une musique assourdissante », conduisaient les nouvelles mariées à leurs époux. Des familles en deuil escortaient des enterrements « en jetant des cris lamentables ». Des cortèges accompagnaient des mandarins « avec parasols, étendards, lanternes peintes ». Des caravanes de chameaux amenaient du charbon de Tartarie. Des charrettes à bras et des brouettes croulaient de légumes... « On était dans une agitation continuelle[12]. »

Le convoi a du mal à se frayer un chemin : « La multitude des étalages ambulants de charbonniers, de savetiers et de forgerons, les auvents sous lesquels on expose du thé, des fruits, du riz », un « immense concours d'acheteurs et de vendeurs » rétrécissaient « cette rue immense, au point de ne laisser que peu de passage aux cavalcades d'officiers et de soldats qui précédaient l'ambassade[13] ».

Bruits confus : les marchandises criées « d'une voix glapissante », les barbiers « qui faisaient retentir leurs pincettes », les querelles[14]. Mais, surtout, la multitude des badauds : « Une double file de soldats

---

* Analogue au célèbre pont de Palikao à Tongzhou, où Cousin-Montauban, à la tête des forces anglo-françaises, devait bousculer en 1860 les troupes impériales ; à moins que ce ne soit précisément ce pont-là — ce que je pencherais à croire, n'en ayant pas trouvé d'autre sur le parcours indiqué.

nous encadrait : ils faisaient reculer la foule à coups de fouet. » Ils sont assez adroits pour ne frapper que le sol ; le claquement suffit à écarter la foule[15].

Ce « concours prodigieux de spectateurs », suppose Anderson, est mû plus par la curiosité que par le respect : « A peine l'ambassade se montrait-elle, que c'étaient des éclats de rire à n'en plus finir. Il faut convenir que notre cortège n'annonçait pas une mission venue pour en imposer et réclamer des privilèges qu'aucune nation n'avait eu le pouvoir d'obtenir. » La fierté du valet de pied en est agacée.

Masse disciplinée, moqueuse, finalement indifférente : « Après s'être amusé un moment, chacun retournait à ses affaires[16]. »

Pékinoises

Les femmes ? Elles ne s'étaient pas montrées à Tientsin. A Pékin, les voilà ! Anderson en voit aux « très jolis traits », à la « belle peau ». Elles se mettent du blanc pour éclaircir leur teint et du rouge très foncé « sur le milieu de leurs lèvres ». Leurs yeux sont brillants. Elles portent un bonnet de velours ou de soie noir, orné de pierreries, « qui se termine en pointe et leur descend presque sur les yeux ». (Ce petit chapeau est encore porté aujourd'hui à Pékin par les femmes âgées.) Et surtout : « Leurs pieds, libres de toute entrave, avaient leur grandeur naturelle[17]. » Anderson n'a pas bien compris qu'elles sont, non des Chinoises, mais des Mandchoues. Pékin est la capitale des conquérants tartares. Staunton remarque de belles cavalières. « Quelques dames tartares allaient à cheval, montant à califourchon, comme les hommes[18] » : amazones des steppes.

Anderson prétend avoir profité de la lenteur du cortège pour entreprendre ces superbes créatures : « Je saisis cette occasion pour mettre pied à terre. » Il ne sait pas le chinois, mais a retenu le mot *chou-au* — « belle ». « Elles parurent flattées et, m'entourant avec politesse, examinèrent la coupe et le tissu de mes vêtements. » Au moment de partir, il leur prend la main ; non sans s'inquiéter de la réaction des maris, mais « ils ne semblent pas se formaliser[19]. » Il en déduit, un peu vite, qu'en Chine, les femmes sont plus libres, et les maris moins jaloux, qu'on ne dit. Il ne songe pas un instant qu'il n'a été lui-même qu'un fugace objet de dérision.

Le luxe, privilège des morts

Un tout autre spectacle arrache Anderson à la galanterie, celui d'obsèques « remarquables par leur pompe ». Soixante-quatre hommes marchent à huit de front, d'un pas grave et lent. Ils portent, à l'aide de longs bambous croisés sur les épaules, un brancard où est placé le cercueil, recouvert d'un dais « orné de rideaux de satin, et garni de riches broderies et d'écussons ». Des musiciens jouent un air languissant. Les parents et amis du mort, vêtus de blanc, ferment la marche funèbre[20]. (Le blanc est, dans la Chine d'hier comme d'aujourd'hui, la couleur du deuil.) Staunton précise même : « Mais l'étiquette veut que ce blanc ne soit pas trop éclatant, parce que les personnes en deuil ne doivent pas prendre trop soin d'elles-mêmes, pour mieux paraître accablées[21]. » « La plus magnifique de nos bières, estime Barrow, ferait triste figure auprès de celle d'un Chinois opulent[22]. »

La seule richesse qui ait le droit de s'afficher en Chine à côté de celle de l'Empereur, c'est celle des défunts, qui ne peuvent lui porter ombrage[23]. Le luxe est le privilège des morts. Barrow affirme que les cercueils « occupent beaucoup d'ouvriers et font l'objet d'un grand commerce en Chine[24] ». Le père Huc écrira, cinquante ans après l'ambassade : « Les gens aisés ne manquent pas de se pourvoir à l'avance d'une bière selon leur goût », qu'ils gardent chez eux[25]. Cercueil à la maison avant la mort, mais aussi après. Winder notera sur le même sujet : « A Canton, nous avons rendu visite à un marchand qui conservait chez lui les restes embaumés de son père dans un magnifique cercueil d'acajou*. Celui-ci avait coûté quatre mille taels et le corps était là depuis plus d'un an[26] » — dans l'attente que le géomancien indiquât pour la sépulture un emplacement favorable à la descendance du défunt[27].

« La précieuse matière du pan de mur jaune »

Staunton note, à Pékin, la largeur des rues et les maisons basses, qui contrastent avec les rues étroites et les maisons élevées des grandes villes d'Europe. Ainsi les artères sont-elles « aérées et gaies[28] ».

L'avenue qu'ils empruntent a été arrosée pour éviter la poussière. Elle est traversée par des sortes d'arcs de triomphe en bois. De grands caractères dorés annoncent à quelle intention ils ont été dressés : un haut fonctionnaire méritant ou un général victorieux, voire une veuve restée chaste. Ces monuments forment jusqu'à présent un décor typique des villes chinoises**.

Sir George admire les maisons « surmontées de grandes terrasses garnies d'une balustrade, sur laquelle on place des vases de fleurs et d'arbres nains. Devant les portes, des lanternes de corne ou de soie[29]. » Barrow, lui, regrette les dômes et les clochers d'Europe. La régularité des rues « alignées au cordeau et tracées à angle droit[30] », l'absence de fenêtres sur les façades, la petite taille des maisons évoquent, selon lui, un « camp immense » : « Mille petites maisons basses et arquées font penser à des rangées de tentes[31]. » Cette architecture géométrique n'aurait rebuté ni Haussmann, ni les urbanistes américains. Elle pouvait décevoir un homme dont la ville gothique et baroque avait façonné le paysage intérieur.

---

* Un cercueil intérieur s'emboîte dans un cercueil extérieur — vrai luxe, dans un pays où le bois fait défaut.

** Un arc de triomphe imposant subsiste dans la rue du temple de Confucius devant le bâtiment où l'on faisait passer leurs examens aux candidats mandarins.

En passant, nos voyageurs ont un aperçu de l'autre Pékin : la Cité interdite. Ils longent le « mur jaune » qui la délimite. « On l'appelle ainsi à cause des tuiles vernissées qui le surmontent[32]. » Les Anglais voient bien, mais ils ne savent pas interpréter : ce jaune qui souligne la limite du mur, et qui « resplendit comme de l'or » sur les toits du Palais d'Hiver, c'est la couleur réservée à l'Empereur, la couleur sacrée.

A midi, les Anglais sortent de Pékin par la porte opposée. Quelques lieues de campagne encore et, après cette longue marche éprouvante, les voici enfin rendus dans leur résidence, près du village de Haidian. Mais c'est pour y être consignés dans un couloir, debout, en attendant Macartney, qui est allé négocier leur installation. L'attente se prolonge ; l'impatience gagne. Ils partent en quête de l'Ambassadeur, qu'ils découvrent en pleine querelle avec les mandarins à cause de l'exiguïté des appartements.

Mais il faut céder : tous sont trop épuisés pour discuter. L'Astronome, fourbu, se met au lit et se contente de noter : « L'ambassade était arrivée au but du voyage[33]. » Onze mois après avoir embarqué à Portsmouth.

CHAPITRE 20

A l'orée du Parc
de la Parfaite Clarté
(22 août 1793)

Les Anglais découvrirent leur nouveau séjour — une « maison de plaisance » à l'orée du *Yuanming yuan*, « Parc de la Parfaite Clarté », que les Européens nommeront « le Palais d'Été »*. Elle est elle-même édifiée dans un vaste parc. Des ruisseaux s'y jettent, qu'on franchit sur des ponts en dos d'âne[1].

Les appartements sont décorés de peintures : Staunton admire des paysages en miniature, où les règles de la perspective sont fidèlement observées. Il est moins sévère que l'Astronome, qui prétendait que les peintures « montrent une ignorance totale de la perspective. Des personnages lointains paraissent plus grands qu'une maison au premier plan, et ne touchent pas le sol[2]. » Mais tous deux s'accordent à reconnaître que les Chinois ignorent ombres et reflets. « Si un lac, ajoute sir George, est bordé d'arbres et de maisons, le peintre ne figure pas leur projection dans l'eau[3]. » Ah ! que l'art occidental était fier d'avoir fait la conquête du relief !

Jeux de lumière, clair-obscur, chatoiements, ces inventions de l'Europe marquent aux yeux de Staunton la supériorité absolue de l'Occident, qui, tout comme il a établi les « règles de la science », a pénétré les « règles de l'art ». Face à la peinture chinoise, les Anglais affichent la même condescendance que face à la « médecine des douze pouls ». L'art et la science d'Europe sont accomplis ; ceux des autres civilisations sont encore dans l'enfance. Le père Attiret admettait qu'il fallait se convertir à l'art chinois pour le comprendre : « Il m'a fallu oublier tout ce que j'avais appris[4]. » Un autre goût que le leur, les Anglais des Lumières ne le conçoivent pas. Aussi dénoncent-ils la maladresse de la main. Fausse explication : les

---

* La « maison de plaisance » de Macartney, résidence pour visiteurs de marque, près du bourg de Haidan, s'appelait le *Hungha yuan*. Aujourd'hui incluse dans le campus de l'université Beida de Pékin, elle a été remplacée par des bâtiments réservés aux étudiants étrangers.

Chinois sont au contraire très adroits. « Ils copient méticuleusement », dit le meilleur peintre de l'expédition, Alexander, « les tableaux européens dont on leur procure des reproductions[5]. »

Voilà bien le choc culturel, dans toute son intolérance.

Prisonniers en colère

Staunton s'inquiète de l'intendance. Ces bâtiments « avaient servi à loger des légats étrangers ; mais ils étaient visiblement abandonnés[6] ». Anderson dit les choses plus crûment : « L'habitation était remplie de mille-pattes, de scorpions et de moustiques[7]. »

Les Anglais se voient réduits à dormir dans les hamacs et les lits de camp utilisés pendant leur navigation. « Les habitants de ce pays ne connaissent pas la commodité des lits[8]. » Ou, plutôt, chaque civilisation dort dans son lit. La plupart des Chinois d'aujourd'hui se contentent encore d'un châlit en planches ; ou, l'hiver, d'une banquette en briques, que l'on a chauffée sommairement par en dessous.

La résidence est coupée du monde extérieur par un très haut mur soigneusement gardé : « Il ne nous était pas permis de sortir de son enceinte, sous quelque prétexte que ce fût, et on avait posté en conséquence des mandarins et des soldats à tous les passages. Ce palais n'était pour nous qu'une honorable prison[9]. »

Le colonel Benson, officier vif et distingué, « fut si outré du refus de le laisser franchir la porte, qu'il ne put se défendre d'un accès de colère, qui lui attira un très mauvais traitement de la part des sentinelles[10] ». « Des Anglais revêtus du caractère diplomatique, qui jouit des plus grands privilèges parmi les nations civilisées, trouvaient humiliant de se voir traiter ainsi[11]... » Du noble lord au simple soldat, se sachant un peuple conquérant, ils étaient loin de s'attendre à cet insidieux mépris.

Ni Holmes, ni Anderson, ni aucun Anglais de leur rang ne savaient ce qui se passait au sommet, entre Macartney et les hauts dignitaires chinois. Mais chaque mission à l'étranger, à tous les niveaux, est un face à face. Entre subalternes britanniques et célestes, il tournait à l'aigre ; les premiers, ne doutant pas qu'on ne les traitait pas comme l'Empereur l'eût souhaité, accusaient les seconds de déployer un zèle malveillant. L'ambassade ne visait-elle pas à redresser à Pékin les torts causés à Canton ? Or, voilà qu'on était arrivé à Pékin et que, déjà, il fallait songer à demander au souverain de redresser les torts faits par ses serviteurs dans sa capitale même !

Tandis que Holmes approuve la sortie de Benson, Anderson se demande s'il n'eût pas mieux valu « se résigner courageusement à obéir à des ordres qui, quoique très désagréables, émanaient du gouvernement dont nous venions solliciter les faveurs et pouvaient faire partie du système traditionnel de ce pays[12] ».

Macartney a, lui, jugé d'emblée cette résidence « inacceptable ».

Certes, « cette maison de campagne et son parc sont une délicieuse retraite[13] ». Mais ce n'est pas une retraite qu'il est venu chercher !

C'est à Pékin même qu'il veut être[14]. S'il ne doit pas demeurer en Chine aussi longtemps qu'il l'espérait, qu'au moins son séjour se déroule au cœur de la vie chinoise ! Il n'imagine pas qu'il pourra y être tenu aussi étroitement en quarantaine qu'à l'ombre de ces bois. Et il commet une erreur sur la topographie du pouvoir impérial : il s'éloignera de son siège en allant à Pékin.

Dès la visite de courtoisie que Zhengrui vient lui faire le 22 août, il soulève la question. « Le légat m'avertit qu'un Grand Conseiller*, ayant pour mission le règlement de nos affaires, était en route depuis Jehol ; et aussi, qu'il m'enverrait dès le lendemain un ou deux missionnaires européens. Comme il semblait de meilleure humeur que d'habitude, je saisis l'occasion pour lui parler de notre installation. » A sa vive surprise, le légat répond aussitôt « qu'il pensait qu'il n'y aurait pas d'objections[15] ».

En fait, une résidence pékinoise était bien prévue pour l'ambassade à son retour de Jehol, afin de lui montrer les beautés de la capitale. « Aux fonctionnaires de la Maison impériale, avait précisé Heshen, de voir dans quelle mesure des travaux de nettoyage et de décoration seront nécessaires[16]. » Ces travaux n'étaient pas encore exécutés. Mais puisque Macartney y tenait, on mettrait en quatre jours la résidence en état de le recevoir.

Cette même instruction avait prescrit un minutieux programme touristique. L'Ambassadeur verra ce qu'il faut voir ; rien de plus : « Il lui sera permis de faire une promenade dans le *Yuanming yuan***, ainsi que sur le lac Wanshou shan[17], où il pourra assister à des jeux nautiques. Quand il viendra dans la capitale recevoir l'édit impérial, il sera autorisé à admirer respectueusement la magnificence des pavillons. Il faudra préparer ces lieux pour que s'y déroulent les jeux d'eau. Enfin, l'Empereur consent que l'Envoyé tributaire découvre le lac Kunming*** et navigue sur un bateau-dragon. Les eaux devront être suffisamment profondes. Vous veillerez à faire draguer le lac pour que tout soit parfait[18]. »

La bureaucratie ne laisse rien au hasard. Les villages que Potemkine présentait à Catherine II n'étaient pas mieux parés. C'est un voyage en trompe l'œil, qu'on a prévu pour Macartney. Mais ce trompe l'œil même est aussi révélateur qu'une plongée dans la Chine profonde.

---

* C'est-à-dire l'un des six ministres d'État, membres du Grand Conseil.
** Le « Parc de la Parfaite Clarté » abritait une réplique du château de Versailles, édifiée sur les plans de Jésuites.
*** C'est le lac où l'impératrice Cixi [Tseu-hi] fit édifier vers 1890, avec des crédits destinés à la marine, un bateau de marbre fameux.

CHAPITRE 21

Première rencontre
avec les missionnaires
(23-24 août 1793)

Le vendredi 23 août, le légat Zhengrui revient voir Macartney, accompagné de six missionnaires barbus, vêtus comme des mandarins — qu'ils étaient. Quelle émotion, de part et d'autre ! Les Anglais avaient en face d'eux quelques-uns de ces hommes dont toute l'Europe cultivée avait lu les *Lettres* plus *curieuses* qu'*édifiantes* — ces missionnaires de la Chine vers la chrétienté, autant que de la chrétienté vers la Chine. Si Macartney était là, ne le devait-il pas à ces infatigables intercesseurs, qui avaient inculqué à l'Occident une curiosité fascinée pour la Chine ? De leur côté, les bons pères voyaient-ils, en ces missionnaires d'un genre inédit, des rivaux dans la faveur de l'Empereur ? Mais le Fils du Ciel se souciait aussi peu du dieu du commerce que du Dieu d'Abraham.

Sous le regard des Chinois, c'était la rencontre de deux Europes.

Au premier rang des mandarins catholiques, voici quatre ci-devant Jésuites. Le père Bernardo d'Almeida, président du Tribunal des mathématiques — le Portugais contre qui Macartney a été si fortement prévenu par le père de Grammont. Un autre Portugais, Andres Rodrigues, vice-président du même Tribunal[1]. Un Français, Louis de Poirot, portraitiste officiel de l'Empereur[2]. Un Italien, le frère Giuseppe Panzi, également peintre. Enfin, deux horlogers-mécaniciens : le frère Joseph Paris, Lazariste français, et le frère Pietro Adeodato, Augustin italien, qui servira d'interprète à Barrow et Dinwiddie pendant qu'ils veilleront à l'installation des présents[3].

Ces étrangers, admis en Chine pour leur science ou leur savoir-faire, ne pouvaient que conforter Qianlong dans l'idée que son pays n'avait pas besoin d'un nouvel apport extérieur. Les Jésuites n'avaient-ils pas fondu des canons pour le compte des Ming d'abord, en vue de repousser les Mandchous, puis au profit des Mandchous, pour réduire les derniers fidèles des Ming ? Pourquoi Qianlong aurait-il cédé d'un pouce aux prétentions de l'ambassade, puisque des savants étrangers ne cessaient d'offrir sans contrepartie leurs services — pour la plus grande gloire du Céleste Empire[4] ? Les Anglais n'ont-ils pas amené jusqu'à Tientsin deux Lazaristes qui attendaient l'honneur de rejoindre la Cour ?

On informe Macartney que les missionnaires mandés à Jehol reçoivent, à cette occasion, une promotion dans l'ordre mandarinal : n'est-ce pas une façon d'honorer l'ambassade ? Une lettre de Cour du 19 août nous révèle que d'Almeida et Rodrigues ont reçu le bouton bleu pâle du troisième grade. Poirot, Panzi et Adeodato reçurent, eux, le bouton de verre blanc, du sixième grade.

La promotion de Bernardo d'Almeida inquiète Macartney. A observer la mine du président du Tribunal des mathématiques, il se convainc de la véracité du portrait qu'on lui en a fait : un méchant homme, jaloux de tous les Européens, sauf de ceux de son pays[5]. Mais il a trouvé la parade. Il s'adresse en anglais, puis en français, à celui qui devait être son interprète. Devant les Chinois interloqués, d'Almeida reste sans voix. Cette démonstration publique de son incompétence met le Portugais hors de lui. « Incapable de dissimuler son humiliation, il déclara aussitôt à un missionnaire italien voisin tout le mal qu'il pensait des Anglais. Comme ils conversaient en latin, il imaginait probablement que je ne pouvais pas comprendre ; mais même s'il était resté muet, son attitude suffisait à trahir son état d'esprit. Comme je rappelais au légat mon souhait de regagner Pékin, d'Almeida y objecta avec impertinence. Les autres missionnaires paraissaient choqués de son comportement[6]. »

Macartney décoche alors la flèche du Parthe : il demande à l'un des Français de dire à d'Almeida combien il regrette d'être obligé de se passer de ses services, faute d'entendre lui-même le portugais.

La question du latin

L'argument était étrange : ce n'est ni en anglais, ni en français, mais en latin que Macartney et ses compagnons s'exprimaient pour que le père « Prune » les interprétât en chinois[7]. Récuser d'Almeida au motif qu'ils ignoraient le portugais était un prétexte fragile, à une époque où tout homme cultivé parlait la langue de Cicéron[8].

En affectant de ne parler d'autre langue étrangère que le français, Macartney accordait un privilège de fait aux Français. Pourquoi ? Le français est vraiment alors la langue internationale : c'est en français que les chefs des coalitions discuteront des plans de guerre contre la France... En outre, Macartney ne redoute plus les Français. Tandis que Macao excite la jalousie des Anglais, la France, en proie à ses convulsions, s'efface de la carte d'Extrême-Orient. Van Braam, commissaire de la Compagnie hollandaise à Canton, ne le déclarait-il pas ? « La nation française est nulle à la Chine [sic][9]. »

De plus, la Révolution coupait ces religieux de tout lien avec la France. On pouvait se fier à leur hostilité à la République anticléricale : leur situation si précaire permettait de s'en faire des alliés.

En attendant le départ de d'Almeida pour Jehol, les Anglais vont donc s'interdire de parler latin. Ni Macartney ni Staunton ne font allusion à cette consigne, mais Dinwiddie, dont elle excita l'humeur, la révèle. Comment imaginer qu'un véritable savant ne comprît pas le latin, langue dans laquelle sont encore écrits la plupart des ouvrages scientifiques de l'époque ? « L'on était bien en peine d'imaginer le mobile de cette prohibition. » Un père s'adressa au docteur Gillan : *« Tu loqueris latine, Domine ? »* « Docteurs érudits pas parler latin », répond le médecin en mauvais anglais. « Tenter de faire croire que l'ambassade ne savait pas le latin affectait notre dignité autant que la vérité. » Sir George envoya une lettre au *Yuanming yuan*, interdisant au docteur Dinwiddie l'usage du latin en présence des Portugais, et d'un Italien nommé Adeodato. La lettre tomba entre les mains de cet Adeodato, qui la rendit à l'Astronome en jetant un lourd regard sur l'injonction latine de l'enveloppe : *Fiat responsio* — « Faire réponse[10] ».

Finalement, il fallut bien mettre un terme à cette mascarade. Adeodato fut accepté comme interprète, mais seulement pour aider les experts anglais à se faire comprendre des ouvriers chinois, et cela par le moyen du latin, « une langue que, quelques jours auparavant, ils étaient réputés ignorer[11] ». Mais Macartney avait gagné ; il conserva pour interprètes « M. Prune » et le jeune Staunton.

Leurs traductions approximatives expliquent que Macartney ait imaginé être débarrassé aussi de sa bête noire, Zhengrui. C'est ce qu'il crut, lorsque Wang et Qiao annoncèrent l'arrivée du « Grand Conseiller » Jin Jian, un « cousin de l'Empereur », censé prendre en charge l'ambassade.

En fait, Jin Jian ne se substituait pas à l'acariâtre légat. Il n'était pas « Grand Conseiller », mais simple ministre des Travaux publics. Son « cousinage » avec l'Empereur consistait en ce que sa sœur avait été l'une des innombrables concubines de Qianlong ; il n'était pas même Mandchou, mais Coréen[12]. S'il avait bien été chargé d'organiser l'accueil de l'ambassade à Pékin, il partageait cette responsabilité avec son vice-ministre Yiling'a et avec le légat Zhengrui. Désormais, ils commandent à trois l'ensemble de l'escorte ; mais les archives montrent bien que les deux ministres n'étaient pas empressés de disputer à Zhengrui le périlleux honneur de conduire la mission.

De Jehol, l'Empereur presse de questions les trois hommes. Il ne veut pas croire que les instruments astronomiques ne puissent être tous transportés jusqu'à lui ; il refuse d'admettre qu'ils ne puissent être démontés, après lui avoir été présentés. Il a ordonné, dès le 16 août, qu'on envoie au *Yuanming yuan* des « artisans habiles qui aideront les artisans barbares à installer les objets et apprendront consciencieusement à faire aussi bien qu'eux[13] ». Zhengrui a répondu seul. Le souverain ne comprend pas pourquoi le rapport n'est pas contresigné par les deux autres ; toutes ces contraventions à l'usage ne peuvent qu'indisposer le Fils du Ciel. Quand les deux ministres incriminés répondent à leur tour, on lit toute l'impatience impériale dans une apostille vermillon, à propos des artisans chinois qui doivent observer et imiter les Européens à l'ouvrage : « IL N'Y A ABSOLUMENT AUCUNE RAISON QU'ILS NE PUISSENT PAS APPRENDRE[14]. »

La salle du Trône et L'Opéra du Gueux

Le 23, on emmène Macartney à ce que les Occidentaux appellent le « Palais d'Été » depuis l'époque où ils l'ont détruit, mais qu'on devrait appeler « Palais de toute l'année sauf l'été », puisqu'à cette saison Qianlong se retirait à Jehol. L'expression chinoise *Yuanming yuan* — la seule qu'utilise Macartney — signifie bien ce qu'était ce palais pour l'Empereur : le « Parc de la Parfaite Clarté », le parc chinois par excellence. Il était son œuvre — autant que Versailles fut celle de Louis XIV.

Macartney est saisi d'admiration devant la magnificence du paysage, où se mêlent fleurs, essences et jeux d'eau. De l'immense parc, semé de plusieurs centaines de « splendides pavillons » reliés « par des passages creusés dans des rochers artificiels et par des galeries féeriques », il ne verra pourtant qu'une partie[15].

Comme il est émouvant, ce regard du premier Anglais sur ce palais, construit en Chine par des Français, et que sa destruction par d'autres Anglais et d'autres Français a rendu définitivement fabuleux ! Le château, très louis-quatorzien, était entouré de pavillons bien chinois, perdus dans l'immensité du parc. Cette réplique grandiose de Versailles et de Schönbrunn devait inciter Qianlong à penser que les Occidentaux n'avaient plus rien à lui apporter, puisqu'il leur avait déjà pris leurs idées. Quel souverain occidental pouvait se vanter d'habiter un palais chinois ?

Mais nos voyageurs croiraient déchoir s'ils avouaient s'être laissé séduire : « La façade extérieure du palais est décorée richement en dragons et fleurs dorées. De loin, l'œil est ébloui. En approchant, on voit la grossièreté du travail et de la mauvaise dorure, et tout le charme s'évanouit[16]. »

Les honneurs du Palais ne devaient être faits officiellement à Macartney qu'à son retour de Jehol. Pas question de modifier un programme arrêté par l'Empereur : l'objet de la visite ne fut donc que de reconnaître le lieu où l'on installerait ceux des présents qui ne seraient pas transportés en Tartarie. Tributs à l'Empereur, ils ne pouvaient être mieux placés que dans la salle du Trône.

Elle est bâtie sur une plate-forme de granit et entourée d'une double colonnade, qui supporte le toit richement orné de dragons à cinq griffes, privilège de l'Empereur — les hauts dignitaires n'ont droit qu'à des dragons à quatre griffes[17]. Longue de cinquante mètres et large de vingt, dallée de marbre gris et blanc, semée de tapis, la salle n'est éclairée que sur un côté. Face aux fenêtres, surélevé de quelques marches, le trône en acajou ciselé, dont Macartney identifie aussitôt la facture anglaise. Au-dessus du trône, une inscription : ZHENG-DA-GUANG-MING-FU — qui peut se traduire : VRAI, GRAND, GLORIEUX, SPLENDIDE, BIENHEUREUX[18]. De part et d'autre, d'immenses plumes de faisan-argus*, disposées en éventail. Au-devant, un autel où l'on dépose des offrandes de thé ou de fruits, parce que, de corps ou d'esprit, l'Empereur y est toujours présent. « Je règne par l'étonnant pouvoir de l'absence », fait dire Segalen à l'Empereur ; « mes deux cent soixante-dix palais, tramés entre eux de galeries opaques, s'emplissent seulement de mes traces alternées[19] ».

Dans un mémoire du 25 août, les trois mandarins d'escorte rapportent (ensemble, selon la volonté du Maître) : « L'Envoyé tributaire et ses subordonnés se sont rendus à la salle de la Droiture et de la Limpidité. Ils se sont regardés d'un air grave. Ayant appris que le trône s'y trouvait, ils se sont aussitôt découverts et ont salué, mains élevées, regards tournés vers le haut. Vos esclaves ont observé que leur attitude était déférente à l'extrême. Et l'Envoyé, admirant la Salle splendide, a en son cœur éprouvé un grand respect pour tant de magnificence[20]. » Zhengrui a dû être assez gêné de contresigner un tel document : il n'y est pas question de *kotow*...

La suite, les « hommes aux cheveux noirs » ne la rapportent pas, car ils n'ont pu la saisir. Quelle est donc cette mélodie qui s'élève soudain ? Le tintement d'un air connu sort Macartney de sa stupeur contemplative : dans un coin, une pendule venue de Londres joue à chaque heure un air différent de *L'Opéra du Gueux*[21]. Cette horloge, qui répétait inlassablement devant le trône du Fils du Ciel ces airs canailles, avait quelque chose de surréaliste — qui échappait sûrement à Qianlong, comme aux Jésuites horlogers qui venaient périodiquement la réparer. Seuls les Anglais pouvaient goûter le comique de la situation — *private joke*.

Cette première visite au *Yuanming yuan* devait être pour Macartney la dernière. Lord Amherst en sera chassé. Un troisième lord y pénétra : Elgin, en 1860 — mais ce fut à la tête d'une troupe, pour le piller et l'incendier. De cette huitième merveille du monde, ne subsistent aujourd'hui que des ruines. Elles témoignent d'une triple rencontre entre l'Ouest et l'Est : les Jésuites, qui en tracèrent les plans et en dirigèrent la construction ; les diplomates, qui y passèrent sans comprendre ; les militaires, qui la détruisirent.

---

* Le faisan-argus joue un rôle mythique comparable à celui du phénix en Occident. Les plumes de sa queue, qui peuvent atteindre deux mètres, sont considérées comme des porte-chance.

CHAPITRE 22

Le palais de la découverte

Dans cette visite guidée, tout n'est pas si plaisant. A la fin, le légat y fait sa réapparition — à la grande surprise de Macartney, qui croit à un « retour en grâce soudain[1] ». Zhengrui est tartare, il a dû mobiliser des appuis à la Cour, « ce qui oblige nos amis Wang et Qiao à se montrer très déférents à son égard ; ils n'osent plus plaider en notre faveur aussi souvent qu'ils y seraient enclins ».

Macartney est victime d'un phénomène classique dans la vie diplomatique. Il s'imagine que ses accompagnateurs occupent une situation très supérieure à la réalité. Le Premier ministre ignorait tout de Wang et de Qiao[2]... Les Chinois commettent une erreur symétrique : « D'après la liste du tribut, dit une lettre de Cour du 6 août, l'Envoyé a été spécialement désigné pour cette mission parmi les nobles de très haut rang. S'il n'est pas prince, il est en tout cas membre de la famille royale. » « Notre cher cousin le très honorable lord Macartney » : la rhétorique des Cours d'Europe est prise à la lettre par la Cour céleste[3].

De part et d'autre, l'information est à chaque instant déformée par l'illusion, le soupçon, la dissimulation, les silences — l'incompréhension mutuelle. « Sans langage commun, les affaires ne peuvent être menées à bien[4]. » Si Confucius dit vrai, les affaires anglo-chinoises, en 1793, n'avaient aucune, aucune chance...

Montaigne savait, lui aussi, que les véritables causes de malentendus sont « grammairiennes ». On en a une nouvelle preuve le lendemain, 24 août : Staunton retourne au *Yuanming yuan*. Accompagné de Barrow, Dinwiddie, Thibaut et Petitpierre[5], ainsi que d'autres « artisans et techniciens », il organise la mise en place des présents qui ne feront pas le voyage de Jehol.

Il fait bien d'être là. Car le personnel chinois du Palais commençait à déballer lui-même ce qu'il considère comme des tributs *de* l'Empereur, lui appartenant déjà, puisque, sans eux, l'ambassade n'aurait pas été admise à débarquer. « M. Prune » s'oppose bravement à cette interprétation du légat tartare, en lançant une controverse de vocabulaire : il s'agit non de *gongsi* — des tributs —, mais de *songli* —

des présents* dont le donateur est libre de fixer le moment où il les donne. Le nom suffit à changer la nature de la mission.

L'enjeu est ici plus modeste : qui aura la responsabilité de cet appareillage délicat ? Le ministre Jin Jian « mit fin à la controverse en disant que le mot de *songli* était convenable[6] ». Après tout, ces machines pouvaient être source d'ennuis : autant ne les prendre en charge qu'une fois montées[7].

« Manifestation éclatante du génie occidental »

Restons avec Barrow et l'Astronome au *Yuanming yuan*, pendant que le reste de l'ambassade s'apprête à s'installer à Pékin avant de se rendre à Jehol. Bon observatoire pour voir se détériorer le climat.

On ouvrit donc les caisses. L'emballage avait été soigneux car, après un si long voyage et tant de transbordements, presque aucun objet n'était brisé[8].

D'un côté du trône, devait être installé le globe terrestre ; de l'autre, le globe céleste. Les lustres seraient, comme de raison, suspendus au plafond. A un bout de la salle, le planétaire[9] ; à l'autre, les pendules de Vulliamy, avec le baromètre et les porcelaines de Wegdwood, ainsi que la machine astronomique de Fraser[10]. « On ne pouvait imaginer trouver en un même lieu, où que ce fût dans le monde entier, un rassemblement d'objets d'une telle ingéniosité et d'une telle beauté[11]. »

C'était vrai, et comme une préfiguration d'un pavillon anglais dans une exposition internationale**. Une « manifestation éclatante du génie occidental » — particulièrement britannique — dans ce qu'on appelait « les arts », c'est-à-dire les sciences appliquées et les techniques. Les Anglais avaient mis l'accent sur ce qu'ils connaissaient des centres d'intérêt des Chinois : la porcelaine et l'astronomie.

Pour la porcelaine, le pari était risqué. Mais Wedgwood en avait suffisamment renouvelé la manière, pour ne pas apparaître en simple copiste. Pari gagné. Macartney note que la plupart des hauts fonctionnaires venus admirer les cadeaux au *Yuanming yuan* les regardaient avec une feinte indifférence ; mais, ajoute-t-il, « ils ne pouvaient dissimuler leur goût pour la beauté et l'élégance de notre porcelaine de Derby, ou de celle qui ornait les pendules de Vulliamy[12] ». Wedgwood présentait en particulier une copie du *Barberini*, célèbre vase antique dont les personnages de verre blanc, détachés

---

* Les Anglais sont ici au cœur d'une difficulté bien chinoise. Tout l'Ordre, social et politique, est suspendu à la préservation des dénominations correctes, qui sont intimement liées à l'usage des caractères, censés représenter l'essence même des choses. Plus on s'approche du mystère vivant qu'est le Fils du Ciel, plus on doit veiller à l'exactitude des termes. La réforme morale de chacun consiste même à se rendre plus conforme de jour en jour à la juste dénomination des vertus confucéennes. Telle est la variante chinoise de notre nominalisme scolastique.
** La première exposition française « des productions de l'art et de l'industrie » eut lieu en 1799 à Paris. La démarche anglaise montre que cette idée était dans l'air.

120

sur un champ de verre bleu, lui avaient inspiré l'invention du type de porcelaine qui porte toujours son nom.

La firme de Wedgwood avait saisi l'occasion que lui fournissait Macartney pour assurer sa promotion : nouvelle technique de vente, qui fera florès au siècle suivant[13].

Une mise en scène scientifique

La partie astronomique était plus compliquée. La reconstitution du planétaire ne demanda pas moins de dix-huit jours. Les Occidentaux furent aidés par les ouvriers indigènes, envoyés sur ordre exprès de l'Empereur pour assimiler la procédure de montage. Ils ne paraissaient nullement inférieurs à la tâche*. L'Astronome mentionne même un point sur lequel ses techniciens durent s'avouer battus : les Chinois réussirent à découper avec un fer porté au rouge un panneau de verre bombé, là où le diamant avait échoué.

En revanche, Dinwiddie se serait bien passé de la badauderie bruyante des serviteurs du Palais et des ricanements des eunuques devant ses efforts infructueux[14]. La lenteur des Anglais faisait naître le soupçon qu'ils manquaient de compétence. « Des Chinois goguenards nous dirent : "Vous travaillez beaucoup, mais vous ne faites pas grand chose[15]." »

Dinwiddie aurait préféré que personne ne fût autorisé à assister à ces préparatifs laborieux. « Les ignorants doivent toujours être pris par surprise. L'effet aurait été beaucoup plus spectaculaire, si le planétaire avait été révélé d'un coup dans sa splendeur[16]. » Bon metteur en scène, l'Astronome sait que les répétitions ne doivent pas être ouvertes au public.

En outre, comment Dinwiddie et Barrow, privés du voyage à Jehol et tenus de jouer un rôle d'ouvriers, ne se sentiraient-ils pas rabaissés ? Les archives du Grand Conseil les placent en queue sur la liste des destinataires de menus cadeaux. Dans la hiérarchie céleste, les artisans et commerçants ne sont-ils pas situés tout à fait en bas — au-dessous des paysans ?

Les automates de l'Empereur[17]

La lenteur du montage vient ajouter à l'irritation que cause à l'Empereur la prétention des Anglais de laisser leur machine à demeure, dans la salle du Trône, quand elle y aura été assemblée et exposée. Dès lors qu'elle a été montée puis démontée en Angleterre, elle doit pouvoir l'être à nouveau en Chine.

L'Empereur pense — et il n'a pas tort — que les Anglais essaient de se montrer indispensables. « L'Envoyé tributaire veut prouver par

---

* Depuis que Ricci, en 1601, était arrivé à Pékin avec sa merveilleuse pendule, certains artisans de la Cour avaient acquis une compétence en horlogerie et mécanique de précision.

là la prodigieuse perfection de ces instruments et l'habileté de ses techniciens. Il veut se rendre important. » Ni Zhengrui, ni Jin Jian n'osent vraiment se prononcer sur un point qui, de toute évidence, les dépasse. Du coup, Qianlong accuse Zhengrui de se laisser manipuler. « Zhengrui, qui n'a été en poste qu'au Zhejiang et à Tientsin, est un naïf », car « il n'a pas vu les horloges et autres dispositifs mécaniques des Occidentaux à Canton et Macao[18] ».

Les mécaniques de précision sont une passion chinoise déjà ancienne. Dès le XIIIᵉ siècle, le khan Kubilai, premier empereur mongol, avait comblé de faveurs un orfèvre français, Guillaume Boucher, fait prisonnier par ses cavaliers en Europe orientale, après que celui-ci lui eut construit un automate monumental : un grand arbre à feuilles et fruits d'argent, au pied duquel quatre lions, d'argent aussi, vomissaient du lait de jument. L'arbre était surmonté par un ange qui sonnait la trompette[19].

De cette passion, Qianlong est devenu le grand maître, maintenant blasé — alors que ce rustre de Zhengrui découvre le monde. Pendant son règne, un grand nombre de pendules, montres et horloges européennes furent introduites en Chine par Canton. La Cour raffolait particulièrement des boîtes à musique avec personnages. L'Empereur en possédait plusieurs séries, qu'il répartissait entre ses palais et résidences[20]. Les astronomes de la Cour les lui entretenaient. Qianlong ne fait pas la différence entre un planétaire et une montre. Qui sait remonter une pendule saura bien démonter un planétaire.

CHAPITRE 23

Le Tribunal des mathématiques

Le père Rodrigues et trois autres missionnaires portugais, dont l'évêque de Pékin, viennent un jour en grande cérémonie assister à une démonstration, d'ordre de l'Empereur, pour lui en rendre compte[1]. Ils dirigeaient le Tribunal des mathématiques. Ils se plaçaient dans le sillage de Ricci, qui, exactement deux cents ans plus tôt, en 1593, avait compris qu'avec ses mappemondes, cadrans, sphères et horloges, il pénétrerait toujours plus haut dans la société céleste et réussirait à se faire, en somme, naturaliser chinois[2].

Ce « Tribunal », plus que des « mathématiques », juge de l'astronomie et de l'astrologie. Il est chargé d'établir un calendrier national : si l'on veut gouverner le monde des hommes, il faut s'accorder à l'harmonie de l'univers[3]. Ces éphémérides, que publie la *Gazette de Pékin*, fixent les jours et saisons fastes ou néfastes, pour les cérémonies et les entreprises du gouvernement — grands travaux, expéditions militaires — ; mais aussi pour la vie quotidienne : voyages, mariages, première pierre d'une maison...

Aujourd'hui encore, les jours fastes et néfastes sont prévus et répétés de bouche à oreille. Ils figurent dans les almanachs populaires, que l'on n'a jamais cessé de trouver à Hongkong, à Taiwan ou chez les Chinois d'outre-mer, et qui sont de nouveau en vente libre en Chine populaire.

« Je ne puis décider, déclare Barrow, si ceux qui s'appellent eux-mêmes lettrés croient à ces superstitions ou si, jugeant nécessaire de les encourager, ils jouent une farce avec gravité. La multitude est plus efficacement gouvernée par les croyances que par la contrainte[4]. » Ce que le père Huc formule ainsi : « Les Chinois préfèrent l'autorité du pinceau à celle du sabre[5]. »

En tout cas, les missionnaires sont entrés dans ce système. Ils ont renforcé les convictions astrologiques de l'Empire du Milieu, en les étayant de leur science astronomique. Mais l'étai est devenu fragile.

Les membres du « Tribunal des mathématiques » s'attendaient à voir des boîtes à musique, « ces serinettes qu'on appelle *sing-songs* à Canton et qu'on remonte comme un tourne-broche ». Voilà qu'on leur présente une machinerie astronomique. Or, ils sont si incompétents en astronomie, que les Anglais ne parviennent pas à leur faire comprendre le fonctionnement du planétaire[6].

Dinwiddie et Barrow en restent étonnés, tant est grande en Occident la réputation de ces missionnaires astronomes. Elle est ancienne aussi. Le premier empereur mandchou, Shunzhi, avait trouvé à son avènement, en 1644, la chronologie dans la plus grande confusion. Aucun almanach n'était correct : Barrow trouve plaisant qu'un astronome chinois ait été étranglé, en 1670, pour avoir donné treize mois à cette année-là*[7]. Les Jésuites exploitèrent aussitôt l'avantage[8]. Ils convainquirent la Cour mandchoue de l'ignorance de ses conseillers « dans une matière aussi importante pour le gouvernement[9] ».

Barrow note que les premiers Jésuites étaient des Français et des Allemands fort savants. « Des Portugais ignorants leur ont succédé ; heureusement pour eux, les Chinois sont incapables de découvrir leurs erreurs[10]. » Incapables, vraiment ?

Le méridien de Greenwich chasse celui de Paris

Exit le Tribunal. Le lendemain, le père portugais Govea, évêque de Pékin, vient furtivement implorer aide et assistance.

La compétence scientifique est la raison de la présence en Chine de ces « experts ». Mais cette couverture est bien légère. La veille, elle a laissé apparaître leur royauté toute nue. L'évêque avoue aux Anglais que lui et ses collègues sont bien incapables de calculer une éclipse, d'indiquer les phases de la lune ou les heures de lever et de coucher du soleil ; ce qu'ils sont réputés faire à la Cour.

Jusqu'à présent, ils s'en tiraient fort bien en se servant de la *Connaissance des temps,* publiée à Paris ; sachant la différence de méridien entre les deux capitales, ils transposaient. Mais la Révolution française les a coupés de leurs sources : ils ne reçoivent plus le précieux almanach. La supercherie va être découverte[11]. Horreur...

Cet amoureux de la Chine est en grand danger d'en être expulsé ; voire, peut-être, décapité, comme tant de ses frères l'ont été, pour de moindres raisons que cette tromperie. Les lettres des Jésuites des années 1775, après la dissolution de leur Société, traduisaient un grand désarroi. Ce prélat est dans une situation pire encore. Dinwiddie a pitié de ce « savant » en déroute. Il lui fait cadeau d'une collection d'éphémérides nautiques, calculées pour le méridien de Greenwich jusqu'à l'année 1800[12]. Sept ans de tranquillité assurée, pour l'évêque astronome qui ignorait tout de l'astronomie.

Connaissance des temps — signe des temps. Pendant que la France,

---

* L'ironie de Barrow sur cette ignorance supposée pourrait bien se retourner contre lui. Il ne sait visiblement pas que le calendrier lunaire oblige à ajouter un mois intercalaire tous les six ans. L'erreur du malheureux Chinois avait sans doute porté sur le choix de l'année.

divisée contre elle-même, part en guerre contre tout le continent européen, l'Angleterre prend le relais en Chine. Le méridien de Greenwich chasse le méridien de Paris.

La résistance des lettrés chinois

Nos Anglais accusent sans cesse les Jésuites d'avoir caché aux Chinois la science européenne, pour en garder le monopole. Vision où se rejoignent trop commodément la rancune contre les Chinois et la détestation de l'Église catholique. Barrow, notamment, ne se doute pas de la résistance des lettrés chinois. Pour lui, la science est exclusivement occidentale : ne pas la faire partager, c'est commettre un crime contre l'esprit. Mais il tient pour rien la tradition de savoir des Chinois — et leur résistance à un savoir étranger.

La protection impériale ne doit pas faire illusion. Le christianisme et les sciences occidentales, présentés simultanément par les missionnaires, ne furent jamais, aux yeux de la plupart des lettrés chinois, qu'un lot d'hérésies. Une réaction traditionaliste, depuis la fin du XVIe siècle, n'a pas cessé de protéger des « diables barbares » la science coutumière chinoise.

Le grand mathématicien Mei Wending demandait : « Faudrait-il qu'avec l'introduction des méthodes barbares, nous abolissions les voies traditionnelles[13] ? » Du reste, pourquoi les Chinois copieraient-ils les Occidentaux, alors que les Occidentaux ont copié la Chine ? « Sous les Qin [au IIIe siècle avant Jésus-Christ], on a brûlé tous les livres. Certains ont échappé au bûcher : ceux qui étaient déjà parvenus en Occident. Les Occidentaux sont redevables de leur savoir aux livres chinois épargnés par l'holocauste[14]. »

Certes, les pendules, les télescopes, les clavecins, les armes exerçaient leur fascination. Mais on les ressentait aussi comme une menace. Un mouvement de profondeur se développa contre la technologie occidentale[15]. Il n'y a pas seulement de la fierté blessée, mais la volonté de défendre une identité menacée, dans ce dénigrement plaisant et pathétique : « Les pendules qui sonnent ? En quoi sont-elles supérieures à nos clepsydres ? En outre, elles coûtent des fortunes et se détraquent ! Les canons ? Ils carbonisent leurs servants, avant de frapper l'ennemi[16]. » La carte du monde dressée par Ricci ? Inacceptable ! « Qui ne voit que la Chine est située au centre du monde, puisqu'à minuit l'étoile polaire y brille au zénith[17] ? »

De la fin du XVIe siècle à celle du XXe, un courant ininterrompu de lettrés chinois s'est refusé à consulter d'autres ouvrages que chinois, pour conserver intact l'héritage, en le protégeant des intrusions occidentales[18]. L'intégrisme se retranchait derrière la fidélité aux valeurs chinoises. Et quand il n'osait pas nier la supériorité « scientifique », il déplaçait le problème, en pensant le mettre à sa vraie place : « Les Han ne savaient pas calculer les positions respectives des astres ; cela n'a pas empêché leur dynastie de connaître quatre siècles de prospérité. Il y a plus de dignité à se contenter d'une astronomie imparfaite, que d'avoir recours à l'astronomie des Barbares[19]. » Sous la Révolution culturelle, on proclamera : « Mieux vaut un train chinois qui arrive en retard, qu'un train capitaliste qui arrive à l'heure. » Cette passion des Chinois de n'être redevables qu'à eux-mêmes, on la retrouve, comme un fil rouge, jusqu'à la mort de Mao. La « Bande des Quatre » — qui devaient être un peu plus nombreux — pourchassera pendant dix ans les traces de l'Occident, de Beethoven à Antonioni, complices de l'« ordre bourgeois ».

Bien sûr, pendant ces siècles, il y eut un courant de lettrés qui cherchaient à faire la synthèse des traditions chinoises et des inventions occidentales. Mais ils sont toujours restés minoritaires. Qianlong était-il de leur nombre ? Nos documents suggèrent le contraire. Ainsi, ces vers qu'il va composer sur les présents offerts par les Anglais :

> *Leur tribut est d'un pauvre intérêt,*
> *Mais mon cœur les approuve de l'avoir présenté ;*
> *Leurs inventions sont singulières,*
> *Mais je ne les prise guère.*
> *Ce qu'ils apportent est maigre,*
> *Mais ils viennent de loin*
> *Et je leur offrirai en retour de généreux présents[20].*

Pourquoi, néanmoins, Qianlong viendra-t-il par deux fois visiter les présents exposés ? Pourquoi y attache-t-il, tout au long des mois d'août et de septembre, une importance qui n'est pas seulement rituelle ? Pourquoi cette longueur démesurée prise dans la correspondance impériale par l'affaire Macartney, qui paraît éclipser tous les autres soucis de Qianlong pendant cette année-là ? Double vérité : mépris affiché, attirance intime.

Les Anglais ricanent devant les « papistes obscurantistes » qui prospèrent sur les candeurs chinoises. La vérité est moins simple. Les Anglais sont de leur siècle, infatués de Lumières qu'ils imaginent absolues. Ils n'ont pas appris à relativiser. Ils minimisent la force inébranlable d'une culture invétérée.

Toutefois, entre Occidentaux, on ne se dénonce pas. Ainsi, le dédain pour les missionnaires et le procès de leur ignorance, l'ambassade n'en souffle mot devant les Chinois. L'Empereur pourra continuer à croire qu'il a les meilleurs astronomes du monde. Il s'en flatte : « L'Envoyé tributaire peut constater qu'il y a aussi à la Cour céleste des gens capables de comprendre l'astronomie et la géographie, de réparer les horloges et d'assister au montage des instruments. Il n'osera plus prétendre qu'il est le seul à en posséder le secret, et il cessera ses vantardises insupportables[21]. »

CHAPITRE 24

Avez-vous la science du gouvernement ?
(22-28 août 1793)

Bientôt, les présents sont visités par les Chinois, « depuis le prince du sang jusqu'aux basses classes[1] ». C'est un défilé ininterrompu. « Tous les lettrés, tous les mandarins qui avaient été dispensés d'accompagner l'Empereur à Jehol, se portaient en foule au *Yuanming yuan*[2]. » Tels les premiers Chinois rencontrés par Ricci deux siècles plus tôt, tous s'étonnent de voir la Chine si petite sur le globe terrestre. Ils soupçonnent les « Cheveux rouges » de l'avoir volontairement rétrécie. Choqués, ils se détournent rapidement.

L'Astronome met cette réaction au compte de la puérilité : « Ils se conduisent en gamins : facilement satisfaits, ils se lassent tout aussi facilement. » Et il est vrai que le comportement « puéril » des Chinois a été relevé, depuis, par maints voyageurs, et même par des Chinois. Selon Lu Xun, « le gouvernement traite les adultes comme des bébés[3] ». S'ils ressemblent à des enfants, n'est-ce pas parce que le réseau de commandement de leur société les contraint à demeurer en enfance, comme l'arboriculteur de *bonsaï* contraint les arbres à ne pas grandir, comme les ligatures contraignent les pieds de la petite fille à rester nains ?

Le meurtre du père

Freud aurait sans doute rejoint Dinwiddie, en expliquant que les Chinois *ne pouvaient* devenir adultes. Si un enfant n'y parvient que par le « meurtre » de son père, comment « tuer » le père alors que la mentalité collective impose et ritualise deux cultes : d'une part, celui des ancêtres, d'autre part, celui de l'Empereur, lesquels incarnent et sacralisent ensemble une insurpassable perfection paternelle ? Mao n'a guère fait reculer le premier culte, mais a appesanti le second. Ce double culte a constitué jusqu'à nos jours la religion commune à tous les Chinois. Il les a plongés dans un infantilisme psychique qui ne faisait qu'un avec leur xénophobie et leur refus des innovations.

127

Comme dirait le père Teilhard, « la masse chinoise, masse énorme, inerte, terre à terre, est instinctivement hostile aux étrangers qui viennent lui proposer des changements dont elle ne ressent pas le besoin[4] ». S'interdire tout ce qui pourrait déplaire aux ancêtres, c'est refuser la nouveauté.

Trois petits-fils de l'Empereur viennent quotidiennement interrompre les démonstrations. L'un d'eux possède une montre anglaise à fermoir, ornée de bijoux (par Cumin, de Londres), en panne depuis des années. Confiée à un artisan de l'ambassade pour un bon nettoyage, elle se remet aussitôt à marcher. Un autre prince le prend de haut : « Les Anglais doivent être bien fiers de leurs connaissances scientifiques, pour faire étalage de telles machines[5]. » L'Anglais et le Chinois, chacun de son côté, campent sur le sentiment de leur propre supériorité et s'accablent l'un l'autre de leur ironie condescendante. Comme on est loin de l'admiration réciproque que devraient s'inspirer deux nations s'estimant chacune la plus puissante du monde... Cette admiration sur laquelle Macartney croyait pouvoir compter.

La peine de naître

Barrow fut encore le témoin personnel d'un hiatus culturel de taille. Celui qui séparait l'aristocratie britannique et la bureaucratie céleste.

Parmi les présents, figuraient trois volumes d'estampes, représentant la fine fleur de la noblesse anglaise. L'Empereur fit demander qu'on inscrivît, en chinois et en mandchou, les noms des personnages sous chaque portrait. L'exercice comportait une difficulté classique : les transcriptions phonétiques. Elles donnèrent du mal au calligraphe chinois : duc de Marlborough devint *Dou-ke Ma-bo-luo*. Cela faisait beaucoup rire les Anglais.

Mais le rire changea de camp lorsque Barrow, indiquant pour chaque personnage le rang qu'il occupait dans la noblesse, en vint au portrait du duc de Bedford — un enfant, peint par Reynolds. Il propose : *Ta-gin*, « grand seigneur ». Les Chinois pensent que Barrow parle du père, n'imaginant pas qu'on puisse être « grand » lorsqu'on est petit. Barrow essaie d'expliquer que, pour qu'un fils de lord devienne membre de la Chambre des lords, il lui suffit de se donner la peine de naître et de perdre son père. « Ils rirent de bon cœur, d'apprendre que chez nous, on naissait législateur, tandis que dans leur pays, il fallait tant d'années d'études pour parvenir au dernier rang des fonctionnaires d'État[6]. »

Le rire chinois fait sentir aux Anglais ce qu'ont d'absurde les charges héréditaires. A cette hilarité, ils ne voient pas de réponse. Derrière les droits du lignage, ils ne distinguent pas la barrière contre la toute-puissance de l'État ; ni, derrière la méritocratie, l'idéologie de l'État bureaucratique. Ils se sentent pris en faute. Leur propre intelligence donne tort à leur propre société.

Si, depuis deux siècles, la Chine s'est occidentalisée sur un nombre croissant d'aspects, l'Occident s'est rapproché d'elle en se fonctionnarisant. Les privilèges de la noblesse ont été battus en brèche dans toute l'Europe, même dans la traditionaliste Angleterre ; et le système des examens s'est étendu à tout l'Occident. Simple convergence ? Pas seulement : l'exemple chinois, présenté comme un modèle, a fortement contribué à valoriser la « méritocratie » en Europe*.

Ce mélange de la famille et du pouvoir intrigue-t-il les Chinois ? Les jeunes gens de l'aristocratie, sept en tout, que Macartney avait amenés ont été présentés comme des parents à lui. L'Empereur ordonne à Zhengrui de s'informer : quels sont les liens exacts de parenté ? Staunton junior a-t-il un titre officiel ? Respectueux de ces usages barbares, l'Empereur donnera des cadeaux spéciaux à ces sept jeunes messieurs, qui ne passent dans le protocole anglais que tout juste avant les musiciens[7].

L'Empereur et le cocher

Qui peut affirmer à plus juste raison que Louis XIV, sinon Qianlong : « L'État, c'est moi » ? Or, l'idéologie de l'État qu'incarne le souverain, la voici mise à mal par un carrosse. Macartney tenait à montrer la perfection de la suspension sur ressorts ; surtout après l'expérience pénible des charrettes chinoises. Staunton rêve à nouveau d'exportations massives vers ce marché immense (les rêves occidentaux n'ont pas changé : les voitures sont devenues automobiles).

Or, l'intérêt se fixe non sur les ressorts, mais sur le siège du cocher. Une nuée de mandarins, virevoltant en tous sens, essaient le moelleux des coussins, tâtent les étoffes. La housse du siège, enrichie de festons et de petits diamants taillés en roses, et surtout sa position élevée, lui donnaient, aux yeux des Chinois, un air si dominateur, qu'ils ne doutèrent pas qu'il fût destiné à l'Empereur lui-même. Mais l'intérieur du carrosse ? D'un examen attentif des portières, jalousies et stores, ils conclurent qu'il ne pouvait convenir qu'aux femmes de l'Empereur.

Quand Barrow détrompe un vieil eunuque, il s'entend répondre : « Pensez-vous que le Grand Empereur souffrira qu'un homme s'as-

---

* Sur ce point, les relations de l'expédition Macartney ont confirmé les descriptions des missionnaires. Les unes et les autres ont un peu idéalisé. Elles ne font mention, ni de la dignité héréditaire de la famille impériale et de la noblesse mandchoue ; ni des exemptions d'examen ou des autorisations à concourir directement au grade supérieur ; ni des charges héritées dans des familles dont les ancêtres ont rendu d'importants services à l'État ; ni de la corruption — autant de portes ouvertes à l'arbitraire de la faveur.

soie au-dessus de lui et lui tourne le dos[8] ? » Voilà en miettes le pot au lait de Perrette-l'exportatrice**.

La machine à gouverner

Dinwiddie et Barrow ressentent la pression chinoise plus que Macartney : au *Yuanming yuan*, ils sont sur le front. Alors qu'ils prennent tout leur temps pour préparer une démonstration propre à émerveiller la Cour et la ville, voici qu'un ordre leur parvient : « Livrez immédiatement tous les présents même non encore installés ou déballés. » Lucide, Dinwiddie comprend que leur séjour sera de courte durée.

Il pressent l'échec de la partie diplomatique qui va se jouer, comme il éprouve durement, devant son planétaire inutile, l'échec de la partie scientifique qui peut-être ne se jouera même pas. « Demandez-leur si les inventeurs d'une aussi extraordinaire machine ne doivent pas être des hommes supérieurs. Ils répondent : "Ce sont là des objets étranges, mais quel est leur intérêt ? Avez-vous la science du gouvernement ?" »

Car il y a en Chine un art, et même une science du gouvernement, qui se confondent avec un système, celui-là même de la société. Trois cent mille Mandchous ont réussi à gouverner des Chinois mille fois plus nombreux, tout simplement en s'emparant d'une structure inchangée — la bureaucratie céleste, dominant une hiérarchie immuable.

N'est-ce pas une merveilleuse machine ? Beaucoup plus subtilement conçue et montée que le planétaire de Dinwiddie ? A chacun son rôle. L'Empereur règne. Son Grand Conseil gouverne. Ses mandarins administrent. Ses paysans cultivent. Ses artisans fabriquent. Ses commerçants commercent. Les rouages s'engrènent parfaitement l'un sur l'autre. Et tout le monde est content ; ceux qui ne le sont pas sont voués au « bambouage », à la cangue, ou à la décapitation. N'est-ce pas là un brillant art de gouverner ?

« Leurs préjugés, note l'Astronome, sont si enracinés qu'ils ne sauraient être vaincus que par la force[9] ». L'Astronome a déjà sauté — le premier de tous nos témoins — à la conclusion qui lui paraît, et paraîtra cinquante ans plus tard à l'Occident, inéluctable : seule la guerre pourra rabattre tant de condescendance.

** Déception souvent renouvelée depuis lors, par de téméraires exportations sans études de marché préalables. Ainsi, des locomotives déjà livrées et un projet de métro pour Shanghai ont été récemment refusés parce que les normes françaises ne correspondaient pas aux attentes chinoises.

CHAPITRE 25

Une prison dorée
(24-26 août 1793)

Le 24 août, Zhengrui vint remettre à l'Ambassadeur une lettre envoyée par sir Erasmus Gower. Elle donnait des nouvelles de l'escadre, bien arrivée à Zhoushan, et demandait des instructions. Macartney prépara une réponse qu'il remit à Zhengrui le lendemain, pour acheminement par la poste impériale : il prescrivait à Gower de regagner Canton avec ses navires. Un incident survint alors.

Le légat exige de connaître le contenu et de la lettre et de la réponse : responsable devant l'Empereur des faits et gestes des Anglais, il lui faut tout savoir de ce qui concerne ses protégés. Macartney ne veut pas en faire un drame et accepte d'informer son indiscret interlocuteur. Voyant l'Ambassadeur si accommodant, Zhengrui lui propose une séance d'entraînement au *kotow*. Cette fois, l'Ambassadeur explose : il le congédie, en lui confirmant qu'il lui remettra dans un jour ou deux un document sur la question[1].

Voilà le pauvre administrateur du sel plongé dans une affreuse perplexité. Comment avouer à l'Empereur et au Grand Conseil que l'Envoyé tributaire ne s'exerçait pas au *kotow* et, bien plus, s'apprêtait à faire lui-même une proposition écrite sur cette question, pourtant réglée par deux mille ans de cérémonial ? L'affaire tournait mal. Pour sauver son bouton, il choisit d'attendre encore : avec la note de l'Envoyé, il saurait au moins comment présenter les choses.

En attendant, il allait faire du zèle, pour montrer à l'Empereur qu'il n'avait pas la moindre complaisance envers les Anglais. Il retint la réponse de Macartney, sans en informer celui-ci, et la posta pour Jehol, avec l'avis qu'il ne fallait pas accéder au désir des Anglais de renvoyer l'escadre à Canton.

Le 26 août, le vœu de Macartney fut exaucé : l'ambassade fut transférée à Pékin, au cœur de la ville tartare — sauf Barrow, Dinwiddie et les deux mécaniciens, retenus au *Yuanming yuan* pour le service de la science. Macartney juge la nouvelle résidence « non seulement confortable, mais somptueuse[2] ». Dispersés dans un parc, onze pavillons en briques grises « si bien jointes entre elles, que le ciment qui les unit est presqu'imperceptible; elles ont le poli du marbre». Une cour dallée de larges pierres plates les précède, agrémentée d'une «terrasse couverte, que soutiennent de belles colonnes de bois et qu'ornent d'élégantes balustrades».

Les appartements, peints ou tapissés de papier, sont spacieux et agréables. La résidence de l'Ambassadeur comporte même un théâtre. Certains particuliers entretenaient des troupes, comme le faisaient les grands seigneurs français au XVII° siècle; d'autres se contentaient d'en louer les services, le temps d'une fête[3].

Anderson admire «la grande supériorité des Chinois dans l'art de peindre les bâtiments, dont le lustre provient d'un ingrédient qui rend la peinture résistante aux intempéries[4]». Anderson s'extasie pour rien: les archives du Grand Conseil nous révèlent qu'un ordre exprès venait d'être donné par la Cour de repeindre la résidence[5]. Si la peinture brillait, c'est qu'elle était à peine sèche.

Dans chaque appartement, «un poêle à charbon de bois, en briques[6]». Maigre mobilier, bas de surcroît. Autrefois, les Chinois vivaient accroupis, comme aujourd'hui encore les Japonais. A partir des Tang, ils préférèrent les fauteuils. Les Mandchous, fils de la steppe habitués à s'asseoir à même le sol de leurs tentes, ont remis en vigueur l'ancienne coutume. Des paravents cloisonnent les appartements; c'est la seule décoration, avec des lanternes en gaze, papier ou corne translucide. Murs nus. Pas de tapis. Pas de miroirs. En guise de lits, dit Barrow, «des nattes sans rideaux ni draps, posées sur une plate-forme en brique, avec des oreillers très durs[7]». Barrow n'a vu que des lits destinés au sommeil. Il eût porté un jugement moins austère sur les couches destinées à d'autres fins, qui occupent les appartements des femmes. Fort larges, garnies de moelleux coussins et drapées de voilages, elles protègent l'intimité des assauts des moustiques et des va-et-vient de la domesticité[8].

Un bon mot de l'Empereur

La résidence venait d'être confisquée au surintendant des douanes de Canton, Muteng'e, dégradé pour avoir un peu trop rançonné les Européens à son profit. Les mandarins ne résistèrent pas au plaisir de répéter aux Anglais un bon mot de l'Empereur. Lorsqu'on lui avait proposé d'y loger l'ambassade, il avait approuvé: «On ne peut refuser la jouissance d'une demeure à l'Envoyé d'un pays qui a fourni une si forte part de l'argent dépensé pour la bâtir[9].» Cette repartie cynique n'amuse pas Barrow. Ne prouve-t-elle pas que l'Empereur consent aux exactions de ses fonctionnaires? Il punit l'excès; il ne songe pas à mettre fin au principe.

Macartney avait cru sortir l'ambassade de l'isolement en la ramenant à Pékin. Or, il n'était pas même permis de jeter un coup d'œil par-dessus le mur de clôture. «Quelques-uns des nôtres se hasardèrent à y présenter la tête: mais à peine furent-ils aperçus du dehors, qu'un cri terrible retentit. L'endroit fut en un instant rempli de mandarins, qui éclatèrent en menaces[10]. »

Les Britanniques réagissent comme des prisonniers ; tous les détails de la vie quotidienne prennent à leurs yeux une importance démesurée. Ils n'arrivent décidément pas à se faire à la cuisine chinoise[11]. Tous les mets sont hachés ou bouillis : les Chinois ne se « doutent pas qu'il puisse exister une autre méthode de les préparer[12] ». Ah ! s'ils connaissaient la cuisine anglaise ! Seuls les potages trouvent grâce aux papilles britanniques. Hüttner regrette que les Chinois ne boivent pas de lait ; il a toutes les peines du monde à s'en procurer[13].

Les mandarins ont l'œil sur les serviteurs, « si adroits dans leurs larcins ». « Ils avaient l'habitude de nous dérober la moitié de notre pain, de notre sucre, de notre thé, de notre viande. Non qu'ils manquassent de rien. Mais ils revendaient, au tiers du prix, à ceux qui les avaient fournies, les provisions ainsi dérobées, pour les resservir le lendemain[14]. »

« La suspicion que les étrangers leur inspirent est inimaginable[15]. » Service et surveillance s'entremêlent, tout comme, dans la cuisine chinoise, le doux et l'amer : « On nous avait envoyé, par attention ou par méfiance, au moins une douzaine de mandarins. Spectacle singulier, que de les voir parcourir le palais toute la journée. » Apparemment affairés, qui à fournir le lait, qui le pain, un autre à ouvrir la porte, ils s'emploient surtout à guetter leurs hôtes-prisonniers, pour faire rapport à l'Empereur*. Ils les poursuivent jusque dans leur chambre. Et comme « chaque mandarin est accompagné d'un domestique qui lui porte sa pipe », les Anglais ont beau être coupés du monde extérieur, ils n'ont pas pour autant le moyen de s'isoler[16]. « Neuf pâtres pour un mouton », dit un dicton chinois.

Nos voyageurs, sollicités à leur retour par les éditeurs, ne purent se dispenser de peindre cette ville, où ils vécurent sans la voir. Leurs descriptions doivent plus aux entretiens avec les missionnaires, qu'à une expérience directe. Il est vrai que la meilleure source de renseignements dans un pays, ce sont les compatriotes qu'on y retrouve comme résidents, et dont le regard est devenu lucide. Les missionnaires jouent ce rôle avec l'ambassade : ils lui parlent, en tête-à-tête, plus sincèrement qu'ils n'écrivent.

A l'intérieur des habitations, on est « serré comme les dents d'un peigne[17] ». « Il n'est pas rare de voir réunie une famille de trois générations, avec toutes les femmes et tous les enfants. Chaque branche de la famille se contente d'une petite chambre. Des nattes suspendues au plafond séparent les lits. On mange dans une salle commune[18]. » Plusieurs générations sous le même toit, c'est à la fois la recommandation du confucianisme et l'effet de la nécessité — aujourd'hui plus que jamais.

Pas étonnant que « les Chinois aiment beaucoup vivre dehors[19] ».

---

* C'est se flatter : ces rapports étaient faits au légat Zhengrui et aux deux ministres chargés de l'accueil seuls autorisés à correspondre avec l'Empereur.

Ainsi, l'entassement ne nuit pas à la salubrité. L'amour du plein air est poussé au point que, pendant les chaudes nuits d'été, on couche *en famille* sur le sol de la rue. Cette habitude peut toujours s'observer en été, notamment dans les villes les plus torrides, comme les « trois fours » de Chongqing, Wuhan et Nankin.

« Les rues sont larges, relève Hüttner, mais en été, il est nécessaire de les arroser : pourtant, on reste étouffé par la poussière[20]. » La poussière, à Pékin, continue à tout envahir : poumons et appartements. Arrachée aux steppes, elle retombe sur la ville en pluies de sable, qui revêtent la capitale de jaune — la couleur impériale.

Surveillance sociale et libertinage

Le grouillement dissimule une organisation qui inspire à Staunton une formule prémonitoire : « Il y règne autant de sécurité, mais autant de contrainte, que dans un camp[21]. » Comment ? « On maintient l'ordre le plus sévère ; il ne se commet presque point de crime. Il y a une institution analogue à celle des anciens dizainiers en Angleterre : chaque dixième marchand répond de la conduite de neuf familles voisines[22]. » Dans la solution des litiges, familles et guildes se substituent à l'autorité mandarinale, avec son consentement. Quant au contrôle de la prostitution, « on ne tolère les courtisanes que dans les faubourgs. Elles sont enregistrées, et en petit nombre, en raison du peu de célibataires et de maris absents de leurs familles, qui séjournent dans la capitale[23]. »

Idéalisé, le récit de Staunton annonce les tableaux d'une Chine pure et dure, brossés par des visiteurs enthousiastes dans les années 1950 à 1980. Par exemple sur les dizainiers : à en croire le Lazariste Lamiot, Staunton parle ici d'histoire très ancienne. « Cette police, Confucius déjà la regrettait comme abolie depuis longtemps[24]. » Les mandarins d'escorte auront tenu à l'ambassade un discours édifiant — pas de crimes, pas de vices — tout en écartant de sa vue ce qu'il ne fallait pas voir — mendiants et prostituées. Cette atmosphère aseptisée n'empêchera pas un de ces mandarins d'aller « folâtrer parmi les fleurs et les saules[25] » et d'en revenir avec un « coup de pied de Vénus ». Des pilules au mercure, importées d'Occident par Canton, lui permettront peut-être de soigner son mal[26], qu'on appelle précisément « mal de Canton* », parce que la syphilis, venue d'Amérique, a atteint la Chine par ce port vers 1511 — moins de vingt ans après la découverte du Nouveau Monde. Le maïs et la patate douce, de même origine, ont mis beaucoup plus de temps[27]...

Les Européens de Canton, justement, à qui il est vigoureusement interdit d'amener une femme, affirment que « pour de l'argent et en

---

* C'est à Canton qu'on remarque aujourd'hui le plus de publicité vantant des traitements efficaces contre la syphilis — qui semble connaître une vive recrudescence dans cette région, soumise plus qu'aucune autre à la politique d'ouverture (affiches remarquées sur les marchés au cours de l'été 1988).

faisant généreusement abandon de sa santé, on peut s'en procurer sur place autant qu'on en veut[28] ».

L'argent ne va pas seulement aux prostituées, mais à la bureaucratie céleste. Un témoin qui verra Macartney à Canton, où il a passé plus de dix ans, raconte : « Si les mandarins ou les soldats vous surprennent dans les bateaux [des prostituées], ils vous font mille avanies et ne vous relâchent qu'après vous avoir soutiré de fortes sommes, suivant le rang que vous tenez dans la société[29]. » Anderson, qui se flatte d'avoir pu « mesurer le pied d'une dame[30] » et n'a pu le faire que sur une barque cantonaise, a-t-il su les risques qu'il courait ?

Dinwiddie raille les écrits qui ont tant de succès en Europe : ils « présentent les Chinois comme le peuple le mieux élevé de la terre. Si deux muletiers tombent nez à nez dans un chemin étroit, ils échangeraient des politesses. Nous n'avons rien noté de tel. Leurs politesses, ils les échangent à coups de poings ou de pierres. » L'Astronome conclut : « On nous a peint les Chinois selon Confucius : tels qu'ils devraient être, non tels qu'ils sont[31]. » Les couloirs des palais ne sont pas épargnés par les éclats de voix. En fait, les Chinois sont très polis au moment où ils sont polis, très brutaux dans leurs accès de brutalité.

Encore l'ambassade, fort entourée et protégée, n'a-t-elle pas eu connaissance des « triques nues », qui faisaient alors des ravages et servaient d'encadrement aux jacqueries chinoises[32].

Le kotow *intellectuel*

Les caméras de nos témoins n'ont pas toutes le même angle de vue. Macartney et Staunton sont constamment impliqués dans le rituel de la Cour. Ils tiennent à gommer les tribulations de leur ambassade. Ils ménagent l'avenir des relations anglo-chinoises — sans oublier leur propre avenir. Bref, ils obéissent à des contraintes comparables à celles des missionnaires présentant la Chine en termes si laudatifs, qu'on se demande pourquoi ce n'est pas la Chine qui envoie des missionnaires en Europe. Dinwiddie et Barrow ne sont pas soumis aux mêmes exigences ; leurs aller-retour entre le *Yuanming yuan* et Pékin leur donnent davantage d'occasions d'observer l'homme de la rue. Comme Anderson ou Holmes, mais avec une lucidité qui manque à ceux-ci, ils bénéficient du détachement de ceux qui jouent les seconds rôles.

La Chine est l'Empire des mots et des gestes ; l'évoquer en termes dithyrambiques, c'est accepter d'entrer dans l'Ordre chinois ; c'est sacrifier à un *kotow* intellectuel. Staunton le fait assez souvent, qui doit, pour sauver la face, entrer dans le jeu rituel. Ses compagnons s'y refusent : du coup, ils vivent un hiatus entre la Chine réelle et la Chine imaginaire. Jusqu'à oublier que la Chine imaginaire est aussi, pour les Chinois, la Chine réelle.

CHAPITRE 26

Des Européens devenus Chinois
(27-29 août 1793)

Dans sa résidence pékinoise, l'ambassade reçoit les visites d'informateurs attendus : « Les missionnaires ont pris le vêtement du pays, ils en parlent la langue et ne se distinguent pas dans leur apparence extérieure des autres indigènes[1]. »

Curieusement, le père de Grammont reste invisible. Mais un autre Français devient vite un habitué. C'est le père Raux. Il se présente dès le lendemain de l'installation. « Il m'informa, note Macartney, qu'il avait la permission de nous être utile et qu'il viendrait chaque jour prendre mes instructions[2]. »

C'était un soulagement. L'ombre inquiétante du père d'Almeida s'éloignait : il était déjà sur le chemin de Jehol. Le père Raux dirigeait les Lazaristes, envoyés en Chine pour prendre la relève des Jésuites, dont Clément XIV, cédant à toute l'*intelligentsia* européenne, avait dissous la Société en 1773. Avec deux confrères — un « peintre » et un « horloger » — il était arrivé en avril 1785 comme mathématicien. Macartney apprécie ce prêtre haut en couleur, disert et corpulent, bien au fait de la réalité chinoise, à laquelle il a su s'intégrer.

Une lettre à sa sœur nous le peint à la tâche : « Je suis à la tête d'une mission de soixante-treize personnes. Il me faut chaque jour parler quatre langues, français, latin, chinois, tartare. Il me faut répondre à une infinité de lettres. Il faut catéchiser, prêcher, confesser, administrer les autres sacrements, et aller encore, de temps en temps, chez les grands[3]. » « Il était l'image même de la santé », écrira de lui Titzing, l'ambassadeur hollandais qui le rencontrera en 1795. « Les habits chinois lui seyaient à merveille. Il parlait la langue chinoise avec une facilité mélodieuse qui la rendait agréable à entendre[4]. »

Bon vivant, le père « apporte chaque jour de menus cadeaux en provenance de son couvent ; d'excellent pain français, des friandises à l'européenne, un délicieux raisin blanc sans pépins. Les ceps venaient du jardin jésuite de Chamo*, aux limites du grand désert de Gobi[5]. » « Depuis qu'on a trouvé, précise le père Raux, le secret de faire d'excellents vins à Pékin, en ajoutant au moût du raisin une certaine quantité de sucre, nous sommes peu en peine de vin d'Europe, lequel revient ici à des prix considérables[6]. » Jusqu'en 1949, les missionnaires de Shala, dans la banlieue de Pékin, fabriqueront leur vin rouge. Le pain et le vin de messe qu'apporte le père Raux montre que la sinisation de ces missionnaires — tout Chinois qu'ils doivent être — n'était pas complète.

Macartney reçoit aussi une « charmante lettre » du père Amiot, accompagnée de son portrait. Amiot est une sorte de mythe. En Chine depuis quarante-deux ans, ce patriarche a tout connu de l'aventure jésuite — les gloires et les persécutions ; il a été l'un des principaux rédacteurs des *Mémoires concernant l'histoire de la Chine* et des *Lettres édifiantes*. Infirme, il ne peut se déplacer. Cet homme entre deux mondes est aujourd'hui entre deux vies[7].

Un étrange procédé d'évangélisation

Le père Raux dresse devant Macartney un état saisissant du christianisme en Chine. Cinq mille chrétiens dans la capitale ; cent cinquante mille dans tout l'Empire. A peine un baptisé pour deux mille Chinois : tel est le maigre bilan d'un apostolat acharné[8]. Pourquoi si peu d'adeptes, deux cent quarante et un ans après la mort de saint François-Xavier près de Canton, deux cent onze ans après l'arrivée de Matteo Ricci à Macao ? « Sur les arts et la politique, explique le père de Grammont, les Chinois sont peut-être plus éclairés qu'aucun peuple. Ils sont imbéciles en fait de religion. Chez nous, un enfant de sept ans sentirait le ridicule de leurs superstitions. Ils sont si entêtés dans leurs préjugés, si pleins de l'estime d'eux-mêmes, qu'il n'y en a presque point qui se convertissent[9]. »

Une seule source de recrutement des néophytes subsiste, avoue le père Raux. C'est... l'infanticide. « Tous les matins de bonne heure, la police envoie autour de la ville une charrette, qui enlève les nouveau-nés abandonnés partout où elle en trouve, et les conduit au cimetière. Souvent, les missionnaires prennent en charge et élèvent ceux de ces enfants qui leur paraissent capables de survivre. Les autres sont jetés dans la fosse, morts ou vifs. Le père Raux m'assura, avec le plus grand sérieux, que ses frères baptisaient toujours en premier ceux à qui semblait rester encore un souffle de vie, *pour sauver leur âme* [en français][10]. » Le protestant laisse percer l'ironie que lui inspirent pareilles « superstitions ». Et le prêtre parle de ces pratiques comme s'il ne ressentait pas l'horreur de la situation.

L'infanticide en Chine a impressionné les voyageurs de ces trois derniers siècles. L'Empire du Milieu n'a pas le monopole, surtout au

---

* Chamo [Shamo] signifie « désert ». Les musulmans d'Asie centrale, ne respectant pas l'interdit de l'alcool, cultivent la vigne et font du vin.

xviiie siècle, de l'abandon des nouveau-nés indésirables. A Paris, en 1771, année ordinaire, l'hôpital des Enfants-Trouvés a recueilli sept mille six cents bébés, dont, faute de lait et de soins, une bonne partie meurt en bas âge. Dans un cahier de doléances de 1788, on lit : « L'exposition de nouveau-nés dans les rues les livre à la voracité des animaux[11]. » Et en Angleterre, *Oliver Twist* est de quarante-cinq ans postérieur à la mission Macartney... Mais en Chine, point d'hôpital pour les recueillir, ou si peu ; presque tous vont directement à la fosse commune — ou dans une mission catholique.

Nos témoins ne cachent pas leur perplexité. Barrow : « Combien doit réellement être faible la tendresse tant vantée des Chinois pour leurs parents, puisqu'ils ne se font pas scrupule de devenir les meurtriers de leurs propres enfants[12]. » Staunton : « L'habitude semble avoir appris que l'existence à son aurore peut être sacrifiée sans scrupule[13]. » Hüttner : « Nous en avons vu des exemples : durant les famines, des pauvres gens mangent leurs enfants[14]. » Huc écrira froidement : « On tue sans pitié les nouveau-nés. La naissance d'un enfant mâle est une bénédiction ; la naissance d'une fille, une calamité[15]. » Car l'essentiel était et reste là : une fille, appelée à devenir dès son mariage la servante de sa belle-mère, est pendant vingt ans bouche inutile pour ses parents ; tandis que le garçon, non seulement restera avec ceux-ci pour veiller sur leurs vieux jours et assurer leur culte après leur mort, mais enrichira le foyer d'une servante — sa femme.

L'infanticide n'était pas interdit : on laissait faire. A l'époque de Macartney, des décomptes chinois indiquent par endroits des proportions de cent cinquante garçons pour cent filles[16] ! De nos jours, l'infanticide, condamné énergiquement depuis 1949, n'a nullement été éradiqué. Dans certains cantons ruraux de la République populaire, on compte jusqu'à cinq garçons pour une fille. Même si les jeunes femmes chinoises prient ardemment la Tisserande Céleste pour qu'elle leur accorde un beau garçon, cela fait une marge surprenante par rapport à la proportion naturelle. Le fléau a repris vigueur sous l'effet des mesures draconiennes contre la surpopulation. Dès lors qu'il est interdit à un couple d'avoir plus d'un enfant, si le sort veut que le premier-né soit une fille, comment ne pas se donner, en la supprimant, la chance d'un garçon[17]* ?

Pour la plus grande gloire de Dieu

Les missionnaires furent les seuls en Chine à arracher des vies à ce massacre. Les chrétiens chinois étaient plus des *adoptés* que des *convertis*. Ainsi attiraient-ils moins les soupçons des autorités célestes. L'Église était leur famille naturelle autant que spirituelle ; ce qui explique la force de leur attachement.

---

* Les autorités, à partir de 1984, ont pris en compte la résistance des couples et fait des concessions.

138

En 1793, les persécutions prescrites par Qianlong avaient produit leur effet. « Les Chinois, raconte Macartney, semblent moins jaloux des conversions religieuses qu'autrefois, en raison de la discrétion des missionnaires actuels[18]. » Il était mal venu de sourire : les persécutions de Qianlong ne furent pas figure de rhétorique. La dernière datait de 1785 ; la prochaine n'allait pas tarder. Le christianisme, pourchassé dans les provinces, n'était plus toléré qu'à Pékin — la Cour avait besoin du savoir des missionnaires et avait fini par s'habituer à eux.

Ne catéchisant plus que des enfants abandonnés par leurs parents, les bons pères ne sont-ils pas, eux-mêmes, abandonnés par l'Occident ? De mousson en mousson, le père Raux attend que Paris lui envoie de l'aide. Il est à court d'argent. Dans une lettre écrite au cours de ce même mois d'août au chevalier de Guignes, ci-devant agent du Roi et oublié lui aussi par la France, mais à Canton, il résume la situation : « En avril dernier, j'ai eu l'honneur de vous prier de vous charger du soin de nos affaires à Canton, dans l'attente d'un missionnaire français spécialement chargé de notre procure[19]. » Lequel ne viendra jamais[20].

Dans une telle précarité, les missionnaires ne peuvent guère attirer encore les soupçons des autorités célestes. Ils n'en agissent pas moins *pour la plus grande gloire de Dieu* : « Avec l'aide de Dieu, tout se fait », dit le père Raux. « Je suis content de mon sort, parce que j'ai lieu de croire que le Seigneur me sait ici. Vifs ou mort, nous sommes à Lui[21]. » Cette foi de saint trouble nos Anglais eux-mêmes : « Singulier spectacle que celui d'hommes abjurant à jamais leur patrie et leur famille, se dévouant à la tâche pénible d'essayer de changer la croyance d'un peuple inconnu. Ils s'exposent à une foule de dangers ; à force de persévérance, d'humilité et d'application, ils parviennent à mériter une protection. Ils triomphent du malheur d'être étrangers, dans une contrée où ces derniers sont proscrits, où l'on vous fait un crime d'avoir abandonné la tombe de vos pères[22]. »

Nouvelle visite de l'évêque Govea, « d'une ignorance crasse », accompagné de pères de nationalités diverses, qui avertirent le Lord de ne lui faire aucune confiance : « Les Portugais ont mis en place un système pour éloigner de Chine toute autre nation. Un missionnaire italien m'a déclaré que tous les missionnaires non portugais étaient des amis sincères de l'ambassade, mais que les Portugais n'avaient qu'eux-mêmes pour amis[23]. »

Au lieu de jeter un regard sarcastique sur ces rivalités de clans, Macartney eût été bien inspiré, suivant la recommandation de Dundas et du père de Grammont, de profiter de ces offres de service pour pousser ses avantages. Du moins s'informa-t-il auprès de ses visiteurs sur l'atmosphère de la Cour.

CHAPITRE 27

Un souverain sous influence
(28-29 août 1793)

Le père Raux renseigne Macartney sur la situation à la Cour. Des vingt fils de l'Empereur[1], quatre seulement sont en vie. « Il est d'une nature si jalouse, que personne ne sait duquel il a l'intention de faire son successeur[2]. » Car l'Empire ne connaît pas le droit d'aînesse, mais, comme le droit romain, l'« institution d'héritier ». Kangxi, qui régna soixante ans, avait fait une triste expérience : il dut destituer son successeur désigné et le laisser mourir en prison. Son fils Yongzhen, instruit par ce précédent, inscrivit secrètement le nom de son héritier dans une cassette scellée, ainsi que sur un document qu'il portait toujours sur lui. Le nom était celui de Qianlong. Celui-ci imita l'exemple de son père[3]. Précaution du reste inutile, puisque Qianlong abdiquera en 1796, à quatre-vingt-cinq ans, désignant publiquement son successeur Jiaqing[4].

« Qianlong ne permet à aucun de ses fils de se mêler du gouvernement. » Il gouverne seul. « Il lit toutes les dépêches lui-même et se mêle des affaires jusque dans les plus infimes détails[5]. » En rapportant cette affirmation du père Raux, Macartney ne se doute pas à quel point elle est en train de se vérifier à propos de sa propre ambassade. Toutefois, l'Empereur écoute les six principaux personnages de l'État, les membres du Grand Conseil, qui sont en principe tous égaux, mais dont l'un est plus égal que les autres.

Le réincarné

L'homme qui jouit de toute sa confiance, Heshen, est « un Tartare d'origine obscure, qui s'est hissé aux plus hautes charges grâce à son talent ». Mais pas seulement son talent. « Qianlong l'a élevé du poste inférieur qu'il occupait dans sa garde jusqu'au rang de Premier ministre* favori. Il avait été séduit par le charme émanant de sa

---

* A proprement parler, le grade de « Premier ministre », que les Anglais donnent à Heshen, n'existait pas : il serait plus exact de dire « principal ministre ».

140

personne lors d'une revue, voici vingt ans. Heshen est en si bonne grâce, que l'Empereur l'a comblé de faveurs[6]. » On peut supposer que le bon père en dit davantage à Macartney sur la place étonnamment romanesque occupée par Heshen dans la vie de cet homme de devoir que fut Qianlong. Mais la relation d'un ambassadeur oblige à une certaine réserve. Il se contente de laisser entendre. D'autres documents de l'époque montrent en Heshen non seulement le favori de l'Empereur, mais son mignon.

Cette histoire d'amour fut peut-être la plus étrange qu'ait vécue empereur de Chine — les harems impériaux en connurent pourtant beaucoup. Tout jeune homme, le futur Qianlong s'était épris éperdument d'une concubine de son père. L'Impératrice sa mère, l'ayant appris, voulut le délivrer de ce sortilège : elle convoqua la coupable et la força à s'étrangler avec une cordelette de soie. Quarante ans plus tard, un jour qu'il passait en revue sa garde, il aperçut au premier rang un bel éphèbe, qui ressemblait à s'y méprendre à celle qu'il avait tant aimée. Les Chinois pensent volontiers que les âmes des victimes de mort violente errent, puis se réincarnent. A plus forte raison Qianlong. Lamaïste, il croyait à la métempsycose : il ne douta pas qu'elle s'était réincarnée en lui. Il connut, dit-on, avec le jeune homme le bonheur qui, longtemps avant, lui avait été refusé[7].

Heshen séduisit l'Empereur, son aîné de trente-cinq ans. Beau et fort, il aimait la vie ; il montrait une vive intelligence ; sa conversation était charmeuse. Non qu'il fût vraiment un lettré, mais il savait causer et tourner l'épigramme. Le voilà vice-roi, ministre, grand chancelier, tuteur du prince qui deviendrait l'empereur Jiaqing.

La situation de Heshen, un ci-devant Jésuite l'a dépeinte en deux mots : « L'Empereur est vieux, et il y a dans tous les pays des *Pombal* et des *Pompadour*[8]. » Pombal, favori et Premier ministre du roi José de Portugal ; la Pompadour, favorite et inspiratrice de Louis XV : on ne saurait mieux décrire Heshen — favori et favorite à la fois.

D'ordinaire, le principal ministre, mandarin suprême, se faisait le porte-parole de la bureaucratie céleste auprès de l'Empereur. La liaison de Qianlong et de Heshen déséquilibra le système. Au lieu de permettre à la hiérarchie des fonctionnaires-lettrés d'user de son droit de conseil et même de censure auprès du souverain, il forma un écran infranchissable et aggrava l'absolutisme.

Du « deuxième ministre », Fuchang'an, également tartare, le père Raux ne dit rien, sinon qu'il a fait épouser à son frère aîné une nièce de l'Empereur. Il est vrai que ce frère aîné, Fukang'an, a des états de service éclatants : il a mené victorieusement les campagnes de Formose et du Tibet, et brillamment gouverné la province de Canton, la plus exposée à l'étranger[9]. Tout jeune encore, Fuchang'an avait été nommé membre du Grand Conseil, « bien qu'il ressemblât plutôt à un favori qu'à un homme compétent ». Il était surtout redevable de sa position à son amitié avec Heshen[10].

Les deux seront victimes des rancunes nourries dans le sérail. Dès la mort de Qianlong, son fils Jiaqing les fera arrêter[11]. Heshen sera condamné à mettre lui-même fin à ses jours avec la cordelette de soie, comme la concubine qu'il était censé avoir réincarnée... La condamnation à mort de Fuchang'an sera commuée, mais on l'obligera à assister Heshen[12] pour son suicide.

Quant au troisième Mandchou du Grand Conseil, Agui, il ne prend plus guère part aux affaires de l'État en raison de son grand âge. Mais l'Empereur consulte encore le vieux serviteur. On le voit de-ci, de-là, par une apostille de l'Empereur : « AGUI, D'ORDINAIRE SI CLAIRVOYANT, QUELLE EST SON OPINION SUR CE SUJET[13] ? »

Les trois autres membres de la plus haute instance de l'État — deux Chinois et un Mongol — comptent moins. Nous découvrirons l'un deux, le Mongol Songyun, qui conduira Macartney sur le chemin du retour jusqu'à Hangzhou. Quelle que soit leur compétence, ils n'ont pas autant l'oreille du souverain[14].

Puisque tout dépend du vieil Empereur lui-même et de son favori Heshen, Macartney comprend qu'il doit parler personnellement avec l'un ou l'autre, pour séduire, expliquer, convaincre — bref, négocier. Mais le panorama brossé par le père Raux le laisse perplexe. Les puissants de la Cour passeront-ils devant lui autrement que comme des fantômes, derrière le rideau invisible de l'étiquette rituelle ?

Pendant ce temps-là, l'escadre...

Autant que de l'Envoyé, les Chinois se soucient de ses navires. Les Anglais ont demandé aux autorités du Zhejiang « un morceau de terrain vide, où l'escadre pourrait installer un campement et soigner ses malades[15] ». L'Empereur a répondu aussitôt : « Que les malades ne quittent pas cet enclos et que les habitants ne les approchent pas[16]. » Du 6 au 29 août, le *Lion* compte cinq morts : un soldat, un tonnelier, deux matelots, un officier. L'équipage lave les ponts au vinaigre, fait des fumigations, aère[17].

Le 25 août, un mémoire du vice-roi du Zhejiang, Changlin, précise : « Autour de l'île Zhoushan, les fonds marins sont dangereux. Tout n'y est que sable et boue ; il n'est donc guère possible d'y établir un campement. Le port de Cengang, au nord-est de l'île, permettra aux navires de mouiller en sécurité et aux hommes de camper à proximité. » Hommes et navires rassemblés en un seul lieu, voilà qui sera pratique pour les autorités chargées de surveiller les étrangers. L'Empereur a tracé son apostille : « BIEN[18]. »

Rien ne lui échappe, ni du mouvement des navires, ni du comportement des Barbares. Mais il est sous influence. Et toute la Cour le sait. Sauf lui.

CHAPITRE 28

Le pinceau rouge de l'Empereur
(28-31 août 1793)

La lettre à Gower que Macartney avait remise à Zhengrui le 25 août, le légat avait donc cru adroit, au lieu de la faire parvenir à son destinataire, de l'envoyer à la Cour. L'Empereur mesura l'étendue de la bévue : c'était retarder le départ de six centaines de Barbares qui ne demandaient qu'à lever l'ancre. Quand il constata que le commissaire du sel, une fois de plus, avait agi sans se concerter avec ses collègues, la coupe fut pleine. Il s'emporta. Le 28 août, Heshen rédige une semonce que les trois compères reçoivent le 30. Ils durent avoir froid dans le dos. La colère de l'Empereur déferlait sur eux[1].

L'encre vermillon

La lettre portait Sa marque : le texte rédigé en Son nom par le Premier ministre était annoté de Ses apostilles vermillon. Devant cette encre rouge, ils se prosternèrent neuf fois ; c'était comme si Sa Majesté Sacrée les réprimandait de vive voix.

Heshen reprend d'abord l'élément essentiel du dernier mémoire de Zhengrui : « Puisqu'une foule d'hommes sur les navires ne supportent pas le climat, on pourrait les laisser retourner en premier dans leur pays. » C'était le vœu de Gower et la volonté de Macartney. Mais Zhengrui n'a pas dit à la Cour ce qu'il a répondu à l'Envoyé tributaire, ni même s'il a répondu. Cette lacune, l'Empereur la condamne de son pinceau rouge : « PAS UN MOT DANS LE RAPPORT. »

Doit-on déduire de ce silence, poursuit Heshen, que Zhengrui ne juge pas utile que les navires ancrés à Zhoushan partent tout de suite ? Estimerait-il qu'il vaut mieux attendre que tous les Barbares partent ensemble ? Le terrible pinceau vermillon note : « ABSURDE ! » Et le Premier ministre donne ordre de faire parvenir au vice-roi Changlin, au plus vite, la demande de l'Envoyé tributaire, afin que les vaisseaux mouillés à Zhoushan lèvent l'ancre aussitôt.

« Que l'on songe que les officiers et les équipages à bord de ces navires ne sont pas moins de six à sept cents personnes. La dépense qu'entraîne leur séjour prolongé au Zhejiang est énorme. Puisqu'ils ont eux-mêmes voulu rentrer en premier, pourquoi refuser de faire une telle économie ? » L'Empereur compte ses sous : observant que les Anglais mangeaient surtout de la viande, n'avait-il pas recommandé de ne pas leur donner trop de riz et de farine ?

Vient, enfin, le brutal rappel à l'ordre destiné à Jin Jian, Yiling'a et Zhengrui : des rapports parvenus sans leurs trois signatures conjointes trahissent d'inacceptables dissensions entre eux. Ils ont été désignés ensemble pour accompagner la mission tributaire : qu'ils collaborent ! « Jin Jian et Yiling'a, supérieurs hiérarchiques de Zhengrui, n'auraient jamais dû le laisser signer un rapport seul*. Zhengrui s'est-il imaginé qu'en tant que légat impérial affecté auprès de l'Envoyé tributaire, il jouissait désormais d'une autorité supérieure à celle des ministres ? Ou bien ceux-ci se sont-ils d'eux-mêmes déchargés de leurs responsabilités ? L'une de ces deux explications est nécessairement la bonne. »

La Cour n'a pas de mots assez durs pour qualifier « ces chicanes inqualifiables », « malheureusement typiques de la Maison impériale** ». Cette Maison est tout entière clouée au pilori, à travers ces trois hauts mandarins indignes.

Encore ceux-ci ne surent-ils pas tout de la colère impériale ; mais elle a laissé pour nous ses traces en marge de la lettre rédigée en son nom par le Premier ministre. Ces caractères tracés en vermillon nous introduisent dans une scène de ménage entre Qianlong et son favori lui-même.

Manifestement, le Fils du Ciel est excédé. Chacun en prend pour son grade. Heshen, rédacteur de la lettre, reçoit à son tour les foudres impériales. Comme il a fait précéder la mention : « Obéir à ces instructions » — du seul nom de Jin Jian, Qianlong le reprend : « CETTE FOIS, VOUS OUBLIEZ LES NOMS D'YILING-A ET DE ZHENGRUI. COMMENT POUVEZ-VOUS ÊTRE AUSSI STUPIDE ? »

Il n'est guère vraisemblable qu'une réprimande aussi dure de l'Empereur à son principal ministre ait pu être portée à la connaissance des mandarins d'escorte : c'eût été contraire aux règles de la hiérarchie céleste. Mais il faut savoir que l'original d'une lettre de Cour annotée par Sa Majesté était adressé à son destinataire, lequel en prenait copie et le renvoyait aussitôt à l'Empereur, qui pouvait l'annoter encore. Cette hypothèse paraît la plus vraisemblable : le tonnerre du Fils du Ciel aura éclaté en deux fois.

Du fond de sa résidence d'été en Tartarie, ce monarque de quatre-vingt-trois ans bougonne contre cette ambassade — bouquet de fleurs pour son anniversaire, devenu brassée d'épines. Zhengrui a fait gripper la machine bureaucratique. Il a atteint son niveau d'incom-

---

* Il s'agit, en l'occurrence, du mémoire qui accompagnait la lettre de Macartney à sir Erasmus Gower, le 26 août.

** Chargée de veiller aux problèmes d'intendance et érigée en administration autonome au sein de la Cité interdite.

pétence en quittant les domaines du sel et des douanes : tel est le trait que lui a décoché Heshen le 16 août avec une ironie cruelle[2]. Son incapacité désorganise un système de commandement aussi délicat qu'un mécanisme d'horlogerie. Si un simple fonctionnaire de la gabelle escorte Macartney depuis Dagu jusqu'à Jehol, nous savons aujourd'hui que c'est par la volonté expresse de l'Empereur et par son sens très confucéen de la mesure. Il ne fallait pas que Macartney puisse se flatter d'être accompagné par un personnage aussi important que le vice-roi du Beizhili : « L'ENVOYÉ TRIBUTAIRE EN DEVIENDRAIT PRÉSOMPTUEUX[3]. » L'Empereur avait entendu rabaisser l'orgueil des Anglais en les confiant à un gabelou. Le résultat passait son attente : Zhengrui se révélait un incapable.

D'une lettre à l'autre, le ton monte. Violence à peine croyable, dans une bureaucratie aussi subtile : « L'ADMINISTRATION DU SEL N'EST VRAIMENT PAS GÂTÉE, D'AVOIR UN FONCTIONNAIRE SI STUPIDE[4]. » Son rapport est d'une « TOTALE BÊTISE ». Comment a-t-il pu prendre sur lui « D'EMPÊCHER LES BATEAUX DE REPARTIR[5] » ? De ce nouveau savon, la mousse enveloppait aussi Jin Jian et Yiling'a.

« POURQUOI ZHENGRUI A-T-IL SIGNÉ SEUL UN RAPPORT QUI AURAIT DÛ ÊTRE ÉTABLI CONJOINTEMENT A TROIS ? IL A LES IDÉES CONFUSES ; IL EST MÉPRISABLE ET RIDICULE[6]. »

Le Pouvoir lit dans les consciences

Heshen revient à la charge. Cette façon d'expliquer aux intéressés *pourquoi* ils se sont mal conduits est caractéristique : en Chine, le Pouvoir lit dans les consciences. Il se reconnaît à cela. Il doit culpabiliser ceux qui lui sont soumis. Pour des mandarins, la volonté de mal faire est plus condamnable que la faute « objective ». Heshen, parlant pour l'Empereur, ne ménage personne. Jin Jian et Yiling'a sont « indignes », « risibles », « odieux ».

L'échange pourrait s'éterniser entre la Cour et les trois compères : chacun des interlocuteurs cite, chaque fois, les termes de l'autre, les noyant ici dans l'admonestation méprisante, là dans les manifestations de confusion, jusqu'à ce qu'une apostille vermillon, tracée sans doute le 2 septembre, sur le rapport que les trois coupables ont adressé la veille, y mette un terme provisoire : « INUTILE D'ÊTRE AUSSI VERBEUX », visant peut-être aussi bien les Grands Conseillers que les mandarins en mission[7].

Il n'est pas rare que le phénomène bureaucratique produise d'aussi absurdes effets. L'initiative est paralysée, aux échelons inférieurs de la hiérarchie, par l'échelon supérieur — lequel leur reproche en retour leur paralysie, avec la véhémence des raffinés qui perdent leur sang-froid. Qianlong n'est pas dupe de l'incurie de ceux qui le servent : comme si, par brèves lueurs, le premier des Chinois sortait de l'isolement narcissique dans lequel un système bi-millénaire maintenait toute la nation.

Les tensions sont beaucoup plus fortes du côté chinois que du côté britannique. Les Chinois, à cause de la rigidité du système, sont atteints par l'esprit de faction, la *guerre des boutons*. En face, les Anglais, au milieu d'un univers aussi étranger, serrent les rangs. *« Right or wrong, my country. »* Ils perçoivent les Chinois comme la menace contre quoi il faut faire front. Malgré les désillusions, les fatigues et quelques énervements, aucune dissension réelle entre eux ne transparaît dans notre galerie de témoignages.

La terreur sacrée

L'orage impérial est passé. Mais le malheureux Zhengrui n'est pas au bout de ses peines : décidément, les Barbares ne savent pas vivre.

Le 29 août, en effet, l'Ambassadeur lui remet la note annoncée sur les cérémonies : mauvaise affaire.

Il ne fut pas le seul que cette note fit trembler. Macartney avait eu beau chercher partout, il n'avait trouvé personne pour la traduire en chinois : mandarins chinois, missionnaires européens, jusqu'à son propre interprète mandchou, personne ne voulait se mêler d'une aussi grave affaire d'État. N'était-il pas arrivé fréquemment qu'un fonctionnaire imprudent eût été « bamboué », emprisonné, voire décapité, simplement pour avoir accepté de transmettre à la Cour le message d'un Barbare en violation des rites ? Flint n'en avait-il pas fait la triste expérience ? Finalement, le père Raux avait consenti à traduire la note, mais non à la calligraphier, ni même à prêter son secrétaire. Le risque était trop grand[8].

Heureusement pour Macartney, le petit Staunton parvenait maintenant à tracer passablement les caractères. Les étapes de la traduction et du recopiage de cette note sont un bien singulier ouvrage, que racontent Staunton et Anderson. Il faut passer de l'anglais, que le père Raux n'entend pas, au latin, puis au chinois courant, enfin au chinois officiel. Pour terminer, c'est la main d'un enfant étranger qui doit transcrire la note.

Comment la Chine pouvait-elle évoluer autrement que par crises, alors que régnait la crainte de toute initiative qui ne fût pas rigoureusement conforme au code admis ? « Une adhésion superstitieuse à d'anciennes coutumes, sans beaucoup d'examen de leur validité, tel est le trait principal du caractère chinois », écrit Macartney[9].

« Adhésion » : il aurait pu parler de terreur sacrée. Épisode cocasse, cruel, crucial, qui récapitule toute l'ambassade.

Dans cette note si terrifiante, quelle solution propose Macartney ? Un Chinois de rang équivalent au sien se livrera, devant le portrait de George III, à une cérémonie identique à celle à laquelle il se conformerait lui-même devant Qianlong. Prosternations réciproques et simultanées devant le plus grand souverain d'Orient et le plus grand souverain d'Occident.

Zhengrui lit la note et son visage s'assombrit. Cette équivalence est inepte : il n'y a qu'un Empereur, le Fils du Ciel. Les autres monarques ne sont que des roitelets. Wang et Qiao proposent de procéder sur-le-champ à la cérémonie : ce sera toujours une façon d'entraîner l'Envoyé tributaire à se prosterner. Macartney modère leur ardeur. Il sait que, sans l'aval impérial, leur *kotow* devant le portrait de George III n'aurait aucun sens.

Se doute-t-il que l'opinion non dissimulée de Zhengrui est la bonne, et que l'Empereur, même par mandarin interposé, ne considérera jamais le roi d'Angleterre comme son égal ? Mais, tout en prévoyant des difficultés, il va de l'avant[10].

« Nous devons en imposer à ces Anglais, répète l'Empereur : leur montrer l'efficacité de notre système et la supériorité de notre civilisation[11]. » Autre constante, au long des deux siècles suivants, dans les relations entre Chine et Occident. Même la débâcle n'entamera pas le sentiment de la supériorité céleste : « J'ai entendu dire que dans leurs messages et traités, les lutins chétifs que les Barbares ont l'audace d'appeler *empereurs* sont mis sur un pied d'égalité avec Sa Majesté Sacrée », écrira encore un haut mandarin en 1867 — sept ans après le sac du Palais d'Été[12].

Macartney est trop éloigné de ce langage codé pour en saisir le sens. Il ignore que Zhengrui a été choisi à cause de son rang médiocre. Il lui croit un haut rang, puisqu'on lui a confié l'honneur de cornaquer l'ambassadeur de Sa Gracieuse Majesté. Nous connaissons, nous, deux siècles plus tard, les mobiles de chacun des partenaires — mieux qu'eux-mêmes. Car nous sommes dans leur double confidence ; et, en plus, dans celle de l'Histoire.

CHAPITRE 29

Ce n'est pas à Jehol qu'on traite
(31 août-1er septembre 1793)

> « *Le Lord Macartney aurait mieux fait de venir à Canton; et là, sur les lieux, proposer avec fermeté, modération et persévérance un traité de commerce.* »
>
> Charles DE CONSTANT, février 1793[1].

Macartney a terminé ses préparatifs le vendredi 30 août. Il se dispose à se mettre en route le lundi 2 septembre. Deux journées restent libres avant le départ : il annonce son intention de « faire un peu de tourisme dans Pékin ». Aussitôt, il lui est signifié qu'il « devra attendre son retour de Tartarie », car « il ne serait pas convenable qu'il soit vu dans la capitale avant d'avoir été présenté à l'Empereur[2] ». Macartney observe qu'il a été « vu en public dans la capitale » — un public compté par millions.

Les usages diplomatiques d'Europe interdisent à un ambassadeur toute activité *officielle* tant qu'il n'a pas présenté ses lettres de créance ; libre à lui de flâner. La tradition céleste interdit au convoyeur du tribut de mettre le nez dehors, avant que sa mission soit remplie[3]. Peut-être aussi, manière oblique de faire comprendre à l'Envoyé tributaire que s'il manque de souplesse, on en manquera aussi.

On ne se met pas en route, pour une mission officielle, un samedi ou un dimanche : Macartney n'imaginait pas que cette évidence ne s'imposât pas aux Chinois. Or, ils ne vivaient pas le lundi 30 août 1793, mais le 24e jour du 7e mois du calendrier lunaire, en la 58e année de l'ère Qianlong. L'observateur note avec étonnement : « Les Chinois n'ont pas de jours fixes pour le repos périodique[4]. »

Aujourd'hui, les différences s'effacent à peu près — encore que les Chinois conservent leur calendrier pour leurs fêtes. Mais pendant des siècles, la Chine n'a pas compté par siècles. L'empereur montant sur le trône est le dieu qui marque l'origine d'une ère, comme le Christ

148

pour les chrétiens. En cette année 1793, le calendrier révolutionnaire prend naissance : le premier à vouloir rompre le temps chrétien. La Chine maoïste n'aura pas cette audace. Et pourtant, les Chinois continuent à ne penser leur histoire ni en siècles, ni en millénaires avant ou après Jésus-Christ. « Les Yuan, c'est quel siècle ? » Rares sont ceux qui peuvent répondre. Mais il n'est pas un écolier qui ne sache que les Yuan, c'était après les Song et avant les Ming.

En quête de cadeaux

L'usage veut que l'Envoyé tributaire « remette en mains propres » à l'Empereur un « cadeau personnel ». Le carrosse de Macartney « ne saurait donc convenir : impossible de le déposer *entre les mains* de l'Empereur ». En outre, les principaux personnages de la Cour, les fils de l'Empereur, les ministres favoris et quelques autres, « s'attendent à un semblable cadeau[5] ».

Tous les cadeaux dont Macartney disposait sont inscrits sur la liste. Il va devoir acheter à des membres de l'ambassade des objets qu'ils avaient emportés pour les vendre — ce qu'il leur a expressément interdit. Le capitaine Mackintosh cède à l'Ambassadeur une collection de montres, au prix où il les aurait vendues à Canton — avec un bénéfice confortable. *Business is business.*

Ensuite, « c'en sera fini des cadeaux ». L'information venait, encore une fois, du père de Grammont. Le ci-devant Jésuite écrit précisément ce 30 août. Sa lettre dut entretenir Macartney dans l'espoir qu'il arriverait à ses fins. Voici un nouveau chef-d'œuvre de publicité personnelle et de dénigrement sournois :

« Les mandarins paraissent tout contents et des manières pleines de dignité de Votre Excellence, et des magnifiques présents. Plus on met d'obstacles au désir que j'ai de Lui rendre mes devoirs, plus je fais partout l'éloge de Son illustre nation, de sa puissance, de ses richesses, de son crédit, de son amour pour les sciences. [...]

« J'appuie sur l'avantage que l'Empire peut retirer du commerce d'Angleterre. Je fais observer que, chaque année, il vient à Canton environ cinquante ou soixante vaisseaux anglais qui y déposent des sommes immenses ; que les vaisseaux des autres royaumes, pris ensemble, ne font guère que le quart ; que le commerce anglais, tout lucratif qu'il est déjà pour l'Empire, le deviendrait encore plus, s'il était dégagé des entraves où il gémit à Canton et qu'il pût s'étendre dans quelque autre port, où les vaisseaux ne fussent pas forcés d'attendre quatre ou cinq mois leur cargaison et de s'en retourner souvent contre la mousson, au risque de se perdre.

« Il est à propos que Votre Excellence connaisse Ses bons amis. Le Portugais Almeida est entré au Tribunal de l'astronomie dont il ignore même les premiers principes. Il eut le bonheur de guérir une légère incommodité de Heshen. Voilà l'origine de sa fortune ; voilà ce qui l'a enhardi à se procurer l'honneur d'être l'interprète de Votre

Excellence. Fortune et honneur, dont il déchoira bien vite, si Votre Excellence peut l'empêcher d'être interprète à Jehol. [...] Du reste, je n'ai d'autre grief contre ce missionnaire que ses prétentions contre la nation anglaise. [...]

« A son retour de Jehol, Votre Excellence aura bien des présents à faire à Pékin. [Suit une liste, dont Macartney fera bon usage.] Il est essentiel qu'Almeida n'entre pour rien dans la distribution de ces présents. Je L'avertis seulement que MM. Poirot et Raux n'ont pas d'usage du monde[6]. »

Ni la solidarité ecclésiastique, ni la charité chrétienne n'étouffent ce religieux, rejeton d'une glorieuse famille, fils de marquis s'adressant à un lord. Il est vrai que l'« usage du monde » et le « rang » primaient alors, dans les Cours du monde entier, toute autre considération.

« D'après la lettre dont Votre Excellence m'a honoré, je vois qu'il m'est impossible de La voir avant Son départ pour Jehol, et d'après certains discours que j'ai entendus, je prévois qu'il ne me sera pas aisé de La voir après son retour[7]. » Ces deux lignes ont dû faire sourciller Macartney. Grammont pressent-il qu'après Jehol, les jours de l'ambassade seraient comptés ?

Le lendemain 31 août, Macartney voit enfin cet épistolier fécond. Grammont s'excuse de n'être pas venu le voir plus tôt, mais il en rend responsable « la jalousie du légat » : « Il n'a pas supporté mes remarques sur la grandeur de l'Angleterre et son importance pour la Chine[8]. » Macartney reconnaît que le père est fort bien informé. Mais n'est-il pas trop poli pour être honnête ? Il a fini sur une pirouette : « Je resterai ici tranquille, dans la persuasion que ce n'est pas à Jehol que Votre Excellence doit traiter[9]. » « Si ce n'est pas à Jehol qu'on traite, que vais-je y faire ? » se demande Macartney.

La chaise de poste usagée dans laquelle Macartney comptait faire le voyage de Jehol « excite la curiosité des Chinois au point qu'ils en prennent des dessins[10] ». Mais, « en dépit du confort et des perfectionnements mécaniques qu'elle offre, sa couleur ternie ne lui donne pas belle apparence ». Sensibles aux couleurs vives, les Chinois ne comprennent pas « que l'Ambassadeur soit transporté dans un véhicule aussi peu reluisant[11] ». Un malentendu de plus.

Au moment de distribuer les habits de cérémonie pour l'entrée dans Jehol, on ouvrit une large caisse, pleine d'habits d'un drap vert, galonnés en or. « Ils avaient déjà été portés, et même souvent. » Des cartes de visite de M. de La Luzerne, ci-devant ambassadeur de France à Londres de 1788 à 1791, étaient cousues sur leur doublure. « Ils ne convenaient nullement pour une ambassade en Chine. » Les Anglais prirent la chose avec humour. « Il était possible que les Chinois ne trouvassent rien de ridicule dans notre métamorphose : mais, entre nous, nous ne pouvions nous regarder sans rire aux éclats[12]. »

Cependant, Alexander, peintre de l'ambassade, s'est rendu au *Yuanming yuan* « avec un mandarin à bouton bleu », pour prendre un dessin du planétaire. « En chemin, nous avons croisé l'équipage d'un prince. Conformément à l'étiquette chinoise, il a fallu laisser la voie libre. Mon conducteur voulut me convaincre de me prosterner au passage de ce membre de la famille impériale ; l'auguste seigneur me parut surtout s'amuser de mon évident refus de me plier à ce genre de salutation[13]. » L'innocent Alexander, bardé de sa bonne conscience britannique, n'imagine pas un instant que le sourire puisse être chargé de réprobation devant sa « barbarie ».

L'artillerie ne fera pas campagne

Dundas et Macartney avaient tenu à mettre des canons à tir rapide au nombre des cadeaux pour l'Empereur, malgré la mise en garde de la Compagnie : « Nous éprouvons quelque appréhension à présenter des armes que les Chinois ne pourront copier et auxquelles ils comprendront ne pas pouvoir résister. Les armes à feu ont toujours suscité des ennuis en Chine[14]. » Le gouvernement et son ambassadeur avaient passé outre à ces conseils de prudence. Était-ce dans l'espoir de vendre des canons, avec la porcelaine de Wedgwood et les draps du Lancashire ? Ou pour étaler la puissance militaire et l'avance technologique des Anglais ?

La puissance de feu de l'ambassade inquiéta le légat : « Cet homme, qui naguère avait insisté pour que la totalité des présents fût transférée à Jehol, exigea que l'on n'y conduisît pas les pièces de campagne, sous prétexte que l'Empereur serait bientôt de retour à Pékin. Il demanda que lui fussent livrés les barils de poudre[15]. » Depuis un édit de 1757, les étrangers ont interdiction absolue de détenir des armes à feu en Chine. Le règlement, c'est le règlement.

Le 1er septembre, Zhengrui écrit à son maître : « Demain matin, Votre esclave quittera la capitale, emmenant l'Envoyé tributaire. Après l'arrivée à Jehol, dans six jours, il pourra contempler en audience Votre Céleste visage[16]. »

Jin Jian vient souhaiter bon voyage à Macartney. Il l'informe que l'Empereur a beaucoup apprécié les mesures prises pour « placer les malades du *Lion* dans un campement séparé à Zhoushan, et éviter que les marins ne se dispersent ». Des ordres ont été donnés pour que Gower soit « libre de partir[17] ».

Macartney ne semble pas remarquer que le premier souci des Chinois est d'établir autour de ses compatriotes un cordon sanitaire. L'Empereur leur souhaitait « bon voyage ». C'est-à-dire : « bon débarras ». Six cents gros mangeurs de viande de moins à ravitailler. Six cents espions de moins à espionner.

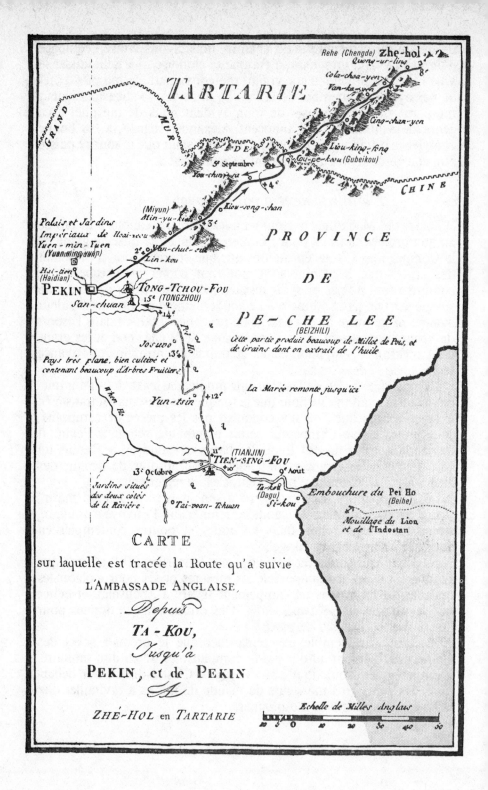

Rehe (Chengde) Zhe-hol
Quong-ur-ling
Cola-choa-yen
Van-ka-yen
Cing-chan-yen
Liou-king-fong
Cou-pe-kou (Gubeikou)
5e Septembre
You-chun-sa
Kiou-song-chan
(Miyun)
Min-yu-ku
Van-chut-su
Lin-kou

T A R T A R I E
GRAND
MUR
DE
L A
CHINE

Palais et Jardins
Impériaux de Usai-xeou
Yuen-min-Tuen
(Yuanmingyuan)
Hai-tien
(Haidian)
PEKIN
San-chuan
TONG-TCHOU-FOU
15e (TONGZHOU)
14e

P R O V I N C E
D E
P E - C H E L E E
(BEIZHILI)
Cette partie produit beaucoup de Millet, de Pois, et
de Grains dont on extrait de l'huile

Josuvo 13e
Pays très plane, bien cultivé et
contenant beaucoup d'Arbres Fruitiers.

La Marée remonte jusqu'ici

Yun-tsin 12e

Nhen He

11e
Jardins situés
des deux côtés
de la Rivière
13e Octobre
Tai-voan-Tchuan

(TIANJIN)
TIEN-SING-FOU
10e
9e Août
Ta-kou
(Dagu)
Si-kou

Embouchure du Pei Ho
(Beihe)

Mouillage du Lion
et de l'Indostan

C A R T E
sur laquelle est tracée la Route qu'a suivie
L'A M B A S S A D E A N G L A I S E,
Depuis
TA - KOU,
Jusqu'à
PEKIN, et de PEKIN
A
ZHÉ-HOL en TARTARIE

Echelle de Milles Anglais
10 5 0 10 20 30 40 50

ARROGANCE CONTRE SUFFISANCE

A L'OMBRE DE L'EMPEREUR
(2 septembre-6 octobre 1793)

« Entre Chinois et Européens, c'est toujours le conventionnel et l'à-peu-près qui dominent. Dès lors, on a l'impression de vivre dans un milieu flou, insaisissable. »
TEILHARD DE CHARDIN[1].

« Il nous serait extrêmement agréable d'apprendre que, de même que Nous sommes Frères par Nos Souverainetés respectives, une affection fraternelle est à jamais établie entre Nous. »
Lettre de George III à l'empereur Qianlong[2].

« Il n'y a pas de vérité dans la parole des étrangers. »
Chilam balam, poème maya[3].

CHAPITRE 30

Sur le chemin de la Grande Muraille
(2-5 septembre 1793)

Lundi 2 septembre, une heure du matin : le tambour retentit. « On chargea nos matelas et couvertures sur des chariots. On quitta le palais sous escorte d'une forte cavalerie. » Quatre heures pour traverser la ville, tant la foule se presse, malgré l'heure. « A sept heures, nous sortîmes de Pékin, pour un pays richement cultivé[1]. »

Macartney partage sa chaise avec le jeune Staunton, dont le père, en pleine crise de goutte, est transporté en palanquin. Les soixante-dix membres de la suite — dont quarante soldats — vont à cheval ou en chariot. Deux cents porteurs chinois sont chargés des cadeaux et des bagages. Vingt et un compagnons de Macartney restent à Pékin. Dépit du peintre Alexander : « Être à cinquante milles de la Grande Muraille, ce témoignage stupéfiant du génie humain, sans l'apercevoir ! La plus sévère désillusion de ce voyage. Que les artistes aient été contraints de rester claquemurés à Pékin pendant la partie la plus pittoresque de l'ambassade, c'est inqualifiable[2]. »

Au bout de vingt-cinq milles, la caravane s'arrête. Il est deux heures de l'après-midi. Les voyageurs sont installés dans une résidence de l'Empereur, à Nanshishee, en bordure d'un parc immense. Ils ne pourront admirer le palais que de loin : ils n'en connaîtront qu'un pavillon. Les mandarins se multiplient. Wang et Qiao montent dans la voiture de l'Ambassadeur, dont ils admirent « la souplesse, le mouvement des vitres et les rideaux[3] ». Provisions et rafraîchissements, « déposés dans des ustensiles hermétiques » et transportés à dos d'hommes tout au long de la route, attendaient les voyageurs. « A notre dîner, on nous régala de *jooa*, vin amer du pays, et de *samtshoo*, alcool de riz et de millet qui ressemble à notre genièvre[4]. »

Les Anglais iront ainsi de résidence en résidence, pendant les six jours nécessaires pour « franchir les cent soixante milles* de Pékin à Jehol » : on leur précise que ce ne sont pas des gîtes d'État — « même les premiers mandarins de l'Empire n'en ont jamais joui[5] ». Ils sont

---

* 257 kilomètres, à 43 kilomètres par jour en moyenne.

154

flattés de descendre « chez l'Empereur ». On les choie ; c'est donc qu'on est décidé à leur donner satisfaction.

Ils ne savaient pas à quoi ils échappaient. Zhengrui avait prévu de loger Macartney chez l'habitant et de mettre le « tribut » en sécurité dans les résidences impériales. Chez l'habitant ! Alors qu'il fallait empêcher tout contact ! Qianlong, d'un pinceau rageur : « VOTRE RAPPORT EST TOTALEMENT DÉPOURVU D'INTELLIGENCE. SI LES PIÈCES DU TRIBUT DOIVENT ÊTRE DÉPOSÉES DANS LES COMMUNS DES RÉSIDENCES IMPÉRIALES, POURQUOI DONC FAIRE LOGER LA MISSION CHEZ L'HABI-TANT ? ELLE POURRA ÊTRE LOGÉE DANS LES PAVILLONS DE MA SUITE — CE QUE VOUS POUVEZ DIRE — OU, EN CAS DE BESOIN, DANS LES RÉSIDENCES DES PRINCES — INUTILE DE LE RÉVÉLER. TOUT SERA BEAUCOUP PLUS SIMPLE SI L'ENVOYÉ ET LE TRIBUT SONT RÉUNIS[6]. »

Les pavillons des courtisans et des eunuques conviennent au rang de la mission. Pas question des pavillons de l'Empereur. A la rigueur, les pavillons de ses fils, à condition de cacher ce privilège à l'Envoyé ; il risquerait de devenir présomptueux. Précautions inutiles : à leurs lecteurs, les Anglais feront croire qu'ils sont descendus « chez l'Empereur ».

La route réservée à l'Empereur

Sur l'allure du voyage, Qianlong avait donné aussi ses ordres : surtout, point de hâte. « Arrivez dans la première décade du huitième mois lunaire*. » Il faut « ménager l'ambassade », progresser « à pas lents ». L'Empereur n'a nulle envie d'avoir trop longtemps sur les bras à Jehol ces hôtes porteurs d'ennuis. Mais il emprunte un prétexte à Zhengrui : « Les Anglais ne sont pas habitués à peiner ; monter à cheval leur serait incommode[7]. » Des douillets, des poules mouillées ! Les voyageurs, eux, sont fort satisfaits de la « rapidité de leur marche[8] ». Les Chinois organisent la lenteur ; les Anglais croient aller vite. Selon qu'on lit les sources chinoises ou britanniques, on a le sentiment d'assister à deux voyages différents.

Si les Anglais se flattent d'avoir eu le privilège de loger « chez l'Empereur », ils n'ont pas celui d'emprunter la route reconstruite à Son usage. Cette voie impériale occupe le milieu de la grande chaussée de Pékin à Jehol ; sur dix pieds de large et un de hauteur, elle est composée de sable et d'argile auxquels on donne « la fermeté du marbre poli » à force de les mouiller et de les battre. « Ce chemin est aussi propre que le parquet d'un salon », dit Hüttner[9]. Et Winder : « Le milieu de la route, plat comme un billard, est réservé à Sa Majesté seule. De part et d'autre, deux autres routes, excellentes elles aussi, à l'usage des voyageurs. De beaux arbres les ombragent ; tous les deux cents pas, des citernes constamment remplies, dont l'eau est destinée à plaquer la poussière[10]. » « Il n'y a sans doute pas dans le monde, avance Hüttner, de plus belle chaussée que celle-ci à l'époque

---

* Soit entre le 5 et le 14 septembre : l'ambassade arrivera effectivement le 8.

du passage de l'Empereur. A l'aller comme au retour, nous trouvâmes une foule occupée partout à la restaurer[11]. » Macartney calcule que, sur l'ensemble du trajet, vingt-trois mille hommes s'affairaient, par équipes de dix tous les cent mètres.

Nuit et jour, la route est gardée par des sentinelles qui en défendent l'accès. A la veille du passage de l'Empereur, il est interdit à qui que ce soit d'y mettre le pied ; mais aussitôt qu'il y a passé, elle est abandonnée à tout le monde et rapidement détériorée. C'est pourquoi on est obligé de la refaire deux fois l'an : lorsque l'Empereur va se rendre en Tartarie, lorsqu'il est sur le point d'en revenir. Si les Chinois pouvaient « manier l'air et la lumière aussi bien que la terre », ils accorderaient à leur Empereur, ironise Hüttner, « le droit exclusif d'un air plus pur et d'une lumière plus douce[12] ».

Une ville forte

Le deuxième jour, à travers un paysage montagneux, conduit l'ambassade de Nanshishee à Miyun. Elle aperçoit, se détachant sur une crête à dix milles de distance vers l'ouest, la Grande Muraille ; mais la caravane la franchira beaucoup plus au nord.

A Miyun, la soirée se passe en compagnie d'un officier tartare auquel Wang, pourtant de même rang, marque un grand respect. L'homme est « au courant de la prééminence de la Grande-Bretagne en Europe » : il savait que, « comme nation civilisée, inventive et puissante, aucun autre pays d'Occident ne pouvait rivaliser avec elle[13] ». Macartney le juge donc « raisonnable » et « bien élevé ». Comment un Tartare a-t-il quelque idée de l'Europe ? Parmi les tâches innombrables qui, selon le père Raux, incombent au supérieur de la mission française, « il faut aller chez les grands et répondre à mille questions qu'ils font touchant l'Europe, la mer, la science[14] ». Cet officier peut avoir bénéficié de pareils entretiens.

Le paysage a bien changé : riant, mais voué à l'élevage, il nourrit de vastes troupeaux de petits bœufs, ainsi que de moutons gras « avec une queue qui n'est qu'une boule de graisse[15] ». Bien observé : c'est encore la caractéristique des moutons de Mongolie.

Troisième journée : l'ambassade atteint You-chin-sa. A proximité de la résidence où ils vont passer la nuit, Macartney et les officiers de sa garde observent à loisir une ville fortifiée : murailles, bastions, ils en donnent une description aussi précise que s'ils se préparaient à la prendre d'assaut[16].

Pourquoi aucun canon sur ces fortifications ? Qiao n'en voit pas l'utilité : les ennemis de la Chine n'en possèdent pas ; les remparts mettent seulement les trésors ou les greniers de l'Empereur à l'abri des pillards. Macartney note, sans commentaire. Ce pays n'a guère d'artillerie ; le sien en a. Les Chinois prétendent connaître l'usage des canons depuis Gengis khan, au XIIIe siècle. Mais quand, en 1621, les Portugais de Macao offrirent à l'empereur Ming trois mortiers, le Sénat de cette ville fut obligé d'envoyer « trois hommes pour

156

enseigner aux Chinois à les servir[17] ». Comment avoir été plus avancés que l'Occident — et être devenus si arriérés ? Les Anglais ont foi dans le progrès continu. Et pourtant, la régression existe. La Chine l'a rencontrée, illustrant son propre proverbe : « Qui n'avance pas recule. »

Paysages romantiques

La route ne cesse de monter. Le cortège longe de dangereux précipices. Il passe près d'un saule qui pleure sur une petite rivière. «Ah ! le saule — dit un poète chinois — cet arbre où cigales et oiseaux aiment à se blottir. Nous lui devons que tant de musique se répande dans l'air et que nous ne nous sentions pas seuls en été[18]. » Même Anderson se laisse émouvoir. Les Anglais se sentent à l'aise dans cette Chine des solitudes et des grands espaces — loin de la Chine du grouillement humain.

Ce chemin, que Macartney parcourut en six jours, vous pouvez le suivre aujourd'hui en six heures de voiture. La rivière, les ravins, les moutons à large queue, la Grande Muraille, les bourgs sont toujours là, et les saules pleureurs, les roches en forme de pyramides reposant sur la pointe. Mais on cherche en vain les palais d'étape de l'Empereur. Tous disparus sans laisser de traces*. On connaît les auteurs du « sac du Palais d'Été » ; et la conscience de l'Occident ne cesse de s'en flageller. On ne connaît pas les auteurs du sac de ces palais de la Voie impériale. Nul né s'en flagelle.

Au détour d'une conversation, le légat, qui doit quitter le cortège pour en préparer l'arrivée à Jehol, informe incidemment Macartney qu'il n'a jamais transmis sa lettre à sir Erasmus Gower. L'Ambassadeur s'en étonne, mais n'insiste pas. Surprenant, ce flegme : diplomatie, résignation, ou insouciance d'un homme en vacances[19] ?

Le pays du tabac

Malgré sa crise de goutte, Staunton observe que le tabac se cultive sur les terres « les moins élevées de cette province ». Les Chinois le fument « dans des tuyaux de bambou ». L'habitude de fumer est « générale » ; elle s'étend « aux personnes des deux sexes[20] ». Les femmes, précise Barrow, « portent une petite bourse de soie pour mettre une pipe et du tabac[21] ». Même les enfants, note Anderson, « aussitôt qu'ils ont la force de tenir une pipe, apprennent de leurs parents à fumer[22] ». « Des filles de dix ans et au-dessous venaient au-devant du cortège avec une longue pipe à la bouche[23]. » Macartney note : « Les Chinois qui savent vivre considèrent comme une grâce

---

* Le savant archéologue Hou Renzhi, avec qui j'ai effectué ce trajet, m'assure que ces palais ont disparu « dans les dernières décennies ». Les Seigneurs de la guerre ? La guerre contre le Japon ? La guerre civile ? La Révolution culturelle ? Nul n'a pu me le préciser.

d'entre-échanger leurs pipes pour en tirer une bouffée[24]. » Et Anderson précise : « Le Chinois attend de cette pratique qu'elle le préserve des maladies contagieuses[25]. » On fume tant en Chine que, pour signifier qu'un malade est au plus mal, on dit : « Il ne fume même plus[26]. »

Au cours de leur voyage vers Canton, les Anglais apercevront un grand nombre de plantations de tabac. Staunton observera que « les feuilles sont mises à sécher en plein air, sur les lieux mêmes de la récolte ». Hâtivement, il se convaincra que le tabac est autochtone en Chine : « On n'y adopte guère les usages étrangers[27]. » Nos voyageurs ne cessent de bâtir des hypothèses qu'ils n'ont aucun moyen de vérifier. Mais leurs récits passeront pour vérités d'Évangile ; ils ont vu — et ils étaient diplomates !

Affirmations téméraires. On sait aujourd'hui que le tabac a été introduit en Chine, d'Amérique du Sud, par les premiers navigateurs espagnols et portugais. Son usage s'est développé sous la dynastie Ming entrée en décadence, avec d'autres cultures commerciales — thé, coton, indigo, canne à sucre — au détriment des céréales vivrières ; d'où un essor de la classe marchande et des villes. Cette croissance économique et commerciale s'est faite à la faveur d'un affaiblissement de l'autorité centrale. Autre constante en Chine : quand la chappe du pouvoir se soulève, l'innovation se répand.

La Chine continue à détenir, de loin, le record mondial de la production et de la consommation du tabac. Dans un petit hôtel de la Chine profonde, non loin de Ningbo, j'ai rencontré un ingénieur américain venu passer trois ans à construire des usines « clés en main » pour le compte de Philip Morris-Marlboro. Il me démontrait, courbes à l'appui, que la Chine serait longtemps, pour les cigarettes, un débouché inégalable. Notre Régie française des tabacs ne semble pas s'en être avisée. Il est vrai qu'elle est plus attachée à la défense de son monopole intérieur qu'à l'attaque des marchés extérieurs.

Dans un pays où tout le monde fume et où seul l'État est censé pourvoir à ce besoin, la contrebande est, de nos jours, hautement profitable. On dénonce officiellement les « rois de la cigarette », maîtres d'un immense réseau de complicités. Des camions de l'armée, des trains, des véhicules postaux participent à ce marché noir du tabac, qui fait vivre une véritable mafia, capable d'acheter la complicité des fonctionnaires et de manipuler les fonds[28].

En 1793, l'ambassade anglaise observe que les Chinois, sans dédaigner le ginseng et le cinabre, ont une passion pour l'opium[29]. On se souvient que, dans ses instructions, Macartney a ordre de passer le sujet sous silence[30]. La question ne sera pas posée à l'occasion de l'ambassade. Mais Macartney n'ignorait rien du fructueux trafic auquel se livrait, sous de bien minces voiles, la Compagnie des Indes. « L'usage de ce narcotique, écrit le Hollandais Van Braam[31], s'est tellement augmenté dans l'Empire depuis vingt-cinq ans, qu'on en consomme annuellement deux mille quatre cents caisses. » Ce même contemporain relevait déjà une complicité des autorités chinoises de Canton dans ce trafic.

Ni la culture, ni le trafic de l'opium n'ont été complètement éradiqués par la Chine communiste. L'opium n'a cessé d'être cultivé dans une zone à cheval sur le Yunnan, le Vietnam, le Laos, la Thaïlande et la Birmanie. Maintenant, c'est au tour de l'Occident de recevoir le poison.

Les Anglais dépassent leurs premières caravanes de chameaux, lourdement chargés de bois et de charbon. « Deux cents chameaux étaient dirigés par un seul homme. De tous les animaux de la Création, ils sont les plus dociles, peuvent endurer les plus longues fatigues et porter les plus lourds fardeaux[32]*. » Le chameau, « né pour la servitude[33] », promène son incurable mélancolie.

Des soldats enfin martiaux

Le matin du 5 septembre, la route franchit une colline escarpée, *Nantianmen*, la « Porte du Ciel ». C'est là qu'apparaît aux Anglais, digne de sa légende, la Muraille dont Armstrong dira qu'elle est le seul monument des hommes qu'on aperçoive de la Lune**.

Les voyageurs se trouvent dans une vallée entièrement fermée de versants abrupts. La route se poursuit par un défilé étroit au fond duquel coule un torrent. La Muraille, qui ferme le défilé et monte à l'assaut des montagnes, est quelque peu en ruines. Paysage aujourd'hui inchangé.

Les Anglais entrent dans une ville populeuse, Gubeikou, salués par trois salves d'artillerie : « On avait érigé en notre honneur un arc de triomphe orné de banderoles de soie multicolores[34]. » Une double haie de soldats s'étire de la porte triomphale jusqu'à la Grande Muraille. Pour la première fois, ce dispositif martial impressionne les Anglais : « Impossible d'avoir meilleure tenue et de mieux manœuvrer. Les soldats portaient une espèce de cotte de maille, avec un casque d'acier qui leur couvrait la tête et les épaules[35]. » Soixante-dix compagnies de quatre-vingts hommes en colonnes serrées : chacune porte un uniforme différent et son étendard.

C'est que voilà des « bannières » mandchoues, et non les placides troupes chinoises ; ni ombrelles, ni éventails, ni pipes. Leurs arcs sont faits, précise Staunton, d'un « bois élastique », et la corde, de « fils de soie tressés ». Chinois et Tartares font grand cas de leur « adresse à se servir de cette arme[36] ». « Nous avons fait mettre

---

* Jusqu'au début des années 1950, ils arrivaient à Pékin par centaines. Aujourd'hui, on ne les voit plus guère qu'au-delà de la Grande Muraille, en Mandchourie, en Mongolie ou au Turkestan.

** Étiemble conteste cette affirmation : même long de six mille kilomètres, un mur de quelques mètres de large ne saurait être visible de si loin. Un cheveu devient invisible à très courte distance ; sa longueur n'y change rien. Le *Geographical Magazine* a démontré que la « Grande Muraille » d'Armstrong n'était qu'une ligne de nuages. Mais les Chinois tiennent beaucoup à cette flatteuse version lunaire.

l'armée en rang », rapporte le légat à l'Empereur, « et aligner armes et bannières, de sorte que tout soit impeccable et rutilant[37] ». Honneurs ambigus.

Muraille mentale

En une demi-heure de marche, Macartney et ses compagnons arrivent au pied de la Grande Muraille. Ils y grimpent. Macartney résume les mesures des murs, parapets, chemins de ronde et tours, que le lieutenant Parish et ses hommes ont relevées sur son ordre. Il voit dans cette « réalisation incomparable » la marque d'un Empire à la fois puissant et prévoyant, puisqu'« en une seule fois, il a su pourvoir à la sécurité du pays pour tous les siècles à venir[38] ».

Il simplifie. Il ne sait pas que Qin Shihuangdi, l'unificateur de la Chine, dans les années 220 à 210 avant notre ère, a relié des murailles déjà existantes ; il n'a pas construit *la* Muraille ; et ce n'était encore qu'une modeste levée de terre battue ; elle ne fut en briques et en pierres que mille ans plus tard, avant d'être renforcée sous les Ming. Elle a laissé passer plus d'une invasion. Mais elle ferme le paysage. Dans les deux sens. Elle a moins pour effet d'empêcher les invasions, que les évasions. On sort plus difficilement encore de Chine que l'on n'y entre. La Grande Muraille est plus un état d'esprit qu'une protection militaire[39].

Les minutieuses observations des Anglais, mesurant la construction sous tous les angles, calepin en main, agacent les Chinois. Pour eux, les vieux murs font partie du paysage. On les voit ; on ne les visite pas. Tout juste s'ils ne soupçonnent pas les Anglais de quelque noir dessein. Ils ne manquent pas de flair : le colonel Benson et le lieutenant Parish se soucient d'un aspect secret de leur mission : préparer une expédition moins pacifique, si les paisibles ambassades devaient échouer.

Mais la plupart des Anglais veulent surtout s'en retourner avec un « souvenir ». Ils ramassent des morceaux de brique, qu'ils gardent aussi jalousement que des lingots d'or[40].

En France, ce jour-là, d'autres Anglais ont débarqué à Toulon, appelés par les habitants ; les sans-culottes se portent en foule à la Convention, qui met « la Terreur à l'ordre du jour ».

CHAPITRE 31

Chez les Tartares
(6-8 septembre 1793)

Au-delà de la Grande Muraille, on est en Tartarie. Les Anglais découvrent un pays inculte, désert et sauvage, où alternent montagnes et vallées : finis « les épis dorés, les jardins et les jolies maisons ». Ils atteignent le pied d'une haute montagne. Un chemin escarpé, que leurs chariots ne peuvent gravir sans un renfort de chevaux, a été taillé dans le roc : « nouvelle preuve du génie des Chinois dans tout ce qu'ils entreprennent de relatif à l'utilité publique[1] ».

« Un Tartare sera toujours un Tartare »

Le soir, un incident oppose un serviteur tartare, accusé de vol, aux deux mandarins chinois. Le Tartare répond avec impertinence. Wang et Qiao le font battre sur-le-champ à coups de bambou. Le serviteur s'indigne d'être frappé *en pays tartare* par des Chinois. Une seconde volée de bambou ne le calme nullement. « Wang ne put s'empêcher de dire à notre interprète : "Un Tartare sera toujours un Tartare." » (Or, sans que Wang s'en doutât, « M. Prune » était aussi un Tartare...)

Le serviteur tartare semble sûr de son droit. Macartney veut intervenir : on est en terre tartare, les Chinois n'y sont pas chez eux. Les mandarins se dérobent en riant, forts de la supériorité numérique de leur peuple et de la puissance de la hiérarchie céleste.

Ce soir-là, Macartney a l'heureuse surprise d'apprendre de Qiao que sa proposition concernant le cérémonial aurait toutes les chances d'être acceptée par l'Empereur[2].

Désinformation

Cinquième étape, le 6 septembre, de treize milles : il ne fallait pas aller trop vite. Plus on avance dans les montagnes, plus il fait froid. Macartney remarque beaucoup de gens « avec des goitres, comme dans le Valais[3] ».

Hüttner rapporte qu'un mandarin vint à leur rencontre pour

demander à voir « les raretés admirables que nous apportions pour l'Empereur[4] ». Il précise : « J'ai ouï dire que vous avez apporté une poule qui se nourrit de charbon ; un nain d'un pied et demi ; un éléphant de la grandeur d'un chat ; un oreiller magique qui transporte celui qui y pose sa tête dans l'endroit de ses vœux. » « C'était sûrement vrai, ajoutait-il, puisqu'il l'avait lu dans les journaux[5]. »

Ces fantasmes font partie de l'imaginaire chinois. L'éléphant nain, c'est un éléphant *bonsaï*. Les contes merveilleux de la Chine sont peuplés de ces créatures extravagantes. Et pourquoi les « Barbares » ne seraient-ils pas capables de se déplacer sur des tapis volants ? L'ambassade apportait bien dans ses bagages une de ces montgolfières qui faisaient fureur en Europe.

Macartney, avec sa sobriété coutumière, confirme les dires de Hüttner. L'interprète les amusa en leur faisant la lecture d'une gazette qui diffusait ces sornettes (auxquelles il ajoute « un cheval de la taille d'une souris »). Il précise, sans y attacher d'importance, que c'est un journal de Tientsin[6]. « M. Prune » se l'était-il procuré lors de leur passage dans cette ville, un mois plus tôt, et n'avait-il pas encore osé le montrer à ses maîtres ?

Rumeur spontanée — comme il s'en propage si aisément dans des populations qui ont du goût pour les chimères et un sens critique peu développé ? Ou, plutôt, désinformation téléguidée, qui viserait à présenter les Occidentaux comme une bizarrerie de la nature ? Les voici campés comme des marginaux, amusants mais négligeables. Subtile façon d'élever dans les têtes, entre la Civilisation et les Barbares, une muraille de papier, aussi efficace que la Grande Muraille aux pierres cimentées de sang.

Un paysan acrobate

Depuis longtemps, nos voyageurs n'ont plus vu de champs cultivés. Pourtant, au flanc d'une montagne à pic, ils aperçoivent quelques défrichements. Aujourd'hui encore, sur la même route, se perpétuent ces exploits de l'acharnement agricole. On a créé par terrassements de minuscules jardins sur des pentes escarpées.

Là-haut, un homme bêche une parcelle, sur un versant où on ne peut tenir debout sans tomber dans le vide ! Nos voyageurs tirent leurs longues-vues, mais remarquent alors qu'il se suspend à une corde passée autour de son corps. « Ce hardi cultivateur parvenait ainsi à cultiver, semer et récolter sur ces précipices. Un seul homme adoucissait la sauvagerie de cette montagne[7]. » Estampe chinoise : le vaste paysage vertigineux où se meut un minuscule personnage — un petit homme intégré au Grand Tout.

Sur un méplat, ce paysan acrobate avait construit une cabane entourée d'un petit potager. Il devait juste produire de quoi nourrir sa famille au péril de sa vie. Un tel courage et une telle ingéniosité remplissent d'admiration les Anglais. Anderson cite « un poème chinois écrit quatre mille ans plus tôt » et auquel son traducteur français donne les accents de l'abbé Delille :

Que m'importe des rois la faveur ou la haine ?
Heureux, indépendant, je bois l'eau de mon puits ;
Du champ que j'ai semé, je consomme les fruits[8].

Étonnante rencontre entre ıa civilisation industrielle en marche et la tradition agreste ; entre l'Angleterre de demain et la Chine de toujours.

Le 7 septembre, Jehol est en vue. Les mandarins expliquent que toute la campagne environnante est réservée à l'Empereur. Mais Confucius a dit : « Ce qui importe : *la nourriture* », avant même « *les funérailles*[9] ». Qianlong estimerait manquer à son devoir de souverain s'il ne se montrait point ménager de la terre nourricière. Il a prescrit : « La terre, libre de culture quand Nous la traversons pour Notre visite aux tombes de Nos ancêtres, doit être cultivée tout de suite après[10]. »

Ce voyage aura été une grande « première ». Certes, les Anglais n'ont pas roulé sur la piste impériale, lisse comme un miroir. Leurs chevaux boitent, bronchent, ou refusent d'avancer ; les selles n'ont plus qu'un étrier, ou pas du tout. « Les domestiques des mandarins s'en vont de bonne heure avec les bons chevaux, et ne nous laissent que des rosses décharnées[11]. » Peu importe : les voyageurs s'exaltent à la pensée de réussir une mission historique. Ils s'amusent d'un rien, apprenant par exemple que c'est une marque d'attention de fouetter le cheval d'un autre, ce qu'ils avaient pris d'abord pour un geste discourtois. Politesse ici, grossièreté ailleurs : on est toujours le Barbare de quelqu'un.

Ces six journées sont comme les vacances de l'ambassade. « On se croirait en Savoie ou en Suisse[12]. » Est-ce l'oxygène raréfié des montagnes ? Ils montent vers Jehol, ivres de la plus délicieuse inconscience.

L'entrée solennelle

Le septième jour, le dimanche 8 septembre à huit heures du matin, les voyageurs atteignent un village à un mille de la résidence impériale. Toilette de cérémonie. « On se prépare à l'entrée solennelle[13]. »

Ce cortège fait irrésistiblement penser aux entrées royales dans les villes, aux spectacles de rue dans les kermesses flamandes, aux processions de la Fête-Dieu — dont Jean Bodin, dans *La République*, fait une évocation si suggestive : toute une société s'y expose et s'y raconte avec faste.

L'ordre de marche devrait produire le plus bel effet.

> Une centaine de mandarins à cheval*
> Le lieutenant-colonel Benson
> Douze dragons de la cavalerie légère, en trois rangs de quatre
> Le lieutenant Parish
> Tambours et fifres
> Huit artilleurs en deux rangs de quatre
> Un caporal d'artillerie
> Le lieutenant Crewe
> Seize fantassins en rangs de quatre
> Un sergent d'infanterie
> Huit serviteurs, en quatre rangs de deux (dans la superbe livrée vert et or de l'ambassade de France)
> Deux messagers (de même)
> Quatre musiciens (de même)
> Six messieurs de l'ambassade, deux par deux, en uniforme écarlate brodé d'or
> Lord Macartney, sir George Staunton et son fils, dans un carrosse
> Et enfin, un serviteur en livrée, derrière eux, pour fermer la marche (Anderson précise que c'était « le nègre »)[15].

Ainsi ordonné, le cortège mit près de deux heures pour parcourir le dernier mille, jusqu'au palais de Jehol où les présents l'avaient précédé. Il s'avança au milieu d'une « foule prodigieuse, attirée par un spectacle qu'elle n'avait jamais vu et qu'elle ne reverra plus[16] ».

La frontière entre l'humour et le sarcasme, Anderson la franchit : « Notre cortège avait quelque chose de ridicule. » Si la troupe et les gentilshommes d'ambassade avaient belle tenue, « le reste de la compagnie faisait triste figure. Quelques-uns portaient des chapeaux ronds, ceux-ci des chapeaux retroussés, ceux-là des chapeaux de paille ; les uns avaient des bottes entières, les autres des demi-bottes, plusieurs des souliers avec des bas de couleur. » « Les riches livrées des serviteurs ne sont pas à la taille de ceux qui les portent. Le tout n'offre même pas l'uniformité d'une troupe de mendiants[17]. »

Pendant que ce « carnaval » s'avançait lentement aux accents du *God save the King*[18], les diplomates se demandaient s'il était « fait pour donner une idée favorable de la grandeur de la nation anglaise[19] ». Les spectateurs, qui s'attendaient à voir un peuple original, ne durent pas être déçus.

---

* Vantardise ? Thomas Staunton n'en a vu que *plusieurs : several*[14].

CHAPITRE 32

La crise rituelle
(8-9 septembre 1793)

Jehol*, seconde *capitale* de l'Empire : le mot ne paraît pas trop fort — tellement le pouvoir est centralisé — pour cette résidence secondaire où l'Empereur passe les trois mois de l'été. *Rome n'est plus dans Rome, elle est toute où je suis...*

« Jehol, je l'ai élue », écrit Kangxi, le grand-père de Qianlong. « J'ai fait construire des pavillons dans les bosquets de pins et couler l'eau pure. Quand l'orchidée réjouit ma vue, je pense à la perfection ; les pins et les bambous me rappellent la droiture ; quand je me tiens près d'un ruisseau, je prise la limpidité ; les mauvaises herbes m'inspirent le dégoût du désordre[1]. » On croirait lire Chateaubriand : « Il est un Dieu, les herbes de la vallée, les cèdres de la montagne le bénissent ; l'insecte bourdonne ses louanges... »

Jehol est aussi une ville misérable, aux rues tortueuses et sales[2], faite de piètres baraquements en bois, qu'on traverse avant de pénétrer dans le domaine impérial. Si Qianlong, poursuivant l'œuvre de son grand-père, n'avait créé là palais et parcs de rêve, si sa présence n'y amenait chaque été le luxe et la fête, Jehol ne mériterait donc pas « un long et pénible détour[3] ».

C'est encore un vaste camp militaire, « fort d'une garnison de cent mille hommes pendant le séjour de l'Empereur[4] ». Qianlong ne prend pas de risques. Il sort de Pékin, mais une armée mandchoue protège ses vacances. Il est à l'abri d'une rébellion.

C'est enfin un haut lieu du bouddhisme lamaïste. Nos voyageurs arrivèrent au milieu d'un grand concours de pèlerins et de lamas vêtus de robes de bure jaune. « Le peuple ne paraissait pas les respecter beaucoup. Ils ne se conduisaient pas non plus de manière à faire croire qu'ils eussent une haute opinion de leur rang[5]. »

Certes, nos protestants ont transporté avec eux leur anticléricalisme — et surtout leur antimonachisme, toujours virulent depuis la réforme anglicane d'Henri VIII. Mais leur remarque n'aurait pas

---

* Jehol (ou Rehe en *pinyin*) signifie étymologiquement « Rivière chaude » — il y a encore des sources chaudes à Jehol (appelé aujourd'hui Chengde). C'est à la fois le nom de la résidence impériale depuis Kangxi, pour les trois mois d'été, et celui de la province tartare : « le Jehol ».

165

indigné les sujets de Qianlong, qui voient les bonzes tels qu'au théâtre : voleurs, goinfres, ivrognes et paillards, à l'image des moines campés par les soties de l'Europe médiévale[6]. La littérature classique chinoise n'épargne même pas les bonzesses, dont elle fait des messagères d'amours licencieuses[7].

Le comité d'accueil se fait attendre

Sombre dimanche ! Une fois de plus, un palais-prison attendait les Britanniques. A flanc de montagne, s'étagent trois cours dallées, entourées de galeries. Sur la première, s'ouvrent les cuisines et les communs. Sur la deuxième, les appartements de l'Ambassadeur et de Staunton. Sur la troisième, les chambres des gentilshommes de l'ambassade et de la domesticité[8].

Mais de hauts dignitaires, point. Le cortège n'avait eu pour spectateurs que des badauds « des basses classes ». Anderson ne dissimule pas l'humiliation ressentie : « Pas un mandarin ne parut pour accueillir l'Ambassadeur. Nous arrivâmes à ce palais avec trop de cérémonial, et y fûmes reçus sans le moindre[9]. » D'autant plus étrange que Macartney avait annoncé que « Heshen en personne viendrait au-devant de l'ambassade à son entrée dans Jehol[10] ».

Dans l'attente de sa venue, le lieutenant-colonel Benson tient les soldats prêts. « Nous formâmes l'alignement au moins douze fois, prenant pour le Premier ministre chaque mandarin que la curiosité amenait vers nous[11]. » La journée passe. L'heure du dîner arrive. Heshen ne viendra plus.

Le même jour, on recevait à Canton deux nouvelles d'importance : la guerre entre la France et l'Angleterre, déclarée le 1er février ; une mission anglaise au Tibet, menée par le capitaine Kirkpatrick. La Compagnie, qui n'a pas de navire sous la main, se refuse à confier le courrier à la poste impériale. Le temps d'armer un petit voilier, elle le dépêche vers Tientsin le 5 octobre. Il ne rejoindra jamais l'Ambassadeur[12].

Macartney n'était pas moins inquiet que ses compagnons. Mais, avec un flegme appuyé, il s'efforce de sauver les apparences : « Le légat vint me rendre ma note sur le cérémonial, et me conseilla de la remettre moi-même au Premier ministre, qui me donnerait sa réponse. D'après Wang et Qiao, l'Empereur avait observé, d'une des hauteurs du parc, mon entrée et notre procession, en avait été charmé et avait ordonné au Premier ministre de venir m'attendre[13]. »

Un peu plus tard, contrordre : la suite du Premier ministre est trop nombreuse pour ce palais ; c'est donc à Macartney de se rendre auprès de Heshen, qui de surcroît se déplace difficilement à la suite d'une blessure au genou*.

---

* A travers les indiscrétions du petit Staunton, nous apprendrons que *jamais* un haut dignitaire céleste ne fait une première visite. Il se contente de rendre la visite qu'on lui a faite.

Macartney rend à Heshen la monnaie de sa pièce. Pour qui le prend-on ? Pas pour l'ambassadeur de *la plus puissante nation du monde* ! Il décline l'invitation, invoquant la fatigue du voyage : à genou, genou et demi. C'est Staunton qui se présentera dans la soirée au Premier ministre.

Sans nouvelles de sa note, Macartney pouvait espérer qu'elle n'avait pas suscité d'objection. Qiao ne le lui avait-il pas laissé entendre ? Or, elle revenait — « cachetée », précise Staunton : en la rendant, Zhengrui prétendit qu'il « l'avait toujours conservée par-devers lui sans en prendre connaissance[14] ». Les Anglais n'en croient rien. Cette démarche lui a été ordonnée. Que signifie-t-elle ?

L'Ambassadeur engage une rude partie. Mais est-il de force ? Sa maladie diplomatique aura le don d'exaspérer l'Empereur. Wang et Qiao redoutent que la Cour ne les soupçonne d'avoir inspiré cette note. Ils viennent supplier Staunton de la faire signer par son fils, de son nom chinois, « afin de prouver qu'elle était bien de son écriture[15] ». La colère impériale épargnera la tête d'un enfant, non la leur !

Face au gouvernement du Céleste Empire

Sir George se rend donc chez le Premier ministre, accompagné seulement du petit Thomas et de M. Prune.

Staunton junior reconnaît sans ambages qu'ils ont été reçus cavalièrement : « Le soir, nous allâmes voir le grand *Colao**. Nous le trouvâmes assis avec quatre autres personnes dans l'une des salles du palais. Il nous reçut sans se lever, très froidement, et nous parla sur un ton fier et impérieux. Cependant, il nous donna du lait chaud, et un siège pour mon papa, mais pas pour M. Prune ni pour moi. Nous conversâmes pendant une heure environ, puis nous prîmes congé[16]. » Dans cet accueil glacial, quand même une touche de sympathie : on avait remarqué le goût des Anglais pour le lait.

Le père en dit moins que le fils. Comme l'Ambassadeur, il cherche toujours à « dédramatiser » — mais ne contredit pas le gamin : « Quand le *Colao* reçut le ministre plénipotentiaire, il était assis sur une estrade couverte d'une étoffe de soie, entre deux mandarins chinois et deux mandarins tartares, membres du Grand Conseil[17]. »

Staunton parle de ces « mandarins » comme s'il s'agissait de la suite de Heshen. En fait, il a devant lui cinq membres sur six du Grand Conseil (c'est très probablement Agui qui seul manquait, en raison de son grand âge). Sans vraiment s'en rendre compte, il comparaît devant le gouvernement de l'Empire presque au complet[18]. Heshen, pour cette première confrontation, évitait d'agir seul.

Il demande sèchement à Staunton, « pour la forme, d'exposer l'objet de l'ambassade ». Staunton fait lire par Thomas une traduction

---

* *Colao* est le nom que les Anglais donnent — phonétiquement — aux ministres, et particulièrement au principal ministre Heshen (« grand *Colao* »).

chinoise de la lettre du roi d'Angleterre à l'Empereur. Voici les principaux extraits de ce message :

« Sa Très Gracieuse Majesté George III, par la Grâce de Dieu, Roi de Grande-Bretagne, de France [*sic*] et d'Irlande, Souverain des Mers, Défenseur de la Foi, au Suprême Empereur de Chine Qianlong, qui vivra Dix Mille Ans, Salut. [...]

« Nous avons armé des navires et y avons embarqué les plus savants de Nos Sujets, afin qu'ils découvrent les royaumes lointains et inconnus. Non pas pour élargir Nos Possessions, qui suffisent à satisfaire tous Nos besoins, mais pour tenter d'accroître Notre connaissance du Globe, et pour faire profiter de Nos arts et de Notre bien-être les pays où ceux-ci sont encore peu connus.

« Nous sommes encore plus désireux de Nous enquérir des arts des pays où la civilisation a été portée à la perfection. Notre vœu le plus ardent a toujours été d'établir des liens avec ces fameuses Institutions qui régissent l'Empire si vaste et si peuplé de Votre Majesté, et qui font l'admiration des Nations à l'entour. [...]

« Nous avons le bonheur d'être en paix avec le Monde entier. [...] Il y a bien longtemps déjà que nombre de Nos Sujets abordent aux rivages de Votre Majesté pour y faire du commerce. L'échange de bons procédés entre des Nations situées loin l'une de l'autre concourt à leur bien-être respectif, à leur industrie, à leur richesse.

« Nous avons un égal désir de voir Nos Sujets ne rien commettre de mal dans le pays qui les accueille, et de savoir qu'ils n'y souffriront eux-mêmes aucune injustice. Il n'y a pas de meilleur moyen d'atteindre à ce but, que la résidence dans le pays hôte d'une Personne habilitée par Nous à y régler la conduite de Nos Sujets. Par ce moyen, on préviendrait tout malentendu, toute forme de heurt entre Nos Empires respectifs.

« Toutes ces considérations Nous ont conduit à envoyer à Votre Cour un Ambassadeur Extraordinaire, Notre Bien-Aimé Cousin lord Macartney [*suivent une vingtaine de lignes sur sa carrière et ses talents*]. Afin d'éviter que le malheur ne vienne interrompre ce contact amiable, en cas de disparition ou d'indisposition de Notre Ambassadeur, Nous nommons ministre plénipotentiaire sir George-Leonard Staunton [*suivent une quinzaine de lignes sur ses vertus*]. Nous comptons sur la Bienveillance de Votre Majesté pour que Notre Ambassadeur et Représentant à Votre Cour ait la possibilité d'obtenir telles informations sur Vos Sublimes Institutions, qu'il soit capable de Nous en éclairer à son retour. Lui-même est chargé de faire connaître pleinement et librement à Votre Majesté les arts, les sciences et les observations que, par la pratique ou la curiosité, l'ingéniosité particulière des Européens et leurs expériences leur ont permis de développer.

« Nous comptons qu'il Vous plaira d'accorder à chacun de Nos Sujets abordant à Vos rivages et s'y conduisant convenablement, un résidence sûre et un libre accès à Vos marchés. [...]

« Il nous serait extrêmement agréable d'apprendre que, de même que Nous sommes Frères par nos Souverainetés respectives, une affection fraternelle est à jamais établie entre Nous.

Empereur Très Auguste, Votre Frère et Ami,

George, Roi[19].

Pendant cette lecture en chinois par l'enfant, le Grand Conseil reste assis. Ah ! s'il se fût agi d'un message de l'Empereur, ils se fussent tous prosternés et eussent voulu que les Anglais en fissent autant ! Deux poids, deux mesures.

Staunton remet ensuite le mémoire de l'Ambassadeur sur le cérémonial, qui avait été renvoyé à l'expéditeur. Il demande une réponse écrite, que l'Ambassadeur puisse étudier[20]. Heshen « feint de ne pas le connaître », mais ses objections sont « toutes prêtes ». Chacun reste sur ses positions. « Le Premier ministre mit fin à l'entretien, en priant le ministre plénipotentiaire de faire part de ses raisons à l'Ambassadeur[21]. »

Il n'a pas annoncé de réponse écrite ; est-ce que la négociation reste ouverte ?

Un papier d'ignorants

Huis clos ? Nullement. « Pendant toute cette entrevue, la salle était remplie de gens employés dans le palais, à qui il était permis d'écouter ce qu'on disait. Il semblait qu'en traitant avec des étrangers venus de si loin, ce n'était pas la peine de rien cacher aux Chinois. » Le secret du pouvoir ne s'applique pas aux relations avec les étrangers : il n'est pas question de *négocier*, mais de *donner le spectacle* d'un ordre immuable. Le nombre des témoins engagea sans doute le Premier ministre à soutenir en leur présence un air de majestueuse distance. Il ne cesse de manifester la « condescendance » de la supériorité céleste[22]. Ce qui n'empêche pas les Chinois de ressentir la « morgue » britannique.

Chaque camp a argumenté. La crise rituelle se noue. Les Archives impériales nous révèlent que Qianlong perçoit sous un jour de plus en plus défavorable cette ambassade qu'il n'a pas encore reçue. Il est exaspéré par la dérobade de l'Ambassadeur, qui a envoyé à sa place son second présenter « UN PAPIER D'IGNORANTS ». S'agit-il de la lettre du Roi ? De la note sur le cérémonial ? De l'une et de l'autre, sans doute — et de leur fond comme de leur forme[23].

Au moment même où l'ambassade atteignait Jehol, l'Empereur avait arrêté, par un édit du 8 septembre, une cérémonie qui devait lui paraître déjà à la limite des concessions supportables ; il y acceptait, au lieu du nonuple prosternement, un prosternement simple : « Les officiers introduisent l'Envoyé anglais et son adjoint au pied des marches. Les Anglais attendent en se prosternant que l'Empereur leur remette un présent pour leur roi. Les officiers se présent eux-mêmes devant l'Empereur et font les trois génuflexions et les neuf prosternements, la tête frappant le sol. Ces marques de vénération effectuées, ils font avancer les Anglais, qui accomplissent une prosternation, la tête touchant le sol, avant de regagner leur place[24]. »

Et voilà que les Anglais remettaient tout en cause ! Raison supplémentaire de la colère des Chinois : « Plus on est magnanime envers eux, plus ils prennent de jactance[25]. »

L'idée de réciprocité suggérée par Staunton est-elle seulement concevable pour Qianlong ? Il est le sommet et le garant de l'Ordre universel. Personne au monde ne saurait lui être comparé. La psychopathologie permet de mieux comprendre une pareille incompatibilité. La perception du monde par un malade mental est irréductible à celle des autres individus ; pour percevoir le même monde, il faut y appartenir, c'est-à-dire disposer de la même organisation psychique. Ce n'est pas le cas entre l'Anglais et le Chinois : chacun est un malade mental pour l'autre. La proposition d'une cérémonie instituant la réciprocité dans l'égalité est donc absurde : *un papier d'ignorants.*

Papier d'ignorants, aussi, les suggestions de George III — extravagantes. Faire profiter la Chine des progrès britanniques — comme si la Chine ne se suffisait pas à elle-même ! Demander que les sujets britanniques à Canton ne souffrent d'aucune injustice — comme si l'Empereur avait pu en commettre ! Vouloir installer un représentant permanent à Pékin — comme si les Barbares ne devaient pas, de toute éternité, quitter l'Empire dès la remise de leur tribut ! Prétendre être « le frère et l'ami » de Qianlong — comme si l'unique Fils du Ciel pouvait avoir des frères et des amis ! Que d'impardonnables incongruités en si peu de mots !

Le 9 septembre, Qianlong s'exclame : « JE SUIS EXTRÊMEMENT MÉCONTENT ! »

Sa fureur se dissipe le lendemain. Mais, avant de « rentrer en lui-même », tel Auguste, il a songé à tout arrêter, à ne pas recevoir Macartney et à le faire reconduire au Zhili, là où il a débarqué[26].

Ce que Macartney avait cru un compromis habile n'était pas accepté. L'obligation lui était signifiée plus solennellement qu'au premier jour : pour voir l'Empereur, il devrait se prosterner ; rien de moins. Il était en échec ; à lui de jouer pour tenter d'éviter le mat.

Il va réfléchir pendant les deux jours suivants. Les Chinois s'emploieront à briser sa volonté en le tenant dans l'isolement, tout en le harcelant de démarches.

Chiche !

Résolu, Macartney l'est. Il ne perçoit même pas le danger. Quand le légat, Wang et Qiao viennent à nouveau le prier de renoncer à son invention protocolaire, l'Ambassadeur insiste auprès d'eux sur la différence de traitement qui s'impose entre un prince tributaire et un souverain indépendant. Il reste persuadé que l'Empereur n'est pas au courant de sa proposition : dès qu'elle lui aura été soumise, il ne pourra qu'accepter un hommage réciproque et simultané des deux plus puissantes nations de l'univers[27].

Macartney est-il aussi confiant que son journal le laisse paraître*? Si oui, est-ce parce que l'énervement des Chinois lui apparaît comme un signe de faiblesse? Il s'amuse à relever une fois de plus la contradiction de leurs arguments, appliqués à cette situation nouvelle. Tantôt, les mandarins conjurent Macartney de se soumettre au rituel des prosternations comme à une formalité négligeable ; tantôt, la courbette revêt la plus haute portée, si elle doit jeter un Chinois à plat ventre devant le portrait du roi d'Angleterre[28].

Il ne sent pas que la logique des Chinois, contrairement à la vision qu'il en a, est sans faille. Pour eux, rien de plus naturel que de se prosterner devant l'Empereur, selon une habitude quotidienne et multiséculaire. Mais on n'a jamais vu un Chinois se courber devant un autre monarque, puisqu'il n'existe qu'un Fils du Ciel.

Quand ses interlocuteurs vont jusqu'à mettre Macartney en garde sur sa sécurité, il répond superbement que « son attachement à son roi l'emporte sur toute considération de son sort personnel[29] ». C'est sa façon de dire : chiche ! L'honneur britannique est en jeu : il le porte sur ses épaules. Il n'a oublié ni sa mise en demeure au chef du protocole de Catherine II, ni sa fière réponse à l'amiral d'Estaing, ni son acceptation d'un duel à mort.

Pourtant, Staunton sent que la menace prend de l'épaisseur. Le climat devient hostile : « Le bruit de la conférence entre le Premier ministre et le ministre plénipotentiaire se répandit bientôt. Beaucoup de gens, ne voyant dans l'ambassade que quelques étrangers isolés et sans protection, ne pouvaient s'imaginer comment elle osait poser des conditions à l'Empereur, ou refuser de lui obéir. » Certains pensaient-ils à faire subir à Macartney le sort du premier ambassadeur portugais, Peres, qui mourut en prison dans les années 1520, parce qu'il s'était montré « irrespectueux des usages »[30] ? Que sont deux siècles et demi, pour un Empire plusieurs fois millénaire ?

Staunton relève, non sans fierté, que les Chinois sont surpris par l'obstination des Anglais. Il ne sent pas qu'ils sont surtout scandalisés de leur inconvenance et stupéfaits de leur inconscience. Le bruit commence à courir que l'ambassade ne sera pas admise à l'audience de l'Empereur[31]. Ce qui aurait bien pu se produire, si la fureur de l'Empereur n'avait été apaisée par Heshen et Wang[32].

---

* Il ne faut jamais exclure, dans ce journal, un remaniement postérieur des notes consignées au jour le jour, mais recopiées à loisir pendant la traversée de retour.

CHAPITRE 33

On a gagné !
(10 septembre)

Le 10 septembre, nouvelle visite du trio Zhengrui, Wang et Qiao. Un changement, que le petit Staunton note aussitôt sur son calepin, à sa façon primesautière : « Le premier a été dégradé de deux degrés de son mandarinat. Le temps est frais[1]. »

Frais, surtout, pour Zhengrui. Pourquoi l'a-t-on puni ? Dès qu'il a le dos tourné, les deux Chinois, ravis de la sanction qui frappe leur supérieur tartare, s'empressent d'en donner l'explication à Macartney. Dans un salon du *Lion*, Macartney avait accroché un portrait de l'Empereur. Qianlong en avait été informé par un rapport de Zhengrui. Quand il revit son légat, il lui demanda si cette peinture était ressemblante. Zhengrui se troubla et dut avouer qu'il ne l'avait pas vu de ses yeux — n'étant pas monté à bord, de crainte du mal de mer. Or, il avait des ordres précis d'aller saluer l'Envoyé tributaire sur son vaisseau. Si précis, qu'il avait préféré écrire à l'Empereur qu'il les avait respectés[2]. L'épisode en dit long sur la terreur que fait peser la vigilance de Qianlong. On peut mentir à n'importe qui, sauf à l'Empereur — c'est un crime.

Mais les archives du Grand Conseil nous apprennent que Wang et Qiao, à leur tour, ont menti à Macartney ; sur commande, sans doute. La principale raison de la disgrâce du légat n'était pas l'« affaire du portrait ». Quand l'Empereur apprit que son effigie se trouvait à bord du *Lion*, il s'en étonna, certes : comment ce tableau avait-il bien pu passer aux mains des Anglais ? Pourquoi ne figurait-il pas sur la liste des présents ? Mais une sévère apostille de Qianlong faisait déjà grief à Zhengrui, au début d'août, de n'être pas monté à bord du *Lion*[3]. Affaire classée depuis longtemps.

Où le légat perd la face et son bouton

Le vrai motif de la disgrâce du légat tartare est beaucoup plus grave, plus récent et plus simple. Après le banquet du 11 août à Tientsin, Zhengrui avait affirmé, on s'en souvient, que le Barbare

172

avait « frappé sa tête » devant les mets offerts. Et il s'était enferré[4].
Or, le mémoire de Macartney venait de démontrer le mensonge.
Arrivé à Jehol, questionné, mis en face de la note de l'Envoyé,
Zhengrui avait bien dû avouer : non, Macartney n'avait pas « frappé
sa tête » devant le banquet. Non, il ne s'était pas entraîné quotidiennement au *kotow*. Wang et Qiao ne pouvaient donner crûment à
l'Envoyé tributaire cette explication : c'eût été ébranler l'appareil
rituel. La faute vénielle du portrait, au contraire, lourdement sanc-
tionnée, paraissait accroître l'autorité terrible de Sa Majesté Impériale.

La dissimulation trop optimiste du légat avait créé les conditions
de la crise qui éclatait aujourd'hui. La sanction punissait non
seulement ses mensonges, mais ce qu'ils cachaient : son incapacité à
manipuler le Barbare. Les documents chinois indiquent qu'il fut
dégradé d'un rang[5]. Il avait été spécialement promu d'un rang pour
cette mission ; il y avait failli : il était donc renvoyé à la case départ.
L'Empereur lui enlevait de surcroît sa plume de paon[6] ; il recevait à
la place une plume de corbeau — préfiguration du bonnet d'âne.

Cette façon de punir s'est poursuivie jusqu'à nos jours. En
Occident, la punition vous atteint dans votre fonction : vous êtes
suspendu, muté... ou, plus souvent, promu : le « coup de pied
ascensionnel ». En Chine, la punition vous atteint dans votre dignité.
On garde sa place ; mais on n'échappe pas à l'opprobre. Un coup
d'œil vérifie la couleur du bouton. Les mandarins dégradés doivent
préciser dans leur correspondance : « Mandarin, ci-devant de telle
classe, actuellement dégradé à telle classe[7]. »

Il aurait pu arriver pire à Zhengrui : le bambou, l'exil. La plus
grave sentence d'infamie, affirme Barrow, est l'ordre de « surveiller
les préparatifs de la tombe impériale » ; elle signifie qu'on est « plus
propre à être employé parmi les morts que parmi les vivants[8] ».

On voit de nos jours, en Chine, des ministres, des hiérarques du
Parti, soudain dénoncés à l'opinion publique : ils n'en demeurent pas
moins en charge, pour peu qu'ils fassent leur autocritique. La
campagne de presse ou d'affiches a remplacé la plume de paon
envolée.

Le bout du tunnel

Zhengrui poursuivait quand même sa mission. Pour retrouver la
faveur du prince, il devait y mettre plus d'ardeur. Mais le Britannique
restait inébranlable.

Soudain, une ouverture apparaît. Fébrilement, les mandarins cherchaient une solution. Si l'on accrochait le portrait du roi George III
d'Angleterre derrière le trône de l'Empereur ? Macartney pourrait
alors se prosterner : il le ferait devant son roi. Aux yeux de tous les
Chinois, il l'aurait fait devant l'Empereur. Manière oblique mais
élégante, donc toute chinoise, de sauver la face de l'Ambassadeur
sans attenter à l'Ordre céleste.

Mais Macartney ne se prosternait ni neuf fois, ni même une seule devant son souverain : il se contentait d'une petite génuflexion d'un seul genou ; il ne mettait les deux genoux en terre que devant Dieu.

Il répète qu'il ne peut rendre à un autre souverain un hommage plus grand qu'au sien. Les mandarins auraient dû changer de vision du monde, pour trouver là un compte juste. Perplexes, ils demandent en quoi consiste la présentation au roi d'Angleterre. Macartney met un genou en terre et mime un baisemain. Pourquoi ne ferait-il pas de même avec l'Empereur ? Macartney trouve les trois mandarins curieusement satisfaits[9].

La guerre du ventre

Pendant qu'au sommet, une lueur paraît, à la base l'inquiétude monte : décalage. Les chefs discutent ; le personnel s'observe. L'escorte tartare des mandarins examine de près la livrée française des domestiques anglais, tâte, frotte les galons : ce n'est pas de l'or, mais un simple tissu jaune[10] ! Anderson semble croire que les Mandchous se moquent. Et s'ils s'indignaient ? Nouveau malentendu : le jaune est la couleur impériale, que nul n'a le droit de porter sans autorisation expresse.

La nervosité gagne les Anglais tenus à l'écart des négociations. Ils ressentent péniblement la condescendance de ces Mandchous. Winder leur recommande, s'ils venaient à se plaindre du ravitaillement, de réserver toute doléance à l'Ambassadeur. Pourquoi donc ? La nourriture a toujours été surabondante et de grande qualité. Le déjeuner qui suit éclaire cet avertissement : le repas servi suffit à peine à nourrir le quart de l'ambassade. Portion congrue[11].

La réaction des hommes du rang répond à ce qu'attendait Macartney : affamés, prisonniers, peut-être ; courbés, jamais ! Ils ressentirent ce mauvais traitement comme « une insulte à la majesté de leur grande nation ». Que l'opprobre en retombe sur l'offenseur ! Laissant intacte leur pitance, ils avertissent l'Ambassadeur, qui envoie aussitôt M. Prune réclamer au mandarin de service « le respect des droits élémentaires de l'hospitalité ». Cinq minutes plus tard, les tables sont couvertes à profusion de plats chauds : ils étaient donc tout prêts à être servis. Pourquoi ne l'avaient-ils pas été, sinon pour *éprouver* les Anglais ? Anderson s'interroge : le plaisir de « jouer un mauvais tour » ? Supposition ridicule. Économie ? « Ce ne pouvait en être une bien grande pour le trésor public d'une nation aussi riche. » Énigme que « personne ne chercha plus à deviner dès que le nouveau dîner fut servi[12] ».

Punir les Barbares ; leur montrer que, s'ils n'observent pas les usages, la générosité peut à tout moment s'interrompre ; peser sur leurs nerfs — une variante dans le harcèlement...

Aussitôt après ce repas, Qiao informe Macartney qu'il sort d'une longue conférence avec le Premier ministre, et que l'on s'achemine vers une des deux formules qui convenaient aux Anglais : soit la

réciprocité d'un prosternement à la chinoise ; soit une simple génuflexion à l'anglaise.

Où Macartney triomphe

Peu après, le légat vient annoncer que la génuflexion a été retenue.
A un détail près. Il n'est pas d'usage de baiser la main de l'Empereur.
Pour compenser, que Macartney s'agenouille à deux genoux ! Macartney répond qu'il avait déjà donné sa réponse : s'agenouiller sur un
genou dans les occasions où la coutume imposait aux Chinois de se
prosterner. Alors, reprend l'autre, « le baisemain devra être supprimé ». Macartney acquiesce, tout en précisant : « Il en sera fait
selon votre souhait, mais rappelez-vous que c'est de votre fait que je
n'exécuterai que la moitié de la cérémonie[13]. » Non seulement
Zhengrui, mais toute la Cour et Heshen lui-même ont fini par céder.

Macartney triomphe. Il a sauvé l'expédition. La dispense du baisemain l'amuse : l'hommage qu'il rend à son roi, il n'a même pas à le
rendre à Qianlong. Dans un geste où les Occidentaux voyaient un
signe d'humilité, les Chinois voient un contact sacrilège avec la
personne impériale. Tant mieux !

A ses yeux, l'heureux achèvement de ce bras-de-fer est dû à la
proximité de l'Empereur : celle-ci a eu raison de la rigidité des
échelons inférieurs, toujours « plus royalistes que le roi ». Il pense
avoir percé le mur du silence élevé autour du souverain par son
entourage. De même, tout irait mieux à Canton si Sa Majesté savait
ce qui s'y passait. Il suffisait de faire appel du souverain mal informé,
au souverain bien informé. Voilà l'ambassade justifiée, l'avenir
dégagé : tout s'enchaîne et se répond.

Macartney a gagné la bataille de la forme. Son propre journal
comporte des indices de sa défaite au fond ; mais il ne paraît pas
s'en rendre compte. Le 11, il évoque les préparatifs de l'anniversaire
impérial, qui accaparent tout le temps du Premier ministre. Le 13, il
consigne : « Demain est un grand jour de fête à la Cour, c'est le jour
choisi aussi pour notre présentation. Nous nous affairons à être
prêts[14]. »

Les Anglais vont être présentés à l'Empereur à l'occasion de
festivités qui ne sont pas en leur honneur, mais au sien, et dont ils
ne sont qu'une attraction. Que pourront-ils retirer du spectacle auquel
ils se préparent si fébrilement ? Le malentendu ne s'est pas dissipé :
il s'épaissit.

Teilhard de Chardin parle de la Chine comme d'un « bloc plastique
et tenace[15] ». Macartney va le découvrir à ses dépens.

CHAPITRE 34

A chacun sa vérité
(10 septembre 1793)

Pourquoi ce revirement, qui remplit les Anglais d'euphorie ? Outragée et voulant outrager, la Cour ne s'est pourtant pas résolue à annuler la cérémonie. Renvoyer honteusement les Anglais sans les admettre à l'audience, c'était leur infliger une offense irrémédiable : quelles conséquences ces « diables roux » en tireraient-ils ? Nul ne pouvait le prévoir ; encore que personne n'imaginât que, si loin de leurs bases, ils fussent capables de faire un mal quelconque à l'Empire.

Pourquoi l'Empereur a plié

Le véritable risque d'un renvoi se situait sur le front intérieur. C'était gâcher une fête, au lieu d'en rehausser l'éclat. C'était reconnaître que l'Empereur avait subi un affront ; et que ses conseillers avaient laissé approcher du Trône une insolente délégation de Barbares, sans déceler ses véritables intentions. Plus : c'était faire apparaître, par la publicité donnée à cette atteinte aux rites, que le Ciel avait laissé attenter au « mandat de la dynastie ».

La tranquillité des hauts mandarins, la dignité de l'Empereur, l'avenir même de la dynastie mandchoue commandaient qu'on trouvât d'urgence un moyen de sauver les apparences. Les apparences seulement : pour les réalités, on disposait de plus de temps. Dans un pays qui a quatre mille ans d'histoire, la vengeance est un plat qui, plus encore qu'ailleurs, se mange froid. La solution qu'avait imaginée Macartney était inconvenante. Les révérences mutuelles supposaient l'égalité de l'Empereur et du Roi. L'enjeu était clair : si les Chinois avaient accepté d'envoyer un ministre plonger devant le portrait de George III, les Anglais raflaient la mise.

La solution entrevue arrangeait tout le monde dans l'immédiat. Macartney, bien sûr, qui se présentait à l'Empereur comme il l'aurait fait au roi de Prusse — et sans le baisemain. Mais les Chinois aussi, qui pouvaient faire passer cette génuflexion comme l'équivalent du *kotow* dans le cerveau brumeux de Barbares décidément crus.

Dans cette rude partie, Macartney a gagné parce qu'il était seul juge de ce qu'il devait faire. Ses instructions lui laissaient carte blanche. Il pouvait s'offrir le luxe d'attendre le moment d'entrer dans la salle d'audience pour décider entre la génuflexion ou la prosternation. La Cour, elle, ne pouvait attendre. Dans un système où tout est codifié, improvisation vaut attentat. L'Empereur, ses ministres, les mandarins du Tribunal des rites avaient besoin de tout connaître à l'avance. Ils étaient demandeurs d'une solution, même médiocre. Si ce cérémonial, inimaginable la veille pour un Chinois, fut admis au dernier moment, c'est que la Cour ne savait comment se tirer, à quatre jours de l'audience, du mauvais pas où la mettaient l'aveuglement de Zhengrui et l'obstination effrontée de Macartney.

Mais Macartney ne semble pas avoir compris que ce dénouement comportait une équivoque et serait cher payé. Pour l'Anglais, la génuflexion fut la digne expression du respect de l'ambassadeur d'un grand roi envers un grand empereur. Pour les Chinois, elle fut l'expression grossière, mais incontestable, de la vassalité d'un rustre.

Libre à Macartney de traduire son agenouillement en anglais ; la Cour le traduirait en chinois. Les propos de Macartney avaient été très clairs ; mais ils ne laisseraient nulle trace écrite. La note de Macartney disparut des archives. Seul demeura le geste. Les Anglais en présentèrent leur version aux Anglais : l'indépendance. Les Chinois en présentèrent leur version aux Chinois : la soumission. Sur ce genou mis en terre, à chacun sa vérité.

Les documents officiels chinois sont muets sur ce manquement à l'Ordre du monde : la substitution de cette grossière « coutume » des Barbares — *su* — au « rite » des Civilisés — *li*. Bien plus tard, les compilateurs chinois de l'*Essai d'histoire de la dynastie Qing*, qui avaient eu accès aux archives du Tribunal des rites, écrivirent que « les officiels discutèrent avec Macartney la forme de la cérémonie. Il argumenta en faveur d'une audience analogue à celle de la Cour anglaise et, par conséquent, un édit impérial permit l'usage de la cérémonie occidentale[1]. » Mais cet édit lui-même a disparu.

Sous le règne suivant, en tout cas, on assurera que Macartney, qui avait prétendu saluer l'Empereur comme il avait l'habitude de saluer son roi, s'était effondré tremblant devant le Trône, « incapable de soutenir le regard terrible[2] ». Foi de mandarin ! Un peu de mauvaise foi au début — vite effacée par la répétition — se mue en bonne foi. Les hommes se prennent à leurs propres paroles. En 1816, l'empereur Jiaqing affirmera dans un édit qu'il avait vu Macartney se prosterner devant son auguste père[3].

Macartney savoure sa victoire : le protocole britannique l'a emporté sur un protocole chinois immémorial. Mais au même moment, se préparent des mesures de rétorsion.

L'ire de Qianlong est trop forte : à la mesure de l'offense subie. Il va châtier les impertinents. Il faut expulser sans pitié le corps étranger. Tel est l'objet des instructions rageuses données, le jour même où on feignait la mansuétude, à «Son Excellence Wang Wenxiong» — notre ami Wang, le plus haut mandarin de l'escorte après la dégradation de Zhengrui :

«Pour la visite de l'Envoyé tributaire à la capitale, mon intention était au départ, selon l'exemple de la 18e année Qianlong*, de lui permettre de voir différents sites célèbres et d'assister à des représentations théâtrales. De plus, vu la longue distance qu'il a dû couvrir en traversant les mers, il était dans mon intention de lui accorder des faveurs encore supérieures**.

«Voici que cet Envoyé simule la maladie. Il fait preuve d'un grand nombre de manquements aux rites. J'ai donné ordre hier au ministre chef du Grand Conseil de le rencontrer. Prenant pour prétexte une indisposition, il ne s'est pas rendu à cette invitation, s'est fait remplacer par son second, qui a présenté une note pleine d'absurdités. Heshen, remplissant son rôle ministériel, a dû la critiquer en termes sévères. Il a enjoint aux Anglais de s'exercer au rituel du protocole. Mais ils persistent à prétexter la maladie pour gagner du temps. Preuve de leur présomption et de leur arrogance.

«J'en suis extrêmement mécontent. J'ai déjà donné ordre de réduire leur approvisionnement. Dans ces conditions, inutile de leur donner tous les cadeaux prévus. Quant aux spectacles à la capitale, ce n'est plus la peine de les préparer. Attendons qu'ils aient terminé d'assister au banquet d'anniversaire prévu, pour donner aussitôt l'ordre à l'Envoyé de s'en retourner à Pékin.

«Lors des entrevues que vous aurez avec l'Envoyé, suivez le même protocole que le chef du Grand Conseil. La préséance voudra que vous soyez à la place d'honneur. Quand l'Envoyé viendra vous rendre visite, inutile de vous lever. Il suffira d'avoir fait préparer un banc et de lui ordonner de s'y asseoir.

«Toutes les pièces du tribut de ce pays qui sont déjà montées peuvent rester là où elles ont été montées. Inutile de les déplacer. Lorsqu'ils repartiront, les cadeaux prévus pour leur roi seront disposés à l'extérieur de la porte Wumen***. Wang sera chargé de les faire porter à leur résidence.

---

* En 1753 (18e année du règne), pour la dernière ambassade, celle des Portugais conduite par Pacheco. Quand le rite n'est pas évident, il faut toujours se référer au précédent le plus proche.
** On pourrait objecter que les Portugais étaient venus d'aussi loin, à peu près, que les Anglais ; mais les Chinois ignorent tout de la géographie.
*** Dans la Cité interdite, la grande porte intérieure.

« Il est interdit d'accepter des présents*. Qu'on laisse seulement un ou deux jours à l'Envoyé dans sa résidence pour préparer ses affaires et partir. Inutile de lui permettre d'attendre mon retour à la capitale. Zhengrui reste chargé de le reconduire jusqu'aux limites du Shandong.

« Quand les Barbares se montrent sincères et respectueux, je ne manque pas de les traiter avec bonté. Quand ils se montrent imbus d'eux-mêmes, ils ne méritent pas de jouir de mes faveurs. Il faut alors réduire le cérémonial, pour leur faire voir ce qu'est notre système. Telle est la voie à suivre avec les Barbares.

« Que cet édit soit suivi et respecté[4] ! »

Il est ici agrémenté de cette apostille de la main de l'Empereur : « AGUI, QUI D'ORDINAIRE A TANT DE CLAIRVOYANCE, QUELLE EST SON OPINION SUR CE SUJET ? QU'ON LUI COMMUNIQUE CES INSTRUCTIONS. »

Le lecteur moderne reste aussi abasourdi de tant de brutalité, que l'eût été Macartney s'il en avait eu connaissance. On est ici, non dans l'ordre diplomatique, mais dans celui du sacré. Pas moins de conviction terrible dans cet édit, que dans les Psaumes : « Et maintenant, rois, comprenez ! Servez Yahvé dans la crainte ! Baisez ses pieds avec tremblement ! S'il entrait en courroux, vous péririez. D'un coup sa colère prend feu. Heureux qui s'abrite en lui[5] ! »

Que les Barbares manifestent leur soumission, et ils seront bien traités ; qu'ils se conduisent avec présomption, et ils subiront leur châtiment ! Le déjeuner maigre était bien une brimade alimentaire, commandée par l'Empereur lui-même. D'autres punitions suivaient : on allait priver Macartney à Pékin de promenade et de spectacles, avant de le congédier sans délai.

Mais l'édit vise à rassurer la Cour, la bureaucratie céleste, l'opinion pékinoise éclairée ; à conforter l'ordre ébranlé ; à faire oublier par l'Histoire l'entorse aux règles que l'on va devoir tolérer pour éviter un éclat aux conséquences imprévisibles. « Les rites préviennent le désordre, comme les digues les inondations[6]. » La brèche dans la digue doit être promptement colmatée. On affirme froidement, pour la galerie, que les Barbares se plieront au cérémonial de Cour et que, cependant, ils seront punis... pour ne l'avoir pas respecté. Les représailles annuleront le viol du rite. Mais ce viol n'est pas avoué.

Macartney ne se doute ni de ce à quoi il a échappé de justesse — un renvoi sans audience —, ni de ce qui se prépare — un renvoi aussitôt après l'audience. Le châtiment anticipe sur le crime — qui n'est pas encore commis. Il est annoncé aux officiels, dès avant la cérémonie, pour en prévenir le mauvais effet ; à l'heure où Macartney, qui se berce de l'espoir de rester au moins jusqu'au printemps à Pékin, a cru pouvoir renvoyer ses navires vers le sud.

---

* Allusion aux cadeaux *personnels*, rachetés *in extremis* à Mackintosh, et que Macartney se disposait à distribuer, comme on l'y avait engagé.

CHAPITRE 35

L'onde de choc
(10-14 septembre 1793)

Tandis que l'Empereur et ses ministres faisaient contre mauvaise fortune bon visage, les échos du scandale arrivaient à Pékin, où Barrow et Dinwiddie s'activaient toujours au montage des mécaniques. La directive du 10 septembre y fit l'effet d'un séisme.

Comme ils se rendaient, à leur habitude, dans la salle du Trône, ils trouvèrent porte close. Rassemblés dans la cour, le vieil eunuque porte-clés et les mandarins s'agitaient comme si un désastre menaçait. Aucun d'entre eux ne leur adressa la parole. Le père Adeodato finit par leur apprendre la stupéfiante nouvelle : le Lord a refusé de se soumettre aux prosternations ; et la Cour a fini par accepter la position anglaise[1].

Les grands mandarins du Tribunal des rites de Pékin sont bouleversés. « Il était impossible de prévoir quelles seraient les suites d'un événement sans pareil dans les annales de l'Empire. L'Empereur, lorsqu'il commencerait à réfléchir sérieusement sur ce sujet, traduirait peut-être devant le Tribunal des crimes ceux qui l'avaient conseillé. Il songerait que l'histoire du pays transmettrait à la postérité un fait qui aurait terni l'éclat du règne. Chez les Chinois, rien ne peut réparer la violation d'une coutume ancienne[2]. »

A Pékin comme à Jehol, les Anglais ressentirent les effets à table : les plats étaient moins abondants qu'à l'accoutumée. L'ajustement des appareils, qui fascinait les princes et les mandarins, cessa de les attirer. Et le vieil eunuque maugréait contre ces « Anglais imbus d'eux-mêmes » — le qualificatif même des édits impériaux.

Deux siècles plus tard, les historiens et archivistes chinois avec lesquels j'ai pu débattre de cette affaire se refusent en majorité, malgré toutes preuves contraires, à admettre que Macartney ait été dispensé du *kotow* : ce manquement aux usages immémoriaux de leur patrie leur paraît invraisemblable. L'onde de choc persiste.

A Jehol, la diplomatie des sourires reprend son cours. L'Ambassadeur rend visite au Premier ministre. Mais ce n'est plus, comme dans l'opéra de Pékin, qu'une symbolique de grimaces, que l'Occidental ne comprend pas.

Macartney chez Heshen

Le 11 septembre, Wang, Qiao et Zhengrui viennent chercher Macartney et Staunton, et les conduisent chez Heshen, qui les reçoit dans un appartement modeste. Sa courtoisie contraste avec la froideur opposée trois jours plus tôt à Staunton. C'est un bel homme d'une quarantaine d'années, franc, vif, à la parole facile. A sa droite, Fuchang'an, plus jeune, mais « lui aussi respirant la loyauté ». A sa gauche, deux mandarins âgés : le président du Tribunal des rites et celui du Tribunal des finances.

Comme si de rien n'était, Macartney se félicite de rencontrer « si rapidement » Heshen ; il souhaite remettre dès que possible à l'Empereur le message de son roi. Il se garde de tirer avantage de son succès.

Il se dit heureux de savoir l'Empereur en bonne santé : « Le plus grand souverain de l'Occident aura un sincère plaisir à apprendre une telle nouvelle du plus grand souverain de l'Orient[3]. » Le principe d'égalité, implicite pour les Anglais, est ici posé explicitement, sans fard rhétorique qui puisse en atténuer l'outrecuidance.

Pour Heshen, la formule est irrecevable ; mais il la laisse passer sans un haussement de sourcils. Il répond avec amabilité. Le rituel sera assoupli « eu égard à la grande distance parcourue par la délégation et à la valeur de ses présents ». Macartney verra l'Empereur le samedi suivant, jour de grande fête à la Cour.

Heshen s'informe de la situation en Europe. Macartney lui indique que l'Angleterre est en paix avec le monde entier. A peine si un différend l'oppose à la Russie à propos de la Turquie. La situation en Inde ? On en est arrivé là contre la volonté britannique, sous la pression des incessantes révoltes des nababs, entrés en conjuration avec d'autres puissances européennes, lesquelles ambitionnent de mettre sous leur coupe non seulement les princes indiens, mais encore le gouvernement impérial de la Chine[4].

Phrase lourde de sous-entendus anti-français : les révolutionnaires n'exporteraient-ils pas leur « haine des tyrans » jusqu'en Chine ? Macartney récite sa leçon. L'Angleterre n'est pas colonialiste. Ce sont les méchants Français et Portugais (qu'il évite de nommer) qui l'ont obligée, bien malgré elle, à élargir aux dimensions d'un empire ses modestes comptoirs. Cette profession de foi pacifiste — « le roi d'Angleterre est un ami de la paix » — est sans cesse répétée. Non sans raison. Les Chinois avaient distingué les Anglais pour leur agressivité. Ils estimeront plus tard ne s'être pas trompés.

Au moment de prendre congé, Heshen se déclare désireux de revoir Macartney — mais pas à Jehol, où les affaires de la Cour dévorent son temps. Macartney prend ce propos pour argent comptant. *Toujours par quelque endroit fourbes se laissent prendre...*

Le petit Staunton fut moins naïf. Il accompagnait son père et l'Ambassadeur. « Le *Colao* nous reçut plus poliment que l'autre jour, et dans une partie plus retirée du palais ; il nous donna du lait chaud, deux fois. » Malgré son second bol de lait, l'audience est pour lui un non-événement, que les adultes, dans leur candeur, ont pris pour un heureux événement. C'est lui qui a vu juste[5].

Dans l'après-midi, Wang et Qiao, soulagés, vinrent ajouter à l'euphorie, répétant complaisamment les propos flatteurs pour Macartney dont le principal ministre leur aurait fait confidence. Plus tard, Zhengrui porta des confiseries de la part de Heshen[6].

Une contrefaçon de l'histoire

La version chinoise de ce non-événement va faire l'objet d'une étonnante manipulation, sous la forme d'un nouvel édit.

Qianlong et Heshen avaient réfléchi, et conclu que la colère avait été mauvaise conseillère. En punissant, on reconnaissait qu'il y avait eu crime. Il n'était pas nommé dans la circulaire, mais il allait être public, donc connu de toute l'opinion mandarinale : trouverait-elle la punition suffisante ? Les gouvernants célestes ne comprennent peut-être pas la logique des Européens, mais ils connaissent leur Chine. Macartney a justement observé que « les Chinois sont en train de s'éveiller de la stupeur politique où ils ont été jetés par l'oppression tartare. Le moindre choc peut produire une étincelle et embraser la Chine d'une extrémité à l'autre[7]. » Le rite violé pouvait être ce choc, demain ou dans quinze ans. Il convenait donc de refaçonner pour l'opinion ce détestable épisode. Il fallait tout faire pour que chacun en Chine pût croire que les rites ordinaires avaient été scrupuleusement observés.

On ne pouvait annuler la circulaire de la veille ; on fit mieux : on s'en servit pour établir le pieux mensonge. Heshen gérait le problème Macartney par corrections successives.

Le 11 septembre, une nouvelle lettre impériale faisait donc croire que les Barbares avaient cédé :

« Hier, parce que l'Envoyé n'était pas versé dans les exigences de l'étiquette, nous avions décidé qu'après les fêtes de Notre anniversaire, il serait renvoyé sans délai [...]. Or, le premier et le second envoyés, admonestés par les ministres du Grand Conseil, ont compris ; ils sont repentants et respectueux des rites. Ils sont venus de loin ; à leur arrivée en Notre Cour Céleste, ils étaient ignares ; aussi avons-nous dû prendre quelques mesures de contrainte*. Maintenant qu'ils obéissent entièrement aux règles, nous devons les considérer avec une bienveillance renouvelée[8]. »

Pourtant, entre le 10 et le 11, rien n'a bougé. Les Anglais n'ont pas accepté le 11 de plier un genou de plus ; et les Chinois avaient,

---

* Cette indication est évidemment destinée à justifier les mesures restrictives prises simultanément à Pékin et à Jehol pour l'alimentation de l'ambassade.

dès le 10, décidé d'avaler la couleuvre. Mais, le 10, leur courroux trahissait l'injure faite à l'Ordre ; sans doute Qianlong et Heshen se sont-ils aperçus qu'il la trahissait trop. Aussi décident-ils de faire comme si les Anglais avaient reculé. La face de l'Empereur doit être sauve. La défaite est donc transformée en victoire.

Heshen en profite pour s'attribuer le mérite de cette conversion supposée. C'est lui qui aurait réussi à faire comprendre aux Barbares une étiquette qui leur échappait. Au pays du conformisme, Heshen, pour justifier sa réussite non conforme, devait saisir chaque occasion d'affirmer son autorité. La hiérarchie n'avait fait que compliquer l'affaire. Le grand chef de tous les mandarins ne résiste pas au plaisir de les humilier. Ils le lui feront payer.

Heshen, comme toujours en Chine, tire une leçon de morale. Il explique comment il a fallu « rééduquer » les Barbares. Le mot, si courant dans la Chine de Mao, désigne une réalité bien antérieure. Quiconque dévie de la ligne imposée d'en haut, doit être redressé. Des procès pour atteinte à l'orthodoxie ont été instruits tout au long de l'histoire chinoise ; les lettrés non conformistes ont toujours eu intérêt à vivre en ermites et à ne pas écrire. Si le repentir est suffisant, le pouvoir peut se montrer généreux.

Mais les signes ne manquent pas, montrant que cette circulaire est une pure fiction. Le lecteur non averti pouvait déduire que l'Envoyé tributaire, enfin venu à résipiscence, suivrait les règles éternelles de l'étiquette céleste. Pourtant, examiné de près, le texte ne le dit point. Le mensonge fonctionne par prétérition. L'Empereur ne précise pas quelles règles avaient été enfreintes, ni quel est le contenu de cette soudaine obéissance. De même, malgré la bienveillance déclarée, aucune des punitions n'est levée. Le calendrier de l'expulsion n'est en rien modifié. La circulaire s'achevait en instruisant les princes et les ministres en résidence à Pékin de ne pas inviter l'Ambassadeur à venir s'entretenir avec eux, mais de le confiner dans sa résidence. Quant au programme touristique, il fallait attendre. On le verra, il demeurera annulé.

Le faux vrai

Nous avons retrouvé, étalée sur dix-huit mois, l'ensemble d'une correspondance détaillée jusqu'à la futilité : instructions impériales sur la conduite à tenir envers les Anglais, ou informations à l'Empereur sur leur comportement. Mais aucun compte rendu relatant l'incroyable accroc au rituel[9]. En revanche, l'édit du 11 septembre se trouva vite inséré dans la *Chronique officielle de l'Empire*. Il y remplaça l'audience impériale elle-même, signalée d'un mot seulement, puisqu'on ne pouvait la décrire sans révéler la vérité, ou sans mentir plus gravement que par omission.

L'essentiel — que Macartney n'a pas fait le *kotow* —, on l'a occulté. On l'a refoulé. Puis les faits ont été oubliés. La relation falsifiée est devenue réalité. Cette subtile contrefaçon portera ses fruits à long terme. En 1816, lord Amherst se heurtera à la vérité officielle : son prédécesseur avait fait le *kotow* devant Qianlong. Parce qu'il refuse alors de l'accomplir, il sera chassé. Les dispositions prises par Heshen — lavage de cerveau collectif, mémoire effacée et reconstruite — réussiront au-delà de sa fin tragique. Une compilation de poésie Qing, datant des années 1860 (après le sac du Palais d'Été), contient ces vers, œuvre d'un certain Chen Wenchu : « Anglais, Au cinquante-huitième printemps de l'ère Qianlong, / Ton pays apporta son tribut d'objets rares et précieux. / Le Fils du Ciel permit que tu devinsses son vassal. / Anglais, si ton cœur est sincèrement tourné vers l'Auguste Empereur, / Ta demande doit se conformer aux règles. / Ton Envoyé doit apprendre les rites[10]. »

> *Oui, je viens dans son temple adorer l'Éternel*
> *Je viens, selon l'usage antique et solennel...*

Les deux journées suivantes se passent à ouvrir les caisses pour faire livrer les présents au Palais — si on n'avait pas commencé plus tôt, c'est qu'on n'était assuré de rien. Ils consistaient en deux cents pièces de drap ; deux grands télescopes ; deux fusils à air comprimé ; deux beaux fusils de chasse, dont l'un niellé d'or et l'autre d'argent ; deux paires de pistolets d'arçon, rehaussés comme les fusils (ils pouvaient tirer huit coups d'affilée) ; deux boîtes contenant chacune sept pièces d'étoffes d'Irlande ; deux superbes caisses contenant les plus beaux tapis des manufactures anglaises[11].

Les Anglais ne doutent pas de l'effet de ces présents, bien que les plus importants soient restés à Pékin. Ils ne devinent pas à quel point Qianlong était blasé. Le père Amiot nous révèle que les habiles Jésuites l'avaient gâté de longue date : une montre « magnifique » ; de surprenantes fontaines à mouvement d'horlogerie ; un lion mécanique qui pouvait effectuer cent pas ; un automate de forme humaine. Les bons pères n'avaient qu'une crainte — que l'Empereur ne leur dît : « Vous avez fabriqué un homme qui marche, faites-le donc parler maintenant[12]. »

Le lendemain fut consacré aux préparatifs de la présentation à l'Empereur[13]. Staunton réunit l'ambassade pour transmettre les dernières instructions de l'Ambassadeur.

Tout le monde devait être à son poste dès trois heures du matin, les domestiques vêtus de leur livrée verte galonnée d'or, avec souliers et bas de soie ; défense de porter des bottes. Les soldats et les domestiques ne devaient pas attendre l'Ambassadeur pendant l'audience, mais revenir aussitôt à la résidence. « Son Excellence exigeait une obéissance d'autant plus entière, qu'Elle avait des raisons d'espérer que, sous peu de jours, seraient levées les entraves mises à la liberté des personnes de l'ambassade ; la moindre violation de ses ordres risquerait d'entraîner la perte de la faveur qu'il négociait[14]. »

CHAPITRE 36

Le matin du grand jour
(14 septembre 1793)

Samedi 14 septembre : voici venu le moment. Macartney va pouvoir s'adresser personnellement à l'Empereur. Mais il devine que cet entretien-là ne pourra guère faire avancer ses affaires. Il n'est pas reçu en particulier. La cérémonie s'apparente plutôt à une audience fourre-tout à Saint-Pierre de Rome.

De cette rencontre historique, aucune relation chinoise — à peine une brève mention dans les *Annales véridiques*. Silence qui vaut discours. Sur nos six témoins, Macartney, Staunton père et fils, Winder, Hüttner et Anderson, les trois derniers n'ont vu que le début : ils n'ont pas été admis dans le saint des saints.

Le cortège à tâtons dans la nuit

« A trois heures du matin, l'Ambassadeur et sa suite, en habits de cérémonie, se mirent en marche pour se rendre à la Cour de l'Empereur. »

Anderson décrit la procession : elle se forme dans la cour de la résidence, dont la galerie s'éclaire de lanternes, appelées « vénitiennes » depuis que Marco Polo en a rapporté de Chine le modèle. « Dès que le cortège s'éloigna des lanternes, l'obscurité permit à peine de nous distinguer les uns des autres[1]. »

Pourtant, les Chinois savent pratiquer de magnifiques illuminations. Anderson, qui se débat dans la nuit, a signalé plusieurs fois « la quantité de lampes qui servaient à éclairer le palais mandarinal ». Il précisait même : « Elle aurait suffi à entretenir la lumière pendant un mois dans le palais d'un souverain d'Europe[2]. » La littérature chinoise abonde en cortèges « entourés de lanternes, qui éclairent comme en plein jour[3] ». Dès qu'on sera arrivé à proximité de la tente impériale, la lumière ruissellera.

Pourquoi les Chinois obligent-ils les Britanniques à cheminer sur plus d'une lieue dans des ténèbres épaisses, en se cognant les uns aux autres comme des aveugles ? Alors qu'il eût suffi de quelques porteurs

185

de torches ? Comment ne pas voir là une de ces brimades par lesquelles la Cour se remboursait avec usure de la concession faite sur le *kotow* ?

Malgré l'obscurité, le lieutenant-colonel Benson entreprit de former une escorte autour du palanquin de l'Ambassadeur. «Cette manœuvre ne réussit pas[4].» Les porteurs courent en effet à petites foulées, selon leur habitude[5]. C'est à toutes jambes qu'Anderson et ses compagnons sont obligés de rattraper le palanquin, qui s'enfonce dans la nuit au pas de gymnastique des *coolies*.

Le comble est mis à la confusion quand des animaux domestiques, chiens, cochons et ânes, «soit qu'ils se trouvassent là par hasard, soit qu'ils fussent attirés par les charmes de notre musique, se jetèrent dans nos rangs et y portèrent le désordre[6]». Les animaux sont en Chine les rois de la nuit : «A Pékin, dit Barrow qui y est resté, passé cinq ou six heures du soir, on rencontre à peine figure humaine ; mais il y a abondance de chiens et de cochons[7].»

Macartney, toujours digne, évite d'évoquer ces contretemps. Le trajet dura «un peu plus d'une heure, pour environ trois milles[8]». Tels les historiographes chinois, lui aussi façonne la réalité par omission. Mais ses valets et soldats le trahissent : «Les gens à pied étaient essoufflés de leur course, et ceux à cheval frémissaient encore à l'idée des risques qu'ils avaient courus dans le noir.» Les Anglais se présentent devant le Palais vers quatre heures, dans le plus complet désordre. «Il était souverainement ridicule d'avoir cherché à nous donner en spectacle lorsque personne ne pouvait nous voir[9].»

Le Lord descend de son palanquin, Thomas retenant le bas de son manteau, suivi par les autres gentilshommes, «au milieu d'un concours immense de peuple. Les militaires, conformément aux ordres reçus, s'en sont retournés, aussitôt, au son des fifres et tambours[10].» De même les domestiques. Ils doivent se demander pourquoi ils sont venus.

Exit le valet de chambre Anderson. Dommage, il a le regard vif.

« L'attente de choses extraordinaires »

Hüttner, resté jusqu'à l'arrivée de l'Empereur, prend le relais du récit : «L'étiquette des Chinois exige qu'on attende l'Empereur au moins pendant quelques heures. Ce qui oblige la plupart des courtisans à passer la nuit sous des tentes, devant son palais[11].»

Les tentes des Tartares, entièrement rondes et voûtées, ne sont pas soutenues par des mâts. «Elles étaient faites de bambous entrelacés avec beaucoup d'art, et couverts d'un feutre épais. L'une d'elles, beaucoup plus haute et plus vaste, tendue de jaune, ornée de tapis, nimbée de lanternes peintes et de guirlandes, contient un trône pour l'Empereur[12].»

Toute cette cérémonie, la plus solennelle de l'année, se passe sous la tente. Tentes pour attendre l'apparition de l'Empereur. Tente où l'Empereur est exposé à l'adoration. L'Empereur ne reçoit pas dans son palais, mais dans un camp. A Jehol, il redevient le chef des Tartares mandchous.

L'Ambassadeur et sa suite patientèrent dans une des petites tentes voisines. Une nuée de courtisans tartares « nous montraient du doigt et nous tâtaient, avec leur grossièreté ordinaire. Les Chinois sont relativement plus polis[13]. » Curieuse notation : ces maîtres de la Chine, qu'on dépeint alors si différents des Chinois, sont aujourd'hui indifférenciés — noyés dans la masse.

Du moins les Anglais peuvent-ils avoir un aperçu de la Cour : elle est réunie au complet pour l'anniversaire de l'Empereur. Tous les princes tartares ; plusieurs vice-rois ; des gouverneurs de districts ou de villes ; des mandarins de toute espèce et de tous boutons, au nombre de cinq à six cents, avec leurs domestiques. Ajoutez-y les soldats, les baladins et les musiciens. Plusieurs milliers de personnes attendent l'apparition simultanée du Soleil et de l'Empereur. C'est la fête.

Les Britanniques ne sont pas les seuls étrangers : « On nous montra d'autres ambassadeurs, d'un teint noirâtre, qui devaient aussi être présentés le même matin : ils portaient le turban, avaient les pieds nus et mâchaient de l'arec. Comme les Chinois ne sont pas de très bons géographes, ils hésitèrent et ne purent nous dire que le nom chinois de la contrée d'où venait cette délégation. Nous supposâmes qu'ils venaient de Pégu*[14]. »

Voilà le *hic*. Ceux qui partagent l'honneur de cette audience collective ne sont pas vraiment des « ambassadeurs », comme Hüttner le prétend : ce sont des porteurs de tribut — réunis à l'occasion de l'anniversaire de l'Empereur. Et les Chinois savent à peine d'où ils viennent !

Une demi-heure après le lever du soleil, un cavalier s'approche. Chacun se range. Il se fait un profond silence. On distingue une musique dans le lointain ; et, « sur tous les visages, on remarque l'impression que produit toujours l'attente de choses extraordinaires[15] ».

Hüttner joue les flegmatiques et tire la leçon : « Le luxe d'un prince asiatique est toujours sûr de faire une impression puissante sur les sens, et par là sur le cœur des peuples superstitieux de l'Orient[16]. » Mais Hüttner, devant ce prince, fut assez oriental lui-même.

Quelques ministres, vêtus de jaune et montés sur des chevaux « blancs comme la neige », arrivent les premiers, mettent pied à terre et forment une haie près de la grande tente. Immédiatement derrière, la musique et la garde. Enfin, l'Empereur, porté par seize hommes sur une chaise ouverte, toute en dorures. Il est suivi des autres ministres et des principaux mandarins.

Au moment où il traverse la haie des courtisans, tout le monde se prosterne et frappe le sol du front à maintes reprises. Les Anglais mettent un genou en terre.

L'Empereur a pénétré sous la tente, suivi des princes, des hauts

---

* C'est-à-dire de Birmanie.

mandarins puis des vassaux — parmi lesquels Macartney, Staunton père et fils, et M. Prune. Hüttner est prié de rester sur le seuil. Il a tout loisir de goûter l'air du temps : « Le soleil venait de se lever et d'éclairer le parc immense ; ce fut une matinée délicieuse : le silence profond de la nature ne fut interrompu que par le chant mélodieux d'un hymne solennel, accompagné d'une musique instrumentale très douce, et d'une cymbale très sonore[17]. »

Arrêt sur images

Anderson est reparti vers la résidence avec la garde de l'Ambassadeur ; Winder, Hüttner et le reste de la suite se sont arrêtés à la porte du sanctuaire. Revoyons au ralenti le film qu'ils ont vivement déroulé sous nos yeux. Arrêtons-nous sur quelques images, en les empruntant à plusieurs caméras.

Anderson évoque la tenue de Macartney et celle de Staunton : ils portaient robes et manteaux, ce qui leur donnait un air plus chinois. Ce n'était pas l'effet d'une recherche du pittoresque ou de l'éclat. Nos Anglais avaient compris qu'en Chine, la dignité est liée à la robe — au vêtement qui dissimule les formes, éloigne de l'homme sauvage ou du vil travailleur, pour mettre l'accent sur les distinctions de rang ou de fonction.

Ils avaient vu la robe des dignitaires de la Cour, ornée sur la poitrine des mandarins d'un écusson rond brodé et, dans le dos des ministres et des princes, d'un écusson carré. Ils avaient remarqué les vestes jaunes qui signalent le sang impérial, ou une bonté toute spéciale ; car il est interdit à tout Chinois de porter un vêtement jaune sans autorisation expresse de l'Empereur. Ils avaient distingué les plumes de paon — une, deux ou trois — serrées dans un tube d'agate, qui manifestent la bienveillance personnelle de l'Empereur. « Celui à qui la faveur du Souverain accorde trois plumes, se regarde comme trois fois heureux[18]. » En Occident, ce langage du costume s'est peu à peu perdu. Mais il était dans l'usage courant au XVIIIe siècle : on en trouve encore, au nôtre, quelques traces dans l'armée, l'université, la judicature, le clergé.

Fort à propos, Macartney met à contribution sa garde-robe « pour montrer l'attention » qu'il portait à respecter les « coutumes de l'Orient ». Staunton l'imite. « Par-dessus un habit de velours brodé, précise Macartney, je portais le manteau de l'ordre du Bain*, avec les insignes de cet ordre — collier, broche de diamant et étoile de diamants. Sir George était également vêtu de velours richement brodé et portait la robe de docteur en droit de l'université d'Oxford**, ample et flottante, en soie écarlate[19]. »

---

* C'est le second ordre de chevalerie du Royaume-Uni, après la Jarretière, réservée à un tout petit nombre.
** Docteur en médecine de l'université de Montpellier, il aurait pu aussi en revêtir la toge. Mais une tenue nationale s'imposait.

Surtout, les Anglais ne supportaient plus les rires soulevés par leurs vestes ajustées, leurs culottes et leurs bas, qui leur auraient valu le surnom de « diables » parce qu'au théâtre chinois, les diables portaient des habits étroits[20]. Staunton impute l'ironie suscitée par les vêtements européens à la pudeur chinoise — un trait permanent : « Les Chinois poussent si loin leur idée de la décence, qu'ils ne font usage que de robes flottantes, qui cachent toutes les formes. Ils s'offensent à la vue de tableaux ou statues qui mettent en relief le corps humain, soit nu, soit couvert de draperies qui en font ressortir les contours[21]. »

Jamais de nu — ou alors, dans des estampes grivoises. Même les statuettes les plus érotiques gardent cachés les pieds bandés[22] — les « lotus d'or ». Les seules figurines chinoises totalement nues sont celles qu'utilisent les médecins pour examiner, sans le toucher ni le voir dénudé, le corps d'une femme qui a recours à leur art.

Au milieu des princes tributaires

L'attente qui précède l'audience, Macartney la réduit à « une heure ». C'est trop court de deux heures : le recoupement des différents témoignages indique que l'ambassade, partie de sa résidence à trois heures du matin, est arrivée au Palais à quatre, et que l'Empereur a fait son entrée à sept. Le protocole exigeait ce décalage. Du reste, c'est une habitude chinoise : plus l'attente est longue, plus l'honneur est grand. Le dernier des mandarins en use ainsi avec ses solliciteurs. Mais il serait pénible à l'orgueil de Macartney et de sir George d'avouer qu'ils ont fait antichambre pendant trois longues heures ; et sans doute veulent-ils ne pas choquer à l'excès la fierté nationale.

Dans cette nuit d'attente, princes, ministres, hauts mandarins piétinent tous à la même enseigne. L'Ambassadeur et son second omettent de signaler qu'ils partagèrent leur tente avec des vassaux porteurs de tribut.

Or, ce déplaisant amalgame, Macartney en a été averti dès son passage à Macao, puisque, le 24 mars, un édit annonçait que « les Anglais, les tributaires birmans et mongols seraient traités tous ensemble[23] ». La nouvelle avait été sue à Canton en mai ; elle avait consterné les marchands de la guilde. Les Messieurs de la Compagnie n'avaient pu ni l'ignorer, ni la dissimuler à l'Ambassadeur[24]. A lire Macartney ou Staunton, on croirait qu'ils sont les seuls héros de la fête. Staunton junior, qui s'amuse bien, est plus disert : « L'ambassade est mêlée aux princes accourus, pour l'anniversaire de l'Empereur, de tous les territoires vassaux de la Chine[25]. » Quel gaffeur, cet enfant !

Son père, attentif à ce qui peut flatter le patriotisme britannique, relève, en revanche, un détail qu'il interprète comme un heureux présage commercial : « Plusieurs des courtisans étaient en partie vêtus de draps anglais, au lieu de soie et de fourrures, seul habillement admis jusqu'alors en présence de l'Empereur. L'autorisation de porter des étoffes anglaises à la Cour était un honneur qu'on rendait à l'Ambassadeur, et l'on eut soin de le faire sentir à Son Excellence[26]. » Cette fière allégation fera hausser les épaules au père Lamiot : « Bien avant cette expédition, tout drap d'Europe était permis à la Cour[27]. »

L'effet de masse fait partie de l'hommage rendu au souverain. Tous ces grands personnages, habituellement entourés de leur propre cour, se confondent dans la foule des courtisans. « Leur grandeur s'anéantissait devant la majesté du trône », écrit joliment Staunton[28].

Aucun d'eux ne s'étonne de la perte de temps. Ils attendent le lever du jour. Coutume de chasseurs que n'a pas encore amollis le luxe ? Surtout, tradition millénaire : à Pékin, les ministres qui doivent être reçus en audience par l'Empereur se tiennent dès le milieu de la nuit devant les portes du Palais, en attente du souverain qui ne paraîtra qu'à l'aube.

Pourtant, on signale à Macartney quelques personnes dont la curiosité lui fait honneur : « un frère, deux fils et deux petits-fils de l'Empereur[29] ». L'un de ces deux fils est celui qui, succédant à Qianlong, régnera sous le nom de Jiaqing. Son faux témoignage de vrai témoin oculaire pèsera dans la querelle du *kotow*, lors de l'ambassade Amherst. C'est surtout en lui que va s'opérer le lent processus de refoulement, qui deviendra vérité officielle.

Des conversations se nouent tant bien que mal. Ainsi, avec un prince tributaire des bords de la Caspienne, qui semblait avoir un peu plus de notions que les autres « sur les affaires d'Europe ». Il ne va pas jusqu'à en connaître les langues, mais « parle arabe » : sans en rien comprendre, nos Anglais se sentent en « pays plus familier ». Entre Barbares, on se trouve vite des points communs.

Voici encore une vieille connaissance : Liang Kentang, le vice-roi qui les a accueillis à Tientsin, avant que l'Empereur ne l'envoie surveiller ses chantiers. Il s'efforce de faire partager à ses collègues « la bienveillance qui l'anime envers les Anglais[30] ».

Ou du moins, les Anglais le croient.

CHAPITRE 37

Aux pieds de l'Empereur
(14 septembre 1793)

Voici maintenant les images du moment où l'Empereur paraît. Nous avons déjà lu le récit ému de Hüttner. Staunton aussi, d'ordinaire si retenu, devient lyrique. « Le Ciel est haut et l'Empereur est loin », affirme, fataliste, un dicton chinois. Or, l'Empereur est proche et Staunton semble au septième ciel : « On le vit paraître derrière une haute montagne boisée, comme s'il sortait d'un bois sacré[1]. » Le chœur qui le précédait célébrait « ses vertus et sa puissance ». Il était assis à découvert « sur une chaise triomphale ».

Vêtu de soie brune et coiffé d'un bonnet de velours qui rappelle à Staunton celui des montagnards écossais, il ne porte qu'un bijou : une grosse perle accrochée à sa coiffure.

En 1790, le père Amiot peignait ainsi ce vieillard de quatre-vingt-trois ans : « Il marche d'un pas ferme ; il a la voix forte et sonore, les yeux assez bons pour pouvoir lire et écrire, mais il a l'oreille un peu dure[2]. » En 1795, le Hollandais Van Braam soutiendra : « Il porte tous les caractères de la vieillesse. Ses yeux [...] sont larmoyants ; il a peine à élever la paupière. Ses joues sont flasques et pendantes[3]. » Cinq années séparent ces deux appréciations contraires. A la mi-temps, le vieux souverain paraît-il miné par l'âge ? Ce n'est pas l'avis de l'ambassade. Hüttner lui voit « la cinquantaine alerte » et « de la grâce[4] ». Winder assure que son visage « ne porte aucune des atteintes de la vieillesse, qu'il est souriant et ne paraît pas plus de soixante ans[5] ». C'est l'âge que lui donne également Macartney[6]. Et tous deux attribuent cette belle santé à la régularité de son mode de vie — lever avant l'aube, coucher avec le soleil.

Il passe donc devant le groupe des Anglais. Que dit de cet instant historique le jeune page ? « Nous quittâmes la tente, parce qu'on nous avertit que l'Empereur approchait. Nous nous tînmes debout sur le bord de la route où il devait passer. Il arriva, dans une chaise portée par seize hommes. A son passage, nous mîmes un genou en terre et inclinâmes nos têtes vers le sol*[7]. »

Or, « vers le sol » (« *down to the ground* ») est rayé dans le manuscrit. Pourquoi ? Simple *lapsus calami* ? Ou parce que l'expression était ambiguë et pouvait être comprise comme inclinaison — acrobatique — jusqu'au sol ? Parce que l'enfant a réalisé une contorsion aisée pour lui, mais difficile pour les adultes ? Bien au fait de la controverse, a-t-il supprimé ces mots à ses yeux superflus : si l'on incline la tête, c'est forcément *vers* le sol... ? Ou a-t-il rayé la figure de ses tablettes sur l'injonction de son père, redoutant qu'on y vît la victoire du protocole céleste ?

La seule existence de ces trois mots rayés ne jetterait-elle pas une ombre sur l'attitude de Macartney face au cérémonial chinois ? Faudrait-il exclure qu'on nous cache quelque chose, avec la complicité d'un enfant assez malin pour comprendre la gravité de son silence et qui, toute sa vie, verra s'accroître le poids de ce silence ?

Reconnaissons qu'un doute s'insinue. Un autre témoin parle et, tout à coup, les choses paraissent moins simples. C'est Winder — dont nous avons retrouvé le récit manuscrit à Dublin. Ce qu'il dit, il est seul à le dire : « Quand Sa Majesté passa, on nous fit sortir de la tente, pour nous mettre en rang, face à la foule des mandarins et des princes tartares. Nous présentâmes nos respects, à la manière du pays — c'est-à-dire en nous agenouillant *neuf fois au sol*[8]. »

Neuf fois ! « A la manière du pays » ! Mais alors, n'est-ce pas exactement le *kotow* ? Macartney et Staunton père — les narrateurs officiels — nous auraient-ils menti ? Auraient-ils capitulé sans l'avouer ? Le témoin Winder paraît irrécusable. Au jour le jour, il a jeté ses observations sur des feuillets. C'est rédigé à la diable, mais sur le vif

En fait, ils ont bien tous vu la même scène, mais avec des yeux différents. Essayons de la reconstituer.

Exercez-vous donc, pour imaginer le problème que les Anglais eurent à résoudre, à faire un vrai *kotow* devant votre glace. Vous êtes debout. Vous vous agenouillez. Vous inclinez le corps jusqu'à heurter le sol du front ; vous relevez le buste, et le courbez jusqu'à frapper du front une deuxième, puis une troisième fois. Vous vous remettez sur vos pieds, bien droit ; vous recommencez. Trois agenouillements, bien séparés par des stations debout ; trois prosternations à chaque agenouillement.

Comptez le temps que vous a pris cette gymnastique : sans lambiner, une minute ; deux, si l'on veut lui donner de la dignité. C'est ici le cas. Le millier de mandarins assemblés exécutent leurs mouvements avec ensemble — et pendant ces deux minutes, le palanquin impérial traverse majestueusement leur foule.

Imaginez les Anglais. Quand la foule s'agenouille pour la première fois, ils font de même — mais sur un seul genou. Quand elle se jette le front contre le sol, ils inclinent la tête. Ainsi, à la messe, au

---

* « *We went upon one knee and bowed our heads* ~~down to the ground~~. »

moment de l'élévation, certains fidèles, debout, baissent seulement les yeux pendant que d'autres s'agenouillent. La foule relève le buste : pourquoi les Anglais garderaient-ils la tête inclinée ? Ils la relèvent aussi. La foule se jette à nouveau à plat ventre : les Anglais inclinent le chef. Elle se met debout, ils ne vont pas rester genou en terre ; ils se lèvent donc. Et ainsi de suite... Ils accompagnent avec réserve les mouvements collectifs, mais ne peuvent y échapper. S'humilieraient-ils à demeurer agenouillés pendant deux minutes, alors que les Chinois se redressent ? Ou bien resteraient-ils, eux, debout, pendant que les Chinois continuent leurs mouvements ? Cette seconde hypothèse me semblait la bonne, jusqu'à la lecture du manuscrit de Winder, qui me paraît régler la question.

Le problème que s'était posé Macartney — ne plier qu'un genou, ne pas incliner trop bas la tête — était celui de la forme du geste ; non celui de sa répétition. A force de contester la forme, il avait oublié qu'une part essentielle du *kotow* consistait dans cet étrange ressassement. Le premier *kotow* auquel les Anglais sont confrontés est collectif : il était presque inévitable qu'ils en suivissent toutes les phases. Ce qui fait dire à Winder : « Nous présentâmes nos respects *à la manière du pays.* » Mais les Chinois faisaient bien, eux, la distinction : les fronts anglais ne pilaient pas le sol chinois. Ce n'était vraiment pas *la manière du pays.*

Dans leur compte rendu, Macartney et Staunton insistent sur la différence : celle du geste. Ils occultent la répétition. Mais ils ne mentent pas non plus. Aucun de leurs récits ne dit qu'ils se sont agenouillés une seule fois. Or, s'ils ne s'étaient agenouillés qu'une fois, alors qu'autour d'eux la révérence se répétait, ils se seraient glorifiés de cette différence. Winder ne peut qu'avoir raison. Les Anglais ont été suffisamment entraînés par l'exemple de la foule environnante, pour avoir l'impression de faire des concessions sur lesquelles il valait mieux glisser ; mais pas suffisamment pour que les Chinois fussent satisfaits.

La cérémonie convenable

L'Empereur s'est engouffré sous la tente de l'audience. La grand-messe de la vassalité peut commencer. Pas le moindre bruit. Winder, resté sur le seuil, en témoigne : « Quand l'Empereur fut assis sur son trône, le silence s'établit, profond et impressionnant. De la musique le rompait à intervalles réguliers ; un tintement de clochette, ravissant à l'oreille, soulignait la gravité de l'événement[9]. » Ce tintement de clochette, pareil à celui du servant de messe au moment où le prêtre entre dans le chœur, ce tintement que les Franciscains du XIIIe siècle disaient déjà si cher à l'ouïe des Mongols, Winder est seul à l'avoir remarqué.

Entrons avec Macartney sous la vaste *yourte* de l'Empereur tartare. Elle se présente comme un théâtre. Trois volées de marches donnent accès à l'estrade. L'une, au centre, ne sert qu'à l'Empereur. Celle de gauche sert aux personnages qui ont les honneurs de l'audience. Celle de droite, aux ministres qui l'assistent à genoux — comme ils participent à genoux au Conseil. Toute la Cour se tient sur le parterre. Suivons la pièce telle que Thomas l'a vécue.

Quand l'enfant pénètre sous la tente, l'Empereur est déjà assis sur son trône : « Les Messieurs de l'ambassade se tinrent debout à l'entrée ; lord Macartney, mon papa, M. Prune et moi, nous avançâmes jusqu'au pied de l'estrade et nous agenouillâmes comme précédemment. Puis lord Macartney monta sur l'estrade, présenta la lettre du roi d'Angleterre et offrit de petits cadeaux, des montres. L'Empereur lui donna alors un sujet en serpentine très joliment sculpté, pour lui, et un autre, de la même forme, mais blanchâtre, pour le roi d'Angleterre. L'Ambassadeur descendit alors, et mon papa et moi, nous montâmes et fîmes *la cérémonie convenable*. L'Empereur donna à mon papa une pierre comme celle de l'Ambassadeur et détacha une petite bourse jaune qui pendait à son côté pour me la donner — faveur rare. Il souhaita que je disse quelques mots de chinois, ce que je fis en le remerciant pour son cadeau[10]. »

Voilà ce que retient le regard d'un enfant d'Occident. On pourrait croire que chacun improvise cette scène, où tout est fraîcheur et gentillesse. Pourtant, la cérémonie est parfaitement réglée.

Le petit Barbare cuit

Voyons la même scène avec les yeux chinois. Ce sont ceux de l'immuable. Pour eux, c'est l'enfant qui apporte le vrai « tribut ». Il parle chinois. Il s'est « sinisé ». Il est venu vers l'Empereur et s'est transformé en être civilisé, c'est-à-dire chinois. Il mérite bien une faveur exceptionnelle. Il a racheté la grossièreté des grands Barbares crus qui l'entourent. Il est devenu un petit Barbare cuit.

Des Chinois, nous n'avons pas de témoignage direct, bien sûr, mais nous possédons le Rituel. Il suffit de l'ouvrir. Le cérémonial décrit par Staunton junior se déroule selon la lettre de Cour du 8 septembre, c'est-à-dire, au *kotow* près, selon l'ordonnance fixée une fois pour toutes par le Rituel officiel : entrée, gestes de l'hommage au pied de l'estrade, puis agenouillement sur la seconde marche de l'escalier et conversation avec l'Empereur. Dans cette société parfaitement policée, tout est prévu dans le moindre détail, de temps immémorial — la seule entorse, la dispense des neufs prosternations, n'a été admise que par un édit spécial. Le reste est rigoureusement conforme, y compris l'emplacement de la garde impériale des deux côtés de l'estrade, ou la mission de conduire l'Envoyé tributaire dévolue à l'un des deux présidents* du Tribunal des rites, la couleur des habits de Cour, rehaussés de dragons brodés, dont celui-ci est revêtu. « L'Empereur daigne alors interroger l'Envoyé tributaire par

---

* Sous la dynastie mandchoue, il y a deux présidents pour un ministère ou un tribunal : l'un chinois, l'autre tartare.

des paroles bienveillantes et gracieuses. Le président du Tribunal des rites reçoit les questions et les transmet; l'interprète les traduit; l'Envoyé y répond; l'interprète traduit ses paroles; le président du Tribunal des rites les transmet à l'Empereur[11]...» L'Envoyé tributaire n'adresse pas directement la parole à l'Empereur, pas plus que l'Empereur ne lui répond. L'Ambassadeur ne remet pas les lettres de créance à l'Empereur, mais à un mandarin qui la transmet ensuite à l'Empereur en faisant lui-même le *kotow*. Les témoins anglais ont gommé toute allusion propre à marquer la moindre soumission. Ils mentent au moins par omission.

Au moment du passage de l'Empereur, les Anglais, pris au dépourvu, s'étaient laissé entraîner par la foule à répéter leurs génuflexions. Mais, au pied de l'estrade, seuls à agir, ils accomplissent le geste tel qu'il leur paraît convenable et convenu : une seule fois, sur un seul genou.

Cela n'empêche pas Macartney et Staunton senior, là encore, de ne point mentionner l'arrêt au pied de l'estrade, cet hommage à distance, en contrebas, le plus humiliant. La véracité enfantine a rétabli pour nous les faits. Maintenant que sont reconstitués les gestes que Macartney a pudiquement omis, reprenons la relation de celui-ci : «Tenant des deux mains une grande boîte d'or, enrichie de diamants, dans laquelle était enfermée la lettre du Roi, je m'avançai tout droit, et, ayant monté les marches du trône, la remis dans les propres mains de l'Empereur, qui, après l'avoir reçue, la passa au ministre, et celui-ci la mit sur un coussin[12].»

Vraiment, en mains propres? N'a-t-il pas, dans son récit, interverti les gestes? Le Rituel voulait qu'il remît la boîte non à l'Empereur — duquel il doit rester éloigné —, mais à un mandarin qui la transmet ensuite sur un coussin à l'Empereur après avoir fait lui-même le *kotow*. Il est douteux que la Cour ait accepté une pareille innovation qui n'avait jamais été négociée.

Si, pour les Anglais, la remise de la lettre de leur roi n'est que le prétexte de tout leur voyage, pour l'Empereur, elle en marque le terme. Macartney ne le sait pas encore : «L'Empereur me remit, comme premier présent destiné à Sa Majesté, une pierre, symbole de paix et de prospérité; il exprima l'espoir que mon maître et lui-même vécussent toujours en bonne intelligence et dans l'amitié. Cette pierre était un bâton blanchâtre, d'environ un pied et demi de longueur, curieusement sculpté, dont les Chinois faisaient grand cas. Quant à moi, il ne me parut pas d'une grande valeur. L'Empereur m'offrit un semblable bâton, en serpentine verdâtre, et portant les mêmes emblèmes. En même temps, il reçut avec bonté mon présent, deux belles montres émaillées, enrichies de diamants. Après les avoir regardées, il les passa au ministre[13].»

Vient le tour des Staunton, père et fils : «Sir George Staunton s'avança à son tour. Après avoir mis un genou en terre de la même manière que je l'avais fait, il présenta deux superbes fusils à air

195

comprimé. Il reçut en retour un bâton verdâtre, à peu près semblable au mien[14]. »

L'Empereur et l'enfant

Macartney ne daigne pas signaler l'épisode de la conversation entre l'Empereur et l'enfant. Mais la fierté paternelle de Staunton ne résiste pas au plaisir de mettre en valeur son rejeton. Le ton se fait à nouveau lyrique : « Pendant toute la cérémonie, l'Empereur se montra gai, franc, ennemi de l'affectation, quoiqu'on lui donne, dans ses portraits, un air grave et sombre. » Pourtant, l'entretien ne laissait pas d'être fatigant, à cause de la nécessité de parler par interprètes. « L'Empereur, sentant cette difficulté, demanda au Premier ministre s'il ne se trouvait point, parmi les personnes de l'ambassade, quelqu'un qui entendît le chinois. Sur la réponse qui lui fut faite, que le page, âgé de moins de treize ans, était le seul qui y eût fait des progrès, il eut la curiosité de le faire avancer tout auprès du trône* et de l'engager à parler chinois. Cet enfant, soit par sa modestie, soit par la tournure agréable de ses discours, plut tant à l'Empereur, que le monarque tira de sa ceinture une bourse destinée à contenir des noix d'arec, et lui en fit présent[15]. »

On sait que Qianlong ne détestait pas les éphèbes, comme en avait fait preuve la foudroyante ascension de Heshen. Il n'était pas le seul dans ce cas. « Les Chinois », indique Barrow sur le ton de la réprobation, « trouvent si peu honteux et si peu indélicat de se livrer à cette dépravation, que la plupart des principaux officiers de l'État n'hésitent pas à l'afficher publiquement. L'amour grec n'excite point parmi eux le dégoût qu'il doit inspirer[16]. »

Séduit par la grâce du jeune garçon, Qianlong retire de sa ceinture sa bourse[17] : empreinte de la chaleur de son corps, elle prend une vertu magique. « Ces bourses sont en quelque sorte des écharpes que l'Empereur distribue à ses sujets pour récompenser leur mérite. Mais le don de sa propre bourse est une faveur exceptionnelle : les Orientaux regardent comme le plus précieux de tous les dons celui d'un objet qui a été porté par la personne du souverain[18]. » Ainsi Mao offrit-il un panier de mangues à une délégation venue le saluer. Ces fruits banals, touchés et offerts par le Grand Timonier, entraient dans le champ du sacré. Des militants intriguèrent pour s'en approprier une. Elles furent conservées dans des bocaux d'alcool « pour que demeurât à jamais ce témoignage admirable de la pensée-Mao ». Deux siècles plus tôt, le cadeau « attira au jeune favori l'attention et les caresses d'un grand nombre de mandarins, et peut-être l'envie secrète de bien d'autres. Au reste, cette bourse impériale n'a rien de

---

* Le Rituel veut que Macartney s'arrête à une marche en dessous de l'estrade où trône l'Empereur. L'enfant, lui, est invité à monter sur l'estrade : l'Empereur étant dur d'oreille, il fallait que Thomas fût placé tout contre lui, alors que l'Ambassadeur s'était exprimé par le truchement de l'interprète et du ministre.

magnifique. Elle est en soie jaune, où est brodé un dragon à cinq griffes — couleur et griffes réservées exclusivement à l'Empereur[19]. »

Le défilé des tributaires

Lord Macartney redescend les marches. Aussitôt, d'autres Envoyés tributaires s'approchent du trône. Dans leurs récits, les deux chefs de la mission anglaise glissent sur cette promiscuité. Ils n'ont pas jusqu'alors signalé la présence d'autres envoyés. Ils ne le font maintenant que pour relever les différences — fort brièvement, à peine un coup de patte.

Le « roi de Pégu » n'était-il autre que le roi de Birmanie*? Les deux Anglais se rengorgent à cette idée et mesurent le succès qu'ils ont remporté contre le gouvernement céleste. Ce roi barbare se plie respectueusement au rituel chinois. Et Macartney, qui n'est que l'envoyé d'un roi, c'est-à-dire l'équivalent d'un simple mandarin, a prétendu imposer sa loi et y a réussi ? Quel triomphe ! Non. Quelle erreur...

Quant aux « princes musulmans », ce sont les chefs des tribus *torguts* ou *kalmouks* qui, chassées des plaines de la Volga par l'expansion russe vers 1770, avaient fui vers l'est. Qianlong les avait placées sous sa protection et installées dans la région d'Urumqi — le Turkestan chinois[21] d'aujourd'hui.

Après les présentations rituelles, le banquet rituel. Les trois Anglais et leur interprète sont conviés à s'asseoir sur des coussins à « l'une des tables placées à la gauche de l'Empereur[22] ». Macartney insiste sur ce point, et avec raison : la gauche est la place d'honneur. Les princes tartares et les mandarins de la Cour, en costumes de cérémonie, se placèrent aux autres tables, chacun suivant son rang, conformément à la note du 8 septembre. Marco Polo écrivait : « Quand le Grand Khan tient sa table, elle est beaucoup plus haute que les autres. Un peu plus bas, siègent ses fils, neveux et parents de la lignée impériale. Ils sont si bas que leur tête arrive aux pieds du Grand Sire. Les autres barons sont assis encore plus bas[23]. » Les Archives impériales montrent que, cinq siècles plus tard, cet étagement demeure sous les Mandchous. Les Anglais n'en ont pas soufflé mot.

Le repas est somptueux. Macartney note soigneusement toutes les faveurs dont l'honore l'Empereur : il lui envoie plusieurs plats de sa table et quelques liqueurs « de riz, herbes et miel fermentés[24] ».

Au cours du repas, Qianlong fait même revenir près de lui Macartney et Staunton, et leur remet une coupe de vin chaud de ses

---

* Sur la foi de Macartney et de Staunton, Cranmer-Byng a cru pouvoir identifier l'Envoyé de Pégu comme étant le souverain lui-même[20]. Or, les Archives impériales font apparaître qu'il n'en est rien. Le roi Bodawpaya (1782-1819) de Birmanie ne s'est pas rendu personnellement en Chine, mais y a délégué des envoyés (dont on trouve les noms aux Archives impériales).

propres mains. « Nous la bûmes sur-le-champ, en sa présence. » Il les interroge avec affabilité sur l'âge du roi d'Angleterre, « à qui il souhaite une vie aussi longue que la sienne[25] ». George III n'avait que cinquante-six ans : vingt-sept ans de moins que lui*.

Ses manières étaient « nobles, mais bienveillantes ; il nous reçut avec toutes les grâces possibles ». L'ordre et la régularité du service étaient « vraiment admirables ». Tout se passa « dans un complet silence », et avec « autant de cérémonie que s'il se fût agi de célébrer quelque mystère divin[26] ». Les Anglais gardent une discrétion suspecte quant à la manière dont ils ont remercié l'Empereur de tous ces gestes : ils n'ont pas pu faire moins que de plier un genou en inclinant la tête. Jusqu'où ? Combien de fois ?

Cependant, au bénéfice de ceux qui n'ont pas les honneurs de la tente impériale, des divertissements se déroulent à l'extérieur. Lutteurs, bateleurs, funambules et mimes ne cessent de jouer pendant les cinq heures de la cérémonie[27]. Là encore, le rite est aussi ancien que la Chine. Dès la dynastie Han, et sans doute avant, des spectacles étaient donnés en l'honneur des délégations étrangères — comme pour toutes les grandes occasions : « vie de Cour, vie de fêtes ».

Sur toute cette cérémonie, nous possédons une relation chinoise ; laconique, c'est la loi du genre : « L'Empereur siégeant dans la grande tente, au Paradis des Dix Mille Arbres, l'envoyé d'Angleterre *Ma-ga-er-ni*, le vice-envoyé *Si-tan-ton* et les autres sont reçus en audience avec les princes et les nobles mongols, avec les envoyés de la Birmanie et autres ; un banquet leur a été offert, ainsi que diverses récompenses[28]. » C'est la reprise de la lettre de Cour du 24 mars, reproduite le 12 mai, etc. La bureaucratie céleste se répète indéfiniment : la litanie est le plus sûr moyen d'éviter l'erreur. La note est suivie d'un poème composé par Qianlong, qui commémore la « soumission » des Anglais et commence ainsi : « Hier, le Portugal nous offrait son tribut. Aujourd'hui, l'Angleterre montre sa sincérité. » La « sincérité » des Anglais est plaisante. Mais grâce à ce *kotow* esquissé, si grossier soit-il, l'Angleterre sera ajoutée à la liste officielle des « royaumes de l'Océan occidental » qui sont tributaires de la Chine.

Le repas fini, l'audience fut levée. L'Ambassadeur retrouva dehors le gros de sa suite ; le cortège se reforma et le ramena vers sa résidence, conformément au protocole.

Macartney avait vu cet Empereur si célèbre. Il lui avait parlé. Pour ne rien dire.

---

* Le vœu du vieil Empereur s'accomplit *presque* exactement : George III mourut en 1820 à l'âge de quatre-vingt-trois ans, après en avoir régné soixante — comme Qianlong. *Presque* seulement : il était devenu fou et aveugle entre-temps, et son fils, le futur George IV, dut assurer la régence à partir de 1811.

CHAPITRE 38

Le « Paradis des Dix Mille Arbres »
(15 et 16 septembre 1793)

Le lendemain, commencent quatre journées de tourisme équestre dans les immenses parcs impériaux. D'abord, au jardin de l'Est. « L'Empereur, ayant appris que, dans le cours de nos voyages en Chine, nous avions montré un désir pressant de voir tout ce qu'il y avait de curieux, daigna donner au Premier ministre l'ordre de nous faire voir son jardin de Jehol, le "Paradis des Dix Mille Arbres*"[1]. » Pour jouir de cette « rare faveur, nous nous levâmes à trois heures du matin et nous attendîmes dans le palais pendant trois heures**, avec tous les grands mandarins de l'État, que l'Empereur parût[2] ».

Il arrive dans le même appareil que la veille — gardes, musiciens, porte-étendards et porte-parasols. « Il nous remarqua sur le devant, et nous fit gracieusement prier d'approcher, après avoir fait arrêter ses gens. » Cette rencontre, qu'on croirait inopinée, a fait l'objet d'un cérémonial établi dans ses moindres détails dès le 13 septembre ; les Archives impériales nous le révèlent. « Il entra en conversation avec nous, et nous dit, du ton le plus affable, qu'il allait faire ses dévotions matinales à la pagode ; qu'il ne nous invitait pas à l'accompagner, puisque nous professions une religion différente de la sienne[3]. » Qianlong, comme toute sa dynastie, favorise le lamaïsme. Déjà Shunzhi, le premier empereur mandchou en titre, s'était converti à cette variante du bouddhisme, malgré les efforts de son tuteur, le père Schall[4].

Qianlong informe Macartney qu'il a ordonné à son Premier ministre et aux principaux Grands Conseillers de le conduire dans son jardin, et de lui faire voir tout ce qu'il désirerait. « J'exprimai à Sa Majesté ma gratitude pour ses bontés, et mon admiration toujours croissante de ce que je voyais à Jehol[5]. » Enfin, l'Empereur ne

---

* Le mot « Paradis » est une exagération faussement orientale — et strictement anglaise. *Wanshu yuan* ne signifie rien de plus que le « Parc des Dix Mille Arbres ».

** Macartney reconnaît aujourd'hui cette attente de trois heures, qu'il avait pudiquement réduite à une heure dans sa version flattée de l'audience impériale.

manque pas l'occasion de glisser un mot à Thomas, auquel il demande de lui faire un dessin de la bourse dont, la veille, il lui a fait cadeau. L'enfant le relate avec fierté[6].

L'étranger doit mesurer la faveur qui lui est faite. On ne visite pas ces jardins en touriste : l'Ambassadeur y est chez l'Empereur, dont ils sont l'œuvre personnelle.

« Mon impérial grand-père, a écrit Qianlong, construisit Jehol pour pacifier les peuples des frontières. Jehol ne doit rien à un caprice, mais est destiné à l'achèvement de ce que la guerre a entrepris[7]. » Tel était le but de l'aïeul : continuer la guerre par d'autres moyens. Mais le petit-fils, moins rude, avoue son plaisir : « Les hautes montagnes, les précipices et les escarpements, les eaux et la forêt, la cigogne migratrice et le chevreuil, le vol de l'aigle ou le jeu des poissons, les bâtiments de Jehol dans l'ombre des ravins, ses pavillons à côté des ruisseaux, son herbe luxuriante et ses arbres centenaires offrent un spectacle d'une telle beauté, qu'on en oublie tous les soucis du monde[8]. »

Tandis que l'Empereur fait ses dévotions dans la pagode, Macartney se retire avec les ministres dans un pavillon où ils prennent une légère collation. Puis l'on chevauche trois milles dans un parc vallonné, où des contrastes habiles offrent de riantes perspectives. Le parc, « on ne peut mieux entretenu », évoque pour Macartney celui de Luton, en Bedfordshire, propriété de son beau-père lord Bute, et dessiné par le fameux Lancelot Brown : « Si Brown avait visité la Chine, on affirmerait que c'est à Jehol qu'il a emprunté tout son art[9]. »

Arrivés au bord d'un grand lac, les visiteurs de marque montent dans un « grand et magnifique *yacht* ». Des barques sont prévues pour la suite. Tous les bateaux sont décorés de girouettes, de flammes et de banderoles. Les bords du lac présentent des baies et promontoires « si variés qu'à chaque coup de rame s'offre un spectacle nouveau ». Des îles, toutes différentes et « placées à l'endroit qui convient le mieux à l'harmonie du paysage », se distinguent par une pagode, par leur surface plane ou escarpée, par leurs arbres ou leurs champs. Les visiteurs admirent « près de cinquante palais » : chacun est décoré de scènes de chasse ou de voyages de l'Empereur, de grands vases de jaspe ou d'agate, de « porcelaines chinoises, coréennes et japonaises » ; sans parler des « horloges d'Europe[10] ».

« Comment détailler ce séjour enchanteur ? En quelques heures, j'ai vu des variétés de paysages qu'il me semblait ne pouvoir rencontrer hors d'Angleterre[11]. » Macartney, stupéfait qu'il puisse exister tant de merveilles hors de chez lui, ne peut s'empêcher d'égaler les Chinois en narcissisme.

Aucun ministre ne souffla mot à Macartney d'un drame qui s'était déroulé dans ce décor féerique, et qui manqua de mettre un terme prématuré à l'ère Qianlong : « Le 14 octobre 1788, raconte le père Raux dans une lettre inédite, l'Empereur chassait autour de Jehol ; il fut surpris par une pluie effroyable. Porté dans sa chaise, il eut de l'eau jusqu'au cou. Le Premier ministre Heshen et plusieurs grands élevaient autant qu'ils pouvaient la chaise de leur maître : ils tombent à l'eau de la rivière qui les emporte, et ne doivent la vie qu'au courage intrépide de quelques Mongols qui avaient de bons chevaux et savaient nager. Soixante-trois personnes de la suite impériale furent noyées et le nombre des gens du peuple qui périrent n'est pas connu[12]. » Permanence en Chine des inondations tragiques...

Jardin chinois, jardin anglais

Macartney fut si impressionné par cette visite, qu'il consacra de longs développements, dans ses *Observations*, à une confrontation horticole entre Occident et Orient. Les jardins anglais et chinois ont en commun de s'opposer au jardin à la française : pour les deux premiers, l'art paysager consiste à imiter la nature et non, comme le troisième, à faire imiter l'art par la nature. Mais leur ressemblance s'arrête là.

Le jardinier anglais cherche à perfectionner la nature en la respectant telle qu'elle est ; le jardinier chinois la contraint à être telle qu'il veut qu'elle soit. « Si c'est un lieu sec, il y amène les eaux d'une rivière, ou y ménage un lac ; si c'est un terrain uni, il y élève des collines, y creuse des vallées et le couvre de rochers[13]. » Bref, le Chinois est tyrannique jusque dans l'organisation des paysages. Macartney réprouve le procédé, où il voit une preuve que les Anglais n'ont pas copié la Chine dans l'art des jardins, tant ils sont amoureux de la liberté, y compris celle des végétaux. « Nous perfectionnons la nature, tandis que les Chinois l'asservissent[14]. » Dans le jardin à l'anglaise, la philosophie de Bacon : « dominer la nature en lui obéissant » ; dans le jardin à la chinoise, une volonté de recréation. Souplesse, ici. Contrainte, là. Prométhée veut imposer sa griffe.

Futiles, ces remarques ? Angleterre et Chine excellent dans l'art des jardins — d'autant plus concurrentes qu'elles sont comparables. Elles se disputent une suprématie. Macartney a beau ne pas douter de la supériorité anglaise, il ne formule que quatre réserves sur les jardins chinois : trop de rochers artificiels ; trop de bassins pleins de poissons dorés ; trop de dragons ou tigres en bronze ou porcelaine ; trop de nénuphars et de nymphéas. « Je suis étonné qu'après six heures d'un examen sévère, je n'aie pas trouvé autre chose à critiquer[15]. »

Au moment de se séparer, Heshen annonce à Macartney qu'il n'a encore rien vu. Après le jardin de l'Est, il lui reste à découvrir les merveilles du jardin de l'Ouest.

Étrange aveuglement ! Macartney disserte longuement sur les différences et ressemblances entre jardins anglais et chinois. Mais il n'a pas saisi ce qu'était Jehol : un microcosme céleste ; une reconstitution de l'Empire du Milieu, avec quelques-uns de ses paysages et monuments les plus fameux : le Potala de Lhassa, le Tashilumpo de Shigatse, la pagode de la Colline d'Or à Zhenjiang, une mosquée du

Xinjiang, les sites du Yangzi et du Grand Canal, le lac Kunming... En pleine Mongolie, Macartney rencontre, sans les voir, la Chine méridionale, le Tibet, le Turkestan. C'est un *Disneyworld* avant la lettre, qui récapitule les merveilles du monde chinois — un *bonsaï* architectural. A six jours de palanquin de la capitale, Qianlong jouit des agréments que la Chine entière peut offrir : miniature d'Empire. Les Anglais ne s'en sont pas rendu compte.

A la Cour

Macartney reprend courage. Le tourisme, pour la première fois, lui donne l'occasion de parler avec des gens qui comptent. Il pense entamer enfin sa mission diplomatique.

Les plus importants personnages de l'État l'accompagnent. Tous Tartares. Tous portent, par-dessus leur robe, le court manteau doré. Macartney les appelle plaisamment « chevaliers de la Veste jaune[16] » : le principal ministre Heshen ; le second ministre Fuchang'an ; son frère le général Fukang'an, briseur de rébellions ; Songyun, Grand Conseiller depuis peu. Ce Tartare-mongol de quarante et un ans, à la réputation d'incorruptible[17], revient de la ville frontière de Kiakhta, en Sibérie, aux confins de la Chine, où il a longuement négocié avec la Russie un traité commercial[18]. Il a ainsi évité la difficulté du *kotow*. L'histoire connaît de ces cérémonies frontalières pour cause de protocole : le mariage de Louis XIV sur la Bidassoa, le radeau de Tilsit, la baraque de Pan-mun-jon. Apprenant que Macartney a été ambassadeur à Saint-Pétersbourg, Songyun lui pose d'intelligentes questions sur la Russie*.

Le comportement de Heshen, sous les dehors aimables du courtisan, manque de chaleur. Le Lord s'en rend compte par le mauvais effet d'un compliment. Il remarque que la création de ce paradis était « digne du génie de Kangxi » : Heshen manifeste une surprise méfiante. Comment un Anglais sait-il cela ? Macartney répond que le rayonnement de la Chine est parvenu jusqu'à son pays. Heshen ne lui sait aucun gré de s'intéresser à l'Empire du Milieu. Cette curiosité est impertinente. Connaître la Chine, c'est déjà lui porter atteinte.

Autant « le vice-Premier ministre » Fuchang'an est affable, autant le général Fukang'an laisse voir son aversion pour les « Cheveux rouges ». Ancien vice-roi de Canton, il connaît leurs coutumes. Le matin même, tandis que Macartney s'approchait de l'Empereur, il lui avait touché son chapeau d'un air sévère, pour l'inviter à saluer en se découvrant, ce que ne font jamais les Chinois : si Macartney voulait imposer le « rite européen », il ne devait pas en éluder les démonstrations d'humilité[19].

Macartney s'efforce de se concilier ce grand soldat en lui proposant

---

* Songyun a laissé des *Souvenirs* ; pas un mot sur Macartney, avec lequel il allait passer cinq semaines. Un universitaire chinois m'a suggéré qu'il pouvait redouter qu'on lui reprochât leurs bonnes relations.

de voir évoluer sa garde. Fukang'an refuse : cela n'aurait pas pour lui l'intérêt de la nouveauté. « Déraisonnable », songe Macartney, « il n'a jamais vu un fusil à répétition de sa vie : les soldats chinois en sont restés au mousquet à mèche[20]. » Ils en seront toujours là, un demi-siècle plus tard, pendant la guerre de l'Opium.

Les Anglais furent assez mortifiés de trouver, dans les pavillons du parc, jouets, pendules, sphères — « si parfaits que leurs présents risquent de s'en trouver éclipsés[21] » ; y figure même un *planétaire*. Les guides de Macartney lui précisent que ces trésors ne sont rien à côté de ceux qu'on trouve dans les pavillons des femmes ou dans le cabinet des curiosités européennes du *Yuanming yuan*. Un ange passe. Ainsi, la Chine regorge d'objets aussi précieux que les présents dont les Anglais se sont tant flattés.

Macartney fait compliment des automates musicaux de fabrication anglaise : il a repéré qu'ils ont appartenu à la superbe collection appelée « musée de Cox ». De cet enthousiasme, Fukang'an conclut que l'Envoyé n'a rien vu de tel. Peut-on en trouver de pareils en Angleterre, demande-t-il « d'un air supérieur » ? Il n'est pas peu mortifié, à son tour, d'apprendre que « c'est précisément de là que ces objets ont été importés[22] ».

Impressions mêlées ; orgueils nationaux à fleur de peau... Macartney aborde un point concret. Il souhaite renvoyer à Zhoushan le capitaine Mackintosh, toujours à Pékin, en lui confiant sa relation de l'audience impériale, pour qu'il cingle vers Canton et, de là, vers Londres. Fukang'an l'interrompt : « Il est contraire aux lois chinoises de laisser les étrangers voyager librement à travers le pays[23]. »

Ainsi prend naissance l'affaire Mackintosh. Les Archives impériales nous révèlent que ce refus ne provient nullement d'une foucade d'un militaire jaloux de la supériorité anglaise, comme le croit Macartney, mais de l'Empereur lui-même. Qianlong ne comprend pas pourquoi Mackintosh devrait aller prendre le commandement de l'*Indostan*, puisque, sans lui, ce vaisseau a bien su retourner de Dagu à Zhoushan. Pour ce voyage superflu et dispendieux, il faudrait mettre en branle la machinerie céleste. L'Empereur s'irrite contre ces Anglais qui se croient chez eux. Même de nos jours, un groupe en Chine doit toujours rester soudé. Les Chinois détestent que des visiteurs fassent bande à part.

Renonçant à poursuivre, l'Ambassadeur demande une entrevue à Heshen. Celui-ci prend prétexte de la préparation du jour anniversaire de l'Empereur pour différer : « Nous aurons bien d'autres occasions de nous rencontrer au *Yuanming yuan*, répète-t-il, et nous pourrons y cultiver notre amitié[24]. »

Aucune affaire ne sera donc traitée à Jehol : le père de Grammont l'avait prévu. Macartney parvient toutefois à obtenir de Heshen qu'il consente à recevoir une note.

Le 16 septembre, l'interdiction de sortie pour la suite de l'Ambassadeur est levée. Staunton et quelques autres décident une promenade à cheval — en liberté surveillée : mandarins et soldats sont sur leurs talons. Ces accompagnateurs prennent maintes précautions pour empêcher tout contact avec la population. « Ils nous soupçonnent de faire de l'espionnage », constate Staunton[25]. Et Holmes : « Nous ne fûmes pas peu étonnés de cette méfiance vraiment incroyable[26]. »

Voilà qui n'a guère changé. Peut-être les Chinois ont-ils raison ? Dépouillé de son mystère, un État est plus vulnérable. Une fable chinoise l'enseigne. Dans la province du Guizhou, un âne parut ; on n'y connaissait pas cet animal. D'abord effrayé par ses braiments, le tigre se dissimula dans son coin. Quand il l'eut bien observé, il bondit, lui rompit l'échine et le dévora. Si le lion britannique brisait les reins du dragon chinois ? Mieux vaut que le dragon reste tapi.

Les Anglais observent, mesurent, notent. C'est déjà du renseignement. L'espionnite viscérale des Chinois repose sur une conscience aiguë de ce risque[27]. Mais enfin, à Jehol, que craindre ? Ils se sont donc résignés à fournir des chevaux et des guides. Les Anglais grimpent d'abord sur les hauteurs, pour jouir d'un panorama sur la vallée de Jehol, fertile et arrosée par une grande rivière, la Luan, dont une crue récente a laissé des traces. Les montagnes environnantes ont perdu leur parure de forêts. Déboisements et inondations : deux fléaux toujours actuels en Chine, l'un entraînant l'autre.

Dans des sites grandioses, plusieurs couvents de lamas. Les Anglais virent aussi, sur un mont, un énorme rocher en forme de champignon*. Ils voulurent l'examiner de près. On leur interdit d'y grimper : « Ce serait indécent. » Il surplombait le jardin des femmes de l'Empereur ; de là, on pouvait les voir se promener. « Il y avait cependant plus d'une lieue de distance entre ces deux endroits[28]. »

Médecine contre médecine : « une autre planète »

Ce même 16 septembre, le principal ministre fit appeler le médecin de l'Ambassadeur. Après la chevauchée dans le Paradis des Dix Mille Arbres, il souffrait de douleurs que tout effort réveillait. Le docteur Gillan trouva les médecins de la Cour à son chevet. Heshen décrivit ses maux : des douleurs aux articulations et au bas-ventre, une enflure qui apparaissait et disparaissait. Les médecins chinois n'étaient pas instruits de ces détails, « parce qu'ils ne questionnent jamais leurs malades. Ils tirent leurs inductions de l'état du pouls, croyant que chaque partie du corps a sa propre pulsation, qui indique le siège de la maladie. Ils conclurent que Heshen était en proie à un esprit malin, qu'il fallait faire sortir. Aussi voulaient-ils faire des piqûres profondes avec des aiguilles d'or et d'argent. Heshen les supporta dans les bras et les jambes, mais refusa de s'y soumettre pour le ventre[29]. »

Pour ne pas choquer ses confrères, le médecin anglais accepta de tâter gravement le pouls du malade aux deux bras. Mais il expliqua

---

* Cette bizarrerie de la nature — une sorte d'immense maillet fiché verticalement dans le sol — reste aujourd'hui impressionnante.

qu'il était inutile de le faire ailleurs, puisque l'intensité de la circulation du sang était partout la même, toutes les artères communiquant au même instant avec le cœur. Le Premier ministre et ses médecins furent stupéfaits de cette doctrine. Heshen, en posant l'index de sa main droite sur l'artère du bras gauche, et l'index de la main gauche sur l'artère de la cheville du pied, put vérifier que les pulsations étaient absolument simultanées.

Gillan diagnostiqua des rhumatismes aux bras et aux jambes, et une «hernie complète». Il déconseilla toute piqûre ou incision au ventre. Heshen se fit donner par écrit explications et ordonnance.

Le Premier ministre fut-il «promptement guéri de sa maladie la plus pressante», comme les Anglais s'en flattèrent? Les affaires de l'ambassade n'avancèrent pas pour autant. «Je vois, note Macartney, que prévaut cette même défiance que les Chinois ont toujours montrée à l'endroit des étrangers, malgré la peine que nous avons prise pour la désarmer[30]. » Ne pouvant obtenir de Heshen une entrevue, Macartney se résigna à lui écrire. Le petit Staunton fut chargé de copier la traduction faite par M. Prune et d'en vérifier l'exactitude[31]. L'aveugle et le paralytique...

Cependant, Heshen avait eu, pour une fois, un geste et un mot gracieux. Fort content du docteur Gillan, il lui fit cadeau d'une pièce d'étoffe de soie et lui dit que ses idées étaient «si lumineuses et si raisonnables, si différentes des notions accréditées en Asie, qu'elles semblaient venir d'un habitant d'une autre planète[32] ».

Comme cette formule sonne juste! Dans cette lointaine Tartarie, se rencontrent deux civilisations qui ont connu un développement séparé. De gré ou de force, elles vont devoir cohabiter. Pour le meilleur et pour le pire. Le thé mis à part, l'Occident pouvait aussi bien se passer de la Chine, qu'elle de lui. Ce que les Européens percevaient jusqu'alors de l'Empire du Milieu tenait plus de l'utopie que de la réalité. Maintenant que l'Angleterre va mesurer la réalité et dissiper l'utopie, elle ne pourra s'empêcher d'intervenir; et la Chine devra subir le déferlement de la technique occidentale.

La rencontre de 1793 est bien comme le heurt de deux planètes. Non l'arrivée d'explorateurs chez des sauvages coupeurs de tête. Mais la mutuelle découverte de deux cultures raffinées et incompatibles. Un monde céleste, lunaire — dans la lune. Un monde terre à terre, celui de l'Angleterre marchande, scientifique et industrielle. Heshen a compris que le moment était historique. Ce sont les derniers instants où la Chine est encore elle-même — immuable. Mais il n'a pas compris que, quoi qu'elle fasse, refus ou acceptation, tout pour elle va basculer.

CHAPITRE 39

L'Empereur des Tartares
(17 septembre 1793)

A Jehol, les empereurs mandchous se ressourcent dans leurs origines. On n'y est ni tout à fait, ni seulement en Chine. La dynastie tient l'Empire par deux réseaux qui s'appuient l'un sur l'autre : la noblesse héréditaire* tartare, à vocation militaire ; le mandarinat chinois, essentiellement recruté par concours, à destination civile. Par leur séjour au cœur de la Tartarie, nos Anglais, beaucoup plus que d'autres voyageurs, ont été rendus sensibles à cet étrange phénomène qui a duré près de trois siècles.

Macartney reçut la visite d'un jeune dignitaire tartare, Poo-ta-vang, décoré d'un bouton rouge et d'une plume de paon à deux yeux, qui lui expliqua avec fierté les origines de la dynastie régnante. Selon lui, l'Empereur descendrait en droite ligne de Gengis khan et de Kubilai khan, dont la dynastie conquit et gouverna la Chine pendant plus d'un siècle avant d'être détrônée par les Ming**. Les princes tartares avec lesquels Macartney avait banqueté sont des chefs de clans. Ils peuvent lever des armées, dites « bannières ».

La noblesse mandchoue aime combattre avec l'arc. Macartney note : « Ils parurent très surpris quand je leur dis que les Européens avaient abandonné l'arc et n'usaient que de fusils. L'arme favorite de Qianlong est l'arc[2]. » Il est plus excitant de tirer à l'arc, d'un cheval au galop, que de mettre pied à terre pour tirer au fusil. A gibier noble, armes nobles : égalité des chances du chasseur et du gibier.

Dans les *Observations* que Macartney rédigera sur le chemin du retour, il accordera une grande place au fait tartare. « La plupart de

---

* L'hérédité est dégressive : le rang diminue à chaque génération, pour disparaître à la septième[1].

** Cette généalogie est fantaisiste. La dynastie mandchoue descendait des Jürchen (Horde d'or) ; ces Toungouses nomades du Jehol n'étaient nullement Mongols, ni à proprement parler Mandchous autochtones, mais conquérants de la Mandchourie.

nos livres confondent Tartares et Chinois, comme s'ils formaient une seule nation. Mais le monarque ne perd pas un instant de vue le berceau de sa puissance[3]. »

L'Orient s'oppose ici à l'Occident. En Europe, « peu importe qu'un Bourbon ou un Habsbourg occupe le trône de Naples ou d'Espagne : le souverain s'identifie absolument avec les Espagnols ou les Napolitains ». Les Hanovre, dès qu'ils eurent entre les mains le sceptre d'Angleterre, « cessèrent d'être allemands ». Au contraire, le prince asiatique « n'oublie jamais ses racines ». « Deux siècles écoulés ont vu régner huit ou dix monarques sans que les Mogols soient devenus Hindous ; un siècle et demi n'a point fait de Qianlong un Chinois[4]. »

Les différences irréductibles que Macartney relève entre Mandchous et Chinois, ne pourrait-il pas les observer entre Chinois des différentes provinces ? Chacune a son identité coriace. Il existe, dira le père Huc, « autant de différences entre les dix-huit provinces qu'entre les divers États d'Europe[5] ». Jusqu'à nos jours, à Taiwan, les jeunes Taiwanais nés dans l'île étaient officiellement considérés comme de la province continentale d'où venaient leurs parents. En France même, les Chinois d'origine pékinoise, par exemple, ont de la peine à frayer avec les Cantonais, qu'ils comprennent difficilement. C'est le destin des grands empires que de connaître de tels particularismes. Il reste que les Chinois Han ont le sentiment de l'appartenance commune à une même civilisation et à une même patrie, tandis qu'ils ont ressenti le règne des Mandchous comme une tyrannie étrangère.

Ce que Macartney ne dit pas, c'est que les Mandchous, tout en gouvernant la Chine d'une main de fer, s'étaient peu à peu sinisés, avaient adopté l'écriture chinoise et la culture confucéenne — pour finir par ignorer leur propre langue. Comme Horace le disait de la Grèce après la conquête romaine, la Chine conquise conquit son farouche vainqueur. Après la révolution de 1911, les Mandchous se fondront dans la masse. Prudence : pour assurer sa survie personnelle, il vaudra mieux renoncer à la survie collective. Il faudra attendre 1979 pour qu'on ose à nouveau se reconnaître comme Mandchou.

La sinisation des Mandchous que néglige Macartney, Barrow et Hüttner se l'exagèrent. Ce qui ne les empêche pas de collectionner des témoignages d'une haine réciproque sous-jacente. Elle provoque des révoltes locales et contribuera à déclencher, soixante ans plus tard, la vague meurtrière du nationalisme chinois, la révolte des *Taiping*.

Le pâté d'alouette

La conduite des Mandchous est, selon Barrow, « un chef-d'œuvre de politique, qu'on devait peu attendre d'un peuple qui passait pour n'être qu'à demi civilisé[6] ». Ils ont su faire preuve d'un habile pragmatisme pour asseoir leur emprise. Appelés en Chine comme auxiliaires pour lutter contre une rébellion*, ils ont installé leur chef sur le trône vacant. Ils se sont coulés dans le moule de l'Empire du Milieu et de la bureaucratie céleste. Curieusement, ils se sont bornés à imposer leur humiliante coupe de cheveux, crâne rasé et natte — que les Chinois porteront roulée dans leur bonnet, ou même trancheront à la première velléité de révolte.

Barrow et Hüttner pensent que, de l'exemple malheureux des Mongols, les Mandchous ont conclu qu'il fallait répudier la violence et le sectarisme : « Les Tartares confièrent les magistratures civiles aux plus habiles des Chinois en les préférant à ceux de leur nation. Ils apprirent la langue du pays ; ils en encouragèrent les superstitions. Ce fut comme si la civilisation des vaincus triomphait de la barbarie des vainqueurs... Les Mandchous s'allièrent à des familles chinoises... En un mot, ils n'omirent rien de ce qui tendait à faire de deux nations un seul peuple[7]. »

Toutefois, « à mesure que les Tartares ont augmenté leur puissance, ils ont montré moins d'empressement à ménager les Chinois ». Les Anglais ont eu le spectacle d'un peuple tartare dominateur, « se réservant tous les postes de confiance et de responsabilité ». « Quoique l'on parle encore le chinois à la Cour, il est probable que, l'orgueil des Tartares croissant avec leur autorité, ils finiront par y substituer leur idiome[8]. »

Nous savons aujourd'hui que toutes ces appréciations sont erronées. La dynastie mandchoue à ses débuts se conduisit avec férocité. Dans les années qui suivirent son installation, des populations entières furent massacrées. Le port obligatoire de la natte provoqua des émeutes réprimées dans le sang. La race de seigneurs s'installa pour régner sur un peuple d'esclaves. La ségrégation était totale, les mariages mixtes rigoureusement interdits. La moitié nord de Pékin fut vidée de ses habitants chinois et réservée aux Mandchous. Au palais, toutes les femmes sans exception étaient mandchoues, y compris les servantes — à tout hasard[9] : il fallait éviter le moindre métissage. Tandis que les eunuques, sans exception non plus, étaient chinois. Quel symbole ! La fécondité réservée aux Tartares, la stérilité aux Chinois. Garantie absolue contre tout mélange impur.

Pour les grands emplois, Barrow exagère aussi. La règle de la parité était généralement observée, mais elle masquait une énorme disparité. Trois cent mille Mandchous contre trois cents millions de Chinois : c'est la parité du pâté de Marius — un cheval, une alouette.

Quand nos voyageurs cherchent à généraliser ou à scruter l'avenir,

---

* La Chine est à feu et à sang depuis vingt ans ; l'empereur mandchou de Moukden, qui a organisé son jeune empire sur le modèle chinois, exerce une pression croissante sur la frontière nord. En 1644, le rebelle Li Zicheng prend Pékin. L'empereur Ming, Chongzhen, se suicide. Le général loyaliste Wu Sangui sollicite, pour repousser l'usurpateur, l'aide des Mandchous, qui poursuivent Li Zicheng jusqu'à Pékin, y ramassent le pouvoir et s'y installent... pour deux cent soixante-sept ans.

ils ne tombent pas toujours juste. Contrairement à ce qu'ils croient, la sauvagerie fut au début et, à la longue, la sinité prendra le dessus. Pourtant, leur diagnostic était juste : Barrow constate qu'un « grand mécontentement fermente parmi les Chinois ; le ton impérieux que prennent ouvertement les Tartares doit assez le justifier. Obligés de se taire s'ils veulent parvenir à quelque emploi, les Chinois, unanimement, détestent les Tartares au fond du cœur[10]. »

Mais quelle erreur de pronostic ! Les Anglais s'imaginent que le Tartare aura définitivement raison du Chinois. Or, le premier, qui se croit le maître à jamais, est déjà virtuellement englouti. Nul ne pressent ce retournement. Car nul n'a mesuré la puissance indestructible d'une culture protégée par la masse d'une ethnie. Les sociétés secrètes, de plus en plus actives, avaient de plus en plus pour but de chasser les Mandchous et de restaurer un Empire vraiment chinois. Elles finiront par expulser le Tartare ; mais l'Empire ne lui survivra pas. En 1911, quelle revanche : les Mandchous évanouis, évaporés ! Les paysans espéraient qu'on allait restaurer la dynastie Ming[11]. Pourtant, elle s'était effondrée sous le poids des révoltes paysannes. Les révolutions réalisent rarement ce qu'on attend d'elles.

En revanche, les Anglais voient clair quand ils devinent, derrière le pays qui se croit le centre du monde, le centre du futur tiers monde.

Oh ! le Tartare !

En tout cas, quand ils témoignent au lieu de vaticiner, on peut les croire. Barrow ne laisse pas échapper une confidence qu'on lui a faite : « Les jeunes princes de la famille impériale, au *Yuanming yuan*, parlaient des Chinois avec un grand mépris. L'un d'eux, voyant que je désirais m'initier à la langue écrite de la Chine, s'efforça de me convaincre que la langue tartare était infiniment supérieure. Il offrit non seulement de me procurer un alphabet et des livres, mais de m'instruire lui-même. » Il craignait que Barrow ne voulût se mettre à l'écriture chinoise, « que la vie entière d'un homme, disait-il, ne suffisait pas pour apprendre[12] ».

Staunton consacre à la langue mandarine et aux handicaps qu'elle impose quinze pages qui impressionneront Hegel[13], lequel en tirera deux propositions qui vont loin. La première, dans la *Philosophie de l'histoire* : « La langue chinoise est un grand obstacle à l'avancement des sciences[14]. » La seconde, dans la *Phénoménologie de l'esprit* : « C'est l'ouverture marchande vers le monde qui a provoqué le besoin et la naissance de l'écriture alphabétique[15]. » Ses inventeurs, les Phéniciens, ne furent-ils pas les premiers grands commerçants ? Quand la pensée voyage et se communique, elle a besoin d'un outil souple ; cette souplesse concourt aux progrès de la pensée scientifique. Si barbare fût-il, le prince tartare de Barrow ressentait combien l'écriture chinoise est paralysante. Et l'Anglais mesurait combien elle est loin de la merveilleuse simplicité de l'alphabet latin et de la féconde abstraction du langage algébrique*.

Les histoires drôles des Tartares ont toujours pour cible les Chinois. «Je ne pus m'empêcher de remarquer le plaisir que ressentaient ces jeunes princes lorsqu'on lançait quelque trait contre les Chinois. Ils applaudissaient vivement à tout ce que l'on disait contre les pieds estropiés des Chinoises; mais ils étaient fâchés d'entendre comparer les galoches des femmes tartares aux jonques des Chinois[16].» Hüttner a remarqué que «le dernier des Tartares n'obéit qu'à regret à un mandarin chinois[17]».

Si les Tartares méprisent les Chinois, ceux-ci le leur rendent bien, tout en étant forcés de se soumettre. Pour un Chinois, Tartare rime avec Barbare. Hüttner fait des observations analogues: «En Chine, le mot "Tartare" signifie "brute". Un Anglais se plaignait une fois d'un mal de dents. "Et pourquoi, lui demanda un de nos mandarins, ne pries-tu pas le chirurgien de te donner quelque moyen d'apaiser ta douleur? — Je l'en ai prié, répondit l'Anglais; mais il veut m'arracher la dent qui me fait souffrir. — Oh! le Tartare!" s'écria le mandarin[18].»

Mystère du drap fouetté

Marco Polo insistait déjà sur les festivités que le Grand Khan Kubilai organisait «chaque année pour son anniversaire — la plus grande fête que l'on fasse de tout l'an, excepté celle qu'ils font le jour de l'An[19]». Macartney l'avait mal lu; il commence seulement à comprendre qu'il a été enrôlé pour rehausser l'éclat d'une fête que Tartares et Chinois croient être la vraie cause de sa mission. Le 17 septembre, les Anglais sont conviés à une étrange cérémonie. Rite sacré, où le «dieu est caché»: *Deus absconditus.*

Dès trois heures du matin, l'Ambassadeur et sa suite, accompagnés de Wang et de Qiao, se rendent au palais où on les fait patienter plusieurs heures avec des rafraîchissements, des fruits, du thé et du lait chaud. Enfin, la fête commence dans le parc où tous les grands, en robes de cérémonie, sont rangés devant le pavillon impérial.

Cette fois, l'Empereur ne se montre pas. Il reste dissimulé derrière un paravent, «d'où je présume qu'Il pouvait nous voir sans gêne et sans interruption. Tous les yeux étaient tournés vers le lieu où Sa Majesté était supposée sur Son trône[20].» Les tambours battent, les cloches sonnent à toute volée. Silence. La musique reprend. Pour des oreilles habituées à Haendel et Purcell — que les musiciens allemands

---

* Toutes idées dont les compagnons de Macartney ont fortement contribué à persuader l'*intelligentsia* occidentale pendant un siècle et demi, mais que l'on révoque aujourd'hui en doute, l'exemple japonais ayant prouvé leur inexactitude. D'autant que l'informatique a donné une nouvelle chance aux idéogrammes. Les textes, transmis plus vite, se lisent globalement et sont compréhensibles par quiconque entend le chinois — y compris les dialectes —, le japonais ou le coréen. Revanche de Leibniz.

de l'ambassade ont joués tout au long de la traversée —, la musique chinoise a de quoi surprendre : « Tout le mérite de l'exécution semble consister dans un bruit étourdissant, à grand renfort de cymbales, de gongs, de trompettes et d'instruments à corde. Ils n'ont aucune idée du contrepoint ni des accords[21]. »

Des mandarins s'activent on ne sait à quoi, comme « occupés à préparer *quelque grand coup de théâtre* » (en français). Musique et silences alternent. Finalement, l'orchestre et les chœurs donnent leur pleine puissance. Et toute la Cour se prosterne face contre terre « devant l'invisible Nabuchodonosor[22] ».

Nabuchodonosor ? En trois jours, comme les choses se sont dégradées ! Le 14, Macartney notait : « J'ai vu Salomon dans sa gloire[23]. » Le ton s'est fait sarcastique ; le dépit est amer. Comme s'il pressentait que les *Annales véridiques* rappelleraient sa présence à Jehol, ce même 17 septembre, en ces termes : « Les princes et hauts dignitaires de la suite impériale, les princes et les nobles mongols, les envoyés de Birmanie et d'Angleterre, rendirent leur hommage[24]. » Le 14, il avait cru que l'audience avait lieu en son honneur ; le 17, le voilà cité après les Mandchous, les Mongols et les Birmans !

Les Anglais assistent avec stupeur à un autre rite étrange. Un immense drap rouge est étalé sur le sol. A chaque coin, un homme avec un grand fouet. Dès que l'Empereur fut supposé monté sur le trône, le drap fut fouetté neuf fois par intervalles : après trois coups, les hommes posaient leurs fouets, puis les reprenaient quelques minutes plus tard. Personne ne fut en mesure d'expliquer à Hüttner le sens de cette cérémonie[25].

Aucun sinologue ne me l'a expliqué non plus. Mais l'histoire ancienne offre des pistes. Quand Qin Shihuangdi, unificateur de l'Empire, allait en pèlerinage à la montagne Xiang, lieu saint classique, un vent violent faillit l'empêcher de traverser le Yangzi. Furieux, il fit abattre tous les arbres de Xiang et peindre la montagne en rouge, comme on revêt un parricide de rouge avant son exécution[26]. Et le fouet ? La tempête ayant dispersé la flotte de Xerxès, autre potentat asiatique, il fit fouetter les flots pour les châtier. Peut-être le drap rouge de Jehol symbolisait-il les forces hostiles, punies et domptées par la flagellation. A moins qu'il s'agisse tout simplement d'un appel impératif au silence.

L'adoration du dieu caché

On traduit à Macartney le refrain de l'ode composée pour l'anniversaire du monarque : « Frappez vos têtes, vous tous, habitants de l'Univers, frappez vos têtes devant le grand Qianlong, le grand Qianlong ! » Il prend soin de préciser : « Toute l'assistance se prosterna chaque fois que le chœur répéta ces paroles ; à l'exception des Anglais[27]. » Étonnant spectacle, parmi ces centaines d'hommes accroupis et pilant le sol du front, que celui de ces silhouettes, un seul genou en terre. Mécréants ! Signe de mépris propre à scandaliser les cinq points cardinaux de la Chine, quand on sait que dans le moindre temple de l'Empire, dans la plupart des foyers, des offrandes étaient faites ce jour-là « devant une plaquette souhaitant dix mille années de vie à l'Empereur[28] ».

Plus Macartney observe cette dévotion, moins haute est son idée de ce peuple dévot. Il n'est pas le seul. Son cousin Winder rapporte : « La cérémonie ressemblait plus à l'adoration d'un dieu, qu'à une cérémonie pratiquée par des sujets au pied du trône d'un souverain[29]. » L'hommage révérentiel achevé, chacun se retire. « Je ne pense point qu'aucun de ses ministres l'ait approché davantage, car ils partirent tous en même temps que nous[30]. » Ce despote ne se laissa pas voir de la journée. Mao n'inventera rien, qui se comportera presque toujours comme l'inaccessible héros de son peuple.

Nul ne doit troubler le tête-à-tête de Qianlong avec le Ciel. Seule sa descendance peut avoir un moment accès à lui. Deux ans plus tôt, il avait écrit : « Le jour de Notre quatre-vingt-unième anniversaire, le soleil luisait, faveur du Ciel. La moisson est bonne et la pluie est tombée au bon moment. Nous avons invité à un concours de tir à l'arc Nos fils, Nos petits-fils, Nos arrière-petits-fils et Notre arrière-arrière-petit-fils. Celui-ci, qui n'a que huit ans, a touché trois fois sur cinq le mille. Fier de lui, Nous lui avons remis une veste jaune. Appeler sans cesse sur Notre peuple les faveurs du Ciel[31]. »

Le même jour, à Zhoushan, l'escadre anglaise, navire après navire, fut invitée, nous apprennent les archives, à s'associer à l'adoration. Le 17 septembre, le préfet Keshina rapporte que « leurs officiers conduisirent à la proue du bateau tous les Barbares ; ceux-ci déposèrent révérencieusement de l'encens sur une table, firent des salutations en direction du Palais et souhaitèrent l'anniversaire impérial. Sur ce, le contrôleur Alinbao leur donna en Votre nom des provisions de bœufs, moutons, fruits, farine. Ils firent de nouvelles salutations et Vous remercièrent de Votre bienfaisance avec beaucoup de sincérité et de respect[32]. »

Dans le livre de bord du *Lion*, on lit : « Tiré vingt et un coups de canon des batteries basses pour célébrer l'anniversaire de la naissance de l'empereur de Chine[33]. »

CHAPITRE 40

Que la fête continue !
(17-18 septembre 1793)

Les cérémonies achevées, le Lord, à défaut de voir l'Empereur, est convié par Heshen et les hauts dignitaires qui l'avaient accompagné dans le parc de l'Est, à visiter celui de l'Ouest.

Le premier offrait charme et douceur. Le second montre la nature dans « toute sa sauvage splendeur » : grande forêt hérissée de rochers et peuplée de cerfs et de bêtes fauves ; paradis pour la chasse. Chênes, pins, châtaigniers s'élancent vers des cimes escarpées, ou plongent dans des vallées. Çà et là, palais, temples, monastères. Ici, murmure une rivière ; plus loin, gronde une cascade.

Cette promenade à cheval, sur des chemins taillés en escalier dans le roc, conduit, après plusieurs heures, jusqu'à un pavillon sur une éminence : « L'horizon formait autour de nous un rayon de vingt milles au moins. Jamais je n'ai vu panorama si imposant[1]. » Illusion de la perspective : pagodes, palais, bourgs, troupeaux de vaches, plaines et vallées lui semblent à portée de la main. Macartney croit l'Empire à ses pieds — et qu'il n'a qu'un pas à faire pour le saisir.

Heshen lui montre un enclos où personne ne pénètre, sinon Qianlong, ses femmes et ses eunuques : aucun homme qui en fût vraiment un ne pouvait voir les femmes de l'Empereur. Comment le père Castiglione a-t-il pu portraiturer le souverain au milieu d'elles — et plus précisément près de Xiangfei, la farouche musulmane parfumée ? Ce Jésuite peignait en atelier, peut-être à partir des croquis d'un eunuque auquel il aurait enseigné le dessin à l'occidentale.

Des voyageurs[2] ont hasardé des descriptions imaginaires des plaisirs qui seraient donnés à l'Empereur dans cet enclos. « Ces eunuques, innombrables, donnent à leur maître et à ses femmes des fêtes somptueuses, où ils s'efforcent de leur offrir des plaisirs sans cesse nouveaux ; mais je suis loin de croire qu'on y fasse toutes les extravagances qu'on a avancées. » Macartney reste sceptique[3].

213

La munificence de l'Empereur se manifeste encore : on apporte solennellement aux Anglais, dans l'un des pavillons qu'ils visitent, des friandises. « Les Chinois sont de beaucoup les meilleurs confiseurs et les meilleurs pâtissiers au monde[4]. » Cette admiration semble étrange aujourd'hui. Secrets perdus ?

Puis, voici des cadeaux à emporter : boîtes remplies de pièces de soie, porcelaines, cloisonnés. Ils viennent de l'Empereur : Macartney les salue — d'un genou en terre. C'est renouveler, pour les Chinois, sa faute originelle. Ils encaissent pourtant, sans rien montrer.

La promenade s'achève par un spectacle de marionnettes. Macartney rit de bon cœur aux aventures de « Polichinelle », de sa femme Bandimeer et de Scaramouche : il les reconnaît derrière le vêtement chinois[5]. Leur type est universel. Et le goût des spectacles, éternel. Ce sont les personnages qui enchantent l'enfance — et la réveillent dans l'homme de toujours et de partout.

Macartney constate que ses affaires n'avancent pas. Il a annoncé une note ; il en reparle : on l'écoute poliment, sans l'entendre. Le Premier ministre élude, avant de prendre congé et de confier au Grand Conseiller Songyun le soin d'accompagner l'Ambassadeur jusqu'à la réplique du Potala tibétain.

Des dizaines de pagodes entourent ce monastère, toutes situées différemment sur des hauteurs, chacune dans un enclos séparé ; l'ensemble est ceint d'un grand mur. La copie du monastère de Lhassa célèbre la solidarité des populations mandchoues, mongoles, tibétaines, toutes unies dans la même foi lamaïque. Qianlong en a écrit lui-même : « L'année de Notre soixantième anniversaire [1770] et l'année suivante, celle du quatre-vingtième anniversaire de Notre Auguste Mère l'Impératrice douairière [1771], les princes loyaux de Mongolie, du Xinjiang et les chefs des Dzoungars, qui venaient de nous jurer fidélité, se rassemblèrent ici pour nous apporter leurs hommages. Comme marque d'encouragement à leur endroit, nous avions fait entreprendre [1767] la construction de ce sanctuaire[6]. »

Aujourd'hui, ce bâtiment massif est vide ; huit cents lamas l'habitaient quand Macartney le visita. Il fit relever les dimensions de cet imposant quadrilatère de onze étages, dont la cour carrée enclôt une « chapelle dorée ». Les moines faisaient leurs dévotions en psalmodiant. « Tout cela — autels, images, tabernacles, encensoirs, lampes et cierges — ressemble étonnamment aux pantomimes de l'Église romaine[7]. » Toujours ces touches d'antipapisme que Macartney laisse échapper : elles sont bien de son temps, celui de Voltaire.

Au centre de la chapelle, trois autels, surmontés de « trois statues colossales en or massif ». Macartney croit comprendre qu'il s'agit de Bouddha, de son épouse et d'une divinité tartare — en réalité, ce sont trois hypostases du Bouddha. Elles ne sont plus aujourd'hui en or massif, si jamais elles le furent, mais en bois doré.

Le sanctuaire est dédié à Potala — *Bouddha-la*, « montagne de

Bouddha ». Celui-ci est représenté en train de chevaucher dragons, rhinocéros, éléphants, mules, chiens, rats, chats, crocodiles, dont il revêtait lui-même l'aspect. Ces statues monstrueuses font horreur à Macartney. En plus, des saints si nombreux qu'ils pourraient, dit-il ironiquement, « rivaliser avec le calendrier catholique[8] ».

Macartney rapporte que Qianlong se croit la réincarnation du Bouddha. « Il n'y a rien qu'il ne soit capable d'imaginer de lui-même », commente-t-il. « Ainsi, sa munificence de constructeur de pagodes n'est pas désintéressée : il n'a rien dépensé qui ne fût pour lui et pour sa famille[9]. » C'est moins la piété qui a bâti cet édifice, que le despotisme du plus puissant tyran de l'univers.

Ces remarques grincheuses, la fatigue y est pour quelque chose : voilà quatorze heures qu'il est à cheval. Macartney n'est point un Tartare habitué à passer des journées entières sur sa monture « sans presque bouger de sa selle[10] ».

Son ironie, ou son admiration, aurait pu s'exercer plus à propos sur un aspect qui, curieusement, continue à lui échapper. Le Potala de Lhassa n'est pas seul à avoir sa réplique à Jehol. Bien d'autres monuments célèbres de la Chine sont reproduits, on l'a dit, dans leur esprit sinon dans leurs dimensions exactes. Et jusqu'à des sites. Comme si Louis XIV avait rassemblé à Versailles des doublures de la cathédrale de Reims et du Mont-Saint-Michel ; ou encore de la cathédrale de Strasbourg, pour s'assurer de la fidélité de ses nouveaux sujets alsaciens. Telle était déjà l'inspiration de la *Villa Hadriana* à Tivoli. Ce n'est sûrement pas là que Kangxi et Qianlong auront puisé la leur. Harmonie préétablie, universalité de l'homme...

Ainsi, Jehol a capturé la Chine et, par là, l'Univers. L'Empereur tartare les y tient prisonniers. Mais n'y est-il pas prisonnier lui-même ? Existe-t-il au monde homme plus puissant et moins libre ?

A Paris, ce même 17 septembre, la *loi des suspects* ordonne l'arrestation des parents d'émigrés et de tous ceux qui, par leurs relations, leurs propos ou leurs écrits, ont pu se montrer partisans de la « tyrannie »... ou de la Gironde.

Le culte infantilisant des ancêtres

Le lendemain 18 septembre, Macartney et Staunton sont conviés à la Cour. L'Empereur donne la comédie. Matinée au sens propre : de huit heures à midi sans interruption. L'Empereur trône face à la scène. Sur les côtés, des spectateurs debout. Au-dessus, dans des loges fermées par des jalousies, des femmes voient sans être vues.

Pour Thomas, autre moment exceptionnel. S'en rend-il compte ? Bizarrement, il ne le note pas, mais son père le rapporte : il est reçu par les femmes de l'Empereur, à l'intérieur de la clôture qui leur est réservée au théâtre. « Il est probable que, de là, la vue des dames ne pouvait se porter dans les loges, car l'Empereur, sur le désir qu'elles témoignèrent de voir un des Anglais, envoya chercher, par un de ses eunuques, le jeune page et le fit conduire sur une estrade, d'où ces dames purent le contempler à leur aise[11]. » Le premier et le dernier Anglais à être admis dans le harem du Fils du Ciel — pour en devenir la coqueluche.

Qianlong accueille obligeamment l'Ambassadeur. Comme pour s'excuser : « J'ai rarement l'occasion de me distraire, tant m'absorbent les affaires de mon immense Empire[12]. » Dans son âge mûr, à l'occasion de l'anniversaire de sa mère, il était monté lui-même sur la scène. Il incarnait le rôle de Lao Laizi, octogénaire de légende ; ce modèle de piété filiale, pour faire oublier à ses parents le poids de leur grand âge, se comportait envers eux comme s'il était encore enfant. L'Empereur s'était avancé à quatre pattes, poussant un jouet jusqu'au bord du théâtre, bondissant, grimaçant et dansant, avant d'accomplir le plus humble des *kotow* devant sa mère ravie. Où passait la frontière entre la fiction et la réalité[13] ?

Même le Père du Peuple se comporte puérilement devant ses parents. Nous touchons peut-être là le cœur de l'immobilisme chinois. Dans cet Empire où « une prévoyance paternelle maintient l'unité de l'ensemble en distribuant admonestations et punitions », Hegel voyait, à travers les récits de Staunton, « un État où le sujet n'a pas acquis son droit [...], un âge infantile de l'Histoire[14] ». Freud va plus loin : « L'homme ne doit pas éternellement rester enfant ; il doit passer dehors, dans la vie hostile[15]. » Il n'est pas sain que « la haine née de la rivalité avec le père ne puisse se développer librement[16] ». Faute du meurtre symbolique du père, l'homme est menacé de névrose et reste inhibé. Si les parents doivent être l'objet d'une constante adoration, il faut refouler indéfiniment le vœu parricide. Comment ne pas vivre, alors, toute innovation comme une insulte aux usages ritualisés par les ancêtres auxquels on doit un culte ?

Macartney voudrait entraîner Qianlong sur le terrain diplomatique : « Je tâchai de lui faire quelques ouvertures sur l'objet de mon ambassade ; mais il ne parut pas disposé à s'engager dans la conversation[17]. » L'Empereur, pour toute réponse, procède à une nouvelle distribution de cadeaux. Macartney se voit offrir un petit album peint par Qianlong. Staunton a droit à une petite boîte en cloisonnné. Pas un Anglais n'est oublié[18]. Quant aux princes et courtisans, ils reçoivent, « avec démonstrations d'humilité », des soieries et des porcelaines. Le spectacle peut commencer.

Plusieurs pièces furent représentées : tragédies, comédies, drames historiques, fantaisies mythologiques. Parties chantées et dialogues alternent avec les batailles et les meurtres. Les acteurs « portent des masques à double face, pour ne jamais tourner le dos à l'Empereur[19] ». Suprême marque de respect, expliquait le père Amiot.

La représentation se termine par une grande pantomime : le mariage de la Terre — personnage allégorique entouré de dragons, d'éléphants, de chênes et de pins — avec l'Océan, riche en monstres marins. Des acteurs, cachés sous des voiles, « jouaient leurs rôles d'une manière admirable ». A la fin, une baleine lâche « des torrents

d'eau qui disparaissent par des trous ménagés dans le plancher[20] ».
« Ce coup de théâtre fut applaudi à tout rompre ; et deux mandarins, placés auprès de moi, me prièrent de le remarquer en s'écriant : *Charmant ! Délicieux*[21] ! »

L'envie de se dégourdir les jambes doit tenailler les spectateurs. Macartney reçoit des visites de Tartares. Deux personnages, moins guindés que les autres, viennent lui demander s'il parle persan. Ce sont les Kalmouks, persécutés en Russie, protégés par la Chine[22].

Le bouquet final

Comédie le matin, cirque l'après-midi. A quatre heures, Macartney revient devant la grande tente. L'Empereur s'installe. « On fit alors des tours de passe-passe et des danses. » Habitué aux acrobaties du temps de son gouvernorat en Inde, Macartney est blasé[23]. Pourtant, les jongleries qu'il décrit sont exactement les mêmes que celles que l'on peut admirer, deux siècles plus tard, au cirque de Pékin ou de Shanghai, et elles n'ont pas leur pareille : « Un homme, couché sur le dos, les jambes dressées perpendiculairement au sol, lance sur la plante de ses pieds une énorme jarre, et la fait rouler de plus en plus vite. On y place un enfant qui s'assied sur les rebords du vase et fait cent figures avant de sauter sur le sol[24]. »

Chine immuable : le visiteur occidental qui n'a pas eu la chance d'être gouverneur de Madras au XVIIIe siècle s'émerveille de tant de virtuosité. Paraît ensuite un jongleur qui, également couché sur le dos, fait tourner neuf assiettes au bout d'autant de bâtons fixés à chacune de ses bottes ou tenus à la main. « Quand les neuf assiettes ont tourné plusieurs minutes au même rythme, le jongleur les récupère une à une, sans en casser une seule[25]. »

Fatigué, Macartney est de plus en plus mauvais public. Il regrette plus ce qu'il ne voit pas, qu'il ne jouit de ce qu'il voit. « Où sont donc les fabuleux cavaliers tartares ? » se demande-t-il[26]. Wang et Qiao lui en auraient-ils imprudemment parlé ? Ils étaient prévus, la correspondance de la Cour nous le confirme[27]. Il en aura été privé.

Enfin, des feux d'artifice. « Ils surpassaient, reconnaît Macartney, tout ce que j'avais aperçu en ce genre » — y compris les feux chinois vus à Batavia — par l'élégance et l'invention. Un immense réseau de feu, avec des cercles, des carrés, des hexagones, des octogones et des losanges, étincela de toutes les couleurs du prisme, avant une « explosion de soleils, d'étoiles et de serpenteaux[28] ».

L'Empereur n'oublie pas l'Ambassadeur, tout en continuant à ignorer l'objet de l'ambassade : « Il nous envoya divers rafraîchissements, dont il fallut prendre notre part, bien que nous eussions dîné juste avant. » Pendant tous les divertissements, « on n'entendait pas un mot ; personne ne se permettait même de rire[29] ».

Silence au cœur de la fête : ce n'est pas le moins étonnant, pour Macartney et pour nous, de ces cérémonies sacrées qu'aucun autre voyageur occidental n'avait jamais vues ni retracées.

CHAPITRE 41

Secrets de Cour, secrets d'alcôve

Trois mois plus tard, quand Macartney s'apprêtera à quitter la Chine, il recevra de ses deux mandarins d'escorte, Wang et Qiao, de surprenantes confidences. A-t-il su à ce point gagner leur confiance ? A la veille d'une séparation évidemment définitive, songeant qu'ils n'ont plus rien à perdre ni à gagner, se laissent-ils aller à des moments d'abandon ? Plaçons ces éclairages en situation, au moment de déchiffrer le personnage désincarné qui fait peser la terreur sur Jehol.

Qiao et Wang décriront d'abord à Macartney les occupations habituelles de l'Empereur. Le cérémonial qui règle sa vie ne diffère guère d'un empereur Tang ou Song. La vie d'un souverain céleste est, en elle-même, un rite immuable[1].

Il se lève à trois heures pour aller prier Fo [Bouddha] dans sa pagode privée. Ses dévotions faites, il lit et annote les dépêches des hauts mandarins autorisés à lui écrire. A sept heures, petit déjeuner. Puis il rejoint ses femmes dans leurs jardins ou palais.

Ensuite, il fait introduire le Premier ministre pour les affaires courantes. Les autres Grands Conseillers et Grands Secrétaires se joignent à eux pour un Conseil élargi. Ils ont traversé la cour à pied : interdit d'arriver en chaise à proximité du souverain. Ils se sont prosternés neuf fois devant le trône, même si le souverain est momentanément absent. Ils travaillent ensuite à genoux, sans jamais lever les yeux.

A trois heures de l'après-midi, l'Empereur déjeune en un quart d'heure, en présence d'un seul eunuque : plats nombreux, mais il ne fait qu'y goûter. Les cuisines sont loin : une vaisselle à double fond, où l'on dépose de la braise, lui conserve les mets au chaud. Dans l'après-midi, il assiste à des divertissements. Enfin, il s'enferme pour lire jusqu'à l'heure du coucher, jamais plus tard que sept heures du soir.

« Un eunuque est de service la nuit pour conduire vers lui celle des dames qu'il souhaite faire appeler[2]. » Wang et Qiao ne lui en ont guère dit davantage ; mais ils auraient pu, car même ces ébats obéissent au cérémonial[3].

Le rite a été établi pour éviter toute forme d'attachement. Le Grand Eunuque présente un choix de plaquettes portant un nom. Le souverain en montre une du doigt. La belle désignée est apportée, nue mais enveloppée dans une couverture, par un autre eunuque qui la dépose au pied du lit. L'élue doit faire le *kotow*, puis ramper jusque sur la couche.

Le Grand Eunuque et son assistant demeurent sous les fenêtres. Si le jeu paraît excéder le temps accoutumé, le dignitaire du sérail lance d'une voix forte : « Il est temps ! » S'il ne reçoit pas de réponse, il recommence. Quand enfin l'Empereur a répondu, les deux eunuques rentrent, tirent la concubine à bas du lit, la roulent dans sa couverture et l'emportent comme elle était venue. Jamais une concubine ne doit passer la nuit avec l'Empereur.

Avant de se retirer, le Grand Eunuque demande à l'Empereur : « Votre esclave peut-elle enfanter ? » Si la réponse est positive, on ouvre un grand registre et l'on y porte non seulement les date, heure et circonstances de cette rencontre, mais quelques renseignements plus précis. La réponse est-elle négative, le Grand Eunuque veillera à ce que l'étreinte n'ait pas de suite[4].

Le rituel des amours impériales était moins strict au *Yuanming yuan* et à Jehol que dans la Cité interdite. En fait, Qianlong savait s'évader du carcan de ce cérémonial[5]. Il est douteux qu'il ait eu recours aux eunuques quand il accueillait Heshen dans son lit.

Le harem oriental a toujours fait fantasmer les Européens, condamnés à la monogamie. A plus forte raison, des voyageurs privés de femmes. Il ne faut peut-être pas prendre toutes leurs révélations pour argent comptant ; mais il ne faut pas non plus les écarter trop vite. « Dans la Tartarie, affirme Hüttner, toutes les filles nubiles doivent être présentées devant certains eunuques qui, connaissant les goûts de l'Empereur, les examinent et choisissent en son nom. Elles n'obtiennent la permission de se marier que lorsque ceux-ci les ont déclarées impropres à servir le khan[6]. » Et Staunton : « A la mort de l'Empereur, toutes ses femmes sont, dit-on, conduites dans un bâtiment particulier pour y passer le reste de leurs jours séparées du monde entier. On nomme ce bâtiment Palais de la Chasteté[7]. »

Depuis la mort de l'Impératrice[8], dont il a eu quatre fils, il ne reste à l'Empereur que huit épouses : deux reines du premier rang, six de second rang, sans compter une centaine de concubines. Ce qui est très peu, comparé aux empereurs de perdition — en fin de dynastie — qui ignoraient jusqu'au nombre exact de leurs milliers de concubines ; du moins était-ce la réputation que leur faisaient leurs vainqueurs, devenus maîtres de la vérité historique.

Dernière révélation de Qiao et Wang : les filles de Qianlong sont mariées à des princes ou nobles tartares, jamais à des Chinois*.

Qianlong, le souverain et l'homme

Wang et Qiao dépeignent l'Empereur comme un homme érudit, religieux, affable ; affectueux pour ses sujets, sans pitié pour ses ennemis. Ils ne dissimulent point ses défauts : sa fierté, son impatience devant les obstacles, la jalousie qu'il montre de son pouvoir, sa méfiance envers ses propres ministres, ses colères. L'Empereur ne fait pas même confiance à ses propres fils et laisse planer le doute sur sa succession. Un de ses petits-fils, Miencul, semble pourtant jouir de sa faveur : il prend une petite part aux affaires[9].

Quelques années plus tôt, Qianlong avait fixé une date pour se retirer. Mais à mesure que l'échéance approche, il trouve de nouveaux prétextes pour la repousser. Pour l'heure, elle est fixée à 1796. De constitution robuste, il n'a pas été atteint par les maladies de la vieillesse : Wang et Qiao doutent qu'il abdique**.

Curieux de l'Histoire, doué de sensibilité artistique, il a écrit de nombreux poèmes[10]. Il a horreur de l'extravagance. Alors même que son favori Heshen répand la pourpre et les étoffes fines, Qianlong demeure fidèle à la simplicité de sa mise.

Pourtant, il n'a rien d'un rabat-joie : chasseur infatigable, il aime jolies femmes et repas fins, voyant dans les unes et les autres des dons du Ciel. Il ne dédaignait pas une aventure sentimentale, voire une escapade dans une de ses nombreuses résidences, ou une chevauchée romantique à travers les collines édéniques de Jéhol[11]. Mais le souci de sa maison ne le quitte jamais : cet époux polygame et patriarcal est jaloux de la dignité de ses épouses, envers lesquelles il se montre courtois et généreux. Il surveille l'éducation de ses fils avec intransigeance.

Macartney note fidèlement les propos de Qiao et Wang, qu'il juge bien renseignés, même si l'âge de Qianlong l'incline à les taxer d'exagération sur les exploits amoureux de leur maître. Les relations des mandarins et de l'Empereur lui ont paru si ritualisées, qu'il semble s'étonner de trouver ses accompagnateurs capables de se former un jugement sur leur souverain. Voici qu'il entend des personnes parler d'une personne ! Le caractère, l'événement, l'anecdote percent sous la carapace de la monarchie sacrée[12].

---

* Les mariages mixtes resteront prohibés, et pas seulement dans la famille impériale, jusqu'au début du XXᵉ siècle : cet interdit (de même que celui de bander les pieds des filles) s'étend à *tous* les Mandchous.

** Ils ont tort : Qianlong tiendra parole, de manière à respecter le chiffre sacré de soixante ans de règne — et à ne pas dépasser, fût-ce d'un jour, la durée de celui de son illustre grand-père Kangxi.

La princesse parfumée

Trois passions avaient traversé la vie de Qianlong. Tout jeune homme mais déjà prince héritier, il s'éprend de la belle Machia, concubine de son père Yongzheng. Entretenir des relations intimes avec une des femmes de l'Empereur, c'est un crime si impardonnable, que seule la mort peut l'effacer. Quand celui qui le commet est le propre fils de l'Empereur, il y ajoute le crime d'inceste. L'Impératrice régnante, sa mère, convoque Machia et condescend à ce que celle-ci s'étrangle avec la cordelette de soie.

Jamais il ne put séduire la « musulmane parfumée », d'où émanait une exquise odeur naturelle. Cette prisonnière étrangère était obstinément fidèle au souvenir de son époux tué à ses côtés, près de Kashgar, par les soldats de Qianlong. Elle l'avait prévenu : « S'il tentait de la prendre de force, elle le tuerait. » N'avait-elle pas un jour tiré une dague de sa manche, alors qu'on n'exhibe jamais une arme nue devant le Fils du Ciel ? Ne lui avait-elle pas lancé avec hauteur, après que les gardes lui eurent arraché l'arme : « J'en ai beaucoup d'autres ! » Il fit tout pour vaincre sa froideur. Jusqu'à favoriser le culte islamique en Chine. Jusqu'à demander à ses architectes jésuites de construire pour elle, dans la Cité interdite, une mosquée en réplique à celle de sa ville d'Aksu. Des Jésuites édifiant une mosquée pour un souverain lamaïste : quel œcuménisme !

L'Empereur dépérissait. Pour la seconde fois, l'Impératrice douairière interrompit un amour scandaleux, en imposant à la cause de ce désordre d'y mettre elle-même un terme. Qianlong pleura longtemps la disparition de celle dont il disait qu'elle était « le plus beau souffle qui fût entre Ciel et terre ». Il composa sa stèle funéraire :

O peine profonde, lamentation sans fin,
Un chant trop court s'est achevé
Et l'éclat de la lune a pâli[13].

A quelques kilomètres de l'oasis de Kashgar, aux confins du désert de Gobi et du Turkestan soviétique, vous pouvez encore lire cette inscription, sur le cénotaphe qui orne la mosquée consacrée à la « musulmane parfumée ».

Enfin, sexagénaire, Qianlong s'éprend de Heshen, en qui il voit la réincarnation de Machia. Il en fait son mignon. Contrairement aux règles du Céleste Empire, il porte au premier rang un amant qui ne s'est distingué par aucun mérite public. Cette fois, sa mère, qui a encore deux ans à vivre, s'abstient d'agir. Ce n'est pas une affaire de gynécée ; c'est une affaire d'hommes, qui ne la concerne pas. Et pourtant, c'est la plus grave.

Henri III et ses mignons, Louis XIV et la Montespan, Louis XV et la Pompadour ou la du Barry, pour ne pas parler des « Douze Césars » selon Suétone... Toutes les Cours connaissent de ces faiblesses, qu'elles nourrissent en même temps qu'elles les étouffent. Peut-on reprocher à un monarque absolu, étreint par sa solitude, de chercher à y échapper ?

Le pouvoir eunuque

A la différence de Machia et de Xiangfei, Heshen put régner jusqu'au bout sur le cœur de son maître et amant. Assoiffé de pouvoir et concussionnaire, il avait organisé peu à peu, dans la capitale et en province, un vaste réseau à sa dévotion. Ces pratiques corrompirent le service public et mécontentèrent la population[14].

Pour neutraliser les hauts fonctionnaires qu'inquiétait son ascension, Heshen s'appuya sur la seule catagorie qui, en dehors des grands dignitaires, approchait le Fils du Ciel : les eunuques. Macartney et Staunton ont compris que la dégradation du pouvoir mandchou sous Qianlong est liée à celle des mœurs publiques et privées, les eunuques ayant retrouvé le moyen d'intervenir dans l'État.

Vénalité, luxure, népotisme, revenus en force sous l'influence néfaste du tout-puissant Heshen, rendirent aux eunuques du Palais une faculté d'intervenir qui leur avait été ôtée depuis la chute des Ming. Staunton décrit d'une plume incisive ces êtres inquiétants : « Commençant par être des domestiques abjects, les eunuques sont les prompts serviteurs des plaisirs secrets de leur maître. Ils parviennent, en rampant, à la familiarité et à la faveur. Ensuite, ils acquièrent crédit et autorité. On en renvoya dix mille jadis [après la chute de la dynastie Ming], mais leur nombre a augmenté depuis : à présent, ils occupent tous les emplois inférieurs, du moins dans les palais de Pékin et du *Yuanming yuan.* »

Staunton, sur les confidences des mandarins et des missionnaires, précise le *cursus* de ces hommes de pouvoir : « Il leur suffit, pour être propres à remplir ces emplois, d'avoir subi l'opération qu'on pratique quelquefois dans certaines parties de l'Europe et qui, perfectionnant la voix, ôte la faculté de devenir père. Pour garder les femmes de la Cour et pour pouvoir même approcher leurs appartements, il faut avoir perdu toutes les marques de son sexe. L'opération appropriée est, quoique fort délicate, exécutée même sur des adultes, sans compromettre leur vie. Un tel fait est d'autant plus surprenant que l'anatomie, en Chine, est non seulement ignorée, mais en horreur, et que la chirurgie y est si peu connue qu'on n'y fait même pas usage de la saignée... En fait, on ne se sert point de fer, mais de ligatures ointes de liqueurs caustiques. Peu de jours après l'opération, le patient sort comme s'il ne lui était rien arrivé. Si un homme, désirant sortir de la classe des plébéiens, se soumet à devenir eunuque, il est aussitôt employé dans le Palais, ce qui lui donne des avantages et l'importance d'un homme de qualité[15]. »

Les missionnaires ont surnommé couramment ces eunuques « *rasibus*[16] ». Ces *rasibus* prennent soin de conserver dans l'alcool leurs parties perdues, afin qu'au jour de leur mort, on les replace sur leur cadavre.

CHAPITRE 42

Où le climat s'assombrit
(19-25 septembre 1793)

A la fin des divertissements, le 18 septembre, Wang propose au Lord de repartir pour Pékin le 21, afin d'y devancer l'Empereur.

Macartney souhaite faire passer une note à Heshen. Le message s'est grossi de diverses requêtes : qu'on laisse Mackintosh rallier l'*Indostan* à Zhoushan ; que le voilier puisse charger une cargaison de thé ou de tout autre produit ; que les officiers soient autorisés à se livrer à quelque commerce personnel ; que le sort des pères Hanna et Lamiot soit réglé favorablement ; que lui-même puisse communiquer librement avec Canton[1]. « L'ambassade était privée des communications les plus nécessaires avec l'extérieur », gémit Staunton[2]. Pour un Européen du XVIIIe siècle, le premier des privilèges diplomatiques était la liberté et l'inviolabilité du courrier. Les Chinois n'en ont cure[3].

Ce message, comment le faire porter ? Macartney ne peut faire confiance à Zhengrui. Wang et Qiao se refusent à s'immiscer dans des affaires qui relèvent des Tartares. *« Il faut y penser »*, écrit Macartney en français dans son journal[4].

Finalement, il charge le père Li de cette mission. Thomas note : « Jeudi 20. Aujourd'hui, M. Prune est allé chez le *Colao* avec une note copiée par moi en chinois[5]. » L'interprète échappe à la surveillance des gardes et tente de rejoindre le palais de Heshen. Habillé à l'européenne, il est intercepté par la foule et insulté. Il se dégage et réussit à se frayer un passage. Il est reçu par un des secrétaires de Heshen, qui promet de remettre le message[6].

Dans le soirée, Zhengrui, Wang et Qiao apportent la réponse de Heshen. Il « accède aux désirs » de Macartney, « sauf sur un point » : Mackintosh, arrivé avec l'ambassade, doit rester avec elle. Il ne cède rien : l'autorisation de commercer était donnée depuis des mois, à l'insu des Anglais.

Mackintosh, qui commande l'*Indostan*, fleuron de la flotte des Indes, est plus qu'un officier au long cours : un de ces aventuriers négociants qui ont puissamment contribué à l'expansion britannique.

Il a de gros intérêts personnels dans le commerce des Indes. S'il a tenu à venir à Pékin, c'est qu'il espérait bénéficier d'informations qui vaudraient de l'or. A défaut, il veut regagner Zhoushan et essayer d'y faire du commerce, afin de n'être pas venu en Chine pour rien[7]. Les Chinois voient les choses autrement. Non seulement Mackintosh n'est qu'un « méprisable commerçant », mais il fait partie d'un groupe : il ne saurait en être dissocié. De plus, il ne faut pas que son voyage retarde le départ de la flotte. Enfin, on doit éviter qu'il porte aucun message. Quatre raisons, dont la dernière suffirait. Curieusement, Zhengrui lut à haute voix la note de Heshen, mais refusa avec humeur d'en laisser copie.

Suis-je allé trop loin dans mes exigences[8] ? se demande Macartney. Heshen a convoqué tous les mandarins responsables de l'ambassade, l'ancien vice-roi de Canton, le général Fukang'an, et même l'ancien surintendant de Canton*, tiré de sa prison pour la circonstance. Rien n'a filtré ; Macartney ne peut s'empêcher « d'en augurer le pire[9] ».

Le sanglot de l'homme blanc

Le 19 septembre s'assombrit encore de la découverte d'une désobéissance commise par un soldat anglais, James Cootie. Il s'était procuré auprès d'un soldat chinois un peu de *samtchoo*, liqueur à laquelle il avait dû prendre goût. Il bravait les mises en garde de Macartney ! C'était le cas d'appliquer la rigueur des consignes. La punition donnerait aux « hommes aux cheveux noirs » une haute idée de la discipline britannique.

Aussitôt jugé par une cour martiale, James Cootie fut condamné à « passer par les baguettes ». La troupe se rangea dans la cour extérieure de la résidence. Le supplicié fut attaché à l'une des colonnes du grand portique et reçut, en présence d'une grande foule de Chinois, soixante coups de baguette appliqués avec force.

Selon Anderson, la scène aurait horrifié les Chinois. Comment ce peuple chrétien, « si supérieur par la justice et la charité », peut-il concilier un tel procédé avec sa religion ? Un mandarin se serait écrié : « Anglais trop cruels, trop méchants[11] ! »

Je soupçonne fort Anderson d'avoir prêté aux Chinois sa propre condamnation des châtiments corporels ; ou, du moins, celle de son éditeur Coombes — publiciste aux idées avancées, qui saisit toute occasion de les faire passer à travers le récit. La flagellation répugnait-elle aux Chinois ? Bien au contraire. Dans le même temps, Barrow affirme : « Tous les Chinois sont sujets au *bambouage*, depuis le dernier des manouvriers jusqu'au Premier ministre[12]. »

La parole de Barrow contre celle d'Anderson ? Non. Les témoignages sont innombrables et concordants. Montesquieu ne s'aventurait point quand il affirmait que la Chine était « gouvernée à coups

---

* Qui n'est autre que Muteng'e, dont le palais confisqué servait de résidence pékinoise à l'ambassade[10].

de bâton ». La littérature chinoise regorge de récits de ce genre : « Le mandarin condamna le serviteur infidèle à cent coups de bambou. Avant le centième, le condamné avait rendu l'âme[13]. » Des Yuan aux Ming et aux Qing, on n'était pas devenu plus sensible[14].

Pour Anderson, il y a de bonnes et de mauvaises fustigations. Quand deux de leurs serviteurs chinois seront bastonnés sur ordre d'un mandarin, il ne s'en indignera aucunement : « Ils furent étendus par terre et tenus par deux soldats ; on leur appliqua de violents coups sur les reins[15]. » Aucune larme ; aucun commentaire. Anderson, ou plutôt Coombes, appartient à cette catégorie qui manifeste tantôt une indifférence indulgente pour les agissements des « indigènes », tantôt l'autoflagellation de l'Occidental horrifié de la conduite de ses pairs. Déjà, le sanglot de l'homme blanc.

Le 20 septembre, veille du départ, Macartney recense les cadeaux impériaux à son roi. Lanternes, soies, porcelaines, cloisonnés... sont emballés dans des caisses marquées « R » — *Rex*. L'opération s'accompagne de prosternations des mandarins — écrasés de respect devant ces objets, non parce qu'ils sont destinés à un roi, mais parce qu'ils émanent de l'Empereur. En Chine, c'est le rang de celui qui donne qui fait le prix de ce qu'il donne ; non la valeur marchande du présent — laquelle parut aux Anglais voisine de zéro.

Wang et Qiao informent Macartney que le retour prendra six jours au lieu de sept : ils sont moins chargés qu'à l'aller. Macartney se retient de leur dire qu'en effet, les cadeaux de l'Empereur ne les embarrassent guère. Il apprend sans enthousiasme que Zhengrui le raccompagnera à Pékin et lui rendra visite à chaque étape[16].

Le 21 septembre 1793 — anniversaire du jour où l'ambassade embarquait sur le *Lion* en rade de Portsmouth —, le cortège se met en branle. Macartney tourne le dos à Jehol, vers un avenir incertain. Il laisse derrière lui des espoirs déçus — et un homme de plus. Jeremy Reid, du *Royal Artillery*, a succombé après avoir « ingurgité quarante pommes[17] ». Décidément, la Chine ne réussit pas aux Anglais.

Hüttner attribue le trépas de l'artilleur non à un pari stupide, mais à la terrible dysenterie. « Nos deux mandarins conducteurs étaient horrifiés, à l'idée que la divulgation de cette mort provoquât leur disgrâce[18]. » Car il n'est permis à personne de « mourir dans un palais de l'Empereur, afin que rien ne lui rappelle qu'il est mortel[19] ». Thème fréquent dans les sociétés traditionnelles : le pouvoir est vie, la mort ne doit pas l'atteindre. On ne mourait pas non plus à Versailles[20]. Il fallut donc « feindre que le défunt vivait encore », pour aller l'ensevelir plus loin, au bord de la route. Thomas confirme : « Ce matin, nous avons fait halte pour notre petit déjeuner ; c'est là qu'a été *déclaré mort* le soldat Reid, qu'on a ensuite enterré solennellement[21]. »

En bas, une rivière abonde en truites[22]. Macartney, regardant ses compagnons essayer d'en pêcher, devait se dire qu'elles glissaient entre les doigts comme les Chinois eux-mêmes.

Des demandes inconvenantes

Ils glissent, beaucoup plus encore qu'il ne l'imagine.

Ce même 21 septembre, une instruction impériale a quitté Jehol. Elle est destinée à Changlin, le vice-roi du Zhejiang — où se trouve Zhoushan ; il vient d'être promu vice-roi à Canton. Elle le presse de faire partir la flotte, en évoquant deux hypothèses. Si la lettre de Macartney à sir Erasmus Gower, envoyée quelques jours plus tôt, ne mentionne pas Mackintosh, il faut donner le signal du départ. Mais si la lettre commande d'attendre Mackintosh, Changlin dira aux officiers que c'est impossible. Que les navires ne s'éternisent pas ! « Et si les officiers refusent de lever l'ancre sans Mackintosh, nous ordonnerons à la délégation d'aller au plus tôt au Zhejiang, ce qui lui évitera de passer par Canton[23]. »

On voit l'embarras de la Cour. Elle n'a pas les moyens de contraindre la flotte au départ. Si Gower veut rester, il restera — et alors on changera l'itinéraire de retour de la mission. Ce n'est pas Mackintosh seul qui ralliera l'escadre. C'est tout le monde.

Tandis que l'ambassade s'éloignait tristement de Jehol à petite allure, des coursiers galopent à la vitesse de six cents *li* vers Changlin ; vers Jiqing, vice-roi du Shandong ; vers Guo Shixun, gouverneur militaire de Canton, qui assure l'intérim du vice-roi. Nouvel édit. L'Empereur et Heshen mesurent enfin les véritables buts de l'ambassade, et notamment le principal : établir une résidence permanente. Ils ont fait cette découverte en lisant et relisant la lettre du roi d'Angleterre. A côté des plats dithyrambes habituels, ils ont été stupéfaits d'y découvrir cette inconcevable requête. Jusqu'alors, l'ambassade ne leur avait créé de difficultés qu'à propos du *kotow*. Cette question était réglée ; ils s'étaient sortis sans éclats d'un très mauvais pas ; l'Ambassadeur n'était pas courroucé, même si l'on s'apprêtait à lui faire subir de subtiles représailles dont il n'avait pas idée. Et voilà que surgissait brutalement cette question d'une légation permanente, sur laquelle aucun compromis n'était imaginable.

Tout avait été fait pour éloigner le moment de signifier ce refus — mais ce moment viendrait. Et les deux maîtres de la Chine se préoccupaient de la réaction britannique. Il fallait gagner du temps avec Macartney ; et demander aux gouverneurs qui auraient affaire avec les Barbares de prendre leurs précautions. Tel était l'objet de l'édit du 21 septembre : « Le roi d'Angleterre me demande un droit de résidence permanente dans la capitale. Requête évidemment irrecevable. Parce que je me suis montré prévenant envers eux, ces Barbares ont réitéré des demandes inconvenantes. Ce sont des ignorants. Il est possible cependant que, devant mes refus, ils se laissent aller à des réactions de dépit. Ils n'oseront rien entreprendre ici, mais il n'est pas exclu qu'ils cherchent à créer des troubles à

Macao. Quand Changlin sera arrivé à son nouveau poste, il devra demeurer vigilant. Pour prévenir toute manigance anglaise, veiller que les autres Barbares de Macao gardent leurs distances avec les Anglais. Ne pas donner l'éveil[24]. »

L'Empereur reproche à ses grands mandarins de ne pas savoir traiter les étrangers. « Si j'ordonne qu'on les traite bien, on montre trop d'égards, jusqu'à les rendre arrogants. Si j'ordonne d'économiser les faveurs, on les traite mal. Qu'on agisse avec discernement[25] ! » Éternel problème des bureaucraties : elles exagèrent les impulsions.

Le 22 septembre, un rapport de Changlin est acheminé vers l'Empereur à Jehol : « Retenu par la consolidation des digues, j'ai chargé le contrôleur du sel Alinbao d'enjoindre aux navires anglais de prendre le chemin du retour. Le 12 septembre, il s'est rendu à Dinghai avec le général Ma Yu. Le commandant était terrassé par le paludisme. Le 15, il allait mieux et il put prendre connaissance de l'édit de Votre Majesté et de la lettre de l'Envoyé. Les Barbares remercient l'Empereur de l'insigne faveur qu'il leur fait en les autorisant à rentrer chez eux sans plus attendre. » Grâce au « confort de leur cantonnement » et aux « médicaments chinois », ils ont bien « récupéré leurs forces ». Encore quelques jours de repos et ils seront « totalement guéris ; ils prendront alors la mer[26] ».

Le carrousel des messages

Le réseau impérial est mobilisé pour une intense circulation de messages officiels, qui obéissent à une procédure immuable. Le Fils du Ciel adresse un *édit* à un haut dignitaire de province. Quand le texte parvient à celui-ci, après quelques jours de galop à trois cents kilomètres par jour, le dignitaire, vice-roi ou gouverneur militaire, se prosterne devant lui, puis en prend connaissance avant d'en faire établir une copie. Il renvoie l'édit, enrichi de son *rapport*, lui aussi par courrier des six cents *li*. Quand l'*édit-rapport* parvient à la Cour, l'Empereur l'annote par des apostilles vermillon : le voilà devenu *rescrit*. Il en est établi copie, puis les courriers reprennent la route de la province, toujours à six cents *li*. Le destinataire se prosterne, lit, fait établir une copie, qu'il gardera. Le triple document, *édit-rapport-rescrit*, reprendra ensuite la route de Pékin par un courrier normal à deux ou trois cents *li*. Il y sera cérémonieusement archivé : les signes rédigés de la main de l'Empereur font de lui un objet sacré. Les rescrits porteurs des saintes apostilles ne peuvent être conservés ailleurs qu'aux Archives impériales de la Cité interdite où nous les avons retrouvés intacts[27].

Il est courant que l'Empereur adresse le même édit primitif à tous les gouverneurs des provinces : qu'on imagine le carrousel de ces cavaliers chevauchant en toutes directions, revenant à la Cour rendre les rapports, attendant les rescrits, puis repartant, à n'importe quelle heure et par n'importe quel temps, vers tous les centres nerveux de la Chine, porteurs de la volonté de Sa Majesté Céleste.

Comment cette admirable machine est-elle utilisée ? Pour qu'il y ait une unité absolue entre ce que veut l'Empereur et ce que rapportent ses « esclaves », les mandarins avancent volontiers ce qu'ils ignorent, négligent de signaler les dangers dont ils ont connaissance, font croire que les Barbares sont écrasés de respect, se livrent par flagornerie à un véritable dédoublement de personnalité.

L'Empereur ordonne, morigène, prêche. Il n'écrit pas à ses sujets, mais seulement à la trentaine d'hommes qui sont, dans les provinces, ses yeux, ses oreilles et son bras. C'est comme s'il se parlait à lui-même, s'encourageant, se faisant la leçon. Chacun fait en sorte que la chanson de l'Ordre — au moins dans la correspondance échangée — soit continuellement chantée sans fausse note.

Le légat à l'aspect de vinaigre

Jehol-Pékin, c'est Pékin-Jehol à l'envers. L'intérêt de la découverte a disparu. Les relations de nos voyageurs se limitent à quelques mornes remarques. Quand le cortège arrive aux abords de la Grande Muraille, certains refont la visite. Ils observent que la brèche par laquelle ils l'avaient escaladée à l'aller a été comblée[28] : le mur est redevenu impénétrable à l'étranger. Bien sûr, on a voulu montrer aux Barbares que la Chine, non seulement est protégée par ses remparts, mais les répare sans attendre quand ils sont endommagés.

La réparation de la fracture n'empêche pas de grimper. Thomas écrit, le 23 septembre : « Je me suis promené avec le docteur Gillan sur une partie de la Muraille, jusqu'au sommet d'une haute montagne d'où nous avions une vue agréable sur le paysage, la Muraille et deux ou trois grands villages. Nous avons ramassé quelques morceaux de la Muraille et de petits coquillages qui semblaient tombés des briques ou du mortier. Nous vîmes la Muraille elle-même, qui passe par les sommets des plus hautes montagnes et court sur leurs flancs. Ensuite, nous sommes rentrés, bien fatigués, à l'auberge où nous étions moyennement installés[29]. »

Les six journées se passèrent sans histoire. Les étapes dans les communs des palais impériaux furent, selon nos témoins adultes, « irréprochables ». Mais une fois de plus, l'enfant vend la mèche : *auberge, moyennement*. Wang et Qiao manifestèrent la même cordialité et le légat la même hostilité — « le même aspect de vinaigre[30] ».

Macartney est de retour dans la capitale le 26 septembre, près d'un mois après l'avoir quittée. Rien n'a changé. Il peut se demander si son déplacement à Jehol n'a pas été un rendez-vous manqué.

CHAPITRE 43

Le retour à Pékin
(26-30 septembre 1793)

Le 26 septembre vers midi, l'Ambassadeur et sa suite retrouvent leur résidence de la capitale. « A la porte, plusieurs mandarins nous présentèrent leurs devoirs. Nous trouvâmes tous les messieurs de l'ambassade, sauf M. Barrow et M. Dinwiddie qui étaient au *Yuanming yuan* ; ils sont revenus dans la soirée. M. Maxwell nous donna quelques nouvelles d'Europe, qu'il avait apprises des missionnaires. Nous eûmes aussi des lettres de M. An*. Nous sûmes qu'un frère de M. Prune (mandarin à bouton bleu) venait d'arriver du sud de la Chine et que M. Zhou* est venu avec lui et se trouve maintenant à Pékin... Il fait beaucoup plus chaud ici qu'à Jehol[1]. »

M. Zhou n'est autre que le second interprète recruté à Naples et qui, terrifié, était resté à Macao. Il a repris courage et apporte à ses risques une lettre de la Compagnie des Indes pour Macartney. Elle remonte au 3 juillet — peu après le passage de l'escadre à Macao, le 20 juin. Mais ces quinze jours avaient suffi pour acquérir une nouvelle certitude : la guerre entre la France et l'Angleterre était imminente. Compte tenu du décalage de l'information, sans doute était-elle déjà déclarée[2]. Il fallait organiser le retour en conséquence. Le *Lion* ne voguerait plus sur des mers paisibles et pour le seul compte de l'ambassade, comme à l'aller. Avec ses soixante-quatre canons, il prendrait la tête d'un convoi de la Compagnie, à la mousson du printemps 1794.

Puisque Macartney doit attendre que les navires se rassemblent, pourquoi ne pas mettre à profit ce délai ? Et puisque son ambassade en Chine court à l'échec, pourquoi ne pas le compenser par un succès au Japon ? Londres lui avait prescrit d'y tenter une mission exploratoire. Encore fallait-il retrouver le *Lion* à Zhoushan[3]. Après avoir demandé que son escadre quitte Zhoushan sans délai, Macartney va-t-il demander qu'elle y reste pour l'y attendre ?

Pour le moment, il n'en fait rien. Il ne veut pas écarter tout espoir

---

* L'un des prêtres chinois ramenés d'Europe par l'escadre et débarqués à Macao.

de demeurer encore quelque temps en Chine... On relève sous sa plume, le 27 septembre : « Nous nous sommes affairés à préparer le reste des présents à envoyer au *Yuanming yuan*. Nos mandarins conducteurs paraissaient presser le mouvement : cette attitude, ajoutée à nos propres observations et aux renseignements que nous avons pu recevoir, m'induit à penser que nous ne passerons pas l'hiver ici[4]. »

Ceux qui savent et ceux qui ignorent

Dans le petit monde de l'ambassade, l'information ne circule pas. Macartney, pour qui le secret est un principe de commandement, s'est refusé à répandre de mauvaises nouvelles. Anderson et ses camarades s'apprêtent donc, naïvement, à passer l'hiver à Pékin : « Le capitaine Mackintosh, sur la tournure favorable qu'il voyait prendre aux affaires de l'ambassade, se décida à partir seul le lundi suivant pour rejoindre à Zhoushan son navire l'*Indostan* et cingler vers Canton, en vue de charger pour l'Angleterre[5]. »

Le 28 septembre, Anderson déborde d'optimisme : « Le Lord regarde comme certain, d'après ses négociations avec la Cour, que nous passerons l'hiver à Pékin afin d'achever les traités commencés. Nous avons employé cette journée à écrire en Angleterre pour profiter du départ du capitaine Mackintosh[6]. »

Macartney donnait le change à ses collaborateurs pour préserver leur moral. Mais il ignorait combien son intuition pessimiste était inscrite dans les édits que des courriers portaient à bride abattue à travers l'Empire. Les visites des deux palais impériaux de la capitale avaient déjà été annulées, ainsi que le banquet de Qianlong, les réjouissances et les réceptions prévues. Macartney aurait seulement le privilège de saluer le palanquin impérial à la Grande Porte de l'Est. On lui remettrait quelques jours plus tard, à Pékin, l'édit impérial en réponse à la lettre de son roi, ainsi que les présents[7].

Macartney ne sut pas tout ce qu'il perdait. Par prudence peut-être, on ne lui avait pas fait connaître le programme d'agrément qui lui avait été préparé et dont nous avons pris connaissance. L'Anglais devait achever d'accomplir les rites indispensables — et ensuite plier bagage : « L'Envoyé tributaire n'aura dès lors plus aucune affaire qui le retienne. Il lui restera seulement à empaqueter les présents, puis, avant le 5ᵉ jour du 9ᵉ mois*, il se mettra en route pour rentrer chez lui[8]. »

L'Empereur ordonne à Zhengrui de veiller que toutes les pièces du tribut soient présentées le même jour au *Yuanming yuan* : si certaines étaient gardées en réserve, elles serviraient de prétexte à l'ambassade pour s'incruster[9]. Macartney note que les mandarins, impatients, répétaient que « nos gentilshommes pouvaient faire appel à cent, deux cents mains, autant qu'ils le souhaiteraient[10] ». Macartney était

---

* 9 octobre.

moins porté qu'au début à admirer l'efficacité des masses. Le conte de fées tournait mal.

Quand le temps presse

A nouveau, l'ambassade est prise de court. Il faut tout préparer pour l'inspection impériale. On y parviendra, en mettant les bouchées doubles. Le petit Thomas, à son habitude le plus précis, note : « 27 septembre. Ce matin, nous avons commencé d'ouvrir le reste des présents pour l'Empereur ; certains sont très beaux. Le planétaire est entièrement monté et fonctionne maintenant[11]. »

Plus que la démonstration d'une supériorité technique, les Anglais cherchaient à inciter la Cour à leur demander coopération et enseignement. La patience des Jésuites n'avait fait de ceux-ci, au bout de deux siècles, que des calculateurs d'éclipses ou des experts en horlogerie. L'ambition des Britanniques était d'exploiter la curiosité qu'ils supposaient aux Chinois, pour aller bien au-delà des médiocres résultats de cette infiltration missionnaire. Ils perdent leur peine. Que n'ont-ils interrogé l'aimable père Raux ? Le Lazariste avait écrit, à propos de « toutes nos nouvelles découvertes » : « La théorie des ballons aérostatiques, le mesmérisme, la planète Herschel*, tout cela affecte faiblement ces flegmatiques Orientaux[12]. »

Dinwiddie note qu'au début, au *Yuanming yuan*, « les missionnaires remplissaient l'office d'interprètes avec beaucoup d'obligeance. Par la suite, ils parurent se lasser[13]. » Cette absence des bons pères est encore plus lourde de sens que ne le suppose l'Astronome. Les missionnaires sont bel et bien empêchés de rencontrer les Anglais. Les archives des Lazaristes l'attestent[14] : voilà l'ambassade au secret.

La dysenterie

Le 28 septembre, le légat annonce l'arrivée de l'Empereur pour le surlendemain. Macartney est perclus de rhumatismes ; mais comment manquer cette chance qui se présente peut-être d'une vraie conversation ? Zhengrui, compatissant, lui conseille de rejoindre en deux fois le lieu où il doit saluer l'Empereur, avec une étape dans sa première résidence, proche du *Yuanming yuan*. C'est seulement le dimanche après-midi que l'Ambassadeur en trouve la force. Dès son arrivée à Haidian, il se couche, épuisé[15].

Macartney n'était pas le seul malade. La dysenterie ravageait l'ambassade. On avait aménagé une partie de la résidence pékinoise en hôpital pour isoler les soldats atteints. Les docteurs Gillan et Scott y soignaient dix-huit patients sur les cinquante hommes de la garde[16]. Le mal nous prive, un temps, d'un de nos grands témoins, Hüttner[17].

Le jeune Thomas avait précédé le Lord. Il est enthousiaste comme

---

* Herschel, nom d'abord donné à la planète Uranus, découverte en 1781 par l'astronome anglais.

un enfant sage au Palais de la Découverte : « Ce matin 29 septembre, je suis allé au *Yuanming yuan* avec M. Barrow. J'ai vu tous les présents disposés bien en ordre au fond de la salle. Ils font vraiment un effet splendide et ont été très admirés par les Chinois[18]. »

Mais, à en croire le Hollandais Van Braam qui sera à Pékin au début de 1795, même le superbe planétaire avait nui aux Anglais. « Les missionnaires remarquèrent que plusieurs rouages étaient fort usés et que les inscriptions sur les pièces étaient écrites en allemand. Ils allèrent communiquer ces détails au Premier ministre qui, déjà choqué par bien des points de l'ambassade anglaise, en fit un rapport à l'Empereur, ajoutant que les Anglais étaient des fourbes et des imposteurs[19]. » Le Hollandais ajoute : « L'Empereur indigné ordonna que l'ambassade sortît de Pékin sous vingt-quatre heures. »

Cette relation de cause à effet ne tient pas. Les archives du Grand Conseil ne conservent nulle trace de ce prétendu rapport. Qianlong avait de longue date arrêté le calendrier de l'expulsion. La rumeur recueillie dix-huit mois plus tard, certainement auprès des missionnaires, n'en traduit pas moins une déconfiture des Anglais, particulièrement sur le front où, si fièrement, ils voulaient vaincre : celui de l'éblouissement scientifique.

La dernière rencontre

Cette dernière rencontre avec l'Empereur transforme une fois de plus les Anglais en figurants de la cérémonie du pouvoir impérial. Levé à trois heures du matin, le 30 septembre 1793, Macartney rejoint à Miyun, au nord du *Yuanming yuan*, la foule de plusieurs milliers de courtisans, mandarins et soldats.

Regardons la scène avec les yeux de l'enfant : « Nous nous postâmes au bord de la route. Deux rangs de militaires tenaient de belles bannières peintes. Enfin, l'Empereur passa, avec un assez long cortège où il y avait aussi le Premier ministre[20] »

Voici l'Empereur qui s'avance en palanquin, suivi d'un chariot sans suspension. Macartney, sur son talus, songe que le souverain sera content de troquer cette rude voiture contre le carrosse si confortable dont il lui fait cadeau. Sir George, une fois de plus, se laisse aller à rêver : « Quand on rapproche une aussi misérable voiture des berlines élégantes, commodes et légères qui faisaient partie de nos présents, il n'est guère vraisemblable que le préjugé national résiste longtemps à une utilité aussi évidente. Un jour viendra où les carrosses anglais seront, comme les montres et le drap, un article d'importation pour la Chine[21]. » On croirait entendre un diplomate anglais d'aujourd'hui se flatter d'exporter bientôt vers la Chine des Rolls et des Jaguars. L'esprit anglais est prêt à prendre le meilleur des deux mondes. Mais l'esprit chinois devine que, pour adopter les voitures anglaises, il faudrait changer de monde[22].

Le cortège passe à hauteur des Anglais. Macartney salue. « Nous fîmes la cérémonie habituelle de plier un genou », précise le petit Staunton[23]. Combien de fois ?

Le cortège est passé sans s'arrêter. La foule se disperse. Macartney n'a plus qu'à rentrer à Pékin. Il se sent très mal en point[24]. Que de dérangements, pour une génuflexion ! Cependant, l'Empereur, encore une fois, a dû subir l'intolérable vision de ce petit groupe d'hommes dont le buste émerge de la foule jetée face contre terre : les insolents Anglais.

Expulsion et course-poursuite

Le couperet va tomber brutalement. Qianlong adresse un nouvel édit aux vice-rois et gouverneurs du Shandong, du Zhejiang et du Jiangnan. C'est un ordre d'expulsion, dont les intéressés n'auront connaissance que quelques jours plus tard :

« La délégation anglaise se mettra en route le 7 octobre et elle ralliera par voie fluviale le Zhejiang, où elle rembarquera. Les gouverneurs des provinces traversées ne devront pas la rencontrer. Ils veilleront qu'elle soit normalement approvisionnée, mais pas plus qu'il ne faut. Si la délégation cherche à traîner en route, il faudra la forcer à avancer[25]. »

Ainsi, la Cour avait définitivement fixé calendrier, protocole et itinéraire. Puisque le départ allait être accéléré, elle décidait d'acheminer l'ambassade à Zhoushan. C'était la solution pour laquelle le pauvre Zhengrui avait été taxé d'« indécrottable stupidité ». Mais il ne s'autorisa sans doute pas à le faire remarquer.

Au retour de la cérémonie, Barrow et quelques compagnons chevauchent avec un détachement de cavaliers tartares. Tout à coup, l'ivresse du galop s'ajoutant à leur claustration, ils tournent bride en vue de la ville, pour y entrer par une autre porte et traverser de nouveaux quartiers. « Nos conducteurs nous rappelèrent de toutes leurs forces. Nous galopâmes de plus belle et franchîmes la porte. On nous poursuivit avec de grands cris ; nous nous échappâmes par une rue de traverse, et arrivâmes à notre résidence avec au moins une centaine de soldats à nos trousses[26]. »

Impossible d'échapper à son guide, sinon par des escapades. La surveillance tatillonne transforme les voyageurs en collégiens chahuteurs : quel Européen en séjour dans la Chine populaire n'a fait, un jour ou l'autre, l'école buissonnière comme Barrow ?

A Paris, ce jour-là, la Convention vote la *loi du maximum*. Ce texte ne stoppera pas la vertigineuse inflation, mais pourvoira abondamment la guillotine.

CHAPITRE 44

Le naufrage
(30 septembre-2 octobre 1793)

Dès son arrivée au Palais, l'Empereur vint voir les présents — Dinwiddie, qui était sur place, nous en informe. Il cédait d'autant plus volontiers à ce mouvement naturel de curiosité, qu'il savait que Macartney ne serait pas là pour lui faire les honneurs du « tribut ». L'Ambassadeur ne fut informé de la visite impériale que le lendemain ; il dut être mortifié qu'elle se fût passée sans lui. Aussi ne mentionne-t-il pas cette inspection discrète. Une fois de plus, le petit Staunton vend la mèche : « Aujourd'hui, 30 septembre, l'Empereur donna à chacun des messieurs qui ont monté les appareils quatre onces d'argent[1] », en lingots ayant la forme de « souliers tartares[2] ».

L'Empereur et les enfants d'Occident

L'Astronome s'était hâté lentement. Pompe à air, télescope de Herschel, lentilles de Parker étaient encore dans leurs caisses[3]. Cette lenteur avait beaucoup agacé la Cour. Les Chinois croyaient que reproduire le mouvement des planètes n'était pas plus difficile que de tourner la manivelle d'un treuil. Ne suffirait-il pas de mobiliser « autant d'ouvriers qu'on voudrait » pour venir à bout de ce travail ? Mais « il fallait la compétence de quelques-uns, non la force de travail de tout un peuple de manœuvres[4] ». Les Chinois confondent technologie de pointe et main-d'œuvre de masse.

Le 3 octobre, les lentilles sont enfin montées. L'Empereur revient aussitôt assister à la démonstration. L'Astronome est notre seul témoin. « Nous fîmes tourner les lentilles et, comme je me tenais devant le miroir, je pus avoir une bonne vue de l'Empereur. Il était tout près de nous et son visage restait impassible[5]. Il ne regarda pas les lentilles plus de deux minutes. Il considéra la pompe à air et jeta en se retirant : "Ces objets sont tout juste bons à amuser les enfants[6]." » Dinwiddie n'a pas rapporté ce mot cruel à Macartney, ou celui-ci n'a pas cru devoir le reproduire.

Bravement, l'Astronome multiplie les démonstrations. Dans son vaste bric-à-brac scientifique, il sélectionne quelques échantillons dont il attend merveilles*. Il joue le grand jeu devant le Premier ministre et quelques hauts mandarins, sans parvenir à les intéresser. Décourageant : « Le Chinois a des idées qui sont un affront pour un scientifique d'Europe[7]. » Il montre comment les lentilles de Parker peuvent fondre des pièces de monnaie chinoise. Heshen s'en sert pour allumer sa pipe ; comme si l'appareil n'était rien d'autre qu'un « briquet encombrant » ! Il pose quelques questions : « Peut-on mettre le feu à une ville ennemie avec ces lentilles ? Comment peuvent-elles agir sous un ciel couvert[8] ? », mais n'écoute pas les réponses. Un eunuque malavisé tend son doigt, se brûle et se retire précipitamment, provoquant l'hilarité générale. C'est tout. C'est peu.

La technologie militaire n'a pas plus de chances. « Un mandarin vint demander que les pièces d'artillerie fussent envoyées sur-le-champ au *Yuanming yuan*, afin qu'on en fît l'essai. Mais les Chinois se croyaient trop habiles artilleurs pour avoir recours aux nôtres[9]. » Se persuadaient-ils qu'ils sauraient se servir seuls des canons ? Préféraient-ils échouer, plutôt que de reconnaître leur infériorité dans un domaine aussi sensible ? Les artilleurs anglais furent renvoyés dès qu'ils eurent livré les pièces[10]. Ces canons et leurs obus devaient être retrouvés intacts lors du « sac du Palais d'Été » en 1860. Ils n'avaient jamais servi. Ils furent réexpédiés à Londres[11].

Anderson, ou plutôt son rédacteur Coombes, se laisse prendre encore en flagrant délit de faux témoignage : « L'Empereur admira l'invention de ces instruments de mort, mais ne put cacher l'éloignement qu'ils lui inspiraient pour une nation qui en faisait usage et dont il lui était bien difficile de concilier les grands progrès dans l'art de la destruction avec cet esprit d'humanité qu'elle disait être le principe fondamental de sa religion[12]. » Voilà bien ce que pensaient les « libéraux de gauche » anglais à la Thomas Paine, tandis que déferlait la Révolution française. Ce n'est certainement pas du Qianlong...

Parmi les présents, le modèle réduit de la plus belle unité de la flotte britannique, le *Royal Sovereign*, vaisseau de ligne de cent dix canons, retint un instant l'Empereur. Mais ses questions se heurtèrent à la difficulté de la traduction. Commis à ce soin, le père Adeodato, expert en horloges, manquait visiblement de compétences navales. Comment interpréter en chinois le latin nautique — sans doute lacunaire — des Anglais, et inversement, quand on ne connaît rien à la marine ? L'intérêt impérial tourna court[13].

Quelques curieux montrent le nez. « L'isolement dans lequel on confine l'ambassade se trouve quelque peu rompu. Un réseau de communication parvient à s'établir[14] », écrit Macartney. Il se contente de peu. Ces badauds ne compensent pas l'interdiction de le revoir, faite aux missionnaires qui le fréquentaient avant Jehol.

---

* Pompe à air, parallélogrammes de forces, leviers, cames, poulies, vis sans fin, palans, treuils, machine d'Atwood.

Détresse des missionnaires et mandarin pickpocket

L'amertume s'alourdit. Les confidences du père Adeodato à Staunton et à Barrow reflètent toute la détresse des missionnaires. Il leur a révélé à voix basse que, derrière une façade brillante, ils mènent une vie de misère. Consignés dans Pékin, ils ne peuvent en sortir que sur autorisation de l'Empereur. Laissent-ils apercevoir une montre à leur gousset, une pendulette sur leur table de travail ? Ils feront bien de la céder au plus vite : déconfit d'un refus, un mandarin causerait leur perte. Impossible à un homme riche « de jouir de ses biens en toute quiétude » ; les mandarins « en veulent à son argent ». « Le dénonciateur reçoit comme récompense le poste de l'homme qu'il a dénoncé. Les espions sont si nombreux, que rien ne leur échappe. Et les missionnaires sont les premiers suspects[15]. »

Un jour, le docteur Dinwiddie sent dans la poche de son gilet la main d'un mandarin, qui lui subtilise prestement son canif avant de l'enfouir dans une de ses manches. Encouragé, l'homme plonge son autre main dans l'autre poche. L'Astronome le repousse brusquement, en s'écriant que « ce ne sont pas des manières » et « qu'en Angleterre, seuls les pickpockets se conduisent ainsi[16] ».

L'Empereur daigne faire remettre un cadeau aux Anglais qui avaient installé les machines : « Le vieil eunuque nous dit avec insistance qu'avant de le recevoir, il fallait nous prosterner neuf fois. » Barrow répond que ses collègues et lui ne se croient pas autorisés à faire ce que l'Ambassadeur avait jugé à propos de refuser. Le prince tartare, qui guettait la faille, enregistre l'échec avec élégance : c'était un malentendu ; on ne demandait rien de plus que ce qu'avait fait l'Ambassadeur à Jehol. Barrow et ses compagnons mettent donc un seul genou en terre[17].

Une lettre de Cour nous apprend que nombre des présents remis à l'ambassade provenaient des tributs de vassaux. Chacun des six cent cinquante soldats et marins anglais fut gratifié d'une pièce d'étoffe de Corée, d'un tissu blanc des territoires musulmans, d'une pièce de toile de jute de Birmanie[18]. Immense recyclage : telles ces boîtes de chocolat qui servent plusieurs fois sans être ouvertes entre Noël et le jour de l'An.

Bruit de congé et audience-surprise

Macartney achève ainsi sa relation du 1er octobre : « Avant notre arrivée, certains ministres avaient indiqué que notre départ devait être exigé à l'expiration de nos quarante jours — durée fixée par les lois de l'Empire pour le séjour d'une ambassade étrangère[19]. » *Avant notre arrivée :* Macartney souligne que son comportement n'est pour rien dans le congé dont il se sent menacé. En un sens, il n'a pas tort : il commence à comprendre que son ambassade était condamnée d'avance à n'offrir qu'une variation grinçante sur le thème du tribut.

Dès qu'il a vent de cette rumeur, Macartney écrit à Heshen. Il sollicite à nouveau pour Mackintosh l'autorisation de rejoindre l'*Indostan* à Zhoushan. Pour sa part, il souhaite se rendre à Canton après le Nouvel An, dès que la saison le permettra*. Les vaisseaux du Roi seront alors à Macao, pour le ramener en Angleterre[20]. Le Britannique entend tirer sa révérence... mais seulement au printemps. Heshen le convoque alors au *Yuanming yuan* pour le lendemain matin 2 octobre. Macartney se doute que c'est pour hâter son départ.

Faux! Il reçut son congé non le 2, mais le 1er. Cela ressort clairement du journal du petit Staunton : « Mardi 1er octobre. Ce matin, lord Macartney et mon papa sont allés au *Yuanming yuan*. Le Premier ministre leur dit qu'il serait convenable que nous partions avant l'arrivée du gel[21]. » Date confirmée par Dinwiddie, qui emprunte la même voiture[22]. Mémoire embrouillée ? A moins que Macartney n'ait allongé le calendrier, pour donner l'impression qu'il avait pris l'initiative et atténuer l'humiliation de ce congé signifié à la sauvette ?

Voici son récit de l'audience. Le principal ministre ramène tout à la météorologie, à la santé, à la lassitude des divertissements, au désir de revoir le pays natal : conversation d'homme du monde. L'Ambassadeur sent qu'il tient la première et la dernière occasion de parler de choses sérieuses — de ce pour quoi il est venu. Il lâche son paquet, comme une bouteille à la mer dans ce naufrage diplomatique.

« Ce matin, je me suis rendu au *Yuanming yuan*, bien que fort indisposé. Le Premier ministre commença par me remettre quelques lettres qui venaient, dit-il, d'arriver de Zhoushan par la poste impériale. L'une d'elles était adressée à Mackintosh par son second ; il y en avait deux pour moi de la part de sir Erasmus Gower[23]. »

Dinwiddie, témoin visuel, rapporte que ces lettres avaient été ouvertes par les Chinois. Le père Adeodato n'avait su les leur traduire. Heshen, en les remettant à leur destinataire décachetées, lui en demanda sans façons le contenu. Le garant d'un Ordre total ne doit-il pas tout savoir ? Aucune information ne doit circuler, sans que les autorités en aient connaissance avant son destinataire[24]. Cette pratique était restée fréquente jusqu'à une date récente, les Chinois s'estimant juges de l'opportunité de transmettre ou non le courrier des visiteurs.

Macartney apprend donc à Heshen — tout en l'apprenant lui-même — que l'*Indostan* ne pouvait appareiller sans son commandant, mais que le *Lion* se préparait à quitter Zhoushan. « J'espère que le *Lion* n'est pas parti, dit Heshen, car vous devez avoir hâte de rentrer chez vous après une si longue absence. Pensez à vos hommes malades. Certains sont déjà morts. L'Empereur s'inquiète beaucoup pour votre santé. Les hivers sont si rudes à Pékin ! Vous devriez partir avant les premières gelées[25]. »

Macartney affirma bravement qu'il supportait fort bien les climats froids. Et puisque le Premier ministre lui avait ouvert à Jehol l'espoir

---

* Le Nouvel An tombant cette année-là le 1er février 1794, époque où les canaux sont gelés, Macartney ne prévoit toujours pas de quitter Pékin avant le printemps.

de « le voir souvent au *Yuanming yuan* » et d'y « cultiver leur amitié », il saisissait cette occasion d'une « première conversation » dans ce palais pour « exposer en peu de mots la mission que lui avait confiée le Roi son maître[26] ».

Sans reprendre souffle, il expose enfin à Heshen le but de son ambassade : « Mon roi souhaite que l'Empereur m'accorde la permission de rester à la Cour, aux frais de mon pays, comme ambassadeur permanent, conformément à la coutume européenne. Ainsi pourrait être cimentée une solide amitié entre les deux monarques les plus puissants du monde. L'Empereur pourrait en retour envoyer une ambassade en Angleterre. Je m'engage à tout organiser à votre entière satisfaction. Les envoyés de l'Empereur voyageraient confortablement à bord de vaisseaux britanniques ; ils seraient traités avec respect et ramenés sains et saufs[27]. »

Solliciter la faveur de partir

Sur sa lancée, Macartney explique à Heshen toutes les faveurs commerciales qu'il a pour mission de lui demander : elles ne peuvent que rendre service à la Chine.

Une fois de plus, la truite glisse entre les doigts. Avec son adresse habituelle, Heshen se garde bien d'« entrer dans la discussion ». « L'Empereur ne souhaite le départ de l'Ambassadeur que pour sa santé et celle de ses compagnons », répète-t-il. Sinon, un séjour prolongé des Anglais « n'aurait pu que lui être agréable ». Heshen et ses deux assesseurs redoublent d'amitié lorsque Macartney se lève enfin pour prendre congé. Le père Li lui souffle qu'il est confiant dans les perspectives de la mission[28].

De retour à sa résidence, Macartney apprend que les missionnaires sont en train de traduire, du mandarin en latin, une lettre de l'Empereur au roi d'Angleterre. Peu après, Wang et Qiao viennent lui annoncer que le Premier ministre le recevra à nouveau le lendemain, sans doute pour lui remettre l'édit impérial. Il aurait alors tout intérêt, ajoutent-ils, « pour le succès même de sa mission, à solliciter l'autorisation de partir sans délai ». « Ce discours, on le leur a soufflé », note Macartney[29].

Les Chinois lui suggèrent donc de demander lui-même à mettre fin à sa mission en Chine. « Se retirer avant d'être congédié, telle est la conduite de l'homme de bien » selon Confucius[30]. Démarche ritualisée. Ainsi des deux femmes passionnément aimées par Qianlong : on les avait persuadées de supplier l'Impératrice qu'elle leur accordât la faveur de mettre elles-mêmes fin à leurs jours. Et l'Impératrice avait été assez bonne pour y consentir.

Macartney n'est pas encore résigné à cette démarche destinée à lui épargner l'humiliation — et qu'il juge pourtant humiliante. Abattu, il tergiverse, alors que la lettre de sir Erasmus Gower, annonçant le départ imminent du *Lion*, aurait dû le pousser à une réaction rapide.

Quand les Chinois craignent des représailles

Les Britanniques ne se doutent pas à quel point leur situation est consternante. Mais les Chinois ne triomphent pas. Le comportement de Heshen est dicté par un mélange d'impatience et de prudence. Il louvoie. Si les Anglais ne sont que des Barbares, ils sont d'une espèce dangereuse : leurs navires sont nombreux et puissants. Il faut désarmer leur tentation de se venger. D'abord, atermoyer.

La crainte principale de la Cour était que Macartney ne voulût à toute force soit rester en personne, soit laisser derrière lui, à Pékin, un homme de confiance, sir George Staunton par exemple. Il est curieux qu'à aucun moment, cette idée si redoutée des Chinois ne soit venue à Macartney. Zhengrui reçoit donc l'ordre d'attendre et voir venir : le *wait and see* est de tous les pays. Car Heshen redoute des réactions imprévisibles. Rituelles, d'abord : « Si nous disons catégoriquement à l'Envoyé que personne de sa suite ne doit rester dans la capitale après son départ, il est à craindre que, sous couleur de quelque maladie, il ne retarde son départ et excède les délais d'usage ; ou qu'il ne veuille remballer ses tributs ; ou qu'il trouve un prétexte pour ne pas recevoir l'édit impérial[31]. » La Cour n'a pas oublié comment Macartney avait réussi à la faire plier sur le *kotow*. Que ne peut-on craindre de ce diable barbare ? Restent à accomplir des cérémonies bien codifiées : il ne faut rien provoquer qui puisse en déranger l'ordonnance. Les rites bafoués, quelle horreur !

Qianlong éprouve aussi des appréhensions moins formelles. Une autre lettre montre qu'il voit, à travers l'Ambassadeur, le Roi ; derrière cet Anglais, l'Angleterre. Ces Barbares veulent « nous espionner » en réclamant une légation permanente ; « il ne peut en être question ». Mais « le roi de ce pays a envoyé un message d'État présentant une demande ferme. L'Envoyé ne parle pas en son nom propre[32]. »

Un autre document précise ces craintes : Macao est vulnérable à la flotte anglaise. « Nous comprenons maintenant que l'Angleterre est la première des nations de l'Océan occidental. » Pire : « le plus féroce des pays des océans[33] ». Il lui arrive de se livrer à des « actes de piraterie contre les navires des autres Barbares ». Bien que l'Envoye tributaire ait « vu de ses yeux que le système du Céleste Empire est strict et sévère et que de toutes parts les Barbares nous sont soumis », il reste qu'à Macao et Canton, « les vaisseaux anglais sont les plus nombreux ». Pour le cas où ce pays « comploterait » auprès des marchands barbares pour « susciter des troubles », il faut « prendre toutes précautions ». Quel atout pour les Anglais, s'ils se prévalaient d'un poste fixe à Pékin pour « acquérir un monopole » et « tirer un maximum de profit » comme « intermédiaires obligés » avec les marchands des autres nationalités[34] !

Expulser le parasite

Le délai rituel s'achève. L'Anglais doit donc solliciter qu'on lui accorde la faveur de le laisser repartir. Le 2 octobre, des cavaliers en anticipent la nouvelle, pour en prévenir les conséquences. Le vieil Empereur rabâche ses appréhensions et les ordres qui en découlent pour les vice-rois et gouverneurs militaires des provinces côtières : « prendre des mesures pour prévenir toute réaction des Anglais ».

D'abord, la manière douce : quand « Changlin arrivera à Canton », il faudra qu'il fasse « clairement savoir aux autres Barbares que la délégation anglaise n'a obtenu aucun privilège »... « Rassurez les autres étrangers et invitez-les à vaquer à leurs affaires pour qu'ils ne se coalisent pas avec l'Anglais »... « Il paraît que se trouvent à Macao des *moines occidentaux* en qui les marchands barbares ont une confiance totale. Est-ce le cas des Anglais ? Si oui, que l'on fasse connaître nos desseins à ces moines et qu'ils agissent discrètement en conséquence[35]. » « Il paraît » : ne sont-ce pas les « moines » portugais de Pékin — d'Almeida en tête — qui ont soufflé à Heshen qu'il pouvait compter sur d'autres « moines », ceux de Macao, également portugais — également otages ?

Ensuite, l'intimidation : que les militaires exhibent leurs drapeaux et leurs armes, afin d'intimider l'Envoyé. Montrer sa force pour n'avoir pas besoin de s'en servir : la dissuasion, déjà.

« Les frontières maritimes représentent ce qu'il y a d'essentiel. Leur surveillance s'est relâchée » ; il est urgent d'y remédier pour « faire impression sur les Barbares ». « Évitez que ne poussent les germes du malheur. » Il faut « empêcher les Barbares de débarquer par surprise », surtout « dans les îles Zhoushan et les îlots avoisinant Macao ». Faites surveiller par des patrouilles « les ports et les côtes » ! « Assurez-en la défense » dans « le plus grand secret ». On peut craindre que des « traîtres de l'intérieur » ne se lient aux Barbares pour en tirer « quelque bénéfice ». Ce sont ces traîtres qui sont « les plus détestables ». Il est essentiel « de ne pas les laisser s'aboucher avec les Barbares. Qu'on découvre ces traîtres parmi la population, et qu'on les punisse avec la plus grande sévérité, pour l'exemple[36]... »

La machine impériale se met en branle pour expulser le parasite. Elle use d'une rhétorique incantatoire — un reste de magie le dispute au souci d'efficacité.

CHAPITRE 45

Un rouleau de papier sur un trône
(3 octobre 1793)

La préparation psychologique paraît suffisante aux Chinois. Il est temps d'agir. Dans la nuit du 3 octobre, le légat Zhengrui vient tirer Macartney de son lit de douleur : il est « convié à participer en grande tenue à une réunion des ministres[1] ». Il ne se souvient point d'avoir reçu de sa vie « un aussi désagréable message ». A peine capable de se lever, il obtempère pourtant, passe son habit de cérémonie et se rend en hâte à la Cité interdite.

Fallait-il tant se presser ? Il doit faire antichambre. Qu'une apparition de l'Empereur soit directe ou indirecte, l'étiquette exige trois heures d'attente. Macartney a du mal à réprimer son exaspération.

C'est dans la salle de la Porte de la Suprême Harmonie que va se dérouler l'étrange cérémonie. Le voici donc, pour la première fois, au cœur de la Cité interdite. Or, ni lui ni Staunton ne soufflent mot du Palais où si peu d'étrangers ont été admis. L'humeur n'est plus au pittoresque. Elle est toute dans l'attente du contenu de l'édit.

Au pied d'un grand escalier, un large fauteuil drapé de soie jaune. L'Empereur n'y trône pas, mais Sa lettre : c'est tout un. Tandis que ses hôtes se prosternent devant un rouleau de papier, Macartney et ses compagnons font les « révérences habituelles[2] », un genou en terre, tête inclinée ; neuf fois sans doute, puisqu'ils participent à un *kotow* collectif. Puis on marche en procession derrière le fauteuil.

Les cadeaux repoussés

Heshen explique à Macartney que l'édit sera porté chez lui avec cérémonie. Il se garde de lui en révéler le contenu, comme si la forme importait plus que le fond. Son doigt indique négligemment quelques tables couvertes de paquets enveloppés dans du papier jaune : les derniers présents pour l'ambassade.

Le Premier ministre n'est plus aussi courtois qu'à l'accoutumée. Macartney ne tarde pas à mesurer son hostilité « par son refus catégorique des quelques magnifiques cadeaux que je lui avais destinés, et qu'il avait d'abord paru accepter[3] ». N'avait-il pas lui-même précisé à qui on devait en remettre ? L'Ambassadeur et son second sont assez affectés de ce refus, pour en parler devant Thomas : « Je n'y suis pas allé », précise l'enfant ; « je ne me sentais pas très bien. L'Empereur a offert des cadeaux pour les messieurs, les domestiques et les soldats. Nous avons offert quelques cadeaux au *Colao* ; il ne les a pas acceptés. L'Empereur n'a pas voulu non plus recevoir un carrosse offert par lord Macartney[4]. » Adieu, exportations de voitures...

Macartney se sent « prêt à défaillir d'épuisement ». Il a encore la force de rappeler ses demandes de la veille, mais sollicite la permission de se retirer et de laisser sir George en discuter à sa place. Heshen lui répond simplement : « Vous pouvez toujours m'envoyer une note », mais sur un ton qui ne laisse guère d'espoir à l'Ambassadeur. « D'autant qu'il garde le silence sur la précédente[5]. »

Macartney, jusqu'à la dernière minute, tente de déchiffrer le visage du principal ministre : hier enjoué, aujourd'hui renfrogné. Sans doute la mauvaise humeur est-elle plus sincère que la bonne, qui cherchait à susciter un départ volontaire — et n'a obtenu qu'un impertinent plaidoyer pour un long séjour.

C'est en étranger à lui-même que Macartney a assisté au dernier acte de son échec. Ce rituel lui paraît si absurde : ce trône où l'on porte, non l'Empereur, mais sa lettre ; les révérences exigées devant ce morceau de papier ; ses propres présents refusés, alors qu'il les croyait très attendus. Nous savons qu'une lettre impériale du 10 septembre[6] avait interdit de les accepter. Macartney passe l'affront sous silence. Nul doute qu'il l'a ressenti comme tel : il se faisait encore illusion sur sa victoire protocolaire de Jehol.

Mais la splendide voiture à ressorts que Macartney destinait à Heshen était déjà livrée. Anderson explique comment les Chinois « ajoutèrent l'insulte à l'outrage ». Les Anglais demandent que la voiture leur soit rendue pour la démonter et la remballer. Pas de réponse. Ils avaient « tant de choses à faire » qu'ils ne purent s'informer « ni de ce qu'était devenue la voiture, ni de ce qui avait occasionné ce refus désobligeant[7] ». Après l'avoir repoussée comme cadeau, le Premier ministre allait-il la confisquer comme prise ?

Macartney parti, Staunton reste donc ; Heshen l'honore d'un peu de tourisme : une promenade évitera une conversation diplomatique. Heshen conduit Staunton dans plusieurs pavillons. « On ne leur montre que de loin les appartements de l'Empereur » — il faut bien que la Cité interdite mérite son nom[8].

Staunton, qui a peint avec emphase des lieux insignifiants, ne parle qu'avec insignifiance du saint des saints. Si la Chine est l'Empire du Milieu, la Cité interdite est le Milieu du Milieu. Staunton, si sensible, ne voit plus rien. Dans un contexte de déroute, les Anglais n'ont plus le cœur à contempler.

Pendant ce temps, l'édit impérial poursuit Macartney. A peine arrivé dans sa résidence, il le reçoit. Il faut s'agenouiller et baisser la tête devant l'édit porté sur une somptueuse litière, en présence de seize mandarins qui cognent neuf fois le sol de leur front. Puis arrivent les cadeaux. Même cérémonie.

Une telle hâte ne laisse plus aucun doute. Macartney cesse de feindre de ne pas comprendre les allusions : elles risqueraient de lui être précisées avec moins de ménagements[9]. Il se résout à demander l'autorisation de partir.

Le même jour, au Zhejiang

Ce même 3 octobre, Changlin, encore vice-roi du Zhejiang, écrit à l'Empereur : «Je me suis rendu à Dinghai, où sont amarrés les navires des Barbares. Ceux-ci m'ont dit : "Le grand Empereur nous autorise à partir. Nous souhaitons le faire au plus tôt. Mais nos malades ne sont pas tous guéris. Nous demandons quelques jours encore." Une vingtaine d'hommes sont encore malades et nécessitent des soins. J'aurais provoqué chez les Barbares une panique si je les avais obligés à partir. Je leur ai donc dit : "Le climat ne vous réussit pas. Vous demandez à la Sainte Bonté de l'Empereur de pouvoir vous soigner au Zhejiang. L'Empereur, par une extrême faveur, vous y autorise." Je leur ai dit aussi : "Le capitaine Mackintosh souhaite acheter du thé au Zhejiang et le rapporter en Angleterre ; il vient d'en obtenir l'autorisation, avec l'exonération des taxes." L'annonce de ces instructions a été unanimement acclamée par les Barbares, dont la joie se lisait sur leurs visages[10].» Ainsi, les Anglais de Zhoushan obtenaient les faveurs que Macartney avait sollicitées pour eux. Mais lui-même, à Pékin, n'en avait pas été informé.

Si ce rapport est appelé à être lu par tous les membres du Grand Conseil, un additif l'accompagne, à la seule intention de l'Empereur. Nous l'avons retrouvé, annoté d'apostilles à l'encre vermillon, de la main auguste. Il prend l'allure d'une conversation à distance :

«Votre esclave vous rapporte secrètement ceci : il est vrai que les Barbares sont malades ; mais, en fait, ils ont l'intention de gagner du temps, pour permettre à Mackintosh de rejoindre les navires et d'acheter des marchandises.

— EXACTEMENT.

— Je pense que si nous leur concédons cette fois-ci des avantages au Zhejiang, ils se montreront insatiables à l'avenir et renouvelleront leurs demandes indécentes. Il y aura un précédent.

— ON PEUT IMAGINER QU'IL EN IRAIT AINSI.

— J'ai vérifié que ces cheveux-rouges étaient venus jadis, à plusieurs reprises, faire du commerce au Zhejiang. En ce temps-là, un certain Guo parlait leur langue et s'était mis à leur service pour faciliter leurs transactions. Il est aujourd'hui décédé, mais il y a un fils Guo, qui doit parler encore plus ou moins la langue barbare.

— IL FAUT D'AUTANT PLUS S'EN MÉFIER. QU'ON ÉLOIGNE CET HOMME

EN LUI FAISANT PRENDRE UNE AUTRE ROUTE. DE MÊME POUR TOUS CEUX QUI CONNAISSENT LES ÉTRANGERS.

— J'ai donc prévenu les fonctionnaires locaux pour qu'ils le surveillent étroitement et l'empêchent d'entrer en rapport avec les Barbares. Mais voici mieux : lorsqu'en 1756, les Barbares se sont vu interdire de commercer au Zhejiang, ils sont repartis en laissant pour quinze mille taels d'impayés. J'ai donc fait dire aux commerçants que s'ils venaient à faire du commerce avec les étrangers, ceux-ci ne manqueraient pas de laisser des dettes. Les étrangers ne trouveront donc pas de commerçants pour traiter avec eux. Tout en évitant de brutaliser les Anglais, nous pouvons ainsi les décourager de venir commercer au Zhejiang.

— CE POINT DE VUE EST TOUT A FAIT CORRECT. VOUS ALLEZ RECEVOIR DES INSTRUCTIONS A CET ÉGARD[11]. »

Ainsi, il y a plusieurs cercles dans la Cité interdite. La douzaine de ministres membres du Grand Conseil ou du Grand Secrétariat doivent être rassurés ; et la Cour à travers eux. Mais l'Empereur, seul destinataire de l'additif, qu'il ne montrera qu'à Heshen, sera mis au courant de tout ce qui peut susciter sa méfiance. Tout Chinois qui connaît des Barbares, ou descend de quelqu'un qui en a connu, ou se révèle capable de s'entretenir avec eux, est en puissance un ennemi public. Il faut éveiller la vigilance non seulement des Chinois contre les Barbares, mais des Chinois contre d'autres Chinois qui pourraient converser avec les Barbares. Invariant chinois ! Les Jésuites écrivaient déjà, au tout début du XVIIe siècle : « Les mandarins familiers du père Ricci ne voulurent pas parler aux pères dans leurs maisons, tant est grande la peur qu'ils ont partout des étrangers[12]. » Jusqu'au début des années 1980, rares étaient les Chinois qui osaient recevoir des Occidentaux chez eux.

Cependant, l'exposition des présents tourne au ridicule. Le vieil eunuque vient avertir Dinwiddie, après plusieurs courbettes, qu'il faut retirer d'urgence les grands lustres de cristal : ordre de l'Empereur, qui les réclame pour les faire accrocher dans ses appartements[13] ! Dinwiddie refuse et rentre à Pékin, écœuré. Dès qu'il a tourné les talons, sept hommes viennent les emporter. C'est le pillage. L'Empereur, qui a conservé une hauteur glacée devant des instruments scientifiques dont il ne comprenait pas l'intérêt, n'a pas su résister à la passion chinoise pour les lanternes.

Barrow et Gillan n'arrivent le lendemain matin que pour constater les dégâts. Les lustres ont disparu. Leurs étuis sont en pièces, les lentilles de Parker gisent sur le dallage. Une sorte de premier « sac du Palais d'Été ». Dinwiddie cède à l'imprécation : « Ces lentilles — qui n'ont pas leurs pareilles au monde — sont vouées pour toujours à l'oubli. » Et il proclame : « *Rien, sinon sa conquête par une nation civilisée, ne pourra faire de la Chine une grande nation[14].* » Les Européens qui dépèceront la Chine au cours du siècle suivant seront animés par cette conviction.

CHAPITRE 46

La lettre d'un suzerain à un vassal
(3 octobre 1793)

Voici la réponse de Qianlong à George III, dont Macartney prend connaissance le 3 octobre après-midi. Le texte en a été promulgué dès le 22 septembre. Mieux, la correspondance de Cour nous révèle aujourd'hui qu'un projet a été rédigé le 30 juillet et soumis à l'Empereur le 3 août : *plus de six semaines avant que Macartney ne voie l'Empereur* et ne lui remette la lettre de son roi, à laquelle l'édit est censé répondre ! Six semaines avant que la crise rituelle n'éclate ! L'échec de l'ambassade n'est donc pas venu du seul refus du *kotow*. Il était programmé de longue date. Nous savons maintenant que les termes de l'édit ont été durcis en raison de l'outrecuidance de ces Barbares ; mais que, sur le fond, la réponse ne pouvait être différente.

C'est avant tout l'accusé de réception d'une vassalité. La réponse rituelle peut être préparée à l'avance, puisqu'elle demeure pour l'essentiel invariable ; même si on doit remplir quelques blancs, pour tenir compte des particularités du peuple tributaire ou de son Envoyé.

En revanche, ce qui a beaucoup changé, ce sont les versions successives de ce texte en trois langues.

L'original, écrit en mandarin classique, ne cesse d'avoir un ton de condescendance hautaine, aux limites de l'outrage.

Les missionnaires, en le traduisant en latin, en ont soigneusement retranché les expressions les plus insolentes. Ils ont proclamé eux-mêmes leur volonté de gommer « toute tournure offensante[1] ».

Enfin, même cette version, les chefs de l'ambassade n'ont pas voulu la laisser publier de leur vivant : elle n'a été connue — partiellement — que bien après leur mort. Ils se sont contentés de résumer en anglais le texte latin. Ainsi a été élaborée une version qui a été depuis lors considérée comme officielle, mais qui est un véritable faux. Car, sur la version châtrée des bons pères, Macartney et Staunton ont coupé encore tout ce qui pouvait égratigner l'orgueil britannique. C'est l'édulcoration d'une édulcoration.

Nous avons donc recours à l'original chinois, et en présentons pour la première fois la traduction intégrale*[2] que voici.

« Nous, par la grâce du Ciel, Empereur, ordonnons au Roi d'Angleterre de prendre note de Nos volontés**.

« Bien que ton pays, ô Roi, se situe dans les Océans lointains, tu as cependant disposé ton cœur à la Civilisation. Tu Nous as mandé un Envoyé pour Nous présenter respectueusement un message officiel. Traversant les mers, il est venu à Notre Cour pour accomplir les neuf prosternements du *kotow* et Nous présenter ses félicitations à l'occasion de Notre Anniversaire Impérial, ainsi que pour Nous offrir des produits locaux. Il a, de la sorte, témoigné de ton loyalisme***.

« Nous avons examiné le texte de ton message officiel ; ses termes manifestent ton zèle. Nous y découvrons clairement ton humilité et ton obéissance sincères à Notre égard. Cette attitude est digne d'éloge et reçoit Notre entière approbation.

« Quant au Premier Envoyé et à son assistant, qui ont apporté le message officiel et les objets qui composaient ton tribut, Nous avons tenu compte du fait qu'ils sont venus de très loin et ont traversé les mers, et Nous avons étendu sur eux Notre faveur. Nous avons commandé à Nos ministres de les présenter à une audience Impériale. Nous leur avons offert un banquet et leur avons à plusieurs reprises accordé des présents pour montrer Notre bonté. Bien que les officiers, serviteurs et autres qui avaient le soin des navires, fussent repartis, au nombre de plus de six cents, pour Zhoushan sans venir jusqu'à Notre capitale, Nous leur avons accordé des présents, en sorte que tous aient également part à Notre bienveillance.

« Quant à la requête formulée dans ton message, ô Roi, à savoir d'être autorisé à envoyer l'un de tes sujets résider dans le Céleste Empire pour veiller au commerce de ton pays, elle n'est pas conforme aux rites du Céleste Empire et n'est donc pas recevable. Jusqu'à ce jour, chaque fois que des hommes des divers pays de l'Océan occidental ont désiré venir dans le Céleste Empire pour entrer dans Notre Service Impérial, Nous leur avons permis de se rendre dans Notre capitale. Mais une fois qu'ils y sont venus, ils ont été tenus d'adopter le costume, les coutumes et la langue du Céleste Empire ; ils ont été confinés dans des résidences assignées et n'ont jamais été autorisés à regagner leur pays[3].

« Telles sont les règles inflexibles du Céleste Empire. Tu les connais

---

* Le lecteur curieux pourra comparer les trois versions dans notre livre annexe, *Une collision culturelle — La vision des Chinois.*

** Cet exorde est délicatement omis dans le texte latin.

*** Ainsi, pour l'Histoire, qui se fonde sur des documents, les Anglais *ont fait* ce *kotow* : l'Empereur l'a écrit. Cet alinéa donne en latin : « Alors que vous demeurez, ô Roi, au-delà des étendues marines, poussé par votre délicatesse naturelle, vous avez jugé bon de m'envoyer un Légat qui vînt respectueusement me saluer, le jour de mon anniversaire. Vous lui avez confié des lettres patentes à me remettre, mandant qu'il arrivât jusqu'à moi et qu'il m'offrît, en signe de votre sincère affection pour moi, des cadeaux et des produits de votre pays. Ce qu'il fit. » Et tout à l'avenant...

sans doute, ô Roi. Pourtant, tu veux envoyer l'un de tes sujets dans la capitale. Mais il ne pourrait ni se conduire comme un homme de l'Océan occidental qui vient dans la capitale pour entrer à Notre Service et y demeurer sans pouvoir retourner dans son pays natal ; ni recevoir la permission d'aller et venir et d'entretenir une correspondance. Aussi ne serait-il d'aucune utilité.

« De surcroît, vastes sont les territoires auxquels commande le Céleste Empire. Tous les Envoyés des États vassaux qui se rendent dans Notre capitale sont soumis à des règles précises, relatives au logement qui leur est assigné, aux vivres qui leur sont procurés, aux déplacements qui leur sont autorisés. Jamais aucun précédent n'a permis qu'ils agissent à leur guise.

« Si ton pays entretenait quelqu'un dans la capitale, sa langue ne serait pas entendue, son costume serait différent et Nous ne pourrions pourvoir à le loger. S'il doit se conduire comme ces hommes de l'Océan occidental qui viennent dans la capitale pour entrer à Notre Impérial Service, Nous devrons lui ordonner, sans qu'il puisse faire exception, de quitter pour toujours son vêtement pour celui du Céleste Empire. Or, Nous n'avons jamais désiré obliger quiconque à faire ce qui lui serait pénible. Du reste, si le Céleste Empire désirait envoyer quelqu'un pour résider en permanence dans ton pays, assurément tu ne le permettrais pas*.

« En outre, nombreux sont les pays de l'Océan occidental ; le tien n'est pas le seul. Si, à ton exemple, ô Roi, ils Nous sollicitaient tous d'envoyer quelqu'un résider dans Notre capitale, comment pourrions-Nous consentir à chacune de ces prières ? Cela Nous serait absolument impossible**.

« Comment pourrions-Nous aller jusqu'à changer les règles qui régissent le Céleste Empire, et qui sont plus que séculaires, sur la requête d'un seul — sur ta requête, ô Roi ?

« S'il est affirmé que ton intention, ô Roi, est de veiller aux intérêts du commerce, Nous observerons que des hommes de ton pays commercent à Macao depuis longtemps et qu'ils ont toujours été traités favorablement. Par exemple, dans le passé, le Portugal, l'Italie*** et d'autres pays ont parfois mandé des Envoyés vers le Céleste Empire pour prier qu'on veille à leur commerce ; et le Céleste

---

* Sans doute Heshen avait-il été désagréablement surpris que Macartney offrît ses vaisseaux pour emmener à Londres un ambassadeur de Chine permanent. Non seulement il ne donne pas suite à ces ouvertures humiliantes, mais il a rajouté une phrase par laquelle il feint de croire que, si les Chinois en faisaient la demande, elle ne pourrait évidemment qu'être repoussée ; ce qui est la manière la plus élégante de fermer la porte.

** « Vous n'êtes pas les seuls. » Voilà la Grande-Bretagne dans la constellation des petits royaumes vassaux. « C'est impossible. » Pourquoi ? Parce que cela ne s'est jamais fait. Ce qui ne s'est jamais fait ne pourra se faire. On touche ici le substrat mental de l'Empire immobile.

*** L'« Italie », qui n'existait pas, n'a jamais mandé d'Envoyé. Il doit s'agir du pape, qui ne s'occupait pas de commerce, mais qui a envoyé trois légats, en 1705, 1720 et 1725, pour tenter — sans succès — de résoudre *la question des rites*.

Empire, connaissant leur loyalisme, les a traités avec une grande bonté.

« Chaque fois qu'une question commerciale s'est élevée qui intéressât ces pays, elle a été réglée avec un soin extrême. Quand un négociant cantonais devint débiteur des navires étrangers, Nous commandâmes à Notre vice-roi de payer ces dettes sur les fonds du Trésor, et de punir sévèrement ce débiteur. Sans doute ton pays a-t-il entendu parler de cette affaire. Pourquoi donc des pays étrangers auraient-ils besoin d'envoyer quelqu'un demeurer dans la capitale ? C'est une requête sans aucun précédent et contraire aux règles fixées une fois pour toutes ; elle ne peut donc être satisfaite. De plus, la distance entre Macao, lieu où se conduit le commerce, et la capitale, est de quelque dix mille *li** : s'il demeurait dans la capitale, comment pourrait-il s'occuper du commerce ?

« S'il est avéré que, considérant Notre Empire avec admiration, tu désires étudier Notre civilisation, il n'en demeure pas moins que le Céleste Empire a son code de rites, différent en tous points de ce qui se pratique dans ton pays. Même si le sujet de ton pays qui demeurerait ici était capable de les apprendre, cela ne serait d'aucune utilité, puisque, ton pays ayant ses propres coutumes et règles, tu ne copieras certainement pas les rites chinois**.

« Maître du monde et des quatre mers, Nous Nous consacrons seulement à bien conduire les affaires du gouvernement. Nous n'accordons aucune valeur aux objets rares et coûteux. Or tu as fait, ô Roi, offrande au Trône de divers objets. Par considération pour le loyalisme dont témoignent des présents venus de si loin, Nous avons spécialement ordonné au Tribunal des tributs de vassaux*** de les recevoir.

« En fait, les vertus et la puissance du Céleste Empire se sont répandues au loin dans les royaumes innombrables ; ceux-ci sont venus Nous rendre hommage, et toutes sortes d'objets précieux, venus par monts et par mers, ont été réunis ici. Ton Premier Envoyé et sa suite les ont vus de leurs yeux. Néanmoins, Nous n'avons jamais attaché de prix aux articles ingénieux, ni n'avons le moindre besoin des produits de tes manufactures****.

---

* Expression toute faite. *Stricto sensu*, exagération manifeste. Il faudrait diviser ce chiffre par deux.

** Le texte est d'une admirable précision. La Chine, pays civilisé, a des *rites*, codifiés par écrit (en latin : *statuta*, « ce qui a été arrêté et fixé »). L'Angleterre, pays barbare, n'a que des *coutumes*, qui se transmettent oralement (en latin : *consuetudo*).

*** Le Céleste Empire, à la différence de la communauté internationale, ne comporte pas de ministère des Affaires étrangères (non plus que d'ambassades, légations ou consulats, ni en Chine, ni à l'étranger), mais seulement un Tribunal des tributs de vassaux. Les pères traducteurs ont prudemment omis de mentionner cette humiliante institution. Il faudra attendre l'électrochoc du sac du Palais d'Été, en 1860, pour que la Chine finisse par se décider à créer un ministère des Affaires étrangères, puis à envoyer ses premières missions à l'extérieur.

**** Ces termes ont été arrêtés plusieurs semaines avant que les présents n'aient été déballés, à une époque où la Cour ne disposait encore que de leur liste provisoire.

248

« En conséquence, ô Roi, pour ce qui est de ta requête d'envoyer quelqu'un demeurer dans Notre capitale, outre que cela n'est pas en harmonie avec les règles du Céleste Empire, Nous avons la ferme conviction que cela ne serait d'aucun avantage pour ton pays.

« C'est pourquoi Nous avons édicté ces instructions détaillées et ordonnons que tes Envoyés tributaires s'en retournent chez eux en sécurité. Toi, ô Roi, tu dois seulement agir selon Nos vœux, en raffermissant ta fidélité et en Nous jurant une obéissance perpétuelle, de façon que ton pays participe aux bienfaits de la paix.

« Outre les dons ordinaires et extraordinaires dont la liste est jointe, octroyés aux Premier et Second Envoyés et aux personnes de leur suite, ainsi qu'aux interprètes, soldats et serviteurs, et puisque ton Envoyé s'en retourne vers toi, Nous promulguons cet Édit particulier et t'octroyons des dons, ô Roi, de grande qualité et de grande valeur, selon le rite prescrit. Nous y avons ajouté des brocarts, des gazes et divers objets de curiosité — tous de grand prix. La liste en est donnée à part. Reçois-les avec respect ; et mesure Notre bonté à ton égard. Ce texte est un Édit particulier. »

Le seul pays au monde

Voilà cette lettre. Intacte. Débarrassée de la chirurgie esthétique dont l'avaient embellie les missionnaires. Dévoilée dans sa nudité, que Macartney lui-même n'a pas connue et qu'après sa mort, on masquera pudiquement.

A George III, qui souhaite diffuser la technologie britannique de pointe et l'échanger avec les techniques chinoises, normaliser le commerce à Macao-Canton et l'étendre à d'autres ports, améliorer les conditions de résidence des Européens, ouvrir de nouveaux marchés, tout est refusé *en raison de l'usage séculaire*. Impossible de rien changer à ce qui est codifié. Impossible d'ouvrir ce qui est verrouillé. Jamais sans doute on ne vit société plus immobile ni plus close.

Restitué dans sa saveur originelle, ce document n'est pas seulement le plus singulier et le plus important de tous les textes concernant les relations entre la Chine et l'Occident, de Marco Polo à Deng Xiaoping. Il est aussi l'exemple le plus frappant que je connaisse d'une déformation dont on trouve des traces dans le comportement de beaucoup de peuples, mais qu'aucune nation n'a poussée plus loin que la Chine mandchoue. Cette déformation consiste, pour un peuple — une culture, une civilisation —, non seulement à se croire supérieur aux autres, mais à *se vivre* comme seul au monde. On pourrait l'appeler, par image, *autisme collectif*.

CHAPITRE 47

La bouteille à la mer
(3-4 octobre 1793)

De cette triste journée du 3 octobre, le peintre William Alexander note drôlement —, reflétant une fois encore le déphasage de l'information dans l'ambassade : « Il reste un espoir que les requêtes de la Compagnie se voient satisfaites[1]. »

Macartney devait maintenant rédiger la note annoncée à Heshen. Il y employa ce qui lui restait de forces. Le lendemain, 4 octobre, le père Li et Staunton junior passèrent la journée, l'un à la traduire, l'autre à la calligraphier[2].

« Le 3 octobre 1793.

« Le Roi de Grande-Bretagne demande à Sa Majesté Impériale de Chine de considérer avec faveur les démarches de son Ambassadeur.

« Il a donné instruction à son Ambassadeur de prier Sa Majesté Impériale de bien vouloir permettre :

1. Que les marchands anglais fassent du commerce dans les ports de Zhoushan ou de Ningbo, ainsi qu'à Tientsin, aussi bien qu'à Canton, à charge pour eux de se soumettre aux lois et coutumes chinoises et de se comporter paisiblement ;

2. Que les marchands anglais aient le droit de tenir un magasin pour la vente de produits à Pékin, de la même manière et dans les mêmes conditions que les Russes avaient auparavant obtenu ce droit[3] ;

3. Que les marchands anglais puissent disposer d'une petite île ou d'un petit espace à proximité de Zhoushan, où ils pourraient conserver les produits qu'ils n'auraient pu vendre pendant la saison, et où ils seraient, autant que possible, séparés des Chinois afin d'éviter tout litige ou trouble ; les Anglais ne demandent aucune fortification comme il y en a à Macao, ni troupes, mais simplement une place de sûreté pour eux-mêmes et pour leurs biens ;

4. De la même façon, ils voudraient être autorisés à bénéficier d'un site de même nature près de Canton et à même fin ; ou, à tout le moins, être autorisés à demeurer toute l'année à Canton, s'ils en

éprouvent le besoin* ; qu'en outre, durant leur séjour à Canton et à Macao, ils aient la liberté de monter à cheval, de pratiquer leurs sports favoris et de prendre de l'exercice pour leur santé — autorisation dont ils prendront soin de n'user que de manière à ne pas importuner les Chinois ;

5. Qu'aucun droit de douane ou taxe ne soit exigé des marchands anglais naviguant dans la rivière des Perles, entre Canton et Macao — pas plus, en tout cas, qu'il n'en était perçu en 1782 ;

6. Qu'aucun droit de douane ou taxe ne soit exigé sur les produits anglais, ou sur les navires, sinon ceux qu'aurait fixés un document provenant de l'Empereur, et dont copie pourrait être produite aux négociants britanniques pour leur permettre de savoir précisément ce qu'ils ont obligation de payer, et pour qu'on n'exige jamais d'eux davantage**.

« L'Ambassadeur souhaiterait obtenir du Premier ministre Heshen la faveur d'une réponse écrite à ces demandes pour la satisfaction du Roi de Grande-Bretagne[5]. »

Telle était bien l'instruction de Dundas : « Obtenir une réponse écrite, sauf si elle s'avérait totalement négative[6]. » Macartney n'a pas compris la portée réelle de l'édit qu'il vient de recevoir. Étonnant : le Fils du Ciel a vu clair dans la prose du rationaliste ; le rationaliste ne parvient pas à percer le rideau de la rhétorique chinoise. Fatigue, ou présomptueuse incrédulité ?

Effarouché par une ide nouvelle

Ces requêtes sont-elles aussi « extravagantes » que celle d'une ambassade permanente à Pékin ? Non : Macartney a eu l'habileté d'y glisser des précédents. Les Anglais avaient bien commercé jadis à Ningbo et Zhoushan, les Russes à Pékin. Mais ceux-ci ont depuis belle lurette été refoulés à Kiakhta, « comme vos gens à Canton[7] ».

L'heure du bilan arrive. Pourquoi rester, se demande le Lord, quand tout le pousse à partir ? Pourtant, quelle cruelle déception ! Il ne voit rien à se reprocher — maigre consolation, quand on a le sentiment d'avoir échoué dans une entreprise à laquelle on tenait tant. Qu'attendre de ministres tremblant à la moindre nouveauté, vivant la fin d'un règne dans l'intrigue pour assurer leur avenir ? Car « la plupart des Chinois que j'ai rencontrés, constate Macartney, se

---

* Avec le dernier navire européen, aussitôt après le Nouvel An chinois, on demandait aux étrangers de quitter Canton pour Macao, d'où ils n'étaient autorisés à revenir qu'à l'automne, au moment d'accueillir le premier vaisseau de la mousson suivante. Cette double migration annuelle coûtait de plus en plus cher[4].

** L'impôt impérial était payé par les marchands chinois de la guilde. Ils le répercutaient intégralement sur les négociants étrangers, en y ajoutant à leur guise les marges qu'ils prétendaient indispensables ; plus d'un mandarin ne manquait pas d'y rajouter les siennes. Les marchands européens ne savaient donc jamais ce qu'ils étaient réellement tenus de payer. En outre, leurs réclamations éventuelles devaient passer par la même guilde.

sont montrés ouverts, francs et bien disposés à mon égard. Les classes inférieures n'aspirent qu'au développement du commerce et verraient d'un bon œil l'installation de marchands anglais[8]. »

Du reste, ces lois qu'on prétend intangibles, le sont-elles vraiment ? Ne reflètent-elles pas seulement la force des préjugés ? La loi immuable du *kotow* n'a-t-elle pas été enfreinte pour lui et par lui ? Macartney est bien obligé de croire à l'actuel immobilisme de la Cour de Qianlong ; il ne parvient pas à croire à l'immobilité chinoise. Une lettre, reçue dans la soirée du 3 octobre du vieux père Amiot cloué au lit, le conforte dans cette intuition : « Le gouvernement chinois, quand il n'est plus effarouché par une idée nouvelle, la prend sérieusement en considération[9]. » En attendant, le ci-devant Jésuite conseille fermement le départ.

Puisqu'il le faut, Macartney se résout à s'en aller. Il signale, dans le message qu'il fait porter à Heshen, qu'il n'attend plus que la réponse écrite à ses demandes pour rejoindre le *Lion*, si toutefois le vaisseau n'a pas encore levé l'ancre. Il joint une lettre pour sir Erasmus Gower, où il lui demande de l'attendre. Sinon, il faudra qu'il rejoigne Canton par voie de terre, l'*Indostan* n'étant pas de taille à transporter toute l'ambassade.

C'était tout ce qu'attendait Heshen. Tard dans la soirée, le légat vient dire à Macartney qu'il est autorisé à prendre congé et que sa lettre à sir Erasmus est partie à la vitesse supérieure pour Zhoushan. Dans son immense sollicitude, l'Empereur, pour épargner à l'ambassade les inconvénients d'un voyage dans la saison froide, a fixé le départ au 7 octobre — d'ici trois jours.

Se tenir en alerte

Depuis le matin du 4 octobre — avant même que Macartney sache si et quand il part —, des courriers galopent pour porter un édit aux vice-rois ou gouverneurs du Zhili, du Shandong, du Jiangnan et de Canton : « L'Envoyé tributaire se mettra en route le 7 pour rejoindre Macao par voie fluviale[10]. »

La Cour n'a pas encore reçu le rapport de Changlin, adressé le 3 octobre, qui informe que les navires anglais sont toujours à Dinghai et y demeureront encore quelques jours. Elle en reste à l'information reçue le 1er octobre et communiquée par Heshen à Macartney : le *Lion* est en instance de départ. L'Empereur prévoit donc le voyage intérieur jusqu'à Canton. Que les Barbares rejoignent au plus vite Macao ! Peu lui chaut la manière dont ils en partiront, dès lors que l'encombrante mission embarque sans créer de troubles. Le vice-roi Changlin, muté du Zhejiang au Guangdong, y veillera. Par tous les moyens.

CHAPITRE 48

« Nous partîmes comme des voleurs »
(5-7 octobre 1793)

Sur la suite de Macartney, en retard de tant d'informations, l'orage n'éclata que le lendemain. « On nous a dit que nous devions partir après-demain », écrit Thomas sans rien mentionner d'autre pour la journée[1]. Dinwiddie explose : « Le 5 octobre, à dix heures du matin, l'incertitude cesse. L'ambassade apprend qu'il lui reste deux jours à vivre. Le rêve est mort. Du point de vue scientifique, c'est un complet fiasco. Les quelques expériences réalisées n'ont pu vaincre les préjugés des Chinois. L'Ambassadeur en a proposé d'autres : ballon, cloche de plongée, feux d'artifice, sans parvenir à allumer la moindre lueur d'intérêt dans l'œil de ses interlocuteurs[2]. » « Affaire réglée », écrit de son côté Macartney[3].

A s'en tenir aux relations des deux grands commis, Macartney et Staunton, on ne sent pas que, pour la quasi-totalité de l'ambassade, l'effet de surprise est total. Il suffit de lire Anderson, Dinwiddie, Thomas et les autres journaux inédits des « sans-grade », pour constater le désarroi et la rage des Anglais.

Wang et Qiao confient au Lord, d'un air avantageux, que l'Empereur a désigné un personnage considérable, Songyun, pour raccompagner l'ambassade. Macartney l'avait déjà rencontré à Jehol, lors de la visite des jardins ; ils avaient échangé leurs souvenirs de Russie[4]. Zhengrui ne dépassera pas Tientsin. Wang et Qiao ne savent pas encore s'ils seront ou non du voyage.

Le choix de Songyun — l'un des six ministres d'État, membres du Grand Conseil — montre que l'on entoure d'égards cette reconduite à la frontière ; comme pour compenser un camouflet cuisant par un surcroît de bonnes grâces.

Le 6 octobre, le légat Zhengrui, Wang et Qiao viennent tôt le matin pour « aider aux préparatifs ». Ou les accélérer ? « Beaucoup de gens à la Cour regrettent de voir l'ambassade partir si vite », affirment-ils aimablement. « Quel dommage qu'elle ne puisse rester plus longtemps[5] ! »

Petit Staunton ne note qu'un événement pour le 6 octobre :

« Aujourd'hui, l'un des soldats est mort. » On croirait lire *L'École des femmes*. Mais ce n'est pas le petit chat qui est mort. C'est un militaire britannique. Un de plus. Que de morts inutiles, pour un tel désastre ! Elle est loin, la pompe funèbre d'Eades, à Tongzhou.

Anderson — ou plutôt Coombes — note froidement : « En trois mots, voici toute notre histoire : nous entrâmes à Pékin comme des mendiants, nous y séjournâmes comme des prisonniers, nous en partîmes comme des voleurs[6]. »

Les préparatifs sont d'autant plus précipités, qu'un délai supplémentaire de deux jours, d'abord accordé par le Premier ministre sur les objurgations de Macartney, avait été annulé. Heshen ayant voulu se couvrir, Qianlong avait tranché : « Vous avez tort de retenir la mission ! Il faut la laisser partir au plus vite, à cause de l'approche de l'hiver qui risque de perturber son retour. »[7]

Tout doit être empaqueté dans la journée. Beaucoup de caisses ont disparu. Quelques planches clouées à la hâte seront toute la protection des portraits du Roi et de la Reine. Faute de temps, le dais n'est pas décloué, mais arraché ; faute d'emballage, on le donne aux domestiques de Macartney. D'autres objets sont la proie des Chinois. « Ils réussirent à nous voler une très grande quantité de vin et, dans le désordre et la confusion où nous nous trouvions, il nous était impossible de prévenir leurs coups de main[8]. »

On travaille la nuit et jusqu'au matin. Personne ne peut dormir. Enfin, au bord de l'épuisement, les Anglais parviennent à entasser dans les chariots ce qui reste de leurs bagages après tant de rapines : « Un gâchis indescriptible », conclut Dinwiddie[9].

7 octobre. C'est le matin du départ. Mais avant de quitter Pékin, l'ambassade va connaître sa dernière audience de Cour.

Une fois encore, la cérémonie devient affront, à moins que l'affront ne se pare d'une cérémonie. L'audience n'est qu'une halte sur un long chemin. L'ambassade a quitté sa résidence à midi. En traversant la ville, elle s'arrête au palais du Premier ministre, qui reçoit Macartney et Staunton en compagnie du « second ministre » Fuchang'an, du frère de celui-ci, Fukang'an, et de plusieurs Grands Conseillers, tous en habits de cérémonie[10]. Car il faut accomplir les deux derniers rites du cérémonial des Tributaires : la « remise des présents impériaux » et la « reconduite de la mission »[11].

Le vieil Empereur a refusé l'audience de congé[12]. Il est absent physiquement ; mais il va falloir honorer, encore une fois, sa présence sacrée. Heshen montre du doigt, sur une table couverte de soie jaune, deux rouleaux : l'un, la liste récapitulative de tous les cadeaux de l'Empereur ; l'autre, la réponse de celui-ci aux six requêtes du Lord.

« Je dis à Heshen que j'espérais que cette réponse était favorable ; elle pourrait alors contribuer à adoucir un peu le regret qu'il était si naturel de ressentir quand on quittait le lieu où résidait Sa Majesté Impériale. Le Premier ministre parut surpris par la courtoisie d'un tel discours dans de telles circonstances[13]. » Peut-être Heshen est-il plutôt surpris de voir l'Anglais, en accordant plus d'importance au second rouleau qu'au premier, montrer qu'il n'a toujours pas compris ce que signifie pour les Chinois la notion même d'ambassade.

Heshen change de conversation, en espérant que les membres de l'ambassade ont « bien mangé pendant leur séjour » et que Macartney est satisfait que l'Empereur ait daigné choisir personnellement Song-yun pour accompagner l'ambassade à Zhoushan. « Le Premier ministre arborait un sourire d'une amabilité affectée, mais il me sembla que Fuchang'an et son frère nous regardaient d'un air aigre-doux. J'ai des raisons de soupçonner qu'une intrigue de Cour avait provoqué une divergence entre ces grands personnages[14]. »

De cette ultime audience, Macartney sort convaincu qu'il a été victime d'une cabale. Il en a tant vu, à la Cour de Saint James ! « Nourri dans le sérail, j'en connais les détours. » Il pressent que ces embrouilles s'ourdissent mieux encore dans la plus absolue des monarchies de ce temps, que dans la monarchie déjà constitutionnelle dont il est un brillant agent.

Il n'a sans doute pas tort. Même si l'intrigue n'explique pas seule son échec, elle ne doit pas être étrangère à la hâte de son congédiement. Une lettre du père de Grammont l'insinue : « Ces messieurs, comme tous les étrangers qui ne connaissent la Chine que par les livres, ignorent les usages de cette Cour. Ils avaient amené un interprète encore moins instruit qu'eux... Ajoutez à cela le grand âge de l'Empereur et qu'il se trouve partout des gens artificieux et d'un esprit partial, tandis que tous les grands et favoris sont avides de présents et de richesses[15]. »

Éconduite, l'ambassade n'avait plus qu'à se mettre en route. Le légat, Wang et Qiao, la centaine de gentilshommes, soldats et domestiques anglais, le train des accompagnateurs chinois — tous formèrent cortège pour sortir de Pékin et entreprendre l'immense traversée de la Chine.

Avant qu'ils ne s'ébranlent, un mandarin de cinquième classe — décoré d'un bouton blanc transparent sur son bonnet — fut appelé. Il vint s'agenouiller et resta dans cette posture, tandis qu'on lui attachait sur le dos, avec de larges rubans jaunes, les deux rouleaux : si l'un d'eux, la liste des cadeaux, paraissait dérisoire à Macartney, l'autre, la réponse impériale à ses six requêtes, allait décider, avait déjà décidé, si l'ambassade se soldait par un simple froissement d'amour-propre que compenseraient des avantages concrets — ou bien par une complète faillite. Le mandarin monta à cheval et se plaça en tête de la procession. Le vent de la course faisait flotter les rubans qui caressaient le rouleau fatidique. Macartney quittait Pékin, à la poursuite d'une réponse qui sans cesse se dérobait.

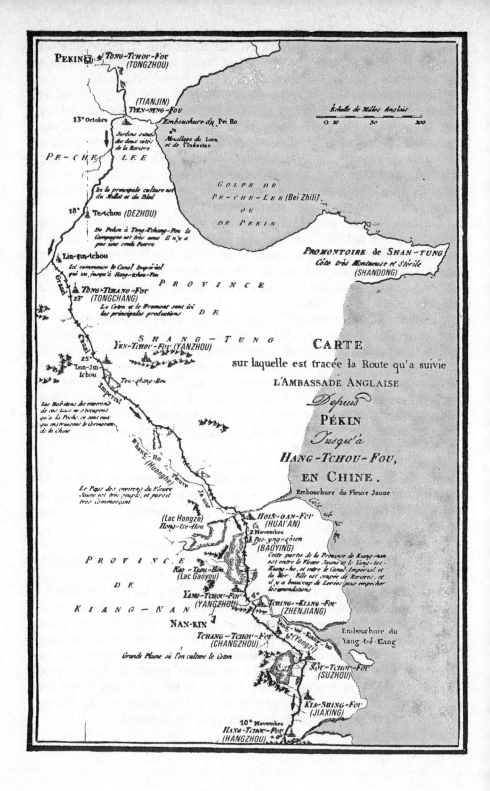

PÉKIN ☐ TONG-TCHOU-FOU
(TONGZHOU)

(TIANJIN)
TIEN-SING-FOU

13e Octobre   Embouchure du Pei Ho

Jardins situés
des deux côtés
de la Rivière   Mouillage du Lion
et de l'Indostan

PE - CHE - LEE

Ici la principale culture est
du Millet et du Blé

GOLFE DE
PE - CHE - LEE (Bei Zhili)
OU
DE PEKIN

18e   Te-tchou (DEZHOU)

De Pékin à Tong-Tchang-Fou la
Campagne est très unie Il n'y a
pas une seule Pierre

Lin-tsin-tchou

Ici commence le Canal Impérial
qui va jusqu'à Hang-tchou-Fou

PROMONTOIRE de SHAN-TUNG
Côte très Montueuse et Stérile
(SHANDONG)

Grand

23e   TONG-TCHANG-FOU
(TONGCHANG)

Le Coton et le Froment sont ici
les principales productions

PROVINCE DE

SHANG - TUNG

YEN-TCHOU-FOU (YANZHOU)

CARTE
sur laquelle est tracée la Route qu'a suivie
L'AMBASSADE ANGLAISE
Depuis
PÉKIN
Jusqu'à
HANG-TCHOU-FOU,
EN CHINE.

25e   Tsin-tin-tchou

Canal Imperial

Les Habitans des environs
de ces Lacs ne s'occupent
qu'à la Pêche, ce sont eux
qui instruisent le Cormoran
de la Chine

Tou-tchang-Hou

Embouchure du Fleuve Jaune

Le Pays des environs du Fleuve
Jaune est très peuplé, et paroit
très Commerçant

Whang - Ho
(Huanghe)
Fleuve
Jaune

(Lac Hongze)
Hong-tse-Hou

HOIS-OAN-FOU
(HUAI'AN)

2 Novembre
Pao-yng-chien
(BAOYING)

Cette partie de la Province de Kiang-nan
est entre le Fleuve Jaune et le Yang-tse-
Kiang-ho, et entre le Canal Impérial et
la Mer. Elle est coupée de Rivières, et
il y a beaucoup de Levées pour empêcher
les inondations.

PROVINCE
DE
KIANG - NAN

Kao - Yeou - Hou
(Lac Gaoyou)

YANG-TCHOU-FOU
(YANGZHOU)

4e

TCHING-KIANG-FOU
(ZHENJIANG)

NAN-KIN

TCHANG-TCHOU-FOU
(CHANGZHOU)

Yang-tsé-Kiang-ho
6e (Yangzi)

Embouchure du
Yang-tsé-Kiang

Grande Plaine où l'on cultive le coton

SOU-TCHOU-FOU
(SUZHOU)

KIA-SHING-FOU
(JIAXING)

10e Novembre
HANG-TCHOU-FOU
(HANGZHOU)

Échelle de Milles Anglais
0   20   50   100

QUATRIÈME PARTIE

LA VRAIE AMBASSADE COMMENCE
(7 octobre-11 novembre 1793)

> « *Quand les morts sont honorés et que la mémoire des plus lointains ancêtres reste vivante, la force d'un peuple atteint sa plénitude.* »
>
> CONFUCIUS, *Entretiens*[1].

> « *Une nation ne peut rester longtemps forte quand chaque homme est individuellement faible, et on n'a point encore trouvé de formes sociales ni de combinaisons politiques qui puissent faire un peuple énergique en le composant de citoyens pusillanimes.* »
>
> Alexis DE TOCQUEVILLE[2].

CHAPITRE 49

La réponse à retardement
(7 et 8 octobre 1793)

« L'orthodoxie a réponse à tout. »
Ernest RENAN[1].

Après les adieux de Heshen, il fallut parcourir un trajet de cinq heures avant que Macartney fût autorisé à prendre possession de la lettre — à Tongzhou, première étape d'une « croisière jaune » qui allait durer soixante-treize jours.

Le cortège s'arrêta devant le temple-hostellerie où l'ambassade avait déjà résidé à l'aller. Le mandarin porteur de la lettre descendit de sa monture et s'agenouilla devant le Lord, pour être déchargé de l'impérial fardeau. Ainsi, Macartney ne put prendre connaissance de sa teneur avant d'être déjà loin. Beaucoup trop loin pour pouvoir réagir, comme dans les cauchemars d'impuissance[2].

Le sourire séraphique des mandarins d'escorte, le cérémonial du porteur de rouleaux avaient nimbé d'irréalité ce qui n'était, une fois de plus, que refus cinglant. L'original chinois nous permet, là encore, de percevoir enfin la brutalité du ton que le prêtre-traducteur, dans son latin, puis les comptes rendus en anglais ont soigneusement adouci. Ce n'est pas la réponse d'un Premier ministre à la note d'un ambassadeur. C'est un deuxième édit du souverain de Chine adressé à celui de Grande-Bretagne — une façon de mettre un point final à la discussion[3].

« Ô Roi, ton Envoyé a outrepassé ce qui est fixé une fois pour toutes par les coutumes. Il a présenté beaucoup de requêtes, qui vont absolument à l'encontre de la manière généreuse dont l'Empire céleste traite les étrangers et pacifie les quatre tribus barbares*. L'Empire céleste domine cette multitude de pays, qu'il traite avec la même bonté. Ton pays n'est pas le seul à pratiquer le négoce à Canton. Si tous devaient copier ton exemple, en formulant des

---

* Expression classique pour désigner les pays au-delà des frontières de l'Empire.

demandes impossibles à satisfaire et en Nous importunant sans arrêt, comment pourrions-nous leur accorder ce qu'ils voudraient[4] ?

« Ton Envoyé n'a pas craint de demander que les navires marchands de ton pays puissent dorénavant venir à Ningbo et à Zhoushan, ainsi qu'à Tientsin, pour y faire du commerce. Jusqu'à présent, quand les pays de l'Océan occidental venaient acheter et vendre différents produits, c'était toujours à Macao*, où il y a une guilde de négociants préposés au commerce avec l'étranger. Dans les autres ports, il n'y a ni guilde, ni interprètes ; personne ne comprendrait ta langue ; ce serait très fâcheux pour tout le monde. A l'exception de Macao, où le commerce est autorisé selon une longue habitude, toutes les demandes présentées par ton Envoyé pour la pratique du commerce à Ningbo et Zhoushan, ainsi qu'à Tientsin, ne peuvent qu'être repoussées[5]. »

De même pour « un entrepôt à Pékin » et « une petite île, qui serait tout à fait inutile, faute de guilde et d'interprètes[6] ». Le reste des six demandes subit le même sort, par prétérition.

« On m'a posé une question... »

Bizarrement, l'édit n'écartait pas seulement les six requêtes du mémorandum, mais une septième... qui n'y figurait pas — tel de Gaulle répondant, lors d'une célèbre conférence de presse, à une question qu'on ne lui avait pas posée. Qianlong refusait d'autoriser la prédication de la « religion britannique », qui n'était d'ailleurs « pas conforme à ce qu'était auparavant la religion chrétienne[7] ».

L'idée d'un tel prosélytisme n'avait jamais effleuré l'esprit du Cabinet britannique. Les Chinois ont-ils voulu se prémunir, en inscrivant à tout hasard cette interdiction dans un texte qui allait faire jurisprudence ? Avaient-ils donc pris l'initiative de verrouiller un domaine que peut-être ces Barbares — comme déjà les Français, les Italiens et les Portugais — auraient un jour la tentation d'explorer ?

La façon dont les Chinois s'y prirent, le père de Poirot la relatera assez drôlement, un an plus tard, dans une lettre envoyée à lord Macartney[8]. Il soupait en ville avec le père Raux, quand un mandarin leur ordonna de l'accompagner aussitôt jusqu'à sa résidence de Haidian, proche du Palais d'Été. Ils durent se hâter : les portes de la ville fermaient. Une fois arrivés, le mandarin leur demanda de traduire l'ébauche des réponses de Heshen aux demandes de Macartney. Mais elle était à ce point illisible, qu'il pouvait seul la déchiffrer et qu'il la leur dicta phrase par phrase.

Quand il en arriva au passage sur les Églises, les pères, « fort

---

* Chaque fois que l'Empereur parle de Macao, il désigne aussi bien Canton. C'est entre Macao et la ville voisine de Canton que se fait le commerce. Canton n'exerce cette activité qu'à cause de la proximité du comptoir portugais : celui-ci a créé les conditions d'une coexistence qui a fait ses preuves en deux siècles et demi.

étonnés », tentèrent de convaincre le mandarin que ce devait être une erreur ; « que MM. les Anglais ne prétendaient point propager la religion, mais demandaient simplement des comptoirs pour leurs marchands. Il s'opiniâtra. » Ce qui « choqua très fort » les missionnaires, car il ressortait du texte qu'on leur faisait mettre en latin, qu'ils étaient en Chine « uniquement pour le service civil de l'Empereur », et qu'il ne leur était « pas permis d'annoncer l'Évangile[9] ».

Les deux traducteurs, selon leur habitude, adoucirent les expressions sans oser altérer le fond, de peur que les Chinois ne fissent appel à un troisième missionnaire pour contrôler leur traduction. « Quant au reproche d'avoir changé de religion, ajoute le père de Poirot, il y a plus d'un siècle qu'on le sait en Chine. Les marchands anglais apportent d'ailleurs à Canton des montres avec des miniatures très indécentes*[10]. »

En s'expliquant ainsi à Macartney, les deux pères voulaient-ils dissiper tout soupçon d'être pour quelque chose dans cet incident ? N'auraient-ils pas glissé une septième requête dans une traduction du mémorandum britannique demandée par la Cour ? Ils auraient ainsi saisi l'occasion de présenter effrontément une requête qu'ils savaient inacceptable, provoquant un refus qui éliminerait pour longtemps une éventuelle concurrence anglicane. Cette hypothèse machiavélique[11] ne me paraît pas tenir. Quand Macartney, chemin faisant, soulèvera la question devant Songyun, celui-ci ne niera pas que la réponse de l'Empereur dépassait la demande du Roi. Le témoignage de l'Ambassadeur et du Grand Conseiller concordent.

En revanche, il est très concevable que les missionnaires portugais, d'Almeida en tête, aient soufflé à Heshen l'idée de ce refus superflu — la méfiance portugaise excitant la méfiance chinoise. D'Almeida soulageait Heshen de ses douleurs chroniques : « Un chirurgien, écrivait le père Amiot, peut, par les services rendus, procurer plus de protecteurs à notre Sainte Religion, que tous les autres missionnaires, avec tous leurs talents réunis[12]. »

L'écroulement d'un beau rêve

Macartney reçoit cet édit comme un coup de massue. Brisé, le bel élan d'optimisme qu'il exprimait avant son départ : « Porter le savoir humain à son degré de perfection et construire une société heureuse en dépit de notre nature imparfaite, voilà qui ne requiert peut-être pas plus que des rapports libres et sans freins avec l'Empire chinois[13]. »

L'homme des Lumières n'était, aux yeux des Chinois, qu'un vulgaire commerçant, un bricoleur de *sing-song*. L'honneur de cette ambassade, qui revenait la tête basse, commandait de ne pas laisser

---

* Des « indécentes miniatures » anglaises importées à Canton par Macao, aux vidéocassettes pornographiques introduites clandestinement de Hongkong et pourchassées à Canton par la vertueuse Chine populaire, quelle continuité !

transparaître cette accablante fin de non-recevoir. Les instructions de Macartney sonnaient comme une injonction au silence : *cette réponse impériale totalement négative*, mieux valait qu'elle n'eût pas existé. Il fallait la garder secrète.

Du deuxième édit, comme du premier, les Britanniques donneront à leurs compatriotes une version expurgée. Dans la longue missive qu'il adressera à Henry Dundas depuis Hangzhou, le 9 novembre 1793, Macartney écrira seulement des deux édits impériaux : « La demande d'une accréditation d'un ambassadeur permanent à Pékin a été rejetée. Toutes les autres questions ont été sommairement écartées, aucune mention précise n'en étant faite, Sa Majesté Impériale jugeant suffisante sa promesse très générale de se montrer bienveillante à l'endroit de nos marchands[14]. »

Comme il est poignant, l'écroulement du beau rêve de Macartney ! « Pour avoir été choisi en vue de cette mission en Chine, la première envoyée par la Grande-Bretagne, et dont beaucoup de gens attendaient l'issue avec de grandes espérances, moi le premier, je ne peux m'empêcher de ressentir la plus amère des déceptions. Je ne peux perdre de vue mes perspectives initiales sans d'infinis regrets[15]. »

On n'abandonne pas longtemps Macartney à ses réflexions accablées. Le préfet du lieu* lui fait remarquer que les eaux sont basses et baissent de jour en jour. « Combien l'Empereur a montré de sollicitude à votre égard, en s'arrangeant pour vous faire partir aussi vite ! A quelques jours près, les rivières n'auraient plus été navigables. » Macartney n'a peut-être pas tout compris de la Chine, mais là, il ne s'en laisse pas conter : « Ce mandarin a appris la leçon[16]. » La « sollicitude » impériale, il l'a goûtée jusqu'à la lie.

---

* « Un Tartare-mandchou », note Macartney, qui précise en revanche que « ıe commandant militaire, Wang, est chinois ». Situation rare : la parité des Mandchous et des Chinois — de règle pour les postes les plus élevés du gouvernement, plus souple en province — est le plus souvent assurée en sens inverse, le Tartare militaire flanquant le Chinois civil.

CHAPITRE 50

Un Grand Conseiller lettré
(8-10 octobre 1793)

A l'abattement, s'ajoute l'ennui. Tongzhou, du déjà vu. Les bateaux, du déjà connu. Et pourtant, Macartney écrit : « Les préparatifs demanderont encore plusieurs heures ; mais ils sont effectués avec des soins aussi attentifs que pour l'arrivée[1]. » On le sent décidé à se rassurer, tel un général en tournée de popotes. Du côté des simples soldats, Anderson est moins enthousiaste. La confusion persiste : « Personne ne reconnaissait la jonque à laquelle il appartenait. Les bagages, faute d'un nombre suffisant de *coolies* pour les charger à bord des bâtiments, restaient étendus sur la rive. Toutes les attentions qu'on avait témoignées à l'Ambassadeur à son arrivée avaient entièrement disparu[2]. » Thomas en rajoute : « Nos bateaux, pour descendre la rivière, ne sont pas si beaux qu'à l'aller[3]. »

Dinwiddie parle, lui aussi, de hâte et de bousculade[4]. Une fois à bord de sa jonque, le chef n'avait plus eu le cœur de regarder autour de lui.

Où l'on retrouve la berline refusée

Sur le quai, une surprise : la berline offerte à Heshen et refusée, mais non retournée. La voici « placée vis-à-vis du temple » assigné à l'ambassade, et « entourée d'une foule de Chinois ». En piteux état, elle va être jetée à fond de cale et parcourir différents ports de Chine, pour être finalement débarquée à Madras[5]. Une humiliation de plus.

Le 8 octobre, la flottille largue les amarres. Une longue navigation commence. Les automnes du Nord sont secs ; le niveau des canaux et des fleuves a beaucoup baissé. Dans la journée du lendemain, les embarcations s'échoueront par trois fois[6]. Ainsi, il y avait de bonnes raisons — et pas seulement rituelles — de précipiter le départ.

C'est seulement dans l'après-midi du 10 octobre, raconte le Lord, que « Wang vint m'avertir que Songyun venait de recevoir une lettre de l'Empereur dont il souhaitait me communiquer le contenu. Peu après, je vis son bateau se rapprocher du mien à vive allure[7]. »

Monté à bord, Macartney remercie le grand mandarin pour la courtoisie qu'il lui avait témoignée dans les jardins de Jehol. Songyun l'informe qu'un édit impérial le chargeait de veiller au bon déroulement du retour de l'ambassade jusqu'à Zhoushan, et d'assister à son embarquement. Si les bateaux n'étaient pas au rendez-vous, il avait pour mission de l'accompagner jusqu'à Canton. La Cour vient en effet de demander — enfin — à ses fonctionnaires de retenir les navires si ceux-ci n'étaient pas partis[8].

Cultivé, donc sans préjugés

Voilà Macartney séduit. On le sent flatté qu'un des six ministres d'État, membres du Grand Conseil, lui consacre tant de jours. Et l'urbanité de Songyun le change de ce butor de Zhengrui[9]. Staunton déborde d'éloges sur cet homme « naturellement affable » et « généreux ». La « culture des lettres » avait formé son esprit, et « déraciné ses préjugés nationaux ». C'est le seul des mandarins rencontrés qui « voyage avec une bibliothèque[10] ». Et pourtant, il est Tartare-mongol[11]. Il portait par-dessus sa robe le court manteau jaune qui lui conférait « un caractère sacré ». « Un jour, l'interprète s'étant risqué à s'asseoir devant lui, il le rappela bien vite à son devoir[12]. »

Macartney a enfin trouvé un interlocuteur à son niveau — et d'autant mieux disposé, que ses bonnes paroles ne tirent plus à conséquence. Une demi-heure après que Macartney a pris congé, Songyun lui rend sa visite. La conversation s'engage à nouveau sur leur commune expérience de la Russie. Songyun s'étonne que Macartney y soit resté trois ans. Macartney a du mal à lui faire comprendre que les relations entre nations européennes reposent sur des ambassadeurs permanents[13].

Le Mongol donne à Macartney une leçon d'étiquette chinoise, une de plus. Les envoyés étrangers ne sont reçus en Chine qu'en de grandes occasions : funérailles, intronisation ou anniversaire d'un empereur — pour quarante jours, exceptionnellement dépassés. Seule l'extrême bonté de l'Empereur aura permis que le séjour de l'ambassade excède de beaucoup ce délai rituel*[14].

« Il entra dans le détail des mœurs et coutumes de Chine, qu'il savait bien différentes des nôtres. *Il n'est pas possible d'y déroger sans nuire à l'État. Aussi les étrangers ne doivent-ils pas en être contrariés[15].* »

Macartney en profite pour sonder Songyun sur l'impression qu'il a produite à la Cour. Il plaide coupable. Il était dans l'ignorance de tant de choses ! Il n'a certainement pas su se montrer aussi agréable à l'Empereur et à ses ministres qu'il l'aurait voulu. Macartney va à la pêche aux compliments. Songyun le rassure aussitôt. Mais voici

---

* Au total, l'ambassade passera plus de six mois sur le sol chinois en comptant les trajets ; neuf mois en comptant Macao. Mais seulement quarante jours juste, en ne comptant que les séjours dans les deux capitales.

ce qu'il rapporte à son maître de cet entretien : « J'ai fait venir l'Envoyé et son second à mon bord, pour leur communiquer Vos instructions. Ils se prosternèrent à terre pour Vous remercier de les autoriser à partir avant les rigueurs de l'hiver. Manifestement, leurs remerciements étaient sincères[16]. » Nous voilà dans le puits aux deux vérités.

Le Grand Conseiller s'étant retiré, les vieux complices Qiao et Wang prennent la relève. Ils chantent à leur tour la générosité de leur souverain : quarante jonques, mille hommes, les vivres, 5 000 taels par jour depuis le 5 août.

« 5 000 taels, 1 500 livres* », traduit Macartney, qui doute que tant d'argent soit réellement passé en fournitures. Il se rappelle une confidence de Qiao sur la manière dont avaient été indemnisés des paysans du Shandong victimes d'une inondation. L'Empereur leur fit envoyer 100 000 taels. « Le premier mandarin en garda 20 000, le second 10 000, le troisième 5 000 et ainsi de suite, jusqu'à qu'il ne reste que 20 000 taels pour les malheureux sinistrés. » « Les Chinois ont beau être disciples de Confucius, constate Macartney, ils sont faits de la même pâte et ont les mêmes faiblesses que les Occidentaux[17]. » Et que maints peuples assistés d'aujourd'hui.

Hommes et femmes attelés à la charrue

Le 11 octobre, les eaux sont si basses que, note Macartney, les haleurs tirent les jonques sur le fond de la rivière[18]. En outre, les nuits et les matinées sont de plus en plus glaciales, même s'il continue de faire très chaud en milieu d'après-midi[19].

Traversant la Chine du nord au sud, nos voyageurs en découvriront tous les climats et cultures. Ici règne le sorgho — ce grain dont les Chinois tirent toujours la plupart de leurs alcools, dont le *maotai*. Petit Staunton observe de son œil pénétrant : « 11 octobre, matinée fraîche, vent debout. Tout le millet** que nous avions vu sur pied à l'aller est maintenant coupé ; à sa place, les commencements d'une nouvelle récolte[20]. » L'enfant s'émerveille : la culture intensive est liée ici au surpeuplement ; il n'a jamais rien vu de tel en Angleterre.

Le sorgho, importé d'Éthiopie au XVIe siècle, via la Birmanie, a joué un rôle important dans la croissance du peuplement chinois. A la même époque, les Portugais introduisaient d'Amérique, par Macao, le maïs et la patate. Le riz d'Annam était importé au Fujian. Ces nouvelles plantes ont permis de gagner de nouvelles terres, d'introduire la double récolte, d'augmenter le rendement. On oublie que la découverte de l'Amérique et les grandes navigations ont apporté à la Chine autant peut-être qu'à l'Europe. Du XVIe au XVIIe siècle, la population chinoise semble avoir passé de l'ordre de 80 à celui de 160 millions d'habitants, en attendant de doubler encore sous le

---

* 900 000 francs de 1989.

** Thomas Staunton traduit à tort par *millet* ce qui est en réalité le *sorgho*.

règne de Qianlong. « Le sol est dans un état continuel de culture ; ainsi, les plus simples charrues suffisent pour le labourer. S'il est très léger, des hommes et des femmes s'y attellent eux-mêmes[21]. »

Irriguer : le souci principal. D'ordinaire, il suffit d'ouvrir les vannes : le niveau des rivières et canaux est au-dessus du sol[22]. Mais, avec les basses eaux, c'est l'inverse. L'inépuisable patience chinoise y supplée : « Deux hommes se placent face à face, sur deux tertres : ils tiennent chacun deux cordes attachées à un panier dont le fond est imperméable ; ils puisent l'eau dans ce panier et le poussent comme une balançoire : quand ils lui ont imprimé un balancement assez fort, ils jettent l'eau dans un réservoir de l'autre côté du remblai[23]. »

Aimables dispositions de Songyun

Le 12 octobre, nouvel entretien avec Songyun. « Nous sommes montés, note Thomas, à bord du navire du très haut mandarin qui doit nous accompagner tout le trajet. Il nous a lu une lettre de l'Empereur qui dit à peu près que nous devons être bien traités tout au long de notre voyage[24]. » On apprend que sir Erasmus Gower est encore à Zhoushan avec ses navires*[25]. Bonne nouvelle pour Macartney : sa lettre du 4 octobre à sir Erasmus Gower a une chance de l'atteindre, et donc de le retenir. Pour les Chinois aussi : plus tôt la mission rembarquera, mieux ils se porteront.

Autre bonne nouvelle : les voyageurs seront autorisés à se promener sur la berge — les jonques progressent plus lentement qu'un homme à pied. Pourtant, les ordres de Qianlong étaient formels : « Pas de descente à terre, pas de contacts avec la population. » Songyun a donc pris sur lui de les enfreindre, mais seulement hors des endroits habités. Cette liberté prise avec les instructions officielles, il n'en fera rapport que quelques jours plus tard : « L'Envoyé a demandé l'autorisation de marcher de temps en temps le long des rives, afin d'échapper aux effets délétères d'un confinement trop étroit à bord. La requête m'a paru sensée : j'ai ordonné qu'on l'autorise, ainsi que sa suite, à quitter les jonques loin de toute habitation. L'Envoyé obéit docilement et affiche un air sincèrement reconnaissant pour Votre bienveillance[26]. » Qianlong approuvera cette initiative.

Thomas en marque les limites : « A un mille en amont de Tientsin, nous nous sommes arrêtés une demi-heure. Nous nous sommes dégourdis les jambes dans un petit jardin attenant à un temple[27]. » Pour la traversée de Tientsin, les voyageurs sont de nouveau prisonniers dans leurs jonques[28].

Mis en confiance, Macartney revient sur le « but essentiel » de sa mission : « recommander les marchands britanniques à la protection et à la faveur de l'Empereur[29] ».

Songyun s'empresse de répondre que l'Empereur a donné des

---

* C'est l'écho, via Pékin, du rapport de Changlin envoyé de Zhoushan le 3 octobre.

265

consignes de libéralité pour tous les Européens de Canton. Macartney aimerait en savoir plus. Les négociants anglais pouvaient-ils connaître les droits que leur accorde l'Empereur? La notion de « droits » semble incompréhensible à Songyun — malgré la richesse de sa bibliothèque portative. Macartney insiste : les marchands cesseront-ils de se voir, sans explication, frapper de tarifs « douaniers » toujours plus lourds? « Si, dit-il, un frein n'est pas mis à ces extorsions, le commerce anglais, qui représente désormais soixante gros navires par an à Canton, sera abandonné[30]. »

« Comprenez, répond Songyun, que les tarifs varient suivant le moment. » Et d'avouer que les guerres du Tonkin et du Tibet avaient entraîné une aggravation des prélèvements. Elles sont terminées : la paix devrait amener leur allégement[31].

Macartney ne dit pas, dans son journal, qu'il aborda aussi d'autres buts poursuivis par la Grande-Bretagne : ouvrir de nouveaux ports à son commerce ; disposer d'un second Macao. Pour Macartney, hors d'un comptoir britannique, point de salut. Pour Songyun, hors du comptoir portugais, point d'accès à la Chine. Ni à Ningbo, ni à Zhoushan, ni à Tientsin, ni ailleurs, on ne sera autorisé à commercer. Que l'Ambassadeur perde toute illusion*.

Et pourtant, pour la première fois depuis son arrivée en Chine, Macartney a le sentiment d'engager un vrai dialogue. Il peut pendant des heures, comme fait un ambassadeur dans une capitale européenne, discuter de ses affaires avec un des grands personnages de l'État. Quelle aubaine, de côtoyer plusieurs semaines l'un des six principaux ministres, interlocuteur quotidien de Qianlong et de Heshen ! Le voilà enfin en mesure de parler des objectifs concrets de sa mission, et non de ce qu'on avait voulu faire d'elle — une offensante allégeance. La fausse « ambassade » — au sens chinois, celle des rites — est bien finie. Il peut entamer la négociation sur le fond. La vraie « ambassade » — au sens occidental, celle des réalités — commence.

---

* Nous connaissons cette partie de la conversation par le rapport que Songyun en fit à l'Empereur[32].

CHAPITRE 51

La correspondance céleste
(11-15 octobre 1793)

> « *Quiconque différera l'exécution d'un édit impérial* *sera puni de cinquante coups de bambou. Pour tout jour* *de délai supplémentaire, la peine sera graduellement* *aggravée, jusqu'à concurrence de cent coups.* »
> *Ta T'sing Leu Lee* (Code pénal chinois)[1].

Songyun sut séduire Macartney, qui regretta de ne l'avoir pas eu déjà comme intermédiaire à Jehol et à Pékin. « Et s'il cherchait à m'abuser ? » songe un moment le Lord. « Mais non, il respire la franchise et l'amitié. Il faudrait qu'il soit le plus grand hypocrite du monde pour n'être pas sincère[2]. » Il devait avoir un grand charme. Dix-huit ans plus tard, devenu vice-roi de Canton, il séduira encore le fondé de pouvoir de la Compagnie, sir Thomas Staunton, devenu adulte, qui l'appellera « son grand ami[3] ».

La correspondance impériale révèle que la distinction faite par Macartney entre l'honnête Songyun et l'odieux Zhengrui est toute imaginaire. Les Anglais ont la naïveté de croire que la bureaucratie céleste est composée de BONS, qui s'empressent de favoriser les desseins de Londres — tels le vice-roi du Zhili, Liang Kentang, ou le Grand Conseiller Songyun ; et de MÉCHANTS, qui s'acharnent à leur perte — tels le légat Zhengrui ou le général Fukang'an. Or, leurs rapports montrent qu'il n'y a que des serviteurs de Sa Majesté Sacrée, doués d'un tact variable — car il y a la « manière »...

Cette illusion règne encore au XXᵉ siècle chez les Occidentaux, quand ils entrent en rapport avec des nations totalitaires : ils cherchent à y distinguer sans cesse entre « faucons » et « colombes ». Ce mythe est entretenu avec soin par ces régimes.

« Hypocrite achevé » ? Songyun l'était, en effet, si c'est être hypocrite que de ne pas dévoiler des ordres confidentiels. Il s'était gardé de révéler qu'il était mandaté pour requérir, si besoin était, la troupe contre les Anglais[4]. Mais il lui est aussi recommandé de ne « rien divulguer, de ne pas se montrer agité, ce qui ne pourrait qu'éveiller les soupçons des Barbares[5] ». Discrétion : on laisse les Barbares se dévoiler, on ne révèle rien de soi-même.

Mais à la fin, les archives révèlent tout. Après la version anglaise de ces échanges, voici maintenant la chinoise. Après un duel subtil de gentilshommes, à fleurets mouchetés, voici les instructions du 11 octobre, adressées à Songyun et à tous les gouverneurs concernés : c'est du travail au sabre.

« Les navires barbares mouillent toujours à Dinghai, en raison de l'état de santé de leurs équipages. Tout faire pour les empêcher de prendre contact avec les marchands félons*, qui seraient tentés de commercer avec eux. Que l'Envoyé prenne au plus vite avec sa suite la mer à Dinghai, ce sera beaucoup plus expédient que de le convoyer jusqu'à Canton. Songyun et Changlin veilleront à ce que les Barbares n'usent pas du moindre prétexte pour s'attarder.

« Les Anglais ont exprimé le vœu de faire quelques achats à Ningbo : ils pourront acheter du thé et des soieries. Mais il convient de dégoûter à jamais les Chinois de traiter avec les Anglais, et ceux-ci de revenir commercer au Zhejiang. On rappellera donc aux Chinois qu'en 1756, les Britanniques ont quitté Ningbo en laissant 15 000 taels d'impayés. J'ignorais ce fait ; je félicite Changlin de l'avoir découvert.

« Veillez à interdire tout contact des Barbares avec la population. S'ils demandent à pouvoir acheter des marchandises en route, que Songyun leur réponde : *Acheter des marchandises sur votre route irait contre les institutions du Céleste Empire.*

« Reste le nommé Guo, dont le père défunt fit jadis du négoce avec les Anglais. Il a été arrêté. Qu'on le fasse conduire jusqu'à Pékin, en prenant soin que sa route ne coupe pas celle de l'ambassade. Inutile de lui faire porter la cangue**[6]. »

Le dialogue de l'Empereur et de son esclave

A cette instruction, Songyun répond de Tientsin le 13 octobre, e.. relatant la conversation qu'il a eue la veille avec Macartney — cet entretien que le Britannique avait jugé si prometteur. Son mémoire sera honoré d'apostilles vermillon datées du 15.

« L'Envoyé et son second se sont découverts et ont plié le genou pendant qu'ils écoutaient avec respect Vos instructions. Les Anglais ont reconnu qu'ils avaient tergiversé pour les modalités de leur embarquement... Ils savent maintenant que leurs navires ne sont pas encore repartis. Ils en expriment toute leur gratitude.

---

* Marchand félon : tout commerçant qui chercherait à entrer en rapport avec des étrangers, là où aucune guilde, dûment encadrée et contrôlée par des mandarins, ne servirait d'intermédiaire. Il n'attenterait pas seulement aux institutions de l'Empire ; il se rendrait coupable de haute trahison.

** Épaisse et lourde planche de bois qu'on passait au cou d'un condamné, le plus souvent avec des fers aux pieds, pour l'empêcher de s'évader.

Le *Lion*, vaisseau de soixante-quatre canons, mouille devant l'archipel des Zhoushan. *(W. Alexander)*

Jonque de mandarin pour voyage en province. *(W. Alexander)*

Arrivée de l'ambassade à Tientsin. *(W. Alexander)*

Résidence de Macartney à Pékin (détail) : pavillon de pierre en forme de bateau.
(W. Alexander)

Mandarins d'escorte préposés à l'ambassade, en habit de cour : Van (Wang) et Chou (Qiao).
(W. Alexander)

A Jehol (Chengde), l'empereur Qianlong, sur son palanquin, se dirige vers la tente de cérémonie. *(W. Alexander)*

L'audience impériale à Jehol imaginée par W. Alexander (qui était resté à Pékin). Macartney a plié le genou pour présenter ses lettres de créance. Le petit Thomas Staunton en fait autant et reçoit un cadeau de l'Empereur.

Lac et parc dans la résidence de Jehol. (*W. Alexander, d'après un croquis du lieutenant Parish*)

Sur le Grand Canal impérial, le 2 novembre 1793. Les jonques de l'ambassade saluées par un détachement militaire. *(W. Alexander)*

Passage d'une écluse sur le Grand Canal impérial le 16 novembre 1793. *(W. Alexander)*

Les haleurs en plein effort.
(W. Alexander)

Les haleurs au repos, dinant d'un
bol de riz. *(W. Alexander)*

Joueurs de dés.
(W. Alexander)

Chinois s'apprêtant à lancer l'une contre l'autre des cailles de combat.
(W. Alexander)

Maison d'un mandarin au bord du Grand Canal impérial. *(W. Alexander)*

Un poste militaire devant le Grand Canal impérial. *(W. Alexander)*

Voltigeur en tenue de tigre de combat.
(W. Alexander)

Fantassin en grand uniforme.
(W. Alexander)

Tirailleur avec fusil à mèche. *(W. Alexander)*

Crimes et châtiments.
(Dessins par W. Alexander)

Un magistrat juge une prostituée.

Un mandarin fait administrer la bastonnade.
(« La Chine est gouvernée à coups de bambou. »
Montesquieu)

Le supplice de la cangue.

Famille de paysans : femme port
son bébé et fumant du tabac.
(W. Alexander)

Dame chinoise de condition avec
son fils, accompagnée d'une servante. *(W. Alexander)*

Brouette à voile. *(W. Alexander)*

Pêche aux cormorans. *(W. Alexander)*

Vue de Hangzhou. *(W. Alexander)*

Vue de Suzhou. *(W. Alexander)*

Procession funéraire. *(W. Alexander)*

Sacrifice, encens et *kotow* au temple. *(W. Alexander)*

L'auteur dans les c[...]
ves des Archives i[m]
périales de la Cité i[n]
terdite (on aperço[it]
dans la lettre de Co[ng]
dépliée, une apostil[le]
vermillon, couleur r[é]
servée à l'Empereur)
(photo G. Bosio).

L'auteur dans un[e]
chambre forte de[s]
Archives Qing (dy[-]
nastie mandchoue)
en compagnie du di[-]
recteur des Archives
Xu Yipu, qui montr[e]
du doigt une apostill[e]
autographe de l'em[-]
pereur Qianlong
(photo G. Bosio)

Détail d'un mémoir[e]
de haut mandarin[,]
avec apostille en ver[-]
millon de la main d[e]
l'empereur Qianlong
(photo G. Bosio)

« Alors que l'Envoyé était déjà sur le pont, il est revenu dans ma cabine pour me dire : "Nous aimerions pouvoir acheter quelques marchandises en cours de route, dans les villes que nous traversons." Ce Barbare est d'une nature cupide.

— C'EST D'UNE MESQUINERIE RIDICULE, écrit le pinceau vermillon.

« Votre esclave a répété que les institutions célestes interdisent aux marchands des villes que l'Envoyé traversera, de commercer avec des étrangers.

— CES RESTRICTIONS SONT TOUT À FAIT BIEN VENUES, note Qianlong.

« A ces mots, l'Envoyé a baissé la tête, en signe de soumission et de crainte. Je lui ai interdit, comme à sa suite, de marcher le long des berges quand nous traversions des agglomérations ; et j'ai fait interdire à la population d'approcher.

— EXCELLENT, marque l'Empereur.

« Je rejoindrai bientôt Changlin au Zhejiang. J'intimerai alors aux Barbares l'ordre de rentrer dans leur pays. Il ne faut surtout pas que les Anglais entrent en rapport avec les marchands félons.

— IL FAUT L'ÉVITER À TOUT PRIX, souligne le souverain[7]. »

Ce n'est pas un rapport : c'est un miroir présenté à l'Empereur. Et Qianlong a aimé s'y voir.

Au même moment, deux mémoires sont adressés à l'Empereur. L'un, venant de Canton, émane du gouverneur militaire Guo Shixun ; il sera à Pékin fin octobre : « Dès que la délégation sera dans le Guangdong, je commanderai à des hauts fonctionnaires civils et militaires de marcher à sa rencontre, à la tête de nombreux soldats dûment équipés et alignés, pour l'impressionner. Le Barbare est d'un naturel fourbe et on peut difficilement se fier à lui. Si, arrivé au Guangdong, il renouvelle ses demandes inconsidérées, je le repousserai fermement[8]. »

Le second rapport provient de Shulin, vice-roi du Jiangxi et du Jiangsu ; il sera à Pékin le 18 : « Toutes les unités militaires se tiennent prêtes. J'ai ordonné secrètement aux autorités de rester impassibles, tout en affichant un air sévère, afin de dissuader les Barbares de s'attarder. Je ne recevrai pas l'Envoyé[9]. »

Tout est paré pour expulser ces importuns. A Paris, on est encore plus expéditif. Le procès de Marie-Antoinette s'est ouvert le 10 octobre. Elle monte à l'échafaud le 16.

CHAPITRE 52

Les travaux et les jours
(17-18 octobre 1793)

> « *Le paysan est exposé aux cataclysmes périodiques des inondations, de la sécheresse, du gel, de la grêle, des sauterelles et des insectes. Si, par chance, la récolte réussit, le fisc et les usuriers la lui disputent. Les grains avant même de quitter l'aire, la soie avant d'être enlevée du métier, ne lui appartiennent plus.* »

SIMA GUANG, XIᵉ siècle[1]

Pour leur retour a Tientsin, le 13 octobre, les Anglais attirent une foule plus grande encore qu'à l'aller. Elle envahit les berges. Holmes l'évalue à deux millions d'âmes. Il admire qu'un soldat armé d'un fouet, ou même la seule vue d'un mandarin, suffise à ouvrir à l'ambassade son chemin. « Sans faire entendre le plus léger murmure, la masse des Chinois laissait un libre passage. Ces peuples sont accoutumés à une si entière obéissance, le plus petit mouvement d'insubordination est puni, à l'instant même, avec tant de sévérité, qu'ils ne sont jamais tentés d'opposer la moindre résistance[2]. »

Des vivres attendent, somptueusement disposés sur des nappes de soie et de brocart. Tout est promptement porté à bord. Moins de trois heures après son entrée en ville, la flottille repart[3].

Deux vaches pour le thé anglais

Au passage, des compagnes inattendues ont été embarquées sur une jonque du convoi : deux vaches. Dans l'Empire, le lait ne sert guère qu'à élever les veaux, sauf en Tartarie. Or, les Anglais aiment en verser un nuage dans leur tasse de thé. Ils auront du lait frais.

Tant de sollicitude laisse Macartney songeur, après ce congédiement brutal. « Est-ce précisément parce qu'ils nous renvoient bredouilles ? » Cet éclair de lucidité ne dure pas : « Peut-être commencent-ils à s'apercevoir de leur erreur et souhaitent-ils revenir sur leur attitude[4] ? » Songyun réussit décidément fort bien.

Au-delà de Tientsin, la flottille laisse sur sa gauche le fleuve que les Anglais ont emprunté à leur arrivée ; elle s'engage vers le sud, pour remonter un puissant affluent — le « Fleuve des transports », qui acheminait vers les greniers de l'Empereur le tribut des récoltes. On l'appelle aussi « Fleuve impérial », premier tronçon de la superbe voie nord-sud, artère unificatrice de la Chine : le Grand Canal.

Le 16 octobre, petit Staunton note que « le pays est très orné d'arbres et parsemé de villages. Le fleuve fait de nombreuses sinuosités. Il est bordé de talus pour empêcher les inondations, qui néanmoins surviennent souvent, les terres étant plus basses que l'eau du fleuve[5]. » L'Astronome précise : « Les méandres forment parfois un cercle complet et, la navigation étant très dense, les bateaux donnent alors l'impression singulière de voguer au-dessus de la terre et dans toutes les directions[6]. »

La vingtaine de haleurs attelés à chaque jonque peinent, tant le courant est fort. Les berges s'élèvent doucement, ombragées d'arbres superbes. Les fermes sont pittoresques, les champs tirés au cordeau. Tous les trois ou quatre milles, un canal dessert l'arrière-pays[7].

Des démonstrations militaires accueillent les Anglais : « Il n'y a que quelques milles entre les postes. Les soldats qu'on y entretient doivent protéger les commerçants et les voyageurs contre les brigands et les pirates[8]. » Premiers postes d'une longue série. Le brigandage, de fait, est vieux comme la Chine. « Le vol est très fréquent, mais il est rare qu'on assassine pour dépouiller », dit un de nos missionnaires[9]. Barrow parle « de troupes formidables de bandits qui menacent quelquefois les villes les plus populeuses[10] ». Traditionnellement, on disait l'hiver peu propice aux voyages, car les routes étaient infestées de malandrins affamés[11]. Les postes militaires, par leur seule présence, incitent les bandits à la prudence.

Le réseau en alerte

Du pont de leurs péniches, les Anglais essaient de saisir les images significatives qui, peu à peu, composeront leur vision de la Chine. Leurs observations cheminent au rythme lent des haleurs. Pendant ce temps, le réseau bureaucratique s'agite, les coursiers galopent, les messages se croisent, l'Empereur excite la vigilance de ses hauts mandarins, qui répondent : « Toujours prêt ! »

Voici la situation au 15 octobre. L'ambassade, conduite par Songyun, a dépassé Tientsin et remonte le Fleuve impérial. Dans l'archipel de Zhoushan, les cinq navires britanniques sont encore au mouillage de Dinghai. Mais sir Erasmus Gower, sans nouvelles de Macartney — la lettre du 4 octobre ne lui est pas encore parvenue —, va partir le lendemain. A Pékin, ni l'Empereur ni Heshen, pas plus que, sur leurs jonques, Songyun et l'ambassade, n'en savent rien.

A Ningbo, préfecture dont relève Zhoushan, le nouveau vice-roi,

Jiqing, est venu se poster et s'active. Changlin, son prédécesseur, déjà en route pour son nouveau poste de Canton, rebrousse chemin : Qianlong lui a demandé de revenir au Zhejiang pour aider Songyun et Jiqing à surveiller l'embarquement de l'ambassade à Zhoushan.

Ce 15 octobre, l'Empereur expédie de nouvelles instructions à ses mandarins. La pression doit être maintenue en permanence. Convaincu, avant Napoléon, que « la plus utile des figures de rhétorique est la répétition », il reprend inlassablement ses consignes :

« Les Barbares sont vraiment ridicules de vouloir aller à la pêche aux petits profits. Faites reluire à leurs yeux toute la faveur que représentent les achats qu'ils peuvent faire à Ningbo ; mais ne les laissez en aucun cas traiter seuls. Ils entreraient en rapport avec les marchands félons, ou se laisseraient filouter par les autres. Il ne faut pas non plus que ce soient des fonctionnaires qui paraissent traiter avec eux. Que les fonctionnaires leur présentent donc des commerçants au-dessus de tout soupçon.

« Surveillez-les de près : il faut qu'ils entrevoient notre prospérité, mais depuis les jonques. Interdisez les promenades à terre*. Soyez en toute circonstance fermes, mais avec tact. Ils doivent à la fois nous craindre et être éperdus de reconnaissance[12]. »

Vaste programme, qui ne sera accompli, ni pour ce qui est de la crainte, ni pour ce qui est de la reconnaissance.

La même instruction règle des questions de personnel restées pendantes : « Les mandarins Qiao et Wang peuvent continuer à accompagner l'Envoyé qu'ils ont pris en charge depuis son arrivée. Inutile que Zhengrui poursuive. Il fera ce que Songyun lui commandera[13]. »

De fait, il va passer à la trappe, quittant le cortège à son entrée dans le Shandong, sans nulle oraison funèbre des Anglais.

Le surlendemain, 17 octobre, arrive du Zhejiang un rapport du nouveau vice-roi, Jiqing, daté du 13. Qianlong l'a annoté. Voici le dialogue entre l'Empereur et son mandarin, manifestement activiste :

Jiqing : Les cinq navires sont toujours là.
Qianlong : BIEN.
Jiqing : Toutes les unités militaires de la côte sont prêtes et ont reçu Vos lumineuses instructions. Toutes mesures sont prises pour intimider la délégation barbare lors de son passage au Zhejiang. Je me suis concerté avec les autorités militaires pour que la marine fasse des manœuvres d'entraînement. En ce qui concerne les îles et îlots, tout navire cherchant à accoster sans autorisation sera rejeté ou arraisonné. Il faut prévenir toute trahison de l'intérieur.
Qianlong : TRÈS BIEN, AGISSEZ EN LIAISON AVEC SONGYUN.
Jiqing : Pour neutraliser les marchands félons que seul motive

---

* C'est devant cette insistance de l'interdiction que Songyun va se décider à avouer qu'il a allégé la consigne.

272

l'appât du gain, j'ai fait renforcer toutes les interdictions primitivement prononcées par Changlin. Tout négociant, tout courtier doit être suspecté par principe.

Qianlong : VU LA MINUTIE DE CHANGLIN, JE L'AI PRIÉ DE REVENIR AU ZHEJIANG : CONCERTEZ-VOUS AVEC SONGYUN ET LUI, ET TOUT SE PASSERA COMME IL CONVIENT.

Jiqing : En tout cela, j'agis, bien sûr, sans négligence mais sans agitation, de manière que la population ne s'inquiète de rien.

Qianlong : ENCORE PLUS CORRECT[14].

Les Anglais commencent ainsi leur navigation fluviale, quand, le 16 octobre, le *Lion* quitte Zhoushan, contre le désir commun de l'Empereur et de l'Ambassadeur. Les messages de Macartney envoyés de Pékin — mais retardés par la censure de la poste impériale — ne l'ont pas encore atteint ; et la Cour a réagi trop lentement — le 8 — pour que l'ordre parvienne à temps au mouillage.

Observations agronomiques

L'Anglais du XVIIIe siècle est un passionné de progrès ; notamment de progrès agricole. Il est à l'affût des techniques nouvelles. La Chine jouit en ce domaine d'un crédit illimité : on la sait jardin et grenier.

Arthur Young avait remis à Macartney un questionnaire dru sur l'agriculture chinoise et la structure de la propriété. Le célèbre observateur des campagnes françaises à la veille de la Révolution voulait s'enquérir des baux, des surfaces, des rendements. Si une surface arable rend mieux qu'en Europe, pourquoi les pauvres mangent-ils rats, chiens, charognes ? Un régime despotique peut-il favoriser l'agriculture ? La taxation des prix n'est-elle pas plutôt cause de disette ? Avec quels outils travaille-t-on le sol ? Comment tire-t-on la charrue ? Comment élève-t-on l'eau pour irriguer ? Quel mûrier pour le ver à soie ? Comment fume-t-on le sol ? Comment bat-on les céréales ? Plus surprenantes, chez cet esprit éclairé, des questions sur les moutons du Shanxi qu'on tondrait deux fois l'an, les éléphants qui encombreraient les zones de peuplement dense, les cadavres des pauvres qui serviraient à amender le sol[15]...

Sir George est aussi stupéfait de la perfection des méthodes chinoises pour cultiver le froment, qu'Arthur Young l'a été, quatre ans plus tôt, de l'arriération des méthodes françaises : « La terre était aride ; cependant, le blé croissait très bien et avait déjà deux pouces de hauteur. Il était semé dans de fines rigoles tracées par un semoir, méthode que, depuis peu, l'on a essayée en Angleterre. » Les Chinois ne sèment pas à la volée : le geste auguste du semeur laisse perdre trop de semence, et « la céréale pousse trop serrée par ici, trop clairsemée par là ».

« Un de nos compagnons calcula que ce qu'on économisait en Chine en se servant du semoir suffirait à nourrir tous les sujets de la Grande-Bretagne[16]. » Passons sur l'estimation — l'ambassade ne manque pas de savants. Elle fait surtout apparaître l'immense disproportion démographique entre le Royaume-Uni et l'Empire céleste...

Tant de froment — et point de pain. Du moins, pas le nôtre, mais des *mantou*, en forme de beignets ronds, cuits à la vapeur. Voilà nos Anglais tout étonnés de découvrir que les Chinois, dans le Nord surtout, mangent des nouilles, du macaroni ou du vermicelle, cinq cents ans après que Marco Polo en eut rapporté la recette.

Une gaieté de petits propriétaires

Staunton a observé que les Chinois rient quand ils sont gênés : ce que nous appelons « rire jaune ». Pourtant, ici, il trouve une explication plus économiste du rire chinois : ce serait une « gaieté de petits propriétaires ». Bonne occasion de blâmer la grande propriété anglaise, constituée à coups d'évictions : « La moisson excitait la gaieté parmi les paysans : ils paraissaient sentir qu'ils ne travaillaient que pour eux-mêmes. La plupart des paysans possèdent en propre le sol qu'ils cultivent. On ne voit point parmi eux — comme en Grande-Bretagne — de ces avides propriétaires qui, par des monopoles et d'astucieuses combinaisons, cherchent à ruiner le pauvre fermier[17]. »

On dirait un discours de campagne électorale. A beau mentir qui vient de loin : beaucoup de ces paysans chinois étaient en réalité des fermiers et ne cultivaient que quelques arpents[18]. Voilà bien le risque d'un regard hâtif. Staunton vilipende la société anglaise, qu'il connaît bien. Il idéalise les campagnes chinoises, qu'il ne fait que traverser. Il les a vues, selon le dicton chinois, « comme on regarde des fleurs, monté sur un cheval au galop ». Les mandarins qui l'entourent n'auront pas manqué d'entretenir ses flatteuses suppositions[19].

Ni Macartney, ni Staunton ne perçoivent la paupérisation de la Chine au XVIIIe siècle. La population a presque — ou plus que — doublé pendant le seul règne de Qianlong, passant, semble-t-il, d'un chiffre situé entre 150 et 180 millions d'habitants, à 340 en soixante ans[20].

Ni la mise en culture des terres, ni la productivité n'ont suivi. En 1685, la surface cultivée par habitant était d'un tiers d'hectare — alors, le minimum vital ; en 1793, elle est tombée à un septième d'hectare. Les Chinois ont essayé de relever le défi par une culture de plus en plus intensive : repiquages à la main, irrigation, arrachage des chaumes. Il s'agit de survivre. La misère des paysans s'est aggravée ; leurs révoltes se sont multipliées. Tout cela a été soigneusement occulté à Macartney. Il n'aperçoit pas le surpeuplement et, déjà, le sous-développement. La cuisine n'est pas seulement frugale ; c'est celle d'un peuple mal nourri. Il ne voit pas que la croissance de la population n'a pas coïncidé en Chine, comme au Royaume-Uni, avec une mutation économique. Il est vrai qu'en Occident, les débuts de la révolution industrielle ont aggravé la misère ; mais pour ensuite la résorber. En Chine, un fossé s'est creusé entre un peuplement en expansion, et une production qui stagne en se cantonnant dans l'agriculture : il reflète le blocage de la société chinoise. Bon lecteur de Staunton, Malthus a bien posé le problème. En 1793, la Chine n'a pas encore connu de grands troubles ; mais c'est déjà la fin de la prospérité : l'apogée qui précède le déclin.

Staunton s'est laissé bourrer le crâne. La gaieté des petits propriétaires ? Il semble tout ignorer des méfaits de l'usure, que l'historiographie maoïste a beaucoup exagérés, mais qui existaient bel et bien : le mandarin-usurier, accapareur de sols, créant ces masses de paysans sans terre qui combattront aux côtés des *Taiping*, des *Boxer*, puis de Mao.

Les Anglais « gobent » la version officielle : celle d'un État-providence qui assurerait le bonheur de tous. Les missionnaires, quand ils recevront le récit de Staunton, ironiseront sur quelques-uns de ses jugements hâtifs[21]. Il n'a pas perçu l'injustice croissante soufferte par le peuple, d'où découle un régime de plus en plus policier. L'inquiétude sociale suffisait à expliquer la peur des Mandchous de s'ouvrir à l'étranger · Qianlong et ses mandarins, dans leur égoïsme de clan, craignent tout simplement de perdre leur pouvoir absolu[22].

Les mandarins manquent d'autonomie, emprisonnés qu'ils sont dans une inflexible structure en nids d'abeilles ; et ils interdisent toute autonomie en dehors d'eux : impossible à un marchand, à un cultivateur, de faire autre chose que ce que veut la pyramide bureaucratique, engoncée dans ses précédents et ses inhibitions. La caste dirigeante de l'Empire — la minorité militaire des Mandchous, qui ont su organiser l'administration des fonctionnaires-lettrés à leur profit — reste sur la défensive, au moment où Macartney fait retentir le signal avant-coureur de l'envahissement occidental. La Chine n'a pas de stratégie face à l'Europe. Sauf à s'enrichir en taxant sans mesure les marchands européens...

Gardiennes de canards et belles des champs

Peut-être fera-t-on davantage confiance à Staunton, quand il décrit sans chercher à élaborer de théorie : « Les maisons de villages sont entourées d'une forte clôture de chaume de sorgho, afin de les abriter contre le froid. Leurs murs sont en terre cuite au soleil, ou en osier recrépi d'argile. Les toits sont de chaume ou de gazon. Les logements sont divisés par des treillages et tapissés de larges feuilles de papier, sur lesquelles on voit des images de divinités ou des colonnes de sentences morales[23]. »

Chaque chaumière est pourvue d'un potager et d'une basse-cour où « l'on élève des cochons, de la volaille, et surtout des canards. On sale et on sèche ces canards, puis on les envoie aux marchés des grandes villes. Depuis longtemps, les Chinois sont maîtres dans l'art de faire éclore les œufs de canards par chaleur artificielle. »

La petite gardienne de canards est, en Chine, un personnage aussi populaire que la bergère des traditions européennes. Barrow observera, plus au sud, un spectacle singulier : « On emploie souvent un enfant à élever des canards. Ceux-ci se massent par centaines sur un seul ponton ; ils obéissent au sifflet. Au premier coup, ils se jettent à l'eau et gagnent la terre ; au second, ils regagnent le ponton[24]. »

De nos jours, comme hier sous les Mandchous, le Chinois rural vit dans une masure de brique ou dans une cabane de bois et de pisé, couverte de chaume ou de tuiles ; quand ce n'est pas une habitation troglodyte aménagée dans le lœss[25]. Et la description que donnent nos voyageurs de la basse-cour et des cultures siérait aux citoyens de la République populaire. Comme si deux siècles de bouleversements n'avaient pu modifier un tableau millénaire.

Les villageoises, qu'elles filent du coton au rouet, assises devant leur porte, ou s'affairent à la moisson, sont des femmes rudes. Impossible de les distinguer des hommes : « Elles ont la tête grosse et ronde ; leur taille se cache entièrement sous de larges robes. Elles portent de grands pantalons qui descendent depuis les hanches jusqu'au bas de la jambe. » Les voyageurs esquissent une explication : « Il existe en ce pays une coutume qui doit rendre fort rare la beauté dans les classes inférieures. Les gens riches ou en place font acheter toutes les filles de quatorze ans qui se distinguent par leur attrait. Les principaux Anglais de l'ambassade entrevirent quelques-unes de ces adolescentes. Ils admirèrent la fraîcheur de teint et la grâce de ces beautés, à qui l'on épargne les travaux des champs[26]. » Les recherches les plus récentes ont confirmé cette pratique[27]. Les femmes qui restent à la campagne sont le large rebut de cette sélection.

CHAPITRE 53

« Saboter les vaisseaux barbares »
(18-20 octobre 1793)

Dans ce plat pays semé de villes fortifiées, on se croirait en Hollande. L'hiver approche. « Le grain a cessé de croître à cause du froid », note Thomas[1]. Macartney enregistre de fortes variations de température. Il y voit la cause des fortes mortalités chinoises. Il suppute aussi le bénéfice qu'on retirerait de la vente de bonnes laines anglaises — et le profit que vaudrait aux Chinois une économie fouettée par le commerce.

Wang et Qiao admettent que les pauvres gens meurent souvent de froid dans ces provinces : l'hiver sera fatal à « des milliers » de malheureux privés de vêtements chauds. « Ils n'ont ni âtres, ni fourneaux dans leurs maisons ; ils installent parfois des braseros dans leurs chambres, mais la chaleur dégagée dure peu[2]. » Toujours vrai : l'hiver, les Chinois se couvrent plus qu'ils ne se chauffent ; ils portent fréquemment deux, voire quatre collants de laine.

Le fleuve ne traverse pas les villes et villages, qu'on a bâtis à l'écart pour éviter ses débordements. Après une semaine de navigation monotone, l'Astronome s'ennuie : « En comparaison du Rhône ou de la Tamise, aucune diversité dans ce qu'on peut voir des bateaux[3]. » Petit Staunton est prêt, lui, à s'amuser de tout : « Le fleuve serpente comme nous n'avons jamais vu un fleuve serpenter[4]. »

Seuls incidents, ceux du chemin de halage : « Les mandarins imposaient à un grand nombre d'hommes la corvée de traîner les jonques en remontant le courant. Mais les salaires sont si modiques, que les désertions sont nombreuses. On procédait à la relève de préférence la nuit, pour surprendre les villageois dans leur sommeil, tels des lièvres au gîte. Un chef, le fouet à la main, les faisait obéir comme les nègres des Antilles[5]. »

Le 18 octobre, les voyageurs sont accueillis à Lanzhou avec les honneurs militaires, aux accents d'un orchestre, dans un déploiement fastueux d'étendards, de torches et de lanternes.

Sous le coton bleu

Ce même jour, Thomas écrit : « Nous sommes entrés ce matin dans la province du Shandong, à la frontière duquel le légat tartare et quelques autres mandarins nous quittèrent, tandis que d'autres prenaient leur place[6]. » Le Shandong est resté de nos jours l'une des provinces les plus riches, mais l'une des plus surpeuplées ; ses habitants la quittent pour aller chercher en Mandchourie des terres moins encombrées.

C'était jour de pleine lune. « Toute la nuit fut employée à la célébration des rites religieux : salves d'artillerie, tintamarre, concerts retentissants, centaines de gongs : on tirait des feux d'artifice et l'on brûlait des mèches parfumées[7]. » « Dans ces concerts, marmonne encore Barrow, tout le mérite de l'exécution consiste dans la force du bruit que font les instruments[8]. » Hüttner juge que « les Chinois manquent d'oreille[9] ». Exactement ce que les Chinois ont pensé des musiciens de l'ambassade.

Des deux côtés du fleuve, froment, sorgho, tabac s'étendent en plantations immenses ; et surtout, note Thomas[10], le coton, que les Anglais découvrent à l'infini. Pourtant, comme la plupart des Chinois ne se vêtissent que de coton, la Chine n'en produit pas assez pour ses besoins et doit en importer de Bombay. C'est le poste le plus important du commerce officiel de la Compagnie, en contrepartie du thé, des soieries et porcelaines transportés de Chine en Europe[11].

Staunton précise : « Auprès des champs de cotonniers, il y a des champs d'indigo, dont la couleur sert à teindre les étoffes de coton ; l'habillement de tout le peuple est fait de cotonnades bleues[12]. » Se souvient-on qu'en 1956, Robert Guillain, journaliste au *Monde*, en osant comparer les Chinois à des « fourmis bleues », avait soulevé l'indignation de notre *intelligentsia* ? Sartre et Beauvoir avaient entraîné ce petit monde à la Mutualité, où l'on vitupéra l'infâme, pour avoir insulté aussi gravement l'héroïque peuple de Chine. Ils ignoraient que, depuis des temps immémoriaux, les Chinois s'habillent de coton bleu et se nomment eux-mêmes volontiers « le peuple des fourmis ». Il est vrai que

Je me les sers moi-même avec assez de verve
Mais je ne permets pas qu'un autre me les serve...

Sous Qianlong comme sous les Ming[13], le coton bleu était déjà l'uniforme de la multitude laborieuse. Après la Révolution, il n'a fait que le redevenir plus rigoureusement — et s'étendre à tous. Il a fallu attendre Deng Xiaoping pour que le coton bleu recule, surtout l'été, la Chinoise entraînant le Chinois vers le multicolore.

Cadavres en putréfaction

Macartney note qu'à l'approche des grandes cités, le fleuve longe de vastes cimetières[14] ; ceux-ci manifestent un respect des morts qui frappe aussi Staunton : « Derrière la ville de Tientsin est une plaine vaste et sablonneuse, couverte de petites tombes, dont la quantité est incalculable. C'est là le cimetière public. Les Chinois ont tant de respect pour les morts, qu'ils n'oseraient ouvrir une nouvelle fosse dans l'endroit où la moindre trace indique qu'il y en a eu déjà une[15]. »

De fait, déranger une tombe, c'est s'exposer à déchaîner la colère des revenants. Les Chinois vivent dans cette terreur des morts sans sépulture. La littérature chinoise abonde en délaissés de l'au-delà, qui viennent hanter leur descendance. Les vivants peuvent aussi prendre leur revanche : les Chinois d'hier et d'aujourd'hui racontent des histoires d'esprits malins auxquels on joue mille tours pendables. Il y a ceux qu'on empêche de regagner leur cercueil, parce qu'on en a ôté le couvercle ; ceux qui persécutent les enfants mâles de leur famille et qu'on berne en habillant les garçons en filles...

Comment s'expliquer alors l'indignation de Holmes, qui clame : « Leur manière d'enterrer les morts nous fit horreur » ? Les cimetières des Chinois, étrangement, ne sont pas toujours tenus comme leurs jardins. « Vous voyez quelquefois plusieurs milliers de cercueils absolument découverts, et les cadavres en putréfaction. Quelques-uns sont enterrés à moitié, et l'autre moitié est couverte de paille[16]. » Ces morts à l'abandon sont des pauvres, à qui leurs descendants, s'ils en ont, n'ont pas eu les moyens d'offrir des caveaux décents[17]. Terrible image de la misère.

Entre la superstition et le culte

Macartney observe que « le vulgaire est extrêmement superstitieux. Il respecte scrupuleusement les jours fastes et néfastes. Beaucoup de Chinois, même parmi les plus distingués, se mêlent de divination, de chiromancie, d'astrologie[18]. »

Selon Barrow, les diseurs de bonne aventure voyagent dans les provinces et gagnent leur vie, de maison en maison, en dévoilant l'avenir. « Ils s'annoncent par une flûte bruyante. Toute personne qui a besoin de leur art leur fait signe d'entrer chez elle. Dès qu'ils connaissent le jour et l'heure de sa naissance, ils lui tirent l'horoscope[19]. » « Superstitieux comme des Italiens[20] », raille Staunton. Nous voici loin de la sagesse confucéenne que l'Europe prêtait aux Chinois. Encore un mythe qui s'effondre.

Les Chinois ponctuent leurs journées de gestes propres à conjurer le sort. Quels gestes ? Celui de deux amants fugitifs qui escaladent le toit, un bâton d'encens à la main, « pour mettre en fuite les esprits importuns[21] ». Celui d'avertir avec prévenance le mort qu'il ne s'affole pas du bruit du maillet quand on va fermer le cercueil avec les clous d'éternité[22]. Ou celui de construire un pont en zigzag pour que les mauvais esprits se heurtent à la balustrade et basculent dans l'eau...

Les Grecs mettaient une obole dans la bouche du parent défunt pour acquitter son péage sur le Styx. Les Chinois glissent une boule d'agate ou de jade entre les dents du moribond pour faciliter son entrée au pays des ombres[23]. La tradition s'est maintenue.

Sobre, mais joueur

Plus on avance vers le Sud, constate Macartney, plus la densité du peuplement augmente. « De très nombreuses femmes se mêlent aux hommes ; très peu sont belles. Elles travaillent dans les champs, exactement comme les hommes[24]. » C'est l'égalité dans le travail. Un travail sans répit : « Les Chinois n'ont point de jours fixés pour le repos. Le labeur du peuple ne souffre pas d'interruptions[25]. » Point de dimanches ; peu de fêtes chômées.

L'observation n'est pas critique. Nous sommes à l'époque où les Européens les plus modernes désirent mettre le peuple au travail sans relâche. « Nous avons souvent gémi sous les abus d'un trop grand nombre de fêtes », écrit en 1789 un de nos cahiers de doléances, rédigé par quelque bourgeois industrieux. Vieille rengaine depuis la Réforme et la Contre-Réforme. « S'il était permis de travailler ces jours-là, tout n'en irait que mieux. Les hommes se soûlent et les bestiaux jeûnent. Nos familles seraient plus à l'aise si l'on ne restait oisif que les dimanches et quatre fêtes de l'année[26]. »

Barrow admire la Chine de faire si rarement la fête, et sobrement : « Le jour de l'An et un petit nombre de jours suivants sont les seules fêtes qu'observe le peuple. Ce jour-là, le plus pauvre paysan regarde comme un devoir de se procurer des habits neufs, pour lui et sa famille. Chacun rend visite à ses parents[27]. »

Un peu idyllique, cette vision à la Greuze ? Le jour de l'An, consacré par l'Empereur aux rites de l'agriculture, donnait lieu à ripailles et à beuveries. Avec une coupe en corne de rhinocéros, on buvait à la santé les uns des autres. « On échange des vœux plus durables que les montagnes — dix mille ans de vie ! » « Et on se lie en paroles aussi fort que la laque et la glu[28]. »

Mais le Londonien, qui connaît le penchant du peuple pour le gin ou la bière, n'a pas tort de trouver, par contraste, le Chinois « sobre et moral » : « Ces hommes sont plus capables de soutenir un travail permanent qu'un Européen de la même profession. Ils contractent de bonne heure des habitudes salutaires. Leurs parents les surveillent plus longtemps. Mariés jeunes, ils sont moins exposés aux tentations du libertinage et à ces funestes maladies qui dessèchent les sources de la vie[29]. » Là encore, vision quelque peu idéaliste. La Chine boit aussi.

Observer est aussi une façon de se regarder dans le miroir. Le puritanisme de Staunton ne se laisse pas séduire par le confucianisme, mais cherche à conforter sa prédication. Un Français catholique, observant à la même époque les Chinois à Canton, ne conclut pas autrement que l'Anglais protestant : « Le labeur continuel entretient les forces des Chinois et les préserve des passions. L'amour y est inconnu ; l'ambition s'y fait à peine remarquer ; la cupidité est générale, mais elle excite l'émulation, l'industrie, le travail[30]. »

En tout cas, le confucianisme a laissé des traces ineffaçables. Encore récemment, bien que la rigueur monastique de l'ère Mao se fût beaucoup relâchée, les autorités chinoises annonçaient fièrement qu'on ne connaît pas de cas de sida en Chine, si ce n'est chez des étrangers.

Les Chinois ont pourtant un vice : le jeu. « Les Chinois ne se séparent jamais, remarque Barrow, sans avoir tenté la fortune de quelque jeu de hasard[31]. » Donnée permanente. Le père Huc la relèvera aussi : « Le jeu est défendu par les lois de l'Empire, mais la législation est tellement débordée, que la Chine ressemble à un immense tripot[32]. »

Les Chinois ne sont pas les derniers à souligner ce trait collectif : « Combien de joueurs, ruinant leur famille et dilapidant leur patrimoine, se sont avilis au jeu et y ont planté les graines du malheur[33] ? »

Les plongeurs-saboteurs de Ningbo

Le 20 octobre, l'Empereur procède à un nouveau pointage de ses correspondances avec Songyun :

« L'édit adressé le 15, dans lequel Nous l'avisions de laisser les Barbares regarder le pays depuis leurs jonques, acheminé à la vitesse de 600 *li*, a dû lui parvenir le 17. S'il a répondu immédiatement, Nous devrions avoir son rapport incessamment. Songyun devrait arriver à Zhejiang pour s'y concerter avec Changlin, vers le 15 novembre. S'il Nous en avise dans la semaine, Nous serons informés dans les derniers jours de novembre de ce que Changlin et lui auront décidé[34]. »

Ainsi, l'Empereur surveille, dans son immense Empire, l'entrecroisement de ses ordres, de ses contrordres, des réponses aux premiers comme aux seconds et de l'exécution du tout, compte tenu des délais de route en jonque et à cheval. Fabuleuse machinerie... Enchinoisée, l'Europe, en un sens, avait bien raison de l'être : a-t-on jamais vu pays *mieux*, ou en tout cas *plus* gouverné ?

Ce même jour, Qianlong reçoit un rapport du 16 octobre de Changlin, toujours en route vers le Guangdong : il n'a pas encore reçu l'ordre de rebrousser chemin pour Zhoushan. Répondant à l'édit du 5, il a mis tout le pays côtier en alerte. Voici, par le dialogue « rapport-apostilles », la télé-conférence entre le mandarin et l'Empereur :

« Les Anglais ont pu voir, de leur regard de Barbares, la rigueur et la solidité des institutions célestes. Il est donc probable qu'ils ne tenteront aucune violence. Mais puisque Sa Majesté Sacrée a percé à jour leur fourberie, mieux vaut parer à toute éventualité. Nos défenses maritimes disposent surtout d'arcs et de flèches, de mousquets et de rares canons. Les Barbares, sur leurs navires, ont une profusion d'armement. Il faudrait que nous trouvions un moyen de nous assurer une supériorité absolue*. Or, j'ai appris cet été qu'il existe, dans la préfecture de Ningbo, des pêcheurs, les Dan, capables de plonger à plusieurs brasses** de profondeur. Si on pouvait recruter de tels hommes dans l'armée, on pourrait les faire plonger pour scier les gouvernails des navires brigands, qui deviendraient ainsi incapables de manœuvrer et seraient livrés à notre merci.

— ON PEUT SE PRÉPARER À CETTE ÉVENTUALITÉ, SANS DEVOIR NÉCESSAIREMENT PASSER À EXÉCUTION. J'IMAGINE QU'ON NE DEVRAIT PAS EN ARRIVER LÀ. ATTENDEZ MES INSTRUCTIONS, note l'Empereur, encourageant mais prudent.

« Cela pourrait être un moyen décisif pour assurer la suprématie à notre flotte. Toutefois, le préfet Keshina m'a fait remarquer que ces pêcheurs seraient peu disposés à entrer dans l'armée, les bénéfices qu'ils tirent de leur pêche étant bien plus intéressants que la solde en céréales allouée aux recrues.

— NATURELLEMENT.

« A mon humble avis, si les défenses côtières disposaient de tels hommes, un seul d'entre eux serait aussi efficace que plusieurs soldats. On pourrait donc doubler l'allocation...

— JE CRAINS QUE CET AVANTAGE NE SUFFISE PAS À LES DÉCIDER.

« On pourrait également accorder à chaque homme envoyé dans une autre province une indemnité de vingt taels d'argent. Il faut que cette population de pêcheurs soit assez attirée par le profit pour accepter d'abandonner les bénéfices de sa pêche. Leur enrôlement permettrait non seulement de mettre hors de combat les navires barbares, mais de faire pièce à la piraterie ordinaire en mer.

« J'attends respectueusement les instructions de Votre Clairvoyance Sacrée[35]. »

Dans cette Chine aux usages bien huilés, un gouverneur de province comprenait qu'il ne pouvait envisager de saboter de son propre chef des navires étrangers ; quant au souverain, il avait assez le sens de ses propres responsabilités pour ne pas encourager son gouverneur à entraîner des pêcheurs de perles à ce sabotage ; mais il le somme d'attendre ses instructions expresses avant de passer à l'acte. Belle leçon de conduite de l'État.

---

* Un haut mandarin mandchou ne saurait dire — horreur ! — que la supériorité des Anglais est écrasante. Il suggère que les deux forces s'équivalent à peu près, aucune ne disposant d'un avantage décisif — que les plongeurs-saboteurs apporteraient aux Chinois.

** Une brasse — mesure marine de profondeur — vaut 1,60 mètre.

CHAPITRE 54

« L'Empereur se méfie
de tout changement »
(21-23 octobre 1793)

Ce 21 octobre, l'hiver arrive. Thomas note : « On dirait même qu'il a gelé pendant la nuit[1]. » Macartney a eu le temps de méditer les deux lettres de l'Empereur à son roi. Pourquoi la seconde repoussait-elle une requête imaginaire sur la liberté de prêcher ? Puisque Songyun n'éludait pas les questions, il fallait avoir avec lui une bonne explication de ce méchant texte.

Il entreprend d'abord Songyun sur les termes qui attribuent ses requêtes à sa propre initiative. Il aurait ainsi outrepassé sa mission : quoi de plus désobligeant pour un ambassadeur ? Songyun laisse répondre le secrétaire qui avait calligraphié de sa main la lettre de l'Empereur au Roi. Artifice de Cour, explique le jeune mandarin, pour éluder une demande impossible à satisfaire : la courtoisie chinoise exclut qu'un souverain barbare se heurte à un refus. « On considère dans ce cas que la requête n'a jamais été exprimée ; ou qu'en tout cas, l'Envoyé a commis une erreur en la formulant de son propre chef[2]. » Macartney passe outre : « Louis XIV lui-même, face à une agression turque, ne soutenait-il pas qu'*on ne peut exciper d'affaire d'honneur avec n'importe qui*[3] ? » On n'est pas étonné outre mesure de voir Macartney se comparer à Louis XIV. Mais il est intéressant de le voir maintenant comparer les Chinois aux Turcs.

Pour la septième liberté — celle de prédication —, Songyun répond que la Cour a jugé comme allant de soi que les Anglais étaient, comme les autres Européens, zélés propagateurs de leur foi. Macartney proteste : la conversion des Chinois est le moindre des soucis de la Couronne britannique ; les commerçants britanniques de Canton ne sont jamais accompagnés de ministres du culte — pas plus que l'ambassade. Le prosélytisme n'est pas leur affaire.

Revenant sur le premier édit, Macartney s'étonne qu'on s'y fût principalement employé à repousser la proposition d'une ambassade permanente. Pourquoi n'y avoir pas abordé les questions commerciales? Et pourquoi le second édit soupçonnait-il les Anglais de rechercher des privilèges exclusifs? « Tous les Européens se plaignent des mêmes brimades de la part des autorités de Canton[4]. » La situation appelait une solution rapide, faute de laquelle le commerce péricliterait — et la Chine aurait à le regretter. Le Lord se répète ; les Chinois ne sont pas seuls à ressasser les propos de leur maître.

Songyun apaise Macartney : « Les édits de Sa Majesté n'expriment rien d'autre que le rappel des usages immémoriaux de l'Empire et la détermination de l'Empereur à les respecter scrupuleusement. *Devant toute forme de changement, l'Empereur est plein de méfiance.* Il a repoussé les requêtes anglaises parce qu'elles auraient entraîné des innovations qu'il ne saurait être question d'accepter. Mais rien de tout cela n'implique de mauvaise intention envers les intérêts anglais. D'ailleurs, on mesurerait très bientôt que Sa Majesté nourrissait au contraire de bonnes dispositions à l'égard des Anglais de Canton[5]. »

En outre, le système chinois de gouvernement laisse une large initiative aux vice-rois ; précisément, dans le Guangdong, Changlin, parent de l'Empereur, est l'homme de la situation : son intégrité, sa courtoisie devraient faire merveille. Il a reçu mission de mettre un terme à toute injustice subie à Canton par les étrangers[6].

Macartney saisit la balle au bond. Ne pourrait-on coucher sur le papier ces bonnes paroles? Il tient à rapporter à Londres un engagement chinois. Songyun oppose l'étiquette. L'ambassade est finie : aucune correspondance ne peut plus être échangée entre la Cour et l'Envoyé.

Pour mieux amadouer l'hôte qu'il achève d'éconduire, Songyun cite les expressions flatteuses pour l'ambassade qu'il extrait des missives reçues. La Cour alimente Songyun à la fois en directives sévères, de nature à provoquer s'il le fallait la « terreur » des Barbares, mais qu'il garde par-devers lui ; et en aménités, qu'il est invité à exhiber aux Barbares, afin d'exciter « leur reconnaissance éperdue ». Il insiste ainsi sur la « bonté » de l'Empereur, qui a autorisé les Anglais à soigner leurs malades à Zhoushan et à faire quelques affaires à Ningbo à des conditions fiscales de faveur.

Macartney évolue en pays hostile, mais ses guides sont chargés de le persuader que la main du Fils du Ciel est sur lui « jusqu'aux caresses », écrivirent les bons pères traducteurs : *« usque ad blanditias[7] »*.

« Nous avons formulé des demandes abusives »

Après la version Macartney, la version Songyun : mêmes faits, deux visions. Les faits : deux hommes qui se parlent, séparés par leur tasse de thé. La vision : deux univers, aux antipodes l'un de l'autre. Macartney se fait rapport à lui-même, il analyse, il s'interroge, il sonde. Songyun fait rapport à son souverain : il ajoute quelques couplets à l'interminable poème de l'Ordre immobile.

« Votre esclave prosterné fait rapport pour Votre information.

« L'Envoyé du tribut, son adjoint et l'interprète sont venus à mon bord et m'ont dit : "Nous avons bénéficié des bontés du Grand Empereur ; nous ignorions tout des institutions de la Cour Céleste et nous avons formulé des demandes abusives. Nous craignons que notre Roi nous en fasse grief."

« Votre esclave s'est conformé à Vos instructions ; j'ai dit : "L'Empereur oppose une fin de non-recevoir aux requêtes non conformes à nos usages. Allez en paix."

« Ils ont répondu : "Les requêtes formulées répondaient à la volonté de notre Roi." J'ai compris que je ne les apaisais point ; j'ai donc ajouté : "Notre Empereur ne saurait faire grief à votre souverain d'avoir exprimé sa volonté ; car dans Son immense bienveillance, le Grand Empereur entend ménager la face de votre Roi. Mais si celui-ci présentait une autre requête contraire aux usages de l'Empire, il essuierait inévitablement une rebuffade."

« Ils ont incliné la tête et dit encore : "Un point demeure obscur, celui où l'édit refuse la pratique de la religion. Nous n'avons rien demandé de tel." Je leur ai expliqué : "Depuis l'Antiquité, les Saints Empereurs ont laissé des enseignements qui distinguent rigoureusement les Chinois des Barbares. La population respecte cette loi et ne consentirait pas à ce que des discours hétérodoxes courent le pays."

« L'Envoyé s'est réjoui et confondu en remerciements : "Toutes les mesures que le Grand Empereur prend s'appuient sur la sagesse ; nous le comprenons à présent ; nous en sommes sincèrement convaincus. Il accepte de protéger notre commerce à Macao. Nous en aviserons notre Roi dès notre retour ; notre Roi sera heureux[8]." »

Ainsi soit-il... En attendant, les lignes capitales de l'avant-dernier alinéa apportent trois révélations. D'abord, Songyun y reconnaît que Macartney n'avait rien demandé en faveur de la religion : elles établissent donc qu'il s'agit d'une initiative chinoise, destinée à devancer toute requête éventuelle en ce sens. Ensuite, elles annoncent clairement des restrictions à la liberté de prédication, voire des persécutions, qui, de fait, ne vont pas tarder. Enfin, elles font justice de la thèse des historiens qui soupçonnaient une interpolation des bons pères.

Le Grand Canal

Le 22 octobre, la navigation se poursuit parmi les champs de coton. Le fleuve est tellement sinueux, qu'en quelques heures, les voyageurs ont vingt fois le soleil à leur gauche ou à leur droite, tantôt en face, tantôt dans le dos. De Liuqingzhou, grande cité fortifiée, se déverse une foule immense de curieux. Peupliers et trembles, beaucoup plus hauts qu'en Europe, s'alignent le long du fleuve.

Vers le soir, la flottille quitte le fleuve pour s'engager dans un étroit canal, par une écluse « d'une espèce comme je n'en avais jamais vu », note Thomas[9]. C'est le commencement d'une voie d'eau artificielle, longue de plus de quinze cents kilomètres, que va suivre l'ambassade. « Ce chef-d'œuvre, écrit Macartney, fut réalisé pour permettre une communication entre les provinces du nord et celles du sud de l'Empire. Il s'agit plutôt d'une rivière améliorée que d'un canal entièrement artificiel, car il suit une pente sur la plus grande partie de son trajet et le courant est le plus souvent fort rapide. » « Le canal traverse des marécages en surplomb, entre deux berges élevées fort au-dessus d'eux. A d'autres endroits, le canal coule en tranchée, à trente ou quarante pieds en dessous de la surface du sol[10]. » « Très bonne progression[11] », note Thomas le 23.

« Tout projet d'amélioration serait coupable »

Sir George ne refrène pas son lyrisme : « Nos jonques entrèrent dans le Grand Canal impérial, le plus ancien ouvrage de ce genre au monde. Il passe sous des montagnes, traverse des vallées, des rivières et des lacs. Ce magnifique ouvrage est bien différent des canaux d'Europe, étroits et sans courant[12]. » Et il ne mesure pas son admiration devant les écluses que Hüttner a comptées : il y en aura « soixante-douze sur l'ensemble de leur parcours[13] ». « Pendant qu'un homme, placé sur la proue du bateau, le gouverne avec une sorte d'aviron, d'autres, montés sur le bord du chenal et tenant des coussins rembourrés de crins, se préparent à les jeter pour amortir le choc. La nuit, on illumine les passages avec force lanternes[14]. »

Les bateliers versent un léger péage quand ils franchissent les vannes, qui s'ouvrent à heures fixes. « Là où la nature contrarie par trop le tracé du canal, note Winder, les bateaux sont tirés sur un plan incliné ou glacis, d'un bief au suivant, au moyen d'un treuil fixé à la rive. Quinze ou seize hommes le manient ; et l'opération de hissage et de remise à flot ne dure pas plus de trois à quatre minutes[15]. » Dinwiddie, scientifique précis mais émerveillé, a chronométré la manipulation : entre deux minutes et demie et trois.

Pourtant, Staunton, si ébloui qu'il soit par ce gigantesque ouvrage qui a précédé de douze siècles les canaux d'Angleterre, estime que la technique chinoise gagnerait à faire des emprunts à l'Occident. Il a tenté de faire valoir la supériorité, sur certains points, de la formule européenne. En vain. Il conclut, découragé : « Dans ce pays, on croit que tout est excellent et que *tout projet d'amélioration serait superflu, voire coupable*[16]. »

Un demi-siècle plus tard, le père Huc écrira : « Tout homme de génie se trouve à l'instant paralysé par la pensée que ses efforts obtiendront des châtiments plutôt que des récompenses[17]. » Macartney aussi explique par les mentalités cet immobilisme technique[18]. Le rite est l'ennemi du mieux.

L'immuable culture du riz

Staunton décrit les gestes immémoriaux de la culture du riz. De nos jours, ils restent inchangés. « Le débordement des rivières dépose du limon. On entoure un coin de terre d'une petite chaussée d'argile ; on le laboure, on le herse, on y sème très serré le grain qu'on a trempé dans du fumier. » On inonde le terrain à l'aide de rigoles. En peu de jours, les tiges s'élèvent au-dessus de l'eau. « Quand elles ont six ou huit pouces de haut, on les arrache avec les racines, on en coupe le sommet, qu'on repique dans de petits sillons tracés par la charrue. Enfin, on couvre d'eau la totalité de la rizière. Quand le riz approche de sa maturité, l'eau a disparu. » Première récolte début juin. « On moissonne avec une petite faucille dentelée comme une scie. Un homme attache deux gerbes aux extrémités d'une palanche qu'il porte sur l'épaule. Il les dépose à l'endroit où le grain sera séparé de la paille, soit au fléau, soit sous le pied des bestiaux[19]. »

Après la première moisson, on prépare immédiatement de nouvelles semailles. Seconde récolte d'octobre à novembre. « Ces mêmes terres sont également bonnes pour les cannes à sucre. Le cultivateur chinois, satisfait de deux récoltes de riz ou d'une de canne, recommence ses travaux au printemps suivant. » Sans parler d'une récolte intercalaire de légumes. Jamais de jachère[20].

Le riz est toutefois une céréale vulnérable. « Quand la plante est jeune, une sécheresse la fait périr ; et quand elle est près de sa maturité, une inondation lui est funeste. Enfin, oiseaux et sauterelles mangent le riz de préférence à tout autre grain[21]. »

Intercesseur auprès du Ciel, l'Empereur jeûnait en cas de sécheresse. Un édit de Kangxi, en 1689, répond à la supplique de ses hauts mandarins, anxieux de voir le souverain se ménager : « Il est juste que Nous soyons le premier à connaître le souci et le dernier à Nous réjouir. La sécheresse a duré longtemps ; elle Nous a rempli d'inquiétude. Nous avons maigri et perdu Nos forces. Mais, grâce au Ciel, la pluie vient de tomber. Quand il y aura eu assez de pluie, Nous pourrons relâcher Nos efforts[22]. »

Sans doute les dirigeants chinois actuels ne jeûnent-ils plus. On a donné la chasse aux oiseaux ; les insecticides ont mis les sauterelles en fuite. Mais, trois siècles après Kangxi, deux après Qianlong, il n'y a rien à changer à cette description de la céréale-reine. Rites immuables.

CHAPITRE 55

Une poste sans rivale
(20-24 octobre 1793)

Les Anglais constatent les allers et retours incessants de la correspondance impériale. La diligence du courrier, qui repose sur une gigantesque organisation matérielle, les émerveille. Ils sont loin d'être blasés, comme nous le sommes devenus depuis le télégraphe, le téléphone, la radio et la télécopie. Ils ne cessent de calculer les distances et les temps, puis de les comparer aux délais de la poste anglaise. Sportifs accomplis, ils saluent la performance. «Les messages à cheval sont si rapides, qu'ils mettent couramment une dizaine de jours pour couvrir les quinze cent milles* qui séparent Canton de Pékin[1].»

Les lettres officielles sont acheminées par les soins du service des haras militaires. De nombreux relais rayonnent en toile d'araignée à partir de Pékin. Ils sont tenus par les «officiers de transmissions». Les rapports sont acheminés plus vite à mesure que l'ambassade s'éloigne de Pékin. Alors que, vers Tientsin, ils étaient envoyés à la vitesse de 400 *li* par jour — 200 kilomètres —, vers le Sud, on passe à la vitesse supérieure: 600 *li*[2].

Si on en juge par les dates des dépêches entre la Cour et l'ambassade, il faut environ cinq jours à une lettre pour parvenir de la capitale à Hangzhou. Et dix pour atteindre Canton, alors que les voyageurs en auront mis quatre-vingts. Les commentaires sur le cheminement de l'ambassade vont huit fois plus vite qu'elle.

Depuis les empereurs Tang

L'admiration des Anglais se justifie : à la même époque, la performance citée comme la plus brillante de la poste britannique était loin d'atteindre celle de la poste chinoise.

Il est vrai qu'en Chine, seul le courrier officiel voyage ainsi. Le courrier privé, la poste impériale n'en prend que par exception, et

---

* 2 780 kilomètres.

alors, on l'a vu, le censure pour prix du passage — sans exception. La correspondance des missionnaires accuse, entre Pékin et Canton, des délais d'acheminement de trois mois[3]. Il arrive que, « par voie discrète et expéditive[4] » — un fonctionnaire complaisant —, les pères parviennent à glisser une missive dans le courrier officiel. Mais elle est lue presque à coup sûr.

En Angleterre, comme dans toute l'Europe, la « poste aux lettres » est un service public offert à tous. Elle assure les inombrables ramifications de la communication sociale, sans chercher à les contrôler. En Chine, seul l'État communique, et seulement avec lui-même ; et quand il fait à des particuliers la faveur de transporter une lettre, c'est déjà qu'il les a pris en otages.

Toute l'efficacité chinoise se surpasse pour assurer le service de l'Empereur. Ainsi depuis les Tang. Dix siècles après que le système eut été institué en Chine, la marquise de Sévigné s'émerveillait que, grâce aux derniers progrès de la poste royale, il ne lui fallût que huit à neuf jours pour recevoir, à Vitré, une lettre de sa fille, en séjour à Grignan. Soit trente lieues par jour[5]. La poste française reste au tiers de la performance chinoise.

Marco Polo décrit déjà les courriers à pied ou à cheval — couverts de grelots. Les empereurs mandchous ont conservé les courriers à pied, qui se relaient en trottant à sept kilomètres à l'heure de moyenne. Il s'agit tantôt d'une corvée rachetable, tantôt d'une charge héréditaire — en dépit de la modicité des gages et de la dureté du travail : retards ou plis endommagés valent le *bambouage* ; et il faut courir par tous temps[6].

Course-poursuite du progrès

A la fin du XVIIe siècle, les relais, encore éloignés de soixante-dix à cent *li*, exténuaient les montures. Sous Qianlong, on les a multipliés pour les besoins des campagnes militaires. L'administration impériale achète les chevaux par milliers : les relais principaux en comptent jusqu'à cent. Rares sont les fonctionnaires qui ont le droit de les utiliser, comme les spécialistes en explosifs en cas de révoltes provinciales[7].

Les relais impériaux ont même leur légende. La belle Yang Guifei, favorite de l'empereur Xuan Zong, au début du VIIIe siècle, raffolait des *litchi* qu'on ne cueillait qu'au Guangdong, à trois mille *li* de Xian, la capitale d'alors. Pour la satisfaire, le Fils du Ciel y aurait envoyé ses courriers. Les *litchi* ne se conservant pas plus de trois jours, il fallait que la poste parcourût mille *li* par jour — soit cinq cents kilomètres...

Ces courriers montés, nos voyageurs les aperçoivent à plusieurs reprises. Anderson en prend un cliché instantané : « Nous vîmes passer la poste au galop sur la grande route qui bordait le canal. » Le coursier porte, arrimée sur son dos par des courroies, une large hotte en bambou où sont enfermés lettres et paquets. « La clé de cette boîte à lettres est confiée à l'un des soldats qui l'accompagnent et il ne doit la remettre qu'au maître de poste. Des clochettes accrochées à la caisse carillonnent au gré du galop, annonçant de loin l'arrivée de la cavalcade. Cinq gardes montés escortent le courrier, pour empêcher qu'on ne le vole[8].» Les routes en Chine ne sont pas si sûres. En Angleterre non plus : en 1757, la malle de Portsmouth avait été enlevée[9].

Nos voyageurs reconnaissent loyalement l'infériorité anglaise, dont témoignent maints observateurs : «La poste est le plus lent des moyens de communication dont dispose le Royaume-Uni, et le moins sûr : pour éviter les pertes qui résultent des vols, on a pris l'habitude de déchirer en deux les billets de banque ou les valeurs au porteur et d'expédier les deux morceaux par des postes différentes[10].» Paul Valéry constatait : «Napoléon va à la même lenteur que César.»

Pour la poste à chevaux, l'Europe ne rattrapera jamais la Chine. Néanmoins, le rapport des performances va s'inverser. L'Empire du Milieu non seulement ne progresse pas, mais régresse ; tandis que l'Europe, en innovant, brûle les étapes. Le télégraphe optique de Chappe sera opérationnel en 1796. Une décennie de plus, et voici le bateau à vapeur. Encore deux décennies, et voilà le chemin de fer. Ainsi commence une course-poursuite du progrès, qui laisse sur place la Chine, naguère en tête.

Les Anglais seraient moins admiratifs s'ils pouvaient lire dans la hotte. Sous leurs yeux, Songyun y a fait placer ce billet : «Le 17, j'ai reçu l'édit de Votre Majesté sur les conditions de ventes faites aux Anglais et sur la liberté de mouvement qu'il convenait de leur accorder. Conformément à Vos directives, Changlin, Jiqing et moi chargerons des fonctionnaires d'accompagner des courtiers sûrs auprès des Barbares. [...] L'Envoyé tributaire obéit docilement et affiche un air sincèrement reconnaissant pour Votre bienveillance. Il est impressionné également par nos lois, la puissance militaire de l'Empire et la prospérité de ses habitants[11].»

Et voici le billet que les fonctionnaires de la Cour déposent religieusement dans la hotte le 21 octobre :

«A Songyun, à Changlin, à Jiqing.

«La lecture du rapport de Songyun Nous a pleinement rassuré. Il connaît parfaitement les instructions que Nous lui avons communiquées oralement à Jehol et répétées au moment de son départ de Pékin. Il doit faire en sorte que l'Envoyé tributaire se tienne tranquille. A cette fin, il appliquera des règlements incontournables. La ruse des Barbares est bien connue. Nous notons que Jiqing a rejoint son poste au Zhejiang. Nous pensons que Changlin y sera à son tour vers la mi-novembre. Aussitôt ses achats effectués, l'Envoyé tributaire doit être rembarqué. Il conviendra de le lui expliquer clairement et, par tous moyens, de l'empêcher de s'incruster.

«Qu'on obéisse à ces ordres[12] !»

CHAPITRE 56

« Réduire la Chine à la famine »
(24-28 octobre 1793))

> *« Les Chinois, c'est vrai, sont un peuple singulier ; mais ce sont des hommes pétris de la même pâte que nous. Ils sont défiants à l'égard des étrangers ; mais le sont-ils sans raison ? »*
>
> MACARTNEY, janvier 1794[1].

Ce n'est plus le plat pays du limon. Le canal, d'écluse en écluse, s'élève peu à peu. Thomas note : « Lord Macartney est à nouveau allé converser avec Songyun. Les rives du canal sont généralement abruptes, si bien que, depuis les fenêtres de nos bateaux, nous ne voyons rien du paysage[2]. » Son père précise : « Le 25 octobre, la flottille atteint le point le plus élevé du canal, là où la Luen le coupe à angle droit. Une solide muraille fait front au courant de la rivière, qui s'écoule par moitié vers le nord, par moitié vers le midi. Si l'on jette ici des corps flottants, ils se séparent bientôt et suivent des chemins contraires[3]. » Après avoir péniblement remonté le canal, le convoi va le descendre jusqu'au fleuve Jaune.

Dans les comportements humains, il y a aussi des lignes de partage. Après une conversation banale avec le si aimable Songyun, Macartney se laisse aller à une réflexion lourde de menaces pour la Chine.

Songyun avait fait part à l'Ambassadeur de la satisfaction de l'Empereur, à qui il avait pu apprendre que le voyage se poursuivait au mieux. Le satisfecit impérial s'accompagnait d'un fromage et de sucreries. Macartney ne précise pas selon quel cérémonial il les reçut. Mais Songyun, lui, le rapporte :

« Comme l'Envoyé souffrait d'un mal de tête, ce fut le Vice-Envoyé qui vint d'abord sur l'embarcation de Votre esclave et déclara : "En apprenant que la bienfaisance de Sa Majesté Impériale nous gratifiait de provisions, notre joie fut immense. Mais l'Envoyé du tribut a pris froid fortuitement et il est alité." Bien que Votre esclave sût que l'Envoyé était malade, il ne pouvait laisser les Barbares agir à leur convenance. Le lendemain matin, ledit Envoyé du tribut fit arrêter son embarcation et, s'efforçant de surmonter son mal, il vint sur celle de Votre esclave. Ledit Envoyé du tribut et autres ôtèrent leur chapeau et plièrent le genou. La joie se peignait sur leur visage. Ils déclarèrent : "Nous avons reçu de nombreuses faveurs de Sa Majesté Impériale. Aujourd'hui, Elle nous donne encore ce fromage. Nous en sommes touchés au fond du cœur. Bénéficier, pour une si longue route, de ces précieuses denrées dont Sa Bienfaisance nous gratifie, est pour nous comme acquérir un trésor." A les voir, leurs intentions étaient parfaitement sincères[4]. »

On causa donc, Songyun répétant inlassablement que les Anglais pouvaient mesurer, à ce nouveau geste, la bienveillance de son souverain. Pour un fromage remis solennellement en son nom ! C'est plus que ne peut en supporter l'Ambassadeur, qui épanche sa bile dans son journal : « Si la Cour de Pékin n'est pas réellement sincère, peut-elle espérer nous leurrer longtemps par des promesses ? Ignore-t-elle vraiment que quelques frégates anglaises suffiraient à anéantir l'ensemble de la force navale de l'Empire ? Que, en la moitié d'un été, elles pourraient détruire toutes les embarcations de leur littoral et réduire les habitants des provinces maritimes, qui se nourrissent essentiellement de poisson, à une effroyable famine[5] ? »

Cette éventualité n'a-t-elle pas effleuré Qianlong ? Les précautions qu'il multiplie manifestent son inquiétude ; mais il est prompt à l'apaiser. Sa correspondance, qui reconnaît implicitement la supériorité navale des Anglais, souligne leur faiblesse sur terre.

Or l'Angleterre, même dans son armement terrestre, poursuit ses progrès technologiques. Les jours viendront où elle aura les moyens d'imposer un autre sens à l'histoire chinoise — le sien. Pourquoi Qianlong ne s'est-il pas donné la peine de faire essayer devant lui les canons à tir rapide que Macartney lui offrait, et se proposait de lui exporter en quantité ? Pense-t-il : « Après moi, le déluge » ? Sûrement pas. Un souverain qui s'insère dans une durée de plusieurs millénaires et souhaite que ses descendants règnent pendant des siècles, ne cesse de songer à la pérennité de l'Empire. Alors ? Refuse-t-il de se doter massivement d'armes à feu parce que les révoltes futures en seraient rendues plus dangereuses, le péril pour une dynastie venant le plus souvent de la trahison des siens ? Peut-être. Mais sans doute, surtout, répugne-t-il instinctivement à la nouveauté. A toute nouveauté.

Un téléscope pris pour un canon

Passé les hauteurs du Shandong, les voyageurs découvrent des horizons neufs, qui mettent l'Ambassadeur en émoi : « Le canal est maintenant alimenté par un grand lac qui s'étend à notre gauche. Au soleil levant, un paysage superbe s'offre aux regards, avec les rives bordées d'arbres, les maisons, les pagodes qui couronnent les collines, d'innombrables bateaux qui avancent à la gaffe, à la rame ou à la voile. Nous remarquons de nombreux villages, ainsi que des vannes d'irrigation. Il fait doux : un vrai octobre anglais[6]. »

L'enfant aussi est enchanté : « Le canal traverse plusieurs lacs assez larges, mais peu profonds et parsemés de petites îles, de bateaux de pêche et d'une infinité de ces jolies fleurs comme nous en avons vu près de Pékin et qu'on appelle des nénuphars[7]. » Toutefois, il se plaint du vent « très vif et désagréable quand il souffle[8] ».

Le Lord note encore, le 26 octobre : « L'idée de construire le Grand Canal de Russie, qui suit à quelque distance la rive du lac Ladoga, dont les eaux le remplissent, semble avoir été empruntée aux Chinois[9]. » Le lendemain, la navigation se poursuit au-dessus d'un immense marécage que le canal traverse en surplomb, grâce à d'énormes levées de terre. Quel prodigieux travail[10] !

Thomas s'amuse bien : « J'ai oublié de signaler que nous naviguions de jour et de nuit, ce qui est rendu aisé par un changement constant et régulier de haleurs. Ceux-ci, malgré une surveillance soutenue, parviennent à s'enfuir, ce qui a pour conséquence de retarder les bateaux pendant qu'on en cherche d'autres. Cela n'est arrivé qu'à certains bateaux de mandarins, et à des bateaux de transport[11]. » L'évacuation des Barbares, elle, ne souffre pas de retard ! On leur affecte par priorité les haleurs disponibles.

Dinwiddie a mis en batterie son télescope à trépied, pour saisir les curiosités les plus éloignées. « Plus d'une fois, cet instrument fait fuir les foules chinoises qui, persuadées que les Anglais sont le peuple le plus féroce de la terre, le prennent pour un canon[12]. »

La pêche au cormoran

Le 28 octobre, le petit Staunton signale : « Ce matin, nous sommes entrés dans la province du Jiangnan. La terre étant plus élevée que le niveau du canal, les Chinois ont dû la creuser pour que le canal puisse suivre son cours. La journée a été chaude et agréable[13]. » Son père s'informe sur les pratiques de la pêche *aux* oiseaux : on pêche *avec* des oiseaux, et l'on pêche *des* oiseaux.

Le cormoran, sorte de pélican brun à gorge blanche, bec jaune et iris bleu, est entraîné à pêcher pour l'homme. Le lac est semé de milliers de petites barques, ou de simples radeaux : sur chaque embarcation, un homme et quelques oiseaux pêcheurs, jusqu'à douze. Sur un signal de leur maître, ils plongent et remontent bientôt avec d'énormes poissons dans le bec. » Ils sont dressés à ne rien avaler sans en avoir reçu l'autorisation : il n'est plus nécessaire alors de leur passer autour du cou la corde qui les empêche de déglutir. Si un poisson est trop lourd pour une seule bestiole, une autre lui vient en aide. Les pêcheurs n'ont d'autre matériel que leur embarcation, assez légère pour être portée sur les épaules. Cette pêche est si efficace que « la possession d'un cormoran est soumise à des droits exorbitants payés à l'Empereur[14] ».

Si les cormorans pêchent les poissons, les hommes pêchent les cormorans. Les Staunton s'en divertissent. Les pêcheurs font flotter des calebasses, auxquelles les oiseaux s'accoutument. Puis ils entrent dans l'eau avec une calebasse sur la tête. Ils peuvent ainsi s'approcher insensiblement du volatile. Ils s'en saisissent et l'enfoncent silencieusement dans l'eau, pour ne pas donner l'alarme aux autres. Ils continuent ainsi jusqu'à ce que leur gibecière soit remplie[15]. Cette étrange sorte de pêche se pratique encore dans de nombreux endroits de Chine. J'ai pu l'observer dans des lieux aussi éloignés que Ningbo, au Zhejiang, et Guilin, au Guangxi.

Les Anglais observent une autre technique originale, la pêche à la planche basculante : « On attache sur les bords d'un canot une planche peinte, qui forme avec l'eau un angle de quarante-cinq degrés. Quand la lune est sur l'horizon, le canot est tourné de manière que ses rayons frappent sur la planche et lui donnent l'apparence de la surface d'une eau agitée. Le poisson, trompé, s'y élance, et le pêcheur, tirant sur une corde, le fait tomber dans le canot[16]. »

Labourage sans pâturage

Si les Chinois sont tellement ingénieux à la pêche, c'est faute de mieux[17]. La rareté de la viande frappe les Anglais, déjà célèbres pour leur *roast-beef*. La Chine n'est guère qu'une immense culture sans élevage : « Les bestiaux ne trouvent asile que dans les districts montagneux où le travail de l'homme s'épuiserait inutilement. Aucun bon terrain n'est consacré aux prairies[18]. » Barrow affirme que les Chinois ne prennent pas la moindre peine pour améliorer la race de leurs bovins ou de leurs chevaux : « Ils ne sentent nullement les avantages qu'ils pourraient en retirer[19]. »

A la France, Sully donnait deux mamelles. La Chine n'en a qu'une : le « labourage », sans « pâturage ». « Les gens du peuple ignorent la viande de boucherie, à moins de trouver un animal de trait mort par maladie ou accident. L'appétit les fait braver tous les scrupules[20]. »

Aujourd'hui encore, un Chinois a horreur d'ingurgiter un *steak* saignant. Il préfère le cuit au cru — sans manifester beaucoup d'exigence sur le choix du cuit : « Les animaux dont on mange le plus en Chine, et ceux dont on approvisionne les marchés, sont ceux qui trouvent à subsister autour des habitations, à commencer par les chiens et les cochons. Le peuple mange avec avidité, jusqu'à la vermine dont lui-même est dévoré[21]. » « Un grand mandarin, note Barrow, n'a aucun scrupule à appeler publiquement ses domestiques pour faire chercher sur son cou les petits animaux inquiétants qui le piquent, et quand on les prend, on les lui présente et il les croque gravement[22]. » Donnée constante : Ah Q, personnage de Lu Xun, considérait même comme une injustice du sort d'avoir moins de poux que ses voisins et de ne pouvoir s'en régaler autant qu'eux[23].

L'ambassade constate que les Chinois s'organisent fort bien pour leur alimentation végétale, fort mal pour leur nourriture animale : primitifs ici, avancés là. « Les moyens par lesquels ils gagnent leur vie, remarque Staunton, pourvoient à leurs premières nécessités. Ce n'est que dans les grandes villes et les ports de mer que l'industrie prend quelque essor. Dans les villages, quelques hommes profitent de la misère pour prêter de l'argent sur gages. L'usage tolère un intérêt exorbitant[24]. »

Du capitalisme, la Chine ne connaît guère que l'exploitation de la misère par l'usure. Capitalisme ? C'est plutôt son contraire. Ce maniement de l'argent ne sert pas à l'investissement, mais à la dépense.

Un commerçant amasse-t-il une grosse fortune ? Ses descendants immédiats se mettent à la poursuite d'un rang. Ils dépensent des sommes fabuleuses dans une quête sans fin du prestige social. A cette spécificité chinoise, incompatible avec le capitalisme, s'ajoutent deux autres obstacles au développement, l'un mental, l'autre social : la préférence traditionnelle pour l'investissement foncier ; la pléthore de main-d'œuvre. En Occident, la machine, dont les progrès ont précédé ceux du peuplement, permet d'économiser travail et temps. La Chine ayant connu sa croissance démographique avant l'introduction du machinisme, sa surabondante main-d'œuvre à bon marché a freiné la recherche du moyen d'économiser les bras[25]. Barrow note déjà : « Les Chinois ne veulent pas mettre à profit les grands avantages qui résultent des pouvoirs mécaniques. Dans un pays où il y a une immense population, les machines peuvent même être regardées comme nuisibles[26]. »

Les Chinois peuvent survivre, sauf les années de famine. Mais leurs activités ne se prêtent à aucun développement : cette économie ne parvient pas à décoller. Nul n'y songe. Confucius « ne parlait pas de profit », mais célébrait « les lettres pour s'ouvrir l'esprit, les rites pour se discipliner[27] ». Ce ne sont point là, observent nos Anglais, les ressorts du progrès.

CHAPITRE 57

La colère de Qianlong
(28 octobre-1er novembre 1793)

Le 28, Songyun reçoit de l'Empereur une instruction courte et sereine. L'éviction des Anglais se déroule comme il convient. Embarqués à Zhoushan, ils pourront faire relâche à Canton et, sous un contrôle discret, avoir des contacts avec leurs compatriotes. Toutefois, Qianlong ne s'est pas débarrassé de son obsession : « Changlin, qui aura alors gagné le Guangdong à marches forcées, s'emploiera à neutraliser toute collusion possible entre les Britanniques et les autres Barbares d'Occident[1]. »

Dans un mémoire à la Cour, le vice-roi du Zhejiang annonce, rassurant : « J'ai chargé mes officiers d'inspecter les postes militaires situés sur le passage de la délégation et de faire réparer sans délai ceux qui seraient en mauvais état[2]. »

Mais, le 29 octobre, coup de tonnerre sur l'ambassade : une instruction impériale, en date du 26, rattrape le convoi au triple galop et annonce à Songyun que le chef de la garnison de Dinghai a vu quatre bateaux britanniques lever l'ancre. Leurs officiers lui ont expliqué qu'ils partaient en raison de l'état de leurs malades. Ils laissaient seulement l'*Indostan*, avec cent vingt hommes d'équipage. Le gouverneur Jiqing, qui en donne la nouvelle le 18 octobre à la Cour, présente ce maintien du « grand navire » comme une concession arrachée à Gower. L'Empereur s'emporte :

« Les Anglais avaient demandé à rester à Zhoushan pour soigner leurs malades. Voilà qu'ils s'en vont, à cause de ces mêmes malades ! Ce sont bien encore de ces revirements propres aux Barbares ! Que Songyun avise l'Envoyé qu'un navire les attend. Le gouverneur du Zhejiang s'est personnellement rendu sur place et il a pu vérifier que le navire restant avait la capacité d'embarquer toute la délégation. Si l'Envoyé prétend que le navire est trop petit et en tire prétexte pour traîner, Songyun l'en dissuadera avec la plus grande énergie.

« Les Barbares anglais n'ont pas obtenu gain de cause ; ils sont matois et rusés. Peut-être vont-ils essayer de se venger de leur échec. Il faut s'en prémunir. Leur pays est très éloigné et séparé de l'Empire par de vastes océans : s'ils cherchaient à créer des incidents, ce ne

296

serait pas avant deux ou trois ans. L'Envoyé a pu voir notre force et notre détermination. Il suffit pour l'instant de veiller à la défense de nos côtes et de nos ports. Il n'y a pas lieu de recruter jusqu'à nouvel ordre les plongeurs Dan, qui ne connaissent rien au métier des armes et sont présentement utiles à exercer leur métier chez eux[3]. »

L'insistance avec laquelle l'Empereur revient sur la crainte de représailles montre assez que, sans l'avouer, il a parfaitement compris la supériorité navale et militaire des Anglais. Toujours soucieux de se débarrasser d'eux au plus vite, il a sauté sur la suggestion de Jiqing : à lui seul, l'*Indostan* embarquera l'ambassade.

Songyun prévient donc à son tour l'Envoyé. Macartney se récrie. Pas question d'emprunter l'*Indostan*. Il ne décolère pas : « La méfiance morbide de la Cour, prête à soupçonner je ne sais quel dessein ténébreux dans toute initiative européenne, nous vaut les pires contrariétés. Sans nouvelles de moi, sans information sur la situation en Europe, sir Erasmus Gower aura mis le cap à l'est et n'en reviendra qu'en mai prochain[4]. »

Cap à l'est : direction le Japon. Macartney prête à sir Erasmus le projet qu'il avait lui-même instruction d'accomplir — et qu'il lui avait formellement délégué pour le cas où les circonstances s'y prêteraient. Gower a dû croire que l'Ambassadeur passerait l'hiver et le printemps à Pékin. Et s'il ne revient du Japon qu'en mai, le rendez-vous manqué de Zhoushan risque d'être catastrophique pour le retour : « En cas de conflit avec la France, nos vaisseaux marchands vont devoir faire voile sans protection : peut-on concevoir danger plus pressant[5] ? »

Macartney fait de bien sombres suppositions. Par habitude de la suspicion, les Chinois auront retardé sa seconde lettre à Gower, comme ils l'avaient fait pour la première. Elle sera arrivée trop tard. Nous avons maintenant la preuve qu'il ne se trompait pas.

De fait, la lettre de Macartney, partie le 4 octobre de Pékin, aurait dû atteindre le nouveau vice-roi du Zhejiang le 8 ou le 9. Seule sa rétention peut expliquer qu'elle ne soit pas arrivée à Dinghai avant le 16. Désormais, aucun coursier impérial ne saurait rattraper le *Lion* et les trois corvettes.

Il n'est pas impossible que le vice-roi du Zhejiang ait sciemment laissé partir le *Lion*, sachant que l'*Indostan* resterait, faute d'avoir récupéré son commandant. Il aura cru de bonne foi que toute l'ambassade y trouverait place. Coup double : on était aussitôt débarrassé d'un vaisseau de guerre impressionnant et dangereux ; et on serait bientôt débarrassé de l'ambassade — gain de temps, gain d'argent. Cet honorable mandarin est si peu expert en affaires navales qu'il n'identifie même pas l'*Indostan* : « Il s'agit du bateau par lequel l'Envoyé et son second sont arrivés, écrit Jiqing le 28 octobre : Ce vaisseau est vaste au plus haut point[6]. »

Quant à Qianlong, sa colère ne parvient pas à ajuster ses coups. Il ne comprend pas que ces navires aient pu lever l'ancre de leur propre initiative : « Quelles institutions ont donc ces Anglais ? »

Voilà l'incident majeur du retour de Macartney. A qui la faute ? Avant tout, aux revirements et aux atermoiements des mandarins — terrifiés à l'idée d'une réprimande impériale. Les mémoires, rescrits et instructions ne cessent de se contredire. La Cour a commencé par inciter les navires à partir ; puis a pensé que s'ils restaient un peu plus longtemps, l'Envoyé pourrait quitter l'Empire plus tôt.

Le refus de Macartney d'embarquer sur l'*Indostan* réveille l'ire impériale. Qianlong n'avait pas imaginé qu'on lui résiste. Voyant déjà l'ambassade sur les flots, il lui avait adressé un dernier signe de sa bienveillance : « L'Envoyé devrait être en mer au jour de l'An [lunaire : le 1er février 1794]. Aussi, Nous lui adressons un caractère Fu (bonheur) calligraphié de Notre main, pour son Roi, et un second pour lui-même et ses officiers puisqu'ils vont passer l'année en mer[7]. » L'obstination du Britannique déjoue tous les calculs. Le trajet de l'ambassade va durer deux fois plus longtemps que prévu, et coûter deux fois plus cher.

Songyun, pourtant, a tout fait pour convaincre Macartney. Il a « fait venir le tributaire sur sa jonque » et lui a annoncé le départ des navires. Il lui a dit le désir de l'Empereur de le voir embarquer sur le navire restant. Le Barbare a objecté que « lui et sa suite étaient arrivés sur cinq navires, et qu'il leur était impossible de repartir sur un seul, malgré tout le désir qu'ils éprouvaient de rentrer chez eux[8] ».

Le Grand Conseiller a affirmé que « le gouverneur Jiqing avait vérifié par lui-même que le navire était assez grand ». L'Envoyé a répondu « qu'il connaissait la capacité de ses navires » ; l'entassement de trop d'hommes à bord « entraînerait une recrudescence de la maladie ; tous les membres de l'ambassade périraient ». « Il a ajouté, des sanglots dans la voix : "Nous conjurons l'Empereur de nous accorder d'aller à Canton par la voie terrestre : cette grâce exceptionnelle épargnera nos vies. Qu'on abandonne le gros des bagages à Zhoushan avec une partie de la suite. Cette faveur, haute comme le Ciel, épaisse comme la Terre, nous ne l'oublierons jamais." Ses larmes étaient sincères : il ne s'agissait pas d'un prétexte pour s'éterniser. J'attends avec déférence vos commandements[9]. »

Est-ce pour amadouer son maître, que Songyun affirme que Macartney l'a supplié, les larmes aux yeux, de le laisser rejoindre Canton par la voie terrestre ? Cette prétendue scène est plus dans le style chinois que dans le style anglais. Mais il a bien dû y avoir deux conversations délicates coup sur coup, car Thomas note le même jour : « Le grand mandarin Songyun est venu à bord du bateau de lord Macartney, et leur conversation a duré un bon bout de temps[10]. »

Comment expliquer la rapide évolution de Macartney : d'abord si impatient de s'embarquer à Zhoushan, puis « suppliant » qu'on le laisse aller à Canton par la voie fluviale ? La vérité des sentiments du Lord, c'est Thomas-bouche d'or, une fois encore, qui nous la donne : « Aujourd'hui, nous avons été navrés d'apprendre que le *Lion* et les brigantins avaient quitté Zhoushan[11]. » « Navrés » — *very sorry* — atteste la bonne foi des Britanniques, qui voulaient absolument appareiller au Zhejiang.

Mais maintenant Macartney est aussi déterminé que sur l'affaire du *kotow* : il ira à Canton par la voie fluviale. S'il insiste tant, et brave les injonctions impériales, ce n'est pas à cause de l'inconfort et de l'indignité qu'il y aurait à entasser l'ambassade sur un cargo de la Compagnie, qui aurait été conçu pour transporter des marchandises et non des passagers. L'*Indostan* est le fleuron de la Compagnie des Indes et comporte de confortables cabines. Si la place à bord de ce spacieux vaisseau ne suffit pas pour accueillir toute l'ambassade, Macartney aurait pu y embarquer en petite compagnie, renvoyant vers Canton, par les canaux, les bouches inutiles — soldats, musiciens, domestiques, surnuméraires divers.

Or, cette idée ne lui est même pas venue. Une seule explication paraît plausible : il n'a pas voulu laisser la chance qui s'offrait à lui de rester encore quarante jours à proximité d'un des plus grands personnages de l'État. Il a souhaité prolonger ainsi les contacts qu'il a pu établir depuis Pékin grâce à une longue route parcourue de conserve avec Songyun. D'autant que le grand personnage dont la compagnie lui était proposée, le prince Changlin allait devenir, pour les prochaines années, le véritable interlocuteur de la Compagnie et des commerçants anglais.

L'ambassade des apparences avait échoué. L'ambassade des réalités allait se poursuivre : l'aimable imprégnation des mentalités de la Cour, pour qu'on s'y montre plus compréhensif des demandes anglaises — tout ce travail diplomatique que l'on effectue en Europe sur l'entourage d'un souverain. Le repos, l'agrément auraient voulu que Macartney achevât le bref trajet vers l'*Indostan* et mît le cap sur Canton. Mais le souci de sa mission le poussait à profiter jusqu'au bout de l'occasion inattendue qui s'offrait à lui.

Songyun a la manière. Il sait plaire en même temps à Qianlong et à Macartney. Il invente, pour l'un, les larmes de l'Ambassadeur ; pour l'autre, les sourires de l'Empereur. Macartney s'en flatte, le 31 octobre : Songyun cherche à « effacer la mauvaise impression de cet incident » en lui communiquant celle, « excellente », qu'avait désormais de l'ambassade l'Empereur, « convaincu maintenant qu'elle ne lui avait pas été envoyée dans des intentions inconvenantes ou par curiosité maligne, mais seulement pour lui faire honneur et pour solliciter des privilèges commerciaux et sa protection ».

Macartney profite de ces bonnes dispositions pour réitérer sa demande d'une troisième lettre. A quoi Songyun répond qu'il en a écrit à la Cour, mais qu'il ne s'attend pas à ce qu'elle déroge à l'étiquette. Au reste, il est « dans le style de l'Empereur de donner des assurances générales, sans faire de promesses particulières[12] ».

Le rapport que fait Songyun de cet entretien est moins suave. Il devinait qu'il allait recevoir des ordres de plus en plus sévères. De fait, le 1er novembre, l'Empereur lui donne instruction de dire à l'Envoyé : « Pas question de vous accorder à Huangpu* la faveur dont l'Empire a fait jadis bénéficier les Portugais à Macao. Les Anglais ne peuvent y bâtir ni maisons, ni forts armés de canons. Leurs navires s'y rassemblent à l'automne. C'est l'usage ; demander plus irait contre les institutions de l'Empire. » Une réponse aussi ferme « dissuadera l'Envoyé de renouveler ses requêtes inconvenantes[13] ».

« Je me suis rendu plusieurs fois à bord de la jonque de l'Envoyé, par égard pour sa maladie », écrit-il à Qianlong[14]. Macartney ne fait aucune allusion à cette maladie. Est-ce une excuse que se donne le Grand Conseiller pour éviter que l'Empereur ne lui reproche de s'être abaissé en allant lui-même visiter l'Envoyé ? « J'ai souligné que ses demandes contrevenaient aux institutions de l'Empire ; qu'il n'avait donc pas à redouter que son Roi lui tienne rigueur d'avoir échoué. Mais, ai-je ajouté, les Barbares de votre nation seront toujours aussi équitablement traités à Macao. »

Macartney aurait répondu : « Animé par une sincère admiration, notre Roi ne manquera pas de se réjouir de la protection que le Grand Empereur veut bien accorder à notre commerce à Macao. Nous pouvons être rassurés. Changlin ne manquera pas de favoriser notre commerce à Macao. Mais s'il se produisait des incidents, nous devons savoir qu'il sévirait. » Alors « l'Envoyé a confessé les erreurs passées, assurant que les commerçants barbares de sa nation n'oseront plus provoquer d'incidents[15] ».

Songyun a ensuite dit aux Anglais : « Comment pouvez-vous exiger à la légère un nouvel édit impérial ? » Macartney s'est alors « incliné ». Il a même reconnu que les explications de Songyun feraient qu'il « serait bientôt guéri tout à fait. Lorsqu'il évoquait Sa Majesté Impériale, son visage prenait une expression réjouie. La reconnaissance et le respect qu'ont exprimés les Barbares me sont apparus plus sincères encore que les fois précédentes. Lorsque je leur remettrai le caractère Fu calligraphié de Votre main et la robe de cérémonie destinée à leur Roi, ils ne manqueront pas de redoubler encore de gratitude, tant est grande la faveur que leur fait Votre Majesté[16]. »

L'apostille unique que Qianlong a tracée sur ce rapport, quand il l'a reçu la semaine suivante, est peu lisible. Faut-il le regretter ? Que peut-il répondre à l'écho de sa propre voix ?

---

* Ile sur la rivière des Perles, à une quinzaine de kilomètres en aval de Canton, devant laquelle mouillent les navires occidentaux — surtout britanniques.

CHAPITRE 58

L'armée populaire chinoise
(2-6 novembre 1793)

Le 2 novembre, la flottille débouche sur le fleuve Jaune. « Salués par une canonnade, nous jetons l'ancre près d'une très grande ville. D'innombrables jonques sont à quai[1]. » Quelle ville ? Anderson ne trouve personne qui le lui dise. Il connaît la frustration de ceux qui survolent en avion un pays inconnu. Mais le journal de Thomas révèle que, ce matin-là, la flottille a longé la ville de Qingjiangpu[2]. « La flotte entra dans une baie avec une rapidité effrayante, occasionnée par le courant d'une écluse[3]. » Elle va s'efforcer de couper le fleuve Jaune et d'en descendre le cours tumultueux avant de reprendre, toujours vers le sud, une nouvelle section du Grand Canal. Manœuvre périlleuse : les mariniers doivent se concilier la divinité du fleuve.

Où l'on sacrifie un coq avant une traversée

« Le pilote, entouré de tout son équipage, monta sur la proue du *yacht*. Tenant dans sa main la victime, qui était un coq, il lui arracha la tête, la jeta dans le fleuve, et arrosa du sang de l'animal diverses parties du bâtiment ; il attacha aussi des plumes aux portes des appartements[4]. » Pourquoi un coq ? Le même mot chinois, *ji*, signifie soit « coq », soit « favorable ». Le malheureux volatile payait de sa vie un calembour propitiatoire.

On rangea ensuite sur le pont « de grandes jattes remplies de viande, devant lesquelles on avait posé une coupe remplie d'huile, une autre de thé, une troisième d'eau-de-vie, une quatrième de sel ». Le pilote se prosterna trois fois, en tenant ses mains élevées et en marmottant quelques prières. Pendant cette cérémonie, on battait du gong, on brûlait des mèches parfumées, des feuilles de papier d'argent ou d'étain ; on tirait des pétards. Le pilote versa alors dans le fleuve l'huile, le thé, l'eau-de-vie et le sel. « Ce cérémonial achevé, l'équipage emporta les jattes de viande, s'en régala et, plein de confiance, se lança à travers le courant. Quand le fleuve eut été traversé, le pilote remercia le Ciel par trois nouveaux prosternements[5]. »

Ces rites ne dispensent pas les Chinois de fournir d'énergiques efforts pour vaincre la violence du courant : aide-toi, le Ciel t'aidera ! « Quelques jonques traversèrent le fleuve sans beaucoup dériver ; d'autres furent entraînées au loin : il fallut les haler avec une corde pour les faire remonter[6]. »

Ce même 2 novembre, l'Empereur, apprenant que l'Envoyé refuse de s'embarquer sur le navire resté à Zhoushan, pique une nouvelle colère, puis se résigne : « Que Songyun dise à l'Envoyé que, par un effet de mon insigne bonté, je l'autorise à embarquer ses bagages et une partie de sa suite à Dinghai, tandis que lui-même poursuivra sa route vers Canton par les terres et sous la conduite de Changlin. » Il cède encore une fois, mais ne résiste pas au plaisir de faire la leçon : « Que Songyun dise aussi à l'Envoyé : "Jamais un de nos navires n'appareille ou ne jette l'ancre sans en avoir reçu l'ordre. Si cela se produit, les responsables sont sévèrement punis. Quelles lois avez-vous donc, quel est donc votre système de gouvernement, pour que vous ne soyez pas en mesure de vous faire obéir de vos marins ?" Que Songyun dise enfin à l'Envoyé : "Informez votre roi de cette insoumission, et que les coupables en soient punis[7]." »

Le Barbare a gagné. Mais qu'il sache bien qu'il n'est qu'un Barbare.

Potagers flottants

Le 3 novembre, on traverse Qingjiang, « ville immense, nombre prodigieux de jonques et de peuple[8] ». Au sud du fleuve Jaune, un courant rapide entraîne les jonques. Plus loin, le pays est si marécageux que la culture serait impossible sans l'ingéniosité des Chinois : « Ils chargent d'une couche de terre des radeaux de bambous qu'ils laissent flotter sur l'eau. Ils y cultivent légumes et plantes potagères. A bord des jonques, ils usent également de ces jardins factices ; ils sèment des graines dans des caisses remplies de terre, ou même sur des morceaux de flanelle continuellement humectés[9]. »

On quitte le Shandong pour entrer au Jiangsu. Jusqu'ici, les haleurs étaient vêtus, comme tous les paysans, de l'universelle cotonnade bleue, en haillons. A peine a-t-on traversé la limite entre les provinces que les voici revêtus de tenues neuves bordées de rouge et de bonnets pointus. Le vice-roi de cette province, qui a ordre de ne pas recevoir l'Envoyé[10], entend-il ainsi rendre hommage à l'ambassade, ou au pavillon impérial qui flotte aux mâts des jonques ? Cet honneur ambigu se complète d'une musique bruyante[11]. Thomas note la présence de théiers au flanc des collines. Il rapporte qu'on lui a donné du lait de brebis, « pareil à de la crème[12] ».

Ces régions sont les plus riches de l'Empire. Les Barbares peuvent en mesurer la prospérité depuis leurs bateaux — exclusivement. Il y aura pourtant une tentative d'escapade de quelques membres de l'ambassade, mais les fautifs seront rattrapés *manu militari* et reconduits sous escorte. Le Grand Conseiller rassure Staunton : « Cette rigueur n'a d'autre souci que votre sécurité. »

302

Le 4 novembre au soir, on arrive à Yangzhou, « très fameuse en Chine pour sa taille et la beauté de ses bâtiments », a-t-on dit au petit Staunton : il écarquille les yeux, mais ne voit que les murailles qui longent le canal. « A leur pied, nous avons reçu le salut de deux cent cinquante soldats qui faisaient la haie, armés d'arcs et de flèches[13]. » Les déploiements de l'armée céleste n'impressionnent pas outre mesure un enfant d'Occident.

Le 6 novembre à l'aube, la flottille atteint le Yangzi, le fleuve Bleu, plus imposant encore que le fleuve Jaune, mais tout aussi jaune malgré son nom « Pour rejoindre le canal qui se prolonge de l'autre côté du fleuve, les jonques en côtoyèrent d'abord la rive septentrionale. Les vagues du fleuve étaient aussi agitées que celles de la mer... On y voit des marsouins[14]. »

Avant de passer devant la ville de Zhenjiang, Macartney découvre un paysage sorti d'une peinture chinoise. Un piton conique au milieu du fleuve ; sur ses terrasses régulièrement étagées, des temples, des clochetons, des belvédères séparés par des bouquets d'arbres de teintes variées*. L'ensemble évoque « une construction féerique élevée sur le fleuve par la magie d'un enchanteur ». Macartney en fait le dessin sur son manuscrit et précise qu'on l'appelle le « Mont d'Or ». Juqu'ici, la peinture chinoise le choquait comme invraisemblable : il la découvre réaliste. « L'extravagance n'est pas dans l'imagination, mais dans la nature chinoise[15]. »

L'Empereur se radoucit

Le même 6 novembre, nouvelle instruction de l'Empereur à Songyun, Changlin et Jiqing :

« L'Envoyé a supplié qu'on lui permette de continuer par la voie fluviale jusqu'à Canton, invoquant la crainte des maladies. S'il insiste respectueusement, il est difficile de refuser. Cela entraînera quelques dépenses supplémentaires, voilà tout ! Les Barbares reconnaîtront là une marque supplémentaire de Notre bienveillance[16]. »

A la bonne heure ! Plaie d'argent n'est pas mortelle ; tout rentre dans l'ordre. Il aura fallu cinq semaines pour que la Cour arrête l'itinéraire par lequel les Barbares allaient quitter l'Empire. Et, finalement, la volonté de Qianlong a chancelé, une fois de plus, devant celle de Macartney.

Soldats de parade

Le renseignement céleste fonctionne avec la rigueur des automates tant prisés des Empereurs : « Le 5 novembre, la délégation a abordé le fleuve Bleu. Les Barbares n'ont pas pris pied sur les rives quand ils auraient pu rencontrer de la population. Leurs yeux, voyant la

---

* Vous pouvez gravir ce célèbre Mont d'Or, *Jinshan*. Le piton est surmonté d'une pagode que l'on peut visiter.

multiplicité des champs et la luxuriance des hommes et des choses, contemplent avec admiration ce tableau de la grande Paix[17]. »

A Zhenjiang, une vaste démonstration militaire les attend. Mais Macartney remarque que les remparts menacent ruine, ce qui relativise les deux milliers d'hommes à la parade, avec musique et drapeaux. Leur armement ? Arcs et flèches, hallebardes, lances, épées, quelques fusils à mèche. Des casques, qui de loin brillent comme du métal, mais qu'on soupçonne d'être en cuir verni, voire en carton bouilli. Les uniformes bariolés, le débraillé de la tenue n'ont guère l'air martial ; les bottes capitonnées et les jupons ajoutent même une petite touche efféminée[18].

Ces tenues d'apparat, précise Wang, ne sont extraites de leurs armoires que « dans les grandes occasions ». Et les boucliers d'acier, trop lourds pour le combat, ne servent qu'à l'apparat. Macartney aurait aimé en voir un de plus près. On le lui refuse : secret-défense...

Trêve d'ironie ! Les officiers célestes ne plaisantent pas : il ne manque pas un bouton de guêtre. Le général Wang Bin, y commandant la brigade, écrit à la Cour : « Toutes les unités militaires se sont comportées avec discipline et sérieux. L'Envoyé tributaire et sa suite se sont montrés impressionnés[19]. » Mission accomplie.

Les Anglais, loin de se laisser intimider, estiment tenir la preuve qu'un débarquement réussirait aisément. La démonstration leur parut si concluante qu'ils seront surpris, un demi-siècle plus tard, de rencontrer par endroits une vaillante résistance. Au milieu du fleuve Bleu se dresse une île, nommée Jiaoshan. Encore aujourd'hui, vous pouvez y admirer les fortifications qui ont permis, pendant la guerre de l'Opium, de repousser les Anglais. Le fait d'armes est glorifié par une citation de Engels — cet autre envahisseur qui sut user, pour conquérir la Chine, d'armes plus subtiles.

Pourquoi préférer ces grossiers mousquets aux fusils perfectionnés en usage dans toute l'Europe ? Barrow pose la question à Wang. Le mandarin militaire répond qu'au Tibet, les fusils s'étaient révélés moins efficaces que les mousquets. « Cela tient, rétorque Barrow, à ce que les soldats n'ont pas su apprendre à se passer d'en appuyer le canon sur une fourche de fer. » Mais il ne se fait pas d'illusions : « Les préjugés sont tenaces[20]. » Et l'intérêt des Anglais est-il de les combattre ?

Effectifs militaires

Cette armée partout présente, immergée dans le peuple chinois, compte un million de fantassins, expliquent Wang et Qiao, et huit cent mille cavaliers. Barrow est sceptique. Mais les deux mandarins, séparément, ont donné des chiffres identiques. Ils estiment la population à trois cent trente millions d'habitants, le revenu annuel de l'État à cinquante ou soixante millions de livres sterling dont dix vont dans les coffres de l'Empereur, huit* étant réservés aux dépenses militaires. Cette somme suffit à l'entretien de tels effectifs[21].

Une si grande précision a de quoi surprendre. Pourtant, tout indique aujourd'hui que ces données étaient exactes. Si la bureaucratie impériale a conscience du doublement de la population sous Qianlong, n'aperçoit-elle pas les dangers de paupérisation et d'explosion ? Elle dispose de chiffres exacts — et reste immobile ?

Tous comptes faits, considérant que la Chine est douze fois plus peuplée que la France, avec une agriculture beaucoup plus performante et une balance commerciale toujours excédentaire, Macartney cesse de croire que les mandarins d'escorte ont exagéré[22].

Mais la guerre paraît loin des soucis quotidiens de cette armée. En dehors de la cavalerie tartare, répartie le long des frontières du Nord et dans les provinces conquises, les soldats célestes sont occupés à des tâches de police et de justice. Ici geôliers, là éclusiers. Plus loin, ils collectent l'impôt ou gardent les greniers publics. Bref, ils sont au service de l'administration civile. D'autres montent la garde le long des routes, des rivières et des canaux. « Ces postes, placés à trois ou quatre milles l'un de l'autre, ne sont jamais tenus par plus de six hommes[23]. »

D'un mot, ces soldats sont plus des miliciens que des militaires — contrairement aux « bannières » mandchoues. L'Empereur leur affecte même un lopin de terre. Ils se marient sur place. « Entre les grandes occasions, où ils arborent l'uniforme, ils portent le vêtement commun du peuple. Plus utiles en temps de paix, ils ont moins ce courage et cette discipline qu'exige la guerre[24]. »

Responsables de leur uniforme et de leur cheval, ces soldats doivent songer à assurer leur subsistance et celle de leur famille que leur solde ne saurait nourrir[25] : moins guerriers que paysans. Barrow en a vu qui saluaient l'Ambassadeur avec leur éventail au lieu de leur mousquet. Ils demeuraient assis ou accroupis jusqu'à ce que leurs officiers leur ordonnent de se relever. « Quand nous les surprenions à l'improviste, ils revêtaient à la hâte leurs uniformes. Dans cet attirail, ils avaient plutôt l'air d'être prêts à monter sur un théâtre qu'à faire des manœuvres guerrières[26]. »

Un proverbe, vieux comme l'Empire chinois, dit à la fois le rôle de la soldatesque et le peu d'estime qu'elle inspire : « On ne doit pas utiliser du fer de bonne qualité pour fabriquer les clous. »

Pour le combat, l'Empereur ne compte pas sur ces médiocres « clous », mais sur ses « bannières** » mandchoues — ces machines de guerre au sujet desquelles Macartney réunit le plus d'informations possible. Que sont-elles ? Des compagnies, organisées au début du

---

* Soit, respectivement : de 30 à 36 milliards de francs de 1989 ; 6 milliards ; près de 5 milliards.
** Le mot, traditionnel en sinologie, est ici utilisé dans l'un de ses vieux sens français : l'ensemble des vassaux qui combattent sous la bannière d'un seigneur. Le mot « bande » a la même origine.

XVIIᵉ siècle par Nurhaci, le fondateur de la dynastie, et qui se reconnaissaient à la couleur de leur bannière : jaune, blanche, bleue ou rouge. Les Mandchous étaient embrigadés dans ces « bannières ». Placées aux endroits stratégiques du pays, elles avaient pour mission d'encadrer l'armée chinoise. Comme les nobles dans l'Europe féodale, les membres héréditaires des « bannières » sont dispensés de tout travail et de tout impôt — sauf celui du sang[27].

Les « bannières », c'est le corps d'élite du pouvoir. Mais c'est aussi la nation en armes. Une toute petite nation : trois cent mille Mandchous subjuguent plus de trois cents millions de Chinois. Ni Rome, ni Alexandre, ni l'Espagne n'en avaient fait autant. Vit-on jamais pareille disproportion — de un à mille — entre le peuple conquérant et le peuple conquis, sinon, précisément, les Anglais en Inde ? Les « bannières », placées chacune sous le commandement d'un général tartare-mandchou, sont l'instrument de cette domination. Tout Mandchou est soldat. Il n'a d'ailleurs pas le droit d'exercer d'autre profession — ni artisan, ni paysan, ni surtout marchand ; mais mandarin, si : c'est le service de la même souveraineté.

Ne voilà-t-il pas du « renseignement » — qui n'a plus rien de touristique ?

CHAPITRE 59

Suzhou, la moitié du paradis de la Chine
(7 novembre 1793)

« Quand le brouillard s'est dissipé, il nous a découvert un pays riche et charmant, écrit Anderson ; des pagodes en couronnent les hauteurs[1]. » Macartney note l'élégance et la hardiesse d'un pont : trois arches si élevées que les jonques n'ont pas à démâter. C'est pourtant une manœuvre connue des usagers des canaux. « Souvent, note Winder, les jonques ont deux mâts. Là où les ponts sont nombreux, les bateliers couchent une bonne fois leur mât principal et en dressent un second, monté sur charnières, qu'ils abaissent et redressent instantanément[2]. »

Cependant, « la population a l'air découragée[3] » : elle ne s'est pas remise du départ de la Cour de Nankin pour Pékin, trois siècles plus tôt. Toute la région du Jiangnan en a souffert. Il fallait d'impérieuses raisons politiques pour déplacer la capitale vers le nord, près de la Tartarie. Car le Jiangnan est une des plus belles provinces de l'Empire, réunissant les avantages du climat et de la fertilité du sol.

La flotte atteint Suzhou au soir de cette journée. Petit Staunton décrit la curiosité réciproque des voyageurs et des badauds : « Nous contemplâmes les maisons bâties sur le bord du fleuve, parfois même au-delà de l'eau, sur pilotis. Pour nous voir, des foules immenses d'hommes et de femmes étaient assemblées aux fenêtres des maisons, et, sur le fleuve, une quantité de jonques petites et grandes[4]. »

« Quand l'obscurité fut venue, nous passâmes près d'un pont de pierre interminable, de plus de quatre-vingt-dix arches[5] », note le page émerveillé. « Un Suisse de notre domesticité, qui veillait encore, raconte Barrow, se mit à compter les arches, jusqu'à ce qu'abasourdi, il se précipitât : "Pour l'amour de Dieu, messieurs, venez sur le tillac, voici un pont comme je n'en ai jamais vu, il n'a pas de fin !" » Parallèles au Grand Canal, ses arches paraissaient lancées vers l'infini noyé de nuit. Elles permettaient à des jonques de rejoindre un grand lac en passant sous la route qui longeait le canal. « Malgré l'obscurité, nous distinguâmes, depuis l'arche centrale, quarante-cinq arches[6]. »

Ce pont, vous pouvez toujours l'admirer, intact. Il est appelé le
« pont de la Ceinture Précieuse ». Il a été bâti sous les Tang, un
millier d'années avant le périple de nos Anglais. Indestructible.

Barques peintes pour rendez-vous galants

A défaut d'avoir beaucoup fait ou même vu, nos voyageurs ont
beaucoup imaginé. Suzhou est la « Venise chinoise », non seulement
pour ses canaux, ses ponts et ses « gondoles », mais aussi « pour ses
plaisirs ». Du moins dans celui de ses quartiers « où évoluaient les
barques peintes, les tambours et les flûtes, le lieu où se rassemblait
tout ce que la cité comptait de courtisanes et de petits chanteurs[7] ».

La pensée de l'austère Staunton, selon le dicton chinois, « coule au
gré du vent » : « Les Chinoises de cette ville semblèrent aux Anglais
plus jolies et plus élégantes. Elles portent des pendants d'oreille en
cristal ou en or, et, sur le devant de la tête, un petit bonnet de satin
noir qui se termine en pointe entre les sourcils[8]. » On lui a énuméré
les charmes de la Chinoise. La tradition en avoue sept : « L'œil
enjôleur, la bouche de miel, une taille souple, le pied agile, un profil
modeste, un cou gracile et des ongles effilés[9]. »

Les Anglais apprirent de leur escorte le proverbe — encore cité de
nos jours : « Se marier à Suzhou, manger à Canton, mourir à
Lanzhou. » Dans quarante jours, on leur ferait vérifier la deuxième
étape de ce parcours idéal. On leur expliqua que la qualité du bois
de Lanzhou, qui fait les meilleurs cercueils, justifiait la troisième, à
laquelle ils espéraient échapper. Mais ils ne furent pas longs à
comprendre qu'on ne venait pas uniquement à Suzhou pour se
marier.

Aux abords de la ville, les Anglais admirèrent en effet « le superbe
lac de Taihu, entouré d'une chaîne de montagnes pittoresques ». Les
habitants de Suzhou en tirent beaucoup de poisson. Surtout, il sert
de « rendez-vous de plaisir ». On s'y promène sur des barques qui
contiennent « une chambre très propre », et l'on assure que « les
jolies batelières exercent plus d'un métier[10] ».

Les célèbre-t-on assez, dans toute la littérature romanesque de
Chine, ces *barques peintes*, ces maisons flottantes pour rencontres
galantes ! Comment ces Anglais, privés de femmes pendant deux ans,
n'auraient-ils pas laissé vagabonder leurs rêveries en frôlant ces
gondoles ? Leur vertu connut d'autant moins de risques, qu'ils
n'eurent pas le loisir de s'arrêter. Ils n'ont pu que voir ces plaisirs
passer au fil de l'eau.

Hüttner, le pédagogue, a recoupé auprès de ses *cicerones* chinois
les récits des missionnaires. Suzhou est « le séjour des plus riches
négociants, la pépinière des plus grands artistes, des plus habiles
acteurs. Elle dicte les lois du goût chinois, possède les plus belles
femmes, les plus petits pieds, les dernières modes. C'est le point de
réunion de la licence la plus voluptueuse et des libertins de toute la

Chine. Les Chinois répètent le proverbe : "Là-haut, le paradis ; ici-bas, Suzhou*[11]." »

Les maisons de commerçants sont plus belles qu'ailleurs. Les autres « sont à l'abandon », car leurs habitants « passent leur temps » sur les gondoles vernissées qui glissent jour et nuit, en foules silencieuses, chargées de filles-fleurs dont l'éclat même révèle l'état... Entre leurs bras, ils y dissipent leur fortune. « A force de jouir des plaisirs qu'elles offrent », de riches négociants venus vendre leur marchandise avaient été « réduits à la mendicité[12] ».

Le télescope de Dinwiddie n'a pas dû chômer. Les rameuses se tiennent sur la proue et la poupe. « J'en ai vu de richement habillées, note Winder, qui maniaient le gouvernail ou qui briquaient les embarcations[13]. » Hüttner a le regard plus perçant : « Au milieu, une chambre vitrée laisse parfois apercevoir, à travers la gaze, des jeunes gens qui jouent de la musique sur des canapés garnis de coussins, en compagnie de filles court-vêtues et trop gaies pour être honnêtes, écolières de l'académie par laquelle cette ville se distingue depuis si longtemps ; car dans ce pays, comme dans toute l'Asie, les plaisirs de la volupté sont devenus une étude, bien plus : une branche du commerce[14]. »

Vous pouvez voir encore, à Suzhou comme à Hangzhou, des batelières qui rament, dans de semblables barques laquées de noir et peintes de fleurs. Mais si agréables à regarder qu'elles soient, si habiles à godiller, si rieuses tandis qu'elles vous commentent le trajet, vous ne serez effleuré d'aucun doute sur leur moralité. Alors que, jusqu'en 1949, elles offraient un large éventail, de la miséreuse à trois sapèques qui se proposait tout en ramant, jusqu'à l'altière courtisane de l'eau...

Dans tout l'Extrême-Orient, l'art de la galanterie n'a cessé, depuis des siècles, d'être cultivé comme contrepartie de la contrainte des mariages arrangés[15]. « C'est sous les tentures de gaze et les brocarts des maisons de rendez-vous que le plaisir d'amour se récolte avec profusion. Comment en connaître les suavités sans en posséder une grande expérience personnelle ? Et rien n'est plus faux que de croire que le premier rustaud qui dépense son or comme on répand du sable s'appropriera en un tour de main celle qui possède les yeux charmeurs et l'esprit supérieur. » La courtisane n'a rien à voir avec la prostituée courante, « marchandise avariée, enduite de fards et barbouillée de poudre[16] ». Il faut la *courtiser* avant qu'elle ne cède, selon des rites impératifs[17].

Après de si longs mois d'abstinence où ils ont dû surveiller chacun de leurs gestes pour ne déplaire ni aux Chinois, ni à Son Excellence, voilà nos voyageurs tout émoustillés. C'est la récréation. Une bouffée printanière.

---

* A la vérité, le proverbe, souvent cité encore de nos jours, rajoute Hangzhou : Suzhou et Hangzhou forment un couple géographique.

CHAPITRE 60

La fiancée vendue
(8 novembre 1793)

> « *N'y a-t-il pas moyen d'aider votre fille ?*
> — *Elle est leur bru ; ils sont libres de la frapper et de la réprimander comme ils l'entendent. Je n'ai rien à dire.* »
>
> YE SHENGTAO, *Une vie,* 1919[1].

Partis sur ce beau sujet, nos visiteurs élargissent leur enquête. Ils découvrent sans mal que la prostitution n'est pas le seul état où la femme en Chine ait son prix marchand. « Pour peu qu'un toit modeste abrite quelque jolie fille, c'est aussitôt la course aux cadeaux de fiançailles, et les parents la céderont à qui paiera[2] », écrit un conteur chinois. La petite n'a pas le choix : elle ira au plus offrant. Ainsi, quelle que soit leur condition, les Chinoises sont toujours *vendues* — pour une heure, ou pour la vie.

L'homme, à la vérité, note Barrow, n'a pas, sous ce rapport, un grand avantage ; car il « ne peut voir son épouse avant qu'on l'ait amenée chez lui en grande procession dans un palanquin rouge. Si, cependant, en ouvrant la porte du palanquin où sa future est enfermée, et dont on lui a apporté la clef d'avance, il ne la trouvait pas à son goût, il pourrait la renvoyer à ses parents. Mais, dans ce cas, il perdrait le prix qu'il en aurait payé[3]. »

Barrow a du mal à comprendre ces arrangements de famille où les sentiments ne jouent aucun rôle. Il est vrai que les mariages convenus, qui restaient alors la règle sur le continent européen, commençaient à reculer en Angleterre devant le mariage d'inclination. « On ne permet point aux accordés de conversation préalable. Les marques silencieuses d'attention et de tendresse sont ignorées en Chine. L'homme prend une femme parce que la coutume le lui prescrit[4]. » Qui demeure célibataire au-delà d'une vingtaine d'années se fait mal voir, comme « vieux garçon[5] ».

Si la société confucéenne a dénié à la femme à peu près tous les

310

droits, et d'abord celui de naître, il lui en reste un : le droit au mariage. Il lui donne la chance de mettre au monde des garçons — le seul chemin qui la conduise à la puissance.

D'abord, la jeune femme devient, dans la maison de son mari, selon Barrow, « un meuble aussi inanimé que dans celle de son père[6] ». Goguenard, le père Huc rapportera : « Battre sa femme est une chose tellement de bon ton, que les maris se garderaient bien d'y manquer : ce serait afficher sa niaiserie et compromettre sa dignité[7]. »

La vengeance est aussi un plat chinois — chaud ou froid ; et nos voyageurs auraient eu une vision moins unilatérale de la guerre des sexes, s'ils avaient pu lire, dans les contes chinois, les mésaventures de maris battus par leur femme[8]. La plus agréable des vengeances est l'infidélité : la littérature chinoise abonde en satires qu'on croirait sorties de *Cosi fan tutte* ou de *Rigoletto* :

> *La femme est de la nature de l'eau,*
> *Prête à tromper le mari dans son dos[9].*

Si ce thème se retrouve sous tous les cieux, en voici un, plus original, qui a échappé à nos Anglais : toute jeune femme est la servante de sa belle-mère. En Chine, la jeune fille qui entre dans une famille devient plus bru qu'épouse. Le Chinois ne dit pas *prendre femme*, mais *prendre belle-fille*[10].

La soumission à ses parents interdit au jeune époux de prendre le parti de sa femme contre sa mère ; et la jeune femme a plus d'obligations à l'endroit de ses beaux-parents que de son mari. Seul le temps résout cette situation, en l'inversant : l'âge finira bien par faire de la belle-fille une belle-mère. Enfant, bru dès que l'âge l'autorise à porter des épingles à cheveux, belle-mère : tels sont les trois âges de la femme chinoise, avant qu'aïeule, elle devienne enfin la personne la plus honorée de la maisonnée[11].

La lutte des sexes

La polygamie, en revanche, n'a pas échappé à nos touristes. Elle est dans l'ordre des choses. Lorsque son mari amène dans la même maison une deuxième, une troisième épouse, la première, explique Barrow, « n'éprouve ni jalousie, ni chagrin » ; ou, du moins, « trouve plus prudent de n'en rien laisser paraître[12] ». Judicieuse restriction. Car le silence n'étouffe pas les zizanies : « Plusieurs cuillères dans la même tasse de thé, il est difficile qu'elles ne se heurtent », remarque sans illusions *Fleur en Fiole d'Or*[13].

Concubine : l'idée choque Barrow, qui trouve une explication cynique : « Il ne peut y avoir de honte attachée à l'état de concubine, dans un pays où le mariage est une prostitution légale[14]. »

La polygamie, poursuit Barrow, « est un mal qui trouve son remède en lui-même. Les neuf dixièmes de la nation trouvent déjà bien difficile de nourrir les enfants d'une seule femme. Comment en acheter une seconde? D'ailleurs, dans un pays où l'on abandonne tant de petites filles, mais où la coutume oblige tous les hommes à se marier, qui prendrait deux femmes empêcherait un autre d'en trouver une. La pluralité des femmes n'existe que chez les gens du premier rang, et chez quelques riches négociants. Les lois somptuaires, qui prohibent les belles maisons et toute espèce de représentation extérieure, les encouragent à se livrer secrètement à la volupté la plus raffinée[15]. » Le père de Grammont se lamentait du petit nombre des conversions, qu'il attribuait à ce que les Chinois « fussent enfoncés dans le bourbier des plaisirs de la chair[16] ».

« Chacun des hauts fonctionnaires de l'État, rapporte Barrow, a son harem où il entretient six, huit, dix femmes, selon ses moyens ou son inclination pour le beau sexe. Tous les marchands de Canton ont aussi leur sérail[17]. » Nous savons aujourd'hui que la vie intime des Chinois fortunés consistait en une grande variété d'ébats collectifs. Elle avait pour théâtre les « appartements du fond[18] ». On y consultait d'abord les innombrables *manuels de l'oreiller* : « Étroitement serrés l'un contre l'autre, ils détaillent les vingt-quatre tableaux de la frise, où un art achevé a figuré les façons diverses de l'amour printanier. Après s'en être donné à cœur joie, ils quittent le fauteuil pour la couche, afin d'aller faire l'épreuve sur leur propre personne de l'excellence de la leçon[19]. »

Nos Anglais, à mi-parcours entre *« merry England »* et l'Angleterre victorienne, ne savent pas trop s'ils doivent être choqués ou jaloux. Mais quand on leur parle du harem de l'Empereur, peuplé de centaines de jolies femmes, ils sont surtout intrigués. Comment pouvait-il faire face, même quand il était plus jeune ?

Il leur manquait de connaître la physiologie taoïste et les pratiques sexuelles qu'elle entraîne. Selon cette doctrine, le principe mâle, *yang*, apporte à l'homme une énergie inépuisable. A certaines conditions. Qu'il soit en contact fréquent avec le principe féminin, *yin*. Qu'il puise toute l'énergie du *yin* en conduisant la femme à son épanouissement. Qu'il se porte lui-même au plus haut point de concentration, mais sans jamais libérer sa propre force. Il accroît ainsi sa longévité et renforce sa vigueur.

En s'exerçant à des rapports répétés avec de nombreuses concubines, tout en s'interdisant d'aller au terme, le Chinois peut donc satisfaire un harem nombreux. Il contentera d'autant mieux ses femmes que leur propre satisfaction est nécessaire pour renforcer son *yang*. Quand il décidera de procréer, il engendrera le vigoureux hériter mâle qui assurera la pérennité du culte familial[20].

Mais le *yin* féminin a son intérêt propre, contradictoire avec celui du *yang* masculin : il se renforce d'autant plus que le *yang* parvient à son aboutissement. Certaines femmes expertes réussissent à déjouer les manœuvres de l'homme et à obtenir qu'il s'abandonne. Dans la lutte des sexes, elles ont alors gagné : l'énergie de leur *yin* s'accroît de celle du *yang*[21]. Celles qui savent « cueillir les fruits de la bataille », la tradition taoïste leur accorde un charme inaltérable[22].

312

Les secrets de la soie

Capitale de la femme, Suzhou l'était aussi de son enveloppe la plus précieuse — la soie. De fait, le Grand Canal traverse maintenant des plantations de mûriers. C'était un des objectifs de l'ambassade que de s'enquérir des techniques de la culture de cet arbre, de l'élevage des bombyx et du dévidage des cocons, de manière à acclimater le tout en Inde. Mais les Chinois étaient sur le qui-vive. Depuis l'Antiquité, la soie est pour la Chine un secret d'État — un secret de la nation tout entière, dont la trahison était punie de mort.

De part et d'autre du canal, ce n'est qu'un immense village qui s'étend au milieu des mûriers. Les feuilles ont été enlevées : pourquoi ? Hüttner recueille de maigres précisions : « Les propriétaires des mûriers ne s'occupent pas du ver à soie. Ils vendent les feuilles, au poids, aux habitants des villes qui élèvent ces vers[23]. » Pas question d'emporter des plants de ces petits arbres, ni des échantillons de vers[24]. La soie gardera encore son mystère.

« Les Barbares ne sont jamais satisfaits »

Ce même 8 novembre, un rapport de Songyun paraissait bien loin des délices de la Capoue chinoise :

« Votre esclave avait fermement refusé que l'Envoyé poursuive par la voie fluviale jusqu'à Canton. Mais les Barbares ont eu de tels accents de détresse que j'ai transmis leur requête à Votre Majesté. L'Envoyé a humblement exprimé sa contrition pour les fâcheux désordres causés par l'indiscipline des marins. Quand j'ai pu lui confirmer la grâce que Sa Majesté Sacrée lui faisait, le visage de l'Envoyé s'est éclairé de joie. Il a ôté son chapeau, plié le genou et déclaré, brisé de gratitude : "La miséricorde que nous témoigne le Grand Empereur nous sauve la vie."

« Toutefois, il était encore à genoux quand il a ajouté cette requête indécente : "Nous n'avons pas beaucoup d'argent avec nous. Le navire encore amarré à Zhoushan est chargé de produits d'Occident. Pourrions-nous les échanger contre le thé et les soieries promis ?"

« Votre esclave a aussitôt répété qu'il n'y a pas de guilde à Ningbo, qu'on ne peut rien acheter sans argent, qu'il fallait aller à Macao ou à Huangpu, où la grâce infinie de Sa Majesté permettrait exceptionnellement qu'on commerçât cette fois-ci hors taxe. »

En recevant ce mémoire, l'Empereur a noté de son pinceau vermillon : « Les Barbares ne sont jamais satisfaits[25]. »

CHAPITRE 61

Lueurs dans les ténèbres
(8-11 novembre 1793)

Au terme de six cents kilomètres sur le Grand Canal, le convoi approche de Hangzhou, où Songyun doit céder la place à Changlin. Le nouveau vice-roi de Canton, qui rejoint son poste, va accompagner l'ambassade, puisque le départ inopiné du *Lion* et le refus de Macartney d'embarquer sur l'*Indostan* ont bouleversé les plans.

Songyun a rempli son dernier office : prévenir Macartney en faveur de Changlin. La désignation d'un homme de cette qualité pour le poste de Canton manifestait l'attention que mettait l'Empereur à établir de meilleures relations avec les négociants britanniques. Cette nomination serait-elle le seul résultat concret de l'ambassade ? En tout cas, l'action psychologique déployée par Songyun se révéla efficace : l'image de Qianlong en sortit auréolée de bienveillance et Macartney en conçut de nouveaux espoirs. En font foi les documents qu'il est en train de rédiger et qu'il s'apprête à confier au capitaine Mackintosh pour les acheminer à bord de l'*Indostan*.

Un vice-roi parfait gentleman

En effet, le prince Changlin peut passer pour l'« homme de la situation ». Le vice-roi du Guangdong est un Mandchou, parent de Qianlong[1]. Il s'est acquis une réputation de droiture. Il sort de la disgrâce que lui avaient value, en 1792, ses efforts pour disculper plusieurs personnes faussement accusées de complot par Heshen*.

Le premier contact entre ces deux hommes est donc capital. L'un et l'autre vont se jauger. La correspondance impériale ne révèle pas ce que Changlin a pensé de Macartney — les Chinois ne se livrent

---

* Il ne restera à Canton que quinze mois, et sa carrière marquera de nouveau le pas. A cause de son attitude vis-à-vis de Macartney et du négoce européen, jugée trop bienveillante ? Ou de la rancune de Heshen ? En tout cas, il lui faudra attendre la mort de Heshen pour reprendre jusqu'à son dernier jour, en 1811, une brillante carrière[2].

pas volontiers à l'analyse psychologique : leur registre est plutôt celui du jugement moral. Macartney, en véritable Occidental, s'attache à préciser ses impressions et relate en détail leur conversation.

Le 9 novembre au matin, la flotte s'est arrêtée près de Hangzhou. Le *yacht* du vice-roi est bientôt bord à bord avec celui du Lord. Changlin, affirme Macartney, « vint me souhaiter la bienvenue après un entretien avec Songyun* ».

Le Britannique conçoit aussitôt une impression très favorable. Changlin, outre une parfaite éducation, respire la franchise et la distinction — un vrai *gentleman*. Ses propos ressemblent mot pour mot à ceux de Songyun. Changlin affirme avoir reçu de l'Empereur l'ordre de faire preuve des plus grands égards envers les Anglais de Canton ; ils pourront s'adresser directement à lui.

Comment des Orientaux ne riraient-ils pas de ces Occidentaux qui mélangent si étroitement le matérialisme le plus sordide et la jobardise la plus niaise ? Ce parfait *gentleman*, tout en multipliant les amabilités envers l'Envoyé britannique, souhaite faire saboter les bateaux anglais par des pêcheurs de perles transformés en plongeurs de combat.

Changlin égrène les banalités d'usage sur les fatigues d'un aussi long périple, « si flatteur pour l'Empereur, qui ne cesse d'en marquer sa vive satisfaction ». Mieux, il remet à Macartney, pour son roi, de nouveaux cadeaux impériaux : de la soie brodée d'or**, et, surtout, un « papier de bonheur » — c'est-à-dire le caractère Fu (bonne chance !) calligraphié de la main même du souverain céleste. « Il n'existe pas de marque d'affection plus haute qu'un empereur de Chine puisse donner à un autre souverain[4] », écrit encore Macartney à l'intention de ses lecteurs britanniques. Il ne remarque pas que ce geste ne coûte pas cher à l'Empereur ; ni que c'est un mince succès pour une aussi énorme entreprise.

On se souvient que, dans l'esprit de Qianlong, ce caractère « bonne chance » devait signifier un « adieu*** » à l'ambassade, qui allait s'embarquer à Zhoushan. Le changement d'itinéraire lui donne un côté cocasse que Macartney ne relève pas. Il ne peut pas savoir non plus que ces cadeaux devaient, à l'origine, être remis par Songyun. Bon camarade, celui-ci laisse ce soin à Changlin qui peut ainsi apporter un don de joyeux avènement.

L'année suivante, l'ambassade des Pays-Bas, horriblement maltraitée, systématiquement humiliée, recevra aussi son caractère Fu, tracé par le propre pinceau de l'Empereur[5] à l'intention du roi de Hollande... qui n'existe pas !

---

* Petit Staunton révèle que c'est l'Ambassadeur qui a rendu visite au vice-roi[3]. Mais pouvait-il en être autrement ?
** C'est une « robe de cérémonie », d'après les Archives impériales. Mais Macartney ne l'a pas compris — ou se refuse à évoquer George III en tunique céleste...
*** Encore aujourd'hui, des lettrés de Pékin calligraphient ce caractère pour leurs amis diplomates, en guise de cadeau d'adieu. Au Nouvel An, on accroche ce caractère à l'envers sur les portes, pour montrer que la bonne chance descend du Ciel.

L'art de la dérobade

On va demeurer quelques jours à Hangzhou pour y faire le partage entre les hommes et les bagages qui, avec Mackintosh, continueront vers Zhoushan pour embarquer sur l'*Indostan*, et ceux qui prendront, avec Macartney et Changlin, la voie de terre vers Canton[6].

Si l'*Indostan* est resté, c'est pour y attendre, outre son commandant, l'autorisation d'emporter des marchandises troquées sur place. Puisqu'il est là, on va bien le laisser remplir ses cales ! Qui sait ? Ainsi se créerait un précédent. Les Chinois ont compris l'enjeu : non quelques tonnes de thé, mais un principe. Aussi Changlin fait-il à Macartney et à Mackintosh une étincelante démonstration de son art de la dérobade.

« Les marchands de Zhoushan, explique-t-il, n'ont pas l'habitude de traiter avec des étrangers. En outre, ils ne disposent pas des articles qui pourraient intéresser les Anglais. Enfin, ils voudraient être payés en argent comptant — c'est-à-dire en dollars d'argent[7]. » Or, Changlin sait que les Anglais n'en ont pas. Macartney, probablement poussé par Mackintosh, a proposé un troc. Il se garde de le préciser, mais les archives du Grand Conseil retentissent de l'indignation impériale.

Qianlong, en effet, suit l'affaire de près. La proposition présentée par Songyun lui a fortement déplu :

« Nous avions déjà autorisé les Barbares à acheter du thé et de la soie à Ningbo. Voilà que, faute d'argent, ils veulent troquer leurs marchandises contre ces produits.

— C'EST VRAIMENT MÉPRISABLE.

« Qu'on leur redise que le commerce se fait depuis toujours à Macao et Huangpu[8]. »

Bon prince, toutefois, il autorisera Heshen à proposer un aménagement :

« Qu'on assouplisse la consigne et qu'on permette exceptionnellement à l'Envoyé de troquer *un peu* de sa marchandise contre les denrées que nous avons fait venir à Ningbo. Si, en revanche, il en veut beaucoup, dites-lui que c'est impossible, que cela contreviendrait aux usages. Faites alors transférer à Macao la totalité des lots de thé et de soieries réservés à cette transaction. »

Une fois de plus, Qianlong a ajouté de son pinceau rouge : « SI ON LES ÉCOUTAIT, LEURS EXIGENCES SERAIENT SANS LIMITE[9]. »

Changlin reprend la rengaine des objections cent fois opposées par Songyun. Macartney renonce. Impossible de forcer le blocus administratif. Rien à espérer du côté des privés — les « marchands félons », mis de toute évidence hors d'état d'agir. Pourquoi tenter de conclure avec ceux-ci des transactions que la hiérarchie céleste ferait échouer à tout coup ? L'Ambassadeur s'accroche à la maigre compensation qui lui est offerte. Le vice-roi lui annonce, comme une faveur toute spéciale, que l'*Indostan* sera exempté des droits de sortie.

Macartney est las d'entendre ces phrases ressassées avec componction, de voir ces éternels sourires qui n'expriment rien. Et pourtant, se dit-il, ces faveurs impériales, ces dérogations à la règle immémoriale, si peu spectaculaires qu'elles soient, ne manifestent-elles pas concrètement que son ambassade n'a pas été inutile et que, peu à peu, des pratiques nouvelles vont pouvoir s'instituer[10] ?

Thomas, qui devine à demi-mot ce que ressentent l'Ambassadeur et son propre père, insiste : « Changlin est fort civil et fort obligeant[11]. »

Macartney est sous le charme. Il se félicite de plus en plus d'avoir tant tenu à gagner Canton par voie terrestre, en ne renvoyant par l'*Indostan* qu'un détachement d'expédition, au lieu de faire l'inverse. La perspective de passer plusieurs semaines en compagnie de celui dont va dépendre le sort des Européens de Canton et Macao lui apparaît de jour en jour comme une rallonge inespérée de sa mission — une chance décisive de sauver son ambassade.

« *Aucun contact avec la population* »

Dès le lendemain 10 novembre, le vice-roi revient voir l'Ambassadeur et reprend la ritournelle : « Sa Majesté Impériale est particulièrement bien disposée à votre égard. » En bon diplomate, Macartney cherche aussitôt à concrétiser ces bonnes dispositions. Il attaque sur un autre front : certains secrets de la soie, encore inconnus en Italie et en France, et sur lesquels les Anglais sont restés bredouilles. C'est aux alentours de Hangzhou qu'on cultive le plus de mûriers, qu'on élève le plus de vers ; c'est entre ses murs qu'on fabrique les soies les plus réputées. Macartney avait interrogé les mariniers de sa jonque : selon les uns, le mûrier rouge prédomine ; selon les autres, le mûrier blanc. Qu'en était-il ? Le vice-roi, évidemment, n'en savait rien. Du haut au bas de l'échelle chinoise, la même esquive face à la curiosité étrangère. Encore une question inconvenante : de l'espionnage[12].

Staunton, pourtant, n'a-t-il pas réussi à surprendre un secret industriel ? « Les vers à soie sont nourris dans de petites chaumières qu'on construit exprès, loin de toute espèce de bruit ; car les Chinois pensent que le seul aboiement d'un chien suffit à nuire à ces insectes[13]. » Allons plus loin : « On fait toujours suffoquer le ver à soie avant de dévider le cocon. Pour ce faire, on met le cocon dans un panier et le panier est exposé à la vapeur. Lorsque le cocon est dévidé, les Chinois croquent la chrysalide[14]. » Si les papilles d'un Chinois dégustent avec délices la vermine qui le couvre, elles ne pouvaient rester indifférentes à la saveur du bombyx. Après le secret industriel, un secret de comportement collectif : l'Anglais perce le psychisme des Chinois. Leur méfiance n'était-elle pas justifiée ?

Elle ne se manifeste pas seulement à l'égard de la soie, mais de la ville même de Hangzhou. Ces quelques jours de halte, les Britanniques les passent enfermés à bord. Telles sont les recommandations vingt fois répétées par les apostilles de Qianlong : « AUCUN CONTACT

AVEC LA POPULATION. QUE LES BARBARES NE QUITTENT JAMAIS LES JONQUES. » Ces Barbares ne se doutaient pas que l'Empereur leur consacrait tant de vermillon.

Le journal de Thomas confirme cette mise en quarantaine : « Le grand mandarin est venu à bord du navire du Lord pour parler avec lui. Mais nous n'avons pas été jusqu'aux murs de la cité, et nous avons dû dormir la nuit et demeurer le jour au milieu des faubourgs », écrit-il en date du 10 novembre[15].

Sir George relate un incident significatif. Une partie des bagages destinés à Canton avaient été portés par erreur aux jonques qui devaient rejoindre Zhoushan. On envoya trois Anglais les rechercher : ils pourraient seuls les distinguer des autres ballots. Accompagnés d'un mandarin et de son domestique, ils s'y rendirent à cheval en contournant la ville par l'est. Quelle bouffée de liberté ! Arrivés au bord du fleuve, ils montent dans des chars, chacun traîné par trois buffles attelés de front et conduits avec une corde passée dans les naseaux. Les attelages s'élancent au galop vers le fleuve où ils avancent tant qu'ils ont pied. Puis, des chars, les voyageurs passent dans une barque. Sur la rive opposée, des palanquins les mènent au canal de Zhoushan.

L'opération finie, les Anglais retrouvent leurs chevaux et piquent des deux vers la ville. Quand ils arrivent en vue des remparts, le mandarin qui les poursuit crie aux gardes de fermer les portes avant qu'ils ne les atteignent. On leur explique qu'elles ne peuvent être rouvertes, seul le gouverneur en ayant les clés. Il fallut donc faire à nouveau le tour des murailles. L'ordre donné avait propagé l'alarme. Wang « ne put s'empêcher de rire en voyant que trois Anglais avaient pu causer de l'épouvante dans une des places les plus fortes de l'Empire[16] ».

Pourtant, dès le lendemain de leur arrivée, Wang était allé reconnaître avec Barrow et le père Li les lieux d'embarquement au sud de Hangzhou ; on avait alors traversé la ville. « Ils revinrent, écrit Staunton junior, avec un fameux compte rendu de la ville et des magasins[17] ! » Ceux qui ont dû rester consignés sur leurs jonques montrent une impatience de cloîtrés.

Jolies femmes au bout d'une longue vue

Hangzhou, bâtie entre le fleuve Qiantang et le Canal impérial, est le passage obligé de l'un à l'autre. Les marchandises y sont transbordées. C'est la grande étape entre Nord et Sud. « On imagine quelle activité ce transit donne à la ville, presque aussi peuplée que Pékin et ornée de magasins qui peuvent rivaliser avec ceux de Londres : soieries, fourrures, drap anglais[18]. »

Dans les rues étroites et pavées de grandes dalles de pierre, la foule innombrable ; le spectacle des Barbares suffit à obstruer le passage. Les femmes s'arrangent de manière attrayante, en variant seulement les couleurs, leur coiffure et les fleurs qu'elles y piquent. Un tricot de

318

soie leur tient lieu de chemise. Elles portent par-dessus des pantalons bouffants et une veste fourrée, le tout recouvert d'une grande robe drapée et serrée par une ceinture à la taille.

Les Chinoises « regardent l'embonpoint comme agréable chez l'homme, mais comme un grand défaut chez la femme. Elles prennent les plus grands soins pour conserver la finesse de leur taille. » Elles laissent pousser leurs ongles « pour montrer qu'elles sont bien servies », et s'épilent les sourcils « jusqu'à ne garder qu'une fine ligne arquée[19] ».

Le peintre Alexander résume la situation : « La plupart des femmes que nous avons vues ne sauraient prétendre à la beauté. On voit surtout des femmes du peuple, qui trottent sur leurs petits pieds. Les dames des classes supérieures se montrent peu. Nous les avons aperçues le plus souvent de loin. Quand, par exemple, à l'aide d'une longue-vue, nous en surprenions une qui fermait sa fenêtre. Elles nous ont paru belles, mais il est possible qu'elles le dussent aux fards dont elles usent largement — surtout le blanc et le rouge[20]. »

La pagode des Vents foudroyants

Hier comme aujourd'hui, le tourisme en Chine n'est jamais laissé au hasard. Wang « eut la politesse d'inviter M. Barrow et plusieurs autres à une promenade sur le lac de l'Ouest dans un canot élégant, suivi d'un bateau où se faisait la cuisine, au milieu d'innombrables barques où l'on faisait des parties de plaisir. Sur la rive, des maisons de mandarins, un palais impérial, des monastères. Les ruisseaux qui, du haut des montagnes, alimentent ce lac, sont traversés par de jolis ponts de pierre[21]. » Rien n'a changé dans ce tableau, dont la *Chronique indiscrète des mandarins* affirmait, sans trop exagérer : « Le lac de l'Ouest est le plus beau paysage de montagnes et d'eaux sous le ciel[22]. »

Au milieu des bois, « plusieurs milliers de tombeaux construits comme des maisons, bleus avec des piliers blancs, forment de petites rues. Il ne se passe point de nuit, sans que des Chinois viennent avec des torches dans le cimetière du lac rendre hommage aux cendres de leurs parents[23]. »

Des pagodes se dressent sur la cime d'une montagne ; l'une d'elles, au bord d'un promontoire, est appelée « pagode des Vents foudroyants ». « Son faîte est en ruine, où croissent la mousse et les ronces. On assure qu'elle a été bâtie du temps de Confucius[24]. » Cette pagode célèbre sert de décor à l'opéra classique *Le Serpent blanc*. Chine de toujours...

CHAPITRE 62

« Amadouer sans rien concéder »
(11-13 novembre 1793)

C'est à Hangzhou que l'on remet à Macartney une lettre du commandant de l'escadre : elle date de presque un mois. Gower expliquait que tous les équipages étaient gravement malades, y compris les médecins ; les médicaments manquaient à bord, surtout la quinine et l'opium. Il faut donc gagner Canton.

Cette lettre a naturellement voyagé aussi vite que la nouvelle du départ du *Lion* — dont Macartney est informé par Songyun depuis deux semaines. Pourquoi ce retard ? Macartney devine : traduction par les missionnaires, censure... Mais pourquoi ces « soupçons jaloux[1] » ?

On aurait tort de croire que les Anglais sont seuls à subir les lenteurs concertées de la poste. Elles accablent quiconque entre dans l'Empire. Au même moment, le père Raux essaie depuis deux mois d'établir le contact avec les pères Hanna et Lamiot, toujours à bord de l'*Indostan*. Il finit par leur écrire à Macao, où il a compris qu'on ne manquerait pas de les renvoyer : « En août, vous étiez bien près de nous ; j'ai aussitôt remué ciel et terre pour obtenir l'ordre impérial de vous faire venir. Mais comme on pouvait soupçonner que vous fussiez anglais, on m'a appelé au Palais et on m'a fait mille questions sur vous... Il m'a été impossible de vous écrire soit à bord de votre vaisseau, soit par le retour de l'ambassade... Le père Amiot a été enlevé subitement, la nuit du 8 au 9 de ce mois d'octobre ; accordez-lui les suffrages de vos messes. Portez-vous bien. Soyez gais, patients, courageux[2]. » Face à l'insoulevable inertie de la bureaucratie céleste, l'inaltérable bonne humeur d'un homme voué à Dieu.

Patients ! Voilà des années que le même père Raux exhorte ses confrères à la patience. Il écrivait déjà, le 25 juin 1789 : « Je vous supplie de ne pas vous décourager à la vue de toutes les lenteurs chinoises. Elles sont bien mortifiantes, mais inévitables[3]. »

La lettre de Gower, même tard venue, est bienvenue : Macartney est soulagé d'apprendre que le *Lion* n'a pas mis à la voile vers le Japon. Pour plus de sûreté, il écrit au représentant de la Compagnie à Canton un message que le vice-roi promet de faire partir le soir même : que sir Erasmus reste à Macao jusqu'à nouvel ordre[4].

Cette lettre ne sera pas retardée ; le souci de l'Ambassadeur de retenir le *Lion* à Canton rencontre l'obsession des Chinois de voir partir les Anglais. Les autorités cantonaises craignaient en effet que « cette délégation d'une centaine de personnes, dans l'incapacité d'embarquer sur les navires marchands mouillés encore à Huangpu, ne cherche ainsi à s'éterniser ». Elles avaient donc pris la précaution de « dépêcher un détachement naval pour guetter l'arrivée des navires anglais et pour les mener au mouillage* ». A réception du message, Qianlong apostillera : « CORRECT[5]. » Tout se met sur place pour débarrasser enfin la Chine des Barbares.

Adieux de Songyun le charmeur

Les membres de l'ambassade qui allaient rejoindre l'*Indostan* à Zhoushan quittèrent Hangzhou le 13 novembre. Songyun les escortait, de manière à superviser leur départ, en compagnie de Jiqing, vice-roi du Zhejiang.

Il vint faire ses adieux à Macartney. Il paraissait ému. Il demanda à Macartney son indulgence : « Les pays éloignés les uns des autres, expliqua-t-il, ont nécessairement des mœurs différentes. Les Anglais ne devaient donc pas prendre en mauvaise part l'attitude des Chinois. Il espérait qu'ils ne s'en retourneraient pas avec une impression défavorable de la Chine[6]. »

Macartney veut se persuader que ces bonnes manières ne sont pas seulement personnelles, et il prend argument de la « surveillance constante à laquelle Songyun est soumis ». Deux mandarins l'assistent en effet à tout moment ; ce sont certainement des mouchards. Si le Grand Conseiller se montre tellement avenant, c'est qu'il a intérêt à ce que cela se sache. « Ses manières charmeuses ne pouvaient échapper à la Cour », écrit Macartney. « Elles devaient donc y être prisées. On pouvait avoir une âme droite dans ce sérail aux mille détours[7]. » Il en conclut que ces amabilités laissent présager des lendemains favorables. Or, elles faisaient partie de la mission, que les Archives impériales nous révèlent : « Renvoyer les Anglais au plus vite, sans rien leur concéder, tout en les amadouant. »

Songyun s'y entend à merveille. A preuve la manière dont il repousse les cadeaux d'adieu que Macartney veut lui offrir. Ses excuses sont exprimées avec une gentillesse si naturelle que l'Ambassadeur ne songe pas à s'en offenser. C'est bien le même refus, pourtant, que celui de Heshen, la même obéissance aux mêmes consignes. Mais Macartney trouve à Songyun des manières de gentilhomme. Ce haut mandarin aurait été digne d'être britannique.

S'il a éprouvé un élan pour l'Ambassadeur, le Grand Conseiller

---

* Le même mémoire dit que Guo Shixun fait faire une enquête à Macao sur les nommés *A-na* et *Lami-é'té*. On aura reconnu nos bons pères Hanna et Lamiot.

n'en laisse pourtant rien paraître à l'Empereur. Voici comme il conclut son dernier rapport, en date du 13 novembre : « Le 12, l'Envoyé est venu sur mon bateau me remettre un remerciement à l'intention de Votre Majesté Sacrée. Il est revenu sur les immenses bienfaits et faveurs que le Grand Empereur lui avait accordés, à lui le Barbare ignorant de nos institutions et de nos rites. Ces mots ont été prononcés avec insistance et une évidente sincérité[8]. »

A cette date, le petit Staunton écrit : « Aujourd'hui, Songyun est venu à bord voir mon papa. J'ai écrit une lettre à ma maman, que doit emporter le capitaine Mackintosh[9]. » Les 12 et 13, Macartney dit aussi avoir reçu la visite de Songyun. Celui-ci fait croire à la Cour que c'est l'Envoyé qui se déplace. C'est que le principe hiérarchique est aussi contraignant dans les sociétés autoritaires que le principe égalitaire dans les sociétés démocratiques[10]. Un Envoyé tributaire doit le respect à un Grand Conseiller, non l'inverse. L'Empereur pourra écrire en apostille : « CORRECT », — comme nous disons : parfait* !

Le dialogue secret

Les Britanniques s'apprêtent à gagner Canton, qui par mer, qui par les terres. Ils sont loin de se douter que, pendant ce temps, un dialogue implacable se déroule, par la poste impériale, entre les deux extrémités de leur traversée chinoise.

De Pékin, Qianlong avait adressé le 21 octobre un édit au gouverneur militaire de Canton, comme à tous les gouverneurs des provinces côtières : il les informait des « demandes inconvenantes » des Barbares, qui réclamaient « une petite île où résider en permanence », soit aux Zhoushan, soit vers Canton[11].

Guo Shixun répondit le 1er novembre, douze jours après seulement ; et onze jours plus tard, le 12 novembre, Qianlong annotait sa réponse à l'encre rouge. Voici leur dialogue, qui scelle la déroute de Macartney :

Guo Shixun : Les Anglais, lorsqu'ils arrivent à Macao, doivent louer leurs habitations aux Portugais. Leur situation est celle d'invités face à un hôte. Voilà pourquoi l'Envoyé a demandé qu'on leur accorde un endroit où ils pourraient entreposer leurs marchandises et qui serait l'équivalent de ce que Macao est pour les Portugais.

Qianlong : C'EST ABSOLUMENT IMPOSSIBLE.

Guo Shixun : C'est précisément là qu'on mesure la convoitise et la ruse des Anglais.

Qianlong : EXACTEMENT !

Guo Shixun : L'installation des Portugais remonte aux Ming, il y a plus de deux cents ans. Ces Barbares ont fini par aimer ces terres

---

* Hélas pour nous, avec Songyun disparaît un témoin précieux. Nos sources chinoises s'appauvrissent.

et ils baignent dans l'influence bienfaisante de l'Empereur. Ils ne se différencient pas du reste de l'Empire. Il est d'autant plus impossible de laisser des Barbares anglais s'installer sur ce littoral, qu'il est proche de Canton.

Qianlong: EXACTEMENT.

Guo Shixun: Ce que l'Envoyé demande inconsidérément ne va pas lui sortir facilement de l'esprit. Il faut, conformément à Vos saintes instructions, que la défense côtière soit rigoureuse. Avec Changlin, je veillerai et tous les postes militaires seront prêts à toute éventualité. Les Barbares anglais ne pourront pas se permettre de s'installer sur la moindre parcelle du territoire de l'Empire.

Qianlong: EXÉCUTION IMMÉDIATE.

Guo Shixun: Si les Barbares qui arrivent dans le Guangdong veulent élire domicile à terre, ils voudront faire appel aux services de félons de l'intérieur, capables de les informer.

Qianlong: CELA DOIT PARTICULIÈREMENT ÊTRE POURCHASSÉ.

Guo Shixun: J'ai transmis des instructions secrètes aux autorités locales pour qu'elles surveillent tout de très près. Si des interprètes de la guilde ou des sujets ordinaires prennent contact avec les Barbares pour les aider à s'installer à terre, il faut les arrêter, les juger, les condamner pour couper court à toute tentative.

Qianlong: ABSOLUMENT[12].

Le Ciel n'est guère à l'écoute de l'ambassade, comme elle avait cru pouvoir le déduire de l'affabilité du Grand Conseiller Songyun. Le Ciel est même à l'orage.

Rapport au Roi

Au moment d'arriver à Hangzhou, Macartney a mis un point final au premier rapport, en vingt-huit feuillets, qu'il adresse à Dundas pour le Roi et qu'il confie à Mackintosh. Il se donne ainsi la chance de faire parvenir plus tôt en Europe des nouvelles de sa mission. On retiendra quelques passages de ce document, curieusement resté inédit. Des abîmes le séparent et du dialogue impitoyable que nous venons de surprendre, et de la vision que l'Ambassadeur et ses compagnons ont peinte dans leurs divers journaux. Pourtant, l'essentiel y est: la mélancolie de l'échec, corrigée par une lueur d'espoir, bien vacillante encore: «J'ai la satisfaction de constater que le résultat d'un premier contact direct entre la Cour de Londres et celle de Pékin commence à porter ses fruits dans l'esprit des Chinois, au sujet des marchands anglais[13].»

Dès le début, Macartney décrit d'insurmontables obstacles. La jalousie des Européens, d'abord: «Certaines informations officieuses et privées m'ont appris les efforts que les Européens de certaines factoreries faisaient pour contrecarrer les projets qu'ils nous prêtaient. Nous avions tout à redouter des Portugais, qui prétendaient conserver le monopole des relations avec Pékin. Or, Macao tombe en ruine et ne subsiste que grâce à la présence des Anglais qui y résident à la morte-saison[14]. »

La méfiance chinoise, ensuite : « Malgré une hospitalité fastueuse, rien n'était plus visible que la suspicion avec laquelle les dignitaires tartares regardaient chacune de nos initiatives. Comme si nous venions apporter la subversion dans ce pays[15]. »

Son ambassade s'est épuisée en obligations protocolaires sans pouvoir rien négocier : « Les principaux objets de ma venue n'avaient pas même été abordés. Tout mon temps avait été occupé en cérémonies et aucune chance n'apparaissait d'atteindre le moindre objectif matériel de ma mission, si je ne persévérais pas un peu plus, dans l'espoir d'amener ce gouvernement à de meilleurs sentiments à notre égard[16]. »

Heureusement, le voyage de retour par le Grand Canal avait enfin permis de nouer des relations de sympathie avec le Grand Conseiller et de faire avancer les choses : « Songyun me citait les principaux passages des lettres qu'il recevait de l'Empereur quotidiennement et m'informait des remarques les plus importantes. Il me déclara que ses observations les plus attentives l'avaient convaincu que, réellement, nous n'avions d'autre vue que l'accroissement de notre commerce ; mais il précisait qu'aux yeux d'un dirigeant chinois, c'était là une affaire insignifiante, qui ne méritait pas le dérangement d'une ambassade[17]. »

Macartney avait pu ainsi revenir sur le contenu si décevant des deux édits de l'Empereur à destination du Roi : « Je fis observer à Songyun qu'à l'exception de la demande présentée par Sa Gracieuse Majesté et relative au séjour permanent d'un ministre à Pékin — demande rejetée —, aucune mention n'était faite des autres points. Il répondit que Sa Majesté Impériale jugeait suffisante sa promesse de traiter nos marchands avec bienveillance. Quant à la note que je remis à Heshen, celui-ci opposa un refus systématique à toutes mes requêtes : les questions paraissent avoir été volontairement défigurées, comme si on avait cherché à en faciliter le rejet par Sa Majesté Impériale. Je n'avais pourtant pas manqué de laisser entendre que la situation de nos gens à Canton, faute d'être reconsidérée, deviendrait bientôt si intolérable qu'il risquait de s'ensuivre une rupture de tout commerce[18] [...]. J'ai eu la consolation de m'entendre dire que l'Empereur nous regardait, nous et notre nation, d'un œil plutôt bienveillant et qu'il était déterminé à protéger ce commerce. S'il avait repoussé toutes nos requêtes particulières, nous ne le devions pas à leur impertinence, mais au fait qu'à son âge avancé, il ne jugeait pas sain de modifier des usages immémoriaux et de créer de nouveaux précédents[19]. »

Après ce souverain sénile, un successeur plus jeune adopterait une autre attitude... Un Anglais ne s'avoue jamais vaincu ; et il fallait bien entretenir la petite flamme de l'espoir.

CINQUIÈME PARTIE

NOUVEAUX REBONDISSEMENTS, NOUVEAUX ESPOIRS

(novembre 1793-septembre 1794)

> *« Peut-on vraiment gouverner un pays par les rites et
> la déférence ? Bien sûr ! Sinon, à quoi serviraient les
> rites ? »*
>
> CONFUCIUS, *Entretiens*[1].

> *« Vous êtes notre père et notre mère, disent les Chinois
> à leur empereur ; c'est par vous que nous vivons ; c'est
> par vous que nous sommes ce que nous sommes. Daignez
> jeter encore une fois quelques regards de compassion sur
> nous, apprenez notre malheur, daignez voir vous-même
> ce que nous n'oserions vous dire, et secourez-nous. »*
>
> Père J.-M. AMIOT, S.J., 1774[2].

> *« L'HOMME est un être sentant, réfléchissant, pensant,
> qui se promène librement sur la surface de la terre. »*
>
> DIDEROT, *Encyclopédie*, art. « HOMME », 1751[3].

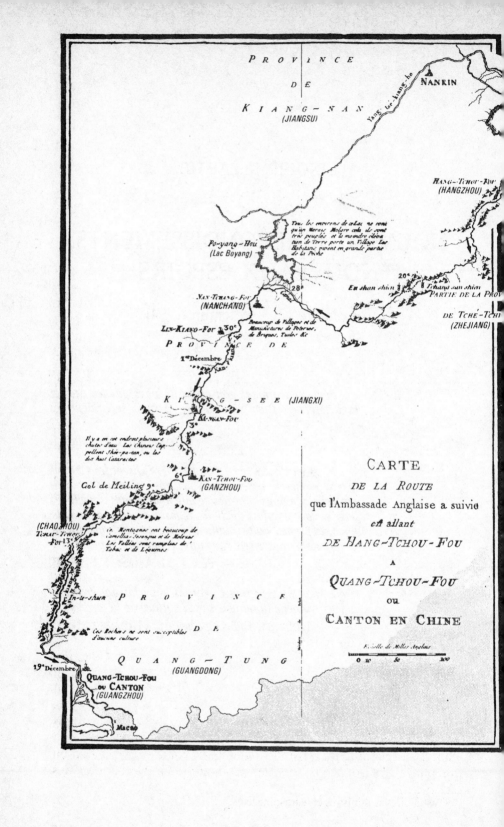

PROVINCE
DE
KIANG-NAN
(JIANGSU)

NANKIN

Yang-tse-kiang-ho

HANG-TCHOU-FOU
(HANGZHOU)

Po-yang-Hou
(Lac Boyang)

Tous les environs du Lac ne sont
qu'un Marais Malgré cela ils sont
très peuplés et le moindre éléva
tion de Terre porte un Village Les
Habitans vivent en grande partie
de la Pêche

20°

NAN-TCHANG-FOU
(NANCHANG)

En shan shien

Tchang sun shien
PARTIE DE LA PROV

28°

LIU-KIANG-FOU   30°

DE TCHÉ-TCHI
(ZHEJIANG)

PROVINCE DE

Beaucoup de Villages et de
Manufactures de Poteries,
de Briques, Tuiles &c

1er Décembre

KI ANG-SEE (JIANGXI)

KI-NGAN-FOU
3°

Il y a en cet endroit plusieurs
chutes d'eau Les Chinois l'appellent Shie-pa-tan, ou les
dix huit Cataractes

6°   KAN-TCHOU-FOU
(GANZHOU)

Col de Meiling 9°

(CHAO-ZHOU)
TCHAU-TCHOU-
FOU 13°

Ces Montagnes ont beaucoup de
Camellia-Serangua et de Melexes
Les Vallées sont remplies de
Tabac et de Légumes

In-te-shien   PROVINCE

Ces Rochers ne sont susceptibles
d'aucune culture

DE

QUANG-TUNG
(GUANGDONG)

19e Décembre

QUANG-TCHOU-FOU
ou CANTON
(GUANGZHOU)

Macao

CARTE
DE LA ROUTE
que l'Ambassade Anglaise a suivie
en allant
DE HANG-TCHOU-FOU
A
QUANG-TCHOU-FOU
OU
CANTON EN CHINE

Échelle de Milles Anglais
0   10   50   100

CHAPITRE 63

Le testament du patriarche
(9-10 novembre 1793)

Tandis qu'il mettait au point son premier rapport à Dundas pour le Roi, Macartney avait relu soigneusement la lettre que le père Amiot, à toute extrémité, lui avait fait parvenir le 3 octobre[1], le jour même de la remise du premier édit impérial, comme pour en amortir le choc. Sur le moment, le Lord s'était contenté de la parcourir, n'y voyant qu'une consolation charitable pour ambassadeur mortifié. A force de la lire et relire, il en pénétrait maintenant la profondeur et la justesse. Eût-il su que le père était mort le 9 octobre, six jours après l'avoir écrite de son lit, quel testament il y eût perçu !

Le vénérable patriarche lui expliquait que, pour les Chinois, une ambassade se résume à un échange de cadeaux pour des festivités solennelles ; elle ne peut durer plus longtemps que celles-ci. « Aucune des ambassades envoyées à Pékin durant le siècle dernier et le siècle en cours ne s'est vue autorisée à dépasser ce délai. » « Les Chinois ne signent pas de traités », ajoutait-il ; « *avec eux, les affaires prennent beaucoup de temps. Il ne faut donc rien précipiter*[2]. »

Le commerce étranger à Canton est « victime de fonctionnaires subalternes », poursuit-il. Leur pression ne laisse qu'une alternative : ou « renoncer tout à fait au commerce » ; ou faire « de sévères remontrances » au pouvoir central par la voie d'une ambassade. Mais entre la décision d'en organiser une et les effets qu'elle peut entraîner, on ne peut éviter que s'écoulent de longues années.

Macartney aurait eu moins de difficultés s'il était venu « plus tôt, avant que les nouvelles de Paris n'indisposent le gouvernement et les Tribunaux*». Les bouleversements intérieurs en France les ont tellement « effrayés », qu'ils sont devenus encore plus « hostiles à la plus innocente innovation ». Le bon Jésuite prête-t-il aux Chinois une frayeur qui est assurément la sienne ?

Staunton retiendra lui aussi l'idée que la Révolution française a pu faire naître des soupçons chez les Chinois : « La Déclaration des

---

* C'est-à-dire les ministres et leurs ministères.

droits de l'homme a été traduite dans la langue de l'Hindoustan. Il est peu vraisemblable qu'elle cause quelque fermentation parmi les Hindous, dont l'esprit est tranquille. Il pourrait en être autrement des Chinois, qui sont susceptibles d'impressions fortes et plus disposés aux émotions populaires[3]. » Tentative de trouver un bouc émissaire de plus, qui viendra s'ajouter au détestable Heshen — explication supplémentaire de l'humiliant échec ? L'un de nos observateurs de Canton, le ci-devant chevalier Charpentier de Cossigny, écarte cette thèse : « Je doute fort que le gouvernement de la Chine pût être alarmé de la Révolution française. Je doute même qu'il pût en comprendre les principes. Il n'a pas plus idée de la démocratie, que le roi du Siam, qui se mit à rire quand il apprit que les Hollandais n'avaient pas de roi[4]. »

Conseils d'avenir donnés par un mourant

Cependant, poursuivait le père, l'ambassade de Macartney « a fait forte impression, et ne peut manquer d'avoir des conséquences favorables ». L'inquiétude que cette impression même a pu provoquer chez les Chinois s'apaisera, quand les esprits se seront accoutumés à des nouveautés qui ont commencé par les choquer ; les propositions faites par l'Ambassadeur pourront alors être reconsidérées.

Le père Amiot conseille de consolider le lien qui vient de se tisser, en envoyant, de souverain à souverain, une lettre personnelle par un vaisseau annuel. D'autre part, un Anglais résidant à Canton ou Macao, et accrédité par le Roi, serait assuré de l'accès auprès du vice-roi ; il serait en position d'accepter toute invitation de la Cour pour une fête, ou pour l'avènement d'un nouvel empereur. Ce chargé d'affaires permanent maintiendrait utilement la communication. Ce prolongement de l'ambassade apporterait à Dundas et Macartney, à défaut de la satisfaction immédiate de leurs requêtes, des avantages solides et une récompense durable de leurs efforts[5].

Faut-il exclure que le père Amiot ait été lui-même manipulé par les Chinois ? Les missionnaires ne subsistaient en Chine que par la grâce, quotidiennement renouvelée, de l'Empereur. Ils vivaient en état de complète dépendance à l'égard de la hiérarchie mandarinale. Comment ne se seraient-ils pas faits les complices, conscients ou inconscients, de la volonté impériale ? Mais ils n'avaient aucun intérêt, eux qui devaient rester, à voir les Anglais repartir dans le drame. Au contraire : du commerce britannique, ils pouvaient espérer des progrès pour leur propre situation et des chances pour leur apostolat. « Le père Amiot sait, écrit Macartney, que sans de meilleurs rapports entre l'Europe et la Chine, l'évangélisation ne peut faire que de très lents progrès. Il n'ignore pas que si la Chine était ouverte à notre commerce, cela faciliterait merveilleusement sa tâche, et qu'en outre, ceux de sa confession auraient la Vigne à vendanger pour eux seuls. Ils n'ont rien à redouter des Anglais dans le domaine de la prédication[6]. »

De la lettre du père, Staunton retient que « le refus essuyé ne devait pas rebuter ; *qu'il était dans l'esprit national des Chinois de résister d'abord à tout ce qui avait l'apparence de la nouveauté*, mais qu'on ne les offensait pas en renouvelant la même demande[7] ».

En somme, cette lettre du vieux missionnaire reprenait ce qu'il écrivait déjà en 1789, et que Macartney n'avait pas voulu croire : « On ne reçoit des ambassades à la Chine qu'en tant qu'elles peuvent être envisagées comme des marques de soumission ou de respect[8]. » Les faits lui avaient donné raison. Mais n'avait-il pas raison, aussi, quand il complétait ce constat immuable par un espoir d'ouverture ? L'Ambassadeur n'eut de cesse de s'y engouffrer. Le vieux Jésuite suggérait des échanges de courriers et de cadeaux par l'intermédiaire de Canton ; Macartney et ses interlocuteurs chinois ne seront pas longs à se rallier à cette idée*.

Là réside la source de l'optimisme qui s'exprime dans sa lettre aux directeurs de la Compagnie, écrite au lendemain de son premier rapport à Dundas : « J'ai la plus ferme conviction que notre commerce tirera des bénéfices de l'ambassade. Nous avons rassemblé tant d'informations sur les besoins et les mœurs des habitants du nord de la Chine, qu'elles devraient permettre d'y exporter des biens en quantités considérables, par l'intermédiaire de Canton, jusqu'à ce que le temps nous offre une voie plus directe de pénétration. Nous connaîtrons alors que nous avons bien fait de miser sur la sagesse, et que notre pays n'a perdu là-bas aucune de ses chances de s'enrichir et de renforcer sa position par l'extension de notre renommée et de notre commerce[9]. » Élégante litote : entre gentilshommes, on pratique l'*understatement*.

Le 23 décembre, il écrira à nouveau à Dundas : « Je fis remarquer au vice-roi que la première lecture de l'édit impérial m'avait amené à considérer le gouvernement chinois comme indifférent, voire inamical envers la Grande-Bretagne ; mais qu'ensuite, les explications que lui-même et le ministre qui m'avait accompagné jusqu'à Hang-zhou m'avaient fournies sur les vrais sentiments de l'Empereur à notre endroit, m'avaient pleinement apaisé. » Les propres mots de Songyun sonnaient encore à ses oreilles : « Vous serez encore plus tranquille quand vous aurez rencontré le vice-roi Changlin[10]. »

« *Miser sur la sagesse* » jusqu'à ce que « *le temps nous offre une voie plus directe* ». Laisser le temps au temps... C'était le plus pressant conseil du père Amiot : « Les Chinois pourraient bien se rendre à l'idée d'accords avec les pays lointains, si on ne brusque rien et que l'on procède avec prudence et adresse[11]. »

---

* De fait, George III écrira à Qianlong en 1795 ; il adressera un courrier au nouvel empereur Jiaqing pour son avènement en 1796, et des cadeaux. Ce que les Chinois pouvaient souhaiter, en somme : des marques d'hommage.

CHAPITRE 64

Dans le Sud profond
(14-17 novembre 1793)

Le gros de l'ambassade s'ébranle pour le Sud le 14 novembre. Elle a été admise, cadeau royal, à traverser Hangzhou[1].

Le petit Staunton nous en donne les couleurs les plus fraîches : « Tôt ce matin, nous partîmes en procession avec les soldats, et parcourûmes la ville de part en part pour rejoindre le fleuve Jiang. Pour la première fois, des parasols de cérémonie étaient portés en notre honneur. Hangzhou est une très grande et belle ville. Nous passâmes sous plusieurs arcs de triomphe curieusement sculptés[2]. »

Thomas, ravi, s'imagine — et sans doute ses compatriotes aussi — que ces arcs de triomphe ont été dressés en l'honneur de l'ambassade. Or, ce sont évidemment des *« pailou »* dont il avait déjà vu des exemples à Pékin — le plus souvent en bois, mais il y en avait également en pierre, comme ici.

Le petit page admire aussi les boutiques, « belles et grandes ». A leurs devantures, on voit suspendues des « fourrures précieuses[3] ».

Deux armées face à face

A la sortie de la ville, « le cortège est salué par des coups de canons, de la musique et plusieurs centaines de soldats[4] ». Anderson en voit dix fois plus : « Un corps de troupe de plusieurs milliers d'hommes, portant des casques, était rangé dans le meilleur ordre[5]. »

« En vue de faciliter l'embarquement et de lui donner plus de pompe », un pont « fait de voitures reliées par des rotins » a été jeté. Il permet de rejoindre les jonques, qui restent au milieu du fleuve, car l'eau n'est pas assez profonde près des berges. Une foule immense assiste au spectacle. Les badauds sont juchés tantôt sur des chariots tirés par des buffles, tantôt, à trois ou quatre, sur ces bêtes elles-mêmes, qui, dociles, n'ont même pas l'air de s'en apercevoir. « Les Chinois, souligne Anderson, emploient beaucoup le buffle dans les travaux de trait, et principalement pour l'agriculture[6]. » La remarque ne vaut que pour le Sud : justement, on y arrive.

La parade militaire a tellement frappé les Anglais que presque tous nos témoins y vont de leur narration. « La belle tenue des troupes chinoises était encore relevée par une multitude de drapeaux et de bannières. Un uniforme bleu, sur lequel on voyait brodée la figure d'un canon, servait à distinguer les artilleurs. Leurs canons étaient beaucoup plus forts que tous ceux que nous avions vus jusqu'alors en Chine. L'ambassade, à son passage sous deux magnifiques arcs de triomphe, fut saluée par une décharge de cette artillerie[7]. » Macartney, lui, trouve ces canons « peu maniables », l'épaisseur du métal à la gueule étant égale au calibre[8].

Le détachement anglais défile au pas. Les soldats chinois saluent l'ambassade à genoux*. Au bord de l'eau, en grande tenue, ils ont un air fort martial. Mais Macartney se plaît à imaginer qu'ils admirent la fière allure et les mouvements impeccables des soldats de Sa Gracieuse Majesté. Les Anglais jaugent les Chinois ; les Chinois jaugent les Anglais.

Derrière le diplomate, perce le militaire. Le diplomate sait qu'il a perdu une bataille. L'œil du militaire évalue les chances de gagner une guerre. Même si elle ne doit éclater qu'un demi-siècle plus tard.

Ici le Midi commence

L'embarquement se termine vers cinq heures. La flottille de jonques, aux « toitures en nattes[10] », s'ébranle. Même lourdement chargées, elles naviguent avec un faible tirant d'eau[11].

Après Zhenjiang, point d'intersection du Yangzi et du Grand Canal impérial, les voyageurs sont vraiment dans le Sud. Une autre Chine, plus différente encore de l'autre, que notre Midi de notre Nord. Midi chinois, terre de fertilité — le riz et le thé y abondent autant que le poisson ; terre de richesse humaine, d'un art de vivre plus fastueux.

« 15 novembre. A notre réveil, ce matin, nous nous trouvâmes entourés par le plus beau panorama que j'aie jamais vu », s'écrie le petit Staunton[12]. « Beau et romantique », note Macartney[13]. Thomas peint le paysage : « D'un côté, une plaine étendue, cultivée. De l'autre, les montagnes se dressent tout près, comme si elles sortaient du fleuve, avec des rochers et des précipices abrupts. La profondeur du fleuve dépasse rarement quatre pieds. Le lit est tapissé de galets que recouvre une mousse verdâtre. Nos jonques frottaient souvent contre le fond[14]. »

Hüttner mesure les risques de cette navigation en basses eaux. Les rames heurtent sans cesse les rochers, des secousses lui font craindre le « naufrage ». Chaque bateau est tiré par une vingtaine d'hommes dont les cris, joints à ceux des marins, « seraient insupportables si le

---

* Le père Lamiot contestera que cette génuflexion fût pour l'ambassade ; elle était, selon lui, adressée à Changlin, dont les étendards flottaient sur ses jonques[9]. Il a sûrement raison.

charme du paysage ne les faisait oublier[15] ». Le bruit, singulier aspect de la vitalité chinoise.

La grande voie Nord-Sud de la Chine est donc si peu commode ? C'est que, justement, le convoi l'a quittée. S'il avait suivi le trajet direct Pékin-Canton, il ne serait pas allé à Hangzhou : il aurait remonté le cours du Yangzi sur plus de deux cent cinquante kilomètres, au lieu de le traverser seulement pour emprunter la section terminale du Grand Canal. Il s'est déporté vers l'est, pour se rapprocher des îles Zhoushan. La Cour avait arrêté cet itinéraire quand les Anglais devaient s'embarquer à bord du *Lion*. Elle l'avait ensuite maintenu, pensant que le Lord se résignerait à monter sur l'*Indostan*. Il faut donc maintenant suivre un « chemin de traverse ». Macartney note avec fierté que jamais Européen n'a parcouru cette Chine profonde. Ni Marco Polo, qui n'a pas dépassé Fuzhou, ni les missionnaires ou les ambassades étrangères, astreints à prendre la voie impériale. Après Jehol, c'est une autre « première ».

Déjà, la latitude du Caire. Les cultures ont un entêtant parfum d'exotisme. « On voit alternativement des champs de riz, des plantations de canne à sucre, des orangers, des pamplemoussiers, des grenadiers, des marronniers, des légumes, du thé, du camphre et des bambous[16]. »

L'arbre à suif fascine le petit Staunton : « Aucun de ces végétaux n'excite autant la curiosité. Il nous paraît singulier qu'un arbre puisse fournir une substance que nous sommes accoutumés de ne voir retirer que du règne animal. Ce n'est pas un des moindres avantages de cette extraordinaire contrée[17]. » Auréolé de feuilles rouges, son fruit blanc contient des graines pleines d'une farine savonneuse, dont on fait des chandelles. « Les chandelles chinoises sont plus courtes et plus épaisses. Leur mèche est en bois. Leur flamme est vive et toujours égale[18]. » Le fils s'étonne, le père explique : « On écrase les graines, on les fait bouillir dans de l'eau pour en extraire la graisse. Les chandelles qu'on fait avec cette substance sont plus fermes que celles de suif, et ne dégagent pas d'odeur[19]. » Et cette fabrication revient beaucoup moins cher qu'en Europe.

Avant le gaz et la lumière électrique, voilà une avance technologique chinoise — qui ne durera pas.

Les premiers orangers

Le 16 novembre, l'Ambassadeur fait une visite au vice-roi. Il est accompagné de Wang et Qiao. Leur présence à ses côtés au-delà de Hangzhou le réjouit ; il l'attribue à une attention particulière de Changlin : « Ils étaient bien connus du vice-roi qui, les sachant habitués à nous, avait désiré, pour nous être agréable, qu'ils nous suivissent jusqu'à Canton[20]. » Pur fantasme affectif du Lord, encore une fois : nous savons par les Archives impériales que la Cour, dès le 15 octobre, avait décidé que ces deux fonctionnaires s'acquitteraient jusqu'à l'embarquement de leur mission d'accompagnateurs.

« En Chine aussi, il y a des orangers ! » s'émerveille Thomas, a la manière dont un directeur de coopérative viticole, en Crimée, me disait : « Alors, vous aussi, vous faites du champagne en France, maintenant ? » *Herr* Hüttner, son précepteur, sait pourtant que ce fruit s'appelle en allemand « pomme de Chine » — *Apfelsine* — et que « les Portugais l'ont importé en Europe. Lisbonne conserverait le premier oranger[21]. » *Mandarine* : comme nos voisins d'outre-Rhin, nous avons rendu à la Chine les « pommes d'or » que les Grecs disaient mûrir aux Hespérides.

Hüttner précise même que les Chinois ont trois catégories d'oranges. La meilleure est l'« orange pour mandarins » : son écorce est rouge, elle s'épluche facilement et sa pulpe est juteuse. Vient ensuite l'« orange pour capitaines », jaunâtre et moins savoureuse. Puis l'« orange pour coolies » — celle que nous connaissons en Europe. Où va se loger la hiérarchie...

Le précepteur, comme beaucoup de voyageurs depuis Marco Polo, ne résiste pas à la tentation d'affirmer combien la Chine est supérieure même à l'idée que s'en faisaient les Occidentaux : cette supériorité rejaillit sur lui. Où va se loger la différence...

Au cœur de la diplomatie secrète

Le 17 novembre, troisième jour de leur navigation commune, Macartney et Changlin entrent en conversation sérieuse. Combien de fois le Lord aura-t-il eu le soulagement de se trouver enfin à pied d'œuvre ? La relation de l'Ambassadeur est un modèle de rapport diplomatique.

Le nouveau vice-roi de Canton rend à Macartney sa visite et met spontanément la conversation sur le commerce entre Grande-Bretagne et Chine : « Quelle aide attend-on de lui, à Canton ? » Il demande des explications écrites pour « les relire à loisir, les maîtriser parfaitement et agir en connaissance de cause[22] ». Il admet que le comportement de Pékin à l'égard des négociants anglais devrait être modifié. Certes, ses relations personnelles avec l'Empereur et son rang dans l'État lui accordent une grande liberté d'action. Mais il n'est pas seul ; son action risque de heurter des intérêts établis ; quelques-uns des plus hauts personnages de la Cour sont hostiles à la Grande-Bretagne : « surtout son prédécesseur, Fukang'an, qui ne serait pas content de le voir adopter une attitude qui fût à l'opposé de la sienne ». Il sait combien les refus de Heshen aux demandes de l'ambassade ont pu décevoir Macartney. Mais il l'exhorte à ne pas se conduire d'une manière qui risquerait de « décourager toute indulgence » et de « discréditer les tentatives » qu'il pourrait faire, lui, Changlin, en sa faveur[23].

Comme avec Songyun, Macartney n'hésite pas à « parler franc pour exprimer sa profonde déception ». Il a été traité « avec indifférence, sinon avec hostilité ». Mais il n'en a pas encore fait état dans sa correspondance, « par égard pour Songyun et pour Changlin » qui,

« bien disposés envers l'ambassade », lui ont affirmé que l'Empereur l'était aussi. Il est donc en droit d'espérer, malgré ce qui s'est produit à Pékin, « que Changlin soutiendra ses requêtes ». C'est en substance ce dont il a informé la Cour de Saint James. Il ne reste à Changlin qu'à ne pas « apporter, par ses actes, de démenti » aux dires de Macartney[24].

Le Lord avait enfin le sentiment d'aller au fond des choses. De telles conversations valaient bien le détour par les terres. « Peu après s'être retiré, le vice-roi m'envoya en cadeaux, ainsi qu'à tous les messieurs de l'Ambassade, du thé, des éventails et des parfums[25]. » Thomas ajoute : « des présents de soie[26] ».

Un partenaire redoutable

Arguant de son inexpérience, Changlin a donc amené Macartney à « tirer le premier ». Il a marqué les limites de sa bonne volonté. Alléguant les apparences défavorables qu'avait données la Cour, il comprendrait une attitude vindicative de la part des Anglais, mais il souligne qu'elle empêcherait toute évolution positive. Macartney ne pouvait savoir que l'instruction essentielle reçue par le nouveau vice-roi, comme naguère par Songyun, était précisément de se prémunir, au besoin de vive force, contre toute violence britannique. L'adresse de Changlin consiste à faire part discrètement de cette appréhension impériale à Macartney, et de la mettre en balance avec les avantages commerciaux qu'on attend de lui : il retourne ainsi la menace sur les Anglais. Du grand art.

Macartney s'efforce de répondre *à côté*. Il ne s'engage pas sur le comportement des Anglais, mais pousse le Chinois au pied du mur : c'est au vice-roi d'autoriser, par des actes, le rapport favorable qu'il souhaite faire à Sa Majesté Britannique.

L'Ambassadeur ne se donne même plus la peine de réclamer un document écrit (alors que lui-même doit en fournir un) : Songyun l'a convaincu qu'il ne l'obtiendrait pas et l'a exhorté à se reposer, plus que sur des paroles ou des écrits, sur des réalités tangibles.

Et Changlin, celui qui tient entre ses mains le sort du commerce européen, lui paraît la plus tangible des réalités — la seule, en tout cas, sur laquelle il puisse avoir prise.

CHAPITRE 65

Contre mauvaise fortune bon cœur
(18-20 novembre 1793)

La haute diplomatie ne fait pas oublier l'« espionnage technique » ; pour une fois, la ténacité anglaise va marquer des points contre la méfiance chinoise. Lord Cornwallis, gouverneur général des Indes, souhaitait introduire au Bengale la production de la soie et du thé. Macartney avait été particulièrement informé de ce souci, partagé par la Compagnie[1]. Sans doute faut-il voir là l'une des raisons qui l'incitèrent à « supplier » Songyun en vue de gagner Canton par voie terrestre.

La soie de Nankin, d'une parfaite blancheur quand on la traitait sur place, jaunissait quand on la préparait ailleurs. Pourquoi ? Il convenait d'étudier la qualité des mûriers, les insectes eux-mêmes, la nature du terrain, la composition de l'eau employée pour le traitement. Macartney ignorait visiblement que c'était beaucoup demander. Il n'obtint pas tout le succès escompté[2]. Il parvint pourtant à se procurer des œufs de vers à soie.

Pendant vingt siècles, la soie avait été l'exclusivité de la Chine. Les cocons étaient interdits d'exportation — tout comme le secret de fabrication. Mais plusieurs voleurs emportèrent le secret hors de Chine. Deux religieux nestoriens ramenèrent à Byzance, en 555, des œufs de bombyx dans une canne de jonc. Au VIIe siècle, la princesse Wencheng introduisit la soie au Tibet en cachant des cocons dans son chignon — tout comme Olivier de Serres, neuf siècles plus tard, confia à l'opulente poitrine de sa femme les cocons qu'il rapportait d'Italie en Vivarais. Macartney envoya bien en Inde des vers à soie, et quelques informations sur les procédés de fabrication. Mais il ne permit guère au savoir-faire britannique de progresser.

Il a plus de chance avec le thé. La plante intrigue les Anglais, parce que la boisson leur est devenue aussi nécessaire qu'aux Chinois. Nous n'imaginons ni ceux-ci ni ceux-là sans le thé. Pourtant, l'usage ne s'en répandit en Chine que vers le milieu du premier millénaire de notre ère : il s'en est fallu de mille ans que Confucius pût en boire. Quant à l'Angleterre, c'est en 1660 que le mémorialiste Samuel

Pepys dégusta sa première *cup of tea* chez une cafetier de Londres[3]. En tout cas, au XVIIIe siècle, l'attrait pour le thé forme, entre Anglais et Chinois, un de leurs rares points communs. A moins que, dans l'identité de ce goût, ne s'accuse la différence des cultures.

Nos voyageurs ne tarissent pas d'informations sur le thé : « Il est la boisson des Chinois du matin au soir », dit Gillan[4]. « On consomme en Chine une si immense quantité de thé que, quand bien même les Européens cesseraient tout à coup d'en boire, le prix n'en diminuerait presque pas dans les marchés de ce vaste empire », calcule Staunton[5], en économiste rompu à la loi de l'offre et de la demande. Il voit à cette pratique une grande vertu : « Le grand avantage du thé, c'est de plaire assez, à ceux qui prennent l'habitude d'en boire, pour leur ôter le goût des liqueurs fermentées enivrantes[6]. » La remarque est pleine de saveur, dans la bouche de ces contemporains de Hogarth, qui furent aussi adonnés au gin et à la bière qu'amateurs de thé : « Le thé est comme la bière en Angleterre, vendu dans les tavernes des villes comme au long des routes ; pour une piécette, on en paie une tasse, puis on poursuit son chemin[7]. »

Les Anglais savent-ils « qu'on boit le thé en mettant dans sa bouche un morceau de sucre candi[8] » ? Ou que les belles servent à leurs amants un thé aphrodisiaque, « que rend mousseux un mélange de noix et de pousses de bambou salées[9] » ? Le thé a des charmes inépuisables.

Le breuvage les met sur les traces de la plante. Ils en ont guetté l'apparition en descendant vers le sud[10]. Staunton admire ses « rangs, étagés sur les collines » — les terrains marécageux sont réservés au riz. « On fait obstacle à ce qu'il croisse très haut, afin d'en pouvoir plus aisément cueillir les feuilles[11]. » Anderson en décrit l'allure : une sorte de groseillier. Il note une première rencontre avec les théiers le 18 octobre. Il anticipe certainement d'au moins quinze jours. On est alors bien trop au nord : à cette latitude et à cette date, ce sont les champs de coton que les Anglais ont découverts pour la première fois. En revanche, il ne se trompe pas quand il se fait botaniste : le thé « impérial » est le produit des premières fleurs. Les premières feuilles forment le thé « poudre à canon*[12] ».

Macartney écrira lui-même de Macao, le 28 février 1794, à lord Cornwallis, à Fort William, capitale des Indes anglaises : « Je devais me procurer, si possible, des pieds des meilleurs plants de théier. Grâce à la bienveillance du nouveau vice-roi de Canton, avec qui j'ai traversé les meilleures régions théières du pays, j'ai pu observer et prélever des sujets de la meilleure qualité. J'ai chargé le docteur Dinwiddie de les faire parvenir à Calcutta, où il arrivera à bord de

---

* Ce thé vert, ainsi appelé aujourd'hui encore — *gun powder* —, doit son nom détonant à la forme de ses feuilles, recroquevillées en petites boules qui se déroulent à l'infusion en crépitant comme des pétards. Les Chinois le nomment « thé-perle », *zhucha*. Il s'exporte au Proche-Orient, où on le consomme avec de la menthe.

la corvette *Jackall*[*13]. » En traversant les plaines bien cultivées, couvertes d'arbres à vernis[**], d'arbres à suif et de théiers, Macartney réussit en effet à faire déterrer des plants de toutes ces essences : l'escorte chinoise, pour une fois, laisse faire[15]. A elle seule, cette introduction en Inde des meilleurs plants valait le voyage et devait, au siècle suivant, rembourser au centuple les frais de l'expédition.

On les transportera précieusement, avec leur motte, au Bengale, à l'intention du colonel Kyd, qui avait créé à Calcutta un jardin botanique. Il voulait l'enrichir de nouvelles espèces. Il avait convaincu la Compagnie de lancer en grand des plantations de thé aux Indes, où cette plante était inconnue. Quand Dinwiddie abordera Calcutta avec cette cargaison, le malheureux Kyd ne pourra s'en réjouir : il vient juste de mourir. Mais les plantations de théiers, et aussi d'arbres à suif et d'arbres à vernis, seront effectuées comme il l'avait souhaité. Au fur et à mesure de leur multiplication, le jardin botanique de Calcutta enverra dans toutes les pépinières de l'Inde les plants chinois issus de ceux qu'avait arrachés l'ambassade. On découvrit d'ailleurs en 1823 qu'un théier sauvage poussait en Assam. Les deux espèces furent alors croisées. Mais on peut dire qu'une bonne partie du « thé indien » de nos jours est issue des plants prélevés par Macartney[16].

Le *Bounty*, dont Barrow révélera au monde la révolte et l'épopée, était déjà allé chercher à Tahiti des arbres à pain, que le Cabinet de Sa Gracieuse Majesté voulait introduire aux Antilles. L'ère des Lumières était férue de botanique. Londres avait compris que les progrès scientifiques, maritimes, coloniaux, commerciaux, industriels ne faisaient qu'un, et que leur multiplication seule pouvait apporter la suprématie dans le monde.

Une étrange rencontre

Le soir tombe. La flottille s'arrête en vue d'une chaîne de montagnes. Wang monte à bord de la jonque de Macartney, pour lui présenter deux Envoyés du roi des îles Liuqiu[***] — des collègues, en somme. Une année sur deux, ce prince envoie son tribut à Amoy, dans le Fujian, seul port où on l'a autorisé à aborder.

Les deux hommes, selon Macartney, ont le teint clair. Thomas note au contraire : « Ils sont presque noirs[17]. » Mais, dans les deux cas, l'impression est bonne : « l'air avenant », selon Macartney ; « une belle apparence », selon son page. Leur costume, semblable à celui des Chinois, est fait d'une étoffe très fine, une sorte de châle d'une

---

* De fait, c'est à la mi-avril 1794 que le *Jackall*[14], quittant l'escadre en route pour l'Europe, mettra à la voile pour le Bengale.
** Le *laquier*, qui pousse dans des régions très délimitées de Chine et du Cambodge, produit un latex qui était déjà exploité du temps de Confucius.
*** Ou Riou Kiou (ou encore Ryû Kyû).

belle couleur brune, double de fourrure d'écureuil. Ils sont coiffés de turbans de soie, l'un jaune, l'autre violet[18]

Macartney est toujours à l'affût d'un moyen de pénétrer la Chine. Voilà des îles non loin du continent ; vassales de l'Empire, mais étrangères et accueillantes aux étrangers. Ne pourrait-on pas reprendre aux Liuqiu l'idée caressée par les Français en Cochinchine ? Ce serait le rêve chinois de Louis XVI, à portée de main de la Compagnie anglaise des Indes. A proximité immédiate de l'Empire, un comptoir qu'alimenterait le commerce chinois, mais hors d'atteinte des fonctionnaires chinois[19]... Comme ces hommes se montrent communicatifs, l'Ambassadeur accumule les informations.

La plus importante est que leur pays n'a jamais vu de bateaux d'Europe, mais en accueillerait volontiers. L'archipel peut offrir un vaste port en eau profonde, près de la capitale.

Les renseignements rapportés par Macartney ne resteront pas sans effet. Lors de la seconde ambassade anglaise, en 1816, le navire qui déposera lord Amherst ira faire une reconnaissance dans les îles Liuqiu. Mais ce sera finalement le Japon qui mettra la main sur cet archipel stratégiquement bien placé — on l'a vu lors de la dernière guerre mondiale : son île principale s'appelle Okinawa[20].

L'Empereur s'inquiète à nouveau

Le 19 novembre, Qianlong lance une instruction fébrile. Il a appris que deux corvettes anglaises ont rallié la Bouche du Tigre* ; le *Lion* les aura suivies.

« Qu'on ne les renvoie pas, ravitaillement fait ! Qu'on les retienne ! Qu'on refuse toute forme d'installation des Barbares anglais à Huangpu ! Qu'aucun marchand félon ne les aide d'aucune façon ! Que Changlin les accompagne au plus vite à Canton, pour qu'ils embarquent aussitôt sur leurs vaisseaux ! Si ceux-ci partaient sans l'attendre, l'Envoyé y trouverait prétexte pour s'éterniser. Il ne le faut à aucun prix. Les Barbares ont suffisamment tergiversé au Zhejiang ; il ne serait pas tolérable qu'ils recommencent ce jeu détestable au Guangdong. Pas d'incidents supplémentaires, pas de complications inutiles !

« Au cas où, malgré toute votre vigilance, les navires barbares auraient quitté Canton avant l'arrivée de l'Envoyé, il faudra veiller discrètement mais efficacement à ce que les Barbares n'aient aucun contact avec les marchands chinois : il faut absolument éviter qu'ils fomentent quelque conspiration avec qui que ce soit.

« Que le ravitaillement de l'ambassade soit effectué correctement : ni trop, ni trop peu. Mais plus question de banquets et de réceptions : il faut gagner Canton à marches forcées.

« Les allégements fiscaux consentis ne s'appliquent qu'aux navires

---

* Nom donné à l'embouchure du fleuve qui traverse Canton, la rivière des Perles.

faisant partie de l'escadre de l'Envoye. Où ne nous entraîneraient pas des faveurs faites inconsidérément à une nation ? Il faut traiter tous les pays sur un pied d'égalité[21]. »

Cette ritournelle, toujours recommencée, reflète la logique céleste elle-même. Elle use de la redondance, là où notre logique emploie des articulations circonstancielles qui font avancer le raisonnement. La grammaire, comme la logique, comme l'Empire, repose sur une inlassable répétition.

Vers une nouvelle ambassade

Seconde manche de la courtoise confrontation, qui contraste avec ces fulminations réitérées : le vice-roi fait miroiter la possibilité d'une seconde ambassade. Les Anglais n'ont-ils pas souhaité des relations plus fréquentes ? « Ce 20 novembre, le vice-roi m'a rendu visite. Il se dit toujours inquiet du ressentiment que je peux éprouver, et qui risque, par les rapports que je ferai à mon souverain, de provoquer des tensions entre la Grande-Bretagne et la Chine[22]. »

Macartney multiplie les dénégations ; Changlin s'obstine à douter : « Pour mettre à l'épreuve ma sincérité, il me demande l'autorisation de dire à l'Empereur que le roi de Grande-Bretagne gardera des contacts amicaux, et enverra une deuxième ambassade[23]. »

C'est habile : si l'Angleterre accepte une telle périodicité, ne se transformera-t-elle pas ainsi définitivement en tributaire — comme l'archipel Liuqiu, par exemple ? Macartney esquive : il a été très honorablement reçu, en dépit du refus opposé à ses demandes ; mais « une seconde ambassade ne viendrait que s'il y avait de bonnes raisons d'en espérer en retour des avantages appropriés[24] ».

« Avantages appropriés » ? Changlin ne relève pas. Il préfère ne pas se voir indiquer les conditions qui seraient mises à l'envoi d'une seconde ambassade. Il veut se faire préciser les délais éventuels. Macartney se dérobe. Mais Changlin se déclare fort satisfait : il va écrire à la Cour que le roi barbare mandera un autre Envoyé « quelque jour ».

Plongeons encore dans le puits aux deux vérités. Voici la déclaration que, dans un mémoire à l'Empereur, Changlin prête à *Ma-ga-er-ni* :

« C'est avec la plus grande humilité que notre Roi nous a envoyé porter son tribut au Grand Empereur. Avant même notre départ, il a parlé d'une seconde expédition ; il a fait cependant remarquer qu'elle ne pourrait avoir lieu que plusieurs années après la première. Les distances rendent impossible toute fixation d'une date précise. Mais nous proposerons ultérieurement une date. Nous ne manquerons pas de faire parvenir une liste des présents au vice-roi de Canton, seul habilité à la transmettre à la Cour. Nous considérerons comme une immense faveur le droit de présenter notre tribut à Sa Majesté Impériale[25]. »

Peut-on imaginer plus faux rapport ? Mais Changlin ne se croit pas faussaire. Il interprète des propos vagues dans la lumière de l'Ordre céleste. La réalité importe moins que le respect des principes. Changlin place dans la bouche de Macartney la description de la démarche qui est seule admise par la Cour ; y compris la présentation préliminaire, à Canton, de la liste des présents, à laquelle Macartney ne s'était pas conformé dès avant son entrée en Chine, ce qui avait choqué Pékin.

Pourtant, dans cette description pointilleuse de la démarche à venir, on retrouve les conseils du père Amiot : « Il est dans l'esprit national des Chinois de résister d'abord à tout ce qui a l'apparence de la nouveauté[26]... » Il importe à la Cour que l'Anglais répète son hommage — cette fois dans les formes. Et il importe à l'Anglais que les ponts ne soient pas coupés.

Le patriarche avait saisi le vœu profond des deux parties. Comme il avait le don de jeter une passerelle entre deux univers ! Mais comme ces deux univers sont éloignés...

L'Ambassadeur est aussi content que son convoyeur : « Changlin monte dans mon estime à chacune de nos rencontres ; je ne désespère pas qu'il fasse gagner à la Compagnie des avantages de toutes sortes. » Il reconnaît en lui « un homme de caractère, plein de prudence et de sagacité[27] ». Il ne cesse de poursuivre la chimère de rapports personnels, qui résoudraient les problèmes en dépit de la rigidité d'un système immuable.

En réponse au désir exprimé par Changlin, il lui remet un nouveau mémorandum sur le commerce anglo-chinois[28]. Ce texte en quinze points reprend les requêtes précédentes — depuis les taxes sur le transit entre Macao et Canton, jusqu'à la faculté de pratiquer l'« équitation » et « tous sports favoris ». Il en ajoute d'autres :

« Que les Anglais puissent contracter avec tous les marchands chinois, et pas seulement avec la guilde. Que les Chinois soient autorisés à enseigner leur langue aux Anglais. Qu'en cas de poursuites pénales criminelles, les compatriotes du suspect ne soient pas inquiétés. »

Un dernier point consacrait la naissance des États-Unis, dix ans après le traité de Versailles : « Que les Anglais ne soient pas confondus avec d'autres personnes qui font commerce à Canton et parlent la même langue, mais sont d'une autre nation et habitent une partie très différente du monde, appelée Amérique. »

Les Américains avaient en effet envoyé leurs premiers bateaux à Canton dès 1784, à peine leur indépendance acquise, et y avaient désigné un consul dès 1790. Ils n'avaient pas perdu de temps. Et eux-mêmes n'étaient pas en reste, pour veiller à ce qu'on ne les confondît pas avec leurs anciens maîtres[29].

CHAPITRE 66

Un passage à terre
(21-22 novembre 1793)

Il va falloir maintenant franchir par voie de terre les hauteurs qui séparent le bassin du fleuve Tong et celui du Xiujiang. Ce ne sera l'affaire que d'une journée, celle du 21 novembre.

Cette parenthèse terrestre et montagnarde, le petit page en donne la relation la plus spontanée : « Ce matin, nous laissâmes nos bateaux et fîmes en chaise, à cheval ou en palanquin*, vingt-quatre milles à travers le pays jusqu'à un autre fleuve. Excellente route, comme une allée de gravillons dans un jardin, et quand elle traversait des rizières, surélevée pour éviter toute humidité. Aucune trace de roues sur la chaussée. Nombre de jeunes pins sont plantés sur des montagnes qui, sans eux, auraient été dénudées ; sous les pins, plusieurs tombes qui avaient l'aspect de maisonnettes de pierre, avec de petites fenêtres grillagées. Les vallées sont couvertes de riz et de légumes[2]. »

L'intensité de la culture ne cesse d'émerveiller Macartney : « Tout au long du trajet, pas un pouce qui ne fût cultivé avec une infinie diligence. La terre est partout fertilisée pour atteindre le rendement maximum. Les pentes sont transformées en terrasses. Jamais moins de deux récoltes dans l'année, souvent trois[3]. »

Cette étape à terre permet d'herboriser sans façons. Changlin autorise Macartney à emporter encore plants de thé et graines qui iront enrichir le Bengale — et favoriser la concurrence.

« Ici, raconte le petit Staunton, frontière entre deux provinces [Zhejiang et Jiangxi]. A peu près tous les milles, nous traversions un village. Nous vîmes des gens faire marcher des machines comme nos pompes à chaînes**, pour élever l'eau vers les rizières ou les terrasses. Nous arrivâmes dans les faubourgs, très étendus, d'une ville close de

---

* Anderson note : « Le mandarin Wang avait toujours l'attention de consulter nos goûts particuliers et de faire délivrer à chacun de nous le véhicule qu'il préférait[1]. »

** Hüttner précise, à propos des pompes à chaînes, que « les Anglais assurent eux-mêmes en avoir pris l'idée des Chinois[4] ». Il est vrai que leur invention remontait en Chine au Ier siècle de notre ère, alors que l'Europe ne les utilisa qu'à partir du XVe siècle[5].

murs, *Sue-Shan-Shien.* Puis nous descendîmes par de longs escaliers jusqu'au bord d'un fleuve, où nous trouvâmes les bateaux qu'on nous avait préparés — plus petits que ceux d'avant[6]. »

L'or liquide

Macartney écrit avec humour : « Les paysans conservent l'engrais humain comme le plus précieux des trésors[7]. » Au cours de cette randonnée campagnarde, les Anglais observent à loisir cette immuable particularité chinoise*. Thomas note : « Les Chinois préfèrent le fumier humain à tout autre. Ils ont des gens et des endroits spécialement destinés à le recueillir[8]. » Étrange pratique, qui n'est nullement propre à ce coin de Chine, ni à cette époque ; mais cette promenade en a apporté la révélation à la plupart de nos témoins.

Ce sujet délicat, Hüttner le manie avec des pincettes. Il habille de draperies mythologiques les édicules du bord du chemin : « Ces temples de Cloacine ont été construits, non pour la commodité du public, mais au profit de ceux qui y recueillent les offrandes[9]. »

Les « temples de Cloacine » sont des jarres à demi enterrées « qui servent aux passants, et que l'on vide pour en utiliser le contenu ». Staunton montre les « vieillards, femmes et enfants occupés à ramasser continuellement ces immondices à l'aide d'un panier et d'un rateau[10] ». Barrow avait déjà noté qu'on enrichissait cet engrais fondamental par d'autres déchets : « Chaque barbier a un petit sac dans lequel il recueille soigneusement à cette fin les dépouilles qu'il fait tomber de son rasoir[11]. » Mais, surtout, « chaque famille a son grand vase. Quand il est plein, on trouve facilement à l'échanger contre des légumes et des fruits[12]. » De la jarre au légume, en passant par l'épandage, le cycle est complet. Rien ne se perd, rien ne se crée.

Malaxé avec de la terre, l'engrais humain est transformé en « gâteaux qui sèchent au soleil. Un vieillard débile n'est pas absolument inutile à la famille qui le nourrit[13]. »

Les Anglais retrouveront cette technique à Canton : « Ces édicules bâtis sur des citernes flanquent chaque maison, pour que le passant puisse satisfaire ses besoins sans qu'ils soient perdus. Cette pratique doit être fort nuisible dans un pays aussi chaud. » Mais le désir de conserver cet or liquide « l'emporte sur la décence et la prudence[14] ».

Si Barrow, Hüttner ou Staunton avaient lu Freud, ils se seraient interrogés sur les effets de cette pratique dans le comportement des Chinois. La psychanalyse a montré que l'apprentissage de la propreté joue un rôle déterminant dans la formation de la personnalité. Le goût de l'ordre, de la netteté, de l'exigence à l'égard de soi-même, de la parcimonie à l'égard de l'argent, en découlerait[15]. Erik Fromm a même vu dans l'esprit d'entreprise une sublimation, entraînée par la

---

* On se souvient que sir George en avait été surpris dès sa première descente sur la terre chinoise. Mais, par pudeur, ou faute d'avoir vu les choses de près, la plupart de nos témoins n'en avaient pas reparlé depuis lors. Ici, aucun ne s'en fait faute.

volonté de laisser une trace civilisée pour compenser cette trace abjecte. C'est dans l'éducation protestante, selon lui, que ce dégoût serait le plus prononcé, ce besoin d'affirmation de soi le plus exalté...

Existerait-il un lien entre certains traits collectifs, fréquemment décrits par les Chinois eux-mêmes — puérilité, confusion, grégarisme, indiscipline, gaspillage, saleté —, et un stade de l'*analité* qui n'aurait pas été vécu avec la rigueur voulue ? Est-il impossible que, génération après génération, une société souffre de troubles acquis et transmis par la culture, qui la retarderaient, voire la paralyseraient ? L'usage quasi religieux des excréments, récoltés comme un bienfait au lieu d'être rejetés comme honteux — cet usage à contre-emploi n'a-t-il pas pu nuire, siècle après siècle, à l'équilibre psychique des Chinois, jusqu'à perpétuer des névroses inhibantes ? Plus d'un psychanalyste serait tenté de répondre affirmativement. Contentons-nous de poser la question[16].

La « maison des examens* »

Le soir, l'ambassade ne trouva pas d'hôtellerie. « On la logea dans la maison des examens pour les jeunes lettrés du district[17]. »

Voilà nos voyageurs confrontés à l'un des mirages du système chinois, qui a tant fait rêver l'Europe des Lumières et que les Jésuites, propagateurs de cette admiration, commencèrent à transposer en France dans leurs propres collèges au milieu du XVIIIe siècle, organisant toute une hiérarchie d'examens et de concours, couronnée par le prestigieux Concours général. « Ces examens, raconte Staunton, ont lieu en présence du gouverneur, des principaux magistrats du district et d'une foule de spectateurs. On pose aux candidats plusieurs questions, verbales ou par écrit. Ceux qui remportent les prix n'obtiennent pas seulement l'honneur d'être agrégés à l'Université ; ils se trouvent sur le chemin des plus hauts emplois. »

La carrière est ouverte « aux Chinois de toutes les classes. Le peuple, convaincu que le pouvoir est le fruit du mérite, est tout disposé à lui montrer obéissance et respect[18]. » Et Staunton d'approuver avec chaleur : « Un pareil système de gouvernement promet, sans contredit, de grands avantages à la société[19]. »

Nos voyageurs ont-ils vu des candidats se presser pour une session d'examen ? S'en laissent-ils conter par leurs accompagnateurs ? Ou se contentent-ils de reprendre avec une touchante naïveté les légendes verbeuses que leur siècle a répandues ? Ils ne le précisent pas.

Mais chaque médaille a son revers. Que deviennent les fonctionnaires ainsi recrutés ? Staunton le devine : ils constituent une formidable bureaucratie, qui exploite ou rebute le peuple sans avoir ni savoir. « Les particuliers pauvres, privés des moyens de faire entendre

---

* Par une image audacieuse, la « maison des examens » — synonyme de « grotte de vermillon » ou « vallée des roses » — désigne, dans la littérature chinoise, l'intimité féminine.

leurs plaintes contre les petits despotes de leurs cantons, sont à la merci de ces administrateurs subalternes. Il en est de même des étrangers qui ont affaire à eux[20]. » Il entrevoit les défauts du système critiqué depuis vingt-cinq siècles par les Chinois eux-mêmes. A commencer par Confucius, de l'inspiration duquel se réclame la bureaucratie et qui, cinq siècles avant notre ère, dénonçait « la bureaucratie qui dénie à chacun son dû[21] ». Voici moins de cent ans, on écrivait encore : « Quand un particulier est maltraité par un mandarin, que faire, sinon se résigner[22] ? »

Tout en dénonçant la sombre dictature de ces petits chefs, nos voyageurs sont éblouis par cette révélation : un autre système social que celui du pouvoir héréditaire est praticable. S'ils le critiquent, ce n'est pas au nom de l'aristocratie qui prévaut encore dans leur propre société, mais de la démocratie qui y pointe. La fonction publique au service du peuple et contrôlée par lui, tel est l'idéal.

Comme aux Jésuites, comme aux « Philosophes », la Chine des examens paraît admirable à l'ambassade. De même que, dans les années 1960 et 1970, la Chine révolutionnaire semblera à ses adeptes occidentaux le modèle à imiter. Nos aristocrates anglais se laissent autant fasciner que nos « maos » de 1968.

A l'évidence, les compagnons de Macartney comparent implicitement avec le recrutement des agents de l'État — du douanier au secrétaire général d'un ministère — par « patronage » (nous dirions « piston »). Système qui prévaut alors chez eux comme dans les monarchies d'Ancien Régime, et qui constituait un facteur décisif de ce qu'on appelait *« the old corruption »*. Dans leur enthousiasme, la chimère bureaucratique des Jacobins ou de Napoléon est en germe. Quelques années plus tard, l'empereur des Français transformera les professeurs de *son* Université, sous la direction de *son* Grand Maître, en *« Jésuites d'État »*, chargés de recruter des *commis d'État* par concours.

Pourtant, la rumeur circule depuis longtemps, en Chine, que le talent n'est ni nécessaire ni suffisant pour être reçu. Dans la *Chronique indiscrète des mandarins*, un boucher dit à son gendre : « Pour être reçu *monsieur*, il faut être une vedette. Regarde la famille Tchang, en ville : grosse fortune, faces vermeilles... Toi, avec ta gueule pointue et ton museau de singe, compte là-dessus ! Laisse tomber[23]... »

Piston, corruption ? Et si c'était une « autre logique » ? « Chez nous, dit Confucius, on a une autre conception de la droiture : le père protège son fils, le fils protège son père ; voilà notre façon d'être droit[24]. » Peut-on faire grief aux familles de perpétuer les situations acquises, tout autant que les patrimoines ? Dans le système des examens célestes, il y a plus d'*héritiers* que de *boursiers*.

Comment enseignait-on ? Par la récitation de textes appris par cœur ; par la composition obéissant à des règles rigoureuses, qui refusent l'inspiration. Anonner, oui ; créer, non ; juger, critiquer, moins encore. Se conformer à des modèles préétablis[25], à l'image de ce maître d'école qui déclare : « Je puise toujours chez les classiques.

Quelque chose de mon cru ? Jamais je n'y arriverais[26]. » Toujours appliquer le principe confucéen : « Je transmets, je n'invente rien. Je respecte l'Antiquité et je l'aime[27]. »

Qianlong lui-même dénonce l'inefficacité du système — sans du reste le remettre en cause — au moment où les Anglais proclament leur admiration : « Les agents de l'État, écrit-il, quel que soit leur rang, agissent rarement avec pondération ; quand ils ne commettent pas d'excès, c'est qu'ils sont timorés[28]. »

Sous bien des aspects, les Anglais voient peu à peu se dissiper le rideau d'encens dont les « Lumières » ont enveloppé l'Empire du Milieu. Mais, ici et là, leur illusion resurgit. Le pouvoir leur paraît détenu par l'aristocratie du savoir : « Pas d'honneurs pour quiconque n'a pas subi avec succès les épreuves des plus difficiles concours[29]. » Pour un Songyun, qui voyage avec sa bibliothèque, combien de brutes pédantes ? Et savent-ils d'où vient Heshen — et la foule de ceux qu'il fait et défait, achète et rejette ?

Faut-il identifier ce système chinois, comme on l'a souvent fait, avec la fonction publique dans la France républicaine ? Admettrions-nous la manière dont on châtiait un haut fonctionnaire ? Un nuage de sauterelles s'abat sur une contrée : le gouverneur est battu et révoqué. Un autre sera privé d'une année de salaire pour s'être montré de trop bonne humeur en public, ce qui a entamé la dignité de sa fonction. Tout conseil qui se révèle mauvais à l'usage est puni[30]...

Confucius, à qui l'on demandait : « Quels sont les quatre fléaux ? », répondait : « la terreur, la tyrannie, le pillage, la bureaucratie[31] ». Pouvait-il deviner que tous quatre se retrouveraient côte à côte dans un empire immobile où joueraient un rôle essentiel ces maisons des examens, pourtant établies d'après sa propre doctrine ?

Le système chinois n'était pas seulement un mirage pour l'Europe. C'était aussi un rêve chinois, et qui se réalisait de temps à autre. Que de pères ont dit à leur fils candidat : « Mes ancêtres n'étaient que des gens du peuple. Si seulement tu réussissais ton examen, je pourrais mourir en paix[32] ! » Rien n'attirait, rien n'attire toujours autant un paysan chinois, que d'avoir un fils bachelier et « une maison au parfum de livres[33] ».

Il n'existe pas de système parfait. A-t-on déjà vu une société où les « héritiers » ne soient pas favorisés ? Reconnaissons le bienfait des concours chinois, qui était d'introduire une certaine mobilité sociale dans l'empire immobile, même si le système avait d'énormes défauts, dénoncés à l'envi par les Chinois eux-mêmes.

Cette organisation littéraire et formaliste de la société s'est perpé-tuée jusqu'à la fin de l'Empire. Puis la Révolution s'est mise à emporter, avec les défauts, les bienfaits de cette méritocratie bimil-lénaire. Mais elle n'y a pas tout à fait réussi.

CHAPITRE 67

« Une chance pour notre pays »

Pendant ce temps là, au Zhejiang, l'autre branche de l'expédition faisait route vers Zhoushan : le colonel Benson, le docteur Dinwiddie, le peintre Alexander, le capitaine Mackintosh, accompagnés de soldats de la garde, dont Holmes, de domestiques, ainsi que de mécaniciens pour prendre soin du matériel[1].

Le petit détachement passe par Ningbo, préfecture du Zhejiang, où les Anglais avaient possédé autrefois un comptoir et une factorerie, qu'ils avaient perdus pour « leur mauvaise conduite » — et qu'ils reconquerront de haute lutte en 1859. Sur le côté sud du golfe de Hangzhou, ce port était alors la métropole commerciale de cette région. Shanghai, côté nord, le remplacera plus tard.

La question du négoce de Mackintosh connut là un rebondissement dont Macartney ne fut pas informé.

Don gratuit pour la reconnaissance éternelle

Qianlong, on s'en souvient, avait pris soin de transformer Ningbo en un désert commercial : on avait éloigné tout « marchand félon », tout descendant des *compradores* qui avaient fréquenté, au début du siècle, le comptoir britannique. Le capitaine Mackintosh avait été averti qu'il ne pourrait rien troquer. L'Empereur avait répété : « Le commerce se fait à Macao et Huangpu. »

A lire le soldat Holmes, toutefois, le *désert commercial* ne l'était pas pour tout le monde. L'activité y paraît même débordante : « Nous découvrîmes, le 15 novembre, la fameuse ville de Ningbo, bâtie sur la croupe d'un rocher escarpé et sauvage. » Les habitants traitèrent la délégation barbare avec « une déférence extraordinaire » ; les premiers personnages de la ville « paraissaient les plus empressés ». Les Anglais les trouvèrent plus communicatifs que le reste de leurs compatriotes. « La ville de Ningbo fait, sur ses propres vaisseaux, un trafic immense avec Batavia, les îles Philippines et les autres établissements des mers de Chine ; elle approvisionne par le débouché de Canton les bâtiments européens[2] ».

Les principaux mandarins firent chacun un présent aux Anglais, consistant en soie, thé, nankins [cotonnades imprimées], tabac et autres bagatelles. On se donna beaucoup de mal pour rendre leur séjour agréable ; mais le mauvais temps les fixa sur place sept ou huit jours. « Notre impatience d'arriver à bord de l'*Indostan*, dont nous n'étions pas éloignés de dix lieues, nous donnait de l'humeur. Les mandarins s'en aperçurent ; mais ils ne parurent pas s'en offenser[3]. » Au matin du 22 novembre, le peintre Alexander note en effet : « La pluie ne cesse de tomber et traverse le toit des jonques. Si bien qu'entre la pluie et le vent, qui parvenait aussi à se faufiler jusqu'à nous, nous avons passé une nuit blanche[4]. »

Soudain, on vit apparaître ballots de thé et soieries. C'était un cadeau de la Chine. Pour l'offrir, le gouverneur du Zhejiang avait fait venir la soie de loin — Ningbo n'en produisant pas.

Surprenante psychologie chinoise ! Pour enrober le refus, on s'était ingénié à dévaloriser Ningbo. Pas question d'y commercer. Mais le dernier geste avait l'élégance de ne rien demander en échange : il entendait manifester une générosité souveraine, pour susciter, comme l'avait prescrit l'Empereur, « une reconnaissance éperdue ».

Voici comment Songyun relate à l'Empereur le cheminement de cette branche de l'expédition, en route pour Zhoushan :

« Le 18 novembre, nous sommes passés à Ningbo. Les officiers barbares ont confié leur admiration pour les soieries de Hangzhou, sans oser seulement parler d'en acheter. Le meilleur moyen d'échapper à toute discussion oiseuse était donc de leur offrir en Votre Nom un peu de thé et un peu de soie. Nous leur déclarâmes que Ningbo ne se prêtait pas au commerce avec les étrangers ; qu'ils pourraient s'y livrer à Canton. Dans l'attente, chacun des officiers barbares recevrait quatre pièces de soierie de Hangzhou, cinquante livres de thé et six livres de soie, tandis que chaque soldat de la suite recevrait lui aussi du thé et des étoffes. Les officiers barbares se jetèrent alors à terre et frappèrent le sol de leur front, pour remercier Votre Majesté Impériale.

« Le gouverneur militaire Wang Hui se tiendra prêt à intervenir quand le préfet Keshina reconduira les Anglais à leur navire[5]. »

Cette dernière information ne saurait être mise en doute. La précédente, si. Dans les deux cas, Songyun n'écrit que ce que l'Empereur souhaite lire.

Ses cales pleines de soie, de thé, mais aussi des draperies apportées en vain d'Angleterre, ses ponts surpeuplés avec une partie de l'ambassade, l'*Indostan*, fleuron de la flotte des Indes, mit à la voile, « laissant dans son sillage une longue traînée de boue jaune[6] ».

Le kotow *de Staunton junior*

Sur la route de Canton, l'Ambassadeur aussi est bloqué par le typhon La pluie tombait à flots, accompagnée de bourrasques, comme il arrive à cette latitude : « L'eau de la rivière rugissait comme un tigre, déferlait contre les montagnes, engloutissait des colonnes de pluie dans ses troubles remous, se pulvérisait, trébuchait, culbutait, haletait[7]... » On diffère le départ. « Le 22 novembre, écrit Macartney, nous avons été retenus toute la journée sur place, à Yushanxian, par des trombes d'eau tombées sans interruption depuis vingt-quatre heures[8]. »

Le lendemain, le Lord en profite pour faire mettre au point par son page une lettre de compliment que le vice-roi lui avait suggéré d'écrire à l'Empereur. Changlin observa que les caractères chinois y étaient dessinés avec une remarquable finesse. Il demanda qui les avait calligraphiés. « Quand je lui déclarai que c'était l'œuvre du petit Staunton, il ne voulut pas croire qu'un enfant de douze ans pût avoir déjà fait tant de progrès en si peu de temps. Il lui fallut, pour se rendre à l'évidence, voir de ses yeux le jeune garçon ajouter son nom de sa propre main, en caractères mandarins, au bas de la lettre qu'il l'avait lui-même calligraphiée[9]. »

Voici la traduction de cet incroyable compliment, écrit en anglais par Macartney, transcrit en chinois de la main du page. L'Ambassadeur en a été assez fier pour le transmettre à Dundas. Mais nous n'en avons pas trouvé trace dans les Archives britanniques. En revanche, ce texte a été soigneusement conservé dans les Archives impériales, alors qu'aucune des notes de requête de Macartney n'y figure. Celles-ci parlaient de vil commerce : elles ne méritaient pas d'être classées dans la correspondance de Sa Majesté Sacrée. Tandis que le compliment de cet enfant *sinisé* constituait à lui seul un inappréciable tribut, puisqu'il s'adressait à l'essence même du système céleste.

Chaque fois que le mot *Empereur* est écrit, le rite veut qu'on commence une nouvelle ligne : c'est, ici, le cas sept fois. Le petit Thomas s'adapte mieux à ce cérémonial, que son maître à celui du *kotow* — il a l'échine plus souple.

« L'ambassadeur d'Angleterre *Ma-ga-er-ni* remercie
le Grand Empereur pour Ses faveurs. Notre souverain souhaite sincèrement que
le Grand Empereur connaisse un grand bonheur et une grande longévité. A présent que nous avons été reçus par
le Grand Empereur, notre souverain nous autorise à exprimer une nouvelle fois pour
le Grand Empereur le souhait qu'Il vive dix mille fois dix mille ans. Que notre souverain, dix mille fois dix mille ans, écoute Son enseignement moral. A la vérité, c'est de la part
du Grand Empereur la manifestation de Ses faveurs et une chance pour notre pays.

« Le Grand Empereur non seulement ne nous a pas tenu grief, mais il n'a pas limité Son temps. Nous lui en sommes reconnaissants et apprécions Son attitude envers nous, plus que les mots ne sauraient l'exprimer. Notre souverain, à son tour, ne manquera pas d'éprouver de la reconnaissance. Nous prions le Grand Personnage* de remercier pour nous, dans son rapport,

le Grand Empereur de Ses faveurs.

« Ce texte est écrit de la main de *Duo-ma Si-dang-dong.* »

(Thomas Staunton[10])

On dirait un pastiche ? Certes, mais il n'oublie pas l'essentiel : *« une chance pour notre pays ».* Tout en se pliant aux rites de la Cour, il garde une dignité. Trop, sans doute, aux yeux de Bernardo d'Almeida. Le ci-devant Jésuite portugais a eu à traduire une semblable lettre, adressée quelques jours plus tôt par Macartney à Qianlong pour le remercier de l'envoi du caractère « Bonheur ». Il a dû penser que ce texte, insuffisamment obséquieux, n'énumérait pas avec assez de détails les faveurs accordées par l'Empereur. Le missionnaire portugais a réussi à faire un pastiche de pastiche, qui a été, lui aussi, soigneusement conservé aux archives du Grand Conseil. Il commence ainsi :

« L'ambassadeur du Pays des Cheveux Rouges *Ma-ga-er-ni* se prosterne jusqu'à terre devant

le Grand Empereur.

« Il a bénéficié tout au long de la route des bontés

du Grand Empereur.

« Le Grand Empereur lui a fait offrir des collations et des présents. Au Zhejiang, l'Envoyé a bénéficié, à nouveau, des faveurs

du Grand Empereur, qui a fait offrir à son Roi une bourse de satin et une calligraphie représentant le caractère Fu (bonheur).

« Le Grand Empereur a accordé à l'Envoyé des Cheveux Rouges de se rendre au Guangdong, par le Jiangxi, à partir de Hangzhou[11]. » Etc.

Toujours plus bas : ainsi faut-il écrire pour plaire.

---

* Cette lettre de remerciement est destinée à être lue à l'Empereur par un des accompagnateurs de l'ambassade — probablement Changlin lui-même —, quand il retournera à la Cour.

CHAPITRE 68

Où un mandarin
reçoit publiquement le fouet
(23-27 novembre 1793)

> *« L'institution de châtiments dans l'Empire a eu pour fin de se garder de la violence et de l'injure, de réprimer les aspirations désordonnées, d'assurer la paix et la tranquillité d'une communauté honnête et loyale. »*
>
> KANGXI, 1662-1722[1].

Le 23 novembre, la navigation reprend, malgré le brouillard. Paysage fantomatique. Macartney note : « Les objets qui nous entourent prennent une dimension monstrueuse et inquiétante avant de disparaître dans les brumes de la nuit[2]. » Petit Staunton est plus impressionné encore par les montagnes qui tombent à pic sur la rivière, et que couronnent des pins. Le soir, le temps se lève sur les premières plantations de canne à sucre. Thomas note de « petits moulins pour la canne ; certains, construits au milieu de la rivière ; comme elle est peu profonde, ils sont faciles à construire ainsi, et sont mus par le courant[3] ». Jusqu'alors, les Anglais n'avaient vu aucun moulin et s'en étaient étonnés, l'eau ni le vent ne faisant défaut.

Le lendemain, la rivière se fraie un chemin entre d'énormes rochers. « Des Chinois sont occupés à y tailler des pierres grandes comme des briques ; certaines sont rouge vif. Plusieurs de ces rocs renfermaient des habitants, qui en sortirent pour nous voir passer. Dans les ouvertures entre les rocs, des jardins ont été plantés et des bâtiments construits. Cette scène de merveilles se soutint durant sept milles[4]. » Il faut être en Chine, pour voir des chemins taillés à flanc de rochers et des habitations suspendues sur l'abîme.

Le 26 novembre, on est sorti des montagnes. Le cours du fleuve s'élargit soudain. C'est le célèbre lac Boyang[5]. Thomas-Bouche d'Or nous révèle que les voyageurs ne l'ont pas vu : « La nuit dernière, selon ce qu'on m'a dit au réveil, nous avons traversé une partie de l'immense lac Boyang[6]. »

Incorrigible ! Le père ne se doutait pas qu'il serait trahi par son fils. Il ne peut laisser passer ce lac sans parler de... ce qu'il n'a pas vu : « Les jonques entrèrent dans le lac Boyang*, le plus grand de tout l'Empire, rendez-vous des rivières qui s'y jettent de tous les points de l'horizon. » Il alimente plusieurs canaux, protégés par de fortes digues contre ses vagues, « aussi redoutables, selon les marins chinois, que celles de la mer** ». Sur les bords, des huttes de pêcheurs : « Les pauvres gens qui y résident ne vivent que de la pêche et des légumes cultivés sur leurs jardins flottants de bambou. Chacun dispose d'un compartiment, où il pêche seul et où il élève des sortes de sardines, qui, salées, séchées, sont vendues dans tout l'Empire[8]. »

C'est dans ce lac-carrefour que le convoi retrouve l'itinéraire normal de Pékin à Canton.

Le mandarin châtié

Thomas note qu'on s'arrange pour que la flottille ne traverse les villes que de nuit. La vie du convoi ne change guère : postes militaires qui saluent d'une pétarade ; soldats censés montrer les dents du Tigre ; haleurs recrutés au fouet, menés de même ; populations soigneusement isolées du contact barbare. Lancinant rituel.

Le 25 novembre, incident : « Deux de nos messieurs, raconte Thomas, marchaient sur la rive ; ils furent jetés à terre et roués de coups par deux soldats, sous les yeux d'un mandarin à bouton bleu[9]. » Staunton père indique que leurs accompagnateurs firent d'abord eux-mêmes fouetter les soldats, mais s'en rapportèrent, pour la punition du mandarin, au vice-roi[10]. Thomas précise : « Le vice-roi ôta un bouton au mandarin, puis le fouetta. Les soldats fouettés furent ensuite mis dans une cangue et n'échappèrent aux coups de bambou que parce que le Lord obtint par ses prières de supprimer cette dernière partie de leur punition[11]. »

C'est l'occasion, pour nos voyageurs, de traiter de la justice chinoise. Voltaire écrivait sur ce sujet délicat : « La constitution de leur Empire est la meilleure au monde, la seule qui soit toute fondée sur le pouvoir paternel — ce qui n'empêche pas les mandarins de donner force coups de bâton à leurs enfants[12]. » La maxime « Qui aime bien, châtie bien » a son équivalent chinois.

Le droit de punir à la chinoise

« Le gouvernement, attentif à la tranquillité générale, explique Staunton, s'occupe fort peu de la sûreté individuelle[13]. » La peine de

---

* Pour aller de l'embouchure du Xinjiang, qu'ils ont descendu, à celle du Gan, dont ils remontaient maintenant le cours[7].

** Ce lac est de nos jours encore affecté d'une zone de turbulences, sorte de « Triangle des Bermudes » où sombrent parfois les navires.

mort, prononcée par un gouverneur ou un préfet, est « immédiatement exécutoire, d'ordre du vice-roi, en cas de rébellion » ; les dossiers des « droit commun » sont transférés à Pékin et réexaminés par le « Grand Tribunal des crimes ». Les exécutions ont lieu « une fois l'an, à l'automne » — les têtes tombent en même temps que les feuilles. « On en compte alors rarement plus de deux cents. C'est bien peu, eu égard à la population de l'Empire. » L'amende, l'emprisonnement, le bannissement, le fouet sont les châtiments les plus ordinaires. La mort ne punit que l'atteinte à la sûreté de l'État, « ainsi que les meurtriers — la grâce est alors impossible, que le meurtre soit prémédité ou involontaire*[14] ».

Les voleurs ne sont punis de mort que s'ils sont « violents et cruels ». « La douceur des punitions semble prouver que les crimes sont rares[16]. » Comme exemple de cette douceur, Staunton cite la pratique du carcan — plus douce en effet que la corde qui, au même moment, serrait à mort le cou des voleurs anglais. Le supplice de la *cangue* condamne le criminel à « vivre la tête et les mains prises dans trois trous pratiqués dans une planche épaisse ». On le promène ainsi, en lui permettant de se reposer de temps en temps. « Puis on le force à marcher à coups de fouet[17]. »

Staunton senior a questionné les mandarins d'escorte, qui n'avaient guère autre chose à faire que de répondre à la curiosité de leurs hôtes. Il note que « l'emprisonnement pour dettes n'est que momentané. Les intérêts de l'Empereur passent avant tout : aucune propriété n'est à l'abri de ses droits. » Les Chinois ne sont pas chicaniers : « La transmission des patrimoines est simple, et les familles unies[18]. »

Notations aussi « édifiantes » que celles des Jésuites. Les brodequins, les poucettes qui écrasent pieds et doigts, le *bambouage* qui fait éclater la peau et les chairs des cuisses, appliqués dans le tribunal même pour stimuler la vérité, les voyageurs n'en ont jamais entendu parler. Rien sur la corruption, dont nous savons qu'elle était — et restera jusqu'à nos jours — la plaie de la vie carcérale en Chine. Rien sur les détenus, qui meurent de faim si leur famille ne peut — ou ne veut — les nourrir. Rien sur le secret qui enveloppe les prisons politiques. On se demande si nos Anglais ne cherchent pas surtout ici à critiquer l'Occident à travers la Chine. Elle est restée pour eux — et restera longtemps — le miroir inversé où le fécond masochisme de l'Occidental cherche ses cruelles vérités.

---

* Le chiffre de deux cents reste bien faible, s'il correspond à celui de tous les meurtriers de droit commun. A la même époque, sous l'Ancien Régime et jusqu'en 1830, les exécutions capitales pour crimes de droit commun se chiffraient par centaines, dans une France douze ou treize fois moins peuplée. Qu'en disent nos autres témoins ? « Les criminels, répondra par exemple le père Lamiot, condamnés à mort pour l'automne, à qui l'Empereur ne fait pas grâce, sont exécutés dans toutes les capitales des provinces. Il y a des provinces où on exécute plusieurs centaines de personnes par an[15]. » Sans parler de ceux qui meurent sous les coups.

CHAPITRE 69

Frustrations et bonheurs de touristes
(27 novembre - 4 décembre 1793)

Jingdezhen — « bourg de la Grande Vertu » — était et reste la capitale de la porcelaine ; mais elle réservait alors sa production à l'Empereur. Sèvres n'était rien à côté de cette gigantesque manufacture impériale. Staunton junior, l'affreux petit espion, nous révèle que les Anglais « passèrent au large ». Ils ne purent y entrer, ni à plus forte raison la visiter pour s'enquérir des procédés.

Staunton père, lui, affirme froidement : « Près de notre route, il y avait une ville non murée, *Kin-te-Chin*, où trois mille fourneaux étaient allumés à la fois, faisant que, pendant la nuit, la ville avait l'air d'être toute en feu[1]. » Il n'a pas vu la ville, mais il a lu les Jésuites : « Dans *Kin-te-Chin*, il y a bien présentement trois mille fourneaux à porcelaine. A l'entrée de la nuit, on croit voir une grande ville toute en feu[2]. » Les deux textes parlent encore du « génie du feu » — curieuse coïncidence. Staunton est pris la main dans le sac : il n'est ici que l'homme-qui-a-lu-l'homme-qui-a-vu. Le père Huc reprendra mot pour mot le même texte[3], tout en affirmant — il est gascon — que la ville compte plus d'un million d'habitants. Ces « voyageurs » se copient effrontément les uns les autres. Heureusement que la vérité sort de la bouche des enfants.

Dans le Jiangxi, c'est la saison où le blé commence à pousser et où la canne à sucre est prête à être récoltée. Affranchies de la mode cruelle des petits pieds, les paysannes de cette province, note Staunton, sont « si robustes que les cultivateurs des autres provinces viennent souvent les rechercher[4] ». Macartney précise que « les femmes mariées se distinguent des jeunes filles en ce que celles-ci gardent une frange jusque sur leurs sourcils, alors que celles-là relèvent leurs cheveux en chignon[5] ». Chose vue — et toujours à voir : dans ce même Jiangxi, jeunes filles et femmes mariées se reconnaissent encore par ce front caché ou découvert. En Chine, même la mode est un élément de la permanence.

Souvent, les femmes sont attelées à la charrue comme des bêtes de trait : « Il est assez commun de voir un cultivateur de cette province diriger d'une main la charrue que tire sa femme et, de l'autre, semer du blé[6]. » Vous pouvez encore assister — mais beaucoup plus rarement — à ce spectacle. De tous temps, les Chinois ont été les premiers à se railler eux-mêmes pour ces pratiques. « Les hommes », dit un conte du XVIIᵉ siècle, « ne pensent qu'à flâner, les bras ballants, et à se mettre les pieds sous la table. Pendant ce temps, ce sont leurs femmes et leurs filles qui font tout le travail dans les champs, sous un soleil de plomb, un méchant fichu noué sur la tête. Et elles doivent encore patauger dans la boue et aller sarcler les mauvaises herbes[7]. »

Ainsi, le pied mutilé était un signe de promotion féminine : il émancipait du travail aux champs. La femme aux pieds libres, c'est une femme qui trime. La femme aux pieds tronqués, c'est une femme plus libérée. Voilà qui contribue peut-être à expliquer pourquoi le beau sexe se rend complice de sa propre mutilation.

Quand le mandarin « racle la moelle du peuple »

Macartney et Staunton, stimulés par le questionnaire qu'avait dressé pour eux Arthur Young, s'intéressent au régime de la propriété rurale. Dans le Jiangxi, la terre est affermée pour trois, cinq ou sept ans. En fait, un métayage : propriétaire et fermier se partagent la récolte à parts égales. Le premier seul paie l'impôt : théoriquement, « cinq pour cent de la valeur totale » ; mais, pratiquement, « un dixième du produit total[8] ».

Ce que ne dit pas Staunton, c'est que les fonctionnaires-lettrés, très peu payés par l'État, prélèvent pour leur propre compte un surplus de recettes. La différence entre cinq et dix pour cent va dans les poches mandarinales. Sage modération du principe ; vaste corruption dans sa mise en œuvre. La Chine d'aujourd'hui ne connaît-elle pas aussi quelque distance entre la perfection de la théorie et les imperfections de la pratique ?

Nos touristes, comme beaucoup de leurs successeurs d'aujourd'hui, ne perçoivent pas cette distance. Anderson s'enthousiasme : « Quelle sage politique, de percevoir les taxes en nature ! Elle excite le zèle dans cette classe du peuple condamnée à vivre à la sueur de son front[9]. » Il faut venir en Chine pour trouver un impôt direct qui incite à l'effort... Barrow est tout aussi émerveillé : « Les impôts qu'on lève en Chine sont loin d'être exorbitants : un dixième du produit de la terre en nature, plus un droit sur le sel, sur les marchandises venues de l'étranger, et quelques autres petits droits qui n'affectent presque pas la masse de la nation[10]. »
Il oublie de parler de *corvée*. Winder s'en charge : « Une corvée féodale est imposée aux fermiers. » Sous peine d'amende, ils fournissent par exemple leur force au halage des bateaux : « Ils y sont astreints comme à un service public[11]. »

La *vox populi* chinoise décrit la situation par des dictons plus réalistes que nos touristes éblouis : « Le mandarin racle la moelle du peuple.» Ou encore : « Le feu va au rôti, comme l'argent au mandarin[12]. » Dans l'esprit des Anglais, la Chine des Philosophes n'a pas tout à fait cédé la place au froid examen du réel.

Sur le balsa *flotté*

En remontant le Gan, la flottille atteint le 1er décembre des montagnes entre lesquelles le fleuve s'insinue. Thomas observe les rites pratiqués par les mariniers pour se concilier la rivière : « A chaque départ, ils font à *Fo* [Bouddha], ou à leur dieu, de grands sacrifices en papier d'argent, bateaux de papier, viande, sel, etc., que l'on jette dans l'eau[13]. » Les sommets sont « couronnés de tours de guet, pareilles à celles de la côte espagnole entre Carthagène et Malaga* ». Près des rives, Macartney remarque de jolies pagodes blanches de neuf étages récemment restaurées. L'air se refroidit[14].

Au soir, devant Jianfu**, accueil coloré dont les Anglais avaient perdu l'habitude : « L'agitation d'un peuple immense qui s'amoncelait sur la rive, les efforts du cortège du mandarin pour s'ouvrir un passage jusqu'à nous, le son du canon, les éclats des fusées volantes, donnèrent lieu à une scène tumultueuse au point qu'elle nous eût alarmés si nous n'en avions déjà vu de semblables[15]. » Air connu, mais qui procure aux Anglais un plaisir toujours renouvelé.

Le mandarin local n'avait-il donc pas été prévenu qu'il ne fallait pas faire fête aux Cheveux-Rouges ? « Des arcs de triomphe, élevés en notre honneur, étaient illuminés magnifiquement, avec lanternes, lampions et flambeaux. Toutes ces attentions pour l'ambassade se terminèrent par l'offrande de fruits et de confitures sèches[16]. »

En notre honneur ? Nos voyageurs auront encore pris quelques *pailou* pour des constructions de circonstance. Mais Anderson serait-il nyctalope, ou son « éditeur » imaginatif ? « Nous n'avons rien vu, dit Thomas, car il faisait très sombre[17]. » Entre ces deux relations, on ferait plutôt confiance à celle de l'enfant.

Le lendemain, le fleuve se peuple soudain. Les jonques dépassent des flottaisons de grumes de *balsa****, dont certains « longs de plusieurs centaines de pieds ». Leurs conducteurs étaient « accompagnés de leurs familles, qui logeaient à bord dans de petites maisons dressées sur les billes. D'innombrables enfants en sortaient comme des abeilles se ruant hors de leur ruche[18]. »

La flottille s'enfonce dans le Jiangxi, province assez déshéritée au XXe siècle, et de haute tradition révolutionnaire.

---

* Ces « *atalayas* » espagnols sont d'origine arabe. Et si les Arabes, usagers de la Route de la Soie, avaient eux-mêmes copié le modèle chinois ?

** *Ki-gan-fou* pour Macartney ; *Singafou* pour Staunton Jr et Anderson.

*** *Balsa* : arbre tropical précieux, à la fois très léger (plus que le liège) et très résistant, ce qui en fait un bon isolant thermique et phonique et un matériau recherché pour la construction des modèles réduits (hier de vaisseaux, aujourd'hui d'avions).

Le 4 décembre, Thomas note que le fleuve est semé d'écueils. Winder reconnaît là les « dix-huit cataractes » décrites par des Jésuites effrayés, mais ne se laisse pas impressionner. Ne pose-t-il pas au personnage impassible, même s'il remarque « de nombreuses épaves[19] » ? Barrow met carrément cette réputation dangereuse du lieu sur le compte de l'affolement des Chinois : « Ils ne dirigent point leurs vaisseaux avec dextérité. Ils sont si prompts à l'alarme qu'ils perdent la tête, alors qu'avec de la présence d'esprit, ils pourraient se tirer d'embarras[20]. » Une fois de plus, l'enfant donne la note juste : « Il n'y a guère de danger qu'à s'y aventurer la nuit[21]. » Les rapides sont moins périlleux pour qui les remonte, comme la flottille. Mais l'obstacle est rude : il fallut deux jours pour le franchir.

Au quinzième rapide, quelques embarcations retournées sur les rochers jettent l'effroi chez les mariniers, qui « se prirent à implorer le dieu de la rivière en frappant du gong*, afin d'exciter son attention et de réjouir ses nerfs olfactifs par la fumée des mèches de bois de santal[22] ». Barrow se moque. Le « flegme » fait déjà partie de la panoplie morale de l'Occidental en voyage exotique.

Le même jour, à Pékin, un innocent à qui l'ambassade avait valu bien des ennuis recouvre la liberté : le dénommé Guo Jieguan, suspect de connaissances linguistiques, et que la prudence impériale avait fait transférer de Ningbo à Pékin sous escorte militaire, était lavé de tout soupçon. Il n'avait jamais eu de contact avec les Anglais, ni même avec l'anglais, dont il ne connaissait pas un traître mot. Son père avait bien été en relation avec les Barbares, mais c'était quarante ans plus tôt. Il ne représentait donc aucun danger[23]. Il avait fait le voyage de Pékin pour rien ? Non : pour apaiser l'inquiétude de l'Empereur — et pour inciter toute la bureaucratie céleste à la vigilance.

Le 4 décembre encore, Anderson aperçoit un bel édifice. Temple ? Ou harem destiné aux plaisirs d'un mandarin de haut rang ? On assure à Anderson que la première hypothèse est la bonne ; la seconde le fait rêver davantage. Il admire l'art chinois d'inscrire les bâtiments dans les perspectives naturelles du site[24].

Ce qu'il ne sait pas, c'est le rôle que jouent la géomancie et la hiérarchie en architecture. L'orientation des entrées, l'emplacement par rapport à la localité sont choisis pour éviter les démons malins et se concilier les bonnes grâces de la divinité. L'altitude de l'édifice est en rapport avec la place du propriétaire dans la pyramide sociale. Que le résultat soit presque toujours si beau, ne tient probablement pas à la géomancie. Simplement au goût. A moins que l'esprit chinois ne soit si imprégné de l'ordre puissant des montagnes, des rivières, des paysages, que géomancie et goût se confondent.

---

* Le gong est censé écarter les influences néfastes.

CHAPITRE 70

L'allumette du progrès
(4-6 décembre 1793)

« L'esclave imitateur naît et s'évanouit.
Ce n'est qu'aux inventeurs que la vie est promise. »
André CHÉNIER[1].

Le vice-roi, accompagné de Wang et de Qiao, vient passer la soirée du 4 décembre avec le Lord, de huit heures à minuit. Plus courtois encore que d'habitude, Changlin parle sans contrainte. Il aborde les questions commerciales : valeur et quantité des échanges de la Chine avec la Grande-Bretagne, leur importance par rapport aux autres nations. Il possède ses dossiers. Il soupçonne que les mandarins de Canton encaissent des bénéfices frauduleux au détriment de l'Empereur. Macartney reste prudent : « N'ayant jamais été à Canton, je ne pouvais parler avec précision ; mais quand j'y serais arrivé, je ferais tout en mon pouvoir pour lui procurer l'information qu'il désirait[2]. »

Au moment d'allumer sa pipe, le vice-roi se rend compte qu'il n'a pas auprès de lui son serviteur, spécialement chargé de cette besogne. Macartney lui offre négligemment une allumette, qu'il a embrasée avec une petite fiole de phosphore tirée de son gousset. Changlin est stupéfait qu'on puisse porter du feu dans sa poche sans se brûler. Macartney lui explique le fonctionnement de cette espèce de briquet et lui en fait cadeau[3].

Il est bien remarquable que Changlin n'ait jamais vu d'allumettes. Des textes chinois du Xe siècle en évoquent l'invention à la fin du VIe. On nommait alors l'allumette « esclave porte-lumière[4] ». La Chine des Qing, au sommet de sa puissance, avait donc oublié leur existence. Depuis le siècle dernier, les Chinois ont affublé les allumettes du sobriquet de *Yanghuo*, « feu étranger ». *Yang* désigne tout ce qui vient d'au-delà des mers — en fait, d'Occident. Innovation à usage populaire, l'allumette manifestait la supériorité technologique de l'Occident. Un exemple parmi beaucoup d'autres de l'avance, puis du retard de la Chine. Alors qu'elle précédait l'Occident de plusieurs siècles, parfois de deux millénaires, elle avait perdu, à l'époque de la dynastie mandchoue, des secrets de fabrication qu'elle avait été la seule à connaître. Non seulement elle ne progressait plus, mais elle reculait. Comment ne pas penser aux pages hallucinantes de *La Guerre du feu*, où Rosny aîné évoque les hommes préhistoriques qui, après avoir inventé le feu, l'ont perdu et ne le retrouvent pas ?

La Chine endormie

Ce petit incident mit la conversation sur l'état comparé de l'Empire du Milieu et de l'Occident : elle fit apparaître « à quel point les Chinois (bien qu'ils excellent dans certains domaines de la mécanique) sont aujourd'hui à la traîne derrière les nations d'Occident » en matière de connaissances médicales, chirurgicales et scientifiques. « J'avais souvent remarqué le nombre élevé des aveugles, mais n'avais jamais vu de jambes de bois ni d'estropiés. Fallait-il en conclure qu'en Chine, on ne sait pas soigner les yeux, et que les fractures entraînent ordinairement la mort[5] ? »

Le vice-roi ne put qu'approuver ces déductions. « J'exposai alors quelques-unes des découvertes ou inventions récentes en Angleterre, en rappelant que j'avais amené avec moi des savants qui les auraient volontiers enseignées aux Chinois, si on leur en avait donné la permission : rendre la vue aux aveugles par le traitement du glaucome ou l'extraction de l'iris ; réduire les fractures ; amputer les membres ; ranimer les noyés grâce à un appareil mécanique[6]. »

Cet entretien pénètre enfin au cœur de la mission de Macartney : à lui seul, il justifie le choix de rejoindre Canton avec Changlin, plutôt que de s'embarquer aux Zhoushan. Le vice-roi fournit au Lord l'occasion d'évoquer des réalités que la hiérarchie céleste ignore ou feint d'ignorer.

Jusqu'au XVIe siècle, la Chine a connu une énorme avance sur les Occidentaux. Son *savoir-faire* technologique était incomparable — plus que sa *science*, car les inventions chinoises doivent beaucoup à l'ingéniosité, peu à la spéculation.

Plus de cinq cents ans avant l'Europe, les Chinois se servaient du système décimal ; et il y avait mille ans déjà qu'ils concevaient la notion arithmétique du zéro et les nombres négatifs. Ils ont mis en pratique le harnais de poitrail à collier mille ans avant qu'il ne se généralise dans l'Europe de Philippe Auguste et de Frédéric Barberousse. Quinze siècles avant nos pères, ils ont identifié les taches du Soleil, fabriqué de la porcelaine, inventé des lanternes magiques, utilisé le pied à coulisse. Ils ont tiré leurs semis au cordeau, sarclé les planches de leurs potagers, labouré avec un soc métallique plus de deux mille ans avant le reste du monde. Le tarare rotatif, que découvre l'Occident au XVIIIe siècle, le semoir, dont l'ingéniosité fait l'admiration des compagnons de Macartney, existent en Chine depuis vingt siècles. De même, le soufflet à piston, la métallurgie de l'acier à partir de la fonte, le forage pour capter le gaz naturel, ou la technique des ponts suspendus.

Cette énumération prend quinze volumes de l'œuvre gigantesque de Joseph Needham. Ce savant anglais a établi que les inventions appelées à bouleverser l'Occident à la Renaissance sont dues aux Chinois. Elles seraient venues chez nous avec beaucoup de retard, à la faveur des Croisades, ou a travers l'Islam, ou après les premières grandes navigations. Certes, il arrive à Needham de mettre dans sa démonstration l'acharnement systématique d'un chercheur qui pose au début de son entreprise les principes qu'il est censé découvrir ensuite. Et peut-on écarter tout à fait une hypothèse comparable à celle de William Golding, qui, dans *Envoy Extraordinary*, prétend que, sous Marc Aurèle, un Grec partit pour la Chine, porteur de la plupart des découvertes attribuées aux Chinois[7] ?

Il reste qu'apparemment, nous devons aux découvertes venues de Chine quelques faits capitaux de notre civilisation ; mieux encore, quelques-unes des armes qui ont permis à l'Occident de conquérir le monde. Les Chinois ont inventé, longtemps avant les Européens, la boussole et le gouvernail d'étambot*, qui ont entraîné chez nous les traversées au long cours ; l'imprimerie et le papier, qui ont provoqué chez nous l'explosion de la lecture et de la culture — la « galaxie Gutenberg » ; le papier-monnaie, qui a favorisé chez nous l'expansion du système bancaire et du commerce ; la poudre et les armes à feu, qui ont changé chez nous l'âme des combats. Mais aucune de ces créations chinoises n'a eu en Chine des effets aussi essentiels. Plusieurs y sont même tombées en désuétude.

Au début du XVe siècle, l'amiral eunuque Zheng He, qui commande quatre cents jonques armées en guerre, reconnaît les rivages du Pacifique et de l'océan Indien, depuis Timor jusqu'à la mer Rouge et peut-être au cap de Bonne-Espérance. Pourtant, à la fin du même siècle, quand Vasco de Gama, franchissant ce cap dans l'autre sens, entre dans l'océan Indien, l'Empire du Milieu a renoncé pour toujours à l'aventure maritime. Est-ce que son énergie mentale, comme celle de l'enfant autistique décrit par Bettelheim, est « désormais asservie au seul but de protéger sa vie, en négligeant la réalité extérieure[9] » ?

L'influence étrangère repoussée

Les empereurs Ming ont invité leurs compatriotes à revenir à la stricte observance des préceptes de Confucius, à imiter en tout les Anciens, à refuser la pernicieuse influence de l'étranger. Ils ont décrété l'immobilité au moment où les Européens, remis des horreurs

---

* Needham met aussi l'invention du sextant au compte des Chinois. Mais ce n'était qu'un sextant primitif, que les Occidentaux ont perfectionné, alors que les Chinois eux-mêmes en perdaient l'usage : nouvel exemple de recul chinois, simultanément aux progrès occidentaux. Dinwiddie[8] affirme que les Chinois n'ont pas d'appareil pour mesurer la hauteur d'un astre au-dessus de l'horizon et que, pour tout instrument de navigation, ils n'usent que d'une assez grossière boussole.

de la Peste noire, sentent venir les moyens d'accélérer le lent mouvement qui les a conduits des ténèbres du Xᵉ siècle aux limites du monde connu. L'aventure humaine se répand sur la planète, quand les Chinois s'enferment chez eux avec le sentiment de leur propre supériorité. Impossible enfermement : ils ne tardent pas à voir arriver sur leurs rivages le marchand et le missionnaire.

Avec Macartney, l'Europe frappe à leur porte, pour leur présenter les extraordinaires développements des inventions chinoises : elle ignore, autant que les Chinois, que celles-ci viennent de Chine. Ces germes, l'Occident les a fait lever, la Chine les a laissés dessécher. C'est elle, plus encore que lui, qui aurait avantage aux échanges et à l'interpénétration. Dinwiddie peut ironiser : « Les Chinois dessinent toujours deux yeux à la proue de leurs navires. Si vous leur demandez pourquoi, ils répondent : "Comment voudriez-vous qu'ils voient leur chemin, autrement[10] ?" » La Chine s'englue dans les superstitions, tandis que l'Occident s'en arrache.

Macartney a enfin trouvé, presque au terme de sa mission, des interlocuteurs aptes à mesurer l'écart qui se creuse. Ils en sont hypnotisés. « Aux questions qu'ils posaient, à leurs remarques, aux impressions qu'ils paraissaient ressentir, leur ouverture d'esprit me rasséréna[11]. »

Dans son journal inédit, le 1ᵉʳ février 1793, alors qu'il était encore en mer, Macartney notait déjà : « L'art de faire voler un ballon devient de nos jours aussi simple que de conduire un cabriolet. Le docteur Hawes ressuscite les morts sans difficulté par une simple manipulation mécanique[12] ! » L'imagination court plus vite que la science. Mais il est vrai que William Hawes a démontré, à partir de 1773, les propriétés de la respiration artificielle, et que John Hunter a ensuite inventé un appareil à cet effet. Il est vrai que la chirurgie de l'œil a fait un bond grâce au Français Jacques Daviel pour l'opération de la cataracte, grâce à l'Autrichien Beer pour le traitement du glaucome. Et comment ne pas rêver devant ces ballons envolés de Paris en 1783, d'Édimbourg en 1784, et qui ont franchi la Manche en 1785 : ces ballons dont Macartney avait apporté à Pékin un inutile exemplaire de démonstration ?

La foi dans la science

Macartney essaie de communiquer son enthousiasme pour le progrès des sciences et des techniques. « Le vice-roi et ses compagnons semblèrent sortir d'un rêve. Ils ne purent cacher leurs regrets de la froideur et de l'indifférence que la Cour avait manifestées à l'égard de nos découvertes. Heshen leur était-il vraiment inférieur en largeur de vues ? Ou bien agissait-il selon les contraintes d'un système qui, souvent, passe avant les convictions personnelles[13] ? »

Macartney avait été mortifié du peu d'intérêt de Heshen pour les échanges scientifiques et techniques qu'il lui avait proposés : « Au cours d'une conversation à Jehol, je lui mentionnai quelques innovations récentes dues à l'ingéniosité des savants européens, notamment le ballon à air chaud, dont j'avais pris soin d'apporter un exemplaire à Pékin avec quelqu'un qui pouvait en faire la démonstration comme passager. » Il découragea cette expérience — et toutes les autres.

Macartney déplore « que les successeurs de l'empereur Kangxi n'aient pas hérité de son goût, tant vanté par les Jésuites, pour les sciences et les techniques ». La Cour impériale est devenue « si vaniteuse qu'elle couvre du secret la supériorité technique occidentale ; elle ne peut pas ne pas l'avoir constatée ; pourtant, elle ne veut pas que cette prééminence soit connue en Chine, tant qu'elle n'a pas découvert le moyen de l'effacer[14] ». Une montgolfière au-dessus de Pékin ? La Chine entière aurait connu la supériorité des Occidentaux : impensable ! Le père Amiot affirmait en 1789 : « De toutes les inventions nouvelles dont j'ai eu l'occasion de parler [à Pékin], la navigation aérienne est celle qui a fait le moins sensation. On aperçoit dans les ballons aérostatiques un pur objet de curiosité[15]. » Une curiosité dont on se détourne. Pourquoi ? Yenfu écrira à la fin du XIXe siècle : « Les vertueux descendants de Kangxi sont aux prises avec les mutations rapides du monde. Au lieu de s'inspirer de l'esprit vivant de leur ancêtre, ils demeurent fidèles aux institutions mortes qu'il a laissées[16]. » La condamnation vaut déjà pour Qianlong et Heshen, qui ont choisi la politique de l'autruche.

Macartney et Changlin entrevoient simultanément que les inventions chinoises sont filles du bricolage, tandis que les inventions occidentales sont de plus en plus filles de la science. « Tous leurs procédés dans les techniques ne sont dus qu'à l'expérience et à l'observation[17] », relevait l'un de nos témoins français à Canton.

Macartney n'avait pas bien lu les Jésuites. Sur le retard scientifique des Chinois, le père Parennin avançait dès 1740 : « Ils sont dépourvus de cette inquiétude qu'on nomme curiosité et qui fait avancer à grands pas les sciences[18]. » Si « la nécessité est la mère de l'invention », quelle nécessité pouvait aiguillonner Qianlong, qui écrivait que son Empire n'avait besoin de rien ?

Macartney conclut sa relation de cet entretien capital par un acte de foi bien de son temps : « Il est vain de tenter d'arrêter les progrès de la connaissance. L'esprit humain ne cesse de progresser : telle est sa nature. Une fois gravies les premières marches de son ascension, son effort ne s'arrête pas avant que soit atteinte la dernière. » Samuel Johnson, l'ami de Macartney, constatait que « les désirs de l'homme croissent à mesure de ses acquisitions, et que chaque pas qu'il accomplit lui fait découvrir une nouveauté qu'il convoite immédiatement[19] ». Cette curiosité toujours insatisfaite, comme ces désirs insatiables, le système céleste les réprouve. A-t-il tort, a-t-il raison ?

Mais les Chinois supporteront-ils éternellement ce système ? Dinwiddie parviendra à intéresser des Chinois de Canton à ses démonstrations scientifiques. Il reprendra courage, après avoir été déprimé par l'obstination bornée de ses interlocuteurs de Pékin[20]. Les Chinois, songe Macartney, ne se laisseront pas longtemps étouffer sans réagir La fréquence des insurrections n'est-elle pas le signe de cette fièvre intérieure, qui ne saurait être toujours contenue?

Violences en coulisse

Macartney revient plusieurs fois sur ce thème de l'agitation : « Il existe, dans les provinces connues pour le malaise qui y règne, des sociétés mystérieuses ; malgré l'étroite surveillance exercée par le gouvernement, elles trouvent toujours le moyen de se soustraire à sa vigilance. Elles tiennent des assemblées secrètes où elles ressuscitent les souvenirs de l'indépendance perdue, ravivent les blessures récentes et méditent une revanche[21]. »

Belle clairvoyance. Les mandarins d'escorte auront-ils fait ces confidences aux voyageurs? Plutôt, à l'évidence, les missionnaires. En tout cas, le Lord en tire des conclusions dont le siècle suivant confirmera la lucidité. Ces « mystérieuses sociétés », qui exploitaient le mécontentement, avivaient un nationalisme *anti-mandchou* quand elles étaient *han* ; ou un nationalisme *anti-han* quand elles regroupaient des sujets allogènes. C'est la seule forme d'association qui échappera au pouvoir. La seule qui apparaisse à ses membres comme un ferment de progrès. La seule capable, aurait dit Hegel[22], d'échapper au Père terrible et vénéré qui récapitule dans sa personne les ancêtres de chacun, les dynasties successives de l'Empire, l'âme collective des Chinois ; et qui règne aussi sans partage sur ce que nous, individualistes occidentaux, considérons comme le domaine inviolable de la conscience personnelle. Dans ces sociétés secrètes, les individus, au lieu de rester séparés et impuissants, se groupent et se combinent, formant, comme l'a démontré Durkheim[23], un être psychique d'un dynamisme bien supérieur à la somme de ses éléments isolés.

Nous savons aujourd'hui que le règne de Qianlong fut marqué par de nombreuses rébellions. Certaines étaient parvenues aux oreilles des missionnaires, comme des Européens de Macao. Plusieurs avaient éclaté au cours des années précédant l'ambassade, qui en eut connaissance*. D'autres la suivirent. C'est au cours d'opérations menées contre l'une d'elles, le *Lotus blanc*, dans le Shanxi, que notre ami Wang[24] trouvera la mort, en 1800.

Voici un témoignage inédit de notre autre vieil ami, le père de

---

* Entre 1771 et 1776, les rebelles Jinchuan, aborigènes des montagnes à l'ouest du Sichuan ; en 1784, la révolte des musulmans au Gansu ; en 1787, le soulèvement des colons chinois de Formose, qui voulaient rétablir les Ming ; en 1791-1792, celui des Gurkhas du Tibet. Ces mouvements seront suivis en 1795 par la révolte des tribus Miao, dans les régions frontalières du Sichuan et du Hunan ; elle sera écrasée par notre vieille connaissance, le général Fukang'an, grand spécialiste de la répression. Plus politiques, plus chinoises, plus anti-mandchoues furent les rébellions suscitées par la secte du *Lotus blanc, Bai Lian Jiao*, active entre toutes. Elle profita de la résistance des populations du Hubei, opprimées par les fonctionnaires locaux, et qui se joignirent à elle. La rébellion, commencée en 1795, ne se terminera qu'en 1804.

Grammont[25]. Il recopie, en le traduisant, le rapport du vice-roi du Shanxi, publié, pour l'exemple, « dans les gazettes » de Pékin :

« On m'a donné avis qu'une mauvaise secte faisait des assemblées et récitait des prières. Le mandarin du lieu y avait envoyé des archers pour arrêter ce désordre, et ses gens avaient été maltraités. Je me transportai moi-même à *Ho-tchéou*. Ces rebelles étaient plus de deux mille et bien armés. Ils se rangèrent en bataille. Leur chef avait à ses côtés deux femmes, les cheveux épars, tenant d'une main une épée nue, de l'autre un étendard. Elles faisaient mille imprécations. Ces rebelles combattaient en furieux. Le combat dura cinq heures.

« En visitant le champ de bataille, j'ai trouvé leur chef étendu par terre, les deux femmes à ses côtés. J'ai fait couper la tête de ces coupables et les ai exposées au public dans des cages. Le peuple est dans la joie. »

Le père de Grammont déplore que, l'année précédente, la veille de Noël, dans le même Shanxi, la communauté catholique ait été traitée « à la façon d'une société secrète » et condamnée comme « association étrangère ». Entre rebelles et chrétiens, Qianlong ne fait pas le détail.

Derrière les décors d'un apparat immuable, les coulisses de l'Empire sont agitées de spasmes. Le pouvoir mandchou n'est pas un pouvoir serein. Les menaces qui pèsent sur lui expliquent sûrement sa réaction si farouchement défensive face à tout ce qui peut le remettre en cause : les Anglais sont des perturbateurs de cet ordre crispé.

Une lettre de Pékin

Les conversations précédentes ont été dûment rapportées à Pékin ; le mémorandum sur le commerce, remis à Changlin le 20 novembre, y a été envoyé. Le Grand Conseil a fait signer à l'Empereur un édit du 1er décembre qui ne répond à aucun des quinze points soulevés par Macartney, depuis l'octroi d'un comptoir jusqu'à l'autorisation de monter à cheval. Mais il enregistre la perspective — qu'il transforme en promesse — d'une nouvelle ambassade.

Le 9 décembre, dès l'arrivée de l'ambassade à Nan'anfu, à neuf heures du soir, le vice-roi vient montrer à Macartney la lettre impériale dont copie lui sera remise plus tard. En voici la substance :

« Comme tu ne connaissais pas les usages de l'Empire, tu as présenté des demandes indécentes. Tu exprimes ton intention de revenir porter tribut. Constatant ta respectueuse déférence, Nous condescendons à t'accorder cette faveur. La date sera à ta convenance. Tu feras savoir à ton souverain que le Grand Empereur accepte de ne pas lui tenir rigueur des erreurs qu'il a commises par rapport aux institutions célestes, qu'il ignorait[26]. »

Macartney se garde d'incorporer cette hautaine missive dans son journal — fût-ce sous la forme d'une adaptation édulcorée*. Il n'en retient que l'aimable présentation que Changlin sut lui en faire : « Il m'expliqua que les termes en étaient très amicaux et que, si le Roi voulait à nouveau envoyer un Émissaire, celui-ci serait reçu. » Mais l'Ambassadeur comprend que son successeur devra se plier strictement au rituel des Envoyés tributaires et, notamment, arriver par Canton : condamnation implicite de sa propre remontée jusqu'à Tientsin. « Cependant, ajoute-t-il, je ne regrette absolument pas d'avoir suivi cette route ; elle nous a permis de maîtriser la géographie des côtes nord-est de la Chine[27]. » La préoccupation d'une reconnaissance à des fins militaires transparaît une fois de plus. L'ambassade de lord Amherst, en 1816, n'obéira du reste pas à l'exigence impériale : elle passera à nouveau par la mer Jaune.

La Cour, en veine de conseils, n'en donne pas sur le *kotow*. Revenir sur ce sujet trop délicat eût été souligner que l'ambassade avait eu l'audace de déroger à une coutume millénaire. On le noie dans les « inconvenances » de tous ordres que les Anglais ont commises et dont on veut les croire guéris. Texte après texte, la version officielle chinoise se bâtit, laissant supposer, sans le dire, que le *kotow* a été bel et bien accompli. Ainsi l'histoire sera-t-elle écrite.

Quelle alchimie ! Changlin a envoyé à Pékin le mémoire de Macartney en l'enrobant de protestations du profond respect manifesté par les Barbares, enfin repentants. L'Empereur, néanmoins, rejette aussi brutalement que par-devant les demandes des Anglais, et leur adresse de paternelles mais cinglantes réprimandes. Le viceroi les leur présente sur le ton le plus suave, tandis que M. Prune les leur traduit en les adoucissant encore. Macartney les résume aimablement. Staunton n'en dit mot.

D'un échange à l'autre, nous voyons grandir le malentendu concerté. L'Empereur n'arrête pas de faire comme s'il entendait Macartney lui dire ce qu'il ne lui dit pas. Macartney persiste à faire comme s'il n'entendait pas l'Empereur lui dire ce qu'il lui dit. Changlin sauve la face de Qianlong, Macartney celle de George III, et tous deux la tranquillité de leur voyage de conserve. L'ombre du père Amiot plane sur ces entretiens de décembre : « se ranger à l'usage et prendre patience », avait écrit, avant de rendre l'âme, celui qui avait vécu plus de quarante ans à la Cour de Chine. Dans le même temps, le Lord ne cache pas sa satisfaction d'avoir préparé les voies d'une action de vive force.

---

* Ce texte est resté enfoui dans ses papiers. Le lecteur pourra en trouver le texte intégral, traduit d'après l'original chinois, dans le livre annexe *Une collision culturelle*.

CHAPITRE 71

La descente vers Canton
(6-14 décembre 1793)

Le 6 décembre, on continue à remonter le Gan, entre de hautes collines où la canne à sucre est cultivée en terrasses. A Ganzhoufu, grande ville murée, honneurs militaires, bannières, cymbales, coups de canons, haie d'honneur[1].

Le 7, la rivière devient si peu profonde, qu'il faut quitter les bateaux pour en prendre de plus légers encore, quitte à « écarter les pierres du fond et à creuser un chenal dans le gravier avec un rateau de fer[2] ». Après deux jours d'une lente navigation, le 9 décembre, à Nan'an, la rivière n'est décidément plus navigable. Pour la seconde fois, il faut franchir des hauteurs par voie de terre. C'est le col de Meiling, fameux non par son altitude — à peine trois cents mètres au-dessus de la plaine —, mais parce qu'il était, sur la route ordinaire de Pékin à Canton, la seule interruption d'une navigation de deux mille cinq cents kilomètres. Le col précédent, les Anglais n'ont dû le franchir que parce qu'ils ont fait un détour par le Zhejiang.

Cavalcade au col de Meiling

La relation de Macartney reste sobre : « 10 décembre. Nous avons cheminé dans des palanquins ou à cheval, selon la préférence de chacun. » Quel humour ! A l'exception de Staunton, ses compagnons n'ont eu le choix qu'entre différents chevaux. « Le paysage, dominé par une des plus hautes montagnes qui séparent le Jiangxi du Guangdong, est *romantic** [*sic*] à souhait[3]. » La route taillée en lacet permet d'éviter un long détour. Puis, descente au milieu des rizières. Cinquante kilomètres, franchis en neuf heures, d'un fleuve à l'autre.

---

* *Romantique :* le mot est courant en anglais, depuis les années 1750, au sens de « lieux rappelant à l'imagination les descriptions des romans ». Les Français n'adopteront le mot qu'après Waterloo. Les Anglais ont de longues années d'avance — comme dans tant d'autres faits de société — pour désigner cette nouvelle sensibilité à la nature qui triomphera sous la Restauration.

Selon le Jésuite Ripa, en 1710, cette route, encombrée de voyageurs, ressemblait plus à l'allée d'une foire qu'à une route de montagne : cela paraît moins vrai en 1793.

Bien installé sous son dais, Macartney admire le pas agile de ses quatre porteurs. Vous croiriez que le palanquin, moyen de transport pour personnalités respectables, avance à un train de sénateur. Erreur : leurs porteurs vont « à toutes jambes, plus rapides que des oiseaux[4] ». Les porteurs officiels doivent couvrir cent *li* du matin au soir. Guère enviable, leur sort, décrit par une ballade sous Qianlong :

> *Le malheureux, pour accompagner les dignitaires,*
> *Portant le palanquin, court interminablement.*
> *Et ses épaules, meurtries par le frottement,*
> *Sont bientôt couvertes d'ulcères[5]...*

Quels travailleurs, ces Chinois ! « Depuis Hangzhou, nos bateliers étaient mouillés jusqu'aux genoux au moins vingt fois par jour. Ils traînaient nos jonques par eaux basses. J'ai vu deux portefaix soulever un poids de presqu'une tonne à eux seuls et le passer d'une embarcation à l'autre[6]. »

Quel est leur secret ? « Nourris seulement de riz, ils sont extrêmement solides. » La race chinoise serait-elle supérieure aux autres ? « Je doute que le travail des nègres de nos Antilles approche d'un labeur aussi harassant. Et un Européen serait déjà épuisé, à pousser les cris dont ils accompagnent leur travail ![7] » Un Européen qui voit travailler des Chinois résiste parfois difficilement à une sorte de racisme à l'envers : le mépris de sa propre race.

Le reste du cortège a dû choisir une monture dans un corral circulaire où attendaient trois cents chevaux. Chacun prend possession du sien, contre remise d'un carton donné à la descente des jonques. Et en selle ! Anderson est mal tombé — une cavale à peine dressée : « Mais j'avais rendu ma carte et fus obligé de m'en tenir à mon choix, tout mauvais qu'il était. » Ainsi, « la diplomatie transformée en cavalerie » s'ébranle, serrée de près par un nombreux détachement de soldats chinois.

L'escadron britannique ne compte pas seulement des cavaliers confirmés : « Nous étions tout occupés du spectacle que nous nous donnions à nous-mêmes. Jamais on ne vit pareille cavalcade. La plupart des mécaniciens, soldats et domestiques, pauvres écuyers, montaient pour la première fois[8]. » Orgueil de *gentlemen*, dont l'éducation a commencé par l'équitation... Ce ne sont que rires et frayeurs comiques.

Au passage de la montagne, on met pied à terre, tant le chemin est étroit. A *Lee-con-au*, triomphale arrivée pour le déjeuner : haie d'honneur des soldats, canonnade. Anderson préfère regarder les femmes : « Elles nous parurent jouir d'une plus grande liberté que celles des pays que nous venions de traverser[9]. »

Le col franchi, les cavaliers, libérés des dangers de l'ascension parmi les escarpements, dévalent les pentes douces du versant sud,

« emportés par un transport de folie ». A Nanxiong, dans la plaine, le soir tombe. Chaque boutique, chaque demeure est éclairée par une lanterne. Les soldats aident le cortège à se frayer un passage dans la foule jusqu'au palais du préfet. Un repas est servi dans les galeries des cours, magnifiquement illuminées. « Les Chinois ne conçoivent pas la magnificence sans les lampions[10]. »

Macartney décline l'invitation de passer la nuit « dans le palais du gouverneur ». Sa suite y couchera. Il a hâte de rejoindre les jonques qui attendent à quai. L'impitoyable Thomas nous révèle qu'il ne s'agissait nullement du « palais du gouverneur », mais, encore une fois, de la « maison des examens[11] ». Les bagages transportés sur la flottille portent une étiquette indiquant dans quelle jonque ils seront chargés[12]. Quelle minutie !

Le vice-roi devance l'ambassade

Entré dans « sa » province, le vice-roi va quitter l'ambassade. Macartney suppose que c'est pour préparer la réception des Anglais à Canton. Après coup, il comprendra qu'il n'eût pas été convenable que Changlin prît possession de sa charge en compagnie des Barbares. Il est parti en avant, moins pour accueillir l'ambassade, que pour s'en distancer.

Nouvelle occasion de bonnes paroles. Le vice-roi « a écrit à l'Empereur dans des termes tels, qu'il pensait pouvoir dire que l'ambassade ne quitterait pas la Chine sans avoir reçu de nouvelles preuves de la bienveillance impériale ». Macartney s'y laisse prendre : « La plus grande faveur que l'Empereur pourrait me faire serait de se montrer bienveillant envers les sujets britanniques de Canton[13]. » Le voilà plein de confiance, et dans la bonne volonté de Changlin, et dans l'amitié de Wang et Qiao qui, dans son esprit, jouissent de l'estime du vice-roi.

« La rivière, note Thomas, est si peu profonde que, par moments, les bateaux, malgré leur faible tirant d'eau, doivent être halés à sec et traînés à la seule force des hommes[14]. » Les Anglais vont cheminer, tandis que Changlin galope. Ce départ éveille une brusque nostalgie chez Hüttner : « Nous n'étions éloignés que de quelques lieues de l'endroit où nous désirions tant arriver. Nous avions été quinze mois sans nouvelles d'Europe, dans un temps de bouleversements[15]. »

Mission accomplie

Quoi que fassent les Anglais, l'œil du dragon ne les quitte pas. Le 12 décembre, Chen Huai, vice-roi du Jiangxi, enfin débarrassé d'eux, fait son rapport à l'Empereur :

« Le 21 novembre, conduite par le vice-roi Changlin, forte de soixante-dix-sept Barbares et de cent quatre-vingt-dix-sept bagages, la délégation est entrée dans le Jiangxi, où l'attendait le général Wang-li. Le 22 novembre, les bagages furent embarqués ; le 23, le signal du départ fut donné. Le 29, les Barbares passaient à Nanchang, où je pus discrètement rencontrer Changlin. Il m'a dit que tout se passait bien. Le 9 décembre, palanquins et chevaux attendaient la délégation. Le lendemain, les Barbares ont franchi la montagne et sont entrés dans le Guangdong. Une lettre de Changlin me dit sa satisfaction : la discipline des troupes de la province a fort impressionné les Barbares[16]. »

Les coursiers galopent : on évacue le Barbare. Le dragon peut se rendormir.

Des batelières à tous usages

Le trajet sur le fleuve Beijiang, jusqu'à Canton, s'étend sur deux cent soixante milles. La province du Guangdong est une des plus riches. Mais le nord en reste relativement inculte. Le petit Staunton note que les hauteurs sont plantées de mélèzes ; de loin en loin, on aperçoit une maisonnette dans un champ. Des digues de pierre régularisent le cours du fleuve dont les eaux s'écoulent impétueusement par les ouvertures aménagées[17].

Au confluent de ce fleuve et d'un autre qui vient du nord-ouest, est bâtie la ville de Shaozhou, « dont les environs, dit Barrow, sont enchanteurs. Les plaines sont couvertes de riz et de tabac ; les hauteurs, de cotonniers[18]. » Et Thomas : « Les montagnes sont très rocheuses, souvent abruptes. Peu ou pas de verdure. Aujourd'hui, nous vîmes des bateaux menés à l'aviron et manœuvrés par des femmes[19]. » « Nous en rencontrions fréquemment, écrit Anderson, qui, tout en tenant la rame ou le gouvernail, portaient un enfant attaché à leur dos, et un autre suspendu à leur sein[20]. » Mais la plupart sont des jeunes filles, vêtues d'une veste et d'un jupon blancs, et coiffées d'un chapeau de paille.

Barrow moralise : « A ce métier de marinières, elles en joignent un autre qui n'est pas aussi honorable, mais qu'elles exercent néanmoins du consentement de leurs parents et de l'administration, lesquels ne tolèrent cet infâme trafic qu'autant qu'ils participent à ses bénéfices[21]. » Honteuse complicité de la famille et de l'État... *Shocking!*

Il est vrai que le père Lamiot se récrie, quand il voit Staunton soupçonner, lui aussi, l'existence d'une participation de l'État aux bénéfices de ces dames ; il ajoute qu'un mari proxénète serait « bamboué et exilé[22] ». Le code ne condamne-t-il pas comme *« criminel »* tout rapport extraconjugal avec une femme, mariée ou non ? Quatre-vingts coups de bambou[23]. L'ordre moral, selon le bon Lazariste, règnerait à Canton comme à Pékin. Qui croire ?

CHAPITRE 72

Où l'on hait les diables barbares
(15-18 décembre 1793)

« Chez le primitif, étranger est synonyme d'ennemi et
de mauvais. Tout ce que fait notre propre nation est bien
fait ; tout ce que font les autres nations est mal. »

Carl Gustav JUNG, 1931[1].

Jusqu'alors, les Anglais avaient éprouvé, sans plaisir, qu'ils amu-
saient les Chinois. Dans la province du Guangdong, ils s'aperçurent,
avec stupeur, qu'ils pouvaient en être haïs.

Ce fut un choc : car c'est aussi là qu'ils étaient le mieux connus.
Au lieu de la curiosité respectueuse qui les avait entourés, ils voient
les paysans sortir de leurs maisons en criant : *« quei-tre-fan-quei »*
[guizhe fangui] — « diables barbares ! » Voilà comme les Chinois,
« si éclairés », note ironiquement Barrow, traitent « tout ce qui n'est
pas de leur pays[2] ». Il est vrai que Jeanne d'Arc, à une question faite
pour l'embarrasser : « Dieu aime-t-il les Anglais ? », avait répondu :
« Il aime les Anglais chez eux. »

Plus les membres de l'ambassade se rapprochent de Canton, plus
ils se heurtent à de l'insolence. Wang « fit reproche de ces insultes au
gouverneur de *Nan-cheun-fou* ; les officiers chinois se montrèrent
plus vigilants dans la protection de l'ambassade[3] ». Les Anglais
découvrent le mélange explosif de servilité et d'orgueil qui caractérise
les rapports coloniaux. Les Chinois acceptent de remplir, pour les
marchands européens, les tâches les plus basses ; mais ils les accablent
en retour de mépris, les regardant comme « placés, dans la chaîne
des êtres, quelques degrés au-dessous d'eux[4] ».

Cette hostilité n'était pas réservée aux Britanniques. Notre observateur français de Canton en témoigne : « J'ai été me promener en
chaise à porteurs dans les dehors de la ville, avec plusieurs Français ;
nous traversâmes un village ; les enfants nous jetaient des pierres et
nous accablaient d'injures auxquelles on nous avait recommandé de

369

ne faire aucune attention[5]. » Pourquoi le « caillassage », la « guerre des pierres » seraient-ils réservés à la Nouvelle-Calédonie ou à la Palestine d'aujourd'hui ? Ce sont des manifestations de tous les temps, quand deux ethnies rivales sont en contact.

Un jour, Barrow voit son domestique faire sécher les feuilles de thé qui venaient de servir à son déjeuner. Pourquoi ? L'autre répond qu'il va les mélanger à d'autre thé pour vendre le tout. « Malheureux, est-ce ainsi que vous trompez vos compatriotes ? » lui lance Barrow. « Non, répliqua-t-il, mes compatriotes sont trop malins, mais les vôtres sont assez sots pour être dupes. » D'ailleurs, ajouta-t-il, « tout ce que nous vous fournissons est trop bon pour vous ». Barrow se fâche. Son domestique prétend qu'il parlait seulement des « Anglais de seconde zone » — « *second shop Englishmen* » —, c'est-à-dire des Américains[6].

Sans doute était-ce encore une insolence au second degré. Car les Chinois préfèrent la seconde infusion à la première, qui peut même être jetée. Pour un Chinois, il est donc absurde de vouloir que les feuilles ne servent qu'une fois.

Mines de charbon

Voilà que le « long défilé entre des montagnes escarpées » devient mine de charbon. Les Anglais se trouvent en minerai... de connaissance : « Les galeries sont creusées à l'horizontale, à flanc de colline », observe le page. Le charbon extrait est « directement déposé dans les bateaux et transporté aux manufactures de porcelaine[7] ». Les Chinois emploient aussi pour cuire le riz le poussier de charbon, pétri en briquettes[8].

Thomas s'étonne que l'extraction se fasse « à mains d'hommes, sans aucune machine ». Les Anglais sont fiers de leurs treuils, rails et wagonnets de fer. L'enfant est tellement pénétré de la « révolution industrielle » qui bouleverse déjà son pays, que l'arriération du Céleste Empire lui saute aux yeux[9]. Mais que faire de machines qui mettraient au chômage une main-d'œuvre déjà pléthorique ? Les problèmes d'aujourd'hui sont déjà posés, deux siècles plus tôt, par un gamin de douze ans.

Il y a une bizarrerie dans le dédain des Chinois pour la houille, qu'ils connaissent depuis des siècles et qui, entre autres merveilles, étonna Marco Polo[10]. Le feu sur lequel ils cuisent leurs aliments a ruiné leurs forêts ; et le déboisement a entraîné de dramatiques effets. Le bois, pour un Chinois, est devenu aussi précieux que le riz ou le vermicelle dont il se nourrit : « J'ai dépensé tout mon argent chez les marchands de bois de chauffage et de riz », répètent les masses chinoises depuis cent générations[11]. Pourquoi n'avoir pas recours au charbon ? Mystère du développement ou du non-développement.

Le temple troglodyte

Le fleuve se creuse un passage à travers les montagnes veinées de charbon. Le 14 décembre au soir, la flottille entre dans les gorges des monts Huaxinshan[12]. Au fond, un pic, dont on distingue à peine la cime, domine le fleuve, « monstrueux colosse bordé d'horribles précipices[13] ». Ici s'élève un fameux temple de Poussah*.

Une des rares excursions de ce long voyage. Le 15 décembre, à l'aube, Macartney et quelques privilégiés empruntent une chaloupe qui remonte jusqu'à une crique. Ils débarquent sur un rebord étroit, entre falaise et eau. Seule issue : l'entrée d'une caverne. Les voici, sous une faible lueur, au pied d'un escalier taillé dans le roc.

En haut, un vieux bonze chauve les guide dans un labyrinthe souterrain. D'abord, une grande salle : le réfectoire du couvent — excavation cubique, ouverte sur le fleuve ; tables et chaises vernies, lampions, mais surtout une énorme lanterne de verre, fabriquée à Londres et offerte par un riche dévot cantonais...

Encore de nombreuses marches, et les voici dans le sanctuaire, beaucoup plus vaste. Une statue gigantesque du Poussah en gloire, avec « une face de Sarrasin » et un horrible sourire découvrant des crocs dorés. Il est ceint d'une couronne et porte un cimeterre d'une main, un tison de l'autre. Mais, note Macartney, « j'en apprendrai bien peu sur la divinité colossale[15] » : les bonzes nourris par son culte ignorent presque tout d'elle. Un autel est dressé à ses pieds, avec lanternes, cierges et bâtons d'encens : « On dirait une chapelle catholique. » Aux murs, maintes plaques, revêtues de maximes et de formules rituelles. En face de la statue, une brèche dans le mur s'ouvre sur le vide. « Les rochers qui projettent des ombres tremblantes, l'abîme qui somnole au-dessous, l'obscurité inquiétante qui pèse, tout conspire à éveiller l'effroi[16]. »

A travers de longues galeries, le guide conduit les voyageurs vers d'autres pièces, toutes taillées dans le roc : cuisines, cellules, celliers. Les bonzes ont allumé des torches. Macartney aperçoit les habitants du temple : sortes de « Prométhées livrés au vautour de la superstition et du fanatisme ». La condition de ces dévots lui semble dégradante : « La dignité humaine, l'énergie de l'âme ont été précipitées dans ces oubliettes de la folie religieuse, pour y pourrir. » Curieuse, tout de même, chez un homme de cette envergure, cette phobie obsessionnelle, dès qu'il est en contact avec le monachisme. Il va plus loin que Voltaire interpellant le moine, à travers une traduction qu'il donne de Rochester :

> Réveille-toi, sois homme, et sors de ton ivresse.
> L'homme est né pour agir[17].

---

* Poussah ou Pusa, en Chine, est l'équivalent de bodhisattva en Inde ou au Tibet, c'est-à-dire un être qui a atteint aux mérites pouvant faire de lui un bouddha, mais qui accepte de se réincarner, comme le Bouddha, par compassion. Le bodhisattva Cherenzi, avatar d'Avalokitesvara, se réincarne depuis des siècles dans la personne du Dalaï-lama[14].

Au moment de quitter cette communauté obscure et obscurantiste, l'Ambassadeur lui fait une aumône : si visiblement plus que n'attendaient les bonzes, qu'il les imagine déjà insérant une nouvelle invocation dans leur litanie et suppliant que le gouvernement chinois « adopte une politique plus libérale pour ouvrir le pays à la libre visite des voyageurs anglais[18] ».

Macartney a donné lecture de ses impressions « romantiques » à ses compagnons ; ils les ont trouvées exagérées. Il se défend en précisant qu'il les a rédigées à son retour, sous le choc.

Des témoignages contrastés

Relativité des témoignages humains : « J'ai souvent pensé qu'il serait fort instructif de lire les journaux écrits par les membres de cette ambassade. Même les mémoires d'un *valet de chambre* [en français dans le texte] pourraient être de quelque valeur[19]. » Comme Macartney a raison ! Il ne semble pas qu'il l'ait fait. Nous avons suivi son conseil.

Anderson — son valet de chambre, précisément — présente de cette scène une vue plus plaisante. Question de culture ou de classe, sans doute. Il n'est pas, comme son maître, imbu de romantisme et lecteur de romans gothiques. La caverne est pour lui objet de curiosité, non d'épouvante. Les escaliers abrupts ont tout de même une rampe. La salle du réfectoire possède une porte joliment peinte. Une fenêtre éclaire l'effigie du dieu ; et la « brèche terrifiante sur l'abîme » devient, sous sa plume, un « balcon d'où l'on jouit d'une vue délicieuse sur la rivière[20] ».

La visite de ce temple donne l'occasion à Winder de relater une histoire que lui a contée un des accompagnateurs. Un *poussah* habitait le corps d'une jeune fille. « Elle se baignait dans une onde limpide, quand elle aperçut un merveilleux nénuphar. Elle le trouva si beau, qu'elle le mangea. Or, elle se retrouva enceinte et mit au monde un garçon, dont elle abandonna l'éducation à un humble pêcheur. L'enfant grandit, devint lettré, puis érudit, puis sage, et, à son tour, un dieu après sa mort. Sa mère alors fut honorée comme une Sainte Vierge[21]. »

Décidément, tout donne occasion à nos Occidentaux de chercher en Orient des armes pour leurs convictions. Le culte catholique de la Vierge fait ici les frais de cet exercice. Holmes avoue n'avoir rien tiré des Chinois à propos de leur religion : « Ils étaient très communicatifs, excepté sur cet article, mystère qu'il leur était interdit de révéler ; nous ne pûmes établir aucune opinion sur ce qu'ils croient. Pourtant, leurs idoles sont nombreuses : le moindre village a son culte public, et presque toutes les maisons leur culte particulier[22]. »

Un temple creusé dans une caverne où logent des bonzes : il n'y a pas, pour Thomas, de quoi faire un drame. « Trois ouvertures, l'une au-dessus de l'autre ; l'une au niveau de l'eau, la seconde à cinquante pieds, la troisième à cent pieds. Chaque ouverture comporte un autel et une idole. La roche est du marbre ; d'où le nom de "Temple de marbre". L'escalier est sombre, mais pas au point qu'il faille l'éclairer. La grotte est sèche et confortable. Les bonzes offrent du thé aux voyageurs[23]. » Chacun regarde avec ses yeux. Le jeune garçon décrit sans émoi, surtout attentif aux inscriptions, que ses progrès en chinois lui permettent de déchiffrer. Macartney n'a rien vu de ce qui aurait pu rendre ce temple humain et paisible.

Le soir, Thomas observe « d'énormes rochers en surplomb » qui « prennent d'étranges attitudes. Des arbustes aux formes bizarres s'y accrochent[24]. » La nature inquiète plus cet enfant que les œuvres des hommes.

Le fleuve coule entre des collines, verdoyantes mais en jachère. Wang et Qiao, interrogés, expliquent que toute terre inculte appartient à l'Empereur ; il suffit d'exprimer au magistrat le plus proche l'intention de mettre en culture une terre sauvage pour en devenir le propriétaire ; mais il n'en reste guère[25]. « En tout cas, ajoute Macartney, aucune terre en Chine n'est laissée à l'abandon pour satisfaire les goûts de chasseur d'un seigneur oisif. » A travers la Chine, encore un coup de griffe à l'Europe.

Une conclusion prophétique

La navigation touche à son terme. En soixante-dix jours, nos voyageurs ont traversé la Chine du nord au sud. La boucle va se boucler. Les voici dans les faubourgs de Canton. Le 18 décembre, ils arrivent avant midi dans un pavillon d'été appartenant à la guilde des marchands. Émotion : ils y rencontrent d'abord leurs compatriotes, les commissaires de la Compagnie des Indes, Messieurs Browne, Irwin et Jackson, venus les attendre avec des lettres d'Europe, « singulièrement bienvenues après quinze mois d'absence ».

Macartney prend connaissance des nouvelles. La guerre est déclarée : ce n'est pas une surprise. En revanche, la fin de Louis XVI en est une. Alexander note dans son journal : « Le capitaine Montgomery, commandant du *Bombay Castle*, a quitté l'Angleterre fin janvier dernier. Il nous a appris l'exécution du roi de France. L'incarcération de notre compatriote Tom Paine, arrêté sur ordre de la Convention, a fait sensation à Londres[26]*. »

---

* Thomas Paine fut décrété « citoyen français » en raison de ses convictions républicaines. Élu à la Convention en 1792, il ne vota pas la mort de Louis XVI : comme Condorcet, il était cohérent avec sa condamnation de la peine capitale. Ignorant le français, il n'a jamais ouvert la bouche à la Convention. Son incarcération traduisit la méfiance extrême de Robespierre envers les étrangers réfugiés ou demeurés en France. Il sera sauvé par le 9 Thermidor.

Le lendemain, l'ambassade fera son entrée à Canton. Ou plutôt, sa sortie. Le *Lion* est au port*.

Ces retrouvailles britanniques ont des témoins : les troupes chinoises. Macartney a vu beaucoup de soldats lui rendre les honneurs depuis qu'il est en Chine ; mais jamais autant que depuis qu'il approche de Canton. Changlin a bien fait les choses ! Plus que jamais, Macartney comprend qu'on a voulu, tout en feignant de l'honorer, lui montrer que l'armée céleste était prête au combat.

Ce faisant, les Chinois révèlent une fois de plus leurs faiblesses : « Ces soldats armés d'arcs et de flèches sont peu enclins à la guerre. Face à une attaque bien conduite, ils n'offriraient qu'une faible résistance. Le plus embarrassant, pour un envahisseur, serait leur nombre. Non à cause du mal qu'ils pourraient lui causer, mais parce qu'il ne verrait point la fin du mal qu'il pourrait leur infliger. Le massacre de millions d'hommes passerait presque inaperçu. Sauf à obtenir une soumission immédiate, le vainqueur récolterait seulement la vanité de détruire, non le profit de dominer[28]. »

Cette conclusion donne un peu le vertige, tellement elle est clairvoyante. Le Lord désignait les Chinois comme des champions de l'esquive. On pourrait leur prêter d'autres forces : leur différence culturelle, par laquelle ils font écran ; l'espace, grâce auquel l'Empire peut éclater et multiplier les replis et les résistances ; le nombre, qui maintient, malgré leurs faiblesses, des « armées de réserve ». D'où résulte une impossibilité d'être *totalement* vaincus. En 1937, Teilhard de Chardin le découvrira, face à l'invasion japonaise : « La Chine attaquée se défend en tombant en poussière — une poussière dont on ne voit pas comment les envahisseurs arriveraient à la cimenter[29]. »

---

* Le *Lion* était arrivé à Macao depuis deux mois. Après avoir réparé les forces de son équipage, sir Erasmus, croyant que lord Macartney passerait l'hiver à Pékin, fit plusieurs tentatives pour mettre à la voile en direction du Japon. Mais le mauvais temps le força à remettre ce départ[27], jusqu'à ce que lui parvînt l'ordre de Macartney de l'attendre à Canton.

CHAPITRE 73

Canton
(19-23 décembre 1793)

Le 19 décembre au matin, l'ambassade embarque pour Canton à bord de barges impériales, qui descendent la rivière des Perles. Deux heures et demie plus tard, les Anglais débarquent sur la petite île de Honam, où leur est assigné un palais. Le vice-roi Changlin, le gouverneur militaire Guo Shixun, le surintendant des douanes Suleng'e et les principaux mandarins de la région les attendent en tenues de cérémonie, au bout d'une plate-forme couverte de tapis. Tous se rendent ensuite dans une grande pièce où est disposée une double rangée de fauteuils en demi-cercle[1]. Ainsi Macartney campe-t-il ce fastueux accueil qui ressemble à s'y méprendre à celui que, deux siècles après, les délégations d'«hôtes distingués» reçoivent toujours en Chine.

Pas si vite, milord! Vous avez oublié une cérémonie préliminaire, que le journal du petit Staunton nous révèle: «Nous passâmes sous une tente et entrâmes dans une belle salle meublée, avec un trône au bout. Nous y fûmes accueillis par le *Suntoo** et les autres grands mandarins, qui se mirent en position de faire les trois génuflexions et les neuf prosternements devant le trône, pour remercier l'Empereur d'un voyage agréable et sans encombre. Nous suivîmes leur exemple[2].»

Un doute naît. D'autant qu'un des témoins — Suleng'e, le surintendant — affirmera en 1816 qu'il a vu, à Canton, lord Macartney faire le *kotow*. Quel «exemple» fut-il suivi? Le jeune garçon ne précise rien. Les Anglais auraient-ils, à la longue, cédé aux usages célestes? Ou ont-ils continué à se contenter d'un «*kotow* à l'anglaise» — une seule génuflexion, sur un seul genou? Ce laconisme est troublant.

Il n'est pourtant pas imaginable qu'après avoir fait tant d'histoires pour refuser le *kotow* à l'Empereur, Macartney accepte de le faire

---

* Le petit Thomas parsème son journal de mots chinois qu'il transcrit phonétiquement. *Suntoo* est évidemment une transcription — correspondant à la prononciation mandchoue de l'entourage — de *zong du*, vice-roi de la province.

devant un trône vide. Mais les Anglais sont à nouveau dans la situation qui leur est défavorable : la cérémonie *collective*. Le plus vraisemblable est qu'ils suivent le mouvement. Comme lors de leur première vision de l'Empereur, au milieu de la foule de Jehol. D'un seul genou, d'une inclinaison de tête plus légère, sans doute. Au rythme céleste : trois longues, trois brèves. C'est la « cérémonie convenable ». Le compromis que Macartney ne veut pas reconnaître pour ses interlocuteurs de la Cour de Saint James. Celui que l'Empereur ne veut pas admettre d'avoir admis.

« Après cette cérémonie, nous nous retirâmes avec les mandarins dans une grande et belle salle[3]. » Cette salle où Macartney nous conduisait directement, omettant un détour si pénible.

Les mandarins s'assoient face aux Anglais. La conversation roule pendant une heure sur les incidents du voyage et l'arrivée du *Lion,* que le vice-roi a fait venir à Huangpu*, privilège insigne pour un vaisseau de guerre.

Ensuite, on passe au théâtre : « Une compagnie d'acteurs réputée est venue tout exprès de Nankin**. » Un « magnifique dîner chinois » avait été préparé, ainsi que des cadeaux. Le vice-roi « dirige la cérémonie », en dispensant aux Anglais « les plus hautes marques de respect, très surprenantes pour les Chinois de Canton qui n'ont jamais vu des étrangers traités avec autant d'égards. Ils ne peuvent plus douter désormais de la considération que porte à l'ambassade le gouvernement de l'Empereur[4]. » Surtout, nous ne pouvons douter que Macartney essaie de s'en persuader. Car le petit Staunton a noté le soir, sur son terrible petit carnet : « Nous nous assîmes tous selon notre rang. Le *Suntoo* [vice-roi] nous offrit le thé et du lait. Après avoir dit quelques politesses, il se leva et, accompagné des autres grands mandarins, nous mena à la maison, au palais plutôt, qu'il avait fait préparer pour nous. Il resta quelques minutes, puis ils s'en allèrent tous[5]. »

« Du thé et du lait. » « Quelques politesses. » « Quelques minutes. » Grâce à Thomas, nous savons que c'est dans leur nouvelle demeure qu'on leur offre, *hors la présence* du vice-roi et de ses assesseurs, d'abord le banquet : « Le vice-roi nous envoya un splendide dîner à la chinoise » ; ensuite, le spectacle : « Il avait fait construire une scène dans l'une des cours de notre résidence, et nous divertit pendant toute la journée en y faisant jouer des pièces chinoises[6]. »

Théâtre non-stop

La résidence de l'ambassade est un palais à la chinoise : un ensemble de vastes pavillons. Certains sont aménagés à l'européenne,

---

* L'île où mouillent les navires marchands des Occidentaux.
** Les acteurs viennent de Nankin parce que cette ville a vu naître le *kunqu*, genre raffiné que l'on jouait à la Cour ; l'« opéra de Pékin » ne le remplacera que plus tard. Il aura fallu un bon mois pour que cette troupe arrive à temps.

avec des fenêtres vitrées et des cheminées dont Macartney, même sous les tropiques, apprécie le confort en ce mois de décembre. Pièces d'eau et parterres, arbres contrastés et massifs de fleurs.

Juste en face, de l'autre côté du fleuve, la factorerie anglaise. On aurait pu s'y installer : elle était plus confortable que tous les palais de la Chine. Mais « les principes chinois s'opposent si fort à ce qu'un ambassadeur loge dans la même maison que des marchands, que l'on crut devoir se prêter, à cet égard, aux idées du pays[7] ».

Le soir, les Anglais restent enfin entre eux. Le jeune garçon note avec soulagement : « Le soir, nous soupâmes à l'anglaise, la factorerie nous ayant envoyé tout ce que nous voulions[8]. » Dans le goût du *roastbeef* et de la selle de mouton, on retrouvait, après six mois de cuisine chinoise, *« home, sweet home »*.

Le lendemain, de bon matin, le Lord ouvre ses fenêtres : la scène était dressée en face de sa chambre, et le spectacle avait déjà recommencé. Les acteurs ont reçu ordre de jouer en continu, tant que durera le séjour de l'ambassade. Exaspéré, Macartney s'emploie à faire décharger la troupe de cette tâche. Les comédiens congédiés, Barrow rapporte : « Nos conducteurs chinois n'en furent pas peu surpris et conclurent que les Anglais n'aimaient pas les spectacles raffinés[9]. »

Non sans humour, Macartney imagine la réaction qu'aurait à Londres un ambassadeur céleste si, pour le distraire, le Lord Chambellan convoquait les étoiles du *Covent Garden*. Il en éprouverait une rapide lassitude. C'est un progrès : Macartney commence à admettre la relativité des civilisations.

« Ne prétendez pas nous réformer. »

Staunton junior précise que le second spectacle fut offert « par le surintendant » et « non par le vice-roi », comme le premier. Mais l'enfant ne se laisse pas impressionner : « Le surintendant n'est pas en place depuis deux mois, et déjà il se montre plus vorace encore que son prédécesseur. Il a extorqué injustement deux cent mille dollars à un des marchands chinois, et a même essayé d'étendre les taxes sur nos navires, malgré les ordres de l'Empereur[10]. » Faut-il que Macartney et son second aient laissé paraître leur amertume, pour que le subtil Thomas en cerne, d'une phrase, la nature ? Cette remarque malmène les derniers espoirs de la mission.

Barrow est plus explicite : « L'*Indostan* fut exempté des droits de douane pour avoir apporté les présents ; néanmoins, les marchands de la guilde avaient déjà payé ces droits pour trente mille onces d'argent*. Le surintendant fut prié de les restituer ; mais il n'en rendit que onze mille, disant que c'était exactement ce qui avait été payé. On voit par là quelle faible partie des taxes entre dans le Trésor impérial[11]. » L'incident parle de lui-même ; sur trente mille onces,

---

* Soit 6 millions de francs de 1989.

dix-neuf mille ont été perçues par d'autres. Pour le Trésor, les pertes en ligne sont des deux tiers.

Ainsi, les commissaires de la Compagnie, s'en tenant aux faits, ont commencé à miner les espoirs de Macartney. Évoquant les « extorsions que se permettent les mandarins chinois », Barrow rapporte de l'un d'eux cette algarade que ne renierait pas Qianlong lui-même : « Que venez-vous faire ici ? Nous vous donnons notre précieux thé, que la nature a refusé à votre pays, et nous prenons en échange les productions de vos manufactures, dont nous n'avons aucun besoin. Vous n'êtes pas satisfaits ? Pourquoi visitez-vous si souvent un pays dont les usages vous déplaisent ? Nous ne vous y invitons pas ! Et pourtant, quand vous venez et si vous vous conduisez bien, nous vous traitons à l'avenant. Respectez donc notre hospitalité, mais ne prétendez pas nous réformer[12]. »

Voilà bien la voix de la Chine ! Ce pourrait être, en tout temps, la prosopopée de chaque nation qui se sent menacée dans son identité.

Le 21 décembre, Thomas note : « Les commissaires espagnol et hollandais sont venus ce matin saluer le Lord. Ce soir, Qiao nous a envoyé des jongleurs, eux aussi venus tout exprès de Nankin. Ils ont fait des tours très surprenants[13]. » Les assiettes tournent, les cruches virevoltent, les couteaux volent : l'enfant ne se lasse pas de spectacles déjà vus à Jehol. Il a retrouvé son âge.

Le parcours du marchand

Vue d'Europe, Canton, « porte de la Chine », c'est un tout. Les Anglais s'aperçoivent que ce tout est multiple. Canton n'est pas plus près de la mer, que Paris de l'embouchure de la Seine. Ce n'est la « porte de la Chine », que pour ceux qui en ont déjà franchi quelques autres.

D'abord Macao, détour dangereux à cause des écueils ; on y paie cher pilotes et laissez-passer. Puis, il faut doubler la « Bouche du Tigre », détroit défendu par deux forts. Ensuite, surmonter, à la faveur de trois marées hautes successives, trois « barres » périlleuses formées sur des hauts-fonds. De là, gagner l'île de Huangpu. Les vaisseaux européens ne peuvent la dépasser. Brimade ? Non, nous dit un de nos témoins français : « De grosses jonques chinoises remontent bien jusqu'à Canton, mais les vaisseaux européens tirent beaucoup plus d'eau[14]. » Entre Huangpu et Canton, enfin, trois péages. A chacun d'eux, les chaloupes sont inspectées minutieusement avant de pouvoir rejoindre les factoreries.

Anglais, Français, Hollandais, Espagnols et Suédois ont leurs factoreries, reconnaissables au pavillon accroché en haut d'un mât, sur la rive septentrionale du fleuve. Celle des Anglais est précédée de galeries couvertes, appelées *veranden*, d'un nom indien dont nous ferons *véranda*. Toutes sont à un étage, mais spacieuses et meublées avec goût[15].

Autour d'elles, un vaste bazar chinois s'est constitué : boutiques et ateliers d'artisans. Les Européens ne sont autorisés à résider dans leurs factoreries de Canton que pendant quelques mois. Le printemps et l'été leur sont interdits : ils sont relégués à Macao. Double installation, doubles frais. Quoique Canton soit à la latitude des Antilles, l'hiver peut y être assez rude pour nécessiter l'usage de fourrures. L'œil perçant d'Anderson distingue le léopard, le renard, l'ours, le mouton, bien travaillés, beaucoup portés ; le poil y est tourné vers l'intérieur[16]. Après les cheminées, les pelisses : singulier hiver sous les tropiques.

Et la présence méfiante, partout, des autorités chinoises. La vie y est difficile pour l'Européen : « Ne pouvant rien acheter par nous-mêmes sans être en butte à de grandes vexations, notre dépense est plus forte de la moitié que celle de nos agents au Bengale[17]. »

Macartney avoue dans son journal avoir été confiné dans son palais. « Le vice-roi, précise Anderson, pendant tout le temps de son séjour, ne fit qu'une visite à l'Ambassadeur[18]. » Changlin a cessé de convoyer l'ambassade barbare ; il est désormais tout à sa vice-royauté. Il a changé de caractère en changeant de fonction : aussi altier qu'il était prévenant. Toujours aussi « étroitement surveillé », révèle Dinwiddie, « le Lord bougea fort peu de sa résidence[19] ».

Vaine diplomatie

Le journal de Macartney cesse d'être quotidien. C'est que la vie est trop quotidienne. Les mondanités se répètent et se confondent. Les conversations aussi — elles tournent en rond. Macartney en rend compte globalement. Il s'arrange ainsi pour faire croire qu'elles ont été nombreuses. A « mes entretiens du 21 au 23 décembre » avec le vice-roi, le gouverneur militaire, le surintendant, « d'autres grands mandarins participent ». Certains, se flatte-t-il, « sont venus de très loin pour me voir ». Comme si ces trois jours s'étaient passés en négociations... En fait — nous le savons par le candide page et par le valet de chambre, pour lequel il n'y a pas de grand homme — l'Ambassadeur n'eut qu'*un seul* entretien avec le vice-roi et le surintendant, le 22 décembre. Il fut surtout notable par l'hostilité visible du second, qui « ne veut rien changer à la situation trouvée à son arrivée ». Mais Macartney compte sur l'appui du vice-roi, qui « discuta longtemps avec le surintendant en *a parte*[20] ».

Ne pouvant se résoudre à avoir accompli si peu, Macartney laisse courir son imagination. La dépêche qu'il adresse le 23 décembre à Dundas envisage deux possibilités. Ou bien, le *Lion* convoie les navires de la Compagnie et les protège des révolutionnaires français : « La sauvegarde de ces précieuses unités peut compenser, pour moi, l'idée, qui m'est pénible, de retourner en Angleterre avant d'avoir épuisé tous les moyens de remplir ma mission en Chine[21] » — façon de mettre ce départ prématuré sur le compte de la Révolution française. Ou bien, le convoi marchand quitte Canton sans la protection du *Lion*. Macartney garderait ce vaisseau de guerre pour tenter une mission d'approche au Japon : « J'avais été bien accueilli en Cochinchine* et me promettais d'y retourner. Mais j'ai appris entre temps que la Cour de Pékin considère ce royaume comme son vassal et qu'elle pourrait prendre ombrage de tractations qui se feraient avec ce pays en dehors d'elle. En revanche, aucun obstacle de cette nature ne s'oppose à une démarche auprès du Japon[22]. »

Il se figure que, revenant de cette mission japonaise en octobre 1794, il pourrait vérifier alors, à Macao et Canton, l'effet des bonnes dispositions du nouveau vice-roi :

« Changlin, dont j'ai apprécié la compagnie, considérait — ce sont ses mots — que ce n'était pas seulement une affaire de justice, mais encore une affaire d'honneur national que de modifier le comportement de son pays à l'égard des marchands anglais. Il se disait fier d'être l'instrument actif de cette évolution... Il ne lui a pas échappé que notre force militaire en Inde et la puissance que nous développons sur mer nécessitaient qu'on nous traite avec quelque ménagement.

« Je lui ai rappelé que Sa Gracieuse Majesté souhaitait avoir, sinon constamment, du moins occasionnellement, un ministre en Chine. Un édit du 1er décembre, particulièrement aimable**, de Sa Majesté Impériale, disait qu'Elle recevrait volontiers un nouveau ministre de Grande-Bretagne. Ce dernier courrier montre une évolution favorable des dispositions de la Cour.

« Ce pourrait être un des objets de la mission de ce futur ministre en Chine, que d'apaiser les craintes du gouvernement de Pékin sur nos prétendues relations avec les ennemis des Chinois au Tibet [...]. Un prochain représentant pourrait tirer argument de cette mise au point pour négocier une alliance, d'où naîtraient quelques conditions avantageuses pour nous, comme la cession d'un territoire où exercer notre négoce en toute commodité, en échange de notre soutien au Népal[23]. »

Macartney est en plein délire onirique. On dirait qu'il a tout oublié des avanies subies, rien appris de ses fréquentations quotidiennes, cinq mois durant. A moins qu'il n'y ait de sa part une subtile hypocrisie : s'il ne peut faire aboutir ces beaux projets, ce sera la faute de la guerre qui l'aura rappelé trop tôt, faisant d'un grand diplomate un modeste convoyeur.

---

* Nom européen, au XVIIIe siècle, du Vietnam Nord et Sud d'aujourd'hui.
** C'est l'édit du 1er décembre — une lettre de plus d'un souverain à son vassal — que nous avons résumé plus haut (p. 364).

CHAPITRE 74

Rencontres
(24 décembre 1793-1er janvier 1794)

Si Macartney est confiné dans sa résidence, sa suite est plus libre, ce qui nous vaut quelques précieuses images du Canton sino-européen. Les plus vivantes, comme toujours, émanent du petit Staunton.

Tourisme en artisanat

« 22 décembre. Aujourd'hui, j'ai traversé le fleuve, beaucoup plus large que la Tamise, vers la factorerie anglaise, vraiment très élégamment bâtie. Nous sommes allés voir les principales boutiques du voisinage. Je fus très surpris de voir le nom du commerçant, souvent même le nom de ce qu'il vendait, écrits sur les portes de chaque magasin en caractères romains. Je fus encore plus surpris en découvrant que la plupart de ces marchands parlaient un anglais très compréhensible. Nous vîmes un très grand magasin de porcelaine, aussi bien fourni qu'aucun des nôtres. Les rues, très étroites, n'avaient que des boutiques; point de maisons particulières; cela ressemble beaucoup à la *Merceria* de Venise[1]. »

Canton, ce n'est déjà plus tout à fait la Chine. Aujourd'hui encore, on y voit de nombreuses inscriptions en caractères romains; et souvent on y parle anglais. Ces réalités-là appartiennent à l'histoire longue.

« 24 décembre. Nous avons retraversé le fleuve. Parmi d'autres boutiques, celles d'un peintre et d'un modeleur. Dans la première, nous admirâmes plusieurs huiles représentant des bateaux, peints soit à la façon anglaise, soit à la façon chinoise, ainsi que quelques très belles peintures sur verre. Dans la seconde, nous vîmes une quantité considérable de figurines en argile, peintes et habillées comme de grandes poupées. L'on nous dit que, sous les vêtements, le corps était aussi parfaitement rendu que le visage et les mains. » L'enfant n'en apercevra pas davantage : la pudeur chinoise interdit qu'on montre nues même des poupées. On en trouve aussi de « porcelaine, avec la tête qui bouge, comme j'en ai vu en Angleterre[2] ».

Thomas déambule avec son précepteur, qui nous a laissé lui aussi ses impressions de ce « bazar » cantonais : « On imite à la perfection tout ce qui est fabriqué en Europe : meubles, outils et ustensiles en tous genres, comme l'argenterie, les malles. Le tout d'aussi bonne facture qu'en Angleterre, et bien meilleur marché[3]. » Après les fausses antiquités de Chine fabriquées en Europe, voici de fausses nouveautés d'Occident fabriquées en Chine...

Cette industrie de la contrefaçon avait un grand avenir : on peut le constater de nos jours à Canton ; par exemple, dans le marché libre, non loin du temple de Confucius. « Les tailleurs chinois pourraient rivaliser avec ceux de Londres, mais pour un prix inférieur de moitié. » Comme, en outre, beaucoup d'étoffes de soie ou de coton sont fabriquées sur place, « il n'y a pas d'endroit où l'on puisse s'habiller pour moins cher qu'à Canton[4] ». Voilà qui n'a pas changé pour le prix ; mais, pour bénéficier en plus des tissus et de la coupe britanniques, mieux vaut pousser jusqu'à Hongkong.

« On y blanchit le linge supérieurement bien, et à bien meilleur compte que dans aucune de nos capitales[5]. » Les blanchisseurs chinois ont déjà la réputation qui leur fera plus tard conquérir la Californie. « Il y a de bonnes affaires à traiter, à condition de ne pas se laisser tromper » par ces diables de Chinois qui ont élevé la fraude au rang d'un des beaux-arts : « La malhonnêteté envers un étranger n'est pour eux que de l'ingéniosité. Rares sont les Européens qui n'en ont pas fait l'expérience à leurs dépens[6]. » On devine que Hüttner ne fait point partie de ces *happy few*.

Une autre information linguistique : le *pidgin* anglo-portugais existe déjà. Hüttner s'entend répondre par un Chinois : « *You no savey english talkey[7].* » Quelle finesse d'oreille ! Le précepteur aurait dû essayer son allemand.

Inlassable, il conduira encore son élève dans une fabrique d'automates : « Un acrobate qui danse sur une corde raide ; un petit bonhomme qui dessine parfaitement bien ; un chien qui aboie. Tous ces mouvements sont accompagnés d'une jolie musique de clochettes[8]. » Les Chinois raffolent de ces machines et se sont mis à les copier. On comprend que celles de Dinwiddie n'aient pas fait, sur la Cour blasée, un foudroyant effet.

Thomas, au moins, ne s'ennuie pas : toujours volontaire pour passer l'eau. « Nous allâmes voir comment les Chinois taillent le verre. Ils le font avec un instrument d'acier, au lieu de diamant. Puis nous allâmes voir la fabrication des miroirs. Les Chinois ont de l'étain en feuilles, sur lequel ils étalent le mercure ; puis ils le posent sur le verre. Ensuite, nous allâmes voir la cuisson et la peinture de la porcelaine. On commence par la passer dans des feux de températures croissantes, jusqu'à ce qu'elle puisse supporter le four, où elle est portée au rouge. La peinture des porcelaines est faite à chaud[9]. »

Christmas *entre* gentlemen

Pour Noël, le Lord envoie la piétaille faire la fête à bord du *Lion*, avec les matelots de Sa Majesté. Les autres traversent l'eau pour déjeuner à la factorerie. Joie de se retrouver au bout du monde entre Anglais *de condition* : « Nous dînâmes, note Thomas, dans une belle salle, ornée de grands tableaux : les messieurs de la factorerie, la plupart des commandants des vaisseaux de la Compagnie et nous[10]. » Dinwiddie révèle qu'il n'y avait pas moins de soixante *gentlemen* autour de cette table de fête[11].

Curieuse indication d'Anderson : « Les directeurs du comptoir anglais obtinrent de l'Ambassadeur la permission d'engager au service de leur église nos musiciens, qui nous devenaient inutiles[12]. » On apprend ainsi, au hasard d'un détail, que les Britanniques de Canton ne sont pas totalement déchristianisés. John Wesley, mort deux ans plus tôt, n'a pas chevauché en vain l'Angleterre pendant cinquante ans : le renouveau méthodiste, pourquoi la Compagnie n'en aurait-elle pas porté une petite flamme jusqu'à Canton[13] ?

Toujours aussi original, l'Astronome, arrivé par mer avec ses appareils scientifiques, donne une série de cours de physique. Des résidents « anglais et européens » montrent « de bonnes dispositions ». Des Chinois capables de comprendre l'anglais ont plus de mal : « L'un des indigènes, commerçant dans l'âme », et s'imaginant que Dinwiddie a « quelque chose à vendre pour prendre la peine de parler aussi savamment », lui demande « quel pourcentage il espère obtenir sur ses produits ». Dinwiddie note le propos, mais ne s'en émeut plus : « Les idées d'un Chinois contrastent étrangement avec celles d'un Européen. » Un marchand de la guilde lui a demandé s'il pourrait, « sans se lever de son siège, escamoter un tableau accroché au mur[14] ». Une autre planète, vraiment, pour l'Astronome !

Au jour de l'An, nouvelle fête entre *gentlemen*. Vers trois heures, un banquet à la factorerie anglaise répète celui de Noël. Le jeune Staunton en prend sa bonne part, mais quand vient la nuit, il est ramené à la résidence. Pointe de jalousie : « Les autres messieurs restèrent pour le souper[15]. » Curieux état que celui de ce garçon de douze ans, seul sur sept cents Anglais à se débrouiller en chinois, et qu'on envoie se coucher comme... un enfant qu'il est encore.

Les Anglais vivent entre eux ; pas toujours aussi plaisamment. Thomas nous apprend que, pendant le long séjour du *Lion* en rade de Zhoushan, trois duels ont eu lieu entre six officiers britanniques[16]. Les Chinois surent-ils quelque chose de cette coutume barbare ? Leur correspondance n'en fait pas état. Quelle confirmation de la « férocité » anglaise eussent-ils trouvée là ! En Chine, on est tout aussi attentif à l'honneur ; mais on ne croit pas que, pour « sauver la face », il faille s'embrocher l'estomac.

En Europe, les républicains français n'ont pas eu lieu de se plaindre de leur premier Noël déchristianisé : la victoire guide leurs pas. Le 23 décembre, les Vendéens ont été écrasés à Savenay. Le 26, Hoche est vainqueur des Impériaux à Wissembourg.

Soirée galante

Les Chinois savaient-ils faire la fête ? Barrow eut le privilège d'en partager une. L'intendant de l'ambassade et les intendants de l'escorte, Qiao et Wang, avaient fini par se prendre d'amitié. Ainsi fut-il invité à une partie fine. Sans témoins. L'ambassade était enfermée par la gravité de sa mission dans son austérité puritaine. Seul Barrow put constater que les mandarins n'étaient pas toujours de stricts confucéens. Un coin du voile se lève pour nous : « Les Chinois, entre eux, sont très différents de ce qu'ils sont en présence des étrangers ; ils savent ne pas faire de façons, s'il règne entre eux une confiance réciproque. »

Wang et Qiao avaient retrouvé un mandarin de leurs amis ; « cet homme leur donna le soir, sur une jonque magnifique, une fête à laquelle je fus invité ». A son arrivée, il trouve les trois mandarins en galante compagnie. Près de chacun d'eux, « une jeune femme richement habillée », avec « du rouge sur les lèvres, les joues et le menton », le reste du visage et le cou étant « recouverts de blanc de céruse ». Ces trois beautés présentent chacune à Barrow « une coupe de vin chaud, en y trempant d'abord leurs lèvres ». Exactement comme, au Japon, les *geishas* de haute volée.

Le souper dépasse en quantité et en qualité tout ce que Barrow avait connu jusque-là. Au cours du repas, les jeunes femmes jouent de la flûte et chantent. Le ramage ne vaut pas le plumage. N'importe : « Nous passâmes ainsi une soirée fort gaie, sans réserve, sans contrainte. » Au moment de prendre congé, Barrow reçut de ses hôtes le conseil de ne rien dire de ce qu'il avait vu ; ils craignaient que « leurs collègues n'apprissent avec déplaisir qu'un Barbare avait participé à ce moment d'abandon ». D'autant que Barrow comprit — ce n'était pas difficile — que ces dames, ayant « loué leurs services pour l'occasion », les prolongeraient après son départ[17]. S'ils avaient convié Barrow à rester, nous aurait-il révélé la scène ? Et s'ils le firent, pouvait-il l'avouer ?

CHAPITRE 75

Frères touriers et mandarins félons

(1er-8 janvier 1794)

> « Pan-ke-qua, *chef de la guilde à Canton, cache sous
> des dehors séduisants l'âme la plus scélérate qui ait
> jamais habité un corps humain. Témoins et victimes de
> ses perfidies continuelles lui accordent toujours, par un
> aveuglement incroyable, une confiance entière et croient
> avoir la sienne. Il dit qu'il est* le père des Européens, *et,
> en reconnaissance, on lui prend les mains qu'on serre
> avec transport.* »
>
> Charles DE CONSTANT[1].

Pendant que Barrow bamboche et que Staunton junior visite les
ateliers du petit commerce sino-européen, son père et Macartney
s'efforcent de mieux en connaître les grands patrons — ces fameux
marchands de la guilde. Qui sont-ils ?

A peu près ce que sont à Hongkong, aujourd'hui et jusqu'en 1997,
les « communistes-capitalistes », les hommes d'affaires qui tiennent
les circuits de l'échange entre la « colonie » encore britannique et
l'Empire toujours rouge. En 1793, l'Empire du Milieu pratiquait déjà
le même système : quelques hommes — sous l'étroite surveillance de
la bureaucratie céleste — étaient chargés du commerce avec les
Barbares. Dans un couvent aussi, il faut bien un contact entre la
clôture et le monde extérieur : les frères touriers s'en chargent. A
Canton, ce sont les marchands de la guilde.

Ces mêmes intermédiaires du commerce avec les étrangers seront
appelés au XIXe siècle *compradores*, du portugais « acheteur ». Leur
caste a joué un rôle primordial dans la Chine du Guomindang. La
famille Song, à laquelle appartenait la femme de Jiang Jieshi [Chiang
Kai-shek], avait fait fortune dans cette activité de relations avec le
capitalisme international. C'est pourquoi, alors, les communistes les
considéraient comme leurs plus redoutables ennemis. L'« ouverture »

et la « modernisation » de Deng Xiaoping ne préparent-elles pas le retour des *compradores* ?

Macartney les rencontre. « J'ai parlé avec *Pan-ke-qua**, l'un des plus importants de ces négociants, individu astucieux et rusé. *Chin-chin-qua*, qui lui est inférieur dans la hiérarchie du pouvoir, ne l'est pas pour la richesse. Plus jeune, il est aussi plus ouvert. » Du moins Macartney en juge-t-il ainsi, lorsque *Chin* se déclare « prêt sans réserve à développer ses relations commerciales avec la factorerie[3] ». Le Lord paraît tomber dans la naïveté que dénonçait, à propos du même *Pan-ke-qua*, notre témoin helvétique, Charles de Constant.

Ces hommes, de la classe si méprisée des marchands, portent des insignes mandarinaux. Les Anglais s'en étonnent. Bizarrement, *Pan-ke*, le plus élevé en grade, « ne porte sur son bonnet qu'un bouton opaque blanc, alors que celui de *Chin-chin* est en cristal, ce qui indique un rang plus élevé ». C'est que *Pan-ke* est prudent. *Chin* aussi, puisqu'il a en poche un bouton bleu — plus prestigieux encore, mais non sans risque : « Il m'assura qu'il ne le portait jamais en public, de peur que les mandarins ne le harcèlent pour lui soutirer des cadeaux. » Mieux vaut éviter de montrer que l'on a pu s'offrir un tel honneur « pour dix mille taels**[4] ».

D'autant plus que les boutons des marchands « ne leur donnent aucun pouvoir ». Ces insignes ne sont pas, à proprement parler, *vendus*. Mais il existe à Pékin des personnalités influentes que les cadeaux de ces marchands ont « assez obligées pour que ces boutons leur aient été conférés à titre honorifique[5] ».

Encore les informations de Macartney sont-elles en dessous de la réalité, telle que la décrivent nos témoins français et suisse de Canton, ou nos missionnaires dans leurs papiers intimes. A l'époque où Voltaire chante les vertus des concours mandarinaux, un véritable système *mafieux* lie hauts fonctionnaires et riches marchands[6]. Les commerces les plus lucratifs — celui du sel et celui avec l'étranger — sont souvent affermés, moyennant un rançonnement permanent de la part des censeurs du sel ou des intendants des douanes maritimes. Les mandarins sont majoritairement Chinois *han* dans les administrations territoriales. Mais dans l'encadrement de la guilde, c'est-à-dire pour les relations avec l'étranger — trop stratégiques pour être confiées à des Chinois —, ils sont, en général, Mandchous, Mongols ou Chinois des Bannières (c'est-à-dire *passés aux Mandchous*), voire princes de la Maison impériale.

A leur tour, ces privilégiés, *du sang* ou *de l'encre*, sont exposés, en fin de charge, à combler de cadeaux les ministres, pour être reconduits ou promus ; ils sont en même temps les jouets des commerçants qui les couvrent de taels[7]... Vénalité des charges, achat de décorations ou

---

* Pan Youdu, alors connu des étrangers à Canton sous le nom de *Pan-ke-qua*, celui que déjà portait son père (1714-1780), héritier de la fortune de celui-ci, devait mourir en 1821 après avoir été chef de la guilde de Canton de 1796 à 1808[2].
** 2 millions de francs de 1989.

de signes de prestige, prévarications et autres caractéristiques de la phase pré-capitaliste de l'économie, correspondent précisément à ce que Max Weber appelle le *patrimonialisme* : on ne distingue pas entre le privé et le public. « Ce qui est à tous est à moi. » Est-il besoin de dire que ce système domine aujourd'hui dans le tiers monde ?

Le Sud ignore le Nord

En conversant avec les négociants, Macartney mesure à quel point la Compagnie avait raison de chercher à ouvrir de nouveaux comptoirs dans le centre ou le nord de la Chine : « Les marchands de la guilde ne se sont jamais rendus dans la capitale, sur laquelle ils en savent à peu près autant que sur Westminster. Seule la contrainte, ou un puissant motif d'intérêt, pourrait leur faire quitter leur région natale[8]. » Or, ce n'est pas dans cette Chine tropicale que l'Angleterre vendra le mieux ses draps de laine.

Les activités de la guilde ne dépassent pas Nankin, où elle expédie beaucoup des marchandises qu'elle achète aux Européens, et d'où elle reçoit une bonne part des produits destinés à l'Europe. En fait, « Nankin est la grande métropole commerciale » : c'est là que sont « les maîtres du marché chinois ». Macartney avait bien raison de souhaiter des comptoirs à Zhoushan et Ningbo, qui auraient ouvert les portes de Nankin. Il devine maintenant pourquoi cette autorisation est si difficile à obtenir. Non seulement elle contreviendrait aux usages, mais elle menacerait les marchands et mandarins de Canton : les seuls Chinois qui ont un intérêt personnel au commerce occidental. Ils offrent un débouché limité au Sud et n'approvisionnent pas le Nord. Pourtant, pareils à l'eunuque qui ne voulait pas laisser faire à d'autres ce qu'il ne pouvait faire lui-même, ils ne veulent pas que d'autres réussissent ce dont ils sont incapables.

Ainsi, la guilde de Canton, loin de développer le commerce, le freine. En outre, elle vit dans la dépendance d'une multitude de mandarins. Elle ne peut prendre aucune initiative sans l'approbation de la hiérarchie. Elle ne ressemble pas plus aux guildes de libres marchands en Occident, que le gouvernement de la ville de Canton ne ressemble à celui d'une libre municipalité d'Europe. Les franchises locales ou corporatives, conquises au Moyen Age en Europe, la Chine les ignore, toute quadrillée qu'elle est par la bureaucratie céleste.

Le négoce chinois n'a connu une liberté, donc une ampleur, permettant de parler d'économie *pré-capitaliste*, que durant les périodes où la Chine était morcelée. Quand l'Empire est uni et la bureaucratie triomphante, l'économie est en lisière ; les investissements s'effondrent ; le produit du commerce va en priorité à la corruption des fonctionnaires — ou à la promotion sociale des marchands dans l'ordre des fonctionnaires[9]. Sous la dynastie mandchoue, les pouvoirs administratif et économique forment un bloc, encastré dans le pouvoir impérial ; et elle entend qu'ils le demeurent.

Macartney devine que s'il avait existé dans ce pays une classe de marchands politiquement puissante et économiquement influente, les difficultés auraient été infiniment moindres entre la Chine et l'Angleterre[10]. Les Archives impériales nous en apportent une accablante preuve *a contrario* : la crainte que le gouvernement éprouve de voir de quelconques « marchands félons » s'aboucher spontanément avec les Barbares.

L'édit du Premier janvier

Comme en étrenne pour le Nouvel An occidental, Macartney reçoit, non un nouvel édit impérial, mais celui du 1er décembre, que Qianlong daigne lui faire remettre, pour qu'il puisse se justifier devant son roi. Thomas fait de cet épisode un récit sans fard : « 1er janvier 1794. Ce matin, nous avons appris que l'édit de l'Empereur était arrivé. Nous nous sommes donc rendus dans une salle bâtie face à notre résidence. Le *Suntoo* [vice-roi] s'y trouvait. »

On contemple en silence un palanquin, couvert de tissu jaune, qui porte l'édit. Puis le palanquin se met en mouvement, accompagné de musiques, parasols, soldats, prosternations, comme si l'Empereur était là en personne. « Nous nous agenouillâmes et courbâmes la tête quand il passa [...]. Le *Suntoo* présenta alors l'édit au Lord, qui le reçut avec la cérémonie *convenable*[11]. » Nous ne saurons jamais jusqu'où, *vers le sol,* Macartney s'est incliné. Il le fit *convenablement,* mais à la convenance de qui ? L'enfant parle de ce salut aussi prudemment que ses aînés de l'engrais humain.

L'Ambassadeur présente la cérémonie sous les couleurs les plus flatteuses aux yeux d'un lecteur anglais. Selon lui, c'est le vice-roi qui se rend d'abord en personne à la résidence, « en grande cérémonie », pour le prévenir et « lui communiquer la teneur de l'édit impérial ». Pas de surprise : « L'Empereur renouvelle sa satisfaction à l'égard de l'ambassade, ses bonnes dispositions envers les Anglais et son souci de leur marquer sa faveur et sa protection. » Il enregistre la perspective d'une seconde ambassade. Il s'emploie à justifier les refus opposés aux requêtes britanniques, jugées « incompatibles avec les usages chinois ; il n'était donc pas en son pouvoir d'y satisfaire[12] ». Voilà bien l'explication fondamentale. Le pouvoir impérial est religieux. Un droit divin ne se laisse pas prescrire ; tout au plus peut-on — légèrement — l'aménager.

Ce message exonère l'Ambassadeur de tout reproche que pourrait lui faire son gouvernement. Il explique tout : pourquoi l'expédition a échoué ; pourquoi l'Empire est immobile.

Le vice-roi est « particulièrement courtois et caressant » ce matin-là ; il annonce que « deux proclamations ont été publiées, menaçant des châtiments les plus sévères tous ceux qui chercheraient à porter préjudice aux Anglais ou à prévariquer sur leur dos ». Macartney n'aurait-il donc pas échoué tout à fait ? Le lecteur peut le croire[13].

Inlassablement, les Chinois se répètent ; mais le Britannique, en remettant un nouveau mémorandum, n'est pas moins entêté. En effet, à Canton, il a pu se renseigner. Jusqu'alors, son information était tirée des directives reçues, seize mois plus tôt, du siège de la Compagnie à Londres, lequel les avait fondées sur des courriers partis de Canton sept ou huit mois auparavant — deux ans de décalage. Macartney regrette d'avoir cédé au vice-roi en lui adressant son mémorandum du 20 novembre. Les Chinois l'ont pris de vitesse : ils apportent de vagues réponses, avant que lui-même ait pu présenter un dossier complet et à jour.

Sa nouvelle note récapitule donc les revendications de la factorerie. Qu'on cesse de percevoir des taxes à chaque passage en provenance de Macao ! Que les navires de la Compagnie puissent gagner le mouillage de Huangpu d'une traite, en évitant les périls de Macao ! Que les poids soient étalonnés, pour éviter les litiges ! Que les Anglais puissent acheter un terrain où agrandir leur factorerie ! Qu'ils puissent embaucher dockers et matelots, sans demander à chaque fois une autorisation spéciale ! Qu'ils puissent saisir le vice-roi en personne, s'ils ont un droit à faire respecter[14] !

Pour que ce nouveau cahier de doléances trouve réponse, il ne faudra pas moins qu'un demi-siècle — et une guerre.

CHAPITRE 76

Combats d'arrière-garde
(29 décembre 1793-13 janvier 1794)

Le soir du 29 décembre, on apprend qu'un navire de la Compagnie est arrivé à Macao, venant d'Angleterre, quittée le 7 juin. Dramatiques nouvelles : « Le *Walsingham* a laissé d'autres navires de la Compagnie dans le détroit de Malacca. Le *Princess Royal* a été capturé par trois vaisseaux de guerre français, un soixante-six canons, un cinquante canons et une grande frégate*[1]. »

Le lendemain, Saint-Sylvestre 1793, on apporte paquets et lettres venus d'Angleterre par le *Walsingham*. Ce sont, vieilles de sept mois, les nouvelles les plus fraîches qu'on ait de la guerre, des amours et des familles.

L'arrivée, le 2 janvier, des trois autres navires retardés, complète le regroupement annuel à Canton de la flotte de la Compagnie. A l'arrivée de l'ambassade, le 19 décembre, cinq navires étaient à quai ; au tournant de l'année, dix-huit s'y retrouvèrent. Les uns étaient passés auparavant par Manille, d'autres par la côte de Coromandel. Avant le grand retour, ils allaient charger à Canton.

Tel était le rythme de ces va-et-vient entre les deux bouts du globe : de six à huit mois pour aller, un ou deux mois pour décharger et recharger en Chine, de six à huit mois pour revenir, un ou deux mois pour décharger et recharger à Londres. Et ainsi de suite, de l'Extrême-Occident à l'Extrême-Orient. C'est à ce rythme que grandissaient la richesse et la puissance britanniques.

Ces nouvelles de la guerre rappellent Macartney à la réalité. Il est temps de se résigner à terminer sa mission. C'est mettre fin à ses « grandes espérances ». Pour se l'avouer, il prend un ton, solennel mais émouvant, de tristesse contenue :

« Ayant amplement considéré toutes les circonstances qui se

---

* En plus du *Princess Royal*, capturé en septembre 1793, un second, le *Polly*, le fut en octobre, par un corsaire français[2]. Le 26 mai 1793, la Convention, émue par le rapport de Barère sur les « crimes de l'Angleterre envers le peuple français », avait décrété qu'il ne serait plus fait de prisonniers anglais...

présentent à moi ; ayant réfléchi au prix des cargaisons prêtes (au moins 3 millions de livres sterling ; c'est-à-dire 1,8 milliards de francs de 1989) ; ayant vérifié la capture du *Princess Royal* et la présence d'une force navale française dans le détroit de la Sonde ; ayant lu attentivement les lettres arrivées de Batavia ; n'ayant reçu aucun avis d'un convoi en provenance d'Angleterre ; conscient de la situation présente en Cochinchine ; j'ai maintenant, si douloureux que ce soit pour moi, été obligé d'abandonner les ambitions flatteuses que j'avais entretenues[3]. »

Il n'est même plus temps d'essayer de compenser l'échec en Chine par une réussite au Japon, « qui avait toujours eu pour moi l'attrait d'une aventure propre à ouvrir un champ nouveau au développement de notre industrie[4] ».

Inutile d'attendre la réponse à une demande d'instructions avant quinze mois : il est vraiment « seul maître à bord après Dieu ».

Mais pour l'instant, il ne peut donner de suite concrète à sa décision. La flotte marchande n'aura pas achevé avant deux mois de se réunir à Canton et d'y charger. Rien ne le presse de ce côté-là. Lui et ses hommes se reposent, et les Chinois le laissent en paix.

Canton, ville entrouverte

Les ordonnances promises par Changlin ne tardèrent pas : il les promulgua les 2 et 5 janvier. Jusque-là, les Anglais n'avaient reçu que de bonnes paroles, à eux seuls adressées. Enfin, ils tenaient des textes *opposables aux tiers* et aux autorités chinoises elles-mêmes, leurs destinataires. Mais sur le fond, ce n'était que « creux verbiage[5] ». La première ordonnance stipulait les peines encourues par ceux qui molesteraient ou escroqueraient les Barbares — elle visait le « menu fretin qui vendait de l'alcool aux marins[6] ». La seconde s'appliquait aux mandarins qui extorqueraient de l'argent aux Européens. La suite devait montrer que ces deux textes ne modifieraient en rien les habitudes prises. Et aucune réponse aux mémorandums.

L'ambassade continuait à vivre sous haute surveillance. Dinwiddie, se promenant sur la rive, remarqua une variété d'indigo, inconnue selon lui. Il se baissait pour la ramasser, quand un militaire, surgi de nulle part, s'y opposa, menaçant. « Cette mésaventure se reproduisit plusieurs fois[7]. »

Macartney note que les messieurs de la Compagnie, parqués dans leur factorerie hors les murs de Canton, ne pouvaient pénétrer en ville. Aussi n'est-il pas peu fier de parcourir cette métropole dont l'Europe, sans la connaître, parle comme d'une cité familière : « J'étais très curieux de voir Canton. Je la traversai d'un bout à l'autre. On parle d'un million d'habitants : la foule est si nombreuse que ce n'est peut-être pas exagéré[8]. »

Les gens sont « tous très occupés » : à « fabriquer des bottes en soie » ; à « tresser des chapeaux de paille » ; à « forger le métal avec des lunettes sur le nez ». « Les rues sont étroites et pavées. On n'y voit ni charrettes, ni chevaux, mis à part ceux que mes serviteurs montaient. » Canton n'est qu'un vaste marché. Et toujours le coup d'œil militaire : « Le mur d'enceinte est en bon état », mais « ne comporte aucun canon[9] ».

Éternel saint Jean Bouche-d'Or, Staunton junior nous apprend que la curiosité n'avait pas été la seule raison de cette visite : « 7 janvier. Ce matin, nous allâmes en bateau jusqu'aux murs de la cité. Nous débarquâmes et montâmes dans des palanquins, qui nous portèrent à travers la ville jusqu'au palais du *Suntoo* [vice-roi]. A notre arrivée, un serviteur nous pria de ne pas prendre la peine d'entrer. Nous nous en retournâmes aussitôt. En cela consista la cérémonie chinoise[10]. »

Macartney s'en retourne donc sans demander son reste, trop dépité pour dire un seul mot, dans son journal, de cet étrange échantillon de la courtoisie chinoise.

Une leçon de commerce extérieur

Quels étranges rapports que ceux des Anglais et des Chinois à Canton ! constate Macartney. Faut-il tout attendre de l'application des ordonnances de Changlin ? Elles n'ont pas empêché que certains étrangers, après leur promulgation, n'aient été victimes de petites extorsions. Certes, les responsables ont été châtiés. Mais Macartney ne croit pas que ce soit là une solution. « Il y a beaucoup d'autres choses qui dépendent de nous, et qui nous protégeraient plus qu'ordonnances et punitions[11]. »

La première serait que les Européens, au lieu d'étaler leurs rivalités, se montrent résolument unis, pour rendre impossibles les exactions des mandarins abusifs ou véreux. C'est inventer le syndicalisme avant la lettre. L'un de nos témoins de Canton, Charles de Constant, l'observait déjà dans son journal, quelques mois avant l'arrivée de l'ambassade anglaise : « Tous ceux qui connaissent les Chinois conviendront que ce peuple très pusillanime a toujours cédé à la persévérance et à la fermeté. Les marchands conviennent que la réunion et les réclamations unanimes des Européens résidant à Canton suffiraient pour les débarrasser des vexations dont ils n'ont cessé d'être accablés[12]. »

Mais, surtout, il dépend des Européens de faire un effort pour améliorer leurs rapports avec la population : « Les Européens évitent les Cantonais », observe le Lord ; ils limitent leurs relations à « ceux qui travaillent dans les factoreries ». Ils arborent des « vêtements aussi différents qu'il est possible de la mode chinoise ». « Ils ignorent tout de la langue ; ils ne cherchent même pas à l'apprendre », bien que l'exemple du petit Staunton prouve que l'on peut y progresser en quelques mois : « Il y a longtemps qu'il a appris à la parler et à l'écrire avec une grande aisance, grâce à quoi il nous a été souvent d'un grand secours[13]. »

Résultat : les Européens sont à la merci de la bonne volonté de leur domesticité chinoise, qui a du mal à comprendre le charabia dans lequel on lui parle. « Imagine-t-on un Chinois venant à la City en robe longue et bonnet, pour faire des affaires, sans parler anglais ? Il ne serait pas mieux reçu par les Londoniens que les Européens ne le sont par les Cantonais[14]. »

Les Anglais peuvent « façonner le commerce chinois à leur guise, comme ils l'ont fait partout ailleurs, s'ils font preuve de tact, de prudence, et surtout de patience et de persévérance[15] ». L'ignorance de la langue chinoise ne peut qu'entretenir de mauvais rapports[16].

La faute n'en incombait pas seulement aux Européens. En effet, les règlements interdisaient aux Chinois d'enseigner leur langue aux étrangers. Les communications passaient par des interprètes chinois qui avaient, eux, appris l'anglais, mais, bien qu'employés de la Compagnie, restaient sous le contrôle de l'autorité impériale. Tous les efforts pour passer outre avaient échoué. C'était une des requêtes du mémorandum du 20 novembre ; elle était naturellement restée sans réponse.

Rien n'a changé : impossible à un Chinois de devenir interprète, domestique ou auxiliaire d'un résident étranger, sans être sélectionné par les autorités de la République populaire, desquelles il continue à relever, bien qu'elles ne le rétribuent pas.

Il faut partir

Encore deux mois ! Macartney pourrait faire de nouvelles tentatives pour prendre langue avec les Chinois. Mais, depuis le 22 décembre, nulle conversation sérieuse. La communication de l'édit ? Elle n'a pas été l'occasion d'un entretien : elle lui a rappelé la sombre cérémonie de Pékin, annonciatrice de son congé. Les ordonnances ? Des réponses à côté. La visite au palais du vice-roi ? Un camouflet. Il n'y a plus rien à espérer.

Macartney décide de se retirer en terre occidentale, à Macao, avant qu'on ne lui signifie son expulsion. Mais qu'en termes galants il sait mettre ces choses : « Ne voulant pas abuser de l'hospitalité des Chinois, mais craignant que le vice-roi n'aille s'imaginer que l'Ambassadeur n'est pas satisfait de son séjour », il invoque son état de santé.

Changlin saisit la balle au bond. « D'un commun accord », la date du départ est fixée... au lendemain, 8 janvier. Mais, avant de lever l'ancre, Macartney tente une ultime démarche. Il invite le vice-roi à venir le lendemain prendre son petit déjeuner à la résidence anglaise. Il veut lui présenter, ainsi qu'au gouverneur militaire et au surintendant, les commissaires de la Compagnie. Le vice-roi accepte l'invitation, mais ne cache pas son étonnement : qu'ont donc ces marchands de si important ? Macartney essaie de lui expliquer la grande différence entre les marchands anglais et ceux des autres nations. En vain : « Les Chinois ne comprendront jamais[17]. »

Ils ne peuvent pas comprendre, d'abord, dit Hüttner, parce que « le dernier des mandarins se croit au-dessus du plus riche des négociants[18] ». A plus forte raison s'il s'agit de négociants barbares — insultés, lapidés et battus au point de se terrer dans leurs factoreries*.

Le Lord avait d'autant plus de difficultés à faire saisir la supériorité des commerçants anglais, que ceux-ci avaient acquis à Canton une réputation détestable. Hüttner s'amuse, en bon Allemand, à relever cette contradiction : « Les commerçants sont méprisés en Chine, alors que leur état est respecté dans tous les pays civilisés d'Europe... Les négociants anglais en souffrent doublement », parce qu'il sont « fort considérés dans leur pays » et parce qu'on les regarde en Chine comme « les plus féroces de tous les Barbares[20] ».

Hüttner exagère assurément le respect dont jouissait le négoce dans « les pays civilisés d'Europe » : les préjugés hostiles au commerce et aux commerçants sont aussi répandus en France qu'en Italie, en Espagne, au Portugal et même dans une grande partie de l'Allemagne ; ils ne diffèrent pas tellement de ceux qui règnent en Chine**. Mais il voit juste quand il emploie l'expression que nous avons trouvée sous les pinceaux impériaux : « les plus féroces ». Selon le mot lucide du chevalier d'Entrecasteaux, « les Chinois ont *aperçu* que cette nation entreprenante aspire au commerce exclusif de l'Asie » et « augmente le nombre des navires qu'elle expédie à la Chine, lesquels peuvent d'un instant à l'autre être transformés en bâtiments de guerre[21] ».

Les Chinois ne peuvent comprendre que, pour les Anglais, les marchands sont l'expression même de leur génie — l'avant-garde de la civilisation. Il est vrai que Macartney partage le mépris des Chinois pour les marchands, quand ils ne sont pas anglais.

Les adieux

Le 8 janvier, donc, *breakfast* à la factorerie. Le vice-roi, le gouverneur, le surintendant se voient présenter les commissaires de la Compagnie. Les hauts mandarins promettent de leur accorder toute l'attention qu'ils méritent et font amplement honneur à la collation préparée à leur intention ; ils apprécient particulièrement les vins sucrés et le *cherry-brandy*.

A une heure de l'après-midi, Macartney, Staunton, sir Erasmus Gower et le lieutenant-colonel Benson embarquent sur la chaloupe du *Lion*. Les autres messieurs de l'ambassade, ainsi que Wang et Qiao, sont répartis sur plusieurs embarcations. La flottille descend la rivière des Perles.

Tandis que les Anglais lèvent l'ancre, l'Empereur les garde à l'œil. Le général Tuo'erhuan, commandant la brigade de Huzhou, lui rend

---

* Hüttner n'indique-t-il pas que le mandarin dégradé et fouetté, pendant le voyage, pour avoir fait frapper des Anglais, venait de Canton où il avait pris cette mauvaise habitude[19] ?

** Cette réprobation n'a pas varié depuis que Voltaire lui a consacré une de ses plus pertinentes *Lettres philosophiques*.

compte le 9 janvier 1794 : « Le vice-roi Changlin m'a chargé de m'occuper de l'embarquement de la suite de l'Envoyé. Le 8 janvier, le vent se calma ; les Barbares rendirent alors un dernier hommage à Sa Majesté Impériale, puis ils prirent la mer[22]. »

Thomas écrit, avec sa fraîcheur habituelle : « La descente prit une heure un quart. Nous passâmes d'abord devant tous les navires de la Compagnie, dont les équipages nous saluaient à mesure que nous passions. Il y avait quelques navires américains, espagnols, hollandais et génois*. La plupart avaient abaissé leurs mâts**, sauf le *Lion* et l'*Indostan*. Nous arrivâmes enfin au *Lion*, qui a vraiment belle allure. Il nous salua d'une salve de dix-neuf coups de canon. Qiao, Wang et son frère mandarin déjeunèrent avec nous à bord, de bon cœur. Les deux premiers furent très émus de nous quitter après une si longue intimité[24]. »

Wang et Qiao « ne peuvent réprimer leurs larmes », affirme Macartney. « Elles prouvent la sincérité de leurs sentiments. S'il m'arrivait un jour d'oublier l'amitié et l'attachement de ces deux hommes, ou les services qu'ils nous ont rendus, je serais coupable de la pire des ingratitudes[25]. » De nos jours, quel voyageur, après avoir passé quelques semaines avec des accompagnateurs chinois, ne les serre pas sur son cœur à l'instant de les quitter, même s'il a pesté plus d'une fois devant les bizarreries de leur comportement ?

Et si l'ami Qiao...

Le lendemain, Macartney reçoit de Wang et Qiao vingt grandes corbeilles de fruits et de légumes. « Ils ne nous verront certainement plus. Je suis d'autant plus touché par cette marque d'attention. »

L'émotion incite le Lord à tirer des plans sur la comète Qiao. Incorrigible Occidental : il croit que les relations personnelles qui se nouent entre deux individus peuvent annuler les effets d'un système qui nie l'individu et étouffe la relation personnelle ! Combien de nos diplomates, en poste en Chine ou dans d'autres pays communistes, nourrissent les mêmes illusions sur leurs « relations personnelles » avec des personnages de second rang ! Seuls comptent, pour surmonter les inerties du système, les plus hauts dirigeants. Et encore.

Qiao est un lettré de qualité. Il jouit de l'estime du vice-roi***, lequel sera élevé tôt ou tard à la première place à la Cour. Cette protection et l'expérience acquise auprès de l'ambassade devraient garantir à Qiao un déroulement de carrière flatteur. Pourquoi pas, songe Macartney, le poste de surintendant, qui lui conviendrait à merveille ? « Sa nomination à Canton serait très avantageuse pour les Anglais[26]. »

---

* Aucun Français. En 1801, un de nos témoins français de Canton écrira que pas un bateau français ne s'y est montré « depuis dix ans[23] ».

** De crainte des typhons.

*** Idée fixe de Macartney, que rien n'étaie.

Quiconque connaît un peu la Chine d'hier et d'aujourd'hui ne peut également s'empêcher de sourire, en voyant Macartney se flatter que les fonctions assumées par Wang et Qiao auprès de l'ambassade assureront leur promotion — et que les intérêts anglais trouveront en eux, à l'avenir, deux personnalités sûres au sommet de l'État. Wang ira se faire tuer dans d'obscures opérations de maintien de l'ordre. Qiao terminera sa carrière comme juge supérieur dans une province du Nord[27].

Chacun des trois jours suivants, de Huangpu à la mer libre, il faut, pour franchir les trois barres, patienter jusqu'à l'arrivée de la bonne marée, celle du soir[28].

Le 13 janvier, le *Lion* passe entre les deux forts qui gardent l'entrée de la « Bouche du Tigre ». « Faible protection », mesure Macartney : « La plupart des embrasures n'ont pas de canon et parmi les rares qui en sont pourvues, la plus grosse pièce a un calibre de six pouces. » N'importe quel vaisseau, avec la marée et un bon vent, « pourrait passer sans encombre entre les deux forts, distants d'environ un mille[29] ».

Sur l'esplanade, devant les forts, se déroule la dernière parade. Saturé d'étendards, de banderoles et d'uniformes, Macartney regarde d'un œil blasé. Une notation suffit à dégonfler le dragon de baudruche Les jonques armées que croise le *Lion* sont surchargées de soldats ; mais de salve, point. Et pour cause : elles n'ont pas de canons dans leurs sabords — ceux-ci sont soigneusement peints en trompe l'œil sur leurs flancs. N'est-ce pas l'image même de la Chine ? se demande le Lord. « Vieux navire de guerre délabré, qui n'en impose plus que par sa masse[30]... »

CHAPITRE 77

Demain, la Chine
(13-15 janvier 1794)

*« Nous, croyants de l'avenir, qui mettons la foi dans
l'espoir, et regardons vers l'aurore. »*
Jules MICHELET[1].

Au moment de quitter la Chine, Macartney se livre à des
conclusions, dont le caractère prémonitoire reste aujourd'hui saisissant*. Il part d'une réflexion qui ne manquait pas de s'exprimer
quand, au fumoir, tous ces Anglais commentaient, bien entre soi,
leurs illusions perdues. Pour faire pénétrer le commerce anglais, il
reste, après l'échec de l'ambassade, des « voies plus directes ». Sans
partager l'avis de ces têtes chaudes, le Lord expose tout le mal que
pourraient se faire la Chine et l'Angleterre en cas d'affrontement.

D'abord, une évidence : la Chine souffrirait. « Si les Chinois
interdisaient aux Anglais de commercer, ou leur causaient un
dommage substantiel, il suffirait de quelques frégates pour détruire
toute leur flotte côtière et empêcher leur navigation depuis l'île de
Hainan jusqu'au golfe de Beizhili. » Mieux : « Les Coréens seraient
aussitôt tentés de chercher à recouvrer leur indépendance. » « Le fil
qui relie la Chine à Formose est si fragile » qu'un souffle d'intervention étrangère le couperait[3]. Et rien ne serait plus facile que de
« provoquer, à partir du Bengale, des troubles au Tibet, qui n'ont
besoin que de peu d'encouragements ».

« Les Portugais sont morts dans cette partie du monde » ; il ne
reste que le « fantôme de leur présence » à Macao, qui « dépend de
l'argent anglais ». Une « petite force armée venue de Madras** »

---

* Elles restent partiellement inédites en anglais (et totalement en français)[2].
** Cette force s'emparera de Macao en 1808, exactement selon les plans de
Macartney, sous prétexte de l'occupation du Portugal par les Français. Mais pas avec
le succès qu'il escomptait : la réaction chinoise sera immédiate — et décisive (voir
infra, ch. 84).

pourrait aisément enlever aux Portugais cette presqu'île si précieuse. « Nous pouvons aussi nous installer dans l'île de Lantao » ; et Macao « s'effondrerait d'elle-même en peu de temps ».

Nous sommes en 1794, et c'est comme si toute l'histoire de la Chine au XIX⁰ siècle se déroulait devant nous. L'expédition Macartney a permis d'en tracer le pointillé : il suffira de le suivre pour découper l'avenir.

En février, le lieutenant Parish, à bord du *Jackall*, inspecte les îles entre Macao et Hongkong. Son rapport à Macartney établit que Lantao et Hongkong seraient propices à une colonisation. C'est sur Hongkong que se fixera le choix de l'Angleterre en 1841. Et, comme l'avait prédit Macartney, cette installation provoquera le « déclin de Macao ». Une autre prédiction du Lord se réalisera : les forts qui gardent l'entrée de la Bouche du Tigre seront détruits « par une demi-douzaine de bordées de canons » pendant la guerre de l'Opium.

En bloquant ce détroit, prophétise-t-il, on « asphyxierait Canton » ; les millions de Chinois qui dépendent du commerce avec les étrangers ou de la pêche seraient « réduits à la famine, au pillage ou à l'insurrection ». Le chaos dans lequel la Chine serait jetée « donnerait à la Russie l'occasion d'établir sa souveraineté sur le fleuve Amour et de mettre la main sur les provinces mongoles : devant des circonstances aussi favorables, l'ambition qu'avait nourrie Catherine II se réveillerait[4] ». Fort de son expérience russe et de ses conversations avec Songyun, Macartney n'ignorait rien du conflit qui avait opposé la Chine et la Russie sur le fleuve Amour à propos de la forteresse d'Albazin, deux fois conquise par les Cosaques, deux fois reprise par les Chinois.

Mais qui dit guerre, dit interruption du commerce. Le Royaume-Uni en subirait, lui aussi, de sérieux dommages. « Ce sont nos colonies de l'Inde qui en pâtiraient le plus », car la Chine est un « débouché pour le coton *et l'opium* » — mais oui, le mot est enfin lâché. « En Grande-Bretagne même, l'industrie lainière aurait du mal à se relever d'un tel choc » : ce sont cinq à six cent mille livres qui seraient annuellement perdues, et le double d'ici quelques années. Se fermerait aussi un marché en pleine expansion : fer-blanc, plomb, quincaillerie, horlogerie et autres articles mécaniques. L'Angleterre serait privée non seulement de la soie, mais d'un produit « de nécessité vitale » : le thé. Sans compter les pertes sèches « pour la marine marchande » et le « Trésor public[5] ».

Il est vrai que ces préjudices sont réparables. La Chine n'est pas indispensable à l'Angleterre. Avec le temps, un marché perdu peut se retrouver ailleurs. Toute la confiance d'une économie conquérante anime Macartney.

Le vieux vaisseau délabré

Que les Anglais passent ou non à l'attaque, « l'Empire chinois n'est qu'un vieux vaisseau délabré qu'une heureuse succession de commandants avisés a permis de maintenir à flot au cours des cent cinquante dernières années. Il impressionne ses voisins par sa masse. Mais que vienne à sa barre un incapable, et c'en sera fait de la discipline et de la sécurité à son bord. » Il « ne sombrera pas immédiatement. Il dérivera d'abord comme une épave », avant « de se briser sur la côte ». Mais « il ne pourra jamais être reconstruit[6] ».

Le commerce en Asie et dans le reste du monde serait alors « bouleversé... Tous les aventuriers de toutes les nations viendraient en Chine », cherchant à s'imposer à la faveur de l'affaiblissement des Chinois, et « se livrant entre eux un combat sans merci ». Dans cette rivalité, « l'Angleterre, qui a su, grâce à son esprit d'entreprise, devenir la première puissance maritime, commerciale et politique du monde, tirerait le plus de profits d'une telle révolution et renforcerait sa suprématie[7] ».

Pour s'en tenir à l'avenir le plus proche, les « intérêts » de l'Angleterre, ainsi que son « sens de l'humanité », doivent l'inciter à ne pas agresser la Chine, « tant qu'une lueur d'espoir subsiste de réussir par la douceur ».

Macartney considère comme « une folie » le projet de lord Clive de « conquérir un territoire anglais » sur l'Empire céleste. Il veut laisser aux Chinois le temps de « saisir la chance » que son ambassade vient de leur offrir : celle de mieux juger les Anglais et, partant, de « se conduire plus correctement avec eux[8] ».

Monsieur le Consul

Alors ? Il faut établir à Canton un ministre plénipotentiaire, accrédité par le Roi et distinct de la Compagnie[9]. L'Ambassadeur reprend la suggestion du père Amiot — que commentera en ces termes l'un de nos témoins, Charpentier-Cossigny : « Cet agent, qui n'aurait pas un intérêt direct dans les opérations mercantiles, représenterait sa nation et aurait un caractère plus imposant, auprès du gouvernement chinois, qu'une compagnie de marchands[10]. »

Ce représentant de la Couronne, précise Macartney, aurait pour mission de « conserver le terrain gagné par l'ambassade », qui « a permis au gouvernement chinois de se former un jugement favorable sur les Anglais ». Car les « plus hauts personnages de l'Empire » ont « perdu », grâce à elle, leurs « idées préconçues », au point de « respecter à travers elle la nation anglaise et de nourrir pour ses membres de l'amitié » ; à preuve le « vif plaisir » qu'ils ont pris aux entretiens privés — et la tristesse de leurs adieux. Un diplomate habile saurait entretenir ces bonnes dispositions par des relations directes avec le vice-roi, le gouverneur et le surintendant.

Macartney est convaincu que le message dont il a été chargé à Pékin pour son roi, et qui exprime le refus de la Chine d'entretenir des relations permanentes, est déjà dépassé par le dernier édit impérial. Là, il se trompe. Il n'a pas compris que, si les Chinois l'ont ménagé, c'est qu'ils ne veulent pas donner motif à représailles. Il croit que tous les Chinois ont pour lui les yeux de Wang et Qiao.

Son humanisme viscéral lui fait percevoir, à travers des mœurs différentes, ses semblables. Les Chinois, avant d'être des Chinois, sont des hommes. Étranges, certes, « mais pétris de la même pâte et gouvernés par les mêmes passions que nous-mêmes. Ils sont défiants à l'égard des étrangers, mais le sont-ils sans raison ? Y a-t-il un pays au monde que les Anglais visitent et où ils n'affichent point ce mépris des autres que la conscience de leur supériorité leur inspire ? » Les Chinois, « qui ne sont pas moins perspicaces que vaniteux », n'ont pu manquer de s'apercevoir de « ce travers britannique[11] ».

Humaniste, donc optimiste, Macartney croit, comme Montesquieu, que l'ignorance de soi-même et des autres est la source des préjugés. Il aurait souscrit au jugement de Goethe, qui constatait, en lisant le roman chinois *Les Deux Sœurs*, que la communauté des sentiments humains l'emportait sur l'exotisme[12].

Aurait-il suffi d'un résident anglais à Canton pour faire progresser l'amitié entre les deux peuples[13] ? Quelle liberté les autorités chinoises lui auraient-elles laissée ? La question ne sera pas posée. Car la proposition n'eut pas de suite : la Compagnie opposa son inertie.

Le Français Piron* a vu Macartney rembarquer : « L'ambassade de la Cour de Londres n'a point eu la réussite que l'on s'en promettait[15]. » Dix ans plus tard, il analysera ainsi l'échec de Macartney : « Nous l'avons vu revenir à Canton, avec toute sa suite et une partie de ses présents, sans rien avoir pu obtenir du gouvernement chinois. Pourquoi sont-ils venus ? Ce n'était pas pour augmenter leur commerce, il est brillant. "Que veulent-ils ? se sont demandé les Chinois. Ils voudraient se mêler de nos affaires, comme en Inde[16]." »

... Le 8 janvier, Robespierre a dénoncé simultanément ses rivaux de « gauche » et de « droite », les *Enragés* et les *Indulgents*. Le 13, l'un de ceux-ci, Fabre d'Églantine, est arrêté pour prévarication dans la liquidation de la Compagnie française des Indes.

Dans la baie de Canton, gonflant ses voiles vers le sud, le *Lion* montre sa poupe aux îles de Hongkong et de Lantao. L'avenir était là, pourtant. Macartney en avait déjà repéré le cours.

---

* Cet agent de la Compagnie française des Indes orientales avait été envoyé en Chine en 1791 pour y inventorier et liquider les avoirs de la Compagnie. Il reste sans ordres depuis lors[14].

CHAPITRE 78

Les Chinois, plus prospères...
(13 janvier-1er février 1794)

> « *Passez, et nous laissez à nos plus vieux usages.* »
> SAINT-JOHN PERSE[1].

Le 13 janvier au soir, le *Lion* jette l'ancre à six milles de Macao. Le lendemain, un grand vent l'oblige à rester sur son ancre. Le 15, il mouille enfin devant Macao. Les Anglais vont y séjourner deux mois, dans la situation qu'un mémoire mandarinal décrivit à Qianlong : « Les Anglais, lorsqu'ils arrivent à Macao, doivent louer leurs habitations auprès des Portugais : leurs relations sont celles d'un invité envers son hôte[2]. » Il en est de même pour les relations entre Portugal et Chine : on pourrait dire qu'à Macao, les Chinois sont propriétaires, les Portugais locataires et les Anglais sous-locataires.

Le Lord et sa suite sont reçus par dom Manuel Pinto, gouverneur de Macao, et par dom Lazaro da Silva Ferreira, « *desembargador* » — premier juge[3]. Sur le quai, une compagnie de fantassins — « des Noirs et des mulâtres, commandés par des Européens ». « Leur petite taille, leur teint moucheté, leurs uniformes usés jusqu'à la corde, font une piètre impression[4]. » Le gouverneur et sa femme se montrent des hôtes chaleureux. L'ambassade, après les avanies des missionnaires portugais de Pékin, ne s'attendait pas à un tel accueil. Holmes s'émerveille : « Une réception aussi cordiale, dans un pays catholique, avait de quoi nous étonner. Le clergé même paraissait soucieux de surpasser en prévenances les civils et les militaires[5]. » Le *desembargador* est « observateur et adroit » ; il « parle parfaitement le français ». (Aujourd'hui encore, les religieux ou fonctionnaires de Macao préfèrent le français à l'anglais, malgré la proximité de Hongkong — ou à cause d'elle.)

L'ambassade se loge à la factorerie anglaise. Macartney, lui, séjourne dans une maison* de la ville haute, prêtée par l'un des messieurs de la Compagnie. « C'est un endroit *romantique*, avec un grand jardin[6]. » Camoëns y avait écrit à partir de 1558 ses *Lusiades*.

Le nom du poète reste aussi magique à Macao qu'à Coimbra. Chassé de la Cour de Lisbonne à cause de vers trop enflammés écrits à une dame, exilé pour avoir tué dans une rixe un officier du roi, il avait entrepris à Macao d'immortaliser l'intrépidité de Vasco de Gama et des pionniers de l'aventure portugaise de son temps. Son emploi de « curateur pour les disparus et les morts » devait lui laisser quelques loisirs. Il faillit bien disparaître ou mourir lui-même au retour : une tempête brisa son navire. Il se sauva à la nage, dit-on, en tenant son manuscrit hors de l'eau à bout de bras. Surprenant destin, que celui de ce poète maudit ! Condamné à se vouer aux morts, comme un Chinois puni — le destin même de Macao, morte en survie. Mais traversant les siècles par le miracle de l'écriture. L'action passe, les vers qui chantent l'action demeurent.

Une souveraineté ambiguë

Anderson dresse le décor : « On croit que Macao est une île. Erreur : rien ne sépare cette ville du continent. Toute l'étendue des possessions portugaises n'excède pas quatre milles de longueur, un demi de large. Il y aurait du danger à vouloir franchir la frontière[7]. » Toujours vrai**.

Bâtie sur un rocher, la ville est faite de maisons à l'européenne, dans des rues étroites et grimpantes ; des églises, des couvents, le palais du Conseil — appelé Sénat —, la maison du gouverneur, le comptoir anglais. Dix mille Chinois, « sous le gouvernement d'un mandarin que nomme l'Empereur », et mille Portugais, outre les Européens des factoreries, sans compter « un grand nombre de nègres et d'esclaves asiatiques[8] ». Le havre est bien abrité, mais ne peut recevoir à quai de gros bâtiments. Une forteresse, dotée d'une artillerie nombreuse, domine la ville et la défend de tous côtés. « Vis-à-vis du territoire portugais, pour empêcher qu'on ne pénètre sur le leur, les Chinois ont bâti une forteresse[9]. »

Comment l'orgueilleux Empire tolérait-il cette irritante verrue ? La souveraineté portugaise n'était pas aussi absolue qu'on se l'imaginait en Occident. Il en allait d'elle comme des courbettes de Macartney : à chacun sa vérité. Pékin pouvait aussi bien tenir Macao pour chinoise, que Lisbonne l'estimer portugaise. Hüttner dévoile le mystère de cette cohabitation : « L'empereur de Chine perçoit des

---

* Adossée au jardin public et proche de la grotte qui portent l'un et l'autre le nom de Camoëns, elle a été transformée en musée. En 1986, 1987 et 1988, une belle exposition y était consacrée à Camoëns, mais aussi aux quatre siècles de la colonie portugaise. Sans un mot sur Macartney, qui y vécut pourtant lui aussi.

** A ceci près que Macao est aujourd'hui prolongée sur le territoire chinois par un second sas, la « zone économique spéciale », Zhulai, comme Hongkong par celle de Shenzhen.

Portugais un énorme tribut de cinq cent mille ducats. Il faut que le gouverneur portugais se garde bien de choquer le mandarin chinois[10]. »

« Chacun des deux partenaires a la police des siens, précise Anderson, mais les Portugais seraient facilement expulsés s'ils s'opposaient aux empiétements continuels de leur puissant voisin[11]. » En cas de conflit, les fortifications ne tiendraient guère[12].

« Nous avons visité le Sénat de Macao », écrit Thomas le 30 janvier. « Nous y avons vu plusieurs privilèges octroyés à la ville, dont le texte avait été gravé en chinois dans la pierre[13]. » Ces *privilèges octroyés* montrent assez la sujétion de Macao ; et les caractères exclusivement chinois en soulignent le strict rapport à l'Ordre céleste. Le père Lamiot confirme la justesse des vues de Thomas : « On trouve, dans cette maison du Sénat, deux ou trois pierres sur lesquelles les mandarins ont fait graver des ordonnances restrictives, en si totale opposition à toute idée de donation du territoire, que les Portugais n'aiment pas à les montrer[14]... »

Staunton père avait écrit : « Ces stèles en granit portent, sculpté en caractères chinois, le texte de la *cession solennelle* que l'empereur de Chine a faite de Macao aux Portugais[15]. » Le ministre plénipotentiaire fait à nouveau preuve de crédulité. Thomas se montre plus fin, une fois encore, que l'auteur de ses jours. Tandis qu'un Portugais vantait fallacieusement au père les avantages imaginaires que Pékin aurait consentis au Portugal, le fils — en silence — laissait dire, mais déchiffrait les caractères.

Sans aller jusqu'à affamer les Portugais, les Chinois ont des moyens subtils de les brimer. Les Portugais avaient envoyé des députés à Pékin « pour protester contre un impôt qu'ils estimaient injuste ». Les Chinois de Macao décidèrent de « se venger de cette démarche » — atteinte à l'Ordre — qui n'avait pourtant pas abouti. « Ils firent porter dans les rues, pendant trois jours, leurs idoles, sachant que les Portugais en avaient horreur et ne sortiraient plus de chez eux. » L'évêque dut « offrir une somme considérable aux Chinois pour faire cesser ces processions[16] ». A la fin du XXe siècle, ces processions d'idoles existent toujours, à Macao et à Hongkong, lors des grandes fêtes du calendrier lunaire. Les Chinois y sont d'autant plus attachés, qu'on pourrait les croire occidentalisés : c'est leur façon de rester fidèles à leur identité. Les Occidentaux, eux, s'y sont faits.

La correspondance inédite du Grand Conseil nous fait comprendre pourquoi les Portugais vivent en bonne intelligence avec l'Empire du Milieu. Ils ne prétendent nullement à la souveraineté face aux Chinois — ils réservent leurs rodomontades aux visiteurs européens. Ils se soumettent au *kotow* sans rechigner, envoient deux ou trois ambassades par siècle, paient un lourd tribut, rendent de signalés services. « L'installation de ces Occidentaux à Macao remonte aux Ming, il y a plus de deux cents ans. Les Barbares y vivent depuis des générations ; ils ont fini par aimer cette terre et baignent dans l'influence de l'Empereur ; et la profonde bonté de notre Empereur les atteint aussi[17]. »

Ces Barbares se sont laissé *cuire* au feu doux de la Civilisation.

Les Anglais, de toute évidence, restent obstinément des Barbares *crus*. D'où la réaction violente de l'Empire céleste, quand ils tenteront de prendre la place des Portugais à Macao.

Colonisé dans ses colonies

Pour les Anglais, Macao est une base inévitable et un objet d'intense jalousie. Pourquoi pas eux ? Pourquoi cet occupant portugais, incapable de tirer parti d'une position aussi favorable ? Ah ! s'ils étaient à leur place...

Ils ont d'ailleurs commencé à s'en tailler une. Les factoreries des Hollandais, des Suédois, des Français et des Espagnols ne sont rien à côté de la leur. « Beaucoup plus nombreux et plus riches, note Hüttner, les Britanniques occupent de grandes maisons, bâties et meublées selon le goût anglais, qu'ils louent aux Portugais[18]. » Ceux-ci sont « si paresseux » et « se soucient si peu de rechercher de nouvelles ressources, que tous vivent dans la plus grande pauvreté ». On murmure même (entre Anglais) qu'ils n'ont pas honte de prostituer leurs femmes. « Cette pauvreté les a rendus jaloux, surtout des Anglais, qui sont haïs par l'évêque et le clergé comme les plus exécrables des hérétiques[19]. »

Quel étrange destin que celui de ce petit peuple, si brillant et si conquérant aux xvᵉ et xviᵉ siècles, et dont la décadence est si profonde, qu'il se fait coloniser dans ses propres colonies, et jusque sur son territoire métropolitain... Nos Anglais ne sont pas seuls à se rendre compte que Macao représente une chance gâchée : « Macao », dit l'un de nos observateurs français, « si elle appartenait à une nation active et industrieuse, parviendrait promptement à un haut degré de prospérité. Sa situation lui attirerait un commerce immense. » Ne croirait-on pas lire la description de la future Hongkong[20] ?

Finalement, ce sont les Chinois qui prospèrent le mieux à Macao. Les sommes considérables dépensées par les négociants étrangers, surtout les Anglais, reviennent aux Chinois, les plus travailleurs, les plus imitateurs, les plus habiles à s'adapter, les plus efficaces dès lors qu'ils sont individuellement autonomes. Ils fabriquent tout — et les Européens leur achètent tout. Déjà, à Java, les Anglais avaient noté cette activité débordante des Chinois, qui submergeait les Hollandais. « Ils bâtissent toutes les maisons ; aucun travail ne leur paraît trop pénible ou vil, lorsqu'ils en sont payés. Ils sont les seuls domestiques des étrangers ; car les Portugais n'ont que des esclaves nègres[21]. »

Saisissant tableau de cette cité cosmopolite : les Portugais marginalisés par leur pauvreté, les Anglais par leur richesse, les autres Européens vivant en ghetto, les Chinois faisant argent de tout — *chez* eux, et pourtant beaucoup plus prospères de n'être pas *entre* eux, et d'échapper au maillage serré de la bureaucratie céleste.

Mais celle-ci, pour la même raison, les tolère aussi difficilement que Qianlong le faisait des Chinois de Batavia. Des gens qui ne vivent que grâce au commerce et se polluent au contact des Barbares ? Fi donc ! « La nation chinoise ne se montre à Macao que par ce qu'elle a de plus vil ; je veux dire par des hommes qu'elle met à peine au nombre des siens[22]. »

Comptoir de commerce et base missionnaire font bon ménage. La Propagande de la Foi est représentée à Macao par un procurateur permanent, un Italien « qui fait passer aux missionnaires des provinces de Chine l'argent qu'il reçoit, envoie des séminaristes chinois en Italie pour y faire leur éducation, et place dans leur diocèse les nouveaux missionnaires fraîchement débarqués[23] ». Moins facile, on l'a vu avec les pères Lamiot et Hanna, à faire qu'à dire.

Thomas va visiter le couvent de Saint-Joseph*, où son grand ami M. Prune avait passé l'année 1773, juste avant de partir pour le « collège chinois » de Naples où Staunton père devait le dénicher[24]. Les Anglais lui proposent une situation dans leur pays : peuvent-ils offrir plus grande récompense à un Chinois, que de l'inviter à vivre chez eux ? « Quoiqu'il parût se séparer de nous avec regret, il préféra passer le reste de ses jours sur le sol qui l'avait vu naître[25]. »

Le père Li retrouvera sa vocation évangélique. Jusqu'en 1802, il réussira à faire passer quelques lettres à ses anciens compagnons. Dans l'une, écrite du Shanxi, il indique que « la route d'ici à Macao est presque infranchissable, par la fureur de la rébellion qui s'étend de jour en jour dans les provinces de Huguang**, Shanxi et Sichuan[26] ». En fut-il victime, comme tant d'autres missionnaires ? On n'entendit plus parler de lui.

Une ville catholique romaine

Comme à Madère, comme à Rio, nos protestants ne manquent pas de lier l'évidente décadence portugaise[27] à la spectaculaire domination du catholicisme. « Partout, des prêtres et religieux », note l'Astronome. « Partout des croix, même entre les drapeaux de la citadelle, comme si elles faisaient partie du dispositif de défense[28]. » Le dimanche 19 janvier, Staunton junior note que les « cloches ont sonné toute la journée[29] ». Il a compté treize églises et en a visité plusieurs, « très belles, ornées dans le style romain[30] ».

Les dévotions occupent le mercredi des Cendres[31]. Une longue procession parcourt la ville : « La mort, avec sa faux, ouvre la marche ; derrière elle, une personne vêtue de noir porte une croix tachée de sang ; puis des statues de la Vierge, de Jésus et de nombreux saints ; chacune est placée sur une bière couverte de tissu noir, au milieu des drapeaux, des croix et des cloches[32]. »

Quelques heures après, les Chinois organisent une contre-manifes-

---

* Celui-là même où nous avons découvert l'étonnant père Teixeira.
** Huguang pour Hubei et Hunan. A quoi il faut rajouter le Henan. Soit cinq provinces sur dix-huit entraînées par la rébellion de la secte du *Lotus blanc*, qui a fait rage de 1795 à 1803.

tation. « Des pêcheurs, portant des lanternes et de grands poissons en papier ou en soie illuminés de l'intérieur, défilent au bruit des gongs. » Certains poissons, peints de couleurs vives, ont « la mâchoire articulée et des nageoires qui bougent ». La « bonne humeur des Chinois » contraste avec la « lugubre solennité des Portugais ». Face à face cultuel, bras de fer culturel...

Mais les Anglais sont-ils experts en religion ? Ce n'est pas l'avis d'un Chinois rencontré par Dinwiddie. Comme l'Astronome visitait un temple chinois de Macao, il aperçoit des marins dévots qui placent des offrandes sur les autels. L'un d'eux lui fait comprendre qu'il est de trop dans ce lieu saint : « Je crois que les Anglais ne s'y connaissent guère en religion », dit-il dans un *pidgin* de cuisine : « *English no* savey *much about religion*[33]. »

Leur trop discret protestantisme faisait en effet passer les Anglais, dans tout l'Orient, pour des mécréants. Du coup, ils n'ont pas droit à leur cimetière. Anderson aperçoit des tombes de ses compatriotes, « cernées par des Chinois ». « Seuls les papistes ont leur cimetière*[34]. » Comme elle pourrait être chinoise, cette plainte d'Anderson, qu'émeut la solitude de ses compatriotes, condamnés au repos éternel loin de la terre des ancêtres ! Comme elle est anglaise : « *Churchyard, sweet churchyard* » — ah ! les petits cimetières engazonnés, aux stèles blanches groupées autour de leur église ! Comme elle est humaine : tenir sa place au nombre de ses morts... Chacun chez soi, de préférence.

---

* Comme pour faire mentir Anderson, les Portugais autorisèrent par la suite la Compagnie britannique des Indes à créer son cimetière, qui jouxte précisément la « maison Camoëns » où séjourna Macartney.

CHAPITRE 79

Surprenante demande d'alliance militaire
(1ᵉʳ février-17 mars 1794)

Cette fois, l'ambassade est bien finie : Changlin refuse de recevoir une lettre que lui adresse l'Ambassadeur, fin janvier, de Macao, au motif qu'il a déjà annoncé à Pékin le départ de l'ambassade[1]. Vacances forcées jusqu'au départ. On n'arrête pas de se recevoir. On rencontre des Russes, des Suédois. Le commandant du *Lion* retrouve même, chez un gentilhomme russe, « le commandant d'un bâtiment français arrivé ici, que sir Erasmus avait pris en chasse dans les parages de Macao[2] ». La chasse était terminée : les deux adversaires pouvaient se la raconter autour d'une bonne table.

Que font des Anglais quand ils rencontrent d'autres Anglais ? « Les messieurs ici, écrit le page, s'amusent souvent à jouer au *kriket*[3] [*sic*]. » Où qu'ils soient, les Anglais sont partout chez eux, pour peu qu'ils puissent pratiquer leurs sports nationaux — pressante demande de Macartney à l'Empereur.

Le Nouvel An chinois met un peu d'animation. « Grand étalage de fleurs artificielles », note Thomas. Des pétards : c'est le feu d'artifice du pauvre. « On commence à en faire partir longtemps avant la fête[4]. » Comme les petits Français avant le 14 Juillet. Les maisons ont un air de fête : « Les Chinois décorent leurs façades de dorures et de papiers peints. » Tous les Chinois portent des habits neufs : « Ils se font une règle d'étrenner ce jour-là de nouveaux vêtements, qui durent aux plus pauvres le reste de l'année[5]. »

Macartney a pris congé de son journal en quittant Canton. Thomas, lassé de n'avoir à inscrire sur le sien que des listes d'invitations mutuelles, l'interrompt aussi le 1ᵉʳ février.

Le Lord a quitté Canton sans connaître l'existence de deux édits que Qianlong a signés le 25 janvier, avant le Nouvel An chinois.

Le premier, l'Histoire l'a complètement ignoré. Pourtant, il avait de quoi l'intéresser, puisqu'il révélait que l'Angleterre avait proposé à la Chine une alliance militaire contre la France ! Et il était rédigé pour être entendu et retenu par tous les Barbares.

Ce document reproduisait en effet textuellement un rapport de

Changlin, informant l'Empereur de l'initiative anglaise. Les trois principaux missionnaires européens résidant à Pékin, les pères d'Almeida, Raux et de Poirot, furent réunis solennellement à la Cour pour en entendre lecture. La réponse de l'Empereur était nette et sans bavures : « L'Angleterre souhaite une aide militaire de la Cour céleste, probablement en raison des revers qu'elle connaît actuellement contre les Français. Elle ignore complètement que le Grand Empereur, dans l'autorité qu'il exerce sur les étrangers, n'a jamais cédé à la moindre partialité en faveur de l'un ou l'autre. La Chine ne s'est jamais préoccupée de savoir lequel dominera l'autre dans les guerres que les Barbares se livrent entre eux. Le Grand Empereur n'a jamais eu la moindre inclination pour l'un plutôt que pour l'autre des Barbares. »

Les pères ont répondu : « Nous ignorons les motifs de la guerre entre l'Angleterre et la France. Le Grand Empereur considère ces deux pays avec le même regard bienveillant. Nous savons qu'il n'a jamais marqué de préférence quelconque entre des petits États[6]. »

Changlin aurait-il tiré cette demande d'alliance militaire de sa seule imagination ? On peut en douter. Si des courtisans ont la manie de présenter les choses à l'Empereur comme il aime à les entendre, ils ne vont jamais jusqu'à inventer de toutes pièces une information à laquelle l'Empereur ne s'attend aucunement. Il est vrai que ni Macartney, ni Staunton, ni aucune des pièces confidentielles que nous avons pu retrouver dans les archives du *Foreign Office* ou de l'*India Office* ne fait allusion à cette demande. Elle n'est pourtant pas invraisemblable. Dundas prescrivait à Macartney de présenter les Français comme des rapaces, qui avaient voulu s'emparer des Indes et s'apprêtaient à exporter leur révolution en Chine. Cette offre ne faisait qu'actualiser une idée que l'on voit apparaître dans les archives de la Compagnie des Indes bien avant l'ambassade Macartney, dès le début des années 1780. George Smith proposait, en 1783, un *traité d'alliance offensif et défensif contre la France*[7].

On peut supposer que, muni des dernières nouvelles sur le conflit entre l'Europe et la République jacobine, Macartney, convaincu qu'il avait en Changlin un interlocuteur amical, aura avancé cette carte. Il n'a pas présenté de requête *écrite* — dans le même temps qu'il n'hésitait pas à envoyer note sur note pour obtenir un comptoir, une île, ou simplement le droit pour les Anglais de faire du sport. Sans doute se sera-t-il contenté d'une conversation exploratoire, que Changlin aura prise pour bon argent.

Macartney était un imaginatif. Il était aussi prompt à voir la façon d'envoyer par le fond le « vaisseau vermoulu », que les moyens de rapprocher « la plus puissante nation d'Occident » et « le plus grand empire d'Orient » contre un ennemi commun. L'appui des ports chinois et même des troupes chinoises serait précieux si la France, reprenant le dessus dans l'océan Indien comme elle l'avait fait un moment avec Suffren, revenait aux ambitions de Louis XVI en Cochinchine ; ou encore si, s'emparant du Portugal, elle prétendait aussi mettre la main sur Macao. (L'invasion du Portugal par Junot servira de prétexte aux Anglais en 1808.) Inversement, comme il serait utile aux Chinois de laisser les Britanniques faire la police pour eux sur les mers orientales !

Qianlong repoussa cette extravagante proposition : les querelles des Barbares ne concernent pas l'Ordre céleste, dès lors qu'elles ne viennent pas le déranger. Au demeurant, l'une des plus insistantes questions qu'il avait fait poser aux Anglais avait été : êtes-vous en paix avec vos voisins ? Ils n'avaient cessé de répondre : oui. Et voilà qu'au moment de quitter l'Empire, ils proposaient d'entraîner dans *leur* guerre la Chine elle-même !

Le dernier mot des rois

Le second édit était, pour l'Empereur, le point d'orgue. Il est adressé aux princes mandchous, aux princes mongols et au Grand Conseil. C'est-à-dire à la dynastie, à ses alliés et, à travers eux, puisqu'il va être publié, au peuple chinois : « à tous présents et à venir » ; car c'est un acte destiné aux Annales, donc à l'Histoire :

« L'Envoyé anglais a repris la mer. Les Barbares ont reçu l'annonce d'un édit bienveillant qui les autorise à revenir porter leur tribut. La joie qu'ils ont exprimée à cette nouvelle transparaissait sur leur visage, et ils ont redoublé de respect et de déférence. Parmi tous les pays au-delà des mers, il n'y en a point qui ne se soumette et ne vienne offrir ses trésors. A l'heure où l'ambassade anglaise regagne son pays, elle s'apprête déjà à revenir porter son tribut. Un acte d'allégeance venu de si loin est sans précédent dans l'Histoire[8]. »

Le cactus de Jehol avait perdu toutes ses épines. Plus l'ambassade s'éloignait, plus la mémoire officielle la peignait de couleurs dorées.

A ce chant de triomphe, allaient répondre, à l'autre bout du monde, des accents non moins complaisants. En 1803, Barrow persistait à croire que « la récente ambassade en Chine, en présentant sous un jour éclatant la dignité britannique à un peuple à qui les Anglais étaient presque inconnus, a jeté les bases de grands avantages pour l'avenir et fait honneur à la sagesse de l'homme d'État qui en a conçu le projet et dirigé l'exécution[9] ».

Avant le départ, quelques semaines s'écouleront encore, occupées à charger les bateaux de la Compagnie, à rassembler le convoi, à permettre au lieutenant Parish de mieux explorer les sites de Hongkong et de Lantao pour un futur établissement[10]. Anderson a le mot de la fin : « Les troupes de la garnison portugaise forment une haie d'honneur. Les canons du fort répondent coup pour coup aux dix-neuf salves tirées par nos pièces de campagne[11]. »

Les Anglais embarquent dans une atmosphère martiale. La diplomatie se tait. La parole est aux canons — « le dernier mot des rois », selon la devise gravée sur ceux de Louis XIV : *Ultima ratio regum*.

Pour le moment, ils ne tirent qu'à blanc. Combien de temps encore ? Le départ de Macartney est comme un adieu à la paix.

CHAPITRE 80

Les océans en guerre
(17 mars-6 septembre 1794)

Dix-huit mois plus tôt, l'ambassade avait quitté une Angleterre en paix ; si Macartney naviguait à bord d'un vaisseau de guerre, c'était par égard pour la dignité de sa mission. Le convoi qui maintenant rentrait de Chine, quoique constitué surtout de navires marchands, était armé en guerre. Les succès remportés par les troupes françaises « causaient de l'inquiétude[1] ».

Le 17 mars, les voiliers britanniques chargés à Canton pour la Compagnie, ainsi qu'un espagnol et un portugais venus se placer sous la protection anglaise, rejoignirent le *Lion*. Eux aussi étaient armés*. « Sir Erasmus Gower assigna à chacun son poste au cas d'une attaque française[2]. »

Le voyage de retour n'allait durer que cinq mois et demi. On brûlerait les étapes : deux escales seulement, Java et Sainte-Hélène, en vue de s'approvisionner. Un grand mois pour la mer de Chine ; deux pour l'océan Indien ; encore deux pour remonter l'Atlantique. Au début, Robespierre triomphait sur les Hébertistes, puis sur Danton ; quand les vaisseaux anglais mouillèrent à Portsmouth, sa tête avait roulé dans le panier de Sanson.

Rien dans cette traversée qui n'ait été signalé pour l'aller, si ce n'est que la guerre s'étendait à toutes les mers. Ce retour ne paraît en rien concerner la Chine ; et pourtant, il fait mesurer l'espace-temps où baigne l'expédition**.

Donc, une escadre française croise dans les parages de la Sonde : on peut tomber dessus à tout moment. Le 29 mars, à la latitude de Singapour, une voile est signalée. La chasse est lancée. Ce n'est qu'un

---

* Tout navire marchand allant aux Indes orientales était fortement armé, à cause des corsaires ou pirates. L'*East India man* n'était guère différent d'une frégate.

** Macartney avait clos son journal au moment où sa mission diplomatique s'achevait. Il employa les longues journées de navigation à remettre en ordre les notes cursives qu'il avait prises en Chine sur le vif, et à rédiger son compte rendu de mission[3]. De tous nos témoins, seuls Staunton père, Holmes et Dinwiddie nous relatent les incidents du voyage.

petit bateau de pêche. Dommage ! « Nous brûlions tous du désir de nous mesurer avec notre vieil ennemi, avec notre ennemi *naturel*[4]. » Naturel ! Cette appréciation aurait paru légitime au général de Gaulle, à qui il arrivait de dire que l'ennemi héréditaire de la France n'était nullement l'Allemagne — adversaire occasionnel —, mais l'Angleterre — allié occasionnel.

Le 2 avril, l'escadre passe la « ligne ». Le 4, elle s'engage dans le détroit de Banka. Elle y aperçoit un bâtiment à l'ancre. « Le *Jackall* alla le héler. Il hissa le pavillon de la Compagnie. » Venant de Bombay, il avait été chassé dans le détroit de la Sonde « par quatre croiseurs français, qui devaient nous attendre. Nous souhaitions ardemment les rencontrer[5]. » Hélas ! Frustré de cette bataille navale, Staunton se plaît à penser que les Français ont pris peur : « Apprenant que l'escadre anglaise était escortée par un fort vaisseau de guerre, ils renoncèrent à leur embuscade[6]. »

La mer de Chine était plus infestée de pirates chinois et malais que de croiseurs français[7]. Le 7 avril, en vue des îles de la Sonde, une douzaine de navires malais, flanqués d'une corvette de dix-huit canons, de construction hollandaise : « Elle avait dû être prise à l'abordage par les Malais[8]. » Les Anglais, « n'étant pas chargés de faire la police des océans », laissèrent aller ces pirates[9]. Arrivés à Java, ils s'en repentirent : « L'équipage de la corvette, composé d'une trentaine de Hollandais, avait été massacré l'été dernier. Tous regrettèrent que ces sauvages n'eussent pas reçu leur juste châtiment[10]. »

Le 11 avril, nouvelle alerte : deux navires battant pavillon anglais. On croit à une ruse. La chasse commence. « Nous ne doutions pas que ces navires ne fussent français. Jamais je ne fus témoin de tant d'ardeur. Le tambour ordonna à chacun de prendre son poste : tout le monde obéit aussi gaiement que pour une partie de plaisir. Mais le bâtiment de tête hissa encore une fois le pavillon anglais, amena ses perroquets et nous salua de quinze coups de canon[11]. »

C'étaient des compatriotes, partis du Bengale « faire la course aux corsaires français[12] ». Pour nos matamores prêts à l'abordage, quelle déception ! « En retrouvant des compatriotes et des amis, nous n'eûmes pas la moitié de la joie que nous aurions éprouvée à détruire l'ennemi. Chaque matelot quitta son poste mécontent. Seules les rations de grog qui furent distribuées ramenèrent la gaieté[13]. »

Admirables, ces marins anglais ! Tout à l'enthousiasme de la liberté d'action retrouvée, après la longue impuissance que les contraintes chinoises leur avaient infligée ; et à la jubilation de leur complexe de supériorité sur les Français — comme sur toute autre nation dans le globe. Au fait, les Chinois avaient-ils tellement tort de prétendre que les Anglais étaient « les plus féroces des océans de l'Ouest » ?

La guerre franco-française

Les Français, ayant capturé le *Princess Royal,* en avaient fait un vaisseau... républicain. « Les Français » : expression équivoque, depuis 1792. La « Royale » s'était divisée. Cette guerre franco-française, le commandant de la flotte du Bengale, monté à bord du *Lion,* en décrit à Macartney un épisode méconnu : « Deux frégates françaises, l'une sous pavillon fleurdelisé, l'autre sous pavillon républicain, s'étant rencontrées, un combat furieux avait eu lieu entre elles à la pointe de Java. Les républicains ont été battus ; faits prisonniers, ils ont été envoyés en canots parmi les Malais, qui leur auront réservé le même sort qu'aux malheureux Hollandais ; les royalistes, après le combat, ont fait route vers la France*[14]. »

Villèle, qui croisait alors dans l'océan Indien, confirme : « Des équipages se saluaient mutuellement, aux cris de *Vive le Roi !* ou *Vive la Nation !,* avant d'échanger des coups de canon[15]. » Ainsi, pendant la guerre de Sécession, un combat sans merci opposera dans la Manche, en 1864, un vaisseau fédéral à un vaisseau sudiste, la frégate cuirassée *Alabama,* qui coulera.

La guerre navale comporte aussi ses ruses. Deux vaisseaux anglais capturèrent deux navires « américains », qu'ils envoyèrent à Batavia ; « quoique sous pavillon américain, ils étaient en fait français, ayant à bord une cargaison appartenant à la France[16] ».

Le 14 avril, la flotte atteint Anguera, aiguade sur la côte de Java. « A peine une de nos chaloupes était-elle descendue à terre, que les Malais essayaient d'y commettre quelque larcin. Nos gens lavaient leur linge ; les Malais eurent l'adresse d'emporter plusieurs chemises[17]. » Les Anglais n'hésitent pas à se venger sur ces Malais-là des crimes commis par leurs congénères, qu'ils se repentaient d'avoir laissé échapper. Chasse à l'homme contre chasse au linge. « Plusieurs Malais furent mortellement blessés à coups de hache par nos hommes, qui les pourchassaient à travers bois et les mutilaient d'horrible manière. Rien d'autre n'était capable d'arrêter ces sauvages[18]. » Prévention musclée — « les plus féroces de l'Ouest »...

Le 16 avril, le *Jackall,* avec le docteur Dinwiddie à son bord, quitte l'escadre pour se joindre à celle de Calcutta. Le docteur emporte ses plantes vers le Bengale, où elles vont prospérer.

Le même jour, en France, on centralise la Terreur. Le décret du 27 germinal an II ordonne que les « prévenus de conspiration » soient « traduits, de tous les points de la République, au Tribunal révolutionnaire de Paris ».

A travers l'océan Indien, navigation sans histoire, mais lente. Contrainte de tous les convois : « Nous filions au plus cinq nœuds, alors que nous aurions pu en parcourir dix[19]. »

La seule distraction du retour fut offerte au *Lion* par un Papou,

---

* Nos recherches aux archives de la Marine nationale ne nous ont pas permis d'authentifier cet épisode conté par l'amiral britannique. Peut-être s'agissait-il de corsaires armés à l'île de France.

qu'on avait trouvé sur le brigantin français *L'Amélie*, capturé devant Macao par sir Erasmus. C'était un bon sauvage — et même excellent : « Il plongeait du haut du vaisseau pour attraper des piastres qu'on lançait dans la mer. Il atteignit même deux piastres tombées simultanément de la proue et de la poupe. Il demandait que deux Européens lui jetassent en même temps une lance chacun, pour les saisir lorsqu'elles approchaient de lui[20]. »

La Chine, c'était un monde impénétrable, parce que la civilisation y avait emprunté un autre chemin et atteint des sommets bien différents des nôtres — mais des sommets. Le Papou, c'était aussi un monde impénétrable, mais comme l'origine commune à tous : l'homme vierge, qui n'était encore ni occidental, ni chinois — un animal doué. Mais de qui était-il le plus proche : de l'Anglais ou du Chinois ? Comment Macartney se serait-il empêché de penser que le Chinois se situait à mi-chemin entre le Papou et l'Anglais ?

A la hauteur de Madagascar, on entra dans une zone de tempêtes : c'est l'automne austral. Les Anglais purent constater la fiabilité de leurs baromètres à mercure : « Le fluide descendit tout à coup de plus d'un quart de pouce. » On prit toutes précautions pour résister à la tempête. « A peine ces préparatifs achevés, la tempête éclata par le plus terrible des coups de tonnerre. D'un bout du vaisseau, on ne voyait pas l'autre[21]. »

Ce 7 mai, Robespierre institue le culte de l'Être suprême.

Sainte-Hélène

Voici les quarantièmes rugissants. Le 23 mai, « l'*Indostan* perdit son mât de misaine[22] ». Le Cap fut doublé le 2 juin. Objectif : Sainte-Hélène, havre de grâce dans l'océan hostile. Elle appartient à la Compagnie, qui l'a fortifiée : seul endroit où ses bâtiments, de retour de Canton ou d'Inde, puissent faire de l'eau, en dehors du Cap. On craint de la manquer, si petite. On en rêve d'autant plus que les malades se multiplient : une centaine d'hommes, à bord du *Lion* seulement, sont « sur la liste du chirurgien[23] ».

« Le 18 juin*, on signale la terre et plusieurs bâtiments[24]. » On s'ordonne une nouvelle fois en formation de combat. Et une nouvelle fois, c'est peine perdue : l'escadre de Chine arrivait en vue de l'île au même moment qu'une autre, expédiée d'Angleterre pour venir à sa rencontre. L'Amirauté ne savait pas que les navires de la Compagnie voyageaient déjà sous la protection du *Lion*.

L'aspect du rocher est décourageant : « Côtes élevées, affreuses, désertes ». Il est vrai que les vallées forment « un paysage charmant au sein de l'horreur[25] ». Équipages et passagers qui font halte sont quelquefois plus nombreux que les habitants. Point d'auberge ; mais « chaque maison est ouverte aux étrangers, qui sont considérés

---

* Signe du destin ? Les deux escadres font leur jonction à Sainte-Hélène exactement vingt et un ans avant le 18 juin de Waterloo.

comme faisant partie de la famille[26] ». La même grande famille : la Compagnie.

L'île vit sur deux rythmes. Quand s'arrête une escadre, la petite colonie s'affaire. Le convoi parti, elle tourne en rond. « Pour distraire les habitants de leurs disputes intestines, le gouvernement leur procure des spectacles[27]. » Napoléon a-t-il lu aussi ce passage quand il parcourut en 1805, roulant vers Austerlitz, la traduction française de Staunton ? Son universelle curiosité le laisse supposer. Il n'imaginait certes pas que le gouvernement anglais procurerait un jour à ses lointains ressortissants le spectacle de « l'Ogre » en cage.

Les Français ?

Ses malades morts ou un peu ragaillardis, ses cales pourvues, le convoi remit à la voile le 1er juillet 1794. Il se doublait de l'escadre de renfort, de cinq navires de la Compagnie, arrivés du Bengale et de Bombay, et d'un baleinier qui rentrait d'Antarctique.

Sir Erasmus fixe l'ordre de route, « le *Lion* dirigeant tous les mouvements[28] ». Les alizés assurent une marche régulière jusqu'au-delà de l'équateur. A hauteur des îles du Cap-Vert, ils cessent de souffler. Dix jours en panne. Enfin, un vent se lève, et l'on poursuit.

A peine la marche a-t-elle repris que, le 21 juillet, les vigies signalent une escadre au nord-est : onze vaisseaux. Un branle-bas de plus. Le brouillard dissimule pavillons et signaux. « Il ne restait plus sur le pont du *Lion* que de la poudre, des balles et des canons[29]. » Les Staunton s'affrontent : « Il y avait là un enfant que son père jugea trop jeune pour combattre. Mais l'enfant fut révolté à l'idée de se soustraire au danger, pendant que son père y restait exposé, et le supplia de permettre qu'il restât avec lui sur le pont. Ce combat d'affection se termina quand le brouillard se dissipa. Les vaisseaux se reconnurent tous pour anglais[30]. » Chacun en est quitte pour son courage. On apprend que « la flotte anglaise, sous le commandement de lord Howe, venait de remporter sur les Français une victoire complète*[31] ».

Pendant ce temps, à Paris, Robespierre est mis hors la loi par la Convention, blessé, exécuté mourant — avec cent cinq partisans, dont Saint-Just. C'est le 9 thermidor.

L'escadre passe largement à l'est des Açores et remonte sur l'Irlande. « Le 2 septembre, la flotte se trouva à la vue de l'extrémité sud de l'Irlande. Elle parla à un vaisseau danois qui avait été visité, le 29 août, par une escadre de sept vaisseaux de guerre français. Il

---

* Version britannique de la bataille navale des 28, 29 mai et 1er juin 1794, entre Howe et Villaret-Joyeuse, dont les quatorze vaisseaux escortaient un convoi de retour des Antilles et des États-Unis, chargé de grains, sucre et farines. Six vaisseaux français furent capturés ; mais Villaret-Joyeuse put, malgré la supériorité numérique de Howe, ramener le convoi marchand sain et sauf à Brest. Mission accomplie. La version française a surtout retenu de cette bataille la légende républicaine du *Vengeur*.

414

apparut que sir Erasmus, dont les vaisseaux étaient beaucoup plus faibles que ceux de l'escadre française, venait de la frôler[32]. »

Branle-bas aussi du côté français, où l'on vient d'apprendre l'arrivée du convoi de Macartney. « 20 fructidor an II, de Brest, du commissaire de la Marine à l'amiral Villaret-Joyeuse : préparer une forte division de vaisseaux des meilleurs marcheurs pour chercher le convoi venant de l'Inde[33]. » Trop tard ! L'ordre parvient le 6 septembre, le jour même où le convoi entre en rade de Portsmouth « après une absence de quelque deux ans[34] ».

L'absence, pour beaucoup, serait éternelle. La dysenterie avait durement frappé pendant le retour. On avait dû jeter par-dessus le bord du *Lion* cent deux cadavres — sur un équipage de quatre cents hommes[35]. Tel est le tarif, en ce temps, des navigations au long cours. Mais on oublie les morts, tout au plaisir de se revoir vivants.

Macartney écrit fièrement aux messieurs de la Compagnie que la proie a échappé à la chasse française :

« J'ai le plaisir de vous informer que ce ne sont pas seulement treize navires partis avec nous de Chine qui arrivent à bon port, mais cinq encore qui, partis du Bengale et de Bombay, nous ont rejoints à Saint-Hélène, tous navires chargés de produits de la Compagnie, pour une valeur de plusieurs millions.

« Je diffère jusqu'au moment de vous rencontrer à Londres le récit des progrès qui vont permettre à vos agents en Chine de vivre et de travailler sur un pied totalement différent de ce qu'ils ont connu jusqu'à présent. Je n'en ai pas moins incité les plus jeunes de vos agents, là-bas, à apprendre le chinois, sans quoi ils demeureront à la merci d'hommes enclins à les abuser.

« Les marques extérieures de respect montrées à l'ambassade par ordre de l'Empereur ont eu un effet salutaire sur la mentalité des Chinois : les Anglais ne sont plus l'objet de leur mépris et de leurs injures. Les dispositions des Chinois sont désormais plus favorables à notre égard : il dépend de la Compagnie que cet état de chose se renforce[36]. »

Que d'illusions !

Pour les membres de l'ambassade, c'est l'heureuse fin d'une aventure dangereuse. Chacun a le sentiment que la vie ne peut plus rien apporter qui soit à la hauteur de ce qu'on a vécu pendant ces deux ans. Pour Holmes, « les fatigues de la guerre ne seront plus qu'un jeu, après une si longue et si pénible expérience du service en mer[37] ». Pour Staunton, « les pays parcourus et les rencontres faites leur laissèrent une impression plus durable que tout ce qu'ils avaient éprouvé jusqu'alors[38] ». Tels sont les mots, sobres et modestes, sur lesquels le ministre plénipotentiaire achève son récit.

La mission était achevée. Mais, malgré ce qu'en disait Macartney, elle n'avait pas été accomplie.

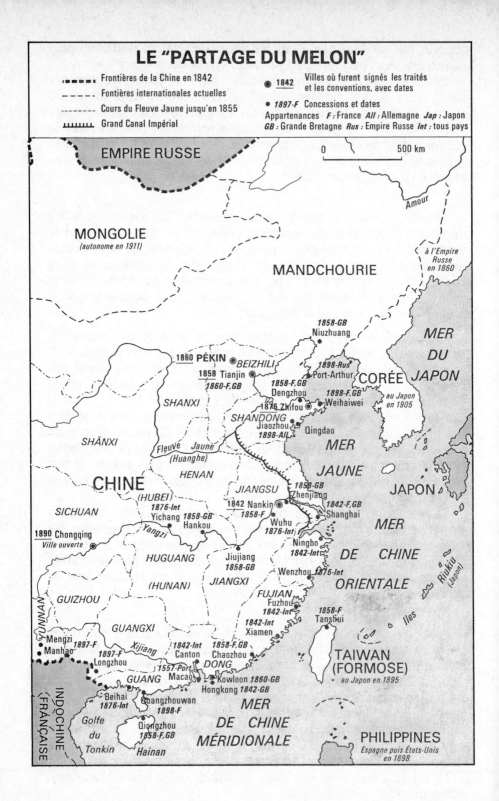

LE "PARTAGE DU MELON"

- ▪▬▪▬ Frontières de la Chine en 1842
- ┄┄┄ Fontières internationales actuelles
- ‒‒‒ Cours du Fleuve Jaune jusqu'en 1855
- ⏛⏛⏛ Grand Canal Impérial
- ◉ 1842 Villes où furent signés les traités et les conventions, avec dates
- ● 1897-F Concessions et dates

Appartenances *F* : France *All* : Allemagne *Jap* : Japon
GB : Grande Bretagne *Rus* : Empire Russe *Int* : tous pays

0   500 km

EMPIRE RUSSE

MONGOLIE
(autonome en 1911)

MANDCHOURIE

Amour

à l'Empire
Russe
en 1860

MER
DU
JAPON

1858-GB
Niuzhuang

1860 PÉKIN ◉BEIZHILI
1858 Tianjin ◉
1860-F, GB

1898-Rus
Port-Arthur

CORÉE

SHANXI

1858-F, GB
Dengzhou
1876 Zhifou ●

1898-F, GB
Weihaiwei

au Japon
en 1905

SHÄNXI

Fleuve Jaune
(Huanghe)

SHANDONG
Jiaozhou
1898-All

Qingdao

MER

JAPON

CHINE

HENAN

JIANGSU

(HUBEI)
1876-Int
Yichang 1858-GB
Hankou

1842 Nankin ◉
1858-F

1858-GB
Zhenjiang

1842-F, GB
Shanghai

JAUNE

SICHUAN

Yangzi

Wuhu
1876-Int

MER

1890 Chongqing ◉
Ville ouverte

HUGUANG

Jiujiang
1858-GB

Ningbo
1842-Int

DE   CHINE

(HUNAN)

JIANGXI

Wenzhou 1876-Int

ORIENTALE

Riukiu
(Japon)

GUIZHOU

FUJIAN
Fuzhou
1842-Int

1858-F
Tanshui

Îles

YUNNAN

GUANGXI

1842-Int
Xiamen

Mengzi
Manhao
1897-F

Xijiang

1842-Int
Canton

1858-F, GB
Chaozhou

TAIWAN
(FORMOSE)
au Japon en 1895

1897-F
Longzhou

1557-Port
Macao

DONG

GUANG

Kowloon 1860-GB
Hongkong 1842-GB

INDOCHINE FRANÇAISE

Beihai
1876-Int

Guangzhouwan
1898-F

MER

Golfe
du
Tonkin

Qiongzhou
1858-F, GB

Hainan

DE   CHINE
MÉRIDIONALE

PHILIPPINES
Espagne puis États-Unis
en 1898

SIXIÈME PARTIE

L'APRÈS-MACARTNEY
OU
UN ENCHAÎNEMENT DE MALHEURS

> « Les événements sont plus grands que ne le savent les hommes, et ceux-là mêmes qui semblent l'ouvrage d'un accident, d'un individu, d'intérêts particuliers, de quelque circonstance extérieure, ont des sources bien plus profondes et d'une bien autre portée. »
>
> GUIZOT, 1823[1].

> « La concurrence n'a point de cœur, point de pitié. Malheur aux vaincus ! Dans cette lutte, nécessairement, beaucoup de crimes doivent se commettre ; toute cette lutte fratricide n'est qu'un crime continu contre la solidarité humaine, qui est la base de toute morale. »
>
> Mikhaïl BAKOUNINE, 1870[2].

CHAPITRE 81

L'Europe déchinoisée*
(1794-1816)

« Ce grand empire, trop bien assuré de la suffisance des ressources de sa nature et de ses arts... »
Thomas STAUNTON, 1810[1].

Macartney avait échappé aux canons français. L'Angleterre regagnée, il dut affronter ce que sa bravoure orgueilleuse redoutait davantage : de sévères critiques. Son secret ne fut pas gardé. C'eût été impossible, tant le pays suivait avec passion cette aventure inédite. L'écho de son échec avait précédé son escadre.

Jusqu'en juin 1794, la presse londonienne avait publié, avec un décalage de neuf à dix mois, des informations très favorables. Le *Gentleman's Magazine* décrivait complaisamment le faste et la chaleur avec lesquels était reçue la mission. Mais les dépêches de Macartney, envoyées de Hangzhou par l'entremise de Mackintosh en novembre 1793, arrivent en juillet 1794. De Canton, arrivent aussi des bateaux marchands ; ils colportent les informations qui couraient dans les milieux européens. Fuites dans les canaux de l'information officielle, ou fonctionnement incontrôlable du réseau des informations officieuses ? Pays de la liberté de la presse et de la transparence, l'Angleterre apprend tout, en vrac, dans ses journaux : les frictions occasionnées par le *kotow*, l'interdiction faite aux missionnaires de rencontrer librement les Anglais, le départ précipité de Pékin, le rejet de toutes les demandes présentées par l'Ambassadeur ; le *Gentleman's Magazine* souligne lui-même par des titres l'ampleur du désastre[2].

Aussitôt, l'opinion réagit. Un galant lecteur écrit au même journal : « Parmi les propositions présentées par lord Macartney à cette triste

---

* Sauf quelques inédits, cette sixième partie n'apprendra pas grand-chose aux sinologues et historiens. Je l'ai écrite à l'intention du lecteur qui ne connaît pas aussi bien qu'eux l'histoire de la Chine et de ses relations avec l'Occident entre 1794 et 1911.

Cour, y en avait-il une qui stipulait que les dames anglaises pourraient s'installer dans nos factoreries ? Ou bien nos agents en Chine doivent-ils faire profession de chasteté ? Les femmes d'Europe devraient cesser d'utiliser soie, porcelaine, thé, jusqu'à ce que le souverain tartare lève l'embargo dont il les a frappées, elles[3]. » L'honneur des *ladies* est en cause. A boycott, boycott et demi. Voilà *Lysistrata* transposée sous forme de représailles marchandes.

Un jugement donne le ton des remarques acerbes qui accueillirent Macartney : « L'ambassade a été au mieux préparée pour séduire un prince indien ou un roitelet africain. » Sans doute ce publiciste est-il encore convaincu de la « supériorité chinoise » : « Si l'on avait vraiment voulu émerveiller la Chine, il aurait fallu en faire bien davantage[4]. » Néanmoins, le plus souvent, si l'on blâme le gouvernement et l'Ambassadeur, on n'excuse pas la Chine. La réaction patriotique joue à plein. Mais elle est ambiguë : on en veut au Cabinet d'avoir exposé la nation à une inacceptable humiliation.

Les relations bientôt publiées, les récits faits dans les salons de Londres auront un effet décisif sur l'image que l'Europe se faisait de la Chine. Le rideau de fumée de l'encens philosophique ne sera plus très long à se déchirer. L'expédition Macartney devait frapper un grand coup et, par tous les moyens pacifiques, montrer que la Grande-Bretagne était « la première puissance de la planète ». Par son échec même, elle va déclencher une démystification qui préparera les voies aux confrontations armées du siècle suivant.

La vérité sous ses voiles

La rumeur qui s'enfle place les officiels dans une situation difficile. On ne peut tout cacher ; on ne peut tout révéler. Dans son journal, Macartney a été souvent fort clair — mais il se gardera de le publier. Pas plus que ses « Observations », où il a rassemblé les réflexions sans doute les plus lucides jamais encore écrites, dans quelque pays que ce fût, sur la Chine. Il a compris que le colosse avait des pieds d'argile et qu'une chiquenaude suffirait pour le jeter à terre : à la fois le diagnostic et le pronostic.

En accord avec la Cour de Saint James, il va charger Staunton de présenter une version qui, tout en restant crédible, ménage l'honneur britannique. En 1797 paraît donc le *Récit historique de l'ambassade à l'Empereur de Chine envoyée par Sa Majesté Britannique, tiré principalement des papiers de lord Macartney.* Cette histoire officielle ne cherche pas à dissimuler l'échec, mais à écarter le soupçon que les diplomates aient pu commettre des erreurs qui justifieraient les Chinois. Elle veut aussi éviter l'impression que la Grande-Bretagne a essuyé une humiliation sans réagir : Staunton habille la vérité pour la rendre plus décente. Il ne ment que par omission, laissant encore, çà et là, à la vieille Chine quelques traits de sa légende.

Cette prudence en rejoint une autre. Il ne faut pas que les Chinois sachent que les Anglais ont cessé de voir la Chine telle que les

Chinois veulent qu'on la voie. Pour les mêmes raisons que les Jésuites : les efforts consentis par les Anglais au long du XVIIIe siècle, et qui avaient culminé avec cette expédition, commandaient à leur ambassadeur de ne pas tout dire, pour ne pas tout compromettre. Les impératifs diplomatiques le conduisent à faire présenter par son second un tableau de l'Empire chinois qui ne s'éloigne encore qu'à demi du mythe. Mais il s'en éloigne suffisamment pour contribuer à le dissiper. Ainsi, la vision de la Chine projetée par l'ambassade prélude aux traitements que les Occidentaux infligeront à la Chine au XIXe siècle. L'ambassade de lord Macartney occupe bien, dans les relations entre l'Occident et l'Extrême-Orient, une position charnière. Elle est un aboutissement et un point de départ. Elle clôt un siècle d'approches diplomatiques et commerciales ; elle entame chez les Occidentaux un processus de révision de l'image de la Chine.

Certes, les révélations qu'elle apporte ne seront pas exactement un coup de tonnerre dans un ciel bleu. Il y eut toujours des témoins pour affirmer que la Chine n'était pas le pays de cocagne vanté par Leibniz, Voltaire ou les Jésuites. Montesquieu avait refusé de céder à l'enthousiasme[5]. Le Gentil, dont le *Voyage autour du monde* parut à partir de 1731, avait visé les Chinois en plein cœur : « La permanence de leurs institutions n'est pas une preuve de leur supériorité, car elle leur interdit tout progrès[6]. » Dans ses *Souvenirs*, l'amiral Anson avait, le premier, prôné la politique de la canonnière : dès 1741, un siècle exactement avant la guerre de l'Opium.

Mais il y avait trop d'otages occidentaux en Chine, missionnaires ou marchands, trop d'intérêts commerciaux et financiers, pour ne pas inciter à la prudence les opinions publiques — ou publiées. Les correspondances privées ou les notes confidentielles, des agents de la Compagnie en particulier, révélaient à Londres tout ce qu'il fallait taire à Canton — les humiliations subies ou redoutées. Il n'empêche : la Compagnie est soucieuse de ne pas bouleverser les habitudes du commerce ; elle craint de heurter les Chinois et de perdre les quelques avantages qui lui ont été concédés.

Où l'individu est dépourvu de personnalité

Un agent français, qui a moins à perdre, peut exprimer plus librement son impatience. « Il est temps », écrit de Canton, où il réside depuis quatre ans, Louis-Chrétien de Guignes, « que la Chine regarde l'Europe sous un autre coup d'œil qu'elle l'a vue jusqu'à présent[7]. » Non, la Chine ne va pas se mettre à regarder l'Europe « sous un autre coup d'œil ». Mais c'est l'Angleterre, puis l'Occident, qui, après Macartney, vont changer de regard sur elle.

Désormais, l'image de la Chine pâlit. On peut prendre Hegel à témoin de cette dégradation. Nous savons qu'il a lu, outre les *Lettres édifiantes*, le récit de Staunton. C'est bien dans celui-ci — et dans celui-ci seulement — qu'il reconnaît avoir puisé les éléments de sa vision, si lapidaire : « L'Empire chinois est celui du despotisme théocratique [...]. L'individu est moralement dépourvu de personnalité propre. L'histoire de la Chine est encore essentiellement sans histoire ; elle n'est que la répétition d'une même ruine majestueuse [...]. Aucun progrès ne peut y prendre place[8]. »

Goethe, qui n'a lu ni Staunton ni Hegel, bêtifie encore. Sa connaissance de la Chine, il la tire d'un roman chinois qui lui rappelle son *Hermann et Dorothée*. « On y parle d'un jeune homme si pur et si honnête qu'il eut l'honneur de parler à l'Empereur ; d'un couple d'amants si chastes qu'obligés de passer ensemble une nuit dans la même chambre, ils ne se touchèrent pas [...]. La morale, les convenances : c'est grâce à cette stricte modération que l'Empire chinois s'est maintenu depuis des milliers d'ans et continuera d'exister longtemps encore[9]. » Mais Goethe fait déjà figure d'attardé de l'enchinoisement.

La sape tranquille des sans-grade

Dans un pays libre, la vérité officielle ne saurait prévaloir : les éditeurs et publicistes sont là pour aider d'autres témoins à se manifester. Ces sans-grade de l'ambassade ont contribué à faire pâlir l'étoile chinoise au ciel de l'utopie.

Le « porte-plume » d'Anderson, Coombes, pour rencontrer les convictions supposées des lecteurs et assurer le succès du livre, fait un tableau systématiquement sinolâtre. Il multiplie les traits satiriques contre la société britannique. Mais quelques touches féroces fissurent cet ensemble orienté. Ici, la viande putride et jetée à la mer, que les Chinois récupèrent et consomment avec avidité, entame la légende de la prospérité de l'Empire[10]. Là, une réflexion de Britannique, fier de la *Navy*, condamne la « dévotion portée aux anciens usages » et l'ignorance des « arts mécaniques », par lesquelles s'explique « l'absence d'évolution dans les techniques de l'architecture navale[11] ». Choquants, ces eunuques[12]. Choquants, ces soldats qui écartent la foule à coups de fouet[13]. Choquante, la saleté dans laquelle les Chinois préparent les repas[14]. Choquante, l'hilarité que les Anglais déchaînent sur leur passage[15]. Le voilà, ce peuple « infantile » que l'on s'entendra à « éduquer » dans les décennies à venir...

Hüttner constate avec condescendance que les Chinois ignorent tout de l'art d'apprêter le cuir[16] ; la navigation hauturière leur est inconnue[17] ; leurs jonques de plaisance sont dépourvues de « commodités[18] » ; leurs constructions, si brillantes de loin, ne montrent de près qu'un travail grossier et une mauvaise dorure[19]. Enfin, le plus grand potentat de l'univers, « le bon vieillard qui gouverne aujourd'hui, est trompé par ses courtisans, tout comme les autres souverains[20] ». Où est donc l'indépassable système politique ? Envolé, avec les techniques, avec le sens du confort...

La Chine horrifie Holmes, soldat sans détours. Ces Chinois auraient inventé la poudre à canon ? Alors que la seule vue d'un mortier tirant à blanc les glace d'effroi[21] ? Ils vous traitent avec égards, mais ne vous laissent pas faire seul un pas en ville : inimaginable méfiance[22] ! Et quels ignorants ! « Le peuple peut à peine concevoir qu'il existe une autre nation que la sienne[23]. »

Témoins *sans importance*, Anderson, Hüttner, Holmes en laissent assez apercevoir, pour que l'édifice des Jésuites et des « philosophes » s'écroule après leur passage, et qu'apparaisse un pays arriéré ou dégénéré, qui ne peut soutenir sa renommée de haute civilisation.

Dix ans après, Barrow

Dix ans après le retour de l'ambassade, quand Barrow publie son ambitieux compte rendu, la situation sino-britannique n'est plus la même. Les rapports laborieusement entretenus avec Pékin jusqu'à la mort de Qianlong se distendent sous le règne de Jiaqing, dont l'Empire est secoué de spasmes de plus en plus violents. Barrow a moins de précautions à prendre. Et la guerre contre la France napoléonienne impose de faire étalage de la supériorité britannique. Les lecteurs retiennent surtout la partie critique de l'ouvrage.

La très sérieuse *Edinburgh Review*[24] applaudit à cette « démolition » d'un empire « semi-barbare ». Les Chinois vivent « sous la plus abjecte des tyrannies, dans la terreur des coups de bambou. Ils enferment et mutilent leurs femmes. Ils pratiquent l'infanticide et autres vices contre nature. Ils sont inaptes à aborder sciences exactes et philosophie naturelle. Ils ignorent les arts et les techniques les plus indispensables. Leurs rapports sociaux sont fondés sur un formalisme stupide. Ils sont lâches, sales, cruels[25]. » Enfin, « ignorant les sports et privés de divertissements salutaires », les Chinois sont « perdus de jeu[26] ». La langue ? « Les Chinois, depuis des milliers d'années, ont piaillé comme de la volaille, au lieu de tenir le langage des hommes[27]. » Bref, « le grand mérite de M. Barrow, c'est la santé de son bon sens et la sincérité de ses observations[28] ».

Petit Staunton devenu grand

Il revenait au page de l'Ambassadeur de parachever cette révision déchirante et d'asseoir sur sa connaissance incomparable du chinois un jugement sans appel.

L'ambassade achevée, il ne s'est pas détourné de la Chine. Il prépare la revanche. Entre 1798 et 1816, il fait de longs séjours à Canton, comme employé, puis commissaire, puis fondé de pouvoir de la Compagnie. En 1800, à dix-neuf ans, il découvre le code des lois de la Chine, *Ta T'sing Leu Lee [Da Qing lüli]*. Puisque les Occidentaux ont tant à se plaindre de l'arbitraire mandarinal, ce code, qu'on leur avait caché, doit les servir. Il va mettre dix ans à le traduire et en publiera un fort volume, en 1810, salué comme un événement historique par la *Quarterly Review* : « le premier ouvrage traduit directement du chinois en anglais[29] ».

Ces travaux eurent tôt fait de Thomas Staunton un des meilleurs connaisseurs de l'univers mental chinois. Le Lazariste Richenet lui écrit en 1810 : « Avec tant d'expérience, après tant de combats, vous savez sûrement toutes les ruses des mandarins ; vous êtes pour eux un formidable adversaire[30]. » Le bon père l'a compris : les rapports de Thomas avec la Chine sont posés en termes d'affrontement. La guerre culturelle est déclarée.

La préface de sir Thomas à son recueil va droit au but : « Le court séjour que lord Macartney et son ambassade firent en Chine suffit à leur faire découvrir que la supériorité sur les autres nations dont se targuent les Chinois, et que leur ont reconnue de nombreux historiens d'Europe, est totalement fallacieuse[31]. »

La leçon de Staunton junior ne sera pas perdue. Les revues sérieuses répandent ses conclusions : « Les lois d'un peuple », écrit alors l'*Edinburgh Review*[32], « sont les témoins manifestes de son état mental et de son caractère. L'auteur, dans sa pénétrante préface, montre combien les idées pittoresques diffusées par les écrits de certains missionnaires sur la Chine ne souffrent pas la moindre confrontation avec la réalité. Les connaissances des Chinois sont notamment les plus défectueuses dans les domaines où les Européens ont fait dernièrement les plus grands progrès[33]. »

« Qui ne progresse pas régresse »

Le fossé ne se creuse pas seulement entre la Chine utopique et la Chine réelle, mais entre la Chine réelle et l'Europe. Le sentiment se développe qu'« une nation qui ne progresse plus régresse et que, finalement, elle retombera dans la barbarie et dans la misère ». Ainsi Macartney se prononçait-il lui-même, presque mot pour mot, au retour de son ambassade[34]. Quinze ans après son retour de Chine, son jugement a beau rester secret, il emplit la presse.

Le collaborateur de la célèbre revue écossaise suggère que « les dispositions mentales des Chinois devraient fournir un sujet d'investigation des plus curieux, bien au-delà de ce que les meilleurs récits ont pu jusqu'à présent nous amener à penser[35] ». Voici les Chinois, hier incomparable élite de l'humanité, ravalés au rang de curiosité anthropologique : « *Célestes*, les lois de la Chine ne font que manifester une extraordinaire minutie et une constante intervention dans la conduite des particuliers ; elles ne sont pas imputables seulement à la passion excessive de réglementer que l'on rencontre dans tout pouvoir absolu ; elles nous semblent plutôt indiquer que les Chinois n'ont pas encore atteint un certain stade de l'évolution générale des sociétés. » En Chine, « le sens de l'honneur individuel n'existe pas ». C'est « le plus grave reproche que ce peuple singulier peut encourir ». Or, « une nation est forte et heureuse à la stricte mesure du sens de l'honneur qui prévaut en chacun de ses membres[36] ».

Après Macartney, ce que l'on savait de la Chine se retourne contre elle — y compris sa vénérable antiquité. « Ce qui met les Chinois au-dessus de tous les peuples de la terre, avait affirmé Voltaire sans rire, c'est que ni leurs lois, ni leurs mœurs, ni la langue que parlent leurs lettrés, n'ont changé depuis quatre mille ans[37]. » Calembredaine, au regard pragmatique des Anglais ! La laisser subsister serait trop contraire au goût de la liberté et du progrès qu'ils professent et vont professer hardiment à travers le monde.

« Il faut détruire Carthage »

La phrase assassine d'Anderson ne finit pas de faire des vagues : « Nous entrâmes à Pékin comme des mendiants, nous y séjournâmes comme des prisonniers, nous en sortîmes comme des voleurs. » Des voleurs, les diplomates britanniques qui venaient dire à l'empereur de Chine que les Anglais devaient être considérés comme les maîtres de l'univers ? Quelle impudence ! Un coup d'éventail bafouait la supériorité britannique. « Il ne devrait pas être difficile d'impressionner les Chinois », avait écrit Macartney avant son départ[38]. Affaire ratée. Il faudra la reprendre autrement.

L'Anglais a l'âme patriote : peu lui importe que les Chinois ne soient pas ce que les philosophes du continent avaient imaginé. Il n'avait guère prisé les boursouflures de la rhétorique française ou allemande. Ce qui le blesse, c'est que ce peuple lointain ait traité ses envoyés en vassaux et en Barbares. Ce peuple, il faut le mettre en chemise — comme les bourgeois de Calais.

Quelle constance, dans ce caractère britannique ! Un Anglais, à bout d'arguments devant l'intransigeance de De Gaulle qui s'opposait à l'entrée de la Grande-Bretagne dans la Communauté européenne, me dit un jour de 1967, comme s'il se fût agi d'un cataclysme planétaire : « Mais... il va nous humilier ! »

Les Anglais ont une rancune de grande qualité. Tout leur est bon pour la nourrir. La Chine devait payer : *delenda est*. Ils sont surtout doués d'une admirable ténacité collective, qui les autorise à poursuivre de longs desseins. Ils pourraient faire leur le précepte de Confucius : « Qui ne se préoccupe pas de l'avenir lointain se condamne aux soucis immédiats[39]. » 1808 et 1816 jalonneront de rudes relations avec la Chine. Mais un demi-siècle se sera écoulé, avant qu'ils ne se décident à passer vraiment à l'acte.

Dans un premier temps, ils appliquent le conseil du père Amiot mourant — que La Fontaine avait mis en vers : *Patience et longueur de temps...*

CHAPITRE 82

Titzing, ou l'ambassade humiliée
(1794-1795)

Par son ampleur, l'expédition Macartney avait été la première dans l'Histoire. Elle est suivie de trois autres. Moins ambitieuses, elles offrent l'avantage de mieux démêler, par comparaison, les causes — chinoises ou anglaises — de l'échec de Macartney.

Le Lord n'est pas rentré à Portsmouth, qu'une nouvelle ambassade d'Occident sollicite d'être reçue à Pékin. Elle émane d'une puissance qui a depuis longtemps des intérêts en Extrême-Orient : les Provinces-Unies. Isaak Titzing, qui la conduit, ne dispose que d'une suite modeste. Il se prosternera autant qu'on le souhaitera. L'échec de sa mission n'en est pas moins cinglant — et donne raison, après coup, à l'intransigeance de Macartney.

Dix ans plus tard — l'automne d'Austerlitz —, une ambassade russe de deux cents personnes prend la route des steppes de l'Asie centrale. Elle ne dépassera pas Ourga, capitale de l'État tributaire de Mongolie.

Enfin, après Waterloo, les Anglais, fiers de leur gloire neuve, tentent à nouveau de briser le splendide isolement chinois : leur économie a plus que jamais besoin d'un marché à l'échelle du monde. Lord Amherst ne verra même pas l'Empereur : son second, sir Thomas Staunton — l'ancien page de Macartney —, l'a dissuadé de faire le *kotow*. Ils regagneront Canton dans des conditions pitoyables.

Durant son retour en Angleterre, il relâche à Sainte-Hélène, où le vaincu de Waterloo sermonne ses vainqueurs pour n'avoir pas su, parler à cet Orient qui l'a tant fait rêver.

Les Européens s'interpellent des quatre points cardinaux. Seuls gardent le silence ceux pour qui l'univers en compte cinq.

Donner une leçon aux Anglais

Le chef de la Compagnie hollandaise à Canton, André-Everard Van Braam, rêvait de représenter le Stathouder à la Cour de Pékin. L'opinion prévalait à Canton que si l'ambassade britannique avait échoué, c'était parce qu'elle n'avait pas su s'y prendre. Van Braam voulait montrer au monde comment faire pour être bien vu des Chinois. Il fallait donner à l'orgueilleuse Angleterre une leçon de savoir-vivre et d'efficacité. L'inauguration de l'an 60 de l'ère Qianlong lui parut en offrir l'occasion. Il multiplia les démarches. Ses collègues occidentaux de Canton, pressés par lui de rendre hommage, de concert avec lui, au Fils du Ciel, se récusèrent. Il ne se découragea pas. Il avait des alliés : les mandarins cantonais cherchaient à effacer l'avanie infligée à la Cour par Macartney.

Batavia et La Haye donnèrent enfin leur accord. Une ambassade hollandaise irait donc congratuler Qianlong. Malheureusement pour Van Braam, il ne serait que le second d'Isaak Titzing, ancien chef de la Compagnie hollandaise pour le Japon, puis pour le Bengale.

Hallucinant cauchemar, cette ambassade : répétition caricaturale de celle de Macartney. Mais elle montre à la fois, par différence, ce que devait être une ambassade aux yeux des Chinois — et ce que Macartney avait réussi à faire de la sienne.

Les mandarins cantonais voulaient que l'Envoyé renonçât à toute requête. Changlin et Suleng'e surent arracher la promesse que les Hollandais se contenteraient de féliciter l'Empereur[1] : l'ambassade avait échoué avant de se mettre en marche. A la mi-octobre 1794, le vice-roi convoqua Titzing : l'Empereur le recevrait avant le Nouvel An chinois, le 21 janvier 1795.

Le 22 novembre 1794, la mission hollandaise quittait Canton : outre Titzing et Van Braam, sept personnes, dont le chevalier de Guignes, ce Français qui connaissait si bien les Chinois pour résider depuis dix ans à Canton*. Il serait l'interprète. Il a laissé de l'aventure un récit qui fait heureusement contrepoint, par sa verve corrosive, au compte rendu de Van Braam, résolu à voir tout en rose.

Il fallait aller vite : on ne disposait que de cinquante jours pour traverser la Chine du sud au nord, par voie de terre. Partout, des logements incommodes, des autorités locales peu prévenantes, une nourriture souvent avariée, le papier huilé des palanquins lacéré par les curieux... On se dispute à propos des bagages : les Chinois conseillaient de les laisser suivre ; les Hollandais refusaient de s'en séparer, de crainte d'arriver à la Cour sans leurs présents[3].

L'hiver se fait mordant. Chemins impraticables ; logis sans feu ; pluie qui perce les palanquins. Au-delà du Yangzi, la neige, que les Chinois de Canton n'avaient jamais vue[4]. Incidents sur incidents. Ici, un fleuve qu'on traverse en radeau, hommes, chevaux et bagages pêle-mêle : « Nos effets arrivèrent en partie brisés, et surtout mouillés[5]. » Là, les porteurs plantent les voyageurs au milieu du chemin pour aller déjeuner. Plus loin, Van Braam, dont le palanquin se rompt sous son poids, termine le voyage en brouette[6]. « Nous arrivâmes à Pékin après une route de six cents lieues achevée en quarante-neuf

---

* Oublié à Canton par le Roi, la Convention et le Directoire, il ne rentrera en France qu'en 1801[2].

jours, rompus et presque affamés[7]. » Quel contraste, avec les égards qui avaient accueilli les cinq voiliers de Macartney ! On voulait prouver la supériorité de la méthode humble sur la méthode arrogante : la démonstration s'annonçait mal.

Prosternation devant un esturgeon

Le lendemain de l'arrivée, le 11 janvier, un mandarin vint présenter à l'Ambassadeur, de la part de l'Empereur, un « esturgeon de trois cents livres ». Devant ce don impérial, Titzing et son second « se prosternèrent comme on les y invitait[8] ». Guignes, l'interprète, est plus précis : « frapper la tête neuf fois contre terre[9] ». Sur la foi des flatteries des accompagnateurs, Van Braam répète : « Nous sommes placés dans l'opinion du souverain et du Premier ministre fort au-dessus des Anglais[10]. »

On leur annonça que l'audience aurait lieu le lendemain. « Nous soulevâmes mille objections, mais inutilement. L'Ambassadeur finit par consentir. Nos mandarins nous prodiguaient de grandes caresses. On montra à l'Ambassadeur comment il devait saluer, ce qu'il imita : plusieurs révérences jusqu'à terre[11]. »

A trois heures du matin, les Hollandais se virent commander d'abandonner leur épée, et se trouvèrent mêlés aux envoyés mongols et coréens — pour une longue attente dans la nuit glacée. « Les mandarins donnèrent des coups de fouet à tort et à travers : les Coréens en reçurent leur bonne part[12]. »

Quand s'ouvrirent les portes du palais, les Chinois firent mettre les ambassades à genoux. Parut Qianlong, en palanquin, qui concéda un regard aux Coréens, puis arrêta ses porteurs devant Titzing. « Son second ministre, Fuchang'an, qui marchait à gauche du palanquin, vint prendre la boîte dorée des mains de Son Excellence et la porta à Sa Majesté. Alors nous fîmes tous le salut d'honneur, en abaissant trois fois la tête jusqu'à terre, à trois différentes reprises[13]. » L'Empereur demanda à Titzing si son souverain se portait bien, et passa son chemin.

Guignes tire le bilan avec une ironie féroce : « L'Empereur reçut l'Ambassadeur dans une cour, en dehors du palais ; excepté deux ou trois mots qu'il lui dit et quelques bagatelles qu'il lui envoya pour déjeuner, il ne fit plus attention à lui, quoiqu'il fût à deux pas et à portée d'être vu[14]. »

Le soir même, les Chinois firent emporter les horloges destinées à l'Empereur. Il gelait si fort, que Van Braam leur demanda un peu de charbon et quelques meubles. Ils lui promirent tout et ne firent rien[15]. Le lendemain, on retourna au Palais : les Hollandais furent introduits dans une pièce aussi glaciale qu'enfumée de tabac. Van Braam se console de son logement spartiate, en constatant que les ministres vivent à la même enseigne : dire que « ces appartements font partie du palais impérial[16] ». Il dénonce les fauteurs de tant de désillusions : « Ce tableau s'accordera mal avec les brillants rapports que les missionnaires ont envoyés en Europe au sujet de cette capitale et du palais de l'Empereur, mais je peins ce que je vois et que je m'attendais si peu à rencontrer[17]. »

Le carrosse de Macartney

Fuchang'an demanda aux Hollandais s'ils souffraient du froid et les congédia[18]. Aucune conversation politique : les Hollandais avaient donné leur parole. Le 15 janvier, l'Empereur leur fait porter des raisins secs, que Van Braam accueille par neuf prosternations. Le charbon promis arrive enfin[19] ! Mais impossible d'approcher les missionnaires. Est-ce là « être tenu en estime fort au-dessus des Anglais » ? Dix-huit mois plus tôt, les pères ne s'étaient vu interdire tout contact avec l'ambassade, qu'à partir du moment où elle allait être congédiée. « On est venu m'apporter secrètement une lettre de mon ami Grammont », note Van Braam le 18 janvier. « Il me témoigne son vif désir de pouvoir me communiquer des choses importantes. J'ai remis ma réponse au porteur. Voilà toujours l'espoir de correspondre[20]. » Vain espoir.

Vaine ambassade, plus vaine encore, si l'on songe que, le même jour, à des milliers de lieues de là, en Europe, le Stathouder de Hollande fuyait vers l'Angleterre devant l'avance des armées de la Convention. Les Hollandais devenaient les Envoyés d'une puissance qui n'existait plus — mais ils ne le sauraient que sept mois plus tard.

Guignes a écrit au père Raux un billet que Van Braam a promis de remettre au premier missionnaire rencontré. Le 18, le Français est appelé chez Heshen : une nuée de mandarins l'interrogent sur les raisons de sa présence à Pékin, sur la teneur du billet. Guignes se disculpe en invoquant son amitié pour le père Raux, son compagnon de voyage de l'Europe à la Chine[21]. Cette scène, comme tant d'autres, aurait pu se dérouler à une date récente.

Les Hollandais demeurèrent dans la capitale plus longtemps que Macartney — un peu plus d'un mois. Un mois à ne rien faire, sinon assister à quelques fêtes, patienter de longues heures pour être « sur le passage de l'Empereur » et l'honorer de frappements du front. On a beau leur faire dire « que jamais aucun Européen n'était entré aussi avant dans le Palais », le Nouvel An chinois ne parvient pas à les dérider. On les a fait lever à deux heures pour se trouver sur le passage de l'Empereur, avant de les aviser, à trois heures, qu'il ne passerait pas[22].

De tout leur séjour, ils ne connurent qu'une joie : celle de découvrir, relégué dans le coin d'une salle, le carrosse offert à Qianlong par Macartney. Le peu de cas qui en était fait mit un peu de baume sur les plaies vives dont souffrait leur amour-propre.

Le 10 février, dernière audience dans une vaste cour, devant une foule immense. L'humiliant salut s'aggrava d'une vexation publique : « Les mandarins se montrèrent très attentifs à ce que l'Ambassadeur et M. Van Braam se prosternassent le nombre de fois requis. Ce dernier s'étant relevé trop tôt, ils l'obligèrent à recommencer. » Sous la menace d'un fouet[23].

Van Braam rencontre enfin le père Raux : « Les yeux des mandarins épiaient si nous ne lui remettions pas quelque papier[24]. » Le père explique que, si l'ambassade était venue directement d'Europe, et non de Canton, elle aurait pu entrer plus facilement en communication avec les missionnaires. *« Les Chinois redoutent ceux qui connaissent un peu la Chine[25]. »* Encore vrai au XXᵉ siècle.

Le 15 février, on quitta Pékin en emportant l'édit impérial, si durement acquis : « Depuis soixante ans que Nous avons reçu du Ciel cet Empire, Nous l'avons si bien gouverné, soit par la munificence, soit par la terreur, que la paix et le bonheur règnent partout. Prince, conserve un éternel souvenir de Nos bienfaits, et, touché de ce que Nous faisons pour toi, applique-toi à gouverner ton peuple avec soin et justice ; c'est à quoi Nous t'enjoignons[26]. »

Le message ne put parvenir à destination : le « Prince » avait cédé la place à la République batave.

Deux ambassades, deux échecs : pour la première, dans la dignité ; dans l'humiliation, pour la seconde. Van Braam conclut son voyage plus lucidement qu'il ne l'avait entrepris : « Ce peuple a une façon de vivre si retirée, qu'il peut se passer de tous les besoins factices que nous souffririons de ne point satisfaire. Croit-on que la vue des chefs-d'œuvre de la technique, que les Chinois reçoivent annuellement d'Europe, doivent dessiller leurs yeux ? Toutes ces merveilles sont mises au rang des superfluités[27]. »

Guignes jugea les deux ambassades aussi nuisibles l'une que l'autre : « Macartney, en refusant de courber la tête, avait extrêmement nui à ses intérêts, et choqué l'orgueil d'un peuple qui se croit au-dessus de tous les autres. » En revanche, « le consentement des Hollandais à remplir les devoirs prescrits » apparut comme « une réparation de l'insulte faite par les Anglais ». Pourtant, l'accueil « ne répondit pas à ce qu'ils étaient en droit d'attendre ». C'est donc « une faute que d'envoyer chez les Chinois une ambassade, avant qu'ils soient instruits, par l'expérience, qu'ils ne doivent la conservation de leur existence politique qu'à leur éloignement, et que cette haute opinion qu'ils ont d'eux-mêmes est chimérique. Un jour viendra que les Chinois, qui méprisent les étrangers et les regardent uniquement comme des marchands, reconnaîtront combien sont redoutables les peuples qu'ils traitent d'une manière si outrageante ; et ceux-ci, une fois aux prises avec la nation chinoise, ne tarderont pas à voir que, placée à l'extrémité de l'univers, elle en est la dernière par la force[28]. »

CHAPITRE 83

Golovkine,
ou l'ambassade interrompue
(automne 1805)

La Russie, et non plus la Hollande, pouvait seule concurrencer les Anglais à Pékin. Catherine II avait poursuivi les Tartares de la Volga dans leur fuite vers la Chine ; envoyé une armée surveiller la frontière chinoise ; accueilli les Jésuites expulsés des pays catholiques — bienfait qui n'allait pas sans arrière-pensées asiatiques[1].

Tandis que Macartney voguait vers la Chine, une mission russe, menée par le lieutenant Laxman, avait débarqué à Hokkaido et tenté sans succès une approche vers le Japon. Londres avait suivi les préparatifs de cette modeste entreprise avec autant de soin que Saint-Pétersbourg, ceux de la mission Macartney[2]. Et l'on se souvient que Songyun, qui raccompagna Macartney jusqu'à Hangzhou, revenait d'une négociation réussie avec les Russes en Mongolie.

Catherine II meurt en 1796, mais ses héritiers suivront son exemple. Alexandre Ier va tenter d'établir des relations avec les Chinois, non plus sur la frontière, mais à Pékin. Le ministre des Affaires étrangères du tsar, le prince polonais Czartoryski*, pousse à la roue. Il a dévoré les relations de l'ambassade Macartney. L'Empire russe, voisin de la Chine, ne peut pas faire moins que la lointaine Angleterre.

C'était à l'automne 1805 — tandis que l'Europe, Russie comprise, se coalisait pour la troisième fois contre la France. L'ambassadeur désigné, le comte Golovkine, voulait un cortège immense, dont soixante hommes de garde et une nuée de cavaliers. Le comte Jan Potocki, grand seigneur polonais, s'offrit pour l'accompagner comme « savant dans les sciences galvaniques » — c'est-à-dire l'électricité. Intelligent et cultivé, ce cousin et ami de Czartoryski se flattait, tel Macartney, de montrer aux Chinois l'intérêt qu'ils auraient à faire des échanges avec la Russie, plus avancée qu'eux en sciences et techniques. Il se voulait surtout haut conseiller politique de Golov-

---

* Celui-là même dont l'*ex-libris* orne les ouvrages — notamment de Staunton, de Barrow et de Hüttner — qui sont à l'origine du présent livre.

430

kine — qui n'avait l'intention d'écouter personne[3]. Potocki suggérait-il de lire un peu les missionnaires, Staunton, Barrow ? Golovkine, qui avait été élevé à la française, répondait que « sous les cieux, rien ne valait un bon cuisinier et des vins fins ». Il comptait sur la splendeur de son équipage, le prestige du tsar et son propre talent, pour émerveiller Jiaqing, fils et successeur de Qianlong.

Or, écrit Potocki, « c'est pour n'avoir point lu les relations de l'ambassade Macartney que l'on s'est embourbé dans le grand malentendu qui a fait échouer notre ambassade. Golovkine fit écrire sur ses voitures : *Dieu est bon, marche en avant*, et partit à la tête d'une troupe brillante et légère[4]. »

Les trois messages

L'ambassade prit la route d'Irkoutsk. Elle n'était pas arrivée à Kazan, qu'une lettre émanant du *wang** d'Ourga [Oulan-Bator] suggérait de laisser le gros de l'escorte à la frontière ; en outre, on attendait sans délai la liste des présents. Golovkine répondit qu'un ambassadeur de son importance se devait d'avoir autour de lui au moins deux cent cinquante personnes[5].

Une deuxième lettre atteignit l'ambassade à Selenginsk. Le *wang* réitérait : « Diminuez l'escorte et communiquez la liste des cadeaux. » Impressionné, Golovkine accepta de diminuer sa suite de quatre-vingt-dix personnes. A Troïtsk, dernière station russe avant la frontière, troisième lettre du *wang* : « Toi, Ambassadeur, si tu veux voir le visage auguste de l'Empereur de Chine, tu entreras le soixante-dixième[6]. »

Potocki note dans une lettre à son frère : « Tout ce que je vois d'eux me prouve que, par l'inertie de leur système, ils l'emporteront, à la longue, sur tous les efforts qu'on pourrait faire contre eux[7]. »

Pourtant, on accorda cent vingt-quatre personnes, à condition que l'Ambassadeur s'engageât formellement à faire le *kotow*. Golovkine, trop content d'avancer, accepta. Ce qu'il ignorait, c'est que le *wang* avait reçu ordre de faire parvenir l'ambassade à Pékin pour le Nouvel An chinois, afin de la noyer dans le flot des tributaires. On entra en Chine le 18 décembre 1805 — entre Austerlitz et Presbourg — au bruit des salves russes et des pétards chinois.

Il faisait un froid de loup. A peine versé, le thé chaud se couvrait de paillettes de glace[8]. A Ourga, le *wang*, flanqué de son *amban*** mandchou, redit à Golovkine leur hâte de le savoir à Pékin. Ils le convièrent à un festin impérial pour le surlendemain[9].

---

* Prince mongol gouvernant au nom de l'empereur de Chine.

** Fonctionnaire de haut rang envoyé par Pékin pour doubler les princes autochtones des régions vassales — Tibet, Mongolie... — et y exercer la réalité du pouvoir.

Golovkine arriva, escorté d'une splendide cavalcade de Russes et de Mongols[10]. Le *wang* le conduisit devant la *table aux parfums* et dit : « L'Empereur de Chine, en vous offrant un festin à Ourga, vous accorde un honneur exceptionnel. Vous devez l'en remercier. Devant ces parfums allumés, les cérémonies que je ferai, vous les ferez avec moi[11]. » L'Ambassadeur se contenta d'ôter son chapeau. Réprimandé par le *wang*, le Russe répondit qu'on ne le convaincrait pas que ces quelques bougies étaient l'Empereur. Le ton monta. Le *wang* s'emporta, puis se radoucit. On se quitta froidement.

Deux jours plus tard, on reprit les négociations. Mais Golovkine se heurtait à un mur : « Il faut contenter le Tribunal des rites. Ses prescriptions sont impératives. » Le *wang* ajouta cette phrase, qui déjà avait si fort surpris les Anglais : « Voyons, des révérences ne sont pas une affaire d'État[12]. » Non, mais un devoir assez grave pour que le refus de s'en acquitter fît échouer une ambassade. Le *wang* révéla qu'il avait rendu compte à Pékin et que, jusqu'à l'arrivée de la réponse, il ne voulait plus entendre parler de rien. Cela demanderait vingt jours. Dans les *yourtes*, le froid devenait insupportable.

Quand arriva la réponse de Pékin, le *wang* invita les émissaires à une nouvelle conférence. « J'ai en main de quoi vous renvoyer. Comment vous justifierez-vous devant votre empereur ? — Notre empereur nous récompensera ! Vous n'avez qu'à nous renvoyer. » Le *wang* répliqua : « Je ne puis parvenir à vous comprendre. On vous envoie à Pékin et vous faites votre possible pour n'y point aller[13]. »

Il proposa que l'Ambassadeur demandât l'indulgence de l'Empereur pour n'avoir point fait le *kotow* à Ourga et s'engageât par lettre à le faire et refaire à Pékin. La lettre renouvellerait l'engagement par trois fois, conformément à la rhétorique chinoise qui s'appuie sur la répétition. Golovkine accepta d'écrire, mais sans présenter d'excuses, et en ne s'engageant qu'une fois. Il se retira pour composer sa lettre. Mais, bientôt, des cavaliers rapportèrent à son camp les présents que le *wang* et ses officiers avaient d'abord acceptés, et lui remirent une lettre : « Vous êtes une race d'extravagants. Allez-vous-en[14]. » Golovkine fit faire demi-tour, à grande guides, à sa troupe transie.

Les Anglais avaient voulu élargir la porte étroite du Sud ; ils avaient échoué. Les Russes avaient essayé de pousser la porte étroite du Nord ; ils n'avaient même pas pu aller au bout de leur tentative. Comme les Anglais, ils avaient pensé réussir par une démonstration de puissance. Encore plus arrogants que les Anglais ? L'Empereur avait préféré ne pas les voir à Pékin, pour ne pas avoir à les en chasser.

Sur le moment, ce nouvel échec n'a pas infléchi le destin de l'Europe. A terme, la fermeture chinoise, confirmée au Nord comme au Sud, devait changer le destin du monde.

CHAPITRE 84

Amherst,
ou l'ambassade repoussée
(1816-1817)

En décembre 1794, dans une lettre inédite, Macartney avait tiré des conclusions optimistes de son ambassade. Elle « a arraché les négociants anglais à la tyrannie d'un vice-roi odieux et cupide, et les a placés sous la protection d'un autre vice-roi, sincère et amical [...]. Elle a jeté les bases d'une amitié entre nos États, d'un échange de bons offices, de rapports directs[1]. »

Les « rapports directs » ne sont-ils pas, à la longue, le meilleur moyen de faire tomber les écailles des yeux des Chinois ? En février 1795, au moment où les Hollandais quittaient Pékin furieux, Macartney avait suggéré d'envoyer sir George Staunton comme ministre résident[2]. Par malheur, sir George fut frappé de paralysie. Le projet fut enterré, et bientôt sir George aussi. Son fils reprendra le flambeau — sans concessions.

Pendant ce temps, la Grande-Bretagne cherchait, selon les conseils du père Amiot, à entretenir ses relations avec la Cour céleste.

Le dernier édit de Qianlong

Fin décembre 1795, le *Cirencester* jette l'ancre à Huangpu. Il est chargé de divers présents et de lettres : du Roi à l'Empereur, de Macartney au vice-roi, de la Compagnie au surintendant. Les Anglais jouent de malchance. Le vice-roi n'est plus Changlin ; il refuse lettres et présents destinés à son prédécesseur. Le surintendant répond qu'il n'est pas habilité à traiter avec les étrangers. Les personnages en place à l'automne 1793 avaient quitté la scène — le temps d'un échange de courrier[3].

Quant à la lettre du Roi à l'Empereur, elle suivit son chemin jusqu'à Pékin. Qianlong y répondit au début de février 1796 :

« Notre Céleste Dynastie, qui règne sur le vaste univers, n'attache aucune importance aux cadeaux coûteux que tu offres à Notre Cour ;

ce que Nous apprécions, c'est l'esprit d'humilité dans lequel ces présents Nous sont offerts. Nous avons donné ordre à Notre vice-roi à Canton d'accepter ton tribut, afin que ta respectueuse soumission à Notre trône soit reconnue[4]. »

Qianlong revient sur les affaires tibétaines. Il reconnaît que les Anglais ne se sont pas opposés aux intérêts chinois ; mais il souligne que ce fut sans incidence sur l'issue de la guerre — la Chine n'a pas besoin des Anglais :

« Notre commandant en chef Nous avait dûment informé que tu avais dépêché une mission au Tibet, porteuse d'une prière pour Notre résident à Lhassa, de laquelle il ressortait que tu avais conseillé la reddition aux Népalais. Mais le temps que ta prière arrive, Nos troupes avaient remporté une victoire totale. Il est évident que tu étais ignorant du cours exact des événements du Népal à l'époque où ton Envoyé séjournait à Pékin. Néanmoins, ô Roi, tu manifestes une claire perception de tes devoirs à Notre endroit, et la respectueuse gratitude que tu montres à Notre Dynastie est hautement appréciée[5]. »

Cet édit est le dernier qu'ait signé le vieil empereur : il abdiqua le lendemain, cédant le pouvoir, comme il l'avait annoncé à l'automne 1794 dans un édit solennel :

« L'an prochain verra le soixantième anniversaire de mon accession au trône de mes pères. Je jouis d'une parfaite santé et j'ai la joie de voir autour de moi des descendants de la cinquième génération. Je me sens encouragé à poursuivre mon effort. Mais au premier jour de ma soixantième année de règne, il y aura une éclipse de Soleil, et le jour de la fête des Lanternes, une éclipse de Lune. Le Ciel adresse ces signes funestes comme autant d'avertissements [...]. Pour tenir compte de ces mises en garde — et quoique ces phénomènes puissent être annoncés mille ans à l'avance —, je me propose de ne pas fêter le Nouvel An de Cour l'an prochain[6]. »

Superstition d'État : sur la scène chinoise, les acteurs changent. Mais ils jouent toujours la même pièce. Et elle ne contient pas d'autre rôle, pour les Barbares, que celui de se prosterner.

Jiaqing, son cinquième fils, avait su séduire Qianlong par sa beauté et son obéissance. Mais il ne recueillit, lorsque Qianlong abdiqua en sa faveur, que les apparences et l'apparat du pouvoir — jusqu'à la mort du patriarche, en 1799. Est-ce de ce temps que Jiaqing conçut son goût morbide de l'étiquette ? Ou ne fut-elle qu'une cuirasse contre son manque d'autorité ? La vie de la Cour tourna bientôt à un délire maniaque[7].

L'Empire était traversé de soubresauts. Les pirates faisaient la loi sur les côtes. Aux rébellions paysannes du *Lotus blanc*, succédèrent celles de l'*Ordre céleste*. Les révoltes trouvèrent des complicités jusqu'à la Cour où, fait inouï, on attenta, en 1813, à la vie de l'Empereur.

Plus inouï encore, le Barbare anglais prétendit prendre pied sur le sol chinois. Au motif d'empêcher les Français — qui venaient d'envahir le Portugal — de s'emparer de Macao, l'amiral Drury, à la tête de la flotte du Bengale, occupe la ville en septembre 1808, sous les huées des populations chinoise et portugaise. Pékin réagit vigoureusement, organise le blocus, lance un ultimatum. Macao étouffe : les Anglais évacuent la ville[8]. Un coup pour rien ? Deux fois pire que rien : pour les Chinois, les Anglais ont perdu la face ; et ils ont fait peur. On le leur fera payer cher[9].

La Chine s'enferme plus que jamais dans son orgueilleuse claustration. Dans les faits, et plus encore dans les esprits. A Canton, le commerce, sans cesse troublé par des conflits petits ou grands, végète.

L'ambassade des vainqueurs

Or, vainqueurs de Napoléon, les Anglais avaient les moyens — et le besoin — de relancer le commerce. Ils voulurent tenter une nouvelle fois la chance de la diplomatie au sommet. Vingt-trois ans de guerre n'avaient-ils pas prouvé ce que Macartney avait mission d'affirmer : que leur nation était la première d'Occident ? Le Cabinet britannique annonça donc à Pékin l'effondrement de l'Empire français. Il s'attira une réplique d'une indifférence souveraine : « Votre royaume est fort loin au-delà des mers ; mais il observe ses devoirs et se plie à Notre loi, contemplant Notre gloire et admirant la perfection de Notre gouvernement[10]. »

Comment rompre le superbe isolement qui avait rejeté Macartney ? On décida d'envoyer une nouvelle ambassade, à la tête de laquelle on nomma William-Pitt Amherst, pair d'Angleterre, neveu et héritier du vainqueur de Montréal. Il était moins expérimenté que Macartney ; mais on lui adjoindrait le plus compétent des experts : Thomas Staunton, qui, depuis l'enfance, avait continué d'apprendre la langue, l'histoire, les mystères de la Chine. Il y avait aussi fait carrière : il était devenu à Canton président du *Select Committee*, l'organe exécutif de la Compagnie. Connaisseur du Céleste Empire, il ne s'était pas laissé envoûter par lui. Sans doute cherchait-il à obtenir une revanche de l'entreprise avortée qu'il avait, enfant, si fort faite sienne.

Les Chinois le redoutaient. Quand on sut à Pékin qu'il serait le second de l'ambassade, on lui suggéra fermement de rester à Canton. Il répondit qu'il irait là où son roi lui commanderait d'aller. Les Chinois s'inclinèrent, mais ils étaient désormais sur leurs gardes.

Staunton partageait cependant la prudence de la Compagnie. Pas plus qu'à l'époque de Macartney, celle-ci ne fut en pointe dans cette affaire. Dès le début de l'année, une note circonstanciée était parvenue à Londres : « Irritable et fragile depuis l'attentat de 1813, le gouvernement chinois paraît moins disposé que jamais à recevoir même un hommage du dehors. Il est sûr qu'une démarche qui comporterait, fût-ce implicitement, une part de remontrance, serait vouée à l'échec[11]. » Des communications régulières entre Canton et Pékin, l'accès à un second port plus au nord : « Ces deux points », écrit Staunton dans une note, « déjà repoussés lors de la précédente ambassade, doivent être traités avec une extrême délicatesse[12]. »

Embarqué le 8 février 1816 sur le vaisseau de guerre *Alceste*, lord Amherst, après une traversée deux fois plus courte que celle de Macartney, arrive fin juin en mer de Chine, où il est rejoint par Staunton et les autres « Cantonais » de l'ambassade. « Quelques jours plus tard, enflée d'une rhétorique affectée et hautaine[13] », l'autorisation parvient de faire voile jusqu'au golfe de Beizhili.

Kotow or not kotow ?

Elle y arrive le 28 juillet. Aussitôt, est soulevée la question du *kotow* (devenu nom et verbe de l'anglais usuel). Lord Amherst n'a pas d'idée préconçue. Ses conseillers sont divisés. Ellis, le numéro trois de l'ambassade, soutient que le *kotow* n'est qu'une formalité sans importance. Staunton est d'un avis opposé[14]. Il tient à consigner sa détermination dans une note au Lord, la veille de leur arrivée à Tientsin : « Il serait tout à fait imprudent d'accepter, le refus dût-il entraîner l'échec de l'ambassade. L'expérience hollandaise ne prouve-t-elle pas l'inutilité de consentir à cette humiliation[15] ? »

Le Cabinet britannique s'était voulu pragmatique : on allait à Pékin pour tenter d'obtenir quelque chose ; le *kotow* était à considérer pour les bénéfices qu'on en tirerait. Les directeurs de la Compagnie avaient recommandé de le considérer selon l'effet qu'il aurait à Canton : puisqu'il fallait faire mieux respecter l'honneur britannique, qu'on ne commence pas par l'humilier[16] !

Si Amherst se convainquit de refuser le *kotow*, c'est qu'il éprouva très vite que sa mission était une épreuve de force. Montés à bord de l'*Alceste* le 4 août, les mandarins d'escorte firent visage de glace. L'un d'eux est Suleng'e, surintendant des douanes à Canton en 1793. De quoi qu'on parlât, jamais on n'obtenait satisfaction — voire réponse. La lettre du Prince-Régent* fut retournée avec horreur à l'Ambassadeur : elle commençait par « Sire, mon Frère[17]... ».

Amherst s'arc-boute sur le précédent de Macartney. Or, les mandarins jurent qu'ils ont vu, de leurs yeux, Macartney exécuter le *kotow*. Un édit de Jiaqing l'affirme : « L'Envoyé s'était strictement conformé au cérémonial incluant les neuf prosternements[18]. »

A Tientsin, un autel recouvert de soie jaune, sur lequel brûlent des parfums. Les Chinois se prosternent. Amherst, resté debout, se découvre et se courbe lentement. Au dîner qui suit ce singulier office, les Anglais doivent rester assis en tailleur. Les mandarins ne

---

* Le roi George III ayant sombré dans la folie, son fils aîné assuma la régence en 1811, jusqu'à la mort de son père en 1820, et régna ensuite sous le nom de George IV.

dissimulent pas que les Barbares se tiennent mal : il ne peut être question de les laisser approcher l'Empereur avec ces manières de sauvages. Amherst promet de s'agenouiller, ainsi que sa suite. Séance tenante, les mandarins lui demandent une démonstration. Il refuse. Staunton, qui se souvient de l'utilité des enfants, propose que Jeff, le neveu de lord Amherst, qui sert de page, s'exécute.

Après Tientsin, les pressions portent sur un autre front ; la suite de l'Ambassadeur est trop importante : pourtant, soixante-quinze personnes seulement, contre quatre-vingt-quinze pour Macartney[19]. Mais l'interdiction vient de l'Empereur lui-même : « Le texte de l'édit, rapporte Thomas Staunton, avait été annoté au pinceau vermillon[20]. » Les mandarins prétendent renvoyer les musiciens. Impossible ! Les navires ont repris la mer. Vive irritation. La question du *kotow* revient alors sur le tapis. L'Empereur, disent les mandarins, ne tolérera aucune entorse au rite. Amherst, reprenant les idées de Macartney, propose qu'un mandarin d'un rang comparable au sien se prosterne devant un portrait du Prince-Régent, en même temps que lui-même devant Jiaqing ; ou que les ambassadeurs de Chine appelés dans l'avenir à se rendre en Grande-Bretagne se prosternent devant Sa Gracieuse Majesté. Les Chinois s'étranglent d'indignation. Lord Amherst finit par répondre qu'il s'agenouillera trois fois et qu'à chaque reprise, il inclinera trois fois la tête[21] — la « cérémonie convenable » que Thomas avait vu son maître effectuer en 1793. Amherst refuse d'aller au-delà.

Tandis que l'ambassade poursuit sa route, les Chinois la harcèlent. Sous une pluie battante, ils refusent aux voyageurs des palanquins qui, « à proximité immédiate de la capitale, porteraient ombrage à la dignité impériale[22] ». Trois missionnaires russes demandent à rencontrer l'ambassade : ils sont chassés[23]. Ensuite, on dénonce les deux commissaires de la Compagnie, Staunton et Ellis, comme « marchands », indignes d'être présentés à l'Empereur[24]. Enfin, une rumeur[25] : un édit en préparation va expliquer l'expulsion de l'ambassade[26]. Un des mandarins montre la copie d'un document impérial affirmant que lord Macartney avait exécuté le *kotow*[27].

Pourtant, Jiaqing lui-même, par une instruction du 25 août, préconisait une « certaine modération dans les exigences protocolaires à l'endroit de Barbares venus de si loin », et demandait seulement « que l'on fasse au mieux[28] ». Ses sujets font du zèle. Par ce zèle même, la bureaucratie céleste échappe à son maître.

L'Empereur finit par dépêcher auprès d'Amherst son propre beau-frère, le duc Heshitai. Celui-ci reçoit l'Anglais avec froideur, ne l'invite pas à s'asseoir et réplique, à propos du cérémonial suivi par Macartney, que ce qui s'est passé sous Qianlong n'a plus cours sous Jiaqing. Le duc, la lippe rageuse, déclare : le *kotow* sera exécuté en entier, ou l'ambassade sera renvoyée. « Jiaqing est le souverain universel, et chacun doit lui rendre hommage[29]. »

Le coup de force

Le cortège parvient à Pékin dans la nuit du 28 au 29 août : rien n'a été arrêté. Les Anglais sont sales, déconcertés, exténués[30].

On les achemine directement vers la Cité interdite. Il est presque minuit. L'Ambassadeur demande à être conduit à ses appartements. Les Chinois éludent : le duc va venir. Signes de conspiration : hauts mandarins et princes du sang, en costumes d'apparat, sont rassemblés à cette heure indue. Coup de théâtre : « L'audience est avancée ; elle aura lieu immédiatement ; seuls l'Ambassadeur, les deux commissaires et l'interprète Morrison y sont admis. » Heshitai survient, qui exhorte Amherst à se plier au *kotow*[31].

Alors se produit une stupéfiante empoignade. Une nuée de mandarins se précipite sur les arrivants pour les traîner devant l'Empereur. On les pousse ; on les tire par le bras ; on crie en tous sens. Amherst résiste, invoque son épuisement, sa tenue, l'heure, proteste contre la violence employée envers un ambassadeur ; il affirme son refus du *kotow* et demande enfin qu'on rompe[32]. Sa résistance est rapportée à l'Empereur qui, pris de colère, exige son départ immédiat. Dans la nuit même, l'ambassade doit reprendre la route.

Il ne pouvait être dit qu'un envoyé barbare avait refusé le *kotow*. On ne pouvait même pas dire que cette idée lui était venue. La vérité officielle invoqua un autre motif d'expulsion. Cet édit a été rédigé pour les Archives. Pour l'édification des siècles à venir :

« J'ai décrété que je donnerais audience à la mission anglaise dans la salle du trône. Heshitai répondit que la mission avait pris du retard. Il revint, disant : "Le chef de la mission souffre d'une sévère attaque gastrique ; il va être nécessaire de différer l'audience." Je donnai des instructions pour qu'il regagne son logement, qu'on lui fournisse une assistance médicale et que l'on m'amène le second Envoyé. Heshitai répondit que le second, lui aussi, avait été pris de malaise, et que tous deux souhaitaient que le chef de la mission ait recouvré la santé.

« L'Empereur de Chine est le seigneur souverain du monde. Était-il possible pour Nous d'accepter une démonstration si arrogante de présomption irrespectueuse ? J'ai immédiatement promulgué un décret ordonnant l'expulsion de la mission hors de Chine. Néanmoins, je n'ai pas infligé de punition à l'Envoyé[33]. »

La crainte des représailles anglaises dut y être pour quelque chose. Il fallait réparer l'outrage fait aux rites. Le fautif ne pouvait être que le Barbare ignorant, que l'on chasse mais que l'on a l'extrême bonté de ne pas châtier. En revanche, le duc fut puni. Il se vit reprocher d'avoir exposé son souverain à un affront. Les mandarins d'escorte furent cassés de leur grade[34]. L'usage veut qu'un mauvais conseil se paie : les serviteurs avaient pu outrepasser la volonté du maître. C'était une satisfaction offerte *a posteriori* aux Anglais.

L'aller avait été pénible ; le retour fut un calvaire : état des routes, indiscrétion constante des Chinois, hostilité déclarée des accompagnateurs. On vit même intimer à des mendiants l'ordre de se rasseoir sur le passage du cortège. Ellis évoque ce peuple « grouillant, sale et à demi sauvage, avec son odeur d'ail pourri écrasé sur une couverture qui a beaucoup servi[35] ».

Les voyageurs suivirent à peu près le même itinéraire que Macartney, mais surtout par la route. Ils avaient, plus qu'en 1794, le sentiment de devoir subir la morgue chinoise et d'être impuissants à manifester la grandeur de leur pays. La politique du sourire avait fait place à celle de l'invective. Cette « retraite de Chine » ne dura pas moins de quatre mois et huit jours.

La lettre de l'Empereur au Prince-Régent, remise à Canton avec la solennité habituelle[36], n'ouvrait guère de perspectives :

« Si tu montres un cœur sincère et cultives la bonne volonté, Nous pourrons mesurer, sans qu'il soit nécessaire d'envoyer chaque année une ambassade à Notre Cour, si tu avances dans la voie de la Civilisation. C'est à seule fin de te voir progresser dans cette humble obéissance que Nous t'envoyons cet impérial mandement[37]. »

Cependant, comme en 1794, inquiets des suites, les Chinois promulguèrent quelques ordonnances locales en faveur du commerce européen. A Huangpu, « trois *hurrah* poussés par l'équipage de l'*Alceste*, note Ellis, firent jaillir, en chacun des membres de l'ambassade, des larmes d'émotion[38]. »

A Macao, surprise : le vice-roi de Canton fait franchir à ses troupes les fortifications qui isolent la presqu'île ; et les soldats chinois viennent saluer le départ du Lord, le 28 janvier 1817[39].

Un autre geste de consolation venait du *Select Committee*, c'est-à-dire de Staunton, l'avocat de la manière digne : « Nous sommes outragés par le traitement que Votre Excellence a subi et par la façon insolente dont les négociations ont été rompues. Mais nous nous devons de féliciter Votre Seigneurie pour les édits impériaux qui s'ensuivirent. Ils manifestent un repentir tout à fait inattendu chez un monarque absolu. » Le message s'achevait sur une profession de foi : en Chine, « la soumission ne conduit qu'à la honte, alors qu'un ton ferme permet de l'emporter, pour peu que la position défendue soit raisonnable[40] ».

Ce langage, on l'entendra encore, vingt-trois ans plus tard, à la veille de la guerre de l'Opium, dans la bouche du même Thomas Staunton.

CHAPITRE 85

A Sainte-Hélène, la leçon du captif
(juin-août 1817)

Sur le chemin du retour, Amherst fit escale à Sainte-Hélène. Comme Macartney. Mais, entre ces deux visites, l'île s'était enrichie d'un monument.

Napoléon fut averti dès mars 1817 de l'arrivée prochaine de l'ambassade. Cette nouvelle fit resurgir en lui un vieux mirage oriental, où la Chine avait tenu sa place. Son génie curieux de tout n'avait-il pas décidé, quelque huit ans plus tôt, en 1809, la publication d'un dictionnaire chinois-français-latin[1] ? Celui auquel il en confiait la réalisation n'était autre que notre observateur de Canton, Louis-Chrétien de Guignes, dont le *Voyage à Pékin* venait de paraître[2].

Il n'avait pas oublié non plus le mémoire que lui avait remis, en 1811, Renouard de Sainte-Croix. L'auteur, qu'un voyage de quatre années avait conduit à Canton, où il avait rencontré Thomas Staunton, y suggérait qu'on envoyât une ambassade à Pékin pour y « relever le crédit dont la France jouissait antérieurement à la Révolution ». La mission devrait « faire connaître les hauts faits de Votre Majesté ; elle demanderait l'exclusion des Anglais de tout commerce de Chine ; composée de militaires et de savants, elle serait d'autant mieux reçue que le gouvernement chinois a le plus grand mépris pour les peuples occupés de commerce ». Sainte-Croix précisait que l'ambassade russe n'avait pas été reçue en raison de ses inconvenantes prétentions sur le cérémonial. L'ambassade française gagnerait Pékin par la Sibérie : au nom du Blocus continental, le tsar ne pourrait lui refuser le passage. L'été suivant, ce n'était pas une ambassade qui entrait en Russie, mais la Grande Armée[3].

Napoléon se doutait bien que le voyageur demanderait à voir l'Aigle captif. Il eut trois mois pour se préparer à cette visite. Il lut — ou relut — les récits de l'ambassade Macartney*.

« J'étais désireux de présenter mes respects à Longwood, la rési-

---

* Son médecin irlandais, O'Meara, en a laissé le témoignage, complété par le journal inédit d'Amherst dont M. Michael Galvin, de Santa Barbara, m'a aimablement autorisé à reproduire quelques extraits.

dence de Bonaparte», écrira Amherst. Selon l'habitude anglaise, il ne nomme jamais le prisonnier que *Bonaparte*; quand il use du terme *Empereur*, il le place dans la bouche des compagnons de Napoléon et souligne le mot, comme pour en relever l'incongruité[4].

Deux curiosités se rencontrèrent. Amherst était curieux d'un homme qui avait fait trembler l'Europe. Napoléon était curieux d'un pays qui pourrait un jour faire trembler le monde.

Les prisonniers prennent vite l'habitude de monologuer. Avant de recevoir Amherst, Napoléon s'était fait une certaine idée de la Chine ; il ne cessait d'en parler à ses compagnons d'exil. Il rêvait que l'Empire céleste rabattît l'orgueil britannique et devînt son vengeur. Deux ans et dix jours seulement venaient de s'écouler depuis Waterloo — on était le 28 juin 1817. Napoléon cherchait les voies de Némésis. Mais qu'avaient à faire les Anglais des velléités de vengeance planétaire de ce général corse qu'ils avaient abattu ?

Empereur français ou chinois, même combat

Dès mars 1817, Napoléon reprochait au Cabinet britannique de n'avoir pas ordonné à Amherst de se soumettre aux usages du pays dans lequel il était envoyé — «ou bien alors, on ne devait pas l'y envoyer du tout[5] ». «Quelle que soit la coutume d'un pays, dès lors qu'elle est respectée par les premiers personnages de son gouvernement, des étrangers ne sauraient se déshonorer en s'y conformant. Des nations différentes ont des coutumes différentes. En Italie, vous baisez la mule du pape et cela n'est pas regardé comme une bassesse. Il n'eût été nullement dégradant pour Amherst de se soumettre devant l'empereur de Chine aux cérémonies pratiquées par les premiers mandarins de cet Empire. » Et il s'écrie, en prenant à partie O'Meara : «Vous dites qu'il était disposé à rendre à l'Empereur les respects dus à son propre roi. Mais vous ne pouvez pas demander aux Chinois de se conformer au cérémonial d'Angleterre ! »

Pour rendre son raisonnement plus clair, Napoléon ne recule pas devant la verdeur de langage : «La coutume anglaise fût-elle, au lieu de faire baiser la main du roi, de faire baiser son cul ; faudrait-il que l'empereur de Chine défît ses culottes[6] ? » Napoléon joignit le geste à la parole — et d'éclater de rire avec O'Meara[7].

Quand ils se furent tous deux divertis de bon cœur, Napoléon reprit : «Si j'avais envoyé un ambassadeur en Chine, je lui eusse ordonné de se faire instruire par les premiers mandarins des cérémonies usitées devant l'Empereur et de s'y conformer, si on l'exigeait de lui. Peut-être perdrez-vous [vous, les Britanniques], par cette preuve de bêtise, l'amitié de la Chine et de grands avantages commerciaux. » Ainsi parlait-il trois mois avant l'arrivée d'Amherst.

«Napoléon, raconte Chateaubriand, consentit à recevoir lord Amherst à son retour de son ambassade en Chine [...]. Aucune trace de couleur ne paraissait sur le visage de Bonaparte ; sa tête ressemblait à un buste de marbre, dont la blancheur était légèrement jaunie par le temps. Ce calme apparent fit croire que la flamme de son génie s'était envolée. Il parlait avec lenteur. Quelquefois, il lançait des regards éblouissants, mais cet éclat passait vite[8]. »

Nous disposons de trop de vrais témoins, pour nous contenter d'un témoin prétendu, si illustre soit-il. Ce que les *Mémoires d'outre-tombe* ne disent pas, mais que les voyageurs anglais notèrent, c'est que l'empereur des Français, déchu, se préoccupait autant de l'étiquette que l'empereur de Chine à son zénith. Le Lord dut penser qu'il était aussi difficile d'être reçu par Napoléon que par Jiaqing.

Il se heurta d'abord à deux volontés contraires. Hudson Lowe, le gouverneur de Sainte-Hélène, prétendait l'accompagner. Napoléon fit savoir que, dans ces conditions, il ne recevrait pas l'Ambassadeur[9]. L'Empereur aimait mieux se priver d'une rencontre dont il se faisait une fête, que de laisser pénétrer dans sa résidence ce geôlier haï. Hudson Lowe espérait qu'Amherst, par égard pour lui, renoncerait à cette audience. Il n'en fut rien.

La mise au point de cette rencontre fut minutieuse. « Le dimanche 29 juin, raconte Amherst, je reçus la visite du comte Bertrand, à *Plantation House*. Il me dit que l'*Empereur* souffrait encore d'une affection au visage, mais qu'il était désireux de me rencontrer (si cela était possible) avant mon départ. Que j'envoie quelqu'un à Longwood le lendemain, on m'y ferait une réponse définitive[10]. » « La réponse me parvint en effet, le lundi ; le comte Bertrand m'invitait, ainsi que les messieurs de ma suite, à rencontrer l'*Empereur*, le lendemain entre trois et quatre[11]. »

Amherst, pendant ces négociations, a examiné le cadre dans lequel le prisonnier est retenu. Il est surpris de l'espace dont jouit Napoléon. De quoi faire « douze milles de chevauchée, sans la surveillance du moindre factionnaire anglais ». « Les plaintes de Bonaparte », selon lesquelles il serait « confiné et privé d'exercice, sont sans fondement ». Ah ! si les marchands et les agents anglais, à Canton, bénéficiaient de libertés pareilles, leur exil leur paraîtrait un paradis[12] ! Il n'y aurait nul besoin d'une ambassade pour essayer de les leur obtenir.

Le médecin de l'expédition, Clarke Abel, rapporte : « Notre réception fut majestueuse. Un valet à la livrée de Napoléon, comme lorsque sa gloire était à son apogée, se tenait à la porte, fantôme d'une splendeur évanouie. Conduits par Bertrand, nous fûmes accueillis par Montholon, et lord Amherst fut immédiatement introduit auprès de Bonaparte. Au bout d'une heure, Mr. Ellis entra à son tour ; une demi-heure plus tard, la suite de Son Excellence.

« Il nous interrogea l'un après l'autre — formés en cercle autour de lui, qui allait et venait — sur un sujet en rapport avec notre spécialité et notre rang dans l'ambassade. A l'évidence, il voulait séduire, et il y parvint assez bien. Mais nous aurions gardé plus longtemps la haute idée qu'il voulut nous donner de son art de parler à chacun, si nous avions quitté l'île sans apprendre qu'il s'était fait communiquer, afin de l'étudier, la composition de notre délégation.[13] »

L'audience privée de lord Amherst, aucun témoin n'y assista — ni n'en a rendu compte, sinon lui-même. Voici son récit :

« J'avais devant les yeux cet homme extraordinaire ; il était vêtu d'une redingote verte sur une culotte blanche. Il portait des bas de soie et des chaussures à boucle ; il tenait sous le bras un tricorne. Sur sa poitrine, la plaque de la Légion d'honneur. J'avais vu de lui des gravures qui le représentaient bouffi ; ce n'était pas le cas du tout. Il est un peu corpulent, court de cou ; mais ses membres sont bien proportionnés et je le crois capable encore d'exercices soutenus. Son regard est dur et intelligent ; il s'anime dès qu'il parle. L'entretien porta sur quatre sujets : ma carrière, la Chine, la façon dont on le traitait dans l'île, et la politique européenne. »

Napoléon fait la leçon à l'Angleterre

Sur la Chine, l'Empereur s'abstint de critiquer le comportement d'Amherst : « Il en vint à mon récent séjour et s'enquit du cérémonial tartare. Mais il ne formula aucune observation, alors que j'en attendais, sur l'opportunité de m'y plier [...]. Puis il me questionna sur mon voyage à travers la Chine. Sur son propre sort dans l'île, il ne voulait pas m'embarrasser : j'avais déjà à faire à mon gouvernement le rapport d'une mission malheureuse ; il serait abusif de me charger d'une commission supplémentaire [...]. Puis il fit entrer Mr. Ellis [...]. Le reste de ma suite pénétra bientôt dans la pièce [...]. Il eut un mot pour chacun, y compris mon neveu Jeff, auquel il trouva *jolie figure [sic]*, et qu'il interrogea sur ce qu'il avait rapporté de son voyage en Chine[14]... »

Amherst s'attendait donc à être sermonné par Napoléon pour avoir refusé d'accomplir le *kotow*. En effet, ses informateurs britanniques, à commencer par O'Meara — et Hudson Lowe, qui savait tout —, l'en avaient amplement prévenu. Pourquoi Napoléon s'abstint-il de servir à l'Ambassadeur les tirades qu'il avait longuement répétées devant ses familiers ? Sans doute ne voulut-il pas l'humilier, pensant qu'il l'était assez par son échec. Connaissant les hommes, il ne doutait pas qu'Amherst avait été informé de ses propos au mot près. Il lui donnait ainsi une leçon de savoir-vivre international, doublée d'un geste de délicatesse.

Napoléon attachait à ce sujet tant d'importance que, plusieurs semaines après le passage de lord Amherst, il y revint amplement avec O'Meara : « Vos ministres, qui prévoyaient des difficultés dans l'étiquette, avaient autorisé lord Amherst à s'y conformer lorsqu'ils l'ont envoyé dans cette contrée. Il paraît qu'il pensait lui-même devoir se soumettre à cet usage, et qu'en s'y refusant, il s'était laissé guider par de mauvais conseils[15]. »

De qui Napoléon peut-il tenir ces précisions, sinon d'Amherst lui-même — qui se serait ainsi désolidarisé après coup de son second, Thomas Staunton ? Mais peut-être n'a-t-il entendu que ce qu'il voulait entendre. Amherst écrira, cinq ans plus tard, à Thomas

Staunton : « Pas un moment je n'ai regretté, même intimement, d'avoir suivi votre avis. Il est impossible que vous-même soyez plus satisfait que je ne le suis de la réalisation de vos prédictions[16]. »

Napoléon érige ses critiques en doctrine : « C'est une erreur de croire que les ambassadeurs sont les équivalents de leur souverain : aucun accord conclu par eux ne peut être considéré comme valide, qu'autant qu'il a été ratifié par l'autorité qui les envoie. Jamais un monarque n'a traité un ambassadeur comme son égal[17]. » « Un diplomate ne pouvait se refuser au *kotow* sans manquer à l'Empereur. Macartney et Amherst ont demandé que le monarque chinois promît que, s'il envoyait un ambassadeur en Angleterre, il se soumettrait au *kotow* ! Les Chinois ont refusé avec raison. Un ambassadeur chinois à Londres devrait suivre la même étiquette, devant le trône, que les ministres anglais ou les chevaliers de la Jarretière. Les demandes de vos ambassadeurs étaient absurdes[18]. »

Sur un ton péremptoire, il conclut : « Est-ce que le Lord accrédité auprès de la Sublime Porte se rend aux audiences du Sultan sans avoir revêtu le *caftan* exigé ? [...] Tout Anglais de bon sens doit considérer le refus d'accomplir le *kotow* comme impardonnable[19]. »

Napoléon parle comme un édit du Fils du Ciel. Il a lu de près les relations de la mission Macartney et a écouté Amherst avec soin. Mais se fait-il du *kotow* une idée exacte ? Simple révérence d'étiquette ? Il oublie qu'elle signifie qu'il y a un seul empereur, et que tous les autres souverains sont ses vassaux : des vassaux à qui les hauts dignitaires de l'Empire du Milieu ne doivent pas le *kotow*. Certes, dans la Chine traditionnelle, le *kotow* se fait constamment : un soldat devant un officier, un commerçant devant un sous-préfet, le fils devant son père, la famille devant le mourant. C'est un simple signe de vénération. Aujourd'hui encore, malgré la « libéralisation », la « déconfucianisation » et autres révolutions culturelles, les enfants font le *kotow* à leurs grands-parents pour la fête du Printemps. Mais le *kotow* est réservé à l'Ordre chinois — et, par-dessus tout, à celui qui intercède pour cet Ordre auprès du Ciel. Il n'est pas le geste anecdotique d'un hommage ; il est la reconnaissance d'une subordination de moindre puissance à plus haute puissance. Veut-on, ou non, venir s'emboîter dans la hiérarchie céleste ?

Napoléon-la-paix contre les va-t-en-guerre

Telle était la leçon pour le passé. Voici pour l'avenir : « Vous dites que vous pourriez intimider les Chinois par votre flotte, et forcer ainsi les mandarins à se soumettre à l'étiquette européenne ? Folie ! Vous seriez vraiment mal avisés, si vous vouliez exciter une nation de deux cents millions* d'habitants à prendre les armes[20]. »

Pragmatique, Napoléon remarqua qu'une autre voie était ouverte,

---

* Napoléon sous-estime le nombre des Chinois qui, de 330 millions en 1792, seraient passés à 361, selon le recensement de 1812.

particulièrement pour cette « nation de boutiquiers » qu'était selon lui l'Angleterre : « Si l'on eût donné un million de francs au premier mandarin, tout se serait arrangé. Cette ambassade n'était pas de nature à intéresser l'honneur du pays. On devait la considérer comme une affaire de commerce, plutôt que comme une affaire d'intérêt direct pour la nation[21]. »

Une affaire de commerce *n'intéresse pas directement* la nation. Seules les affaires d'honneur comptent. On ne place pas son honneur dans un échange de marchandises. Comme Napoléon est bien français ! Son neveu, troisième du nom, soutenu « d'un cœur léger » par le Corps législatif, déclarera la guerre à la Prusse pour une dépêche habilement tournée à cette fin par Bismarck. Mais le commerce international se développera en dehors de la France.

Napoléon s'emporte contre l'idée, déjà répandue à Londres, d'ouvrir par la force la Chine au commerce britannique : « Ce serait la plus grande sottise que d'entrer en guerre avec un empire aussi immense, et qui possède tant de ressources. Sans doute vous réussiriez d'abord, vous vous empareriez de leurs vaisseaux et vous détruiriez leur commerce. Mais vous leur feriez connaître leur propre force. Ils réfléchiraient et diraient : "Construisons des vaisseaux, garnissons-les de canons et soyons aussi forts qu'eux." Ils feraient venir des artilleurs de France, d'Amérique, de Londres même, construiraient une flotte et, par la suite, vous battraient[22]. »

Ainsi raisonneront les Japonais. Non les Chinois. Pourquoi ceux-ci ont-ils démenti l'espoir mis en eux par Napoléon ? Pourquoi n'ont-ils pas encore justifié à ce jour la prophétie qu'il aurait alors prononcée : *« Quand la Chine s'éveillera, le monde tremblera »* ?

Alors que cet ambassadeur ramenait son humiliation en Angleterre, Napoléon se faisait l'apôtre de la paix. Il savait, mieux que personne, à quel point on peut s'enivrer du cliquetis des armes. Macartney avait conclu, non sans noblesse : « Nos intérêts présents, notre raison, notre humanité nous interdisent de penser à une expédition militaire en Chine, sauf l'absolue conviction de l'échec de notre patience[23]. »

La patience avait été mise en échec une nouvelle fois. Napoléon l'Impatient prêchait plus de patience ; Napoléon le Fier prônait l'humilité. Venant de lui, la leçon était si fort à contre-emploi, qu'elle ne pouvait guère être écoutée. Amherst rentra à Londres en remâchant son échec. Les diplomates n'essuieraient pas une troisième défaite. La parole allait revenir aux soldats.

CHAPITRE 86

Contre le thé : l'opium
(1817-1840)

Entre le départ piteux des diplomates et la marche triomphale des soldats, il y eut la pénétration sournoise des marchands d'opium. Les diplomates avaient tenté d'ouvrir la Chine par la porte — sans succès. Les contrebandiers de drogue entrèrent par les arrière-cours. De l'intérieur, ils défoncèrent toutes les ouvertures.

A l'origine, le but recherché était plus modeste : combler le déficit commercial de l'Occident. En échange d'énormes quantités de thé, la Chine ne voulait rien acheter. Qianlong n'avait-il pas dit qu'elle n'avait besoin de rien ? Les contrebandiers anglais créèrent chez les Chinois un besoin : aussi futile que celui du thé chez les Européens — mais moins inoffensif. L'importation clandestine d'opium compensa l'exportation officielle du thé.

L'opium démolit la Chine. Par lui-même, il détruisait les particuliers. Sa clandestinité détruisit le système chinois. Il détruisit du même coup le monopole commercial de la Compagnie.

Entre 1813 et 1833, la Chine double ses exportations de thé, mais quadruple ses importations d'opium[1]. L'argent sort de Chine pour payer le poison qui la ronge. Deux circuits étanches : l'Empereur accumule les recettes du thé ; des Chinois exportent du numéraire contre leur drogue. L'Empire chancelle ; l'opium y contribue. Les autorités le savent.

En 1820, le vice-roi de Canton s'était enfin attaqué au trafic. Pourquoi si tard ? Sans doute touchait-il un pourcentage, soit en bon argent, soit en bon opium... Il fait arrêter les revendeurs chinois. Les affaires reprennent de plus belle dans l'îlot de Lintin, loin des yeux de tout officiel chinois. Les cargaisons y sont tranquillement déchargées. Mais il faut toujours transiter par Canton, donc corrompre les mandarins[2].

A partir de 1820, le marché explose : la concurrence entre Portugais et Anglais, et entre les « particuliers », a fait baisser les prix ; la demande s'élargit. « L'opium, c'est de l'or, dit un agent ; j'en vends partout[3]. »

En 1832, le plus opulent des « particuliers » britanniques, Jardine — fondateur d'une des plus grandes firmes mondiales de négoce, installée depuis à Hongkong, et aujourd'hui aux Bermudes et à Singapour —, tente sa chance plus au nord. Ses caboteurs, rapides et bien armés, vendent directement la drogue dans de petites criques discrètes sur les côtes du Fujian et du Zhejiang. Il fait de nouveaux adeptes. Les ventes grimpent.

Quarante ans après Macartney, le vice-roi de Canton, qui demeure l'unique interlocuteur des étrangers, interpelle en 1833 le roi de Grande-Bretagne et d'Irlande en invoquant... les droits de l'homme : « Vous interdisez l'opium dans votre royaume. Pourquoi laissez-vous des marchands funestes, par appât du lucre, empoisonner notre peuple[4] ? » Ainsi, le fonctionnaire-lettré demande l'égalité de traitement pour le peuple britannique et pour le peuple chinois. Ni Macartney ni Amherst n'en eussent cru leurs yeux.

Un peu plus tard, un placet adressé par le censeur Yuan Yulin à l'empereur Daoguang trahit l'angoisse : « Depuis que l'Empire existe, il n'a jamais connu un tel danger. Ce poison débilite notre peuple, dessèche ses os ; ce ver ronge notre cœur, ruine nos familles[5]. » « J'ai beaucoup d'amis qui fument, écrira Lieou Ngo ; aucun ne croyait devenir opiomane. Tous, en prenant l'opium comme passe-temps, finirent par y passer tout leur temps[6]. »

Là où Macartney et Amherst ont échoué, les contrebandiers réussissent. Contrebandiers, ils ne le sont qu'en apparence. La puissance anglaise les soutient. Non pas toute la nation ; pour son honneur, une partie de l'opinion proteste : « Des individus gisent, effondrés, un sourire idiot flottant sur le visage[7]. » Réponse : l'opium est la clé du commerce britannique, qui applique les plus hautes valeurs — effort personnel, liberté d'entreprendre. De quoi faire taire les scrupules.

Le très prudent *Select Committee* de Canton ose écrire : « Les échecs des ambassades Macartney et Amherst auront puissamment incité à comprendre le peu qu'il y a à gagner en Chine par la négociation. » La guerre est la poursuite de la diplomatie par d'autres moyens : « L'homme du peuple, en Chine, opprimé par les fonctionnaires et pressuré d'impôts, approuverait la destruction, fût-ce par la force des armes, d'un système bureaucratique qui garrotte les échanges. L'ouverture commerciale implique la destruction de l'Empire du Milieu[8]. » On fera la guerre à la Chine dans l'intérêt des Chinois.

Les Anglais, au faîte de leur puissance, exaspérés des prétentions du Dragon, qu'ils voient à l'agonie mais qui exige encore l'hommage de la Terre entière, vont mêler commerce de la drogue, combat pour la liberté, honneur national, de manière à dresser contre les dernières forces de l'Empire mandchou une puissante machine de guerre.

L'opium agressait la civilisation chinoise : la guerre qu'il allait susciter pouvait-elle convaincre les Chinois que les Occidentaux n'étaient pas des Barbares ? L'opium endormait les Chinois : la guerre menée en son nom pourrait-elle les réveiller ?

La bonne conscience avant la curée

En 1832, le capitaine Lindsay est secrètement chargé de vérifier la validité des observations militaires faites en 1793-1794 sur les côtes chinoises par la mission Macartney[9]. Une nuée de jonques de guerre environnent soudain sa frégate *Amherst*; elle les met en fuite. Les marins anglais en déduisent que « les milliers de jonques de guerre de la Chine ne peuvent résister à une seule frégate anglaise ». Lindsay a aussi constaté que « les meilleurs ports — Amoy, Ningbo — sont toujours couverts par des batteries dérisoires, incapables d'en interdire l'accès[10] ». L'organisation militaire des Chinois n'a pas changé. L'idée même d'une invasion par débarquement leur reste inconcevable. L'Empereur dispose d'une armée à usage interne de cent mille Mandchous pour briser les rébellions. Sur la côte, des milices locales et quelques fortins : tout juste bons à repousser les incursions des pirates.

En 1833, tout en abolissant le monopole de la Compagnie, Londres nomme un « surintendant » du commerce britannique à Canton. On accrédite auprès du vice-roi — comme si Macartney avait obtenu ce qu'on lui a refusé — une représentation diplomatique à Canton[11].

Lord Napier, arrivé à Canton en juillet 1834, voit ses lettres de créance rejetées et reçoit ordre de se retirer à Macao. Il refuse. Le vice-roi organise le blocus des Anglais. Napier ouvre le feu. Il doit finalement se réfugier à Macao, où il meurt de malaria[12].

Les Chinois se confirment dans l'idée que les Occidentaux sont des otages permanents et des « tigres en papier ». Les Anglais commencent à comprendre que Macartney avait raison quand il disait que, « si la patience échouait », on ne saurait changer quoi que ce soit sans « un sérieux dispositif de guerre ». Il est cependant question, pour patienter encore, d'une troisième ambassade à Pékin, que conduirait sir Thomas Staunton. Celui-ci s'y montre hostile : l'Angleterre s'y présenterait en position de faiblesse.

En attendant, le commerce continue. La suppression du monopole de la Compagnie désarçonne la guilde de Canton : « Si les Barbares commercent individuellement, avait-elle prévenu, comment contrôler les affaires[13] ? » La logique de la responsabilité individuelle à l'occidentale — une liberté à mille têtes — dépasse les Chinois. Que peuvent-ils faire, têtes d'un même corps, face à cinquante-cinq firmes indépendantes et à deux mille saisonniers britanniques ? La monolithique guilde doit à son tour céder la place aux *compradores*, que personne ne dirige et qui bâtiront des fortunes colossales. Ainsi, l'explosion du capitalisme anglais favorise les capitalistes chinois[14]. Les « marchands félons », que craignait tant Qianlong, se multiplient et tiennent le haut du pavé.

En refusant de nouer avec l'Occident les liens naturels de l'échange, n'avait-il pas rendu inévitable une confrontation agressive, d'où l'Empire sortirait brisé et la Chine dépecée[15] ? Son attachement obsessionnel aux rites n'a-t-il pas fait de lui le grand responsable de la chute de sa dynastie et de la décadence de son pays? Macartney ne s'y était pas trompé, qui avait prédit tout le XIXᵉ siècle : « Les Chinois se réveillent de l'engourdissement politique où les a jetés la domination mandchoue, et commencent à sentir revivre leur énergie native. Un léger choc pourrait faire jaillir l'étincelle du silex et répandre les flammes de la révolte d'une extrémité de la Chine à l'autre[16]. »

L'impatience britannique va croissant, face à un Empire du Milieu affichant immuablement la morgue d'une puissance qu'il n'a plus. Le dynamisme contrarié des Anglais, l'intransigeance sans moyens des Chinois, s'exaspèrent l'un l'autre. Les guerres se légitiment toujours par la passion d'un « bon droit » qui relève de la métaphysique. Bon droit d'une perfection définitive, pour les Chinois. Bon droit d'un progrès perfectible, pour les Anglais. Ils ne se rencontrent pas dans le même univers mental. Plus ils se fréquentent, moins ils s'admettent. Dans ces incompréhensions ulcérantes, deux civilisations s'entrechoquent, qui se croient chacune la première du monde.

Le grand débat

L'opium précipite le choc. En 1836, pour la première fois, la balance commerciale de l'Empire devient déficitaire ; les trois quarts des importations chinoises en valeur sont constituées par la drogue[17]. Les sages de l'Académie Hanlin dénoncent, en 1837, ces « dix millions de taels d'argent qui sortent chaque année pour abrutir un nombre croissant de Chinois ». Le vice-roi du Hubei lance un avertissement à l'empereur Daoguang : « Si Votre Majesté laisse traîner les choses, la Chine ne disposera plus, bientôt, ni de soldats pour la défendre, ni d'argent pour payer leur solde[18]. »

La société est menacée autant que l'État. L'obsession confucéenne de l'ordre aggrave l'angoisse de la décomposition sociale : « Si le peuple continue à s'adonner à la drogue, déclare encore le censeur Yuan Yulin, les époux ne seront plus capables d'admonester leurs épouses ; les maîtres de commander leurs serviteurs ; l'enseignant de se faire entendre par les élèves. L'âme de notre nation se détruira[19]. » Le mal est partout. L'amiral Han, chef de la flotte impériale, convoie de l'opium moyennant un pourcentage. Les grandes maisons marchandes de Canton, d'abord désireuses de se tenir à l'écart de ce trafic illégal, y sombrent à leur tour.

Les « moralistes » dénoncent l'opium comme une « religion hérétique », qui « dissout la Chine » et « la ravale au rang des Barbares[20] ». A leurs appels, d'autres Chinois opposent un raisonnement « politique » : la prohibition est une utopie ; le vrai problème est l'hémorragie d'argent ; il faut donc, soit légaliser le trafic en prélevant des taxes sur l'opium importé, soit cultiver le pavot sur place[21]. La Chine connaît un débat aussi âpre que celui qui fait rage de nos jours aux États-Unis, face à l'envahissement incontrôlable de la drogue. A cette différence près, que les trafiquants modernes ne se drapent pas de grands principes.

L'Empereur, troublé, met en délibéré en mai 1836. Les moralistes l'emportent. En 1837, deux milliers de revendeurs sont arrêtés, les fumeries fermées par le juge de Canton[22]. Lin Zexu, grand lettré, adepte de l'école « *moraliste* », tient cet étonnant langage : « La mort est une punition brutale pour de simples fumeurs. Mais il est juste de les terroriser. Ne s'exposent-ils pas eux-mêmes à la mort à petit feu ? Sauf sous une menace terrible, les fumeurs chercheront à préserver leur plaisir — jusqu'à ce qu'il soit trop tard. C'est le devoir de l'État de les aider. Qu'il fonde des centres de désintoxication. Et qu'on accroisse le poids des peines[23]. »

En décembre 1838, l'Empereur nomme Lin Zexu commissaire impérial à Canton, muni des pleins pouvoirs. C'est lui qui va conduire la Chine à la guerre. Terrifier fumeurs et trafiquants : telles sont les instructions. De guerre aux Barbares, il n'était pas question. Jamais la Cour de Pékin n'a considéré les conséquences extérieures de sa politique[24]. L'extérieur n'existait toujours pas.

Dès son arrivée à Canton, en mars 1839, Lin se met au travail. Il demande aux Occidentaux de dresser l'inventaire de leurs stocks de drogue, puis de les détruire. Six semaines plus tard, il fait vider en public, sur la plage de Humen, face à Canton, 20 619 caisses d'opium dans des bassins de chaux vive — deux mille tonnes d'opium brûlées[25]. Ces mesures frappent les étrangers comme la foudre. Mais le nouveau surintendant anglais, Charles Elliot, organise calmement la résistance[26], gagne du temps, fait venir des renforts d'Europe et des Indes, pare aux incidents qui font monter la tension.

Lin saisit la reine Victoria du fond du problème : « Vous interdisez strictement l'opium chez vous. Vous ne voulez pas qu'il nuise à votre pays. Mais vous faites en sorte qu'il nuise à d'autres pays. Pourquoi ? [...] Les produits de Chine dont les autres pays ont besoin sont innombrables. Les produits que la Chine importe sont des fantaisies dont elle peut fort bien se passer. [...] L'opium est produit dans vos possessions indiennes. Détruisez vos plantations de pavot et remplacez-les par des cultures vivrières[27]. »

Lin et Londres ne situent pas la question au même niveau. Le fond, pour Lin, c'est la lutte contre la drogue ; pour Londres, c'est le droit sacro-saint à la liberté d'entreprendre et de commercer.

Thomas Staunton engage son crédit

En 1836, Thomas Staunton avait contribué à enrayer, par un libelle, un conflit armé. En 1839, son sentiment a évolué. Il estime que « la provocation incessante commise par la Chine au préjudice des commerçants britanniques a mis le droit de leur côté ». A diverses reprises, au Parlement et en privé, il montre à lord Palmerston, secrétaire d'État au *Foreign Office*, que le temps n'est plus aux demi-mesures. Il qualifie de « violent » et « perfide » le comportement de Lin[28]. Dans ses souvenirs inédits, il se félicitera de la part qu'il a prise dans la décision qui a conduit à la guerre.

Après quelques canonnades, Lin, en janvier 1840, ferme le port de Canton aux vaisseaux britanniques et interdit tout commerce aux Anglais[29]. A Londres, le *lobby* du négoce oriental, Jardine en tête, se mobilise. De toutes les villes industrielles du royaume, monte l'exigence d'une action résolue. A la nouvelle de l'autodafé d'opium, Palmerston s'écrie : « Donnons à la Chine une bonne raclée et expliquons-nous ensuite[30]. »

Le 7 avril 1840, sir Thomas Staunton développe une fois de plus ses arguments devant les Communes : « Bien sûr, avant de faire couler le sang, nous pouvons proposer à la Chine de négocier. Mais, connaissant bien le caractère de ce peuple et de la classe qui le dirige souverainement, j'affirme que si nous voulons parvenir à un résultat, les pourparlers doivent être entourés de manifestations de puissance.

« Face aux excès du commissaire impérial Lin, j'aurais adopté la conduite qui fut la mienne aux côtés de lord Amherst. Les Chinois avaient menacé de s'en prendre à moi, de m'empêcher de regagner mon pays — voire de me faire subir des châtiments corporels, si l'ambassadeur de Sa Majesté ne consentait pas à faire le *kotow*. J'ai conseillé à lord Amherst de refuser. Nous avons sans doute été expulsés de Pékin ; mais, à notre départ de Chine, nous avons été honorés beaucoup mieux que ne le fut l'ambassade hollandaise qui, succédant à celle de lord Macartney, avait accepté de s'humilier en faisant le *kotow*. La fermeté a toujours guidé mon âme[31]. »

Le même jour, l'historien Macaulay exhorte les Britanniques à « se rappeler l'exemple de Rome, dont les citoyens étaient protégés, partout à travers le monde, par leur citoyenneté romaine[32] ».

Gladstone flétrit l'argumentation du gouvernement et de sa majorité : « Une guerre plus injuste dans son origine, une guerre plus calculée pour couvrir notre pays d'un déshonneur permanent, je n'en connais pas dans toute l'histoire. Le drapeau britannique, qui flotte fièrement sur Canton, n'est hissé que pour protéger un trafic infâme[33]. » La guerre ne sera votée qu'à cinq voix de majorité.

Le débat fait rage en Angleterre : sur l'horreur de l'opium, le droit des Chinois, celui des Britanniques, celui du commerce. On est en régime parlementaire, il y a un gouvernement et une opposition. Thomas Staunton observera placidement : « La politique que je soutins fut scrupuleusement appliquée par l'opposition, quand, l'année suivante, elle eut pris le pouvoir à son tour[34]. » Avec un petit décalage, l'Angleterre entière partit en guerre contre la Chine.

CHAPITRE 87

Promenades militaires
(1840-1861)

> « *Nos présentes relations avec la Chine offrent un vaste champ d'action à l'initiative britannique. Nos missionnaires, nos marchands, nos soldats ont désormais accès à des endroits qui nous étaient interdits jusqu'à présent.* »
> Thomas STAUNTON, 1846[1].

En juin 1840, une flotte de quarante navires et quatre mille soldats, venue du Bengale, arrive à la hauteur de Canton. Elle ne s'y attarde pas. Comme Macartney et Amherst, c'est à Pékin que l'amiral Elliot veut parler. Le 11 août, quarante-sept ans après Macartney, il mouille à Dagu, le port de Tientsin, et transmet au gouvernement de Pékin les exigences de Londres : des indemnités pour l'opium détruit, mais surtout l'ouverture de ports, la conclusion d'un accord douanier, la concession d'un comptoir — ce qu'on avait refusé à Macartney. L'Empereur fait mine de céder, désavoue Lin, nomme plénipotentiaire un partisan de la légalisation de la drogue, Qishan. Que les Anglais se replient sur Canton, et il sera fait droit à leurs doléances[2] !

L'Occident par effraction

L'arrangement que ce magicien du compromis conclut avec Elliot sera désavoué des deux côtés. Pour l'Empereur, les ennemis sont toujours des « tigres de papier ». Ne l'a-t-on pas persuadé que les Barbares, « s'ils sont privés plusieurs jours de thé et de rhubarbe de Chine, sont affligés d'un obscurcissement de la vue et d'une constipation qui met leur vie en danger[3] » ?

Londres veut obtenir plus. Pottinger relève Elliot. L'escadre remet à la voile vers le nord. Quand elle s'empare de trois villes, dont Ningbo[4], en octobre 1841, l'Empereur sort de sa rêverie. Il nomme un de ses neveux pour arrêter les Barbares. Un songe lui a promis la victoire ; il fait armer ses soldats d'armes blanches. Les Anglais accueillent l'assaut par des mitraillades meurtrières. Trois combats, trois désastres. Les Chinois ne comprennent pas[5] comment quatre mille « diables barbares », rongés par la maladie et si loin de leurs bases, ont pu mettre en déroute vingt mille de leurs soldats d'élite.

Sachant les Chinois préoccupés avant tout de défendre le sanctuaire de Pékin, les Anglais installent leur base aux îles Zhoushan. Au printemps 1842, ils remontent le Yangzi vers Nankin — croisée des grands chemins du commerce, qui tient le Grand Canal et, ainsi, les approvisionnements de Pékin. Ils vont frapper la Chine en son cœur[6].

Une stupéfiante paralysie s'empare de la force armée[7] chinoise. Pottinger fait aux généraux chinois une démonstration de son artillerie, dont ils sont impressionnés à peu près autant que, un siècle plus tard, le général Tojo par la bombe d'Hiroshima. Le 29 août 1842, est signé, à bord du vaisseau-amiral *Cornwallis*, le traité de Nankin[8]. Les canons obtiennent ce que commerçants et diplomates convoitaient depuis si longtemps : l'ouverture des ports de Canton, Amoy, Fuzhou, Ningbo et Shanghai, une représentation consulaire, des taxes fixes, l'abolition de la guilde, l'égalité de traitement entre fonctionnaires occidentaux et célestes, la cession de Hongkong. Cinquante ans plus tôt, les voiliers de sir Erasmus Gower appareillaient à Portsmouth en vue d'obtenir ces mêmes avantages.

Et l'opium ? Les Chinois devront verser quinze millions de taels d'indemnités pour la drogue détruite en 1839 ; il est sous-entendu que l'opium est une marchandise comme une autre. Thomas Staunton écrira : « En avril 1843, j'avançai que toute tolérance officielle, par nous, d'une telle contrebande était incompatible avec les traités signés, et qu'à brève échéance elle provoquerait une nouvelle rupture. Toutefois, Pékin ayant pratiquement légalisé ce trafic, toute négociation sur ce point devenait sans objet[9]. » Ainsi se libérait la conscience britannique.

Ce qu'une paisible coopération aurait pu obtenir par un accord de volontés et par une évolution progressive des idées et des techniques, la guerre pouvait-elle l'imposer ? La porte s'était entrouverte. Mais c'était par effraction, comme Macartney l'avait redouté. Longtemps, les Chinois n'auront pas d'autre souhait collectif que de la claquer sur les doigts de leurs agresseurs.

La partie à trois

« Quand on sait combien il y a de ressources dans les populations et le sol de la Chine, on se demande ce qui manquerait à ce peuple pour remuer le monde. S'il venait à surgir un empereur à larges idées, déterminé à briser hardiment avec les vieilles traditions pour initier son peuple au progrès de l'Occident, cette œuvre de régénération marcherait à grands pas[10]. » Ce jugement du père Huc, dans les années 1840, rejoint celui de Macartney, comme celui de Napoléon à Sainte-Hélène.

Cet « empereur à larges idées » n'est pas apparu. Devant les exigences étrangères, la dynastie mandchoue s'enferme dans la défensive et les sursauts de xénophobie. L'« œuvre de régénération » a tenté de passer par le peuple, directement ; mais si ce nationalisme chinois a bien « réveillé la Chine », ce fut dans les spasmes de révolutions successives. La partie se joue désormais à trois : la puissance installée de la dynastie mandchoue et de la bureaucratie céleste, étroitement associées ; le nationalisme populaire ; l'Occident. Ce trio infernal va bloquer la Chine. Aucun des trois partenaires ne la dominera assez pour l'entraîner : leurs conflits l'enfermeront dans le sous-développement. Cette imbrication de forces contraires, dans ce pays qui est à lui seul un vaste monde, a produit des séismes dont les ondes de choc ne sont pas encore amorties.

Face aux Occidentaux qui ne cessent de redemander des privilèges, le pouvoir mandarinal s'initie à un nouveau code, celui de la résistance passive. Dans le peuple, on apprend à connaître les étrangers, à les servir, à les mépriser. L'empereur Xianfeng, successeur de Daoguang, disgracie les négociateurs de Nankin et encourage la paralysie de l'appareil bureaucratique. Les Européens ne s'inquiètent pas : ils voient là un terrain propice à de nouvelles actions de force.

Le prétexte en sera fourni par des émeutes qui, en 1857, menacent les étrangers. Au printemps 1858, une flotte anglo-française paraît devant Tientsin. Pékin accepte, sans discuter, un deuxième « traité inégal » : onze ports supplémentaires sont ouverts, les douanes placées sous l'autorité d'un Occidental. La « septième demande » que Macartney n'avait pas formulée, mais qui figurait dans la réponse impériale, est enfin exaucée : les missionnaires catholiques et protestants reçoivent l'autorisation de s'implanter à l'intérieur du pays. Ils sont protégés par un statut, au besoin par des soldats. Ils ne se déferont jamais de l'accusation d'être venus, ou revenus, en Chine dans les fourgons militaires. Plus tard, la hiérarchie religieuse sera assimilée aux dignitaires chinois, et les évêques aux vice-rois[11]. Où est l'humble patience prônée par les pères Amiot et Raux ?

Le sac du Palais d'Été

Quelques mois plus tard, Pékin viole le traité de Tientsin. Des négociateurs anglais et français sont torturés et assassinés. Dès lors, la force occidentale frappe à la tête. Anglais, Français et Américains entrent dans Pékin le 13 octobre 1860, malgré les drapeaux et emblèmes sacrés que soldats et population agitent sur les remparts. Choc des cultures : face aux troupes bien équipées de lord Elgin et de Cousin-Montauban, des dragons de papier ; contre les obus, des formules magiques.

Cinq jours après, les troupes d'invasion sont lâchées dans le « Palais d'Été ». Une armée franco-anglaise saccage et incendie le *Yuanming yuan* — et notamment, parmi les nombreux bâtiments, une réplique de Versailles, bâtie par des Jésuites français, et où Macartney avait tenté, en vain, de démontrer la supériorité scientifique de l'Angleterre. Les soldats, stupéfaits devant les richesses qu'ils pillent, trouvent intacts, dans le tas, la plupart des présents que Macartney y avait laissés — planétaire et canons. L'Occident détruit l'Occident, tout autant que l'Orient. Surtout, il détruit pour longtemps les chances d'échanges amicaux qui eussent permis une fertilisation croisée entre les deux bouts du monde.

Un écrivain d'Occident — exilé qui fuyait un autre Empire — comprit, au moment où l'Europe pavoisait, que ce fait d'armes était le signe terrible d'une offense à la civilisation :

« Il y avait, dans un coin du monde, une merveille du monde : cette merveille s'appelait le Palais d'Été. Tout ce que peut enfanter l'imagination d'un peuple presque extra-humain était là... Bâtissez un songe avec du marbre, du jade, du bronze et de la porcelaine, couvrez-le de pierreries, drapez-le de soie, faites-le ici sanctuaire, là harem, là citadelle, mettez-y des dieux, mettez-y des monstres, vernissez-le, émaillez-le, dorez-le, fardez-le, faites construire par des architectes qui soient des poètes les mille et un rêves des mille et une nuits, ajoutez des jardins, des bassins, des jaillissements d'eau et d'écume, des cygnes, des ibis, des paons, supposez une sorte d'éblouissante caverne de la fantaisie humaine. [...]

« Il avait fallu, pour le créer, le lent travail des générations. On disait : le Parthénon en Grèce, les Pyramides en Égypte, le Colisée à Rome, le Palais d'Été en Orient [...].

« Cette merveille a disparu.

« Un jour, deux bandits sont entrés dans le Palais d'Été. L'un a pillé, l'autre a incendié. On voit mêlé à tout cela le nom d'Elgin*, qui a la propriété fatale de rappeler le Parthénon. Ce qu'Elgin avait ébauché au Parthénon, on l'a fait au Palais d'Été, plus complètement et mieux, de manière à ne rien laisser. Tous les trésors de toutes nos cathédrales réunies n'égaleraient pas ce formidable et splendide musée de l'Orient. Grand exploit, bonne aubaine ! L'un des deux vainqueurs a empli ses poches, l'autre ses coffres : et l'on est revenu en Europe, bras dessus, bras dessous, en riant.

« Nous, Européens, nous sommes les civilisés, et, pour nous, les Chinois sont les Barbares. Voilà ce que la civilisation a fait à la barbarie.

« Devant l'Histoire, l'un des deux bandits s'appellera la France, l'autre s'appellera l'Angleterre. Mais je proteste !

« L'Empire français a empoché la moitié de cette victoire, et il étale aujourd'hui, avec une sorte de naïveté de propriétaire, le splendide bric-à-brac du Palais d'Été. J'espère qu'un jour viendra où la France, délivrée et nettoyée, renverra ce butin à la Chine spoliée.

« En attendant, il y a un vol et deux voleurs.

« Je le constate.

---

* Elgin (James Bruce, 8ᵉ comte d') n'était autre que le fils de l'ambassadeur britannique en Turquie qui conçut puis réalisa le projet de piller les trésors qu'il avait découverts dans les ruines d'Athènes, à commencer par la frise du Parthénon.

« Telle est, Monsieur, la quantité d'approbation que je donne à l'expédition de Chine. »

Cette lettre méconnue est signée : Victor Hugo[12].

L'inguérissable blessure

Certes, Hugo exagère la splendeur du Palais d'Été, bat sa coulpe d'Occidental sur la poitrine de Napoléon le Petit, amplifie bruyamment « le sanglot de l'homme blanc ». Le sac de Rome par le très-catholique Charles Quint, le ravage du Palatinat par Louis XIV, tant d'autres exactions à travers tant de guerres, montrent que la Chine ne subissait pas un traitement à part. Mais Hugo a bien deviné la gravité de ce traumatisme pour la conscience collective des Chinois.

Après cette nouvelle victoire, on signe à Pékin le troisième « traité inégal » : Hongkong s'agrandit de la presqu'île de Kowloon ; les concessions étrangères deviennent totalement autonomes ; les canonnières occidentales peuvent remonter le Yangzi sur mille kilomètres. Enfin, et ce n'est pas la moins douloureuse des clauses, on échangera des représentations permanentes. Fini, le *kotow* ! Il n'aura fallu que soixante-sept ans, après que Macartney l'eut demandé, pour que soit accepté cet alignement sur les pratiques internationales. Les Occidentaux cessent d'être des « Barbares tributaires » ; leurs missions diplomatiques seront accréditées auprès d'un ministère chinois des Affaires étrangères, créé à cet effet.

Ainsi se trouve abolie l'inégalité qui régnait depuis l'origine des temps entre la Chine et l'extérieur. Pourquoi, alors, les Chinois appellent-ils « inégaux » ces traités imposés par la force ? Quel traité ne l'est pas ? Dans l'idée de l'Occident, le traité efface l'inégalité de la force, pour la remplacer par un durable état de droit ; il arrête la logique destructrice des combats inégaux, pour revenir à la logique pacifique des rapports d'égal à égal. Pour les Chinois, au contraire, qu'il y eût inégalité entre la Chine et un tributaire, c'était ordre et justice. L'inégalité ressentie par eux, c'était de se voir imposer l'égalité. Le vassal par destination se hissait au même rang que le souverain légitime. Quel scandale !

Cette novation coûtait tant à la mentalité chinoise, qu'elle fut longue à se voir appliquée. Elle bouleversait toute la vision de la vie. Elle imposait aux Chinois la rationalité. Elle les arrachait à la pensée magique. Mais elle les blessait au plus profond de l'âme — un peu comme un enfant autistique auquel un camarade croirait pouvoir enseigner par un coup de poing qu'il n'est pas seul au monde. Ils ne pourront guérir cette blessure que dans les soulèvements, la haine de l'étranger et la guerre civile.

CHAPITRE 88

L'implosion
(1850-1911)

L'Ordre céleste n'est pas seulement ébranlé par les coups des Barbares. Il implose aussi, sous la pression de réactions nationalistes que la dynastie mandchoue ne peut plus équilibrer.

En humiliant les Chinois dans leur dynastie, les Barbares démontrent que le « mandat du Ciel » lui est retiré. Macartney avait fait état des rébellions fomentées par les sociétés secrètes. Le phénomène n'était pas nouveau. Mais, dans les années 1850, il prend une extraordinaire ampleur ; c'est la révolte des *Taiping*. Elle exprime notamment le nationalisme chinois ; mais, signe des temps, ce nationalisme commence à emprunter des armes à l'Occident — pour mieux le combattre. Son chef, un jeune paysan du Guangdong, Hong Xiuquan, avait fréquenté les Européens à Canton. Il en avait retenu deux choses : la supériorité de leurs techniques et un rudiment de religion protestante. A sa manière, fruste et utopiste, il est le premier à amalgamer les idées d'Occident et le nationalisme chinois.

Il se proclamait « le cadet de Jésus-Christ » et ses adeptes, les *Adorateurs de Dieu*, priaient deux fois par jour, observaient le Décalogue, s'interdisaient l'alcool, le tabac, l'opium et le jeu. Ils proclamaient l'égalité des sexes. Ils réclamaient le partage des terres — thème récurrent, qui fait d'eux les précurseurs de Mao. Ils sont portés par la montée de la misère paysanne au XIXe siècle, que provoque l'explosion démographique, jointe à l'immobilisme social.

Dès 1851, Hong s'était proclamé Empereur et « Roi du Ciel ». Il est suivi par des millions de Chinois hostiles à la dynastie mandchoue. En 1853, il prend Nankin. L'Empereur autoproclamé tient bientôt onze des dix-huit provinces. Mais déjà, sa puissance se lézarde. En donnant l'assaut à Shanghai, il s'attaque à forte partie : les Occidentaux vont sauver des *Taiping* la dynastie mandchoue, en lui apportant dès 1861 armes, munitions, conseillers et mercenaires. Leur machine militaire broie l'élan populaire, déjà affaibli par ses dissensions. Le « Roi du Ciel » s'empoisonne. On découpe son cadavre en dix mille morceaux. Un mort de plus, parmi les vingt millions que la rébellion a provoqués[1].

L'Impératrice

L'année 1861 a été marquée aussi par la mort de l'empereur Xianfeng. Lui succède Tongzhi, son fils, quatre ans, dont la mère, la concubine Cixi [Ts'eu Hi], assumera le pouvoir pendant un demi-siècle. Intelligente et sans scrupules, elle est aussi persuadée que Qianlong ou Jiaqing de la supériorité des Mandchous sur les Chinois et des Chinois sur les Occidentaux — comme de l'inépuisable validité de la pensée confucéenne.

Mais rien ne peut plus être tout à fait comme avant. Elle aussi s'évertue à réorganiser l'armée ; construire des arsenaux et des navires à vapeur ; combattre la corruption ; adopter des manuels de technologie occidentale ; encourager l'enseignement des langues étrangères. Seulement, elle ne s'attaque pas au système. Ces demi-mesures ne suffisent ni à restaurer l'autorité confucéenne, ni à muer la Chine en un État moderne. « On ne peut pas sculpter le bois pourri[2] », eût dit Confucius lui-même.

La puissance de la bureaucratie céleste a fait échec à la fois aux *Taiping* et aux réformes. Si la révolte paysanne n'a pas fait basculer l'Empire, c'est sans doute qu'elle menaçait la caste des fonctionnaires-lettrés-propriétaires fonciers. Accepter les réformes, c'eût été laisser la place à de nouvelles élites, qui déjà pointaient : les négociants, intermédiaires des Occidentaux — les *« compradores »* ; et les militaires issus des réformes de 1895 à 1900, les futurs cadets de Huangpu, qu'encadreront un Jiang Jieshi [Chiang Kai-shek] formé au Japon, ou un Zhou Enlai de retour de France. Il faut donc tirer sur tout ce qui bouge — sans pour autant apaiser les tourbillons insurrectionnels. La classe mandarinale au pouvoir va s'entêter à vivre dans son rêve.

Le partage du melon

Les Barbares continuent, eux, à dépecer l'Empire : la France lui arrache l'Annam en 1885, et l'Angleterre la Birmanie en 1886. Dix ans plus tard, la guerre sino-japonaise exaspère la honte. Ceux qu'on appelle « les Nains* » vont vaincre le pays dont ils tirent l'essentiel de leur civilisation. La Corée sert de pomme de discorde entre la Chine, son suzerain en théorie, et le Japon, qui veut le devenir en pratique — fort de sa modernisation rapide. Le 17 septembre 1894, à l'embouchure du Yalou, les Japonais coulent ou mettent en fuite

---

* Le Japon, sur lequel règne aussi un empereur céleste *(tennô)*, n'était plus vraiment vassal de la Chine depuis le VIe siècle. Les relations sino-japonaises reposaient sur un compromis : ce n'est pas l'empereur du Japon, mais son « Premier ministre » (le *shôgun*, généralissime) qui mandait un envoyé à la Cour chinoise.

la flotte chinoise. Ils entrent en Mandchourie — patrie de la dynastie. Moins d'un an plus tard, la Chine doit implorer la paix. Le « partage du melon » continue*.

A la veille de la bataille, un aviso anglais porte une missive de l'amiral japonais Ito à son camarade et ami, devenu son adversaire, l'amiral chinois Ting. Cette lettre de soldat à soldat jette une admirable clarté sur le contraste entre le Japon et la Chine, face à « la rapidité des mutations du monde[3] ». Voici ce document ignoré :

« La présente situation de votre pays [...] résulte d'un système. Vous désignez un homme pour remplir une fonction en tenant compte seulement de son savoir de lettré ; c'est une coutume millénaire. Sans doute ce système était-il bon aussi longtemps que votre nation demeurait isolée ; il est maintenant périmé. Dans l'état actuel du monde, il n'est plus possible de vivre dans l'isolement.

« Vous savez dans quelle position pénible l'Empire japonais se trouvait, voici trente ans, et comment nous nous employons à échapper aux difficultés qui nous pressent, en rejetant le vieux système et en adoptant le nouveau. Votre patrie aussi doit adopter cette nouvelle manière de vivre. Si elle le fait, tout ira bien. Sinon, elle ne peut que périr.

« Celui qui veut servir son pays avec loyauté ne doit pas accepter d'être entraîné par la grande marée qui menace. Il ferait mieux de réformer le plus vieil empire du monde, qui possède une glorieuse histoire et un immense territoire, et de le rendre pour toujours inébranlable.

« Venez dans mon pays pour y attendre le moment où votre patrie demandera votre concours pour une entreprise réformatrice[4]. »

Après la bataille, le destinataire, l'amiral Ting, se suicide, tourné respectueusement vers Pékin.

Les Cent Jours

Des lettrés réagissent : il faut que la Chine change ! Sous leur influence, l'empereur Guangxu, qui a succédé à Tongzhi en 1878 et atteint vingt-quatre ans, cherche à secouer le joug de sa tante et mère adoptive, Cixi. Il en appelle au peuple : « Les nations occidentales cernent notre Empire. Si nous ne consentons pas à adopter leurs méthodes, notre ruine est inéluctable. »

C'est la dernière chance de la dynastie. Le jeune Empereur la joue et la perd en cent jours, entre le 11 juin et le 20 septembre 1898. Il multiplie les initiatives novatrices, inspirées de Pierre le Grand et du Meiji : envoi d'étudiants à l'étranger ; publication du budget ; sup-

---

* La Corée, indépendante ; au Japon, Taiwan et les Pescadores ; à la Russie, Port-Arthur et l'usufruit de la Mandchourie ; aux Anglais, le commerce sur le Yangzi ; aux Français, le droit d'intervention dans les provinces qui jouxtent le Tonkin ; à l'Allemagne, le Shandong.

pression des essais littéraires dans les concours ; fondation d'une université à Pékin ; création de ministères de l'Agriculture, des Techniques, du Commerce, des Chemins de fer ; lois relatives aux inventions, à l'initiative marchande ; refonte des tribunaux ; distribution aux paysans des terrains militaires non utilisés ; encouragement du journalisme politique ; droit pour tout sujet de l'Empire d'adresser un placet à l'Empereur...

L'entourage de l'Impératrice douairière se scandalise de cette avalanche diabolique. Cixi le foudroie : « Pauvre sot ! » Elle proclame Guangxu faible d'esprit et l'enferme dans un pavillon, au milieu du lac de l'actuel « Palais d'Été » ; la pièce qui lui est dévolue est appelée « la Chambre vide[5] ». Elle fait arrêter et exécuter les réformistes.

Les Boxers

Pour sauver la dynastie, Cixi exploite la xénophobie. Jouant le double jeu, elle favorise la création de milices villageoises, en vue d'une insurrection générale contre les *diables barbares*. Au sein de ces milices, se développe une société secrète, *« le Poing de la Justice »* — les « Boxers ». Les éléments les plus frustes de la population sont encouragés à la révolte par les clans les plus conservateurs de l'oligarchie lettrée — celle qui fait de la Chine, selon une formule de Lu Xun, « une maison sans fenêtre, avec beaucoup de monde endormi à l'intérieur, et qui va mourir d'asphyxie[6] ».

En juin 1900, Cixi déclare la guerre aux Barbares et invite la populace « à manger leur chair et à dormir dans leur peau[7] ». Cette levée en masse de la colère fait ses premières victimes parmi les missionnaires et leurs ouailles, ainsi que dans les rangs des diplomates. Mais elle ne peut résister à l'armée occidentale et japonaise, qui débarque en hâte à Tientsin. La Cour s'enfuit. On traite, non sans que Pékin ait été abandonné au pillage.

Encore une fois, l'Occident sauve le pouvoir qu'il sape, et contribue donc au blocage de la Chine — la faisant mûrir pour de nouvelles révolutions. Mais, emporté par son dynamisme, il est en même temps comme pris de vertige devant tout ce que, de cet immense réservoir de bras et de talents, il pourrait tirer. Comment ? « Pour mettre au jour ces ressources, il faudrait que l'administration fût confiée à des mains européennes, comme en Égypte, en Tunisie ou en Turquie[8]. » Ainsi s'exprimait le président du conseil d'administration de la concession française de Shanghai : la Chine n'était pas encore assez en tutelle... Vision scandaleuse ? A la même époque, Yenfu se demandait si, « avant d'entreprendre quoi que ce soit », la Chine ne devrait pas « prendre le chemin de l'Inde ou de la Pologne[9] ». L'asservissement n'était-il pas le prix dont sa patrie devrait payer les lois de Darwin ?

Larrons en foire finissent toujours par se battre. Une querelle pour la maîtrise du Transmandchourien provoque la guerre russo-japonaise de 1904-1905. Le monde stupéfait apprend qu'une nation asiatique peut écraser militairement la plus vaste nation d'Europe.

Les Occidentaux n'étaient donc pas invincibles ! Chacun depuis sa porte, le camp des traditionalistes et celui des progressistes y virent motif d'entreprendre enfin les réformes de structure qui, depuis 1868, avaient conduit l'« Empire du Soleil Levant » à sa nouvelle puissance. L'armée est réorganisée : finies les démonstrations où « les cavaliers décochent des flèches en se retournant, sans rater une feuille de chêne à cent pas[10] » !

Mais la révolution par en haut et la révolution par en bas se font concurrence. En 1906, 1907, 1908, des rébellions éclatent. Quand Cixi meurt, en 1908, le « mandat céleste » passe à un enfant de trois ans, Puyi. Son oncle, qui exerce la régence, cède à l'insurrection et convoque en 1909 des assemblées provinciales, en 1910 une assemblée consultative. S'achemine-t-on vers une monarchie constitutionnelle ? De plus en plus, la dynastie mandchoue elle-même est attaquée. Le 10 octobre 1911, un complot aboutit, presque par hasard, dans la concession russe de Hankou. La garnison rallie les insurgés, la révolution se répand comme une traînée de poudre. Geste de libération, les Chinois coupent la natte que les Mandchous leur ont imposée depuis 1644.

La République est proclamée à Nankin. Le 1er janvier 1912, le nouvel État voit officiellement le jour, tandis que le calendrier grégorien se substitue au calendrier astrologique chinois. Une ère est révolue dans la grande machinerie du Ciel. La sombre prophétie de Macartney s'est accomplie ; sans doute parce que la main qu'il avait tendue, cent vingt ans plus tôt, n'avait pas été saisie.

CONCLUSION*

Le planétaire et le cloisonné

> « *La liberté est un principe dont, depuis l'Antiquité, les saints et les sages de Chine se sont toujours défiés profondément.* »
>
> YENFU, 1895[1].

> « *En Chine, les choses en étaient au point qu'elles excluaient tout, sauf l'extrême.* »
>
> Charles DE GAULLE, 1964[2].

Le plus superbe des présents que Macartney a offerts à Qianlong pour proclamer la modernité de son pays : un « planétaire ». Qianlong lui fait remettre, en retour, des objets de l'artisanat d'art traditionnel : sculptures de jade, bourses de soie, vases faits de cet émail coulé entre de fines parois de laiton, qu'on appelle « cloisonné ». Le *planétaire* et le *cloisonné* : quel symbole !

La Grande-Bretagne a compris que le progrès des sciences et des techniques, la richesse et la puissance des nations venaient de l'échange. Elle a beau ne compter encore que moins de dix millions d'âmes, elle a déjà l'orgueil du gagneur. Elle a choisi d'éclater sur le vaste globe. Elle s'est dotée de la marine marchande la plus nombreuse, de la flotte de guerre la plus redoutable ; elle a appuyé de tout son poids ses explorateurs et ses corsaires ; elle a soutenu ses compagnies à charte, qui sont devenues les plus actives ; elle s'est emparée du Canada et de l'Inde au détriment de la France ; et quand elle a dû accorder l'indépendance aux États-Unis — dont elle a su

---

* La reconstitution de l'expédition Macartney qu'on vient de lire, je l'ai écrite à partir de témoignages, souvent inédits, qui apportent des pièces neuves à un débat ancien. Les pages qui suivent sont d'une autre nature. Cet essai m'est inspiré par quarante ans d'observations et de réflexions à travers le globe sur les rapports entre pays avancés et tiers monde : elles m'inclinent à conclure une monographie par des propositions de portée générale. Ce n'est pas tirer le tout de la partie, mais tenter d'éclairer la partie par une certaine idée que je me suis faite du tout. « Une heure de synthèse pour une vie d'analyse », auraient dit Fustel de Coulanges ou Claude Bernard.

conserver la clientèle —, elle a résolu de compenser cette perte par une expansion dans l'Asie du Sud-Est et le Pacifique. Elle a compris que la domination universelle appartiendrait à la société la plus ouverte, la plus mobile, la plus présente au monde — ce monde maintenant repéré, désormais solidaire.

L'enfermement

La Chine de Qianlong, certes, avait conquis le plus grand empire qu'eût connu l'humanité. Ses territoires propres, elle les avait ceinturés d'États vassaux qui lui apportaient tribut et lui servaient de glacis. La *pax sinica* s'étendait de la mer Caspienne aux îles Liuqui, du lac Baïkal aux golfes du Bengale et du Siam.

Cet immense domaine était protégé par une ceinture de déserts, de montagnes infranchissables, d'océans infestés de pirates et sujets à de furieuses tempêtes. Par la Grande Muraille. Par d'indéracinables préjugés, muraille dans les esprits. Par la conviction que l'Empire du Milieu abritait « la seule Civilisation sous le Ciel ». Que les peuples en dehors de sa mouvance étaient des Barbares grossiers (à moins qu'ils ne vinssent se prosterner en « aspirants à la Civilisation »). Que ce qui venait d'eux, délétère, devait être rejeté. Que leurs ressortissants pénétrant en Chine ne pouvaient être animés que de mauvaises intentions (était-ce si faux ?). Qu'il fallait les entourer de suspicion. Que tout Chinois quittant le pays sans mission de l'Empereur se retranchait de l'Empire ; civiquement déserteur ; *siniquement* mort.

A l'intérieur d'elle-même, la société chinoise était divisée en des sortes de castes, plutôt que de classes. Les cloisons entre elles n'étaient pas beaucoup plus aisées à franchir que les cloisons entre Chinois et Barbares. On ne pouvait les traverser que par des études ès lettres confucéennes, vérifiées par concours. Les sociologues chinois insistent sur la mobilité que conférait ce système et sur le faible rôle qu'y jouait l'hérédité. Mais ce *cursus studiorum* inculquait les règles du cloisonnement — dont les mandarins, fussent-ils fils du peuple, devenaient à leur tour les garants par délégation de l'Empereur, lequel répondait de ces règles devant le Ciel, dont il avait reçu mandat de les préserver. Nul ne pouvait échapper à cet Ordre.

Certes, avec ses vassaux, de la Corée à la Birmanie, avec ses clients traditionnels, comme l'Inde, les Philippines, Java, elle formait un ensemble autarcique, mais gigantesque ; figé dans ses usages, mais actif et grouillant ; contrariant l'échange avec l'extérieur[3], mais pratiquant largement l'échange à l'intérieur de lui-même ; formant ce que Braudel appelait une « économie-monde ». Seulement, cette économie-monde ne pouvait exploser, comme l'économie britannique, parce qu'il y manquait une « périphérie suffisamment forte pour survolter le cœur de l'ensemble[4] ». Sans concurrent réel, la puissance économique dominée par la Chine était condamnée à se soumettre à l'ordre idéologique chinois. Balazs a montré qu'on ne rencontre en Chine d'amorce de développement capitaliste, c'est-à-dire authentiquement concurrentiel, que dans les périodes où l'ordre politique a été gravement ébranlé[5].

Ethniquement et politiquement aussi, le terme d'*isolat* ne saurait vraiment s'appliquer. La Chine de Qianlong assurait la coexistence, entre autres, des Chinois *han*, des Mandchous, des Tibétains et des Mongols. En témoignent de nombreuses stèles écrites au XVIIIe siècle en ces quatre langues, une sur chaque face, et portant souvent, gravées, des calligraphies de Qianlong.

La Chine n'en demeure pas moins une société compartimentée au-dedans d'elle-même, emmurée sur son pourtour. La mission Macartney opposait une société de libre circulation planétaire à une société cloisonnée et emmurée. L'empire ouvert, face à l'empire clos.

Deux affirmations de supériorité s'affrontent. La Chine se dit civilisation supérieure *par essence*, et assure son expansion aux dépens d'inférieurs ou de Barbares *cuits*. L'Angleterre se dit civilisation supérieure parce que *moderne*, c'est-à-dire fondée sur la science, la libre circulation des idées et la maîtrise de l'échange commercial. Les deux codes ne peuvent communiquer. Double méprise, double mépris.

Pourquoi, me demandais-je en introduction à ce livre, la Chine a-t-elle perdu en si peu de temps l'avance de plusieurs siècles qu'elle avait prise par rapport aux autres civilisations ? L'expédition Macartney suggère au moins deux explications. Au moment où les nations occidentales se projetaient sur le vaste monde, la Chine s'est repliée sur elle-même. Et elle a freiné obstinément les innovations, quand l'Europe les fécondait les unes par les autres.

L'immobilité relative

Des enfants jouent à prendre à l'envers un escalier roulant. S'ils s'arrêtent, ils descendent. S'ils montent, ils restent stationnaires. Celui qui grimpe quatre à quatre monte lentement. Dans le long convoi de l'humanité, les nations font de même : celles qui ne bougent pas reculent ; celles qui avancent sans hâte font du sur-place ; celles qui courent sont seules à progresser.

Ce mouvement et cette immobilité relatifs, on ne les aperçoit que par une comparaison en longue période. Dans la Chine du XVIIIe siècle, il s'est passé beaucoup de choses : un sinologue qui consacre sa vie à les scruter peut hésiter à voir immobile cet Empire. A l'inverse, un angliciste pourrait n'être guère sensible à l'essor de la puissance anglaise en ce même siècle. Il la voit avec ses misères et ses insuffisances ; ces paysans chassés de leur terre par la dure loi des *enclosures*, ses bouges, ses révoltes, son oligarchie insolente, sa défaite face aux insurgents américains et à la France, sa croissance toujours inférieure à 2 % — bien faible à côté de nos « trente glorieuses ».

Mais la comparaison révèle que l'agriculture anglaise s'est rapidement modernisée au moment où la plupart des paysans français vivaient comme au Moyen Age ; que, par la synergie entre la haute finance, la grande industrie et le grand négoce, l'Angleterre prenait, non seulement sur les autres continents mais sur les autres pays d'Europe, une avance qui allait s'accroître.

Quand deux lignes s'éloignent l'une de l'autre, un décalage à peine perceptible au début devient énorme à la fin. L'expédition Macartney est un moment privilégié pour faire apparaître la distance croissante entre la nation qui monte en Occident, et l'Empire qui se flatte de dominer le monde, alors qu'il est déjà tombé en léthargie.

Le marchand d'exotisme

L'expédition Macartney et son échec contiennent en germe les affrontements des deux siècles qui suivent : la collision culturelle de l'Occident et de l'Extrême-Orient ; le choc des pays industrialisés et du tiers monde.

La rencontre du Lion et du Dragon, à l'occasion de la mission Macartney, altère pourtant les comparaisons trop simples. La Chine est logique avec elle-même en restant close. Mais l'Angleterre souffre de quelque incohérence en voulant imposer l'ouverture. L'originalité de la civilisation chinoise, Macartney et ses compagnons ne l'admettaient pas avec plus de largeur d'esprit que la Chine ne voyait l'Occident. Ils savaient qu'ils allaient vers un peuple raffiné, mais ils ne l'abordaient pas autrement que de moindres capitaines ou marchands n'abordaient les peuplades d'Afrique. Ils avaient le coup d'œil d'hommes de leur temps — d'hommes des Lumières. Aventuriers de la technique et du marché, ils embrassaient du même regard le bon sauvage et le raffiné exotique : un interlocuteur pour l'échange ; un objet de commerce ; un individu qui n'a pas lu et ne lira jamais Adam Smith. Ils ne faisaient guère de différence entre les quatre Chinois embarqués à l'aller, et le Papou ramené au retour.

Les Anglais auront dépensé bien des guinées pour séduire le grand enfant avec leurs instruments mécaniques, comme ils séduisaient les nègres avec de la verroterie. La séduction coûte plus cher, mais la démarche est la même. A ce détail près, qu'ils n'ont pas séduit les Chinois. « Le Chinois est superstitieux à l'extrême et naturellement peu enclin à la nouveauté », affirmait à Macartney, avant son départ, un rapport de la Compagnie[6] — largement confirmé, depuis, sur le terrain. Que la nouveauté rebute le Chinois, voilà qui ne peut qu'être le fait d'une forme d'arriération : se laisse ici percevoir un refus de reconnaître un droit des civilisations à la différence.

Les Britanniques pensent que leur droit à eux, peut-être même leur devoir, est d'ouvrir la Chine au commerce international selon les règles établies par l'Occident. Si la Chine refuse de se plier aux pratiques des négociants européens, c'est elle qui a tort[7]. Macartney se comporte comme un marchand d'exotisme, offrant aux Anglais non seulement le thé, la soie, la laque, la porcelaine, mais le plaisir de satisfaire un rêve d'aventure lointaine. L'originalité de cette civilisation, il entend la récupérer au bénéfice du Royaume-Uni, où elle excite la convoitise des acheteurs de toute l'Europe. Il déplore seulement de ne déceler aucune convoitise en sens inverse. « Il est pratiquement impossible de convaincre les Chinois de l'intérêt qui serait le leur à étendre les importations d'articles étrangers[8]. » Pauvres gens qui se refusent aux bienfaits du négoce — et de la Civilisation, dont l'Angleterre est le cœur !

Tout le comportement de Macartney nie la validité de la civilisation chinoise. Le refus du *kotow*, le dégoût d'être assis en tailleur, l'amusement hautain devant les scènes de la vie quotidienne, signifient que, pour lui, il ne peut y avoir *des* civilisations. Il est aussi exclusif que les Chinois. Il n'y a qu'*une* civilisation, celle de l'Occident, vers laquelle tendent tous les hommes ; et l'Angleterre en est le fleuron, en même temps que le moteur. Ce modèle unique et universel de culture, c'est celui des WASP — *white, anglo-saxon, protestant* — où la Bible se mâtine de rationalisme ; où le devoir d'entreprendre relaie la prédestination. Ce modèle, le Lord était en charge de l'étendre à la Chine. Il a pris conscience que la tâche serait surhumaine et requerrait un jour la violence.

C'est sur de tels préjugés que s'est développée l'histoire des XIXe et XXe siècles : la colonisation des peuples de couleur par l'Europe, puis leur révolte. Ces conflits apparaissent dès les premiers moments d'un contact qui aurait pu les abolir.

Au miroir chinois

Du moins, ce regard orgueilleux posé sur l'autre va-t-il beaucoup apprendre aux Anglais — sur eux-mêmes. Pour les sociétés comme pour les personnes, le détour par l'Autre est nécessaire à la connaissance de soi. Au bout de chaque différence, on trouve deux questions : « Pourquoi sont-ils ainsi ? », et par suite : « Pourquoi ne suis-je pas ainsi ? »

Au fil de leur voyage, les Britanniques sont passés de l'enthousiasme au mépris. Mais au retour, Macartney, en compagnie de sir George, a eu tout loisir de prendre du recul pour mûrir ses « Observations ». Il faudra attendre 1908 et surtout 1962 pour qu'elles soient — partiellement — publiées. Elles s'élèvent au niveau de l'ethnologie et de la philosophie de l'histoire. Macartney s'y affirme comme un penseur qui voit juste et loin. L'historiographie chinoise moderne est en train de l'admettre[9].

Comme le feront, quarante et cinquante ans plus tard, Tocqueville aux États-Unis et Custine en Russie, Macartney a observé honnêtement : « Je n'ai pas tout vu, je peux m'être trompé ; mais ce que j'avance, je l'ai vu[10]. » La *différence* rend visible ce qu'on ne voyait pas parce qu'on avait le nez dessus. Pour *se* comprendre soi-même, il faut faire le détour par l'Autre. Macartney et ses compagnons avaient passé des années à préparer la confection du miroir chinois. Maintenant qu'ils ont plongé le verre dans le bain magique que rien ne remplace — le contact du réel —, la couche de tain s'est formée ; le miroir leur renvoie l'image de leur propre société. La Chine leur a appris à voir l'Occident. Ils ont réfléchi sur les caractéristiques de leur société, en s'étonnant des caractéristiques opposées de la société céleste.

De constater l'immobilité chinoise, ils ont mieux ressenti le mouvement qui les emportait. Les Anglais se sont fait une idée nette de ce qu'était l'initiative individuelle en constatant qu'en Chine, aucun individu ne peut rien entreprendre, sinon ce que la société attend de lui, là où il est. Ils ont éprouvé la force, en Occident, de la personne humaine, en observant qu'en Chine, la seule entité humaine, c'est la collectivité tout entière. Ils ont mesuré le rôle de la compétition dans leur propre pays en se rendant compte qu'en Chine, nul ne peut dépasser la place qui lui est assignée, car il porterait ombrage à la hiérarchie établie. Ils ont discerné combien le marchand comptait pour eux, en devinant combien il était méprisé là-bas. Ils ont pris conscience de leur culte du neuf, en découvrant ce culte de l'immuable. Bref, ils ont mieux compris que l'individualisme, la concurrence, l'innovation, formaient les ressorts de leur richesse et de leur puissance.

Le chef-d'œuvre bimillénaire

Les grands empires ont été fondés par de grands centralisateurs qui ont pétri dans leurs mains de fer une glaise informe : Nabuchodonosor, Xerxès, Alexandre, César, Charlemagne, Pierre le Grand, Napoléon, Staline, Mao. Ces géants ont maté les rebelles, imposé des organisations hiérarchisées qui leur ont longtemps survécu — grandes pyramides qui n'offrent point prise aux tempêtes. Aucune ne fut plus solidement bâtie que l'Empire chinois, dont les architectes s'appellent Confucius et Qin Shihuangdi. Tout y est ordonné pour assurer la durée et la grandeur de l'État, en faisant dépérir l'individu, pour ne l'exalter que dans sa dimension collective et quasi religieuse. Chacun s'emboîte dans une hiérarchie. Les valeurs communes s'imposent à tous. Et voilà la conscience individuelle rabotée et polie.

Les groupes intermédiaires — corporations, ordres, états, castes — ne sont là que pour consolider l'architecture d'ensemble ; ils forment autant de petites sociétés juxtaposées et refermées sur elles-mêmes. Ils sont encastrés les uns dans les autres comme des nids d'abeilles : la pyramide, unie contre l'extérieur, auquel elle oppose une surface lisse et impénétrable, se fractionne à l'intérieur. La division du travail renforce à la fois la séparation entre les groupes et leur interdépendance. La société ainsi bâtie se reproduit à l'infini. Le tout commande les parties.

A la pointe du monument, le Fils du Ciel, incarnation de la divinité sur cette terre. Immédiatement au-dessous, cimentant le sommet et les arêtes de la pyramide, le Grand Conseil, les vice-rois, les gouverneurs et toute la hiérarchie des fonctionnaires-lettrés : seuls capables de lire et d'écrire dans la langue de l'élite, ils ont charge de transmettre à la masse les volontés de l'Empereur et les valeurs de l'Empire. Puis les paysans, immense masse nécessaire à la subsistance de l'ensemble : ce sont les vrais producteurs ; les trois autres classes ne sont là que pour leur permettre de produire. Encore en dessous, les artisans, auxquels on ne demande que de fournir les instruments nécessaires pour que les paysans puissent cultiver. Tout en bas, les commerçants ne sont pas des producteurs, mais de simples parasites. Ils ne vivent que de l'échange ; ils ne créent pas* ; ils ne font que récolter de l'argent aux dépens des autres. Et ce n'est pas parce qu'ils s'enrichissent qu'ils gagnent en dignité.

Ainsi la société chinoise se reproduit-elle à l'identique, du IIIᵉ siècle avant notre ère jusqu'à notre XXᵉ. Pareille construction, solide comme le granit, défie le temps. Elle ne laisse guère de liberté à l'individu, réputé incapable de discerner ce qui est bon pour lui ; à l'inverse d'une société libre, où chaque homme est une incarnation de l'humanité entière et où les individus sont censés savoir mieux que la collectivité ce qui leur convient.

Les Chinois qui accueillaient Macartney étaient pénétrés de cette extraordinaire durée et des principes qui la fondaient. Ils savaient que la permanence de l'Empire tenait à un effort incessant pour respecter et faire respecter les règles établies. Ils avaient toutes les raisons du monde — de *leur* monde — pour ne pas écouter ce « long-nez » qui venait leur parler d'aventures. Qianlong et ses mandarins étaient fiers de leur système ; il y avait de quoi. Ils tenaient à ce chef-d'œuvre : la bureaucratie centralisatrice, dans cet amoncellement de siècles, avait dominé la diversité des situations historiques et perduré à travers de profondes transformations.

Ce n'est pas le « féodalisme », comme le prétend la langue de bois marxiste, que la Révolution a aboli en 1949. Le féodalisme se définit comme un régime où les statuts personnels sont essentiellement *reçus* de naissance et non *acquis*, et où prédominent les relations de dépendance personnelle à l'égard d'une noblesse héréditaire. En Chine, elle avait été abolie au IIIᵉ siècle avant notre ère**.

Un État entièrement centralisé avait alors surgi : administré de façon impersonnelle, selon des règles qui s'imposent à tous, par des fonctionnaires interchangeables, rétribués, révocables d'un trait de plume, recrutés à partir des Tang par concours anonymes. Les circonscriptions administratives, organisées selon un patron unique, s'étaient substituées aux fiefs dont l'étendue variait en fonction de l'aptitude du suzerain à manier l'épée. L'Empereur nomme à tous les emplois publics. Il tient solidement en main, par un jeu de peines

---

* Encore de nos jours — comme les autres pays socialistes —, la Chine, jusqu'en 1986, n'a pas intégré le secteur tertiaire (services, commerce) dans le calcul du Produit national brut.

** Seuls subsistaient dans l'État centralisé de rares éléments de féodalité, comme la noblesse mandchoue sous les Qing, ou les descendants reconnus de Confucius.

et de récompenses, le réseau qui enserre le pays. Il concentre tous les pouvoirs.

Le système vise à la puissance et à l'efficacité : avant tout, il doit gagner les guerres et garantir la production agricole. La dynastie est responsable de l'ordre et de la subsistance. Si elle vient à faillir dans cette double tâche, le mandat du Ciel lui est retiré. Elle n'est que le premier serviteur de l'Empire, qui existait avant elle et devra durer après elle.

Ce système a si bien fait ses preuves en Chine qu'il a essaimé, comme en Corée ou au Vietnam. Il a même servi de modèle en Occident pour l'instauration des examens et concours, par exemple dans la France de Louis XV. Ses avantages sont évidents. Il a solidement structuré un espace plus vaste que l'Europe de l'Atlantique à l'Oural : lignes de défense, routes, relais de poste, toiles d'araignée du commandement. L'État règle le marché par des achats massifs de céréales, un impôt en grains, le stockage dans des entrepôts publics. La Chine a fixé le modèle de l'État centralisé à un niveau que les pays d'Europe n'ont atteint qu'à une date beaucoup plus récente.

Depuis Qin Shihuangdi, s'était maintenue l'unité des lois, de la monnaie, des impôts, des poids et mesures — et jusqu'à un écartement défini des roues de charrettes. Une écriture uniforme s'était imposée, même aux monarchies périphériques : Corée, Japon, Vietnam. La civilisation chinoise s'était ainsi diffusée, avec une puissance et une continuité incomparables, pendant plus de vingt siècles. Un tel rayonnement n'a jamais eu son pareil, pour une aussi longue période, dans l'histoire de l'humanité.

Le heurt de deux complexes de supériorité

Cette construction avait son talon d'Achille : il apparut quand l'Occident vit éclore dans ses sociétés — et d'abord l'anglaise — les germes de puissance que l'individualisme y avait déposés. La germination avait été lente — de longs siècles ; mais, soudain, quelle récolte ! Le modèle achevé de l'ordre centralisé, parfait dès sa conception et quasiment immuable pendant deux millénaires, était ainsi brutalement confronté avec le modèle naissant, bouillonnant, inachevé, mais déjà étrangement efficace, de la liberté sociale.

Or, le fossé qui sépare les pays « développés » des pays pudiquement appelés « en voie de développement » ne s'est creusé que pendant une période infime par rapport à la durée d'existence de l'humanité. Au moment de l'irruption des navigateurs occidentaux, les plus primitives des peuplades d'Amérique du Sud ou d'Afrique équatoriale étaient parvenues au niveau atteint par les populations d'Europe deux mille ans avant notre ère ; les Chinois avaient atteint un niveau comparable à celui de la France louis-quatorzienne. Ces décalages s'expliquent aisément par des circonstances géographiques ou historiques qui ont stimulé les uns et ralenti les autres, provoqué l'isolement de ceux-ci, le brassage de ceux-là. Trente-cinq siècles par rapport à trois millions et demi d'années : le millième de l'existence de l'homme. Rien qui pourrait justifier le sentiment d'une supériorité *raciale* de l'homme blanc sur l'homme de couleur.

Les compagnons de Macartney avaient abordé la Chine avec la certitude qu'ils étaient supérieurs aux autres Européens. Ils s'en retournent avec une nouvelle certitude : ils sont également très supérieurs aux Chinois. Ils ont mesuré combien cet empire, dont on disait merveilles depuis Marco Polo, était arriéré. Et pourquoi ? Parce que rebelle au progrès, à la science, à l'esprit d'entreprise. Ils ont découvert, par contrecoup, les ressorts de leur propre puissance.

Macartney et ses compagnons comptent pour beaucoup dans l'exaltation de la supériorité anglo-saxonne qui va irradier sur le monde pendant deux cents ans. Par le retentissement de leurs comptes rendus, ils renforcent le dogme de la supériorité de l'Européen. Ce dogme légitime l'annexion d'innombrables territoires d'Amérique, d'Afrique, d'Asie et d'Océanie. Jules Ferry et la IIIᵉ République ne parleront pas un autre langage. Ils viendront apporter *la* « civilisation » aux « sauvages ».

La contradiction coloniale

Cette foi quasi messianique de l'Occident en lui-même le place en pleine contradiction. Il se fait ainsi l'adversaire de ses propres principes universalistes, partagés par toute l'Europe et que la Révolution française n'a fait chez nous que cristalliser. Il dénie le liberté, l'égalité et la fraternité à des populations qu'il soumet à son joug. Cette contradiction est si profonde que l'Occident a fini par se haïr d'avoir colonisé. Au moment où, en décolonisant, il aurait dû se retrouver en harmonie avec son génie, il s'est flagellé.

De leur côté, comment les pays dominés n'auraient-ils pas été choqués de la brutalité avec laquelle l'Occident avait saccagé leurs traditions ? Ils sont fiers et ont le droit de l'être : un peuple qui n'est pas fier de lui perd le goût de vivre. Surtout si, comme l'Inde ou la Chine, il est le foyer d'une civilisation ancienne et brillante. La révolte des peuples du tiers monde contre l'Occident était une réaction saine : le rejet d'une domination étrangère qui niait leur identité. Pour tout peuple qui a les moyens de former une nation, l'indépendance n'a pas de prix. Mais parce que le besoin d'indépendance prenait racine dans des profondeurs passionnelles, la décolonisation a entraîné une explosion d'idées fausses.

Les marxistes ou marxisants ont réussi à convaincre non seulement le monde socialiste et le tiers monde, qui ne demandaient qu'à les croire, mais l'*intelligentsia* d'Occident : le développement des pays colonisateurs, le sous-développement des colonisés résulteraient de ce que les premiers ont pillé les seconds. C'est oublier que la misère du tiers monde préexiste à la colonisation — et lui survit, ou renaît après elle. Le *sous-développement,* qu'on devrait plutôt appeler le *non-développement*, est un phénomène permanent et universel. Depuis que l'homme est apparu sur terre, l'ignorance, les épidémies, l'assujettissement — esclavage, soumission des femmes, dépendance d'un groupe par rapport à un autre —, la malnutrition, la peur de la maladie, de la famine et de la guerre, sont le lot commun de l'espèce. Ce n'est pas le sous-développement qui est un *scandale*, c'est le développement qui est un *miracle* — et tout récent.

Bien sûr, l'irruption d'une civilisation avancée a déstabilisé et finalement détruit de l'intérieur les sociétés coutumières. Mais il ne faut pas les idéaliser rétrospectivement. En Chine, tout autant que dans les sociétés primitives d'Afrique, d'Asie, d'Amérique ou d'Océanie, de terribles fléaux ont précédé l'irruption occidentale : la disette, la lèpre, la malaria, la mortalité infantile, la mutilation des femmes, sans parler du cannibalisme... Tout cela n'est pas consécutif, mais antérieur à la colonisation. Tout cela, la colonisation l'a fait reculer.

Le colonisateur n'a pas apporté la misère au colonisé — mais une soumission, à la longue insupportable et débilitante. On retrouve ici la contradiction : cette soumission n'était pas le meilleur moyen de communiquer les réflexes qui avaient fait démarrer l'Occident. Ce n'était pas par la colonisation que celui-ci pouvait transmettre sa « civilisation » — mais par cela même qui fondait cette civilisation : la liberté et l'échange.

C'est si vrai que la colonisation n'a guère profité à l'Occident, même sur le plan économique. L'Espagne et le Portugal, les plus dynamiques aux XVᵉ et XVIᵉ siècle, ont été, aux siècles suivants, comme affaiblis par leurs colonies. La Grande-Bretagne était prospère avant ses conquêtes impériales ; et on calcule aujourd'hui que son Empire n'a été responsable que pour une faible part de sa richesse à son apogée. Les pays qui ont connu les plus étonnants miracles économiques depuis 1945 — Allemagne, Italie, Japon — étaient privés de colonies. Ceux qui ont perdu leur empire, avec lequel ils vivaient en symbiose — Pays-Bas, France, Belgique —, ont connu un essor rapide, précisément à partir du moment où ils en ont été délestés. Les pays d'Europe les plus riches — Suisse et Suède — n'en ont jamais eu. C'est que, si le commerce rapporte gros, la colonisation finit par coûter. Déjà, dans les années 1780, Macartney, gouverneur de Madras, avait compris que l'Inde était en passe de coûter plus à l'Angleterre qu'elle ne lui rapportait. Seul un commerce triangulaire avec la Chine permettrait de combler ce déficit.

La colonisation est si peu dans le génie de l'Occident, qu'elle a été le plus souvent l'effet d'un entraînement devant des difficultés d'abord imprévues. Sauf le cas de territoires quasi déserts, les colonisateurs ne se proposaient pas, à l'origine, d'annexer des pays, mais seulement de commercer. C'eût été à leur avantage mutuel. L'Europe en expansion avait besoin de nouveaux marchés. Les sociétés traditionnelles, en se prêtant aux échanges, allaient pouvoir se moderniser. C'était tout particulièrement le cas avec la Chine. Offrir l'échange, tel était l'objectif de toutes les missions envoyées à Pékin de la fin du XVIᵉ au début du XIXᵉ siècle. Mais la dynastie mandchoue refusa cette ouverture. Les actions de force, les cessions de territoires, l'administration directe ne furent que la conséquence de ses refus — ou, par la suite, de son incapacité à honorer des engagements pris à contrecœur. Déjà, les Anglais avaient été obligés de prendre en main la gestion de l'Inde pour faire face à l'anarchie. La formule du comptoir, en bordure de ces vastes empires, aurait eu la préférence de l'Occident. Mais l'effondrement de ces empires l'obligeait à assumer des responsabilités directes dont il se serait bien passé.

Qui est coupable ?

Bien sûr, la colonisation a entraîné d'inacceptables effets de domination. Mais qui pourrait s'ériger en accusateur ? Pourquoi l'Occident serait-il seul au banc des accusés ? Les Arabes avaient colonisé une grande partie de l'Afrique et y avaient instauré l'esclavage, avant que les Européens prissent le relais. L'Islam avait converti plus de la moitié de l'Asie à coups de cimeterre. La Chine, après avoir été conquise par les Mongols et les Mandchous, a occupé à son tour la Mongolie et la Mandchourie ; elle a annexé le Tibet et le Turkestan. L'Inde, la Birmanie et l'Indochine, avant d'être colonisées par les Anglais et les Français, l'avaient été par les Mongols ou les Chinois. La Corée avait été sinisée, puis japonisée, avant d'être cassée en deux moitiés, l'une soviétisée, l'autre américanisée. Et les Russes restent la dernière grande puissance coloniale.

Les colonisateurs se sont toujours drapés dans la proclamation d'une mission civilisatrice. Ce prétexte fut-il jamais plus justifié que dans le cas de l'Occident, qui apporta la médecine et l'hygiène, fit reculer famine et mortalité, rationalisa la production ; bref, fit entrer dans l'ère mobile du développement des sociétés traditionnelles jusque-là immobilisées dans le sous-développement ? L'Occident est-il plus coupable qu'aucun des grands pays qui ont toujours cherché à imprimer leur marque à l'extérieur ?

Pas plus que ne sont coupables les inondations ou les raz de marée qui submergent un pays. Seul pourrait être mis au banc des accusés tel dirigeant tout-puissant de ce pays, si, se voyant offrir une parade à ces phénomènes naturels, il la refusait. C'est à peu près ce que fit Qianlong, à qui les Anglais venaient proposer les moyens du progrès et qui les repoussa avec mépris, au nom de l'ordre intangible dont il était le garant. Son attitude féroce à l'égard des « marchands félons », le Parti communiste chinois l'a reprise après 1949.

Le choix du mouvement

L'Empire du Milieu refusa des accords commerciaux qui l'auraient fait entrer dans l'ordre de la production internationale. Mais il n'avait pas le moyen de protéger ses sujets contre les tentations de la consommation. Du coup, la Chine s'intégra au marché mondial non comme puissance commerciale et industrielle, mais comme consommatrice de drogue.

En refusant l'ouverture en 1793, elle s'est condamnée à subir les agressions futures ; alors que, du concours britannique, elle aurait pu tirer sa propre régénération. Était-ce réalisable ? Les déterministes répondront *non*. Pourtant, on est tenté de répondre *oui*, quand on examine ce qui s'est passé en Russie dans les cent ans qui précèdent, au Japon dans les cent ans qui suivent. Un peuple, s'il est conduit avec clairvoyance, peut refuser le déclin et sauter dans le convoi du progrès.

En 1695, Pierre le Grand, tandis qu'il piétine sous les murs d'Azov, incapable de battre les Turcs, prend conscience du retard de son pays. Il décide d'aller chercher lui-même en Occident — France, Hollande, Angleterre — les innovations et les techniciens qui lui manquent. Dans son voyage de 1697-1698, le plus impérieux des despotes se fait humble emprunteur d'idées. A son retour, il met au pas noblesse et clergé, coupe les barbes et raccourcit les vêtements de la classe dirigeante, la met à l'école de l'Occident, réforme l'armée et la fiscalité, crée des ministères et un Sénat, développe l'enseignement, adopte une politique mercantiliste qui favorise les exportations et fait surgir une floraison d'usines.

En 1725, il meurt détesté ; mais il a donné une impulsion à la modernisation de la Russie.

L'ancien vassal devenu vainqueur

Durant le dernier tiers du XIXe siècle, la brusque émergence du Japon montre à nouveau qu'une nation peut, en une génération, tirer les leçons d'un choc culturel et franchir des siècles.

Depuis toujours, le Japon avait « reçu la sagesse de la Chine ». Au milieu du XVIIe siècle, il s'était autoritairement fermé à toute influence étrangère. Seul contact avec le monde, un navire hollandais jetait l'ancre une fois l'an à Nagasaki.

En 1853, soixante ans après l'expédition de Macartney, le *commodore* américain Perry force l'entrée du port d'Uraga, en baie de Tokyo, et remet une note au gouvernement japonais. Il revient six mois plus tard chercher la réponse : en mars 1854, le Japon signe le traité de Kaganawa, qui ouvre toute l'année deux de ses ports aux navires de l'Occident. En 1895, sa flotte et son armée écrasent la Chine. En 1904-1905, elles anéantissent les forces russes en Extrême-Orient, sur terre et sur mer. En quarante ans, le Japon de Meiji est sorti de son isolement pour entrer la tête haute dans le concert des puissances.

Les Japonais ont traité avec l'Occident, mais pour l'imiter et le rattraper. S'ils ont feint de s'humilier devant lui, c'est pour le dominer un jour. Le choc culturel de 1853 les réveille. Après quelques années d'hésitations, ils envoient des missions dans les pays les plus avancés d'Occident. Le Japon emprunte aux Occidentaux l'organisation politique, économique, sociale : le parlement à l'anglaise ; les codes civil et pénal à la française ; la gendarmerie française ; l'armée prussienne ; et surtout, après une période dirigiste, les entreprises, le libre commerce, les ports, les banques à l'anglo-saxonne.

Était-il plus facile au Japon qu'à la Chine de se mettre à l'école de l'Occident ? Sans doute. Les Chinois étaient convaincus que la perfection leur appartenait. Les Japonais étaient habitués depuis des siècles à demeurer eux-mêmes tout en empruntant à d'autres. En quittant la référence chinoise pour la référence occidentale, ils n'ont fait que changer de modèle. Ils ont compris qu'il leur fallait imiter, ou périr.

Le Céleste Empire, lui, n'était pas préparé à ce saut dans l'inconnu. Dans les dernières années du XIXe siècle, le *Yang wa* — le « mouvement des affaires occidentales » — s'inspira des mêmes principes que Meiji. Mais il se heurtait à trop de résistances, du sommet à la base, pour réussir.

« Les Japonais haïssent profondément les Occidentaux[11] », constate un lettré chinois au lendemain de la guerre sino-japonaise : « Pourtant, ils s'adonnent aux études occidentales, le cœur gros et la tête lourde, mais avec courage et persévérance. Ils savent que, sans ces études, ils seraient incapables de préserver leur pays. » Et Yenfu déplore que « la mentalité et les mœurs de la Chine ne reconnaissent pas le cours de l'histoire ».

L'univers tournait sans la Chine et voulait l'entraîner dans sa ronde ; il allait le lui faire savoir de façon de plus en plus pressante. Mais elle aurait dû accomplir une métamorphose mentale telle, qu'une seule révolution culturelle n'y suffirait pas.

La tragédie de Narcisse

Pour se mettre à l'école d'autrui, les Chinois auraient dû s'arracher à un orgueil millénaire. Il leur a fallu deux siècles de tragédies pour commencer à se faire à cette idée. Rien n'assure encore qu'ils s'y tiennent.

De 1793 à 1978, la Chine s'est voulue son propre modèle : malgré quelques tentatives vite dénoncées, elle a refusé de se mettre humblement à l'école de l'étranger. Il n'est de civilisation que chinoise. Tout le mal lui vient nécessairement de l'extérieur. Tout ce qu'elle a de bon vient d'elle-même.

Il aura fallu l'élimination de la « Bande des Quatre », puis la contestation de l'héritage de Mao, pour que commence à être révisée l'interprétation du passé de la Chine. L'historiographie officielle a été longue à réexaminer* les deux derniers siècles à la lumière des choix courageux de 1978. Même après le troisième plénum du XIe Congrès,

---

* Dans une thèse de 1988, contrairement à la masse des ouvrages antérieurs, un jeune historien, Zhu Yong, porte un jugement sévère sur la politique de fermeture de la dynastie mandchoue[12].

elle continuait à citer Mao, pour qui « le capitalisme étranger a joué un rôle prédominant dans la décomposition de l'économie sociale chinoise[13] ». Elle stigmatisait la liberté du commerce : « l'engrenage du marché capitaliste mondial[14] » — c'est-à-dire du monde ouvert. Elle affichait encore, sous la phraséologie marxiste, le même refus des réalités planétaires que Qianlong et Cixi.

A-t-elle vraiment changé ? Ou l'histoire se répète-t-elle encore à Pékin ? Le marxisme est aussi étranger aux Chinois que la dynastie mandchoue — mais il a agi, comme elle, en multiplicateur de l'enfermement chinois. Car, dans le refus de Qianlong et de ses successeurs, nous ne pouvons oublier la part du circonstanciel. Il s'est trouvé qu'à l'époque où l'Occident frappait à la porte, le gardien en était un empereur mandchou. Or, les Qing s'étaient faits les serviteurs zélés du culte que les Chinois se vouaient à eux-mêmes. En flattant la *sinité* la plus exclusive, ils entendaient assurer leur domination sur le peuple chinois : le réflexe de clôture s'est renforcé de la fragilité de cette dynastie venue d'ailleurs. En se fermant à l'extérieur, il fallait garantir la survie d'un système invariant : l'orgueil chinois y trouvait son compte, mais aussi le pouvoir mandchou.

Mandchous ou marxistes — étrangers ou internationalistes —, mais plus chinois que les Chinois... Que Qianlong réponde à George III : « Nous n'avons nul besoin des produits de ton pays, ô Roi » ; que la persécution des religions étrangères et notamment des communautés chrétiennes se renouvelle, pour qu'elles cessent d'*altérer* les mœurs chinoises ; que Cixi, après l'écrasement militaire de la Chine par le Japon, s'écrie : « Qui pouvait penser que les Nains se seraient attaqués à nous ? » ; que Mao, les experts russes remerciés, proclame : « Comptons sur nos propres forces », ou qu'il voie dans la puissance américaine un *tigre de papier* — la conviction est inébranlable : la Chine se suffit à elle-même.

Combien d'intellectuels chinois d'aujourd'hui témoignent de cette fidélité chinoise à soi-même, à l'Unique suffisant ! Combien reprendraient à leur compte la déclaration de cet esprit curieux, un temps anglophile, lors de la révolution de 1912 : « En trois siècles de progrès, les peuples d'Occident ont élaboré trois principes : l'égoïsme, le meurtre, la malhonnêteté. Combien différents, les principes de Confucius et de Mencius, vastes qu'ils sont et profonds autant que le Ciel et la Terre[15] » ?

Ce narcissisme ne peut aboutir qu'à une immense incompréhension de soi-même. Comment comprendre, hier, qu'une poignée de soldats occidentaux, à vingt mille kilomètres de leurs bases, aient pu tailler en pièces l'armée chinoise sur son propre sol ? Comment comprendre, aujourd'hui, un sous-développement si pesant ? Tant de chefs-d'œuvre, tant d'inventions, tant d'intelligence, tant d'ardeur au travail, tant de génie collectif ! Quarante siècles de la civilisation la plus éclatante ! Quarante ans de régénération par la Révolution ! Les dirigeants et la doctrine les plus infaillibles du monde ! Tout cela, pour arriver au niveau de vie des habitants de telle République tropicale, dont les aïeux, au siècle dernier, vivaient à l'âge de la pierre taillée ?

Cousins inhibés et cousins émancipés

Tous les hommes, certes, sont égaux en droit et en dignité. Mais tous les hommes, et encore plus toutes les sociétés, n'ont pas une égale aptitude à la civilisation technique, marchande et industrielle. Les uns font jaillir la richesse comme un geyser fait jaillir l'eau. Les autres ne peuvent pas, ou ne veulent pas, ou ne savent pas. Ce n'est pas, chez les Chinois, défaut d'aptitudes *individuelles*, mais d'environnement culturel. Les compagnons de Macartney avaient déjà noté qu'à Batavia « les Chinois, attirés par le désir de faire fortune, ne négligent rien de ce qui peut leur procurer quelque bénéfice », et qu'« à force de travail et de persévérance, ils acquièrent de grandes richesses[16] ». Ils avaient fait la même remarque à Macao. A Hong-kong, à Taiwan, à Singapour, en Californie, les Chinois d'outre-mer ont acquis une productivité telle que leur niveau de vie, dans ces mêmes quarante années, est devenu de dix à vingt fois supérieur à celui de leurs frères ou cousins de Chine populaire, qui était équivalent au départ. Aujourd'hui comme hier, les Chinois n'ont cessé de compter parmi les entrepreneurs les plus audacieux, les financiers les plus habiles, les marchands les plus doués du monde. A condition de ne pas rester en Chine.

L'efficacité de l'État chinois n'est pas non plus en cause quand il agit dans son domaine naturel d'action. Il a remporté de brillants succès en lançant des fusées et des satellites ; il a mis deux fois moins de temps que la France pour passer de la fission atomique à la fusion thermonucléaire. Mais quand on voit que les mêmes hommes, en quarante ans, en économie de marché, connaissent une croissance sans égale dans le monde, alors qu'ils stagnent sous un régime bureaucratique d'économie planifiée, il faut bien en tirer des conclusions.

Le régime communiste a prolongé le système de la bureaucratie céleste du temps de Qianlong : hostile au profit, aux commerçants, aux échanges extérieurs, à la présence même des étrangers, à toute initiative qui ne vient pas de lui. Les petits États du Sud-Est asiatique, peuplés de Chinois, ont été délivrés de cette tutelle et se sont lancés avec aisance dans la production et le négoce. En se frottant quotidiennement à d'autres nationalités — Japonais, Occidentaux —, ils se sont dépris de la conviction millénaire que la Chine est la seule civilisation et que les autres ne sont que des Barbares.

Tout pays a tendance à se croire le nombril du monde. Tout peuple est ethnocentrique. Les Indiens Gé du Brésil central pleuraient à chaudes larmes quand l'ethnologue Kurt Unkel les quittait, parce qu'ils n'imaginaient pas qu'on pût subsister en dehors du seul peuple ou la vie valait d'être vécue — le leur[17]. Rarement une nation a poussé ce travers aussi loin que la Chine. Son infériorité d'aujourd'hui découle largement de son sentiment de supériorité.

Le sous-développement, c'est l'alliance de l'isolement et de l'immobilisme, aggravés par la démographie. Le développement, c'est le mariage de l'ouverture au monde et des innovations croisées. Qianlong et Macartney se flattaient tous deux de représenter la nation la plus puissante du monde. Pour embryonnaire que fût alors encore la force de la Grande-Bretagne, c'est à elle que l'histoire du siècle suivant a donné raison.

Si l'Ambassadeur avait autrement présenté son offre, si l'Empereur l'avait autrement reçue, sans doute la Chine se serait-elle éveillée sans que le monde eût à trembler : celui-ci aurait pu diversifier sa créativité, multiplier sa capacité de progrès. L'affrontement d'une arrogance et d'une suffisance a privé l'humanité d'incalculables richesses, à jamais enfouies dans les abîmes de l'histoire qui n'a pas eu lieu.

Mais la leçon de ce rendez-vous manqué demeure. Qianlong et Macartney ne sont pas morts. Ils vivent parmi nous. Ils se sont réincarnés en nous. Peut-être sont-ils immortels. Inépuisable Chine...

FIN

ANNEXES

I. PERSONNAGES DU RÉCIT

1. EUROPÉENS

ABEL (Clarke ; né en 1780), médecin de la suite d'Amherst. A laissé une relation de cette ambassade.

ADEODATO (père Piero ; vers 1755-1822), Augustin italien, arrivé en Chine en 1784. Horloger et mécanicien, affecté aux Anglais de la suite de Macartney qui installent les présents scientifiques au *Yuanming yuan*. Quittera Pékin en 1811 en raison des persécutions.

ALEXANDER (William ; 1767-1816), dessinateur et peintre de l'expédition. Deviendra conservateur au *British Museum*. A laissé sur la mission une collection d'estampes aquarellées et un journal inédit.

ALMEIDA (père José-Bernardo d' ; 1728-Pékin 1805), Jésuite portugais, arrivé à Pékin en 1759. Astronome, président du Tribunal des mathématiques en 1783, médecin et pharmacien. Ne cache pas son hostilité aux Anglais. Macartney refuse ses services.

AMHERST (William-Pitt, baron puis comte ; 1773-1857), neveu du maréchal-baron Amherst (commandant en chef de l'armée britannique victorieuse au Canada pendant la guerre de Sept Ans). Son prénom lui a été donné en hommage au Premier ministre William Pitt Ier, protecteur de son oncle. Ambassadeur de George III auprès de l'empereur Jiaqing en 1816, rencontre Napoléon à Sainte-Hélène le 1er juillet 1817. Gouverneur général des Indes en 1826. A laissé un journal (inédit) de son ambassade.

AMIOT (père Joseph-Marie ; 1718-Pékin 1793), Jésuite français arrivé en Chine en 1750. Mathématicien, physicien, correspondant de l'Académie des Sciences et de la *Royal Society*, interprète officiel de Qianlong pour les langues de l'Occident, chef spirituel des missionnaires à Pékin. La maladie l'empêche de rencontrer lord Macartney ; meurt deux jours après le départ de l'ambassade. A laissé une vaste correspondance, incomplètement explorée.

ANDERSON (Aeneas), valet de pied de Macartney. A communiqué ses notes et souvenirs à un publiciste, Coombes, qui les a mis en forme et publiés dès 1795.

BARROW (John, plus tard sir John, baronet ; 1764-1848), intendant de l'ambassade, après avoir été répétiteur de mathématiques du petit Thomas Staunton. Bibliothécaire de sir George en 1794, puis secrétaire de Macartney au Cap en. 1800. En 1804, il publie son *Voyage en Chine et en Tartarie*. Un des fondateurs de la *Royal Society of Geography*. Auteur des *Révoltés du Bounty* (1831).

BENSON (lieutenant-colonel George ; né vers 1755). Macartney l'a eu pour collaborateur en Inde comme capitaine ; il l'a choisi pour commander sa garde (vingt artilleurs, vingt fantassins, dix dragons légers). Pour « rehausser la dignité de l'ambassade », Macartney le fait nommer lieutenant-colonel contre toutes les règles de l'avancement.

BERTRAND (général-comte Henri ; 1773-1844). Suivit Napoléon à Sainte-Hélène, après l'avoir fidèlement servi depuis la campagne d'Égypte. A laissé des *Cahiers de Sainte-Hélène*.

CHARPENTIER-COSSIGNY (ci-devant Charpentier de Cossigny ; 1730-1809), ingénieur civil à l'île de France (Maurice). Séjourne à Batavia et à Canton quelques mois. Laisse des *Observations* à propos de la relation par Staunton de l'ambassade Macartney.

CONSTANT (Charles de ; 1762-1833), cousin de Benjamin Constant. Son troisième voyage en Chine le retient à Canton de septembre 1789 à janvier 1793. Croise l'escadre de Macartney dans le détroit de la Sonde. Prévoit que cette ambassade sera un échec (disproportion des moyens et des résultats).

COUSIN-MONTAUBAN (général Charles-Guillaume ; 1796-1878), commande les troupes françaises qui débarquent à Tientsin en 1860 et remporte la victoire de Palikao. Participe à la prise de Pékin en octobre, et laisse ses soldats piller le *Yuanming yuan*.

CZARTORYSKI (Adam Jerzy ; 1770-1861), prince polonais, envoyé à Saint-Pétersbourg comme otage après le partage de la Pologne. Il se lie d'amitié avec le grand-duc Alexandre, qui, montant sur le trône en 1801, fait de lui son ministre des Affaires étrangères. C'est lui qui organise l'ambassade Golovkine. Jan Potocki lui adresse ses rapports.

DINWIDDIE (Dr James ; 1746-1815). Bon mathématicien, habile à l'expérimentation des appareils scientifiques, il fait très tôt des tournées de conférences à travers le Royaume. Macartney l'a rencontré à Dublin. Il lui confie la responsabilité du planétaire, d'où l'appellation d'Astronome. Après l'ambassade, il poursuivra son activité scientifique en Inde jusqu'en 1805, et rentrera en Angleterre fortune faite. Son journal sera publié en 1868 par son petit-fils Proudfoot.

DUNDAS (Henry, premier vicomte Melville ; 1742-1811). Député en 1774, ami de William Pitt II, membre du *Board of Control* de la Compagnie des Indes en 1784, puis son président en 1793, ministre de l'Intérieur à partir de 1791. Son rôle dans la préparation de l'expédition Macartney est déterminant. Ministre de la Guerre en 1794 ; Premier Lord de l'Amirauté en 1804.

EADES (Henry ; vers 1750-1793), mécanicien de l'expédition et son premier mort en Chine, enterré en grande cérémonie le 20 août 1793.

ELGIN (James, lord ; 1811-1863), fils de l'ambassadeur britannique à

Constantinople, qui a rapporté à Londres les trésors de l'art athénien. Commande en 1860 les troupes anglaises qui débarquent à Tientsin et prennent Pékin en octobre. Laisse ses soldats piller le *Yuanming yuan*. Premier vice-roi des Indes en 1862.

ELLIOT (Charles ; 1801-1875), surintendant au commerce britannique en Extrême-Orient, lors de la mission du commissaire Lin à Canton, en 1839. Pour éviter l'affrontement, conseille aux Occidentaux de remettre leur opium, qui est détruit en juillet sur la plage de Humen. Son attitude entraîne une vive réaction de Londres.

ELLIOT (George ; 1784-1863), amiral britannique, commande la flotte d'intervention en Chine en 1840-1841. Relevé par Pottinger en 1841.

ELLIS (Henry ; 1777-1855), officier de marine entré au service de la Compagnie des Indes. Secrétaire de lord Amherst, numéro trois de l'ambassade de 1816, derrière Thomas Staunton. A laissé un journal.

ENTRECASTEAUX (Jean-Antoine, ci-devant chevalier d' ; 1739-1793), amiral français. Commandant les forces navales françaises de l'océan Indien en 1785 ; chargé d'une mission de reconnaissance de la puissance anglaise à l'est du cap de Bonne-Espérance. En février 1787, il séjourne à Canton, et tente d'alerter les autorités chinoises contre l'expansion anglaise. Meurt en mer, à la recherche de La Pérouse.

GEORGE III (Londres 1738-Windsor 1820), roi (1760-1811) de Grande-Bretagne et d'Irlande. Tente de rétablir les prérogatives royales ; mais la politique de son ami lord North déclenche l'insurrection américaine et la défaite anglaise. Ses aspirations autocratiques prennent fin avec le retrait de North, en 1782. Il soutient l'expédition Macartney et suit de près son déroulement et ses leçons. Après des crises de démence en 1765, 1788, 1803-1804, il sombre définitivement dans la folie en 1810. Son fils, le futur George IV, devient alors régent (1811).

GILLAN (Dr Hugh ; vers 1745-1798), médecin de l'expédition Macartney, choisi pour rapporter des informations sur la médecine, la pharmacie, la chimie des Chinois. A laissé des notes sur ces disciplines.

GOLOVKINE (Youri Alexandrovitch, comte), ambassadeur du tsar Alexandre Ier auprès de l'empereur de Chine en 1805. Fait demi-tour à Ourga (Oulan-Bator).

GOVEA (Mgr Alexandro ; 1751-Pékin 1808), évêque de Pékin. Arrivé à Pékin en 1784, membre du Tribunal des mathématiques, bien que fort peu savant.

GOWER (sir Erasmus , 1742-1814), capitaine de vaisseau, commandant le *Lion* et l'escadre. Il a été anobli à la veille du départ, en août 1792, pour « rehausser la dignité de l'ambassade ». Contre-amiral en 1799, vice-amiral en 1804, amiral en 1809. A laissé des Mémoires qui couvrent l'expédition de Chine.

GRAMMONT (père Jean-Joseph ; Auch 1736-Pékin 1812), fils cadet du marquis de Grammont. Jésuite, mathématicien et musicien. Arrivé à Pékin en 1770. Autorisé, en 1785, pour raison de santé, à retourner à Canton, il s'y lie avec des Européens de toutes nationalités. Rentré à Pékin, il propose en vain ses services, en 1793, à lord Macartney ; de même, en 1795, au Hollandais Titzing. A laissé des lettres inédites d'un grand intérêt sur la vie des missionnaires de Chine après 1770.

GUIGNES (Louis-Chrétien, ci-devant chevalier de ; 1759-1845). « Résident de France à la Chine » (1784-1800), syndic bénévole des biens des Lazaristes à Macao et à Canton, il observe de près l'ambassade Macartney. Interprète de l'ambassade hollandaise, en 1794-1795. A laissé une relation de son séjour en Chine, particulièrement de l'ambassade hollandaise.

HANNA (père Robert ; 1762-Pékin 1797). Lazariste français d'origine irlandaise. Études à Paris. Arrivé à Macao · en novembre 1788, mathématicien, tente de rejoindre Pékin en embarquant en juin 1793 à bord du *Lion* ; refoulé à Tientsin, revient à Canton à bord de l'*Indostan*. Arrivé finalement à Pékin fin juin 1794, il entre au Tribunal des mathématiques.

HICKEY (Thomas ; 1741-1824). Dessinateur de la mission Macartney.

HOLMES (Samuel). Soldat de la garde de l'ambassadeur. Son récit de l'expédition a été publié en 1798. Sergent-major en 1804.

HÜTTNER (Hans-Christian ; 1765-1847). Né à Leipzig, précepteur de Thomas Staunton de 1791 à 1797. A publié son *Voyage en Chine*.

KOSIELSKI (père Romuald). Astronome polonais. Sujet du tsar. Le seul missionnaire autorisé à approcher l'ambassade Macartney lors des derniers jours qu'elle passe à Pékin.

LAMIOT (père Louis-François-Marie ; 1767-1831). Lazariste français ; arrivé à Macao en octobre 1791, il tente de rejoindre Pékin en embarquant à bord du *Lion* en juin 1793 en compagnie du père Hanna. Refoulé à Tientsin, revient à Canton à bord de l'*Indostan*. Arrivé à Pékin fin juin 1794, interprète de la Cour, il est supérieur de la mission française en 1812. Les persécutions l'obligent à fuir Pékin pour Macao en 1819. En 1825, la France refusera de le rapatrier. A laissé une abondante correspondance inédite et une liasse d'observations sur l'ambassade Macartney.

LINDSAY (Hugh Hamilton), commissaire de la Compagnie des Indes, est envoyé officieusement pour reconnaître les côtes de la Chine moyenne, à bord de l'*Amherst*. Entre mars et septembre 1832, il pénètre sans difficulté dans les ports d'Amoy, Fuzhou, Ningbo et Shanghai, officiellement interdits aux navires étrangers.

LOWE (sir Hudson ; 1769-1844), gouverneur de Sainte-Hélène et geôlier de Napoléon. A laissé des *Souvenirs*.

MACARTNEY (George, lord ; 14 mai 1737-31 mai 1806), créé baron de Lisanoure, puis vicomte de Dervock dans la pairie d'Irlande, chevalier de l'ordre du Bain, ambassadeur extraordinaire auprès de l'empereur de Chine. A été successivement ambassadeur extraordinaire auprès de la Cour de Russie, secrétaire pour l'Irlande, gouverneur des Caraïbes, gouverneur de Madras. Créé comte Macartney à son retour de Chine, puis baron de Parkhurst dans la pairie d'Angleterre, il sera envoyé en mission auprès du comte de Provence, le futur Louis XVIII, à Vérone. Termine sa carrière comme gouverneur du Cap. Mourra sans postérité. A laissé un journal de son ambassade en Chine, ainsi que des « Observations », une correspondance et des notes couvrant toute sa carrière — pour la plupart restées inédites par sa volonté.

MACKINTOSH (captain William). Agent de la Compagnie des Indes, commandant l'*Indostan*. Il a de gros intérêts personnels dans les navires qu'il affrète et de hauts appuis au sein du Cabinet.

MAXWELL (Acheson ; né vers 1750). Ancien secrétaire particulier de lord Macartney à Madras. Secrétaire de l'ambassade, sera nommé, au retour de Chine, commissaire aux comptes à la Cour des comptes.

MONTHOLON (Charles, comte de, 1783-1853), chambellan de l'Empire, général, a suivi Napoléon à Sainte-Hélène. Confident et exécuteur testamentaire de l'Empereur, a publié des *Mémoires* et des *Récits de la captivité de Napoléon*.

MORRISON (Robert ; 1782-1834). Premier missionnaire protestant arrivé en Chine en 1807, interprète de l'ambassade Amherst. Publie en chinois une traduction de la Bible et les *Bons Conseils*, opuscule de prosélytisme qui exercera une grande influence sur Hong Xiuquan, futur chef des *Taiping*. Mort du choléra à Canton.

NAPIER (William John, 8e lord ; 1786-1834), premier surintendant du commerce britannique en Extrême-Orient, nommé en 1833, après l'abrogation du monopole de la Compagnie des Indes. En juillet 1834, arrive à Canton et prétend rencontrer le vice-roi sans passer par l'intermédiaire de la guilde. Au bout de deux mois, Napier, malade, cède et se retire à Macao, où il meurt le 11 octobre.

NAPOLÉON Ier (Ajaccio 15 août 1769-Longwood 5 mai 1821), empereur des Français, captif à Sainte-Hélène depuis le 15 octobre 1815. Reçoit lord Amherst, puis sa suite, à leur retour de Chine, le 1er juillet 1817.

O'MEARA (Barry, Edward ; 1786-1836). Irlandais, médecin de Napoléon à Sainte-Hélène. A laissé des *Mémoires*.

PANZI (frère Joseph ; Gênes 1733-Pékin 1812). Jésuite italien rattaché à la mission française. Peintre.

PARIS (frère Charles, dit frère Joseph ; 1738-Pékin 1804). Lazariste, « frère sans études », mais d'un talent universel, notamment comme horloger au Palais impérial.

PARISH (lieutenant Henry-William ; -1798). Officier artilleur et géomètre de l'expédition Macartney. Commande les démonstrations d'artillerie et fait les relevés de la baie de Tourane, des îles Zhoushan, de la Grande Muraille, de la baie de Hongkong. Après son retour, deviendra aide de camp du gouverneur général des Indes, le marquis Wellesley, et mourra accidentellement en mer.

PIRON (Jean-Baptiste ; vers 1735-vers 1805). Français, employé de la Compagnie française des Indes orientales ; envoyé à Canton en 1791 pour en liquider les biens en Chine. Observe le passage de l'ambassade Macartney. Agent du ministère des Relations extérieures sous le Directoire, le Consulat et l'Empire. A laissé des notes, archivées au Quai d'Orsay.

PITT (William II, fils cadet de William Pitt Ier ; 1759-1806). Député en 1781, chancelier de l'Échiquier puis Premier ministre en 1783. Gouverne sans discontinuer jusqu'en 1801, puis de 1804 à 1806. Il assainit la situation en Inde, réorganise le gouvernement général, fait échec à la contrebande en abaissant les taxes sur le thé. En 1792, il fait pression sur la Compagnie des Indes, pour qu'elle seconde Dundas et Macartney. D'abord favorable à la Révolution française — heureux affaiblissement d'un rival —, il devient son adversaire acharné quand les troupes de la République franchissent la frontière belge. Ennemi tout aussi résolu de Bonaparte, il mourra à la tâche.

POIROT (père Louis de ; en Lorraine 1735-Pékin 1814). Jésuite. Peintre et interprète, mandé à Jehol en août 1793. Traduit le second édit remis à Macartney le 7 octobre.

POTOCKI (comte Jan ; 1760-1815), diplomate polonais. Chargé par son cousin, le prince Adam Jerzy Czartoryski, d'accompagner à Pékin Golovkine comme conseiller *scientifique* — en fait, *politique*. A écrit en français des études, des Mémoires, une correspondance sur l'expédition de Chine avec son frère Séverin et le prince A.J. Czartoryski.

POTTINGER (sir Henry ; 1789-1856), amiral britannique, mène la seconde partie de la campagne dans la guerre de l'Opium, entre 1841 et août 1842. Il s'empare des Zhoushan, remonte le Yangzi et prend Nankin, où il impose le 29 août 1842 le premier des « traités inégaux ».

PROCTOR (captain), agent de la Compagnie des Indes, commande l'*Endeavour*, envoyé en juin 1793 à la rencontre de l'escadre Macartney.

RAUX (père Nicolas ; 1754-1801). Lazariste français, supérieu de la mission française. Arrivé à Pékin en 1785 comme mathématicien. Rend de nombreuses visites à l'ambassade anglaise, avant son séjour à Jehol. Affable, disert, il plaira autant à Macartney qu'à Titzing. Début octobre 1794, il traduit avec le père de Poirot le second édit impérial. A laissé une correspondance inédite, pleine de saveur.

RODRIGUES (père André ; 1729-Pékin 1796). Jésuite portugais, arrivé à Pékin en 1759, mathématicien et astronome. Président, puis vice-président, du Tribunal des mathématiques.

SCOTT (Dr William), médecin et chirurgien de la Marine, attaché à l'expédition Macartney.

STAUNTON (George-Leonard ; 1737-1801), appelé ci-dessus sir George, *baronet*. Docteur en médecine de la faculté de Montpellier, docteur en droit d'Oxford, il rencontre Macartney à la Grenade. Il l'accompagne en Inde, où ses services lui valent l'anoblissement, puis en Chine comme ministre plénipotentiaire, second et remplaçant éventuel de l'Ambassadeur. Le récit qu'il publie en 1797, immédiatement traduit en plusieurs langues, connaît un succès européen.

STAUNTON (George-Thomas ; 27 mai 1781-10 août 1859), appelé ci-dessus Thomas, fils du précédent. Page de lord Macartney, futur sir George-Thomas Staunton, *baronet*, commissaire puis directeur de la Compagnie des Indes à Canton, premier des sinologues britanniques, il accompagne lord Amherst lors de l'ambassade à Pékin de 1816.

Membre des Communes à partir de 1823, il suit avec autorité l'évolution des relations sino-britanniques, jusqu'à recommander la guerre en 1840. Il a laissé son journal de l'ambassade Macartney, un journal de l'ambassade Amherst et des Mémoires non publiés. Abondante correspondance, nombreux discours inédits. Sa seule publication : en 1810, *Ta T'sing Leu Lee*, traduction abrégée du code pénal mandchou, avec une introduction substantielle.

TITZING (Isaak ; 1745-1811), ancien chirurgien, agent de la Compagnie néerlandaise des Indes orientales en 1768 ; délégué au Japon jusqu'en 1785, puis au Bengale jusqu'en 1792. Ambassadeur du Stathouder de Hollande à Pékin en 1795. A laissé un journal inédit de son ambassade.

VAN BRAAM (André-Everard ; 1739-1801). Officier de marine, agent de la Compagnie néerlandaise des Indes orientales à partir de 1758. Longs séjours à Macao et à Canton jusqu'en 1775. Agronome en Hollande, puis aux États-Unis. Retour à Canton en 1790. Organise l'ambassade hollandaise, dont il ne sera que le numéro deux. Publie à Philadelphie, en 1797, *Voyage vers l'empereur de Chine*.

WINDER (Edward ; né vers 1760). Parent de Macartney, dont la mère est née Winder. Secrétaire de l'ambassade. A laissé un journal inédit.

2. CHINOIS OU TARTARES

AGUI (1717-1797) [A-Kuei], Mandchou, doyen des Grands Conseillers. « Le serviteur le plus compétent et le plus populaire de l'Empire », dit le père Amiot. Lors de l'ambassade Macartney, ne participe plus au gouvernement que comme « sage ». Les lettres de Cour que nous possédons revêtent souvent sa signature à côté de celle de Heshen.

AN [Ngan] (père), prêtre catholique chinois du *Collegium sinicum* de Naples, auquel Staunton accorde le passage de Portsmouth à Macao. Contribue à l'initiation au chinois du petit Thomas Staunton.

CHANGLIN (vers 1745-1811), prince mandchou, parent de l'Empereur. Gouverneur du Zhejiang au début de 1793, veille aux préparatifs du passage éventuel de l'ambassade Macartney. Nommé vice-roi « des deux Guang » à Canton, retrouve Macartney en novembre 1793 à Hangzhou et l'accompagne jusqu'au Guangdong. Nombreux rapports de lui tout au long de l'ambassade. Organise l'ambassade hollandaise en 1794. Sa carrière connaît des éclipses en raison de heurts avec Heshen.

CIXI (1835-1908), concubine de Xianfeng, lui donne un fils, futur empereur Tongzhi, en 1856. En 1862, au nom de Tongzhi, devient impératrice régente et entame de timides réformes. A la mort de Tongzhi, elle fait proclamer empereur Guangxu, son neveu, âgé de quatre ans, et conserve le pouvoir. Les désastres se succèdent (guerres franco-chinoise en 1885, sino-japonaise en 1894-1895). Guangxu tente de régner en 1898 et de réformer (les *Cent Jours*) ; elle le fait déclarer simple d'esprit. Elle règne sans partage, misant tour à tour sur le nationalisme chinois et sur la collaboration avec les Occidentaux, à seule fin de prolonger la dynastie mandchoue.

DAOGUANG (1782-1851 ; empereur 1820-1851), fils et héritier de Jiaqing Envoie Lin Zexu à Canton en 1838 pour anéantir le trafic de l'opium. Subit la guerre de l'Opium (1840-1842) et avalise le traité de Nankin du 28 août 1842. Conscient de laisser l'Empire amoindri, il refuse qu'on lui dresse une stèle posthume.

FUCHANG'AN (vers 1760-1817). Mandchou, frère cadet de Fukang'an. Général en 1779, Grand Conseiller en 1789. Créature de Heshen dont il est très proche. Appelé parfois le « second ministre » ou le « vice-Premier ministre ». Jiaqing le fera condamner en même temps que Heshen, mais le graciera.

FUKANG'AN (vers 1750-1796). Général mandchou, frère aîné de Fuchang'an. Adjoint d'Agui à l'état-major général en 1773, gouverneur militaire de nombreuses provinces à partir de 1780, efficace dans la répression (Taiwan, Fujian...). Vice-roi de Canton au moment où les Anglais engagent les pourparlers pour la venue de Macartney. Conduit la campagne (1791-1792) contre les Gurkhas au Tibet. En 1793, nommé vice-roi du Sichuan. Rencontre les Anglais à Jehol puis à Pékin. Ne leur cache pas son hostilité.

GUANGXU (1871-1908 ; empereur 1876-1908), cousin de Tongzhi et son successeur par la volonté de sa tante Cixi, dont il essaie de s'émanciper en 1898 ; veut engager la Chine dans la voie du modernisme. Il est enfermé jusqu'à sa mort — quelques heures avant celle de Cixi.

GUO SHIXUN, gouverneur militaire du Guangdong ; il fait fonction de gouverneur général en l'absence du vice-roi. Nombreux rapports de lui tout au long de la période septembre 1792-novembre 1793.

HESHEN (1745-1799), soldat de la garde impériale puis favori de Qianlong, qui aurait vu en lui la réincarnation d'un amour de jeunesse malheureux. Rapidement vice-roi, puis ministre tout-puissant à partir des années 1770. Les Anglais l'appellent « Premier ministre », ou « Grand Colao ». Étend sur l'Empire une emprise quasi totale et corruptrice. Il refuse à Macartney la moindre négociation. Accroît encore son pouvoir après l'abdication de Qianlong, mais ne survit que dix jours à son maître : l'empereur Jiaqing le condamne au suicide. Les lettres de Cour que nous possédons sont signées de lui.

HESHITAI (né vers 1775). Dignitaire mandchou. Duc et beau-frère de Jiaqing. Chargé d'accompagner l'ambassade Amherst du 20 au 28 août 1816, il pousse brutalement l'ambassadeur vers la salle d'audience le 29 août, provoquant la rupture. Jiaqing le cassera de ses dignités.

HONG XIUQUAN (vers 1814-1864). Paysan du Guangdong, échoue aux examens, lit un opuscule que Morrison a écrit en chinois sur la Bible et se persuade qu'il est le frère cadet de Jésus-Christ. Prêchant une morale ascétique et communautaire, il ameute les paysans. En 1851, se proclame *Roi Céleste* et annonce l'ère de la Grande Paix — *Taiping*. Onze des dix-huit provinces tombent sous sa coupe. Attaquant Shanghai en 1862, il suscite la réaction des Occidentaux, qui apportent leur soutien à la dynastie mandchoue. Suicide en 1864.

JIAQING (1760-1820), nom de règne du cinquième fils et successeur de Qianlong. Proclamé empereur après l'abdication de son père, en 1796, il ne règne vraiment qu'après la mort de celui-ci, en 1799. Il force au suicide Heshen, dont il éloigne les créatures. Son règne est secoué de révoltes. Échappe à un attentat en 1812. Violentes persécutions contre les chrétiens en 1805, 1811, 1818. Tué par la foudre à Jehol, qui cessera de servir de résidence d'été aux empereurs mandchous jusqu'au sac du « Palais d'Été ».

JIN JIAN [Chun Chien] (vers 1720-1795), dignitaire impérial d'origine coréenne. En 1772, ministre de la Maison Impériale. Prend part en 1785 à la restauration des tombeaux Ming. A la charge de veiller à l'installation des présents offerts par Macartney. Il a établi des rapports sur l'ambassade Macartney, signés parfois en commun avec Zhengrui.

JIQING, vice-roi du Shandong. Rapports de lui aux deux passages de l'ambassade Macartney.

LI (père Jacobus), prêtre catholique né vers 1750, que Thomas s'amuse à appeler « Mr. Plumb », « M. Prune » (sens du mot *Li* en chinois). Interprète d'origine mandchoue, engagé par sir George Staunton au *Collegium sinicum* de Naples. Se fait passer pour Anglais. Assume officiellement seul toute la tâche d'interprète, Macartney n'agréant pas les missionnaires qui lui sont proposés. Après l'ambassade, reste en Chine. En relations épistolaires avec les Britanniques jusqu'en 1802.

LIANG KENTANG (1715-1802), type du haut fonctionnaire chinois qui a parcouru toute la hiérarchie, depuis la magistrature de district jusqu'à la vice-royauté du Beizhili, qu'il exerce à l'arrivée de Macartney. Reçoit les Anglais à Dagu et à Tientsin. Mémoires signés de lui, en décembre 1792 et durant l'été 1793.

LIN ZEXU (1785-1850). Lettré éminent et haut fonctionnaire chinois. Dans la controverse de l'opium (1837), il est partisan de la prohibition. En 1838, il est envoyé à Canton pour éradiquer le mal. Son efficacité conduit Elliot, le surintendant du commerce britannique, à conseiller aux Occidentaux de livrer leur drogue, qui est détruite en juillet 1839. Ce geste entraîne la guerre de l'Opium et le traité de Nankin (1840-1842). Lin, qui a été destitué par l'Empereur, ne rentre en grâce qu'en 1845. En 1850, l'Empereur veut lui confier la répression des premières insurrections Taiping, dans le Guangxi ; mais Lin meurt.

PUYI (1906-1967 ; « le dernier empereur » 1908-1911). Choisi par Cixi pour succéder à son oncle Guangxu, il abdique en 1912, mais reste « hôte de marque » dans la Cité interdite jusqu'en 1924.

QIANLONG, 4e empereur Qing (mandchou), quatrième fils de l'empereur Yongzheng. Né en 1711, empereur en 1736, abdique en 1796. Meurt en 1799 (son portrait figure sur la couverture).

QIAO RENJIE (dit Chou-ta-gin ; vers 1745-1804). Chinois. Administrateur civil, mandarin d'escorte. Il suit Macartney de juillet 1793 à janvier 1794. Son rang ne lui permet pas de correspondre avec la Cour. Terminera sa carrière comme « juge suprême » au Beizhili.

Songyun (1752-1836). Prince mongol, ministre. De 1786 à 1792, remplit la fonction d'agent impérial aux frontières. En 1792, signe un accord avec les Russes. Grand Conseiller en 1793, accompagne Macartney de Pékin à Hangzhou. Gouvernera par la suite plusieurs provinces, dont le Guangdong, où il retrouvera en 1810 Thomas Staunton, devenu commissaire de la Compagnie des Indes.

Suleng'e (vers 1745-1828). Mandchou, surintendant des douanes à Canton à partir de l'été 1793. Reçoit Macartney au côté de Changlin, et organise l'ambassade Titzing. Lors de l'ambassade Amherst, qu'il sera chargé d'accompagner comme ministre des Travaux publics en 1816, il assurera avoir vu Macartney faire le *kotow*.

Tongzhi (1856-1875 ; empereur 1861-1875), fils et héritier de Xianfeng.

Wang d'Ourga (le). Prince mongol qui gouverne la Mongolie au nom de l'Empereur (comme le *wang* de Lhassa le fait au Tibet) ; il est contrôlé en permanence par un *amban* mandchou, qui lui est théoriquement subordonné, mais qui exerce la réalité du pouvoir. Repousse l'ambassade Golovkine.

Wang (père) : prêtre chinois, comme le père An [Ngan].

Wang Wenxiong (dit Van-ta-gin ; vers 1740-1800). Mandarin chinois, colonel, accompagnateur de l'ambassade de juillet 1793 à janvier 1794. Interlocuteur quotidien de Macartney et Staunton, en compagnie de Qiao. N'a pas laissé de rapports figurant aux Archives impériales, son rang ne lui permettant pas de correspondre avec le Palais. Meurt en campagne de répression d'une rébellion.

Xianfeng (1831-1861 ; empereur 1851-1861), fils et héritier de Daoguang. Sous son règne, se développe une réaction xénophobe qui conduit au premier traité de Tientsin (1858), à la seconde intervention militaire occidentale (1859-1860) et au second traité de Tientsin, après la prise de Pékin (1860). L'ère Xianfeng voit se développer la rébellion *Taiping*. Sa concubine Cixi lui donne un fils en 1856, le futur Tongzhi.

Yiling'a, vice-ministre des Travaux publics. Adjoint de Jin Jian. A contresigné certains mémoires en août 1793.

Zhengrui (vers 1733-1815). Mandchou. Commissaire du sel, légat impérial chargé de conduire Macartney depuis son débarquement jusqu'à Jehol. Il s'acquitte maladroitement de sa tâche. Rapports de lui de mai à octobre 1793. Après l'ambassade, sa carrière se poursuit avec des hauts et des bas jusqu'au poste de vice-ministre du Travail.

Zhou (père Paulus ; appelé Chou par les Anglais), prêtre catholique chinois, né vers 1750. Recruté comme interprète au *Collegium sinicum* de Naples par sir George Staunton, il rompt son contrat à Macao et quitte l'ambassade par crainte de représailles. A initié Thomas Staunton au chinois.

II. SOURCES

1. ARCHIVES CHINOISES INÉDITES

Archives inédites du Grand Conseil (ci-après désignées : AIGC). Les originaux, avec apostilles autographes de Qianlong, sont conservés aux Archives impériales, dans la Cité interdite de Pékin. Ces documents comportent soit des édits signés de l'Empereur lui-même, soit des lettres de Cour adressées par le Grand Conseil, au nom de l'Empereur, aux hauts mandarins ; ou encore des mémoires envoyés à l'Empereur par ces mêmes hauts mandarins. Les pièces sur l'ambassade Macartney, écrites entre le 20 octobre 1792 et le 5 février 1796, représentent la valeur de 420 pages manuscrites, dont la direction des Archives impériales a bien voulu nous confier les microfilms.

2. ARCHIVES EN ANGLAIS INÉDITES

India Office Library & Records, London
— Factory Records, G/12/90 : Cathcart's Embassy to China. India Office, China, Cathcart (ci-après désigné IOCC)
G/12/91-93 : Macartney's Embassy to China. India Office, China, Macartney (ci-après désigné IOCM)
G/12/196-198 : Amherst's Embassy. India Office, China, Amherst (ci-après désigné IOCA)

British Library, Manuscript Department (ci-après désigné BL)
— Alexander (W.), A journal of the Lord Macartney's Embassy to China, 1792-1794, Journal of a Voyage to Peking, the Metropolis of China, in the *Indostan* Indiaman, accompagnying Lord Macartney as Ambassador to the Emperor of China, Mss Add. 35174
— Gower (Sir E.), A journal of H.M.S. *Lion* beginning the 1st october 1792 & ending the 7th september 1794. Mss Add. 21106.

Public Record Office, Kew (ci-après désigné PR)
— Colonial Office Papers 77/29 Correspondance de lord Macartney avec Henry Dundas et sir Erasmus Gower.

Wellcome historical Medical Institute, London (ci-après désigné WI)
— Macartney (Lord), Memoranda from London to China (journal inédit et autographe tenu durant le voyage en mer, 11 septembre 1792-15 juin 1793).

Cornell University, Ithaca, N.Y.
— Wason Collection on China and the Chinese, *Macartney's papers* (21 vol. ; ci-après désigné CUMP) ; et *Macartney's correspondence* (10 vol. ; ci-après désigné CUMC).

Toyo Bunko (The Oriental Library), Tokyo (ci-après désigné TB)
— Lord Macartney : A Journal of the Embassy in 1792, 1793, 1794 (3 vol.).
— Letters Book of Lord Macartney during his Embassy to China, 1792-1794.

Duke University, Durham, North Carolina, États-Unis (ci-après désigné DU)
— Staunton (George-Thomas) – Diary 30th Aug. 1793-1st Feb. 1794
                                        – Correspondance 1798-1818.

Staunton (Sir George-Thomas), textes imprimés en quelques exemplaires pour diffusion privée (ci-après TS)
— Miscellaneous Notices relating to China, London, 1823
— Memoirs of the life and family of the late Sir G.L. Staunton, collected by Sir G.T. Staunton, in 1828, London
— Notes of Proceedings and Occurences during the British Embassy to Peking 1816-London 1824
— Memoirs of the Chief Incidents of the Public Life of Sir G.T. Staunton, London, 1856.

Royal Geographical Society, London (ci-après RGS)
— Stephen Else, 1793, A journal of a voyage to the East Indies and an historical narrative of the Lord Macartney's Embassy to the Court of Peking.

Public Records Office of Northern Ireland, Belfast (ci-après PRONI)
— Macartney's papers (D 572, 6-19).

National Library, Dublin (ci-après NLD)
— Winder (E.), Papers : Account of a voyage to Brazil, Tristan da Cunha and the East Indies, 1793. Mss. 8799.

University of the Witwatersrand, Johannesburg
— The Earl Macartney Papers (catalogue répertorié par Anna M. Cunningham). Les 617 documents que comporte ce fonds ont surtout trait à la période 1795-1798. Deux documents (nos 15 et 16) touchent à l'ambassade Macartney. Les documents 22, 28, 45 mettent en évidence la position stratégique du Cap pour l'*East India Company*.

Collection privée
— Amherst (William-Pitt, Lord), Embassy to China, journal autographe inédit, consulté et cité grâce à la courtoisie de son propriétaire, M. Michael Galvin.

3. ARCHIVES EN FRANÇAIS INÉDITES

Archives nationales (ci-après AN)
— Fonds Marine B4 163 :
    – Documents et rapport de Macartney relatifs à la prise de la Grenade par l'amiral-comte d'Estaing
    – Lettres de Macartney et lettres relatives à lui pendant sa captivité en France, à l'automne 1779
— Fonds Marine C¹ 5 : Lettre du Cdt de Kergariou à M. de Courson, commandant le *Cléopâtre*, Macao, 8 déc. 1817

— Fonds Colonies-missions d'Extrême-Orient :
- Correspondance de J.-B. Piron, agent de la Compagnie française des Indes, 1792-1794, 1804
- Correspondance de M. Raux, supérieur de la mission française de Pékin, 16 novembre 1788
— Fonds de la correspondance de la Compagnie française des Indes orientales, 8 AQ 349 : Lettres de J.-B. Piron, 1794.

Archives du ministère des Affaires étrangères (ci-après AMAE)
— Correspondance politique :
Russie, Messages chiffrés du marquis de Bausset au duc de Choiseul, au sujet de Macartney, 3/VII, 27/XI, 3 et 23/XII/1766
Angleterre : vol. 582, pp. 280-282, annonce du départ de l'ambassade Macartney, septembre 1792
— Mémoires et documents :
Asie 17 : anonyme, 20/VII/1801 de Pékin à un correspondant de Canton, sur les relations sino-anglaises après l'ambassade Macartney
Asie 19 : correspondance inédite de L.-C. de Guignes, 1787-1791
Asie 21 : lettre du P. de Grammont à M. Van Braam, datée (par erreur) septembre 1793
P.L.-F.-M. Lamiot, Mémoire sur la Chine, Macao, sans date (1821 ou 1822)
R.P. Richenet, Note sur la mission lazariste en Chine, 30/VII/1817
Chine 17 : P. Joseph de Grammont, S.J., lettre sur l'ambassade hollandaise de 1795 (non datée).

Bibliothèque de l'Institut de France (ci-après BIF)
— Correspondance de M. Bertin Mss 1515 et 1517 : lettres du P. Joseph-Marie Amiot, S.J., 20 septembre et 1er octobre 1774 ; 10 octobre 1789 ; 20 août et 24 septembre 1790.

Archives des Lazaristes, rue de Sèvres, Paris (ci-après AL)
— Correspondance des missionnaires lazaristes ayant résidé en Chine de 1784 à 1801 : lettres des pères Ghislain (Jean-Joseph), Hanna (Robert), Lamiot (Louis-François-Marie), Richenet (Jean-François), Raux (Nicolas-Joseph)
— Correspondance des missionnaires de la Congrégation des missions à Pékin (1806-1850) (3 registres reliés)
— Notes sur l'ambassade anglaise, anonymes (mais de toute évidence rédigées par le P. Lamiot, en 1807), en commentaire à la traduction par Castéra de la relation par Staunton de l'ambassade Macartney
— Lettres de Chateaubriand (François-René) au P. Lamiot, de Paris, le 24 juin 1823
— Note du capitaine de vaisseau de Bougainville, relative au P. Lamiot, Macao, 1er janvier 1825.

Archives de la Société de Jésus, Province de France, Chantilly (ci-après ASJ)
— Lettres du père de Grammont à sa famille (1767-1786)
— Suppléments inédits aux Lettres édifiantes (1762-1808)
— Journal inédit des Jésuites de Saint-Pétersbourg, 1805-1807, Fds Brotier, vol. 134.

Périodiques :
Le Mercure de France, septembre-octobre 1779.

4. AUTRES SOURCES INÉDITES

Titzing (Isaak), Journal d'un voyage à Pékin, traduction manuscrite en français d'après le néerlandais, British Library, Mss Add. 18102.

Van Braam (André-Everard), Le Voyage en Chine, Archives nationales, Paris, Colonies F3 108-111, Fonds Moreau de Saint-Méry, 4 vol. manuscrits en français.

5. SOURCES CHINOISES PUBLIÉES

La direction des Archives chinoises avait reproduit certains des documents relatifs à l'ambassade Macartney dans un bulletin intitulé *Zhongghu Congbian* (Pékin, 1928-1929), ci-après ZGCB.

D'autre part, l'histoire de l'ère Qianlong a été résumée — très succintement — dans les *Annales véridiques*.

Enfin, certains textes chinois, soit différents de ceux-là, soit identiques, avaient été publiés en anglais par Backhouse & Bland, *Annals and Memoirs of the Court of Peking*, London, Heinemann, 1914.

6. SOURCES ANGLAISES PUBLIÉES

Abel (Clarke)
— *Narrative of a Journey in the Interior of China in the 1816/1817*, London, Longman & Hurst, 1818, 420 p. Reprint, N.Y., 1971.

Anderson (Aeneas)
— *A Narrative of the British Embassy to China in the Years 1792, 1793 & 1794*, London, J. Debrett, 1795, 278 p.
— *Relation du voyage de lord Macartney à la Chine*, trad. franç. chez Denné Le Jeune, Paris, 1797, avec en appendice le journal du *Lion*, 5 août 1793-28 octobre 1793, rééd. franç. par G. Manceron, Aubier-Montaigne, 1978.

Barrow (John)
— *Travels in China*, London, Cadell & Davis, 1804, 632 p.
— *A Voyage to Cochinchina*, London, Cadell & Davies, 1806, 447 p.
— *Some Account of the Public Life and Selection from the Unpublished Writing of the Earl Macartney*, London, Cadell, 1807, 2 vol.
— *An Autobiographical Memoir*, London, John Murray, 1847, 515 p.
— *Voyage à la Cochinchine*, trad. de l'anglais par J. Castéra, Paris, Buisson, 1806, 2 vol.
— *Voyage en Chine*, trad. de l'anglais par J. Castéra, Paris, Buisson, 1805, 3 vol.
— *Voyage en Chine*, trad. de l'anglais par J.B.J. Breton, Paris, Biblioth. portative des voyages, Vve Lepetit, 1807, 6 vol.

Cranmer-Byng (J.-L.)
— *An Embassy to China*, Longmans, London, 1962, 398 p.

Dinwiddie (James), *voir* Proudfoot-Jardine.

ELLIS (Henry)
— *Journal of the Proceedings of the Late Embassy to China*, London, Murray, 1817, 528 p.

GILLAN (Hugh)
— *Observations*, voir CRANMER-BYNG.

HOLMES (Samuel)
— *The Journal of Mr. Samuel Holmes, Sargent-Major, during his attendance, as one of the Guard on Lord Macartney's Embassy to China*, London, Bulmer & Cᵒ, 1798, 256 p.
— *Voyage en Chine et Tartarie*, trad. franç. chez Delance & Lesueur, Paris, 1805, 2 vol.

MACARTNEY (Lord), *voir* CRANMER-BYNG, H. ROBBINS et SOURCES INÉDITES.

MORRISON (Robert)
— *A Memoir of the Principal Occurrences during an Embassy from the British Government to the Court of China, in the year 1816*, London, Hatchard & Son, 1820, 96 p.

O'MEARA (Barry)
— *Napoléon en exil, ou l'Écho de Sainte-Hélène*, trad. de l'anglais par Barthélemy, Paris, 1822, 2 vol.

PROUDFOOT-JARDINE (W.)
— *A Biographical Memoir of James Dinwiddie*, Liverpool, Howell, 1868, 138 p.

ROBBINS (Helen)
— *Our First Ambassador to China*, London, John Murray, 1908, 679 p.

STAUNTON (Sir George-Leonard)
— *An Historical Account of the Embassy to the Emperor of China, undertaken by order of the King of Great Britain*, London, Stockdale, 1797, 477 p.
— *Voyage dans l'intérieur de la Chine et de la Tartarie*, trad. de J. Castéra, Paris, Buisson, An VI (1798), 4 vol.
— *Voyage en Chine et en Tartarie*, traduction de J.B.J. Breton, Paris, Biblioth. portative des voyages, Vve Lepetit, 1804, 6 vol.

STAUNTON (Sir George-Thomas)
— *Ta Tsing Leu Lee* (Code pénal de la Chine des Qing), translated from the chinese language by G.T. Staunton, London, 1810, 581 p. (réimpression Ch'eng Wen Pub. Cᵒ, Taipeh, 1966).

WINTERBOTHAM (W.)
— *An Historical, Geographical and Philosophical View of the Chinese Empire*, with a copious account of the Lord Macartney's Embassy, London, Ridgeway & Buttom, 1795, 445 + 114 p.

Périodiques :
— *Handsard's Parliamentary debates*, 1791-1793, 1806, 1840.
— *Edinburgh Review*, 1800-1820.
— *Gentleman's Magazine*, 1787, 1794.
— *Quarterly Review*, 1810-1820.
— *The Times of London*, 1797-1818.
— *The Chinese Repository*, 1832-1841.

7. SOURCES FRANÇAISES PUBLIÉES

CHARPENTIER-COSSIGNY (ou DE COSSIGNY, J.-F.)
— *Voyage à Canton, capitale de la province de ce nom. Observations sur le voyage à la Chine de lord Macartney et du citoyen Van Braam.* Paris, chez André, An VII (1799), 607 p.

GUIGNES (L.-C. DE)
— *Voyage à Pékin, Manille et l'île de France*, Paris, Imprimerie impériale, 1808, 3 vol.

HUC (Père Evariste)
— *Souvenirs d'un voyage dans la Tartarie, le Thibet et la Chine*, Paris, 1850, rééd. Plon, 1925-1928, 4 vol.

LANGLÈS (L.-M.)
— « Observations sur les relations politiques et commerciales de l'Angleterre et de la France avec la Chine », in Samuel Holmes, *Voyage en Chine et en Tartarie*, chez Delance, 1805, pp. XII-XLV.

RENOUARD DE SAINTE-CROIX (Félix)
— *Voyage commercial et politique aux Indes orientales, aux Philippines, à la Chine, pendant les années 1803-1807*, Paris, Imprimerie impériale, 1810.

VILLÈLE (J.-B., comte DE)
— *Mémoires et correspondance*, Paris, Perrin, 1888, 5 vol.

8. AUTRES SOURCES PUBLIÉES

HÜTTNER (Jean-Christian)
— *Nachricht von der Brittischen Gesandtschaftreise durch China*, Berlin, Vossicher Buchhandlung, 1797. Trad. franç. par Winckler, Paris, chez Pillot, 1800.
— Également : *Voyage à la Chine*, in Bibliothèque des voyages, Vve Lepetit, Paris, 1804, 258 p.

POTOCKI (Jan)
— *Mémoire sur l'expédition de Chine 1805-1806*, in W. Kotwicz, Jan Hr. Potocki i jego prodroz do Chin, Wilno, 1935.
— Édition française : *Voyages au Caucase et à la Chine, Mémoires et correspondance 1797-1798, 1805-1806*, Paris, Fayard, 1980, 251 p.

VAN BRAAM (André-Evraard)
— *Voyage de l'ambassade de la Compagnie des Indes orientales hollandaise vers l'empereur de Chine en 1794 et 1795*. Publié en français, en collaboration avec Moreau de Saint-Méry, Philadelphie, 1797.

III. BIBLIOGRAPHIE

1. L'EUROPE A LA CONQUÊTE DU MONDE

BRAUDEL (Fernand) - *Civilisation matérielle, économie et capitalisme, XVe-XVIIIe siècle*, Paris, Armand Colin, 1979, 3 vol.

BRIGGS (Asa) - *The Age of Improvement 1783-1867*, London, Longmans, Green & C°, 1959, 547 p.

BURKE (Edmund) - *Discours sur les moyens de conciliation avec les colonies*, 1775, 107 p.

CHAUNU (Pierre) - *La Civilisation de l'Europe des Lumières*, Paris, Arthaud, 1971, 664 p.

CROUZET (François) - *The First Industrialists*, Cambridge, Cambridge University Press, 1985, 229 p.

DEDEYAN (Charles) - *Le Retour de Salente, ou Voltaire en Angleterre*, Paris, Nizet, 1988, 278 p.

DERRY (John W.) - *Charles-James Fox*, London, Batsford, 1972, 454 p.
William Pitt, London, B.T. Batsford, 1962, 160 p.

EVANS (Eric J.) - *The Forging of the Modern State, Early Industrial Britain 1783-1870*, London, Longman, 1983.

FURBER (Holden) - *Henry Dundas, first viscount Melville, 1742-1811*, Oxford University Press, 1931, 331 p.

GOUBERT (P.), DENIS (M.) - *1789, les Français ont la parole*, Paris, Julliard, 1964, 270 p.

HARLOW (Vincent T.) - *The Founding of the Second British Empire, 1763-1793*, London, Longman, 1964, 2 vol.

HAZARD (Paul) - *La Pensée européenne au XVIIIe siècle*, Paris, Boivin, 1946, 2 vol.
La Crise de la conscience européenne 1680-1715, Paris, Boivin, 1935, 316 p.

LENSEN (G.A.) - *The Russian Push toward Japan 1697-1875*, Princeton University Press, 1959, 553 p.

LESSAY (Jean) - *Thomas Paine*, Paris, Perrin, 1987, 262 p.

MANTOUX (Paul) - *La Révolution industrielle au XVIIIe siècle*, Paris, Ed. Genin, 1959, 510 p.

MARIENSTRAS (Elise) - *Les Mythes fondateurs de la nation américaine*, Paris, Maspéro, 1976, 377 p.

MARX (Roland) - *La Révolution industrielle en Grande-Bretagne des origines à 1850*, Paris, Armand Colin, 1970, 311 p.

MOKYR (Joël) - *The Economics of the Industrial Revolution*, Northwestern University, 1985, 240 p.

MOUSNIER (R.), LABROUSSE (E.) - *Histoire générale des civilisations : le XVIIIe siècle*, Paris, P.U.F., 1963.

PALMER (R.R.) - *1789, les révolutions de la liberté et de l'égalité*, Paris, Calmann-Lévy, 1968, 317 p.

PHILIPS (C.H.) - *The East India Company, 1784-1834*, Manchester Publication of the University of Manchester, 1940, 374 p.

REILLY (Robin) - *Pitt, the Younger*, London, Cassell, 1978, 390 p.

RIEMERSMA (J.C.) - *Religious Factors in Early Dutch Capitalism, 1550-1650*, La Haye/Paris, Mouton, 1967, 98 p.

RIOUX (Jean-Pierre) - *La Révolution industrielle, 1780-1880*, Paris, Le Seuil, 1971, 251 p.

ROCHON (A.M. DE) - *A Voyage to Madagascar and the East Indies*, reprint of 1792, New York, Johnson, 1971, 475 p.

ROEBUCK (Peter) - *Macartney of Lisanoure, 1737-1806*, essays in biography, Belfast, Ulster historical foundation, 1983, 376 p.

SCHNERB (Robert) - *Histoire générale des civilisations : le XIXᵉ siècle*, Paris, P.U.F., 1961, 645 p.

SMITH (Adam) - *Inquiry into the Nature and Causes of the Wealth of Nations*, Londres, 1776 (Recherche sur la nature et les causes de la richesse des nations).

TAINE (Hippolyte) - *Les Origines de la France contemporaine (1876-1894)*, rééd. Paris, R. Laffont, 1986, 2 vol. .

YOUNG (Arthur) - *Voyages en France (1787 1788, 1789)*, trad. H. Sée, rééd. A. Colin, 1976, 3 vol., VII, 1 283 p

2. HISTOIRE DE LA CHINE

BALAZS (Étienne) - *La Bureaucratie céleste*, Paris, Gallimard, 1968, 318 p.

BARD (E.) - *Les Chinois chez eux*, Paris, Armand Colin, 1904 (4ᵉ éd.), 357 p.

BASTID (M.), BIANCO (L.), CADART (C.), VANDERMEERSCH (L.), « Que savons-nous de la Chine ? », in *Esprit*, novembre 1972.

BERGÈRE (Marie-Claire) - *L'Age d'or de la bourgeoisie chinoise*, Paris, Flammarion, 1986, 371 p.
La République populaire de Chine de 1949 à nos jours, Paris, Armand Colin, 1987, 283 p.

BERVAL (René DE) - *Présence du bouddhisme*, Paris, Gallimard, 1987, 816 p.

BIANCO (Lucien) - *Les Origines de la révolution chinoise*, Paris, N.R.F., 1969, 384 p.

CADART (C.) et NAKAJIMA (M.) - *La Stratégie chinoise ou la Mue du dragon*, Paris, Autrement, 1986, 233 p.

CHARBONNIER (Jean) - *La Chine sans muraille*, Paris, Fayard, 1988, 294 p.

CHESNEAUX (J.) et BASTID (M.) - *Histoire de la Chine*, Paris, Hatier, 1969, 1977, 4 vol.

COHEN (Paul A.) - *Reform in XIXth century China*, East Asian Research Center, Harvard University, 1976, 396 p.

COMMEAUX (Charles) - *La Vie quotidienne en Chine sous les Mandchous*, Paris, Hachette, 1970, 320 p.

CONFUCIUS - *Les Entretiens de Confucius*, trad. Ryckmans, Paris, N.R.F., 1987, 169 p.

DEHERGNE (Joseph) - *Un problème ardu : le nom de Dieu en chinois*, Actes du IIIe colloque international de sinologie, Chantilly, 1980, éd. Belles Lettres, Paris, 1983, pp. 13-44.

DURAND (Pierre-Henri) - *Lettrés et pouvoirs : un procès littéraire dans la Chine impériale, l'affaire du Nanshan Ji, 1711-1713*, Paris, École des hautes études en sciences sociales, 1988 (thèse non publiée).

ELIASBERG (Danielle) - *Imagerie populaire chinoise du Nouvel An*, Cahiers de l'École française d'Extrême-Orient, t. XXXV, Paris, 1978, 131 p.

ELISSEEFF (V. et D.) - *Civilisation de la Chine classique*, Paris, Arthaud, 1979, 629 p. + 134 p. de pl.

ELISSEEFF (Danielle) - *La Femme au temps des empereurs de Chine*, Paris, Stock, 1988, 313 p.

ETIEMBLE   *Connaissons-nous la Chine ?*, Paris, N.R.F./Idées, 1965, 183 p.
  Confucius, Paris, Gallimard, 1956, 320 p. (rééd., 1985).
  Quarante ans de mon maoïsme, Paris, Gallimard, 1976, 471 p.
  Le Nouveau Singe pèlerin, Paris, Gallimard, 1958, 391 p.

FAIRBANK (John King) - *Ch'ing documents, an introductory syllabus*, East Asian Research Center, Harvard University, Harvard University Press, 1965, 2 vol.
  The Chinese World Order, Harvard University Press, 1968, 288 p.
  Cambridge History of China (vol. X), Cambridge, Mss., Cambridge University Press, 1978.
  The Great Chinese Revolution, 1800-1985, London, Chatto & Windus, 1987, 396 p.

FAIRBANK (J.K.) et REISCHAUER (E.D.) - *East Asia : The Modern Transformation*, Boston, Houghton Mifflin, 1965, 955 p.
  China, Tradition and Transformation, Sydney, Allen & Unwin, 1979, 552 p.

FAIRBANK (J.K.) et TENG (S.Y.) - *On the Ch'ing tributary system*, Harvard Journal of Asiatic Studies, Harvard, 1941, pp. 135-246.

FEUERWERKER (Albert) - *State and Society in XVIIIth century China : the Ch'ing Empire in its glory*, University of Michigan Center for Chinese Studies, Chicago, Michigan University Press, 1976, 120 p.

GERNET (Jacques) - *Le Monde chinois*, Paris, Armand Colin, 1972 (2e éd., revue et augmentée, 1987, 699 p.).
  Clubs, cénacles et sociétés dans la Chine des XVIe et XVIIe siècles, Institut de France, Académie des Inscriptions et Belles Lettres, Paris, 1986, 12 p.
  « Chine moderne, Chine traditionnelle », in *Études chinoises*, vol. IV, n° 1, 1985, pp. 7-13.

GOODRICH (L.-C.) - *The Literary Inquisition of Qianlong*, New York, Parangon Book, 1966, 275 p., reprint de 1935.

GRANET (Marcel) - *La Civilisation chinoise*, Paris, 1928, rééd. Albin Michel, 1968, 507 p.
  La Pensée chinoise, Paris, 1934, rééd. Albin Michel, 1968, 568 p.
  La Religion des Chinois, Paris, P.U.F., 1951, 175 p.

GROUSSET (R.) et DENIKER (G.) - *La Face de l'Asie*, Paris, Payot, 1955, 466 p.

GUO TINGJI - *Jianming Qingshi* (Précis d'histoire des Qing), t. I, Pékin, 1980.

HALDANE (Charlotte) - *The Last Great Empress of China*, London, Constable & C°, 1965, 252 p. Trad. fr., *Tsou hsi, dernière impératrice de Chine*, Paris, Fayard, 1965.

HEDIN (Sven) - *Jehol, City of Emperors*, translated by G. Nash, London, Kegan, Trench, Trubner & C° Ltd, 1932, 278 p.

HOIZEY (Dominique) - *Histoire de la médecine chinoise*, Paris, Petite Bibliothèque Payot, 1988, 293 p.

HO PING-TI - *Studies on the Population of China*, Harvard University Press, 1959, 296 p.
The Ladder of Success in Imperial China, New York, Columbia University Press, 1980, 386 p.

HSIE PAO CHO - *The Government of China, 1644-1911*, New York, Octagon books, reprint. 1966, 414 p.

HUARD (Pierre) - « Le développement scientifique chinois au XIXᵉ siècle », *Cahiers d'histoire mondiale*, vol. 7, n° 1, 1962, pp. 68-95.

HUMMEL (Arthur W.) - *Eminent Chinese of the Ch'ing Period*, original edition Washington, Government printing office, 1943, reprint by Ch'eng Wen Pub. C° Taipeh, 1970, 1 103 p.

KAHN (Harold) - *Monarchy in Emperor's Eyes*, Cambridge, Mss., Cambridge University Press, 1971, 309 p.

LARRE (Claude) - *Les Chinois*, Paris, Lidis, 1982, 673 p.
La Voie du Ciel, la médecine chinoise traditionnelle, Paris, Desclée De Brouwer, 1987, 160 p.

LEYS (Simon) - *Ombres chinoises*, Paris, Robert Laffont, 1978, 309 p.
Images brisées, Paris, Laffont, 1976, 199 p.
La Forêt en feu, Paris, Hermann, 1983, 231 p.

LIANG QISHAO - *Histoire de la science chinoise de ces trois cents dernières années*, Shanghai, Minghi Shupi, 1929, 562 p.

LIN YUTANG - *My Country and my People*, New York, Halcyon House, 1938, 363 p.

LOMBARD (D.) et AUBIN (J.) - *Marchands et hommes d'affaires asiatiques dans l'océan Indien et la mer de Chine, XIIIᵉ-XXᵉ siècle*, Paris, École des hautes études en sciences sociales, 1988, 375 p.

MANN (Suzan) - *Local Merchants and the Chinese Bureaucracy, 1750-1950*, Stanford, Stanford University Press, 1987, 278 p.

MARTZLOFF (J.C.) - *Histoire des mathématiques chinoises*, Paris, Masson, 1988, XX, 375 p.

MASPÉRO (Henri) - *Le Taoïsme et les religions chinoises*, édition posthume par M. Kaltenmark, Paris, N.R.F., 1971, 658 p.
Mélanges posthumes sur les religions et l'histoire de la Chine, Paris, Civilisation du Sud, 1950, 3 vol.

MASPÉRO (H.) et ESCARA (J.) - *Les Institutions de la Chine*, Paris, P.U.F., 1952.

MEYER (Charles) - *Histoire de la femme chinoise*, Paris, Lattès, 1986, 309 p.

MOUSNIER (Roland) - *Fureurs paysannes*, Paris, Calmann-Lévy, 1967, 351 p.

NAQUIN (S.) et RAWSKI (E.) - *Chinese Society in XVIIIth century*, Yale University Press, 1987, 270 p.

NEEDHAM (J.) - *La Tradition scientifique chinoise*, Paris, Hermann, 1974, 306 p.

Clerks and Craftsmen, Cambridge, Cambridge University Press, 1970, 470 p.

Science and Civilisation in China, vol. 1954-1987, Cambridge, Cambridge University Press, 16 vol. parus.

NEVEU (B.) - *Nouvelles Archives mises à jour*, Actes du 1er colloque international de sinologie, Chantilly, 1974, pp. 137-140, Éd. Belles Lettres, Paris, 1976.

PASQUET (Sylvie) - *L'Évolution du système postal : la province chinoise du Yunnan sous les Qing*, Paris, Mémoire de l'Institut des hautes études chinoises, Collège de France, 1986, 290 p.

PEFFER (Nathaniel) - *China, the Collapse of a Civilisation*, London, Routledge, 1931, 305 p.

RAWSKI (Evelyn) - *Education and Popular Literacy in Ch'ing China*, Chicago University of Michigan Press, 1979, 294 p.

SCHRAM (S.B.) - *Foundations and Limits of the State Power in China*, Hongkong, Chinese University Press, 1987, 367 p.

STEIN (Rolf) - *Le Monde en petit : jardins en miniature et habitations dans la pensée religieuse en Extrême-Orient*, Paris, Flammarion, 1987, 345 p., ill.

SUN YATSEN - *Memoirs of a Chinese Revolutionary*, London, Hutchinson & Cᵒ, 1927, 254 p.

TEMPLE (Robert) - *Quand la Chine nous précédait*, Paris, Bordas, 1986, 253 p.

TRISTAN (Frédérik) - *Houng, les sociétés secrètes chinoises*, Paris, Balland, 1987, 263 p.

URSEL (Pierre D') - *La Chine de tous les jours*, Paris, Presses de la Cité, 1985, 124 p., ill.

VAN GULIK (R.) - *Sexual Life in Ancient Chine*, Leiden, E.J. Brill, 1961, XVII, 392 p. ; trad. *La Vie sexuelle dans la Chine ancienne* par L. Evrard, Paris, N.R.F., 1977, 452 p.

WERNER (Edward T.C.) - *Ancient Tales and Folklore of China*, London, Harrap & Cᵒ, 1922, reprint London, Bracken Books, 1986, 454 p.

WILL (P.-E.) - *Bureaucratie et famine au XVIIIᵉ siècle*, Paris, Mouton, 1980, 311 p.

WU (Silas) - *Communication and Imperial Control in China : evolution of the palace memorial system 1693-1735*, Harvard University Press, 1970, 204 p.

XIAO YISHAN - *Qingdai tongshi* (« Histoire générale des Qing »), Shangwu, Shanghai, 1928.

YENFU [YEN FOU] - *Les Manifestes de Yen fou*, trad. par F. Houang, Paris, Fayard, 1977, 151 p.

ZHU YONG - *Qingdai zongzufa yanjiu*, Changsha, Hunan jiayu Chubanshe, Boshi luncong, 1988, 230 p.

3. RAPPORTS ENTRE LA CHINE ET L'OCCIDENT

ALLAN (C.W.) - *The Jesuits at the Court of Peking*, Shanghai, Kelly and Walsh, 1935, 300 p.

ARMOGATHE (Jean-Robert) - *Voltaire et la Chine : une mise au point.* Actes du 1er colloque international de sinologie, Chantilly, 1974, pp. 27-39, Ed. Belles Lettres, Paris, 1976.

BERGER (K.-H.) - « Henry Hayne Travelling through China with Lord Amherst », *Library Notes*, n° 50, pp. 13-21, janv. 1982, Durham, N.C.

BERNARD-MAÎTRE (Henri) - *Sagesse chinoise et philosophie chrétienne : essai sur leurs relations historiques*, Tientsin, Hautes Études, 1935, 278 p.

Les Sciences et la correspondance de la mission française de Pékin au XVIIIᵉ siècle. Actes du XIIᵉ congrès international d'histoire des sciences, Paris, 1968, pp. 11-15, Ed. Blanchard, Paris, 1971.

BOXER (C.R.) - « European Missionaries and Chinese Clergy, 1654-1810 », in KING (B.), *The Age of Partnership : Europeans in Asia before Dominions*, pp. 97-121, Honolulu, University Press of Hawaiⁱ 1979.

CAMERON (N.) - « Kotow : Imperial China and the West in Confrontation », *Orientations*, vol. 2, n° 1, janv. 1971, pp. 44-51.

CAMMAN (S.) - *Trade through the Himalayas, the Early British Attempts to Open Tibet*, Princeton, N.J., Princeton University Press, 1951, 186 p.

CHANG HSIN PAO - *Commissioner Lin and the Opium War*, Cambridge, Mss., Harvard Press, 1964, 369 p.

CHEONG (W.) - *Mandarins and Merchants : Jardine, Matheson & Cᵒ, a China Agency in the Early XIXth century*, London, Curzon Press, 1979, 298 p.

CHU CHENG - *Contribution des Jésuites à la défense de la Chine des Ming face aux Mandchous*, Paris, thèse à l'université de Paris, 1970, 173 p.

COEN (Dean Buchanan) - *The Encyclopedie and China*, Bloomington, Ind., thesis Indiana University, 1962.

COMITÉ D'HISTOIRE MODERNE DE LA CHINE - *La Guerre de l'Opium*, Pékin, Ed. en langues étrangères, 1979, 151 p.

CORDIER (Henri) - *Histoire générale de la Chine et de ses relations avec les pays étrangers depuis les temps les plus anciens jusqu'à la chute de la dynastie mandchoue*, Paris, Geuthner, 1920, 428 p.

CORRADINI (P.) - « Concerning the ban on preaching Christianity contained in Ch'ien-lung's reply to the request advanced by lord Macartney », in *East and West*, 1968, pp. 89-91.

CRANMER-BYNG (J.L.) - « The Chinese Attitude towards External Relations », *International Journal*, n° 21, 1965/1966, pp. 57-77, Toronto.

CRANMER-BYNG (J.L.) et LEVERE (H.) - « A case study in cultural collision : scientific apparatus in Macartney embassy to China », *Annals of Science*, n° 38, 1981, pp. 503-525.

DANTON (B.H.) - *The Culture Contact of the United States and China, the Earliest Sino-american Contact, 1784-1844*, New York, Columbia University, 1931, 133 p., Octagon Book, reprint 1974.

DEHERGNE (Joseph) - *Répertoire des Jésuites de Chine de 1552 à 1800*, Paris, Letouzey-et-Ané, 1973, 430 p.

« Voyageurs chinois venus à Paris au temps de la marine à voile, et l'influence de la Chine dans la littérature française du XVIIIᵉ siècle », *Monumenta serica*, n° 23, 1964, pp. 372-397.

DEMIEVILLE (Paul) - « Premiers contacts philosophiques entre la Chine et l'Europe », *Diogène*, LVIII, 1967, pp. 81-110.

DERMIGNY (Louis) - *La Chine et l'Occident : le commerce à Canton au*

XVIIIᵉ siècle 1719-1833, Paris, S.E.V.P.E.N., 1964, 3 vol., 1 625 p.

Les Mémoires de Charles de Constant sur le commerce à la Chine, Paris, S.E.V.P.E.N., 1964, 487 p.

DEVEZE (M.) - *L'Impact du monde chinois sur la France, l'Angleterre, la Russie au XVIIIᵉ siècle*. Actes du 1ᵉʳ colloque international de sinologie, Chantilly, 1974, pp. 7-12, Ed. Belles Lettres, Paris, 1976.

DUYVENDAK (J.L.L.) - *The Last Dutch Embassy to the Chinese Court*, Leiden, supplementary document on T'oung Pao, vol. XXXIV, liv. 4, 1938, pp. 1-137.

EAMES (J.B.) - *The English in China, 1600-1843*, London, 1909, reprint Curzon Press, 1974, 622 p.

ELISSEEFF (Danielle) - *Moi, Arcade, interprète chinois du Roi-Soleil*, Paris, Arthaud, 1985, 189 p.

ETIEMBLE - *L'Europe chinoise*, t. I : *De l'Empire romain à Leibniz*, Paris, N.R.F., 1988, 438 p.

L'Orient philosophique au XVIIIᵉ siècle : missionnaires et philosophes, Paris, Centre Document. universitaire, 1959, 3 vol.

Les Jésuites en Chine, Paris, Julliard, Archives, 1966, 301 p.

FAIRBANK (J.K.) - *Trade and Diplomacy on the China Coast: the opening of the treaty ports (1842-1854)*, Stanford, Stanford University Press, 1969, 583 p.

FAY (Peter Ward) - *The Opium War, 1840-1842*, New York, Norton, 1976.

FRODSHAN (J.D.) - *The First Chinese Embassy to the West: the journal of Kuo Sung-tao, Liu Hsi-hung and Chang Te-yi*, Oxford, Clarendon, 1974, 224 p.

FU LO-SHU - *A Documentary Chronicle of Sino-Western Relations, 1644-1820*, Tucson, Arizona University Press, 1966, 2 vol.

GAUBIL (Père Antoine) - *Correspondance de Pékin, 1722-1729*, Genève, Droz, 1970, 1 006 p.

GEOFFROY-DECHAUME (François) - *La Chine face au monde*, tirage privé, Hongkong, 1976 ; en anglais, *China looks at the world*, London, Faber & Faber, 1967, 162 p.

GERNET (Jacques) - *Chine et christianisme, action et réaction*, Paris, N.R.F., 1982, 342 p.

GREENBERG (M.) - *British Trade and the Opening of China*, Cambridge (U.K.), Cambridge University Press, 1951, 238 p.

GROSIER (Abbé) - *Description générale de la Chine*, Paris, Montand, 1788, 5 vol.

De la Chine, ou Description générale de cet empire d'après les mémoires de la mission de Pékin, Paris, Pillet, 1818, 7 vol.

GUILLAIN (Robert) - *Orient-Extrême*, Paris, Arléa-Seuil, 1987, 413 p.

GUILLEMIN (Philippe) - *Le Yuanming yuan, jeux d'eau et palais européens du XVIIIᵉ siècle à la Cour de Chine*, Paris, Ed. recherches et civilisations, 1987, 36 p.

GUILLOU (Jean) - *Les Jésuites en Chine aux XVIIᵉ et XVIIIᵉ siècles*, Académie du Var, bulletin, nº 148, pp. 69-84, 1980, Toulon.

HARDER (Hermann) - *La Question du gouvernement de la Chine au XVIIIᵉ siècle : Montesquieu et de Brosse chez Mgr Foucquet, à Rome*. Actes du IIIᵉ colloque international de sinologie, Chantilly, 1980, pp. 79-92, Ed. Belles Lettres, Paris, 1983.

HAY (Malcolm) - *Failure in the Far-East: why and how the breach between the western world and China first began*, Wetteren, Scaldis Pub., 1956, 202 p.

HIBBERT (Christopher) - *The Dragon Wakes*, London, Longmans, 1970, XVII - 427 p.

HUDSON (G.F.) - *Europe and China, a survey of their relations, from the earliest time to 1800*, London, E. Arnold 1931, reprint 1961, 336 p.

HUEY (Herbert) - « French Jesuit's Views on China », *Papers on Far-Eastern History*, n° 31, 1985, pp. 95-116, Canberra.

LATOURETTE (Kenneth Scott) - *A History of Christian Missions in China*, London, Society for promoting Christian Knowledge, 1929, 930 p.

LAURENTIN (René) - *Chine et christianisme — après les occasions manquées*, Paris, Desclée De Brouwer, 1977, 370 p.

LE COMTE (Père L.) - *Nouveaux Mémoires sur l'état présent de la Chine*, Paris, 1690-1700, 3 vol.

LEGOUIX (Susan) - *Image of China, William Alexander*, London, Jupiter Books Ltd, 1980, 96 p., ill.

LEITES (Edmund) - *La Chine et l'Europe des Lumières, recherches récentes faites aux U.S.A.* Actes du IIe colloque international de sinologie, Chantilly, 1977, pp. 5-14, Ed. Belles lettres, Paris, 1980.
Le Confucianisme dans l'Angleterre du XVIIIe *siècle : la morale naturelle et la réforme de la société.* Actes du IIe colloque international de sinologie, Chantilly, 1977, pp. 51-82, Ed. Belles Lettres, Paris, 1980.

LEQUILLER (Jean) - *Nouveaux Mondes d'Asie : la Chine et le Japon du* XVIe *siècle à nos jours*, Paris, P.U.F., 1974, 312 p.

LETTRES ÉDIFIANTES ET CURIEUSES, ÉCRITES DES MISSIONS ÉTRANGÈRES PAR QUELQUES MISSIONNAIRES DE LA COMPAGNIE DE JÉSUS, Paris, 1702-1776 (Extraits, choisis et présentés par I. et J.-L. VISSIÈRE, Paris, Garnier-Flammarion, 1979, 504 p.).

LEVY (André) - *Nouvelles Lettres édifiantes et curieuses d'Extrême-Occident, par des voyageurs lettrés chinois de la Belle Époque*, Paris, Seghers, 1986.

LI SHUCHANG - *Carnet de notes de l'Occident* (traduit du chinois par Shi Kangqiang), préf. M. Cartier, Paris, Éditions de la Maison des sciences de l'homme, 1988, 198 p.

MAILLA (Père J. DE) - *Histoire générale de la Chine ou Annales de cet empire*, Paris, 1777-1785, 13 vol.

MANKALL (Mark) - *Russia and China : their diplomatic relations to 1728*, Cambridge, Mss., Harvard University Press, 1971, 396 p.

MARX (Karl) - *Karl Marx on China 1853-1860* (articles in *New York Daily Tribune*, introd. & notes by Dona Torr), New York, Gorden Press, 1975, 98 p., Paris, Plon, 10/18.

MA SHI - *Zhonghua diguo dui wai guanxi shi* (« Histoire des relations extérieures de l'empire chinois »), Pékin, s.d.

MÉMOIRES CONCERNANT L'HISTOIRE, LES SCIENCES, LES ARTS, LES MŒURS, LES USAGES DES CHINOIS, par le P. AMIOT *et alii*, Paris, 1776-1791, 15 vol.

MENG HUA - *Voltaire et la Chine*, Paris, thèse de doctorat, en Sorbonne, 1988, 291 p.

MORSE (H.B.) - *Chronicles of the East-India Company Trading to China, 1600-1833*, London 1927, 5 vol.

Needham (Joseph) - *Chinese Science and the West*, London, Allen & Unwin Ltd, 1969, trad. franç. *La Science chinoise et l'Occident*, Paris, Seuil/Point, 1973, 252 p.

Old Nick (E. Dauran Forgues) - *La Chine ouverte*, Paris, Henri Fournier, 1845, 396 p.

Pauthier (G.) - *Histoire des relations politiques de la Chine avec les puissances occidentales*, Paris, Firmin Didot, 1859, 239 p.

Pelliot (Paul) - *L'Origine des relations de la France avec la Chine : le premier voyage de l'Amphitrite*, Paris, Geuthner, 1930, 79 p.

Perkins (D.H.) - « Government as an Obstacle to Industrialisation : the case of xixth century China », *Journal of Economic History*, nᵒ 27, déc. 1967, pp. 478-492.

Pinot (Virgile) - *La Chine et la formation de l'esprit philosophique en France, 1640-1740*, Paris, Paul Geuthner, 1932, 480 p.

Polo (Marco) - *Le Devisement du monde*, Gênes, 1299 (Ed. A.T'serstevens), Paris, Albin Michel, 1955, 414 p.

Pritchard (Earl H.) - *The Crucial Years of Anglo-Chinese Relations, 1750-1800*, Research studies of the State College of Washington, Washington, Pullman, 1936, 430 p.

Reichwein (A.) - *China and Europe*, London, Kegan Paul & Co., 1925, 174 p., reprint 1968.

Ricci (P. Matteo) et Trigault (P. Nicolas) - *Histoire de l'expédition chrétienne à la conquête du royaume de la Chine*, Lille, 1617, rééd. Paris, Desclée De Brouwer, 1978, 740 p.

Rowbotham (Arnold) - *Missionary and Mandarin, the Jesuits at the Court of China*, Berkeley, University of California Press, 1966, 374 p.

Song Puzhang - « Qingdai qianqi Zhong Ying haiyun maoyi yanjiu » (« Recherches sur le commerce maritime entre la Chine et l'Angleterre au début des Qing »), in *Haishi jiaotong yanjiu* (« Recherches sur les relations maritimes »), 1983, nᵒ 22.

Soothill (M.) - *China and the West, a Sketch of their Intercourse*, Oxford, Oxford University Press, 1925, 216 p.

Tamarin (A.) et Glubok (S.) - *Voyaging to Cathay*, New York, The Viking Press, 1976, 202 p.

Tan Chung - *China and the Brave New World : a study of the origins of the Opium War*, Durham, N.C., Carolina Academic Press, 1978, 271 p.

Teilhard de Chardin (P. Pierre) - *Lettres de voyage et Nouvelles Lettres de voyages, 1923-1939/1939-1945*, Paris, Grasset, 1956, 2 vol.

Teixeira (Manuel) - *The Fourth Centenary of the Jesuits at Macao*, Macao, Salesian School, 1964, 60 p.
« Relaçao dos missionnarios da China », *Boletim eclesiastico*, nᵒ 68, 1970, pp. 128-141, Macao.

Teng Su-yü, Fairbank (John K.) - *China Response to the West : a documentary survey, 1839-1923*, New York, Atheneum, 1954, 296 p., réed., Harvard Univ. Press, 1979.

Van den Brandt (Fr. J.) - *Les Lazaristes en Chine, 1697-1935, dictionnaire biographique*, Pékin, Imprimerie des Lazaristes, 1936, 321 p.

Vandermeersch (Léon) - *Le Nouveau Monde sinisé*, Paris, P.U.F., 1986, 224 p.

Van Kley (Edwin) - *Chinese History in xviith century European*

503

Reports, Actes du IIIe colloque international de sinologie, Chantilly, 1980, pp. 195-210, Ed. Belles Lettres, Paris, 1983.

VISSIERE (I. et J.-L.) - *Un carrefour culturel : la mission française de Pékin au XVIIIe siècle*, Actes du IIIe colloque international de sinologie, Chantilly, 1980, pp. 221-223, Ed. Belles Lettres, Paris, 1983.

WALEY (Arthur) - *The Opium War through Chinese Eyes*, London, Allen & Unwin, 1958, 257 p.

WATSON (W.) - *Interprétation de la Chine : Montesquieu et Voltaire*, Actes du IIe colloque international de sinologie, Chantilly, 1977, pp. 115-136, Paris, Ed. Belles Lettres, 1980.

WEI (Louis Tsing-sing) - *La Politique missionnaire de la France, 1842-1856*, Paris, Nouvelles éditions latines, 1960, 655 p.

WITEK (J.) - *J.F. Foucquet, controversiste jésuite en Chine et en Europe*, Actes du Ier colloque international de sinologie, Chantilly, 1974, pp. 115-136, Ed. Belles Lettres, 1976.

Chinese Chronology : a source of sino-european widening horizons, in the XVIIIth century, Actes du IIIe colloque international de sinologie, Chantilly, 1980, pp. 223-251, Ed. Belles Lettres, Paris, 1983.

XIAO ZHIZHI, YANG WEIDONG - *Yapian zhanzheng qian Zhong Xi guanxi jishi (1517-1840)* (« Chronique des relations sino-occidentales avant la guerre de l'Opium [1517-1840] »).

ZHANG YIDONG - « Zhong Ying liangguo zui zao de jiechu » (« Sur les premiers contacts entre la Chine et l'Angleterre »), *Lishi yanjiu* (« Recherches historiques »), 1955.

ZHU YONG - *Les Relations sino-anglaises sous Qianlong, 1736-1796*, Pékin, Université du peuple chinois, Institut d'Études de l'histoire des Qing, 1988.

4. ANTHROPOLOGIE, GÉOPOLITIQUE

AMIN (S.) *et alii*, présentation A. BURGUIÈRE, préface J. DANIEL - *Le Tiers Monde et la gauche*, Paris, Seuil, 1979, 190 p.

BAIROCH (Paul) - *Le Tiers Monde dans l'impasse*, Paris, Gallimard, 1971, 375 p. (Réédité avec postface en 1983.)

BALLANDIER (G.) *et alii* - *Sociologie des mutations* (Actes du VIIe colloque de l'Association des sociologues de langue française, Neuchâtel, octobre 1968), Paris, Ed. Anthropos, 1970, 531 p.

BETTELHEIM (Bruno) - *The Empty Fortress*, Chicago, 1967 (trad. franç. *La Forteresse vide*, Paris, N.R.F., 1969, 581 p.).

BRUCKNER (Pascal) - *Les Sanglots de l'homme blanc*, Paris, Le Seuil, 1983, 310 p.

CHESNAIS (Jean-Claude) - *La Revanche du Tiers Monde*, Paris, Robert Laffont, 1987, 336 p.

DUMONT (Louis) - *Homo hierarchicus*, Paris, Gallimard, 1966, 449 p.

Homo aequalis, Paris, Gallimard, 1977, 271 p.

Essai sur l'individualisme, Paris, Seuil, 1983, 284 p.

DUVERGER (M.) *et alii* - *Le Concept d'empire*, Paris, P.U.F., 1980.

ERIKSON (Erik H.) - *Identity, Youth and Crisis*, New York, Norton & Co, 1968 (trad. franç. *Adolescence et crise*, Paris, Flammarion, 1972).

ETIEMBLE - *Ouverture(s) sur un comparatisme planétaire*, Paris, Ed. Bourgois, 1988, 285 p.

FANON (Franz) - *Les Damnés de la terre*, Paris, Maspéro, 1961, 244 p.

FREUD (Sigmund) - *Malaise dans la civilisation*, rééd. Paris, P.U.F., 1971, 107 p.

Totem et tabou, trad. Dr Jankelevitch, Paris, Payot, 1965, 192 p.

GILDER (George) - *Wealth and Poverty*, New York, Basic Books Inc. Pub., 1981 (trad. franç. *Richesse et pauvreté*, Paris, Albin Michel, 1981, 333 p.).

HOFSTEDE (Geert) - *Culture's Consequences : international differences in work related values*, London, Sage Publications, 1980, 475 p.

HUXLEY (Julian) et alii - *Le Comportement rituel chez l'homme et l'animal*, Paris, N.R.F., 1971, 419 p.

JUNG (Carl-Gustav) - *L'Homme à la découverte de son âme* (trad. Cahen-Sallabelle, Genève, Ed. Mont-Blanc, 1946, 422 p.).

KOYRÉ (Alexandre) - *Études d'histoire de la pensée scientifique*, Paris, N.R.F., 1966, 412 p.

LAURENT (Alain) - *L'Individu et ses ennemis*, Paris, Hachette/Pluriel, 1987, 571 p.

LECERF (Y.) et PARKER (D.) - *Les Dictatures d'intelligentsia*, Paris, P.U.F., 1987, 277 p.

LE DUFF (R.) et MAISSEU (A.) - *L'Antidéclin, ou les Mutations technologiques maîtrisées*, Paris, Entreprise moderne d'édition, 1988, 334 p.

MALINOVSKI (Bronislav) - *Trois Essais sur la vie sociale des primitifs*, rééd. Paris, Petite Bibliothèque Payot, 1980, 192 p.

MALTHUS (T. Robert) - *An Essay on the Principle of Population*, London, 1798.

MARSEILLE (Jacques) - *Empire colonial et capitalisme français, histoire d'un divorce*, Paris, Albin Michel, 1984, 462 p.

MÜHLMANN (Wilhelm E.) - *Messianismes révolutionnaires du Tiers Monde*, Paris, N.R.F., 1968, 389 p.

MYRDAL (Gunnar) - *Le Défi du monde pauvre*, Paris, N.R.F., 1971, 466 p.

NAYAK (P.R.) et KETTERINGHAM (J.M.) - *Douze Idées de génie auxquelles personne ne croyait*, Paris, Ed. First Inc., 1987, 409 p.

NIZAN (Paul) - *Aden-Arabie*, Paris, 1931.

POLIN (C.) et ROUSSEAU (C.) - *Les Illusions de l'Occident*, Paris, Albin Michel, 1981, 270 p.

RANGEL (Carlos) - *Du bon sauvage au bon révolutionnaire*, Paris, Robert Laffont, 1976, 398 p.

L'Occident et le Tiers Monde, Paris, Robert Laffont, 1982, 221 p.

SAUTTER (Christian) - *Les Dents du géant, le Japon à la conquête du monde*, Paris, Orban, 1987, 323 p.

SHONFIELD (Andrew) - *Modern Capitalism*.

SORMAN (Guy) - *La Nouvelle Richesse des nations*, Paris, Fayard, 1987.

TREVOR-ROPER (H.R.) - *Religion, Reformation and Social Change*, London, 1956.

WACHTEL (Nathan) - *La Vision des vaincus*, Paris, N.R.F., 1971, 392 p.

WEBER (Max) - *Gesammelte Aufsätze zur Religionsoziologie*, Tübingen, Mohrt, 1922.

IV. NOTES DOCUMENTAIRES ET RÉFÉRENCES

EXERGUES

1. Macartney, Journal, dernier §.
2. *La Raison dans l'histoire*, trad. Papaïssanov, Plon, pp. 283-284.
3. *Bureaucratie céleste*, NRF, p. 34.

INTRODUCTION

1. Le titre de cette introduction m'a été inspiré par Mme Monique Lévi-Strauss, qui l'a utilisé pour la préface de son bel album, *Cachemire*, Biro, 1987.
2. *Règne de Charles XII*, préface de 1751.
3. « Chez la Veuve Lepetit, libraire, rue Pavée-Saint-André-des-Arts, au numéro 2. »
4. Les trois *Navigations* de Cook autour du monde en 1768, 1772 et 1776 ; celles de Bougainville en 1771 et de La Pérouse en 1785 ; le *Voyage en Égypte et en Nubie* par Norden, entre et le *Voyage aux sources du Nil* par Bruce, entre 1768 et 1772 ; le *Voyage à l'océan Pacifique du Nord, exécuté par ordre de Sa Majesté britannique entre 1790 et 1795 par le capitaine Vancouver*; un *Voyage dans l'Amérique septentrionale*; le *Voyage dans l'intérieur de l'Afrique* de Frédéric Horneman.
5. Y compris deux volumes d'atlas, agrémentés de planches.
6. Les évaluations les plus solides donnent, concernant les années 1790-1795, pour la Chine : 330 millions d'habitants ; pour l'Angleterre et le pays de Galles : 8,5 (1,5 pour l'Écosse, 5 pour l'Irlande) ; pour l'Europe : 180 (dont 36 pour la Russie et 28 pour la France) ; 100 pour l'Afrique ; 24 pour l'Amérique ; 180 pour les Indes ; 950 pour l'ensemble du monde. Ces estimations sont tirées de Colin Mac Everdy et Richard Jones, *Atlas of World Population History*, Penguin Books, 1978, et de l'article fondamental du Dr J.N. Biraben dans la revue *Population* de janvier-février 1979 : « Essai sur l'évolution du nombre des hommes ».
7. *Considérations sur les causes de la grandeur des Romains et de leur décadence*, éd. Orban, 1987, p. 123.
8. En 1800, par Castéra, et en 1805, par Breton.
9. La collection de ses croquis se trouve pour partie dans un riche institut de Tokyo, le *Toyo Bunko*, pour partie à l'*India Office* de Londres. Une cinquantaine de gravures aquarellées ont fait l'objet d'un tirage très limité, par souscription, en 1805.
10. Le petit Thomas Staunton, le propre fils du ministre-conseiller.
11. AL, notes du P. Lamiot sur l'ambassade anglaise, 1807, inédit.
12. Publié par son petit-fils Proudfoot, en 1868.
13. Dont copie a été conservée au *Toyo Bunko* de Tokyo. Une autre copie se trouve à Nottingham (G.-B.).
14. L'édition Cranmer-Byng est plus complète que l'édition de Helen Robbins, notamment pour les *Observations*.
15. Dont l'université de Caroline du Nord possède le précieux manuscrit.
16. Mgr Teixeira, *Annales de Macao*, 1979.
17. *Les Manifestes de Yen fou*, trad. F. Houang, Fayard, 1977, p. 77.
18. *Cf.* P.E. Will, *Bureaucratie et famine en Chine au XVIII*e *siècle*, Paris, 1981.

PROLOGUE

1. Cité par P. Hazard, *La Pensée européenne au XVIII*e, t. I, p. 375.
2. L'usage occidental voudrait qu'on appelle *yourtes* les tentes, à paroi cylindrique rigide et sans haubans intérieurs, qu'utilisent les Mongols et Turcomans d'Asie centrale. Cet usage est un contresens. En mongol, *yurt* signifie « terrain de pâturage » ; « tente » se dit *ger*.

3. Prosternation désigne l'*action de se prosterner* ; prosternement, l'attitude de celu qui est *prosterné, étendu* face contre terre.

4. *Hansard's Parliamentary Debates*, 1840, vol. 53, p. 739.

5. *Ibid.*, p. 745.

PREMIÈRE PARTIE :
LA PLUS PUISSANTE NATION DU GLOBE

Exergues

1. *De l'esprit des Lois*, XIV/XXVII.

2. A.N. Fds Colonies C 1/16, lettre inédite du chevalier d'Entrecasteaux aux missionnaires de Pékin, février 1787.

3. *Réflexions sur la Révolution française*, Slatkine, 1980 (réimpression de l'édition française de 1791), p. 119.

Chapitre 1

1. Staunton, I, p. 65.

2. *Ibid.*, p. 62.

3. M. de Restif, agent français de la marine, note, le 21 septembre : « Mylord Macartney est sur le point de partir pour son ambassade à la Chine, avec le vaisseau du Roy, le *Lion*, celui de la Compagnie, l'*Indostan*, et un brig. » La dépêche suivante annonce le départ le 22, c'est-à-dire quatre jours avant la date indiquée par les autres sources. Le temps n'avait pas la même valeur qu'aujourd'hui. Sur un voyage de quelque huit mois, on n'en était pas à quatre jours près. Et Restif attribue 74 canons au *Lion*, qui, selon toutes nos autres sources, n'en comptait que 64. AMAE, *Corr. polit. Angleterre*, vol. 582, pp. 280-282.

4. *Cf.* H. Robbins, *Our First Ambassador to China*, p. 172.

5. Aux Communes, mai 1791, trad. Lacretelle, *Histoire de France*, t. VII, p. 200.

6. IOCM, XCIII, 25.

7. Barrow, *Voyage à la Cochinchine*, p. 2.

8. Holmes, t. I, p. 57.

9. Staunton, I, p. 71.

10. Macartney, *Memoranda from London to China*, fᵒ 13, inédit, WI.

11. Pritchard, *Crucial Years*, p. 279.

12. *Ibid.*

13. *Parliamentary History*, 1782-1783, XXIII, p. 646.

14. Pritchard, *op. cit.*, pp. 147-150.

15. CU Wason Coll. *Official Mss. of Macartney's Embassy*, vol. I, 25 octobre 1791, « Questions posées par la Cour des Directeurs ».

16. IOCC, XC, Fizburgh à Smith, 29 août 1787.

17. BL, Mss. Add. 38310, *Hawkesbury's letters-book*, 1780-1794, avril 1791.

18. Pritchard, *op. cit.*, p. 272.

19. IOCM, G/12/91 Macartney à Dundas, 4 janvier 1792.

20. *Ibid.*

21. Pritchard, *op. cit.*, p. 269.

22. *Ibid.*, pp. 278-281.

23. *Hansard's Parliamentary History*, 30 mars 1790.

24. IOCM, XCII, Macartney à Dundas, 17 février 1792.

25. *Cf.* Dermigny, *op. cit.*, pp. 931 *sqq.*

26. Morse, *Chronicle, II*, app. G.

27. *Ibid.*

28. *Ibid.*

29. IOCM, G/12/91, lettre à Dundas, 4 janvier 1792.

30. Morse, *Chronicle II*, app. G.

31. Louis XIV n'a certes pas envoyé d'ambassade, mais, en 1689, a échangé une correspondance (si anodine fût-elle) avec Kangxi, envoyé des présents (instruments astronomiques, conservés aujourd'hui à l'Observatoire de Nankin) et donné de l'argent pour établir à Pékin une filiale de l'Académie des Sciences (une « école de langues » à la chinoise : les pères enseignaient les sciences modernes ; leurs jeunes élèves leur enseignaient le chinois et les lettres chinoises). *Cf.* D. Elisseeff, *Nicolas Fréret : réflexions d'un humaniste du XVIIIᵉ-siècle sur la Chine*, Paris, Collège de France, P.U.F., 1978.

32. Fairbank et Teng, *On the Ch'ing Tributary System*, p. 188.

33. *Ta T'sing Leu Lee*, trad. Thomas Staunton, 1810, p. III.

34. *Cf.* Mankall, *Russia and China, Their diplomatic Relations to 1728.*

Chapitre 2

1. *The Idler*, 8 septembre 1759.

2. Holmes, t. I, p. 58.

3. Staunton, I, p. 97.

4. *Ibid.*, p. 78.

5. *Ibid.*, pp. 89-90.

6. D.B. Quinn, *Raleigh and the British Empire*, London, 1947.

7. *The Traveller.*

8. *Cf.* Bousquet, *Adam Smith*, Dalloz, 1950, *passim.*

9. John Derry, *William Pitt*, 1962, p. 46.

10. *The Adventurer*, 26 juin 1753.

11. *Cf.* Mantoux, *op. cit.*, p. 415, note 2.

12. *Cf.* Joël Mokyr, *Industrial Revolution and the New Economic History*, pp. 1-2.

13. *Cf.* Carrington, *History of England*, pp. 603-604.

14. *Cf.* Joël Mokyr, *op. cit.*, p. 2.

15. *Cf.* F. Braudel, *Civilisation matérielle, économie et capitalisme*, t. III, p. 483.

16. Morse, *Chronicle II*, app. G, lettre d'instructions de Dundas à Macartney, 8 septembre 1792.

17. *Cf.* Harlow, *The Founding of the Second British Empire*, t. II, pp. 528-529.

18. *Cf.* Langlès, « Observations » précé-

dant l'édition française de Holmes, *Voyage en Chine et en Tartarie*, Paris, 1805, p. XII sqq.

19. *Entretiens de Confucius*, IX, 1, trad. Ryckmans, N.R.F.
20. Holmes, t. I, p. 60.
21. Staunton, I, p. 117.
22. Holmes, t. I, p. 63.
23. Staunton, I, p. 150.
24. Holmes, t. I, p. 61.
25. *Ibid.*, p. 123.
26. Barrow, *Voyage à la Cochinchine*, p. 48.
27. Roebuck, *Macartney of Lisanoure*, Belfast, 1983, pp. 17-18.
28. *Excessively*, dit le texte de Roebuck, *op. cit.*, p. 22.
29. *Cf.* Roebuck, *op. cit.*, p. 312.
30. *Ibid.*, p. 7.
31. H.R., p. 8.
32. On cite une dépense moyenne de 1 000 à 3 000 livres, soit de 600 000 à 1 800 000 de nos francs de 1989. Calculs établis par C. Hibbert, *The Grand Tour*, London, 1987, p. 20.
33. H.R., p. 10.
34. *Voltaire's British Visitors*, ed. by sir Gavin De Beer, 1967.
35. *Ibid.*
36. Mantoux, *op. cit.*, p. 45, note 2.

Chapitre 3

1. Barrow, *Voyage à · la Cochinchine*, pp. 85-86.
2. *The Journal of Elizabeth Lady Holland*, ed. by the Earl of Ilchester, London, 1908, vol. I, p. 229.
3. M. de Bausset au duc de Choiseul, 23 décembre 1766, de Saint-Pétersbourg. AMAE, Paris, Corresp. politique, Russie, 1766-1767, vol. VIII, p. 139.
4. *Cf.* Roebuck, *op. cit.*, p. 57.
5. *Cf.* H.R., p. 162.
6. *Cf.* Roebuck, *op. cit.*, p. 85.
7. AN, Fonds Marine, B4 163, Paris.
8. Macartney à lord Germain, 5/7/1779, *cf.* Roebuck, *op. cit.*, pp. 123-124.
9. AN, Fonds Marine B4 163, Paris.
10. *Cf. Roebuck, op. cit.*, p. 152.
11. G.-T. Staunton, *Memoirs of the Chief Incidents of the Public Life of Sir G.-T. Staunton*, 1856, p. 38.
12. N. Wraxall, in *Historical Memoir of my own Time*, London, 1904, p. 321.
13. 16 000 livres annuelles, à quoi s'ajoute un viatique de 1 000 livres.
14. *Cf.* Roebuck, *op. cit.*, ch. v.
15. *Ibid.*
16. *Hansard's Parliamentary Debates*, 1806, vol. VI, p. 762.
17. BL, *Mss.*, 22461, Macartney to Mercer, 28 mai 1785.
18. Collection particulière, cité in H.R., p. 163.
19. *Gentleman's Magazine*, June, 1786.

20. *Cf.* H.R., p. 159.
21. Macartney doc., CU, Wason Coll.
22. Par Cornelius de Pauw, Berlin, Decker, 1773, 2 vol.
23. Macartney, *Journal*, in H.R., p. 193.
24. Barrow, *Voyage à la Cochinchine*, p. 95.
25. Ils figurent tous dans le Fonds Macartney de Cornell University, qui les a rassemblés.
26. *Weekly Review*, janvier 1708.
27. *L'An deux mille quatre cent quarante*, p. 368.
28. *Cf.* Huc, IV, p. 203.
29. *Cf.* D. Elisseeff, *Moi, Arcade, interprète du Roi-Soleil*, pp. 146-147.
30. *Ibid.*, p. 93.
31. *Cf.* Paul Hazard, *La Crise de la conscience européenne, 1680-1715*, p. 29.
32. Collins, *Lettre à Dodwell sur l'immortalité de l'âme*, 1709, traduction française, p. 289.
33. Cité par P. Hazard, *op. cit.*
34. Boulainvilliers, *La Vie de Mahomet*, 1730, p. 180.
35. In *Le Despotisme de la Chine*, cité du *Bulletin École française d'Extrême-Orient*, *op. cit.*, p. 139.
36. Cité in Appleton, *A Cycle of Cathay*, p. 58.
37. *Cf.* Harder, Colloque sinologie Chantilly, 1980, p. 83.
38. Propos prêtés à Montesquieu par son ami Guasco, cité, ibid., p. 86.
39. *De l'esprit des lois*, VIII, XXI.
40. *Ibid.*, XIX, XX.
41. Épître dédicataire à M. le duc de Richelieu, pour *L'Orphelin de Chine*, 1755.
42. A propos du poème sur Moukden, composé par Qianlong : *Épître au roi de la Chine*, 1771.
43. Lettre à d'Alembert, 6 novembre 1775.
44. Ange Goudar, auteur de nombreux livres d'économie et de politique, *L'Espion chinois ou l'Envoyé secret de la cour de Pékin pour examiner l'état présent de l'Europe*, 1774, t. II, p. 91.

Chapitre 4

1. Barrow, *Voyage à la Cochinchine*, p. 101.
2. Staunton, I, pp. 188-189.
3. *Ibid.*
4. Holmes, I, p. 69.
5. *Ibid.*, p. 70.
6. Macartney, *Memoranda from London to China*, f⁰ 54, inédit, WI.
7. Staunton, I, p. 201.
8. *Ibid.* Sur les 6 millions de Noirs « traités » entre 1701 et 1810, dans toute l'Afrique à destination de l'Amérique, le Brésil représente près du tiers — 1 891 000 unités —, dont les 9/10ᵉ ont été transportés sous pavillon portugais, mais sous la protection de la *Navy*.
9. *Ibid.*, p. 202.

10. *Ibid.*, p. 204.
11. P.V. Malouet, *Mémoires*, t. I, p. 10. Depuis 1760, la production d'or du Brésil était tombée ; mais l'Angleterre achetait de plus en plus de coton.
12. Pline l'Ancien, *Histoire naturelle* (77 ap. J.-C.), VI, 54.
13. Sénèque, *De beneficiis*, VII, 9.
14. Le papier n'apparaît en Italie qu'à la fin du XIIIe siècle ; il existe en Chine depuis le IIe siècle. La xylographie, qui combine le sceau et l'estampage, s'impose en Chine dès le VIIIe siècle, alors qu'elle attendra six siècles pour pénétrer en Occident.
15. Staunton, II, p. 8.
16. Holmes, I, p. 78.
17. *Cf.* Roebuck, *op. cit.*, p. 62.
18. Lettre du P. de Grammont à Macartney, 30 VIII 1793, CUMC, n° 214. *Cf.* Dermigny, *op. cit.*
19. D'après *Collected statutes (Hui-tien)*, cités par Fairbank et Teng, *Harvard Journal of Asiatic Studies*, 1941, pp. 186-187.
20. *Lettres édifiantes*, éd. Garnier-Flammarion, 1979, p. 92.

Chapitre 5

1. Holmes, I, p. 80.
2. *Ibid.*, p. 81.
3. Girault de Coursac, *Le Voyage de Louis XVI autour du monde*, Paris, 1985, p. 96.
4. Staunton, II, p. 16.
5. *Ibid.*
6. *Ibid.*, p. 17.
7. Braudel, *op. cit.*, t. I, p. 51.
8. Staunton, II, p. 36.
9. On sait aujourd'hui que le citron perd toute vertu au bout de peu de jours.
10. *Cf.* H.R., p. 211.
11. Staunton, II, p. 46.
12. Holmes, t. I, p. 95.
13. Staunton, II, p. 60.
14. *Ibid.*, p. 72.
15. *Ibid.*, pp. 90-92.
16. *Ibid.*, p. 57.
17. *Ibid.*, p. 59.
18. *Ibid.*, p. 78.
19. *Ibid.*, p. 79.
20. Barrow, *Voyage à la Cochinchine*, p. 156.
21. Staunton, II, pp. 118-119.
22. Macartney, *Memoranda from London to China*, f° 180, inédit, WI, London.
23. Holmes, t. I, pp. 113-114.
24. Macartney, *Memoranda...*, f° 181, inédit, WI.
25. Holmes, t. I, p. 112.
26. Staunton, II, p. 150.
27. Holmes, t. I, p. 118.
28. Staunton, II, p. 160.
29. *Ibid.*, pp. 168-169.
30. *Ibid.*, p. 185.
31. *Ibid.*, p. 224.

Exergues

1. *Histoire de l'expédition chrétienne au royaume de la Chine 1582-1610*. Nicolas Trigault, S.J., 1617. Rééd. D.D.B., 1978, p. 123.
2. Amiot, *Mémoires concernant les Chinois*, vol. XIV, Paris, 1789, p. 534.

Chapitre 6

1. David Scott, comme le capitaine Mackintosh, travaillait à la fois pour son compte propre, comme négociant particulier *(free trader)* et pour le compte de la Compagnie. Il conclut ainsi un mémorandum aux directeurs de la Compagnie, le 3 mai 1787. Cité in Harlow, *The Founding of the Second British Empire*, t. 2, p. 535.
2. Staunton (trad. Castéra), V, pp. 3 et 10.
3. IOCM, XCIII, 43-49.
4. AIGC, 22 X 1792.
5. *Ibid.*
6. IOCM, XCIII, 77-82.
7. A.I.G.C., 7 XII 1792.
8. *Ibid.*, 9 XII 1792.
9. Staunton, III, pp. 9-21.
10. Le surintendant des douanes de Canton, le *hoppo*, était alors Shengzhu, que Suleng'e devait remplacer au mois de septembre suivant (*cf.* Cranmer-Byng, p. 184).
11. Staunton, III, p. 11.
12. IOCM, XCII, lettre de Baring au vice-roi de Canton, 27 avril 1792.
13. Staunton, III, p. 16.
14. Peffer, *China, the Collapse of a Civilisation*, pp. 21-23.
15. Charpentier-Cossigny, *op. cit.*, p. 407.
16. Barrow (trad. Castéra), III, p. 143.
17. Pritchard, *Crucial Years*, p. 305.
18. Hüttner, p. 220.
19. Staunton, III, p. 7.
20. *Ibid.*
21. Macartney, H.R., p. 245.

Chapitre 7

1. Staunton, II, pp. 48-53.
2. *Cf. Memoirs of William Hickey 1749 to 1775*, publiés à Londres en 1913 par Spencer, pp. 202 *sqq*. Hickey figurait en bonne place dans la bibliothèque de Macartney (catalogue Cornell University).
3. J.-B. Eames, *The English in China*, pp. 75-76 ; *cf.* Richard Walter, *Voyage round the World, in 1740-1744, with H.M.S. Centurion.*
4. *Cf.* Hickey, *op. cit.*, pp. 215-217.
5. *Ibid.*, pp. 224-225.
6. *Ibid.*, pp. 218-219. Le capitaine Wil-

liam Elphinstone, fils cadet de lord Elphinstone, fit deux voyages à Canton, entre 1766 et 1777, à bord du *Triton* (*cf.* Dermigny, *op. cit.*, p. 228).

7. J.-B. Eames, *op. cit.*, pp. 86 *sqq.*
8. *Cf.* Pritchard, *Crucial Years*, pp. 133-134.
9. *Ibid.*, p. 131.
10. Macartney, C.-B., p. 214.
11. *Cf.* Pritchard, *Crucial Years*, pp. 133-134.
12. Louis-Mathieu Langlès, « Observations sur les relations politiques et commerciales de l'Angleterre et de la France avec la Chine », en préface à Samuel Holmes, *Voyage en Chine et Tartarie*, Paris, 1805, pp. XIV et XVII.
13. *Cf.* Exergue, p. 37, note 2.

Chapitre 8

1. Hüttner, p. 4.
2. En 1811, on dit encore le trajet « très incommode ». *Cf.* AL, lettre inédite du P. Richenet à Thomas Staunton, 5 XI 1811.
3. AIGC, 26 VI 1793, réf. 4 24 18.
4. Macartney, H.R., p. 245.
5. IOCM, XCI, 155-163, lettre à Dundas, 17 février 1792.
6. Staunton, III, p. 34.
7. Abbé Grosier, *Description générale de la Chine*, Paris, 1788.
8. Staunton, III, p. 19.
9. *Ibid.*, p. 35.
10. *Ibid.*, p. 37.
11. *Ibid.*, p. 59.
12. *Ibid.*, p. 43.
13. AIGC, 9 VII 1793, réf. 4 24 21.
14. Staunton, III, p. 46.
15. *Ibid.*, p. 47.
16. *Ibid.*, p. 48.
17. Charpentier-Cossigny, *op. cit.*, p. 270.
18. Staunton, III, p. 48.
19. Charpentier-Cossigny, *op. cit.*, p. 273.
20. AL, notes de P. Lamiot sur l'ambassade anglaise, 1807, inédit.
21. *Cf.* Hüttner, p. 30.
22. « Les Latrines de la Fortune », trad. Lanselle, in *Le Cheval de jade*, éd. Picquier, p. 198.
23. Staunton, III, p. 48.
24. *Ibid.*, pp. 49-50.
25. *Ibid.*, pp. 51-52.
26. *Ibid.*, pp. 54-55.
27. Macartney, *Observations*, C.-B., p. 229.
28. *Ibid.*
29. *Cf.* Van Gulik, *La Vie sexuelle dans l'ancienne Chine*, p. 27.
30. *Jin Ping Mei*, *cf.* éd. Pléiade, trad. Lévy, I, pp. 71 et 88.
31. Etiemble, *L'Érotisme et l'amour*, p. 27.
32. Staunton, III, p. 60.
33. *Ibid.*, p. 54.
34. Barrow, I, p. 22.
35. Staunton, III, p. 55.

Chapitre 9

1. Staunton, III, p. 65.
2. *Ibid.*, p. 66.
3. *Ibid.*, p. 67.
4. Barrow, I, p. 122.
5. *Ibid.*, p. 123.
6. *Ibid.*, p. 126.
7. *Ibid.*
8. *Ibid.*, pp. 80-81.
9. Anderson, t. I., pp. 103-104.
10. Barrow, I, p. 82.
11. *Ibid.*, p. 85.
12. Staunton, III, p. 80.
13. *Ibid.*, p. 81.
14. Barrow, I, p. 88.
15. *Ibid.*, p. 89.
16. *Ibid.*, p. 91.
17. Macartney, C.-B., p. 81.
18. Staunton, III, p. 68.
19. *Ibid.*, p. 70.
20. *Ibid.*
21. *Ibid.*, p. 72.
22. A.I.G.C., 12 VII 1793, réf. 4 24 25.
23. Staunton, III, pp. 74-75.
24. Holmes, t. I, p. 150.
25. Anderson, t. I, p. 90.
26. A.I.G.C., 18 VII 1793, réf. 4 24 29.
27. *Ibid.*

Chapitre 10

1. Macartney, H.R., p. 248. *Cf. Mémoires concernant les Chinois*, t. XII, pp. 513-515.
2. IOCM, XCII, 40-47.
3. Barrow, III, p. 130.
4. Staunton, III, p. 184.
5. IOCM, XCII, Comité secret, 5 XI 1792.
6. AIGC, 24 VII 1793, réf. 4 24 34.
7. *Ibid.*, 16 VII 1793, réf. 4 24 27.
8. Staunton, III, pp. 84-85.
9. Holmes, t. I, p. 150.
10. Macartney, H.R., p. 248.
11. *Ibid.*, p. 249.
12. *Ibid.*, p. 250.

Chapitre 11

1. Staunton, III, pp. 109-110.
2. AIGC, 3 VIII 1793, réf. 4 25 6.
3. Macartney, H.R., p. 251.
4. *Jin Ping Mei*, *cf.* trad. Lévy, éd. Pléiade, II, p. 854.
5. Il s'agit de Wang Wenxiong, colonel commandant la brigade de Tongzhou et de Qiao Renjie, intendant de circuit, à Tientsin. *Cf.* AIGC, 3 VIII 1793 et 16 VII 1793.
6. Macartney, H.R., pp. 251-252.
7. Staunton, III, p. 111.
8. *Ibid.*, pp. 112-113.
9. *Infra, ibid.*, pp. 118-133.
10. AIGC, 3 VIII 1793, réf. 4 25 6.
11. Staunton, III, p. 133.
12. AIGC, 10 VIII 1793, réf. 4 25 21.

13. Staunton, III, pp. 114-115.
14. AIGC, 3 VIII 1793, réf. 4 25 6.
15. Macartney, H.R., p. 253.
16. *Ibid.*
17. Winder, *Journal inédit*, NLD, mss 8799.
18. Hüttner, p. 12.
19. *Ibid.*
20. Holmes, I, p. 168.

Chapitre 12

1. Macartney, H.R., p. 255.
2. Staunton (trad. Castéra), III, p. 188.
3. Anderson, I, p. 57.
4. *Ibid.*, I, p. 65.
5. Macartney, H.R., p. 255.
6. *Ibid.*
7. Dinwiddie, p. 35.
8. *La Richesse des nations*, I, p. 370.
9. *Cf.* Mantoux, *op. cit.*, pp. 111-116.
10. Dinwiddie, p. 35.
11. Le *qishu*, arbre à laque (*Vorniciflua*, Linné), in Hüttner, pp. 14-16.
12. Hüttner, p. 16.
13. Macartney, H.R., p. 256.
14. *Ibid.* Il est fait allusion à ce *temple de la Mer* dans un précédent rapport de Zhengrui (AIGC, 18 VII 1793, réf. 4 24 31) ; sa réfection vient d'être achevée.
15. *Ibid.*, p. 257.
16. *Ibid.*
17. *Ibid.*, p. 258.
18. Barrow (trad. Castéra), I, p. 313.
19. *Cf.* Cranmer-Byng, note 4.
20. Barrow (trad. Breton), II, p. 192.
21. Le journal de Macartney n'en fait même pas mention. *Cf.* Staunton, III, p. 104.
22. Macartney, H.R., p. 258.
23. Lettre de Heshen au légat Zhengrui, datée du 6 août ; compte tenu de la rapidité de la poste, elle a pu parvenir le soir-même.
24. AIGC, 7 VIII 1793, réf. 4 25 12.
25. Macartney, H.R., p. 258.
26. Barrow, II, pp. 204-205.
27. AIGC, 6 VIII 1793, microfilm 67.
28. *Ibid.*, 7 VIII 1793, réf. 4 25 12.
29. *Ibid.*, 9 VIII 1793, microfilm 25.
30. AL, inédit, Paris.
31. AIGC, 7 VIII 1793, microfilm 67.

Chapitre 13

1. Macartney, H.R., p. 259.
2. Dinwiddie, p. 36.
3. Winder, *Journal inédit*, NLD, mss 8799.
4. *Cf.* Macartney, H.R., p. 260.
5. Dinwiddie, p. 36.
6. Hüttner, pp. 23-24.
7. Macartney, C.-B., p. 81.
8. Anderson, t. I, p. 114.
9. Hüttner, p. 22.
10. *Ibid.*, p. 23.
11. AIGC, 6 VIII 1793, microfilm 67.

12. *Entretiens de Confucius*, VI, 27, trad. Ryckmans, N.R.F.
13. AIGC, 6 VIII 1793, microfilm 67.
14. *Qi Ju Zhu*, p. 4870, cité par Zhu Yong, *Qingdai zongzufa yanju.*
15. IOCM, XCII, lettre à ·Dundas, 9 XI 1793.
16. Dinwiddie, p. 36.
17. Staunton, III, p. 154.
18. *Ibid.*, pp. 155-156.
19. Anderson, t. I, p. 126.
20. *Ibid.*, t. I, p. 127.
21. Paul Claudel, Œuvre poétique, *Connaissance de l'Est*, Pléiade, p. 115.
22. Anderson, t. I, p. 127.
23. Dinwiddie, p. 63.
24. Lin Yu-tang, *op. cit.*, pp. 317-318.
25. Dinwiddie, p. 39.
26. *Esprit des lois*, XIX, XX.
27. Barrow (trad. Castéra), I, p. 302.
28. *Cf.* Hüttner, p. 200.
29. Staunton, III, p. 175.
30. Anderson, t. I, p. 108.
31. Staunton, III, pp. 117-118.

Chapitre 14

1. Staunton (trad. Castéra), III, pp. 13-15.
2. Barrow, I, pp. 149-150.
3. Macartney, H.R., p. 263.
4. Barrow, I, pp. 167-168. Mohammed-bey Al-alfi vint négocier à Londres, en mars 1803, le retour au pouvoir des Mamelouks d'Égypte ; il échoua.
5. *Essai de psychanalyse*, P.B.P., p. 184.
6. Dinwiddie, p. 37.
7. *Cf.* Macartney, H.R., pp. 261.
8. AIGC, 6 VIII 1793, microfilm 67.
9. Macartney, H.R., p. 262.
10. *Cf.* trad. Castéra, t. III, pp. 27-28.
11. AIGC, 9 VIII 1793, microfilm 25.
12. *Ibid.*, 12 VIII 1793, réf. 4 25 14.
13. *Ibid.*, 12 VIII 1793, réf. 4 25 21.
14. Staunton, p. 200.
15. *Ibid.*, p. 201.
16. ASJ Chantilly, lettres inédites de J. de Grammont, 1767-1788.
17. CUMC, n° 251.
18. La correspondance inédite des Lazaristes (AL) montre que le P. de Grammont n'a pas très bonne presse. *Cf.*, par ex., lettre du P. Raux au P. Aubin, 25 juin 1789. Voir aussi lettre du P. de Poirot à Macartney, octobre 1794, CUMC, n° 308.
19. Macartney, H.R., p. 263.
20. Barrow (trad. Castéra), I, p. 315.
21. Macartney, *Observations*, C.-B., p. 223.
22. *Cf.* Anderson, t. I, p. 119. Staunton, III, p. 194.
23. Anderson, t. I, p. 120.
24. Dinwiddie, p. 37.
25. *Ibid.*, p. 38.
26. Holmes, t. II, p. 34.
27. Staunton, IV, p. 7.
28. Holmes, t. II, p. 35.

29. Anderson, t. I, p. 120.
30. *Ibid.*, p. 121.
31. Lin Yu-tang, *op. cit.*, pp. 47 et 166.
32. Hüttner, p. 17.
33. Anderson, t. I, p. 125.
34. *Ibid.*
35. *Ibid.*, p. 126.
36. Dinwiddie, p. 39.
37. Macartney, C.-B., p. 83.
38. Barrow, I, p. 178.
39. *Ibid.*, p. 179.
40. Anderson, t. I, p. 126.
41. Dinwiddie, p. 38.
42. Huc, III, p. 33.
43. Dinwiddie, p. 38.
44. Staunton, IV, p. 78.
45. *Ibid.*, p. 11.
46. *Lettres de voyage, 1923-1939*, p. 101.
47. *Entretiens de Confucius*, VII, 11, trad. Ryckmans, N.R.F.
48. Macartney, H.R., p. 265.

Chapitre 15

1. AIGC, 15 VIII 1793, réf. 4 25 16.
2. AL, notes du P. Lamiot sur l'ambassade anglaise, inédit, 1807.
3. *Cf.* Macartney, H.R., p. 265.
4. *Ibid.*, p. 266.
5. *Knee-buckles,* les boucles de nos culottes.
6. Macartney, H.R., p. 266.
7. *Ibid.*
8. AIGC, 17 VIII 1793, réf. 4 25 22.
9. Macartney, H.R., p. 268.
10. *Ibid.*
11. IOCM, XCIII, 264-325.
12. Macartney, H.R., p. 267.
13. *Cf.* Barrow, I, p. 54.
14. Macartney, H.R., p. 267.
15. *Ibid.*, p. 268.
16. *Cf.* Barrow (trad. Castéra), III, p. 233. L'ambassade Macartney allait coûter 173 000 livres au gouvernement de Pékin (soit 103 800 000 francs de 1989) : deux fois ce qu'elle coûtait à la Compagnie. « Sans compter les dépenses ordinaires en hommes, soldats et fonctionnaires affectés à son encadrement. »
17. Macartney, H.R., p. 269.
18. *Entretiens de Confucius*, XV, 40, trad. Ryckmans, N.R.F.

Chapitre 16

1. Anderson, t. I, p. 135.
2. *Ibid.*, p. 136.
3. Macartney, H.R., p. 270.
4. Anderson, t. I, p. 136.
5. *Cf.* Staunton, VI, p. 153.
6. *Cf. Le Cheval de jade*, trad. Lanselle, éd. Picquier, p. 103.
7. Macartney, H.R., p. 257.
8. Anderson, t. I, p. 139.
9. *Ibid.*, p. 140.

10. *Cf.* Commeaux, *La Vie quotidienne en Chine sous les Mandchous*, p. 197.
11. Huc, III, p. 242.
12. *Ibid.*
13. Teilhard de Chardin, *op. cit.*, p. 101.
14. Anderson, t. I, p. 136.
15. Staunton, IV, pp. 20-21.
16. *Ibid.*, pp. 21-22.
17. Dinwiddie, p. 42.
18. Staunton, IV, p. 48.
19. *Ibid.*, p. 49.
20. *Ibid.*, p. 50.
21. Macartney, *Observations*, C.-B., p. 234.
22. Staunton, IV, p. 48.
23. *Ibid.*, p. 49.
24. *Ibid.*, p. 53.
25. *Cf.* Commeaux, *op. cit.*, p. 262.
26. Staunton, IV, p. 31.
27. *Ibid.*, p. 33.
28. *L'Illusion comique*, I, 1.
29. Staunton, IV, p. 34.
30. Hüttner, p. 46.
31. *Cf.* Lin Yu-tang, *op. cit.*, p. 301.
32. Barrow, III, p. 169.

Chapitre 17

1. Anderson, t. I, p. 141.
2. *Ibid.*, p. 142.
3. *Ibid.*, p. 138.
4. *Ibid.*, p. 145.
5. Staunton, IV, p. 31. Le texte anglais dit *fan-quee*, et traduit cette expression par *diable noir*. Il s'agit plus vraisemblablement de *fangui, diable barbare du Sud*. *Diable noir* se dirait *keigui*. Notre témoin est mal renseigné. *Fan-quee*, c'est, de toute façon, *diable-étranger*. Blancs et Noirs doivent être confondus sous cette appellation que les Européens n'ont pas fini d'entendre s'appliquer à eux.
6. Barrow, III, p. 41.
7. Staunton, VI, p. 172.
8. Anderson, t. I, p. 202.
9. Staunton (trad. Castéra), III, p. 127.
10. Staunton, IV, 25-26 (vérifié sur l'original anglais, II, p. 28). Cependant, au XVIIIe siècle, les greniers jouent leur rôle et évitent les poussées de mortalité. La Chine ne connaîtra pas avant 1878 de famines tuant la population par millions. *Cf.* Pierre-Étienne Will, dans *Bureaucratie et famine au XVIIIe siècle*, et un livre collectif de l'université du Michigan, sur les greniers, à paraître.
11. Pourtant, dans les provinces du Sud, les grandes familles réalisaient des investissements sociaux, notamment dans les orphelinats. *Cf.* Angela Leung, *Études chinoises*, 1985.
12. Staunton, IV, p. 45.
13. *Ibid.*, p. 46.
14. *Cf.* Staunton, IV, pp. 58-59, et J. Gernet, « Chine moderne, Chine tradi-

tionnelle», in *Études chinoises*, vol. IV, printemps 1985, pp. 7-13.
15. *Cf.* Staunton, IV, p. 60.
16. *Cf.* Mantoux, *op. cit.*, pp. 107-110.
17. Staunton, IV, p. 60.
18. Lin Yu-tang, *op. cit.*, p. 131.
19. Staunton, IV, p. 61.
20. *Ibid.*
21. *Cf. Mémoires concernant les Chinois*, vol. XII, p. 509, Paris, 1786.
22. Staunton, IV, p. 63.

Chapitre 18

1. CUMC, n° 217.
2. Macartney, H.R., p. 271.
3. AIGC, 18 VIII 1793, microfilm 25.
4. *Entretiens de Confucius*, XX, 3, trad. Ryckmans, N.R.F.
5. Macartney, H.R., p. 272.
6. *Ibid.*
7. *Ibid.*
8. Dinwiddie, p. 43. « De vingt à trente », renchérit l'Ambassadeur (H.R., p. 271), en exagérant sûrement. « Il y avait deux types différents », précise Holmes : mortiers et obusiers (t. II, p. 25).
9. Holmes, t. II, p. 26.
10. Dinwiddie, p. 43.
11. Macartney, H.R., p. 273.
12. Anderson, t. I, p. 147.
13. *Ibid.*, p. 148.
14. *Ibid.*, p. 149.
15. *Entretiens de Confucius*, XX, 1, trad. Ryckmans, N.R.F.

Chapitre 19

1. Dinwiddie, p. 42.
2. *Ibid.*, p. 43.
3. Anderson, t. I, p. 155.
4. Barrow, I, pp. 186-187.
5. *Ibid.*, p. 188.
6. *Ibid.*, pp. 189-190.
7. Macartney, C.-B., p. 92.
8. Winder, *Journal inédit*, N.L.D., mss. 8799.
9. Staunton, IV, p. 70.
10. Staunton, IV, p. 71, 40 pieds sur 20 à la base, 12 au sommet.
11. *Ibid.* Cette observation, confirmée par plusieurs autres témoins, incline à penser qu'à Tongzhou, Anderson a pris pour de vraies pièces d'artillerie des peintures de canons.
12. Barrow, I, p. 205.
13. *Ibid.*, p. 206.
14. *Ibid. Cf.* trad. Castéra, I, pp. 158.
15. *Ibid.*.
16. Anderson, t. I, p. 156.
17. *Ibid.*, p. 167.
18. Staunton, trad. Castéra, III, p. 146.
19. Anderson, t. I, p. 168.
20. *Ibid.*
21. Staunton, V, p. 95.

22. Barrow, I, pp. 201-202.
23. *Ibid.*, II, p. 211.
24. *Ibid.*, IV, p. 7.
25. Huc, IV, p. 27.
26. Winder, *Journal inédit*, NLD, mss. 8799.
27. *Chronique indiscrète des Mandarins*, Gallimard/Unesco, t. II, p. 644.
28. Staunton, IV, p. 71.
29. *Ibid.*, p. 76.
30. Barrow, I, p. 197.
31. Teilhard de Chardin, *op. cit.*, p. 68.
32. Staunton, IV, p. 74.
33. Dinwiddie, p. 44.

Chapitre 20

1. Holmes, t. II, p. 11.
2. Dinwiddie, pp. 42-43.
3. Staunton, IV, p. 91.
4. Cité in I. et J.-L. Vissière, *La Mission française de Pékin*, colloque de Chantilly, 1980.
5. Alexander, *Journal inédit*, BL, mss Add. 35174.
6. Staunton, IV, p. 90.
7. Anderson, t. I, p. 173.
8. *Ibid.*, p. 174.
9. *Ibid.*, p. 175.
10. *Ibid.*
11. Holmes, t. II, p. 12.
12. Anderson, t. I, p. 176.
13. Holmes, t. II, p. 11.
14. Macartney, H.R., p. 274.
15. *Ibid.*, p. 275.
16. ZGCB, VI, p. 38a.
17. *Ibid.* Lac *Wanshou shan*, « Mont de longévité ». On a creusé un lac et la terre remblayée a créé une colline ainsi baptisée.
18. ZGCB, VI, p. 336.

Chapitre 21

1. Pfister affirme que le P. d'Almeida est le dernier des Portugais à avoir présidé le Tribunal des mathématiques ; il dit par ailleurs que les Chinois se sont trompés dans les noms chinois de Rodrigues et d'Almeida : ce qui explique pourquoi Rodrigues est donné, dans la lettre de Cour du 19 août, comme le président de ce Tribunal.
2. Des peintures de Louis de Poirot sont exposées au musée de Taipeh.
3. Les rivalités entre les différentes communautés religieuses catholiques sont révélées par Barrow, V, pp. 36-37. Il ne les invente pas par malveillance à l'égard de Rome : les lettres inédites du P. Lamiot au P. Richenet (AL), notamment celle du 12 septembre 1820, les rappellent douloureusement.
4. AIGC, 3 X 1793, microfilm 26.
5. Macartney, H.R., p. 276.

6. *Ibid.*, p. 277.

7. Staunton (III, p. 133 notamment) évoque à plusieurs reprises les traductions qui doivent passer de l'anglais au latin et du latin au chinois. M. Hüttner a la responsabilité de contrôler la qualité du latin. Anderson évoque aussi ce truchement — indiscrétion de valet de chambre.

8. Dinwiddie, p. 46.

9. Guignes, *op. cit.*, t. I, p. 255.

10. Dinwiddie, p. 45.

11. *Ibid.*, p. 46.

12. *Cf.* Hummel, *Eminent Chinese*, pp. 159-160.

13. Lettre de Cour du 16 VIII 1793, citée in AIGC, 22 VIII 1793, réf. 4 25 17.

14. AIGC, 22 VIII 1793, apostille 23 VIII 1793, réf. 4 25 17.

15. Macartney, C.-B., p. 95.

16. Hüttner, pp. 42-43.

17. Staunton, IV, pp. 93-94.

18. Macartney, H.R., p. 279. Dinwiddie précise que le siège est en acajou de l'Inde, cadeau de la Compagnie.

19. Victor Segalen, *Stèle, Éloge et pouvoir de l'absence*, N.R.F.

20. AIGC, 25 VIII 1793, réf. 4 25 19.

21. Macartney, H.R., p. 279. *L'Opéra du gueux*, de John Gay, fut joué pour la première fois à Londres, en 1728. Macartney vit sur la pendule le nom et l'adresse de l'horloger : George Clarke, Leandenhall Street — Clarke y exerça son métier de 1725 à 1740. Macartney jugea l'objet d'un « mauvais goût vieillot » *(ibid.).*

Chapitre 22

1. Macartney, H.R., p. 280.

2. AIGC, 16 VII 1793 et 3 VIII 1793, ou encore 15 X 1793. Il connaît leur existence administrative ; c'est tout.

3. AIGC, 6 VIII 1793. Les Chinois ont découvert cette rhétorique européenne avec notamment la lettre de Baring, arrivée à Canton en septembre 1792.

4. *Entretiens de Confucius*, XIII, 3, trad. Ryckmans, N.R.F.

5. Victor Thibaut était un mécanicien de précision, spécialiste des instruments scientifiques. Charles-Henri Petitpierre, un horloger suisse installé à Londres. Après la mission Macartney, il demeure à Canton, puis à Manille ; enfin à Batavia, où il épouse une Javanaise. Il périt assassiné par les pirates malais. *Cf.* Cranmer-Byng, *op. cit.*, note 13.

6. Macartney, H.R., pp. 280-281.

7. Le cérémonial *(T'ai Tsing Toung-li)* a été publié en français par G. Pauthier *(Relations politiques de la Chine avec les puissances étrangères*, Paris, 1859). Il distingue les tributs, objets offerts *à* l'Empereur, et les présents, objets offerts *par* l'Empereur. *Cf.* Pauthier, *op. cit.*, note 2, p. 184. Les *kungshi (gong so)* sont les tributs d'anniver-

saire. On comprend pourquoi Macartney et Staunton insistent pour que le terme chinois désignant les cadeaux qu'ils apportent — *présents* — soit *sung lo.*

8. Dinwiddie, p. 50.

9. Le planétaire — en chinois, « horloge musicale astronomique et géographique » — représentait le cadeau principal. Il avait été acheté par la Compagnie des Indes orientales au baron de Meylius pour 600 livres (360 000 francs de 1989). Il fut envoyé à Vulliamy et Fils pour réparations, modifications et embellissements dont le prix s'éleva à 656 livres. Selon Dinwiddie, il avait été inventé et fabriqué par un savant allemand, P.M. Hahn ; il avait demandé trente années de travail. *Cf.* AIGC, 7 VIII 1793, réf. 4 25 12 ; CUMC n° 225 ; Dinwiddie, p. 26.

10. William Fraser, fournisseur du roi George III, au 3 de New Bond Street, était un fabricant d'instruments mathématiques. Il créa son entreprise en 1777 et continua jusqu'en 1812. Fraser fournit à la Compagnie des Indes une grande machine astronomique pour la somme de 105 livres, en même temps qu'une sélection d'instruments « mathématiques et philosophiques ». *Cf.* CUMC n° 225.

11. Macartney, H.R., p. 279.

12. Les Vulliamy étaient une famille d'horlogers, originaires de Suisse, dont le fondateur, François-Justin, s'installa en Angleterre en 1730. Le renom des pendules de Vulliamy ne cessa de croître.

13. N. McKendrick, « Josiah Wedgwood, an XVIIIth century Entrepreneur », in *Economic History Review*, 2nd series, vol. XII, n° 3, 1960, pp. 426-428.

14. Barrow, II, p. 8.

15. Dinwiddie, p. 47.

16. *Ibid.*

17. *Cf.* Jean Lévy, *L'Empereur et les automates.*

18. AIGC, 15 VIII 1793, réf. 4 25 17.

19. *Cf.* Alfred Chapuis, *La Montre chinoise*, pp. 21-22.

20. Macartney, H.R., p. 279.

Chapitre 23

1. Barrow, II, p. 10.

2. *Cf.* Henri Bernard-Maître, *L'Apport scientifique du P. Mathieu Ricci à la Chine*, 1935, Hautes Études, Tientsin.

3. Astronomie, astrologie, pouvoir : l'Europe n'y échappa pas. *Cf.* l'*astrorium* de Dondi, construit au XVe siècle pour le podestat de Padoue. G. Ballandier en traite dans *Le Désordre*, Fayard, 1988, p. 47 *sq.*

4. Barrow, III, pp. 151-152.

5. Huc, IV, p. 40.

6. *Cf.* Barrow, II, p. 12.

7. *Cf.* Barrow, III, p. 160.

8. Barrow, III, p. 164.

9. *Ibid.*, p. 165.

10. *Ibid.*, p. 166.
11. *Ibid.*, II, p. 13.
12. *Ibid.*, pp. 14-15.
13. G.H.C. Wong, *China's opposition to western science during late Ming and early Qing*, Isis, vol. 54, 1963.
14. *Ibid.*, p. 37.
15. *Cf.* Needham, *Science and Civilisation in China*, vol. VI, Cambridge Univ. Press, 1984, *passim*.
16. G.H.C. Wong, *op. cit.*, pp. 42-43.
17. *Ibid.*, p. 46.
18. *Ibid.*, p. 45.
19. *Ibid.*, p. 33.
20. *Annales véridiques*, 58ᵉ année Qianlong.
21. Lettre de Cour, 28 VIII 1793, ZGCB, VII, p. 46.

Chapitre 24

1. Barrow, II, p. 9.
2. *Ibid.*, p. 10.
3. Cité in Simon Leys, *Ombres chinoises.*
4. *Lettres de voyage 1923-1939*, p. 72.
5. Dinwiddie, p. 46.
6. *Cf.* Barrow, II, pp. 19-22.
7. ZGCB, VII, p. 29*b* et p. 40.
8. Barrow, II, pp. 16-18.
9. Dinwiddie, p. 50.

Chapitre 25

1. Macartney, H.R., p. 282.
2. *Ibid.*
3. *Cf. Jin Ping Mei*, éd. Pléiade, t. II, p. 1001.
4. Anderson, t. I, pp. 180-182.
5. ZGCB, p. 34*a*, 16 VIII 1793.
6. Anderson, t. I, p. 182.
7. Barrow, III, p. 214.
8. *Jin Ping Mei, passim.*
9. Barrow, I, p. 227.
10. Holmes, II, p. 11.
11. *Ibid.*, p. 12.
12. *Ibid.*, p. 13.
13. Hüttner, pp. 52-53.
14. Holmes, II, p. 14.
15. *Ibid.*, p. 15.
16. Hüttner, p. 48.
17. « Le châtiment au parasite », in *Le Cheval de jade*, trad. Lanselle, p. 91.
18. Staunton IV, p. 137.
19. *Ibid.*, pp. 138-139.
20. Hüttner, p. 37.
21. Staunton, IV, p. 140.
22. *Ibid.*, p. 139. La *pao-chia*, *cf.* Ho Ping-ti, *Studies on the Population of China*, p. 36.
23. Staunton, IV, p. 140.
24. AL, notes du P. Lamiot sur l'ambassade anglaise, 1807, inédit.
25. *Jin Ping Mei*, éd. Pléiade, t. I, p. 255.
26. *Cf.* Gillan, *Observations*, in Cranmer-Byng, *op. cit.*, p. 287.

27. *Cf.* Braudel, t. I, p. 62 et p. 68.
28. J.-B. Piron, lettre inédite au ministre de la Marine, à Paris, 4 mars 1804. AN, Fds Colonies Missions Extrême-Orient F 5 A 22.
29. *Ibid.*
30. Anderson, t. II, p. 141.
31. *Cf.* Dinwiddie, p. 50.
32. *Cf.* Huc, IV, p. 162. Le P. Huc appelle ces bandits « *kouan-kouen* », orthographe fantaisiste pour *guangkun* dans la transcription *pinyin*, qui signifie « trique nue ».

Chapitre 26

1. Macartney, *Observations*, C.-B., p. 232.
2. Macartney, H.R., p. 282.
3. Lettre inédite à sa sœur Anne-Marie, 19 novembre 1788, AL.
4. J.J.L. Duyvendak, *La Dernière Ambassade hollandaise à la Cour de Chine*, T'oung Pao, XXXIV, p. 84.
5. Macartney, H.R., p. 286.
6. AL, lettre inédite, 25 juin 1789.
7. Macartney, H.R., p. 284.
8. *Cf.* Macartney, *Observations*, C.-B., p. 231.
9. J. de Grammont, S.J., à ses parents, 12 novembre 1770, lettre inédite. A.S.J.
10. Macartney, H.R., p. 287.
11. Goubert et Denis, *1789, les Français ont la parole*, p. 19.
12. Barrow (trad. Castéra), I, p. 294.
13. Staunton (trad. Castéra), III, p. 191.
14. Hüttner, p. 237.
15. Huc, IV, p. 249.
16. Ho Ping-ti, *Studies on the Population of China*, pp. 36-46.
17. Un article de la revue *Jiushi Niandai*, de Hongkong, septembre 1988, cite de nombreux cas et souligne la recrudescence récente du fléau.
18. Macartney, H.R., p. 288.
19. Lettre inédite du 9 août 1793, AL, Paris.
20. AMAE, Fds Asie, vol. XX, fᵒˢ 235-238.
21. Lettre inédite, du P. Raux à sa sœur Anne-Marie, 17 octobre 1789, AL.
22. Staunton, IV, pp. 145-146.
23. Macartney, H.R., p. 289.

Chapitre 27

1. D'après Hummel, Qianlong a eu 17 fils.
2. Macartney, H.R., p. 286.
3. In Backhouse and Bland, *Annals and Memoirs of the Court of Peking*, p. 315.
4. *Ibid.*, p. 317.
5. Macartney, H.R., p. 286.
6. *Ibid.*
7. *Cf.* Harold Kahn, *Monarchy in Emperor's Eyes*, pp. 52-53.
8. Propos du P. de Grammont, cités in

Lettre du P. Hanna à sir G.-L. Staunton, 1er mars 1794, CUMC, no 292.

9. Macartney, H.R., p. 286.

10. *Cf.* Sven Hedin, *Jehol, City of Emperors*, p. 211.

11. Cranmer-Byng, note 17; *cf.* D.S. Nivison, *Hoshen and his Accusers*, in *Confucianism in Action*, Standford Univ. Press, California, 1959, p. 214.

12. L'édit est traduit in G.-T. Staunton, *Ta T'sing Leu Lee*, éd. Cadell & Davis, London, 1810, pp. 498-502 ; *cf.* aussi Hummel, *op. cit.*, p. 288.

13. AIGC, 10 IX 1793, microfilm 24.

14. Sur les 145 Grands Conseillers nommés entre 1730 et 1911, 72 étaient mandchous, 67 chinois et 6 mongols. La parité du cheval et de l'alouette a été scrupuleusement respectée. (*Cf.* Feurwerker, *State and society in xviiith century China*, p. 47.)

15. AIGC, 9 VIII 1793, microfilm 25.

16. *Ibid.*, 11 VIII 1793, microfilm 25.

17. *Journal du Lion*, in éd. française d'Anderson, 1796, t. II, pp. 180-186.

18. AIGC, 27 VIII 1793, microfilm 25.

Chapitre 28

1. AIGC, 28 VIII 1793, microfilm 25.

2. *Ibid.*, 16 VIII 1793, microfilm 25.

3. *Ibid.*

4. *Ibid.*, 6 VIII 1793, microfilm 67.

5. ZGCB, p. 47*a*, lettre de Cour, 30 VIII 1793.

6. *Ibid.*, pp. 47*b*, 48*a*, lettre de Cour, 1er IX 1793.

7. AIGC, 1er IX 1793, réf. 4 25 20.

8. Macartney, H.R., p. 284.

9. Macartney, *Observations*, C.-B., p. 228.

10. Macartney, H.R., p. 284.

11. ZGCB, p. 50*a*.

12. Mémoire présenté par le censeur Wu Kotu, cité in Haldane, *Tsou-hsi*, p. 62.

Chapitre 29

1. Dermigny, *Les Mémoires de Charles de Constant*, S.E.V.P.E.N., Paris, 1964, p. 428.

2. Macartney, H.R., p. 285.

3. *Cf.* Fairbank et Teng, *On Ch'ing tributary system*, p. 181 ; Pauthier, *Relations politiques*, pp. 177-206.

4. Charpentier-Cossigny, *op. cit.*, p. 338.

5. Macartney, H.R., p. 285.

6. CUMC, V, no 214.

7. *Ibid.*

8. Macartney, H.R., p. 289.

9. Lettre du P. de Grammont, CUMC, V, no 214.

10. Anderson, t. I, p. 187.

11. *Ibid.*, p. 188.

12. *Ibid.*, p. 189.

13. William Alexander, *Journal inédit*, BL Mss. Add. 35175.

14. I.O., G/12/91, Lettre des Directeurs à Henry Dundas, 20 janvier 1792.

15. Staunton, IV, p. 117.

16. AIGC, 1er IX 1793, réf. 4 25 16.

17. Macartney, H.R., p. 291.

TROISIÈME PARTIE

Exergues

1. *Lettres de voyages 1923-1939*, 10 février 1924, p. 72.

2. *Cf.* Morse, *Chronicle II*, App. I.

3. Cité in Nathan Wachtel, *La Vision des vaincus*, p. 63.

Chapitre 30

1. Anderson, t. I, pp. 191-192.

2. Alexander, *Journal inédit*, B.L., mss. Add. 35 174, 2 IX 1793.

3. Macartney, H.R., p. 293.

4. Anderson, t. I, p. 193.

5. *Ibid.*, p. 194.

6. AIGC, 30 VIII 1793, réf. 4 25 20.

7. ZGCB, p. 41*b*, 17 VIII 1793.

8. Anderson, t. I, p. 193.

9. Hüttner, p. 64.

10. Edward Winder, *Journal inédit*, NLD, mss. 8799, fo 3.

11. Hüttner, p. 64.

12. *Ibid.*, p. 67.

13. Macartney, H.R., p. 293.

14. Lettre inédite à sa sœur Anne-Marie, 19 IX 1788, AL.

15. Anderson, t. I, p. 195.

16. Macartney, H.R., p. 293.

17. Barrow, III, p. 181.

18. Li Liweng, cité in Lin Yu-tang, *op. cit.*, p. 308.

19. Macartney, H.R., p. 293.

20. Staunton, IV, p. 179.

21. Barrow, II, p. 83.

22. Anderson, t. II, p. 35.

23. Staunton, IV, p. 179.

24. Macartney, *Observations*, C.-B., p. 225.

25. Anderson, t. II, p. 35.

26. Huc, IV, p. 29.

27. Staunton, IV, p. 180.

28. Agence « Chine nouvelle », citée in *Financial Times*, 10 août 1987.

29. Staunton, IV, p. 181.

30. Morse, *Chronicle II*, Append. G, lettre de Dundas à Macartney, 8 IX 1792.

31. Van Braam, *Voyage à Pékin de l'ambassade...*, 1797, II, p. 299. La *caisse* pèse environ 60 kilogrammes. De 1773 à 1794, le produit de l'opium passe pour les commerçants occidentaux de 39 800 à 355 000 livres sterling. *Cf.* Dermigny, *Le Commerce à Canton*, III, p. 1 261, note 4.

32. Anderson, t. I, p. 196.

33. Huc, I, p. 261.

34. Anderson, t. I, p. 200.

35. *Ibid.*, p. 201.

36. Staunton, VI, pp. 112-113.
37. AIGC, réf. 4 24 36, 28 VII 1793 ; mais le rapport de juillet vaut pour septembre et les mois qui suivront...
38. *Cf.* Macartney, C.-B., p. 112.
39. *Cf.* Sven Hedin, *Jehol, city of Emperors*, pp. 142-146.
40. Holmes, II, p. 19.

Chapitre 31

1. Anderson, t. I, p. 205.
2. Macartney, H.R., p. 294.
3. Macartney, C.-B., p. 114.
4. Hüttner, p. 61.
5. *Ibid.*, p. 63.
6. Macartney, H.R., p. 295.
7. Anderson, t. I, p. 208.
8. *Ibid.*, p. 209.
9. *Entretiens de Confucius*, XX, 1, trad. Ryckmans, N.R.F.
10. *Handbook of Jehol*, I, ch. 2, cité in Sven Hedin, *op. cit.*, p. 160.
11. Hüttner, pp. 60-61.
12. Macartney, H.R., p. 295.
13. *Ibid.*, p. 296.
14. Staunton Jr, f° 103.
15. Anderson, t. I, p. 214.
16. *Ibid.*
17. *Ibid.*, p. 215.
18. *Cf.* Holmes, t. II, p. 21.
19. Anderson, t. I, p. 214.

Chapitre 32

1. *The Handbook of Jehol*, I, 22, cité in Sven Hedin, *op. cit.*, pp. 145-146.
2. Hüttner, pp. 70-71.
3. Anderson, t. I, p. 215.
4. Macartney, H.R., p. 297.
5. Staunton, IV, pp. 216-217.
6. *Cf.* Marcel Granet, *La Religion des Chinois*, p. 159.
7. « Ne vous en laissez pas accroire, ce sont méchantes nonnes : combien de réputations, par elles, ruinées ! » écrit André Lévy dans sa traduction de *Jin Ping Mei*, Pléiade, t. II, p. 169.
8. *Cf.* Anderson, t. I, p. 217.
9. *Ibid.*, p. 215.
10. *Ibid.*, p. 216.
11. *Ibid.*
12. IOCM, XCIII, 264-325.
13. Macartney, H.R., p. 297.
14. Staunton, IV, p. 219.
15. *Ibid.*, p. 222.
16. Staunton Jr, f° 103.
17. Staunton, IV, p. 224.
18. *Cf.* A Kuo Liang-ho, « The Grand Council in the Ch'ing Dynasty », Far-eastern Quarterly, feb. 1952, pp. 167-169.
19. Texte établi in Morse, *Chronicle II*, I, pp. 244 *sqq.*
20. IOCM, XCII, 68-71.
21. Staunton, IV, p. 225.
22. *Ibid.*
23. ZGCB, p. 53.
24. AIGC, 8 IX 1793, microfilm 26.
25. ZGCB, p. 54.
26. *Ibid.*
27. Macartney, H.R., p, 299.
28. Staunton, IV, p. 226.
29. Macartney, H.R., p. 299.
30. Staunton, IV, p. 227.
31. *Ibid.*, p. 228.
32. ZGCB, p. 54.

Chapitre 33

1. Staunton Jr, f° 103. La dégradation du légat est rapportée par Macartney à la date du 8 septembre (C.-B., p. 118). Mais on sait que le journal de l'ambassadeur a été mis au net pendant la traversée de retour, à partir de notes éparses. Sur un détail aussi précis, le calepin original de Staunton junior me semble faire foi.
2. Macartney, H.R., p. 298.
3. AIGC, 3 VIII 1793 et 12 VIII 1793, microfilm 25.
4. *Ibid.*, 12 VIII 1793 et 17 VIII 1793, microfilm 25.
5. Dégradé d'un rang, non de deux comme le dit Staunton. Ni à plus forte raison de trois comme le prétend Macartney (H.R., p. 298). Staunton (V, p. 42) précise la couleur du bouton *avant* (cristal transparent) et *après* (blanc opaque) : preuve que Zhengrui fut rétrogradé de la 5e à la 6e classe.
6. Barrow donne cette précision (II, p. 24). Dans la suite de sa longue carrière (il mourut à quatre-vingts ans, en activité), Zhengrui regagna et perdit encore sa plume de paon (cf. C.-B., pp. 323-324).
7. Macartney, *Observations*, C.-B., p. 252.
8. Barrow (trad. Castéra), II, p. 177.
9. Macartney, H.R., p. 300.
10. Anderson, t. I, p. 219.
11. *Ibid.*, p. 221.
12. *Ibid.*, p. 222.
13. Macartney, H.R., p. 300.
14. *Ibid.*, p. 303.
15. *Lettres de voyage, 1923-1939*, 20 aril 1936, p. 201.

Chapitre 34

1. Qing shizao : Li Zhi, ch. X, p. 4*a-b*, cité in Pritchard, *Le Kotow et l'ambassade Macartney*, 1943, p. 190.
2. Backhouse and Bland, *op. cit.*, p. 321.
3. *Ibid.*, p. 383.
4. ZGCB, pp. 53-54, 10 IX 1793.
5. *Psaumes*, 2.
6. Li Ki, *CI*, 215, cité par Marcel Granet, *La Civilisation chinoise*, p. 318.

Chapitre 35

1. *Cf.* Barrow, II, pp. 26-29.
2. *Ibid.*, p. 30.
3. Macartney, H.R., p. 301.
4. Morse, *Chronicle II*, App. G, lettre de Dundas à Macartney, 8 septembre 1792.
5. Staunton Jr, f° 103.
6. Macartney, H.R., p. 302.
7. Macartney, *Observations*, C.-B., p. 239.
8. ZGCB, p. 54*a-b* ; Ch'ing Shih-lu, règne de Qianlong, ch. 1434, p. 11*a-b*.
9. Pritchard (*cf. Kotow*, p. 190, note 87) tenait du sinologue John Kullgen qu'un conservateur de la Bibliothèque nationale de Pékin, le Dr Yuan Tingli, lui avait dit que le rapport présentant le cas à l'Empereur expliquait que, chez les Anglais, la génuflexion à deux genoux était réservée à Dieu ; que l'hommage le plus humble que pût rendre un mortel à un autre mortel, consistait à ployer un genou ; que les Anglais ıe faisaient devant leur roi et étaient prêts à le faire devant l'Empereur. C'est ce raisonnement qui fut jugé sincère et acceptable. Mais je n'ai trouvé nulle part trace de ce document — à supposer qu'il n'ait pas été inventé par des on-dit successifs.
10. Backhouse and Bland, *op. cit.*, p. 384, note.
11. Anderson, t. I, p. 225.
12. Amiot, cité dans Sven Hedin, *op. cit.*, p. 155.
13. Macartney, H.R., p. 302.
14. Anderson, t. I, p. 227.

Chapitre 36

1. Anderson, t. I, p. 227.
2. *Ibid.*, t. II, p. 116.
3. *Le Cheval de jade*, éd. Picquier, p. 110.
4. Anderson, t. I, p. 228.
5. *Cf. Jin Ping Mei*, éd. Pléiade, t. II, p. 1030.
6. Anderson, t. I, p. 228.
7. Barrow (trad. Castéra), II, p. 226.
8. Macartney, H.R., p. 303.
9. Anderson, t. I, p. 228.
10. *Ibid.*
11. Hüttner, p. 77.
12. *Ibid.*, p. 78.
13. *Ibid.*, pp. 79-80.
14. *Ibid.*, p. 81.
15. *Ibid.*, p. 82.
16. *Ibid.*, p. 83.
17. *Ibid.*, p. 85.
18. Staunton, V, p. 10.
19. Macartney, H.R., p. 303.
20. Hüttner, p. 183.
21. Staunton, V, p. 10.
22. Van Gulik, *op. cit.*, p. 275.
23. AIGC, 2 IV 1793, réf. 4 21 12.
24. IOCM, XCIII, 188-193.
25. Staunton Jr, f°s 104-105.
26. Staunton, V, p. 2

27. A.L., notes du P. Lamiot sur l'ambassade anglaise, 1807, inédit.
28. Staunton, V, p. 4.
29. *Ibid.*, p. 5.
30. *Ibid.*, p. 6.

Chapitre 37

1. Staunton, V, p. 4.
2. Lettre inédite à M. Bertin, BIF, ms. 1517.
3. Van Braam, *op. cit.*, t. I, p. 180.
4. Hüttner, p. 84.
5. Winder, *Journal inédit*, NLD, ms 8799, f° 6.
6. Macartney, H.R., p. 305.
7. Staunton Jr, f° 104.
8. Winder, *Journal inédit*, NLD, mss 8799, f° 6. *« We paid our respects in the usual form of the country, by kneeling nine times to the ground. »*
9. *Ibid.*
10. Staunton Jr, f° 105.
11. Texte intégral du cérémonial chinois, traduit par Pauthier, *op. cit.*, 1859.
12. Macartney, H.R., p. 304.
13. *Ibid.*
14. *Ibid.*
15. Staunton, V, pp. 13-14.
16. Barrow (trad. Castéra), I, p. 252.
17. ZGCB, VII, p. 39.
18. Staunton, V, p. 14.
19. *Ibid.*, p. 15.
20. *Cf.* Cranmer-Byng, *op. cit.*, note 10.
21. *Ibid.*, note 44.
22. Macartney, H.R., p. 305.
23. Marco Polo, *op. cit.*, p. 148.
24. Macartney, H.R., p. 305.
25. *Ibid.*
26. *Ibid.*, p. 306.
27. Hüttner, p. 89.
28. *Annales véridiques*, 14 septembre 1793, vol. 27, p. 172.

Chapitre 38

1. Macartney, H.R., p. 308.
2. *Ibid.*
3. *Ibid.*
4. *Cf.* Hummel, *op. cit.*, p. 256. Fulin, nom bouddhiste de Shonzhi, père de Kangxi.
5. Macartney, H.R., p. 308.
6. *Cf.* Staunton Jr, f° 108.
7. *The Handbook of Jehol*, cité in Sven Hedin, *op. cit.*, p. 158.
8. *Ibid.* pp. 159-160.
9. Macartney, H.R., p. 308.
10. *Ibid.*, p. 309.
11. *Ibid.*
12. AN, Paris, Fds Colonies, missions Extrême-Orient, lettre inédite du P. Raux à M. de Castries, ministre de la Marine, 14 octobre 1788.
13. Macartney, *Observations*, C.-B., p. 272.
14. *Ibid.*

15. *Ibid.* Barrow a largement puisé dans ces observations, II, pp. 65-71.
16. Macartney, H.R., p. 309.
17. *Cf.* Hummel, *op. cit.*, p. 691.
18. *Cf.* Fairbank et Teng, *op. cit.*, pp. 193-194.
19. Macartney, H.R., p. 310.
20. *Ibid.*, p. 311.
21. *Ibid.*
22. Staunton, V, p. 34.
23. *Highly impolitic*, écrit Staunton (Stockdale, 1797, p. 356) : *hautement imprudent, contraire à une saine politique,* c'est-à-dire, ici, *à l'usage.*
24. Macartney, H.R., p. 311.
25. Staunton, IV, pp. 228-229.
26. Holmes, t. II, p. 27.
27. *Cf.* ZGCB, p. 65*a.*
28. Staunton, IV, p. 231.
29. *Ibid.*, V, pp. 37-38.
30. Macartney, H.R., p. 312.
31. Staunton, V, pp. 40-41.
32. *Ibid.*, pp. 39-40.

Chapitre 39

1. *Cf.* Commeaux, *op. cit.*, p. 124. Mais rien n'interdit de retrouver de la promotion à chaque génération.
2. Macartney, H.R., p. 313.
3. Macartney, *Observations*, C.-B., p. 237.
4. *Ibid.*
5. Huc, IV, p. 37.
6. Barrow, IV, p. 183.
7. *Ibid.*, IV, p. 184.
8. *Ibid.*
9. *Cf.* Commeaux, *op. cit.*, p. 126.
10. Barrow, IV, p. 192.
11. *Cf.* Lu Xun, *La Véridique Histoire d'Ah Q*, éd. Picquier, p. 61.
12. Barrow, IV, p. 185.
13. Staunton (trad. Castéra), IV, pp. 343-358.
14. *Philosophie de l'histoire*, Vrin, 1945, p. 124.
15. *Phénoménologie de l'esprit*, Gallimard, 1970, p. 410.
16. Barrow, IV, pp. 187-188.
17. Hüttner, p. 68.
18. *Ibid.*, pp. 224-225.
19. *Cf.* Marco Polo, *op. cit.*, p. 150.
20. Macartney, H.R., p. 314.
21. Barrow (trad. Castéra), II, p. 65.
22. Macartney, H.R., p. 314.
23. *Ibid.*, p. 307.
24. *Annales véridiques*, 17 septembre 1793, vol. 27, pp. 175-176.
25. Hüttner, pp. 99-100.
26. *Cf.* Chavannes, *Ts'in Che-Houang*, p. 156, note 1 ; Couvreur, *Dictionnaire chinois-français*, p. 755 ; Marcel Granet, *La Civilisation chinoise*, p. 49.
27. Macartney, H.R., p. 314.
28. *Cf.* Lu Xun, *La Véridique Histoire d'Ah Q*, éd. Picquʻer p. 65.

29. Winder, *Journal inédit*, NLD, mss. 8799, fº 5.
30. Macartney, H.R., p. 315.
31. *The Handbook of Jehol*, in Sven Hedin, *op. cit.*, p. 185.
32. AIGC, 22 IX 1793, microfilm 26.
33. *Journal* du *Lion*, in Anderson, éd. franç. 1797, t. II, pp. 191-192.

Chapitre 40

1. Macartney, C.-B., p. 132.
2. Le Jésuite Attiret, autre peintre officiel, et sir William Chambers.
3. Macartney, C.-B., p. 133.
4. Anderson, t. I, p. 236.
5. Macartney, H.R., p. 316.
6. *The Handbook of Jehol*, in Sven Hedin, *op. cit.*, p. 15.
7. Macartney, H.R., p. 317.
8. *Ibid.*
9. *Ibid.* En latin dans le texte : « *Nil esı quod de se credere non possit.* »
10. Macartney, C.-B., p. 136.
11. Staunton, V, p. 63.
12. Macartney, H.R., p. 318.
13. *Cf.* Sven Hedin, *op. cit.*, p. 177.
14. *Cf. La Raison dans l'histoire*, éd. Plon, Paris, 1965, p. 282.
15. Freud, *L'Avenir d'une illusion*, p. 25.
16. *Totem et tabou*, P.B.P., p. 145.
17. Macartney, H.R., p. 318.
18. *Ibid.*, p. 319.
19. *Considérations sur les Chinois*, 15 novembre 1785, cité in Sven Hedin, *op. cit.*, p. 187.
20. Macartney, H.R., p. 319.
21. *Ibid.*
22. *Ibid.*, p. 320.
23. *Ibid.* et C.-B., p. 139.
24. Macartney, C.-B., *ibid.*
25. *Ibid.*
26. *Ibid.* et H.R., p. 321.
27. AIGC, 19 VI 1793 et 5 VIII 1793, microfilm 67.
28. Barrow, II, p. 243.
29. *Ibid.*

Chapitre 41

1. *Cf.* Commeaux, *op. cit.*, ch. V.
2. *Cf.* Macartney, H.R., p. 374.
3. *Cf.* Sven Hedin, *op. cit.*, p. 229.
4. H. Kahn, *op. cit.*, pp. 52-53.
5. *Ibid.*, p. 55.
6. Hüttner, p. 231.
7. Staunton, V, p. 155.
8. Qianlong eut successivement deux impératrices consorts. La première mourut en 1738 ; la seconde, proclamée en 1750, se fit raser la tête et entra en religion en 1765. La Cour allégua la démence ; tout le monde ne se montra pas aussi complaisant vis-à-vis de la conduite du souverain. (*Cf.* Hummel, *op. cit.*, p. 372.)

9. Miencul, le petit-fils préféré de Qianlong, ne régnera pas ; il mourra sous le règne de son frère Daoguang, en 1822, ou 1823. *Cf.* C.-B., note 16.

10. Y compris en mandchou. — C. de Hartez affirme qu'il aurait créé la poésie dans cette langue. *Cf. Éloge de Mukden*, en distiques rimés, poème traduit en français par le père Amiot et critiqué par Voltaire.

11. *Cf.* Backhouse and Bland, *Annals & memoirs of the Court of Peking*, p. 334.

12. Macartney, H.R., p. 374.

13. *Cf.* Sven Hedin, *op. cit.*, p. 215 *sq.* Dans le chapitre qu'il consacre à Xiangfei, Sven Hedin fait intervenir Heshen, *tout-puissant ministre* (p. 219) ; ce ne peut être qu'une méprise, alors que l'épisode est bien situé lors de la 24e année Qianlong (1759) ; Heshen, né vers 1750, n'a pas alors dix ans.

14. Backhouse & Bland, *op. cit.*, p. 347.

15. Staunton, V, pp. 146-150.

16. Barrow (trad. Castéra), I, p. 385, note infrapaginale qui ne figure pas dans la traduction de Breton. *Cf.* Gillan, in C.-B., p. 284.

Chapitre 42

1. *Cf.* Macartney, H.R., pp. 321-322.

2. Staunton, III, p. 241.

3. *Cf.* AL, lettre inédite du P. Raux à M. de Guignes, 9 août 1793.

4. Macartney, C.-B., p. 140.

5. Staunton Jr, fᵒ 112.

6. *Cf.* Macartney, H.R., p. 322.

7. *Cf.* Pritchard, *Crucial Years*, pp. 179-184, *passim.*

8. Macartney, H.R., p. 323.

9. *Ibid.*

10. *Ibid.*

11. Anderson, t. I, p. 253.

12. Barrow (trad. Castéra), I, p. 270.

13. *Jin Ping Mei*, éd. Pléiade, t. II, p. 1245.

14. *Cf.* Staunton, VI, p. 164.

15. Anderson, t. II, p. 63.

16. Macartney, H.R., p. 323.

17. *Ibid.*

18. Hüttner, p. 121.

19. *Ibid.*

20. Dans la monarchie française, le « corps mystique » du Roi — éternel — est bien distinct de son corps physique — mortel. Seuls avaient le droit de mourir à Versailles le Roi et les princes du sang. Louis XV avait fait une exception pour Mme de Pompadour. Mais dès qu'elle eut rendu l'âme, son corps fut emporté sur une civière et mis en bière dans son hôtel des Réservoirs. (*Cf.* Ludovic Michel, *Prestigieuse marquise de Pompadour*, p. 356.)

21. Staunton Jr, fᵒ 113.

22. Anderson, t. II, p. 4.

23. AIGC, 21 IX 1793, microfilm 26.

24. *Ibid.*

25. ZGCB, 65a.

26. AIGC, 22 IX 1793, microfilm 26.

27. *Cf.* P.E. W ll, *Bureaucratie et famine au XVIIIe siècle*, pp. 79-81.

28. Macartney, H.R., p. 324.

29. Staunton Jr fᵒ 113.

30. *« The same inager aspect »* : Macartney, H.R., p. 325.

Chapitre 43

1. Staunton Jr, fᵒ 1ˡ5.

2. CUMC, nᵒ 259.

3. Staunton, V, pp. 184-185.

4. Macartney, H.R., pp. 325-326.

5. Anderson, t. II, p. 9.

6. *Ibid.*

7. ZGCB, VIII, p. 63ι

8. *Ibid.*

9. *Ibid.* p. 64a.

10. Macartney, H.R., p. 328.

11. Staunton Jr, fᵒ 115.

12. AN, lettre inédite dι P. Raux à M. de Sartine, ministre de la Marine, 16 novembre 1788, Fds Colonies, missions Extrême-Orient, F5 A22, Paris.

13. Dinwiddie, p. 51 ; *Cf.* Macartney, H.R., p. 326.

14. *Cf.* A.L., lettre inédite du P. Raux au PP. Hanna et Lamiot, 28 octobre 1793.

15. Macartney, H.R., p. 326.

16. Anderson, t. II, p. 10.

17. Hüttner, p. 125.

18. Staunton Jr, fᵒ 116.

19. Van Braam, t. II, p. VI.

20. Staunton Jr, fᵒ 117.

21. Staunton, V, p. 164.

22. *Cf.* Van Braam, t. I, p. 222.

23. Staunton Jr, fᵒ 117.

24. Macartney, H.R., p. 327.

25. ZGCB, VIII, pp. 68b-69a.

26. Barrow, II, p. 35.

Chapitre 44

1. Staunton Jr, fᵒ 117.

2. C'est Barrow qui précise, II, p. ɔ7.

3. *Cf.* Cranmer-Byng, note 3.

4. Macartney, H.R., p. 328.

5. Dinwiddie, p. 52.

6. *Ibid.*, p. 53.

7. Dinwiddie, p. 53.

8. *Ibid.*

9. Anderson, t. II, p. 10.

10. Holmes, I, p. 25.

11. *Cf.* Cranmer-Byng, *op. cit.*, noι 27. On retrouvera aussi les voitures offertes par Macartney.

12. Anderson, t. II, p. 22.

13. Staunton, V, p. 166.

14. Macartney, H.R., p. 328. Aucun missionnaire ne visite plus les Anglais, sauf le P. Kosielski, un Polonais, précise Macartney dans son mémoire à Dundas du 8 novembre 1793. On ne sait rien de plus de ce prêtre. Était-il au service... du tsar ?

15. Dinwiddie, p. 51.
16. *Ibid.*, p. 52.
17. Barrow, II, p. 37.
18. AIGC, 19 VI 1793, microfilm 67.
19. Macartney, H.R., p. 328.
20. *Ibid.*, p. 329.
21. Staunton Jr, f⁰ 118.
22. Dinwiddie, p. 53.
23. Macartney, H.R., p. 329.
24. Staunton, III, pp. 201-202 ; *cf.* AN, lettre inédite du P. Raux au marquis de Castri, 16 novembre 1788, Fds Colonies, mission Extrême-Orient F5 A22, *cf.* Huc, IV, p. 191.
25. Macartney, H.R., *op. cit.*, p. 329.
26. *Ibid.*, p. 330.
27. *Ibid.*
28. *Ibid.*
29. *Ibid.*
30. *Entretiens de Confucius*, VII, 22, trad. Ryckmans, N.R.F.
31. ZGCB, VIII, p. 68.
32. AIGC, 22 IX 1793, microfilm 26.
33. *Ibid.*, 5 X 1793, microfilm 68.
34. *Ibid.*
35. *Ibid.*
36. *Ibid.*

Chapitre 45

1. Macartney, H.R., p. 331.
2. *Ibid.*
3. *Ibid.*, p. 332.
4. Staunton Jr, f⁰ 118.
5. Macartney, H.R., p. 332.
6. *Cf. supra*, ch. 34 : « A chacun sa vérité ».
7. Anderson, t. II, p. 26.
8. Staunton, V, pp. 181-182.
9. Macartney, H.R., p. 332.
10. AIGC, 3 X 1793, microfilm 26.
11. *Ibid.*
12. *Histoire de l'expédition chrétienne au royaume de la Chine, 1582-1610*, éd. D.D.B., Paris, 1978, p. 396.
13. Dinwiddie, p. 54.
14. *Ibid.*, p. 50.

Chapitre 46

1. *Cf.* lettre du P. Raux à Macartney, 29 septembre 1794, C.U.M.C., n⁰ 310.
2. AIGC, édit-réponse au roi d'Angleterre, sans date ; *cf.* Z.G.C.B., III, pp. 18*a*-19*b* ; *cf.* C.-B., pp. 336-341, App. C. d'après ZGCB.
3. *Cf.* G.-T⁰. Staunton, *Miscellaneous notices Relating to China*, pp. 78-86 ; *Lettres édifiantes et curieuses écrites des missions étrangères*, t. 16-24 ; W. Devine, *The Four Churches of Peking*.

Chapitre 47

1. Alexander, *Journal inédit*, BL, mss Add. 35174.
2. IOCM, XCII, pp. 259-261.
3. Macartney fait allusion au traité russo-chinois de 1727, qui autorisait les Russes à tenir un comptoir commercial à Pékin. Toutefois les convois de marchandises qui étaient autorisés à se rendre à Pékin tous les trois ans, accompagnés de deux cents marchands, avaient cessé au milieu du XVIIIᵉ siècle. A l'époque de l'ambassade Macartney, la colonie russe à Pékin se réduisait à quelques popes. (*Cf.* CUMC, n⁰ 397 ; version française du traité de 1727, Arch. diplom. 1861, t. I, pp. 276-286 ; *cf.* également *Journal inédit des Jésuites de Saint-Pétersbourg*, ACJ.
4. 1 000 dollars en 1772 ; 9 000 en 1791.
5. Macartney, H.R., p. 333.
6. Morse, *Chronicle II*, App. G, lettre de Dundas à Macartney, 8 septembre 1792.
7. Morse, *Chronicle II*, p. 240 et pp. 207-208.
8. Macartney, H.R., pp. 336-337.
9. Staunton (trad. Castéra), IV, p. 32.
10. AIGC, 4 X 1793, microfilm 23.

Chapitre 48

1. Staunton Jr, f⁰ 119.
2. Dinwiddie, p. 54.
3. Macartney, H.R., p. 337.
4. *Ibid.*
5. *Ibid.*
6. Anderson, t. II, p. 26.
7. *Cf.* Macartney, H.R., p. 333 et 337.
8. Anderson, t. II, p. 27.
9. Dinwiddie, pp. 54-55.
10. Macartney, H.R., p. 339.
11. *Cf.* Pauthier, *Histoire des relations politiques de la Chine avec les nations occidentales*, Rituel.
12. AMAE, lettre inédite du P. de Grammont Van Braam, MD Asie, 21, f⁰ˢ 76-77, Paris.
13. Macartney, H.R., p. 339.
14. *Ibid.*
15. AMAE, lettre inédite du P. de Grammont à Van Braam, MD Asie, 21, f⁰ˢ 76-77, Paris.

QUATRIÈME PARTIE :
LA VRAIE AMBASSADE COMMENCE

Exergues

1. *Entretiens de Confucius*, I, 9, trad. Ryckmans, N.R.F.
2. *De la Démocratie en Amérique*, IVᵉ partie, ch. 7, éd. 1835.

Chapitre 49

1. *Souvenirs d'enfance et de jeunesse*, V, 2, 1883.
2. Macartney, H.R., p. 339.
3. Le texte chinois de cette réponse ne se trouve pas dans la collection du Z.G.C.B., mais dans *Ta Ch'ing li-ch'ao Shih-lu*, vol. 1435, pp. 156-200. Cranmer-Byng, note 144, ne traduit pas le passage relatif à la question des missions. Il s'y trouve pourtant bien.
4. *Ta Ch'ing li-ch'ao Shih-lu*, vol. 1435, p. 156.
5. *Ibid.*, p. 162. Chaque fois que l'Empereur parle de Macao, il désigne aussi bien Canton. C'est entre Macao et la ville voisine de Canton que se fait le commerce. Canton n'exerce cette activité qu'à cause de la proximité du comptoir portugais : celui-ci a créé les conditions d'une coexistence qui a fait ses preuves en deux siècles et demi.
6. *Ta Ch'ing li-ch'ao Shih-lu, ibid.*, p. 174.
7. *Ibid.*
8. CUMC, nº 310.
9. *Ibid.*
10. *Ibid.*
11. P. Corradini («Concerning the ban on preaching Christianity...», *East & West*, 1968, pp. 89-91) émet cette supposition.
12. Lettre inédite du P. Amiot M. Bertin, 20 septembre 1774, BIF, ms. 1515, Paris.
13. CUMC, nº 444.
14. IOCM, XCII, lettre à Dundas, 9 novembre 1793.
15. Macartney, H.R., pp. 334-335.
16. Macartney, H.R., p. 340.

Chapitre 50

1. Macartney, H.R., p. 341.
2. Anderson, t. II, p. 29.
3. Staunton Jr, fº 120.
4. Dinwiddie, p. 55.
5. Anderson, t. II, p. 30.
6. Macartney, H.R., p. 344.
7. *Ibid.*, p. 341.
8. AIGC, 8 X 1793, microfilm 26.
9. Macartney, H.R., p. 341.
10. Staunton, V, p. 216.
11. De la bannière bleue mongole (Hummel, p. 691).
12. Staunton, V, p. 217.
13. Macartney, H.R., p. 343. *Cf.* C.-B., note 51.
14. *Ibid.*, p. 342.
15. *Ibid.*, H.R., p. 343.
16. AIGC, 11 X 1793, microfilm 23.
17. Macartney, H.R., p. 344.
18. *Ibid.*
19. *Cf.* Staunton Jr, fº⁵ 120-121.
20. Staunton Jr, fº 121.
21. Staunton, V, pp. 223-224.
22. *Cf. Ibid.*, p. 218.
23. *Ibid.*, p. 219.
24. Staunton Jr, fº 122.

25. Macartney, H.R., p. 344.
26. AIGC, 14 X 1793, microfilm 26.
27. Staunton Jr, fº 123.
28. AIGC, 14 X 1793, microfilm 26.
29. Macartney, H.R., p. 345.
30. *Ibid.*
31. *Ibid.*
32. AIGC, 14 X 1793, microfilm 26.

Chapitre 51

1. *Ta Ts'ing Leu Lee*, trad. G.-T. Staunton, 1810, p. 65.
2. Macartney, H.R., p. 346.
3. AL, lettres du P. Richenet à G.-T Staunton, 1811.
4. AIGC, 5 X 1793, microfilm 68.
5. *Ibid.*, 7 X 1793, microfilm 26.
6. *Ibid.*, 11 X 1793, microfilm 68.
7. *Ibid.*, 14 X 1793, microfilm 26.
8. *Ibid.*, 17 X 1793, microfilm 26.
9. *Ibid.*, 11 X 1793, microfilm 26.

Chapitre 52

1. Songshi, 179/3a-b, cité in Balazs, *La Bureaucratie céleste*, p. 189.
2. Holmes, t. II, p. 31.
3. Dinwiddie, p. 56.
4. Macartney, H.R., p. 346.
5. Staunton Jr, fº 124.
6. Dinwiddie, p. 57.
7. Macartney, C.-B., p. 164.
8. Staunton, V, pp. 227-228.
9. AL, notes du P. Lamiot sur l'ambassade anglaise, 1807, inédit.
10. Barrow (trad. Castéra), III, p. 76.
11. *Cf. Jin Ping Mei*, éd. Pléiade, t. II, p. 1002.
12. AIGC, 15 X 1793, microfilm 26.
13. *Ibid.*
14. *Ibid.*, 16 X 1793, microfilm 26.
15. Bodleian Library, Oxford, Mss *English history*, C 1124.
16. Staunton, V, p. 244.
17. *Ibid.*, p. 231.
18. AL, notes du P. Lamiot sur l'ambassade anglaise, 1807, inédit.
19. *Cf.* Labrousse, Romano, Dreyfus. *Les prix du froment en France au temps de la monnaie stable, 1726-1913*, E.H.E.S.S., 1970, 246 p.
20. Du milieu du XVIIIᵉ siècle au milieu du XIXᵉ, la population de la Chine a triplé, tandis que l'étendue des terres cultivables doublait à peine. *Cf.* S. Naquin et E. Rawski, *Chinese Society in the XVIIIth Century*, Yale Univ. Press. 1987. D'autres estimations sont un peu plus modestes, mais la croissance démographique demeure impressionnante.
21. A.L., notes du P. Lamiot sur l'ambassade anglaise, 1807, inédit.
22. Zhu Yong, *Les Relations sino-anglaises sous le règne de Qianlong*, Introduction.
23. Staunton, V, p. 232.

24. Barrow, IV, p. 74.
25. *Cf.* Commeaux, *op. cit.*, p. 196.
26. Staunton, V, p. 230.
27. Van Gulik, *op. cit.*, ch. VIII.

Chapitre 53

1. Staunton Jr, f° 125.
2. Macartney, C.-B., p. 165.
3. Dinwiddie, p. 57.
4. Staunton Jr, f° 126.
5. Staunton, V, p. 248.
6. Staunton Jr, f° 125.
7. Barrow, III, p. 217.
8. *Ibid.*
9. Hüttner, p. 237.
10. Staunton Jr, f° 125.
11. Staunton, V, p. 250.
12. *Ibid.*, p. 251.
13. Ricci-Trigault, *Histoire de l'expédition chrétienne dans le royaume de la Chine*, éd. D.D.B., Paris, 1978, p. 49.
14. Macartney, H.R., p. 347.
15. Staunton, IV, pp. 56-57.
16. Holmes, t. II, p. 51.
17. *Cf.* A.L., notes du P. Lamiot sur l'ambassade anglaise, 1807, inédit.
18. Macartney, *Observations*, C.-B., p. 232.
19. Barrow, V, p. 124.
20. Staunton, V, p. 241.
21. *Cf. Jin Ping Mei*, éd. Pléiade, t. I, p. 1051.
22. *Cf.* Commeaux, *op. cit.*, p. 191.
23. *Cf. Jin Ping Mei*, éd. Pléiade, t. II, p. 336.
24. Macartney, H.R., p. 247.
25. Staunton, V, p. 247.
26. Cité in Goubert et Denis, *1789, les Français ont la parole*, p. 193.
27. Barrow, II, p. 113.
28. *Jin Ping Mei*, t. I, p. 261 et t. II, p. 1 078 ; *cf.* Marcel Granet, pp. 13-14.
29. Staunton, V, p. 241.
30. Charpentier-Cossigny, *op. cit.*, p. 400.
31. Barrow, II, pp. 117-118.
32. Huc, IV, p. 233.
33. « Les Latrines de la fortune », in *Le Cheval de jade*, p. 186.
34. A.I.G.C., 20 X 1793, microfilm 26.
35. *Ibid.*, 15 X 1793, microfilm 26.

Chapitre 54

1. Staunton Jr, f° 127.
2. Macartney, H.R., pp. 347-348.
3. Macartney, C.-B., p. 166.
4. Macartney, H.R., p. 348.
5. *Ibid.*, p. 349.
6. *Ibid.*, p. 350.
7. Trad. latine de l'édit remis le 3 X 1793, I.O.C.M., XCII, lettre de Macartney à Dundas, 9 XI 1793, ann. n° 11.
8. A.I.G.C., 24 X 1793, microfilm 26.
9. Staunton Jr, f° 127.
10. Staunton Jr, f° 128.

11. Macartney, Observations, C.-B., p. 269.
12. Staunton, VI, pp. 3-4.
13. Hüttner, p. 133.
14. *Ibid.*, p. 134.
15. Winder, Journal inédit, NLD, ms. 8799, f° 7.
16. Staunton, VI, p. 6.
17. Huc, IV, p. 81.
18. *Cf.* Macartney, *Observations*, C.-B., p. 228.
19. Staunton, VI, pp. 18-20.
20. *Ibid.*, pp. 21 et 23.
21. Barrow, VI, p. 133.
22. *Tung Hua Chen Lu*, in Sven Hedin, *op. cit.*, p. 134.

Chapitre 55

1. Macartney, H.R., p. 350.
2. *Cf.* Fairbank et Teng, *On the transmission of documents in the Ch'ing Administration*, *op. cit.*, pp. 1-35.
3. Une lettre, partie le 13 février 1789, arrive le 24 mai. *Cf.* AL, Correspondance du P. Raux.
4. *Ibid.*
5. *Cf.* Madame de Sévigné, *Correspondance*, éd. Pléiade, t. II, p. 136, 20 octobre 1675.
6. *Cf.* Sylvie Pasquet, *L'Évolution du système postal sous les Qing*, Institut des Hautes Études chinoises, Collège de France, 1986, pp. 46-49, 66-73.
7. *Ibid.*, pp. 170-193.
8. Anderson, t. II, p. 37.
9. *Cf.* Mantoux, *op. cit.*, p. 107.
10. *Cf.* A. Anderson, *Chronological History of the Origine of Commerce*, p. 712, cité in Mantoux, *op. cit.*, p. 108, note 5.
11. AIGC, 21 X 1793, microfilm 26.
12. *Ibid.*, 21 X 1793, microfilm 68.

Chapitre 56

1. Macartney, H.R., p. 388.
2. Staunton Jr, f° 129.
3. Staunton, VI, pp. 11-12.
4. A.I.G.C., 26 X 1793, microfilm 26.
5. Macartney, C.-B., p. 170.
6. *Ibid.*, p. 171.
7. Staunton Jr, f° 130.
8. *Ibid.*, f° 131.
9. Marcartney, C.-B., p. 170. Le lac Ladoga ? La Chine a été à l'origine de maintes innovations en Occident — sans que les Occidentaux, le plus souvent, s'en doutent. Nous laissons à d'autres chercheurs le soin de vérifier la supposition de Macartney.
10. Marcartney, *ibid.*, p. 171.
11. Staunton Jr, f°s 132-133.
12. Dinwiddie, p. 62.
13. Staunton Jr, f° 134.
14. Hüttner, p. 142.
15. Staunton, V¹, pp. 12-14.

16. *Ibid.*, p. 25.
17. *Ibid.*
18. Old Nick, *La Chine ouverte*, 1843, p. 319.
19. Barrow, VI, pp. 70-71.
20. Staunton, VI, p. 26.
21. *Ibid.*, p. 28.
22. Barrow, I, p. 163.
23. *La Véridique Histoire d'Ah Q*, éd. Picquier, pp. 43-44.
24. Staunton, VI, p. 29. Le taux est évalué par Staunton à 30 % l'an (VI, p. 29). Macartney confirme : « L'intérêt *légal* est couramment de 18 %, et même de 36. Au-delà, l'usure est punie par la loi, mais la loi est rarement appliquée » (*Observations*, in B,, p. 243). Deux siècles plus tôt, *Jin Ping Mei* donne des taux identiques (éd. Pléiade, t. I, p. 381). Balazs a établi qu'ils étaient déjà les mêmes sous les Tang, entre le VIIe et le IXe siècle (*op. cit.*, p. 300). 3 % par mois, c'est aussi ce qu'autorise *Ta T'sing Leu Lee*, le code en vigueur sous Qianlong. Le contrevenant est passible de 40 à 100 coups de bambou et, s'il s'agit d'un fonctionnaire, d'une peine d'exil pouvant l'éloigner jusqu'à 3 000 *li* (trad. G.-T. Staunton, 1810, p. 158).
25. *Cf.* Balazs, *La Bureaucratie céleste*, pp. 310-311.
26. Barrow (trad. Castéra), II, p. 61.
27. *Entretiens de Confucius*, IX, 1 et XII, 15, trad. Ryckmans, N.R.F.

Chapitre 57

1. AIGC, 24 X 1793, microfilm 68.
2. *Ibid.*, 25 X 1793, microfilm 26.
3. *Ibid.* 26 X 1793, microfilm 68.
4. Marcartney, H.R., p. 352.
5. *Ibid.*
6. AIGC, 26 X 1793, microfilm 26.
7. *Ibid.*, 27 X 1793, microfilm 68.
8. *Ibid.*, 29 X 1793, microfilm 27.
9. *Ibid.*
10. Staunton Jr, f⁰ 137.
11. *Ibid.*, f⁰ 134.
12. Macartney, H.R., p. 353.
13. AIGC, 1 XI 1793, microfilm 68.
14. *Ibid.*, 1 XI 1793, microfilm 27.
15. *Ibid.*
16. *Ibid.*

Chapitre 58

1. Anderson, t. II, p. 42.
2. Staunton Jr, f⁰ 139.
3. Anderson, t. II, p. 42.
4. Staunton, VI, p. 34.
5. *Ibid.*, p. 35.
6. *Ibid.*, p. 39.
7. *Annales véridiques*, 58e année Qianlong, p. 214.
8. Macartney, C.-B., p. 173.
9. Staunton, VI, pp. 56-57.

10. *Cf.*, ZGCB, VIII, pp. 68*b*-69*a*.
11. Staunton, VI, pp. 54-55.
12. Staunton Jr, f⁰ 140.
13. *Ibid.*, f⁰ 141-142.
14. Staunton, VI, p. 65.
15. Macartney, H.R., p. 354.
16. AIGC, 6 XI 1793, microfilm 68.
17. *Ibid.*, 7 XI 1793, microfilm 27.
18. L'adjectif est de Macartney, C.-B., p. 174 ; omis par H.R.
19. AIGC, 8 XI 1793, microfilm 27.
20. Barrow, IV, p. 180.
21. *Ibid.* pp. 168-169.
22. Macartney, C.-B., p. 196. L'ambassadeur notera dans ses *Observations* : « Le revenu total de l'État chinois serait de l'ordre de deux cents millions de taels, ou plus exactement de 199 999 999 taels, si on se plie au goût chinois des nombres impairs... Ce qui représente environ 66 666 666 livres » (in Cranmer-Byng, p. 247).
23. Barrow, IV, p. 172.
24. Staunton, IV, pp. 7-8.
25. *Cf.* Commeaux, *op. cit.*, pp. 100-101.
26. Barrow, IV, p. 174.
27. *Cf.* Hsie Pao Chao, *The Government of China, 1644-1911*, et Hummel, *Eminent Chinese*, notice sur Nuhrai. Le Terme « *qi* », « bannière », existe toujours pour désigner des divisions administratives en Mongolie intérieure.

Chapitre 59

1. Anderson, t. II, p. 64.
2. Winder, *Journal inédit*, NLD mss 8799 f⁰ 9.
3. Macartney, H.R., p. 354.
4. Staunton Jr, f⁰ 145.
5. *Ibid.*, f⁰ 146.
6. Barrow, V, pp. 215-217.
7. *Le Cheval de jade*, p. 37.
8. Staunton, VI, pp. 70-71.
9. « Le Châtiment du parasite », in *Le Cheval de Jade*, p. 83.
10. Staunton, VI, p. 71.
11. Hüttner, p. 142.
12. *Ibid.*, p. 143.
13. Winder, *Journal inédit*, NLD, mss 8799 f⁰ 9.
14. Hüttner, p. 146.
15. *Cf.* Lin Yu-tang, *op. cit.*, p. 154.
16. « La Belle et le lettré », in *Le Cheval de Jade*, p. 25.
17. Lin Yu-tang, *op. cit.*, p. 155.

Chapitre 60

1. Éd. Picquier, *Treize récits chinois*, p. 82.
2. « La Belle et le lettré », in *Le Cheval de jade*, p. 25.
3. Barrow, II, p. 89.
4. *Ibid.*, p. 92.
5. « *La Belle* et *le lettré* », loc. cit., p. 28.
6. Barrow, II, p. 90.

7. Huc, IV, p. 146.
8. *Cf.* P'ou Song-Ling, *Contes extraordinaires du pavillon du loisir*, Gallimard/Unesco, p. 170.
9. *Jin Ping Mei*, éd. Pléiade, t. I, p. 82.
10. *Cf.* Lin Yu-tang, *op. cit.*, p. 141.
11. *Cf.* Marcel Granet, *La Civilisation chinoise*, p. 398. Le personnage de l'Aieule Xia, in *Le Rêve dans le pavillon rouge* représente le sommet du rôle.
12. Barrow, II, p. 92.
13. *Jin Ping Mei*, éd. Pléiade, t. II, p. 719.
14. Barrow, III, p. 65.
15. *Ibid.*, pp. 93-95.
16. ASJ, Lettre inédite du P. de Grammont à sa famille, 15 nov. 1770.
17. Barrow, II, p. 97.
18. *Jin Ping Mei, passim.*
19. *Cf. ibid.*, éd. Pléiade, t. I, p. 268.
20. *Cf.* Etiemble, *L'Érotisme et l'amour*, pp. 85-96.
21. *Zhulin Yeshi*, trad. Kontler, « Belle de Candeur », éd. Picquier, p. 25.
22. *Ibid.*, p. 25 et p. 134.
23. Hüttner, p. 152.
24. *Cf.* Macartney, C.-B., p. 175.
25. AIGC, 8 XI 1793, microfilm 27.

Chapitre 61

1. Macartney, H.R., pp. 355-356.
2. *Cf.* Cranmer-Byng, note 51.
3. *Cf.* Staunton Jr, f⁰ 148.
4. Macartney, H.R., p. 356.
5. *Cf.* Cranmer-Byng, note 54.
6. *Cf.* Macartney, H.R., p. 356.
7. *Ibid.*
8. AIGC, 13 XI 1793, microfilm 27.
9. *Ibid.*
10. *Cf.* Macartney, H.R., p. 356.
11. Staunton Jr, f⁰ 148.
12. *Cf.* Macartney, C.-B., p. 177.
13. Staunton, VI, pp. 63-64.
14. *Ibid.*, p. 101.
15. Staunton Jr, f⁰ˢ 148.
16. Staunton, VI, p. 102.
17. Staunton Jr, f⁰ 149.
18. Staunton, VI, p. 92
19. *Ibid.*, p. 95, *Cf.* C. Larre, *Les Chinois*, p. 318.
20. Alexander, *Journal inédit*, BL mss Add.35174.
21. Barrow, V, p. 220 sqq.
22. *Chronique indiscrète des mandarins*, Gallimard/Unesco, t. I, p. 215.
23. Staunton, VI, p. 100.
24. *Ibid.*, p. 99.

Chapitre 62

1. Macartney, H.R., p. 356.
2. A.L., lettre inédite du P. Raux aux PP. Hanna et Lamiot, 28 octobre 1793.
3. *Ibid.* Du même au P. Aubin, 25 juin 1789.

4. Macartney, H.R., p. 357.
5. *Cf.* AIGC, 4 XI 1793, microfilm 27.
6. Macartney, H.R., p. 357.
7. *Ibid.*, p. 358.
8. AIGC, 13 XI 1793, microfilm 27.
9. Staunton Jr, f⁰ 151.
10. *Cf.* Louis Dumont, *Homo hierarchicus*, p. 15.
11. A.I.G.C., 21 X 1793, microfilm 68.
12. Le rapport de Guo Shixun est daté du 1 XI 1793 (AIGC, microfilm 27). Les apostilles sont du 12 XI 1793.
13. IOCM, XCII, 9 XI 1793, lettre à Dundas, 1ᵉʳ feuillet.
14. *Ibid.*, 2ᵉ feuillet.
15. *Ibid.*, 10ᵉ feuillet.
16. *Ibid.*, 21ᵉ feuillet.
17. *Ibid.*, 24ᵉ feuillet.
18. *Ibid.*, 25ᵉ feuillet.
19. *Ibid.*, 26ᵉ feuillet.

CINQUIÈME PARTIE :
NOUVEAUX REBONDISSEMENTS

Exergues

1. *Entretiens de Confucius*, IV, 13, trad. Ryckmans, N.R.F.
2. Lettre à M. Bertin, de Pékin, 20 septembre 1774, BIF, ms. 1515.
3. *Encyclopédie*, art. « Homme », 1751.

Chapitre 63

1. Macartney, H.R., p. 333.
2. Staunton (trad. Castéra), IV, pp. 30-31.
3. *Ibid.*, V. p. 122.
4. Charpentier-Cossigny, *op. cit.*, p. 283.
5. Macartney, H.R., p. 334.
6. *Ibid.*, p. 335.
7. Staunton (trad. Castéra), IV, pp. 30-31. *Cf. Journal inédit des Jésuites de Saint-Pétersbourg*, A.S.J.
8. *Mémoires concernant les Chinois*, vol. XIV, p. 534.
9. IOCM, XCII, lettre à la Cour des Directeurs, 10 XI 1793.
10. AIGC, 1 XI 1793, microfilm 27.
11. *Cf.* Macartney, H.R., p. 333.

Chapitre 64

1. Macartney, H.R., p. 358.
2. Staunton Jr, f⁰ 152.
3. *Ibid.*
4. *Ibid.*, f⁰ 153.
5. Anderson t. II, p. 71.
6. *Ibid.*, p. 72.
7. *Ibid.*, p. 73.
8. Macartney, H.R., p. 358.
9. *Cf.* AL, notes du P. Lamiot sur l'ambassade anglaise, 1807, inédit

10. Staunton Jr, f° 154.
11. Macartney, H.R., p. 358.
12. Staunton Jr, f° 155.
13. Macartney, H.R., p. 359.
14. Staunton Jr, f° 155.
15. Hüttner, pp. 158-159.
16. *Ibid.*, p. 160.
17. Staunton Jr, f° 155.
18. *Ibid.*, f° 156.
19. Staunton, VI, p. 73.
20. Macartney, C.-B., p. 180.
21. Hüttner, p. 162.
22. Macartney, H.R., p. 359.
23. *Ibid.*, p. 360.
24. *Ibid.*, p. 361.
25. *Ibid.*
26. Staunton Jr, f° 158.

Chapitre 65

1. Lettre de Macartney à lord Cornwallis, de Batavia, 6 mars 1793, in *Journal of the Bihar Research Society*, t. 44, 1958, p. 186.
2. *Ibid.*, p. 183.
3. *Cf.* F. Braudel, *op. cit.*, t. I, pp. 214-215.
4. In C.-B., p. 286.
5. Staunton, VI, p. 136.
6. *Ibid.* (trad. Castéra), IV, p. 205.
7. *Ibid.*, VI, p. 138.
8. Charpentier-Cossigny, *op. cit.*, p. 252.
9. *Cf. Jin Ping Mei*, éd. Pléiade, t. I, p. 779.
10. Le 17 octobre, Staunton Jr, f° 125.
11. Staunton, VI, pp. 130-131.
12. Anderson, t. II, p. 33.
13. *Cf. Journal of the Bihar Research Society*, *op. cit.*, p. 117.
14. *Cf.* Dinwiddie, pp. 86 *sqq.*
15. Macartney, C.-B., p. 182.
16. Je me contente de résumer ici les explications exhaustives fournies par C.-B., note 57.
17. Staunton Jr, f° 158.
18. Macartney, H.R., p. 361, 17 novembre 1793 ; C.-B., pp. 182-183, 18 novembre.
19. *Ibid.*, p. 187.
20. *Cf.* C.-B., *op. cit.*, note 58. Les îles Liuqiu, ou Riou Kiou, ou encore Ryû Kyû étaient *aussi* tributaires de la maison de Satsuma, au Japon. La suzeraineté chinoise sur Liu Qiu était purement nominale.
21. AIGC, 19 X 1793, microfilm 68.
22. Macartney, H.R., p. 362.
23. *Ibid.*, p. 363.
24. *Ibid.*, p. 364.
25. Nous n'avons pas retrouvé le texte original de ce mémoire de Changlin, mais seulement la reprise qui en est faite dans l'édit impérial, en date du 1er XII 1793, microfilm 68.
26. Staunton (trad. Castéra), IV, pp. 30-31.
27. Macartney, H.R., p. 364.
28. Ce mémorandum joint au manuscrit de Macartney n'est pas reproduit dans l'édition de Cranmer-Byng. Il figure intégralement dans les archives de la Compagnie (IOCM, XCII, pp. 411-414). Il a été abrégé par Pritchard, *Crucial Years*, p. 357.
29. *Cf.* C.-B., note 155.

Chapitre 66

1. Anderson, t. II, p. 79.
2. Staunton Jr, f° 160.
3. Macartney, C.-B., p. 186.
4. Hüttner, pp. 167-168.
5. *Cf.* Temple, *Quand la Chine nous précédait*, p. 56.
6. Staunton Jr, f° 160.
7. Macartney, C.-B., p. 186.
8. Staunton Jr, f° 163. *Cf.* « Les Latrines de la fortune », *loc. cit.*, p. 157 et *passim*.
9. Hüttner, pp. 171-172.
10. Staunton, VI, pp. 145-147.
11. Barrow (trad. Castéra), III, p. 66.
12. *Ibid.* (trad. Breton), I, p. 165.
13. *Ibid.*, III, p. 148.
14. *Ibid.*, VI, pp. 41-42.
15. *Cf.* Freud, *Malaise dans la civilisation*, pp. 46-47 et 49.
16. *Cf.* Erickson, *Adolescence et crise*, p. 93. Il est vrai que le fait d'utiliser l'engrais humain n'implique nullement qu'on se complaise dans la manipulation des excréments, ou qu'on leur attache une valeur sexuelle (stade anal). La coprophagie et autres déviations ne sont pas mentionnées dans les textes érotiques chinois. D'ailleurs, les Japonais, qui, eux aussi, utilisent l'engrais humain, ont une manie obsessionnelle de la propreté et du bain — contrairement aux Chinois.
17. Staunton, VI, p. 153.
18. *Ibid.*
19. *Ibid.*, p. 154.
20. *Ibid.*, p. 155.
21. *Entretiens de Confucius*, XX, 2, trad. Ryckmans, N.R.F.
22. Lieou Ngo, *Pérégrinations d'un clochard*, NRF, p. 93.
23. *Chronique indiscrète des Mandarins*, Gallimard/Unesco, t. I, p. 40.
24. *Entretiens de Confucius*, XIII, 18, trad. Ryckmans, N.R.F.
25. *Cf.* Commeaux, *op. cit.*, ch. III.
26. « Les Latrines de la fortune », *loc. cit.*, p. 157.
27. *Entretiens de Confucius*, VII, 2, trad. Ryckmans, N.R.F.
28. AIGC, 15 X 1793, microfilm 68.
29. Staunton, V, p. 156.
30. *Cf.* Commeaux, *op. cit.*, p. 89.
31. *Entretiens de Confucius*, XX, 2, trad. Ryckmans, N.R.F.
32. « Les Latrines de la fortune », *loc. cit.*, p. 186.
33. *Le Rêve dans le pavillon rouge*, éd. Pléiade, t. I, p. 37.

Chapitre 67

1. Anderson, t. II, p. 65.
2. Holmes, t. II, p. 52.
3. *Ibid.*, p. 53.
4. William Alexander, *Journal inédit*, B.L., Mss. Add. 35174.
5. AIGC, 21 XI 1793, microfilm 27.
6. Dinwiddie, p. 70.
7. Li Guantian, « Le Jugement des eaux », in *Treize récits chinois*, éd. Picquier, p. 221.
8. Macartney, C.-B., p. 187.
9. *Ibid.*, H.R., p. 365.
10. AIGC, 21 XI 1793, microfilm 27. Cette lettre de remerciement est destinée à être lue par un des accompagnateurs de l'ambassade — probablement Changlin lui-même quand il retournera à la Cour.
11. AIGC, traduction, en date du 20 XI 1793, d'une note de Macartney, microfilm 27.

Chapitre 68

1. Cité in *Ta T'sing Leu Lee*, trad. G.-T. Staunton, 1810, Indications préliminaires, p. LCII.
2. Macartney, H.R., p. 365.
3. Staunton Jr, f° 165.
4. Anderson, t. II, p. 83.
5. Arrivé au bord du lac, Macartney s'enquiert d'un poisson sur lequel Thomas Pennant, membre de la *Royal Society*, lui avait demandé des renseignements, mais il ne peut rien en apprendre (*cf.* C.-B., p. 188 et note 61). Cranmer-Byng avoue ne rien savoir ; je n'ai rien découvert non plus.
6. Staunton Jr, f° 167.
7. La carte présentée par Cranmer-Byng (qui fait du Yushan un affluent du Gan, en sorte que les Anglais auraient pu remonter celui-ci sans descendre jusqu'au lac) est en contradiction avec le récit du petit Staunton, f° 167. En revanche, la carte dressée à l'époque par le cartographe de Barrow et reproduite ici est conforme à ce récit.
8. Staunton, VI, p. 179.
9. Staunton Jr, f° 165.
10. Staunton, VI, p. 181.
11. Staunton Jr, f° 166.
12. *Dictionnaire philosophique*, éd. Etiemble, Garnier, p. 108.
13. Staunton, VI, p. 165.
14. *Ibid.*, p. 166.
15. AL, notes du P. Lamiot sur l'ambassade anglaise, 1807, inédit.
16. Staunton, VI, p. 167.
17. *Ibid.*, p. 169.
18. *Ibid.*, p. 171.

Chapitre 69

1. Staunton, VI, p. 139.
2. *Lettres édifiantes*, 1ᵉʳ septembre 1712, éd. Garnier, pp. 180-181.
3. Huc, IV, pp. 280-281.
4. Staunton, VI, p. 189.
5. Macartney, C.-B., p. 188.
6. Staunton, VI, p. 190.
7. « Les Latrines de la fortune », *loc. cit.*, p. 175.
8. Staunton, VI, pp. 191-192.
9. Anderson, t. I, p. 209.
10. Barrow (trad. Castéra), II, p. 193.
11. Winder, *Journal inédit*, NLD, mss. 8799, f° 9.
12. *Le Cheval de jade*, p. 145 ; *cf. Jin Ping Mei*, éd. Pléiade, t. I, p. 979.
13. Staunton Jr, f° 171.
14. *Cf.* Macartney, C.-B., p. 189.
15. Anderson, t. II, p. 93.
16. *Ibid.*, p. 94.
17. Staunton Jr, f° 172.
18. Macartney, C.-B., p. 189.
19. Winder, *Journal inédit*, NLD, mss. 8799, f° 9.
20. Barrow, VI, p. 25. (Le texte anglais et les deux traductions françaises portent la date du *3 novembre* ; l'erreur est manifeste. La date du *4 décembre* utilisée par Staunton Jr [f° 173] seule convient.)
21. Staunton Jr, f° 175.
22. Barrow, VI, p. 28.
23. *Cf. Annales véridiques*, vol. 27, p. 235.
24. Anderson, t. II, p. 97.

Chapitre 70

1. *Poèmes*, « L'Invention », 1787.
2. Macartney, H.R., p. 366 (30 ncv.) ; C.-B., p. 190 (4 déc.).
3. Macartney, H.R., *ibid.*
4. Needham, *passim* ; *cf.* Temple, *Quand la Chine nous précédait*, p. 99.
5. Macartney, H.R., p. 367.
6. *Ibid.*
7. *Cf.* William Golding, *The Scorpion Pharaon*.
8. Dinwiddie, p. 80.
9. *Cf.* Bruno Bettelheim, *La Forteresse vide*, p. 106.
10. Dinwiddie, p. 83.
11. Macartney, H.R., p. 368.
12. Macartney, journal inédit, *Memoranda from London to China*, WI, f°ˢ 129-130.
13. Macartney, H.R., p. 367.
14. *Ibid.*, p. 368.
15. Lettre à M. Bertin, 10 X 1789, BIF, ms. 1517.
16. *Les Manifestes de Yen fou*, trad. F. Houang, Fayard, 1977, p. 135.
17. Charpentier-Cossigny, *op. cit.*, p. 358.
18. *Lettres édifiantes*, à M. Dorfous de Mairan, 20 septembre 1740, éd. Garnier, p. 363.
19. *The Idler*, 11 nov. 1758.
20. Dinwiddie, p. 83.
21. Macartney, H.R., pp. 366-367.
22. *La Raison dans l'histoire*, Plon, p. 284.

23. *Le Suicide*, 1897, *in fine*.
24. *Cf.* Cranmer-Byng, *Biographical notes*, pp. 325-326.
25. ASJ, lettre inédite du P. de Grammont, 29 novembre 1778.
26. AIGC, 1ᵉʳ XII 1793, microfilm 68.
27. Macartney, H.R., pp. 368-369.

Chapitre 71

. Macartney, H.R., p. 367.
2. Barrow, VI, pp. 38-39.
3. Macartney, H.R., p. 369.
4. « La Belle et le lettré », *Le Cheval de jade*, éd. Picquier, p. 52.
5. *Cf.* Sylvie Pasquet, *op. cit.*, p. 124.
6. Macartney, C.-B., p. 193.
7. *Ibid.*, p. 194.
8. Anderson, t. II, p. 112.
9. *Ibid.*, pp. 113-114.
10. *Ibid.*, p. 117.
11. Staunton Jr, fᵒˢ 184-185.
12. Anderson, t. II, p. 117.
13. Macartney, H.R., p. 370.
14. Staunton Jr, fᵒ 185.
15. Hüttner, p. 184.
16. AIGC, 12 XII 1793, microfilm 27.
17. Staunton Jr, fᵒˢ 186-199, *passim*.
18. Barrow, VI, p. 151.
19. Staunton Jr, fᵒ 188.
20. Anderson, t. II, p. 141.
21. Barrow, VI, p. 153.
22. *Cf.* Staunton, IV, p. 140 et AL, notes du P. Lamiot sur l'ambassade anglaise, 1807, inédit.
23. *Ta T'sing Leu Lee*, trad. G.-T. Staunton, p. 404.

Chapitre 72

1. *L'Homme à la découverte de son âme*, éd. du Mont-Blanc, p. 267.
2. Barrow, VI, p. 144.
3. *Ibid.*, p. 145.
4. *Ibid.*
5. Charpentier-Cossigny, *op. cit.*, p. 270.
6. Barrow, VI, p. 146.
7. Staunton Jr, fᵒ 188.
8. Barrow, VI, p. 151.
9. Staunton Jr, fᵒ 189.
10. Ed. T'serstevens, p. 178.
11. *Chronique indiscrète des mandarins*, Gallimard/Unesco, t. II, p. 461.
12. Anderson, t. II, p. 125. Le mont Huashinshan (Xueshenzhan) culmine à 1 307 mètres.
13. *Ibid.*
14. *Cf.* C.-B., note 68.
15. Macartney, H.R., p. 371.
16. *Ibid.*, p. 372.
17. *Lettres philosophiques*, XXI.
18. Macartney, H.R., p. 372.
19. *Ibid.*, p. 373.
20. Anderson, t. II, p. 129.

21. Winder, *Journal inédit*, NLD, mss. 8799, fᵒ 11.
22. Holmes, t. II, p. 51.
23. Staunton Jr, fᵒˢ 190-191.
24. *Ibid.*, fᵒ 195.
25. Macartney, H.R., p. 373.
26. Alexander, *Journal inédit*, B.L., mss. Add. 35174.
27. *Cf.* C.-B., note 75.
28. Macartney, H.R., pp. 376-377.
29. *Lettres de voyage, 1923-1939*, p. 219.

Chapitre 73

1. Macartney, H.R., p. 377.
2. Staunton Jr, fᵒ 202.
3. *Ibid.*, fᵒ 202.
4. Macartney, H.R., p. 378.
5. Staunton Jr, fᵒ 203.
6. *Ibid.*, fᵒ 204.
7. Barrow, VI, p. 181.
8. Staunton Jr, fᵒ 204.
9. Barrow, VI, 182-183. *Cf.* Hüttner, p. 242.
10. Staunton Jr, fᵒ 206.
11. Barrow, VI, p. 192.
12. *Ibid.*, p. 184.
13. Staunton Jr, fᵒˢ 207-208.
14. Charpentier-Cossigny, *op. cit.*, p. 394.
15. Hüttner, pp. 195-196.
16. Anderson, t. II, p. 143.
17. J.-B. Piron, lettre inédite à la Compagnie française des Indes, 25 novembre 1792, AN, Fds Colonies, Miss. Extrême-Orient, F5 A 22.
18. Anderson, t. II, p. 147.
19. Dinwiddie, p. 83.
20. Macartney H.R., p. 379.
21. IOCM, XCII, 393-405.
22. *Ibid.*, 406.
23. *Ibid.*

Chapitre 74

1. Staunton Jr, fᵒ 209.
2. *Ibid.*, fᵒ 211.
3. Hüttner, p. 199.
4. *Ibid.*, p. 200.
5. *Ibid.*, p. 201.
6. *Ibid.*
7. *Ibid.*, p. 216.
8. Staunton Jr, fᵒˢ 219-221.
9. Dinwiddie, p. 84.
10. Staunton Jr, fᵒˢ 214-215.
11. Dinwiddie, p. 84.
12. Anderson, t. II, p. 148.
13. Le méthodisme, il est vrai, est une confession d'ouvriers et de petites gens, alors que ces marchands et marins sont probablement anglicans. Mais il a provoqué par contagion un certain réveil religieux.
14. Dinwiddie, p. 77.
15. Staunton Jr, fᵒ 231.
16. *Ibid.*, fᵒ 234.
17. Barrow (trad. Castéra), I, p. 323. *Cf.* trad. Breton, II, pp. 207-209.

Chapitre 75

1. Louis Dermigny, *Les Mémoires de C. de Constant*, p. 411, S.E.V.P.E.N., 1964.
2. *Cf.* C.-B., note 76.
3. Macartney, C.-B., p. 207.
4. *Ibid.*
5. *Ibid.* et H.R., p. 381. *Cf.* Morse, *Chronicle I*, pp. 261-264.
6. *Cf.* Ho Ping-ti, *The Ladder of Success in Imperial China*, pp. 26, 35, 45.
7. *Ibid.*, p. 82.
8. Macartney, C.-B., p. 207.
9. Balazs, *op. cit.*, pp. 300-301.
10. *Cf.* Pritchard, *Crucial Years*, p. 108.
11. Staunton Jr, f° 226.
12. Une traduction anglaise de l'édit du 1er XII 1793 figure en note in H.R., pp. 380 et 381 ; elle est lacunaire... et édulcorée, en même temps.
13. Macartney, H.R., p. 381.
14. *Cf.* I.O.C.M., XCIII, 253-263. La note adressée aux Chinois accompagne une dépêche à Dundas, en date du 7 janv. 1794 (réf. I.O.C.M., XCII, 443-446). Cette dernière ne figure pas dans l'édition de C.-B.

Chapitre 76

1. Staunton Jr, f°ˢ 223-224.
2. Morse, *Chronicle*, II, p. 211.
3. Macartney, C.-B., p. 205.
4. Macartney, H.R., p. 380. *Cf.* Morse, *Chronicle II*, p. 241 ; G.A. Lensen, *The Russian Push toward Japan*, Princeton, pp. 96-120 ; C.-B., note 75.
5. Ces deux ordonnances ont été jointes par Macartney à sa dépêche du 7 janvier, IOCM, CXII, 475-478, 483-486, 513-514, 517-518.
6. Cranmer-Byng, introduction, p. 31.
7. Dinwiddie, p. 78.
8. Macartney, H.R., p. 382.
9. *Ibid.*, p. 383.
10. Staunton Jr, f° 235.
11. Macartney, H.R., p. 383.
12. Dermigny, *Les Mémoires de C. de Constant*, p. 431.
13. Macartney, H.R., p. 383.
14. *Ibid.*
15. *Ibid.*, p. 384.
16. Le conseil de Macartney à ses compatriotes était dans l'air du temps : dès cette époque la Compagnie entretient à Macao trois de ses agents pour y apprendre le chinois en cachette (*cf.* Susan Reed Stifier, « The Language Students of the Canton Factory », *Journal of the North Asia Branch of Asiatic Society*, vol. LXIX, 1938, pp. 46-82). Il fut systématiquement appliqué par la suite. Dans le cours du XIXᵉ siècle, des Britanniques, suivant l'exemple de Thomas Staunton, des Français, puis des Américains, surent se mettre au chinois pour traiter en Chine. Mais s'ajoutait une difficulté linguistique locale que signalait Guignes :

« M. de Martigny, le commissaire français, parle chinois, mais pas cantonais, et doit suivre son second, dont l'incertitude est extrême » (lettre inédite, 10 janvier 1788, A.N., Fds Marine, C 7-135, Paris).
17. Macartney, H.R., p. 388.
18. Hüttner, p. 209.
19. *Ibid.*, p. 210.
20. *Ibid.*, p. 204.
21. Lettre du chevalier d'Entrecasteaux aux missionnaires de Pékin, AN Fds Colonies C1-6, Paris, février 1787.
22. AIGC, 9 I 1794, microfilm 27.
23. Guignes, rapport du 21 vendémiaire An X, AMAE, Paris, vol. 7, 1793-1855.
24. Staunton Jr, f° 239.
25. Macartney, H.R., p. 390.
26. *Ibid.*
27. Cranmer-Byng, pp. 328-331 : si toutefois le Chiao Jen-chieh de sa note et notre Qiao Renjie sont bien la même personne.
28. Staunton Jr, f°ˢ 247-248.
29. Macartney, H.R., p. 218.
30. *Ibid.*, p. 386.

Chapitre 77

1. *Histoire de la Révolution française*, p. 412.
2. Une partie a été publiée par H. Robbins ; quelques compléments par Cranmer-Byng. Elles restent partiellement inédites en anglais, et le sont totalement en français.
3. Macartney, C.-B., p. 211.
4. Macartney, H.R., p. 385.
5. *Ibid.*
6. *Ibid.*
7. *Ibid.*, p. 386.
8. *Ibid.*
9. *Ibid.*, p. 387.
10. Charpentier-Cossigny, *op. cit.*, p. 406.
11. Macartney, H.R., p. 388.
12. *Conversations de Goethe avec Eckermann*, 31 janvier 1827, Gallimard, 1949, p. 157.
13. Macartney, H.R., p. 388.
14. *Cf.* Dermigny, *Les Mémoires de C. de Constant, op. cit.*, introduction, p. 12.
15. Lettre inédite au ministre de la Marine, à Paris, 17 janvier 1794. AN, Fonds Colonies 8 AQ 349.
16. Lettre inédite de J.-B. Piron au ministre de la Marine, AN Fds Colonies, missions Extrême-Orient, F5 A 22, 4 mars 1804.

Chapitre 78

1. *Anabase*.
2. AIGC, 1er XI 1793, microfilm 27.
3. Macartney, H.R., p. 391. *Cf.* C.-B., note p. 219.
4. Macartney, H.R., p. 391.
5. Holmes, t. II, p. 73.
6. Macartney, H.R., p. 391.
7. Anderson, t. II, p. 153.

8. Holmes, t. II, p. 71.
9. Anderson, t. II, p. 154.
10. Hüttner, p. 248.
11. Anderson, t. II, p. 155.
12. Hüttner, p. 248.
13. Staunton Jr, f⁰ 258.
14. AL, notes du P. Lamiot sur l'ambassade anglaise, 1807, inédit.
15. Staunton (trad. Castéra), V, p. 10.
16. Hüttner, p. 250.
17. AIGC, 1ᵉʳ XI 1793, microfilm 27.
18. Hüttner, p. 252.
19. *Ibid.*, p. 253.
20. Charpentier-Cossigny, *op. cit.*, p. 408.
21. *Cf.* Hüttner, p. 254.
22. Lettre du P. Amiot à M. Bertin, de Pékin, 10 octobre 1789, BIF, ms. 1517.
23. Hüttner, p. 255.
24. Staunton Jr, f⁰ 258. C'est là même que nous avons découvert l'étonnant père Teixeira.
25. Anderson, t. II, p. 155.
26. *Cf.* C.-B., *Biographical notes*, p. 320.
27. Hüttner, p. 256.
28. Dinwiddie, p. 86.
29. Staunton Jr, f⁰ 259.
30. *Ibid.*, f⁰ 264.
31. 13 février 1794 ; le soir, 14ᵉ nuit du premier mois lunaire, c'est la fête des Lanternes.
32. Dinwiddie, p. 86.
33. *Ibid.*
34. Anderson, t. II, p. 155. Comme pour faire mentir Anderson, les Portugais autorisèrent par la suite la Compagnie britannique des Indes à créer son cimetière qui jouxte précisément la « maison de Camoens » où séjourna Macartney.

Chapitre 79

1. *Cf.* Morse, *Chronicle II*, p. 265.
2. Staunton Jr, f⁰ 264.
3. *Ibid.*, f⁰ 263.
4. *Ibid.*, f⁰ 265.
5. *Ibid.*, f⁰ 270.
6. AIGC, 25 I 1794, microfilm 68.
7. India Office, *Home Miscellaneous*, 434, f⁰ 15.
8. AIGC, 25 I 1794, microfilm 68.
9. Barrow, IV, p. 212. L'homme d'État en question, St Henry Dundas, qui vient de procurer à Barrow un emploi à l'Amirauté.
10. CUMC, n⁰ 371.
11. Anderson, t. II, p. 156.

Chapitre 80

1. Dinwiddie, p. 87.
2. Staunton (trad. Castéra), V, p. 17.
3. Cette mise au net explique sans doute quelques désaccords chronologiques avec les remarques au jour le jour faites par son page
4. Holmes, t. II, p. 75.

5. *Ibid.*, p. 76.
6. Staunton (trad. Castéra), V, pp. 18-19.
7. Dinwiddie, p. 88.
8. Holmes, t. II, pp. 77-78.
9. Staunton (trad. Castéra), V, p. 19.
10. Holmes, t. II, pp. 84-85.
11. *Ibid.*, p. 79.
12. *Ibid.*, p. 80.
13. *Ibid.*, p. 81.
14. *Ibid.*, p. 83.
15. *Mémoires du comte de Villèle*, pp. 62-63.
16. Holmes, t. II, p. 84.
17. *Ibid.*, p. 86.
18. *Ibid.*, p. 87.
19. *Ibid.*, pp. 90-91.
20. Staunton (trad. Castéra), t. V, pp. 35-36.
21. *Ibid.*, p. 23.
22. Holmes, t. II, p. 97.
23. Staunton (trad. Castéra), V, p. 25.
24. Holmes, t. II, pp. 102-103.
25. Staunton (trad. Castéra), V, pp. 25-27.
26. *Ibid.*, p. 28.
27. *Ibid.*, p. 34. *Cf.* Holmes, t. II, pp. 103-104.
28. Holmes, t. II, p. 114.
29. Staunton (trad. Castéra), pp. 39-40.
30. *Ibid.*, p. 40.
31. Holmes, t. II, pp. 117-118.
32. Staunton (trad. Castéra), V, p. 41, confirmé par le Journal nautique de l'*Indostan*, inédit, BL, mss. Add. 35174.
33. AN, Fds Marine, BBA 37, f⁰ 101.
34. Staunton (trad. Castéra), V, p. 41.
35. Holmes, t. II, p. 124.
36. IOCM, XCII, 487-489.
37. Holmes, t. II, p. 125.
38. Staunton (trad. Castéra), V, p. 42.

SIXIÈME PARTIE :
L'APRÈS-MACARTNEY

Exergues

1. *Essais*, 1823.
2. *La Guerre et la commune*, trois conférences, 1870.

Chapitre 81

1. Préface à sa traduction du *Ta T'sing Leu Lee*, p. III.
2. *Gentleman's Magazine*, 1794, pp. 708-711.
3. *Ibid.*, p. 815.
4. Winterbotham, *An Historical, Geographical and Philosophical View of the Chinese Empire*, prefatory advertisement, 1795.
5. *De l'Esprit des lois*, VIII, XXI. *Cf.* Masson, *Revue des deux mondes*, 15 mai 1951 et Danielle Elisseeff, « *Moi, Arcade...* ».

6. Le Gentil, *Voyage autour du monde*, t. IX, 1736, p. 129.
7. AN Fds Marine, C7-135, Paris.
8. *La Raison dans l'histoire*, trad. Papaïssanov, Plon, pp. 283-284.
9. Goethe, *Conversations avec Eckermann*, Gallimard, 1949, pp. 156-157.
10. Anderson, t. I, p. 100
11. *Ibid.*, p. 104.
12. *Ibid.*, p. 119.
13. *Ibid.*, p. 120.
14. *Ibid.*, p. 126.
15. *Ibid.*, p. 154.
16. Hüttner, p. 9.
17. *Ibid.*, p. 3.
18. *Ibid.*, p. 16.
19. *Ibid.*, pp. 42-43.
20. *Ibid.*, p. 71.
21. Holmes, t. II, pp. 25-26.
22. *Ibid.*, p. 27.
23. *Ibid.*, p. 35.
24. *Edinburgh Review*, janv. 1805, p. 259.
25. *Ibid.*, p. 262.
26. *Ibid.*, p. 265.
27. *Ibid.*, p. 270.
28. *Ibid.*, p. 280.
29. *Quarterly Review*, mai 1810, p. 273.
30. AL, correspondance inédite du P. Richenet, à Thomas Staunton, 8 décembre 1810.
31. *Ta T'sing Leu Lee*, trad. G.-T. Staunton, préface, p. VIII.
32. *Edinburgh Review*, août 1810, p. 476.
33. *Ibid.*, p. 478.
34. Macartney, *Observations*, C.-B., p. 226.
35. *Edinburgh Review*, août 1810, p. 478.
36. *Ibid.*, p. 498.
37. *Encyclopédie*, article « Histoire ».
38. IOCM, G. 12/91, lettre de Macartney à Dundas, 4 janvier 1792.
39. *Entretiens de Confucius*, XV, 12, trad. Ryckmans, N.R.F.

Chapitre 82

1. *Cf.* Duyvendak, *The last Dutch Embassy to Chinese Court*, T'oung Pao, XXXIV, pp. 14-18.
2. *Cf.* AMAE, Fds Marine, Extrême-Orient, n° 1 691.
3. Guignes, *Voyage à Pékin...*, I, pp. 318-319.
4. *Ibid.*, p. 321.
5. *Ibid.*, p. 310.
6. *Ibid.*, p. 341.
7. *Ibid.*, p. 358.
8. Van Braam, *Voyage de l'ambassade de la Compagnie des Indes hollandaise vers l'Empereur de Chine*, I, p. 153.
9. Guignes, I, p. 371.
10. Van Braam, I, p. 151.
11. Titzing, *Journal d'un voyage à Pékin*, inédit, BL mss Add. 18102, f° 62.
12. Van Braam, I, p. 152
13. *Ibid.*, p. 145.
14. Guignes, I, p. 382.

15. *Ibid.*, p. 384.
16. Van Braam, I, p. 162.
17. *Ibid.*
18. Guignes, I, pp. 385-386.
19. *Ibid.*, p. 394.
20. Van Braam, I, p. 167.
21. Guignes, I, p. 430.
22. *Ibid.*, p. 433.
23. *Ibid.*
24. Van Braam, I, p. 264.
25. *Ibid.*
26. Guignes, I, pp. 437-439.
27. Van Braam, I, pp. 181-182.
28. Guignes, III, pp. 165-166.

Chapitre 83

1. *Cf.* Cranmer-Byng, « Russian and British Interest in the Far East », *Canadian Slavonic Papers*, X, 1968, p. 363.
2. CUMC, n° 17 et 119.
3. Potocki, *Voyages au Caucase et en Chine*, p. 168.
4. *Ibid.*, p. 169.
5. *Ibid.*, p. 170.
6. *Ibid.*, p. 171.
7. Potocki, lettre à son frère Severin, de Kiakhta, 20 novembre 1805, *ibid.*, p. 206.
8. *Ibid.*, p. 172.
9. *Ibid.*, p. 175.
10. *Ibid.*, p. 177.
11. *Ibid.*
12. *Ibid.*, p. 179.
13. *Ibid.*, p. 185.
14. *Ibid.*, p. 187.

Chapitre 84

1. CUMC, n° 313.
2. IOCM, vol. XCV, 217-219.
3. *Cf.* Morse, *Chronicle II*, pp. 286-287.
4. Backhouse and Bland, *Annals & Memoirs of the Court of Peking*, pp. 318-319.
5. *Ibid.*, pp. 336-338.
6. *Ibid.*
7. Morse, *Chronicle II*, pp. 336-338.
8. *Cf.* Marques-Pereira, *Ephemerides commemorativas da historia de Macau*, 1868, p. 8 et *passim*.
9. *Cf.* Morse, *Chronicle II*, app. T.
10. Soothill, *China and the West*, p. 98.
11. Morse, *Chronicle III*, pp. 257-260.
12. Thomas Staunton, *Journal inédit de l'ambassade Amherst*, p. 1.
13. *Ibid.*, p. 10.
14. *Ibid.*, p. 12.
15. *Ibid.*, p. 13.
16. Morse, *Chronicle III*, p. 264.
17. *Cf.* Hibbert, *The Dragon wakes*, p. 62.
18. Édit de Jiaqing, in Backhouse and Bland, *op. cit.*, p. 382.
19. Thomas Staunton, *op. cit.*, p. 20.
20. *Ibid.*, p. 55
21. *Ibid.*, p. 67.

22. *Ibid.*, p. 77.
23. *Ibid.*, p. 83.
24. *Ibid.*, pp. 85-86.
25. *Ibid.*, p. 90.
26. Édit de Jiaqing, in Backhouse and Bland, *op. cit.*, p. 383.
27. Ellis, *Journal of the Proceeding of the Late Embassy to China*, p. 154. *Cf.* Pritchard, *The Kotow in the Macartney Embassy*, p. 169.
28. *Wen-hoien Ts'ung-pien*, vol. X, p. 30, in Pritchard, *op. cit.*, p. 173.
29. Soothill, *op. cit.*, p. 105.
30. Ellis, *op. cit.*, p. 176.
31. Thomas Staunton, *op. cit.*, p. 94.
32. Ellis, *op. cit.*, pp. 180-181 ; Thomas Staunton, *op. cit.*, p. 11.
33. Édit de Jiaqing, in Backhouse and Bland, *op. cit.*, p. 287 ; *cf.* Morse, *Chronicle III*, p. 264.
34. Thomas Staunton, *op. cit.*, p. 147.
35. Ellis, *op. cit.*, p. 382.
36. Morse, *Chronicle III*, pp. 274-275.
37. Édit de Jiaqing, cité in Hibbert, *op. cit.*, p. 68.
38. Ellis, *op. cit.*, p. 420.
39. AN Fds Marine, C 1-5, f⁰ˢ 92/93, Paris, lettre de M. de Kergariou, de Macao, le 8 XII 1817.
40. Morse, *Chronicle III*, pp. 276-277.

Chapitre 85

1. Par décret impérial du 22 octobre 1808.
2. *Cf.* Louis-Chrétien de Guignes, *Dictionnaire chinois-français-latin*, 1813, introduction.
3. *Mémoire sur la Chine adressé à S.M. Napoléon Iᵉʳ par M. Renouard de Sainte-Croix*, cité in H. Cordier, *Mélanges d'histoire et de géographie orientales*, Maisonneuve, Paris, 1914, vol. I, pp. 193-200.
4. Amherst, *Embassy to China*, autograph manuscript, inédit, vol. I, 27 june 1817, « Anchored at Saint Helena ».
5. O'Meara, *Napoléon en exil, ou la voix de Sainte-Hélène*, Paris, 1822, I, p. 446.
6. *Ibid.*
7. *Ibid.*, p. 447.
8. Chateaubriand, *M.O.T.*, Garnier, IV, pp. 80-81.
9. *Souvenirs* de Hudson Lowe.
10. Amherst, *op. cit.*, vol. I, 29 June 1817.
11. *Ibid.*
12. *Ibid.*, 30th June.
13. Clarke Abel, *Narrative of a Journey in the Interior of China*, rééd. Arno Press. N.Y., 1971, pp. 315-316.
14. Amherst, *op. cit.*, vol. I, 1st July.
15. O'Meara, *op. cit.*, II, p. 189.
16. Thomas Staunton, *Memoirs of the Chief Incidents of the Public Life of Sir George Thomas Staunton*, 1856, inédit, p. 68.
17. O'Meara, *op. cit.*, II, p. 189.
18. *Ibid.*, pp. 190-192.
19. *Ibid.*, pp. 188-189.
20. *Ibid.*, p. 189.
21. *Ibid.*, p. 179.
22. *Ibid.*, I, pp. 447-448.
23. Macartney, H.R., p. 386.

Chapitre 86

1. Dermigny, *Le Commerce à canton*, S.E.V.P.E.N., 1964, t. III, p. 1275.
2. Greenberg, *British Trade and the Opening of China*, p. 118.
3. Fairbank, Cambridge, *History of China*, X, p. 171.
4. A. Walley, *The Opium War through Chinese Eyes*, p. 28.
5. *Ibid.*
6. Lieou Ngo, *Pérégrinations d'un clochard*, préface Etiemble, NRF, 1984, p. 219.
7. Lord Jocelyn, *Six Mois avec l'expédition de Chine*, 1842.
8. *Cf.* Fairbank, *op. cit.*, p. 173.
9. *Cf.* Dermigny, *op. cit.*, III, pp. 1404-1409.
10. *Ibid.*, p. 1409.
11. *Cf.* Fairbank, *op. cit.*, p. 175.
12. *Ibid.*
13. Dermigny, *op. cit.*, III, p. 1395.
14. *Ibid.*, p. 1441.
15. *Ibid.*, pp. 1416-1417.
16. Macartney, *Observations*, C.-B., p. 239.
17. *Cf.* Greenberg, *op. cit.*, pp. 140-142.
18. Comité d'histoire moderne de la Chine, *La Guerre de l'Opium*, Pékin, 1979, p. 27.
19. Fairbank, *op. cit.*, p. 179.
20. *Ibid.*
21. *Ibid.*, p. 180.
22. *Ibid.*, p. 181.
23. Lin Zexu, cité in Fairbank, *op. cit.*, p. 184.
24. Fairbank, *op. cit.*, , p. 186.
25. R. Grousset, *La Face de l'Asie*, p. 305.
26. Comité d'histoire moderne de la Chine, *op. cit.*, p. 30.
27. *Cf.* A. Walley, *op. cit.*, pp. 28-31.
28. Thomas Staunton, *Memoirs of the Chief Incidents...*, pp. 84-86.
29. Comité d'histoire moderne de la Chine, *op. cit.*, p. 40.
30. *Ibid.*, p. 41.
31. *Cf. Hansard's Parliamentary Debates*, 7 avril 1840, vol. II, pp. 744-745.
32. *Ibid.*, p. 718.
33. *Ibid.*, pp. 818-819.
34. Thomas Staunton, *Memoirs of the Chief Incidents...*, p. 87.

Chapitre 87

1. *Memoirs of the Chief Incidents...*, *op. cit.*, p. 207.
2. Comité d'histoire moderne de la Chine, *op. cit.*, pp. 46-49. *Cf.* Grousset, *La Face de l'Asie*, pp. 305-306.

3. *Chinese Repository*, 1840, t. VII, p. 311. *Cf.* Dermigny, *op. cit.*, Conclusion, p. 1403.
4. Comité d'histoire moderne de la Chine, *op. cit.*, p. 76.
5. *Ibid.*, p. 80.
6. *Ibid.*, p. 83.
7. *Ibid.*, p. 90.
8. Fairbank, *op. cit.*, pp. 211-212.
9. Thomas Staunton, *Memoirs of the Chief Incidents...*, *op. cit.*, p. 92.
10. Huc, IV, p. 308.
11. E. Bard, *Les Chinois chez eux*, p. 353.
12. Lettre au capitaine Butler, Guernesey, 25 novembre 1861.

Chapitre 88

1. Les différents soulèvements de la seconde moitié du XIXᵉ siècle ont entraîné un déficit démographique de soixante-cinq millions d'âmes et des pertes proportionnées en surface de terres arables. *Cf.* Mi Rucheng, « Pertes humaines et économiques dues aux guerres contre-révolutionnaires », in *Zhongguo Sheshui jingjishi yanjiu*, 1986, n° 4, pp. 1-15.
2. *Entretiens de Confucius*, V, 10, trad. Ryckmans, N.R.F.
3. Titre d'un des manifestes de Yenfu, 1895. *Cf. Les Manifestes de Yen fou*, trad. F. Houang, Fayard, 1977.
4. In Nagayo Agasarawa, *Life of the Admiral Togo*, pp. 135-138.
5. *Cf.* Haldane, *Tsou-hsi*, pp. 126-129 ; Brian Power, *La Vie de P'ouyi : le dernier empereur de Chine*, Paris, Presses-Pocket, 1988, p. 33.
6. Lu Xun, *Appel aux armes*, préface, Pékin, 1936.
7. Expression traditionnelle. *Cf.* Old Nick,

La Chine ouverte, p. 374 ; Lu Xun, *Journal d'un fou*, éd. Picquier, p. 18.
8. Bard, *op. cit.*, p. 167.
9. Yenfu, *op. cit.*, p. 63.
10. Sheng Congwen, *Autres temps, autres mœurs*, in *Treize récits chinois*, éd. Picquier, p. 95.

Conclusion

1. Yenfu, *op. cit.*, p. 39.
2. Conférence de presse, 31 janvier 1964.
3. *Cf.* Braudel, *op. cit.*, t. III, ch. I.
4. *Ibid.*, p. 223.
5. *La Bureaucratie céleste*, ch. IX, X, XI.
6. *Second report of the Secret committee, appointed to take consideration on the export trade from Great Britain to East Indies*, East India House, 29 décembre 1791.
7. *Ibid.*
8. *Ibid.*
9. *Cf.* Xiao Zhizhi et Yang Weidong, *Relation sommaire des rapports entre la Chine et l'Occident jusqu'à la guerre de l'Opium*, pp. 250-251.
10. Macartney, *Observations*, in C.-B., p. 221.
11. Yenfu, *op. cit.*, pp. 136-137.
12. Zhu Yong, thèse citée, 1988.
13. Comité d'histoire moderne de la Chine, *La Guerre de l'Opium*, p. 128.
14. Cité *ibid.*, p. 129.
15. Yenfu, cité in Etiemble, *Confucius* (Idées, N.R.F.), p. 266.
16. Staunton (trad. Breton), II, pp. 74-75.
17. Claude Lévi-Strauss insère cet exemple dans une analyse suggestive de la relativité des civilisations : *Race et histoire*, p. 54. *Cf. Tristes Tropiques*, pp. 284 et 485.

V. INDEX DES PRINCIPAUX NOMS DE PERSONNES ET DE LIEUX

Les noms précédés d'un point figurent à l'Annexe I (Personnages du récit), suivis d'une courte biographie.

(NB : Lord Macartney, sir George Staunton, l'empereur Qianlong étant cités presque à chaque page, on ne trouvera pas, ci-dessous, de renvois au texte après leur nom.)

536

VI. INDEX DES THÈMES

VII. REPÈRES CHRONOLOGIQUES DES DYNASTIES ET RÉGIMES CHINOIS

Néolithique :
Période de Yangshao. Période de Longshan ...   5000-2000 av. J.-C.

Dynastie des Xia .... XXIIe-XVIIe siècles av. J.-C.

Dynastie des Shang ....   XVIIe siècle-vers 1050/1025 av. J.-C.

Dynastie des Zhou de l'Ouest ....   vers 1050/1025-771 av. J.-C.

Dynastie des Zhou de l'Est ....   770-256 av. J.-C.
Époque des Printemps et des Automnes (772-482) ; époque des Royaumes combattants (453-221)

Dynastie des Qin (Shihuangdi unifie la Chine) .....   221-206 av. J.-C.

Dynastie des Han de l'Ouest ....   206 av. J.-C.-8 ap. J.-C.

Dynastie des Xin (Wang Mang) ....   8-23 ap. J.-C.

Dynastie des Han de l'Est ....   25-220 ap. J.-C.

Trois Royaumes (Sanguo)   220-280
Royaume de Wei (220-265) ; Royaume de Shu (221-263) ; Royaume de Wu (222-280)

Dynastie des Jin de l'Ouest   265-316

Seize Royaumes des Cinq Barbares et Dynasties du Nord et du Sud   304-589

Seize Royaumes : Zhao antérieurs (304-329) ; Cheng Han (304-347) ; Liang antérieurs (314-376) ; Zhao postérieurs (319-351) ; Yan antérieurs (349-370) ; Qin antérieurs (351-394) ; Yan postérieurs (384-409) ; Qin postérieurs (384-417) ; Qin occidentaux (385-431) ; Liang postérieurs (386-403) ; Liang du Sud (397-414) ; Yan du Sud (400-410) ; Liang de l'Ouest (400-421) ; Liang du Nord (401-439) ; Xia (407-431) ; Yan du Nord (409-439).

Dynasties du Nord : Wei du Nord (386-534) ; Wei de l'Est (534-550), Wei de l'Ouest (535-551) ; Qi du Nord (550-577) ; Zhou du Nord (557-581).

Six Dynasties du Sud : Jin de l'Est (317-420) ; Song (420-479) ; Qi du Sud (479-502) ; Liang du Sud (502-557) ; Liang postérieurs (555-587) ; Chen (557-589).

Dynastie des Sui   581-618

Dynastie des Tang   618-907

Cinq Dynasties (Nord)   907-960
Liang postérieurs (907-923) ; Tang postérieurs (923-936) ; Jin postérieurs (936-947) ; Han postérieurs (947-951) ; Zhou postérieurs (951-960)

et Dix Royaumes (Sud)... 902-979
Wu (902-937); Shu antérieurs (907-925); Wu Yue (907-978); Min
(909-946); Han du Sud (917-971); Ping du Sud (905-963); Chu (927-
951); Shu postérieurs (934-965); Tang du Sud (937-958); Han du
Nord (951-979).

Dynasties des Song : Song du Nord (960-1127); Song du Sud (1127-
1276)

et dynasties non chinoises du Nord : Liao (Kitan) (907-1125); Jin du
Nord (1125-1234).

et du Nord-Ouest : Xia de l'Ouest (1036-1227).

Dynastie Yuan (Mongols)............................ 1276-1368

Dynastie des Ming.................................. 1368-1644
Ères des empereurs : Hongwu (1368-1398); Jianwen (1398-1402);
Yongle (1402-1424); Hongxi (1424-1425); Xuande (1425-1435);
Zhengtong (1435-1449); Jingtai (1449-1457); Tianshun (1457-1464);
Chenghua (1464-1487); Hongzhi (1487-1505); Zhengde (1505-1521);
Jiajing (1521-1566); Longqing (1566-1572); Wanli (1572-1619); Tai-
chang (1620); Tianqi (1620-1627); Chongzhen (1627-1644).

Dynastie des Qing (Mandchous)........................ 1644-1911
Ères des empereurs : Shunzhi (1644-1662); Kangxi (1662-1723).
Yongzheng (1723-1736) : persécutions anti-chrétiennes; renvoi à Macao
des missionnaires qui n'ont pas d'emploi comme astronomes à
la Cour; dernière ambassade russe (1727).
Qianlong (1736-1796) : confirme l'interdiction du christianisme, mais
s'entoure de savants et artistes jésuites (construction du *Yuanming yuan*).
1740 : Massacre des Chinois de Batavia par les Hollandais.
1746-1749 : Soulèvement des populations Jinchuan au Sichuan.
1750-1760 : Les Européens pénètrent en Inde.
1751 : Installation définitive des Qing au Tibet.
1753 : Dernière mission portugaise.
1756-1757 : Extermination des Dzoungares.
1757 : Les marchands étrangers confinés à Canton.
1758-1759 : Les populations islamisées du bassin du Tarim se
soulèvent.
1769 : Protectorat chinois sur la Birmanie.
1770-1771 : Rébellion dans le Yunnan et le Sichuan.
1773 : L'*East India Company* s'assure le contrôle du trafic de
l'opium.
1775 : Heshen devient le favori de Qianlong — 264 millions
d'habitants recensés.
1777 : Qianlong refuse l'usage des armes à feu dans les concours
militaires de peur qu'elles ne se répandent dans la
population.
1781 : Qianlong refuse aux Siamois le droit de commercer à
Amoy et à Ningbo.
1781-1784 : Soulèvement de musulmans au Gansu.
1787 : Rome remplace officiellement en Chine les Jésuites par les
Lazaristes.

1787-1788 : Rébellion de Taiwan, noyée dans le sang par Fukang'an.

1791-1792 : Les Gurkhas envahissent le Tibet. Fukang'an les poursuit au Népal.

1793 : Macartney en Chine.

1795 : Ambassade hollandaise (Titzing et Van Braam) à Pékin.

1795-1803 : Soulèvement du *Lotus blanc* en Chine du Nord.

1796 : Qianlong abdique en faveur de Jiaqing, mais continue en fait de régner.

1799 : Mort de Qianlong. Heshen « suicidé ».

Jiaqing (1796-1820) : entame alors vraiment son règne.

1800 : Jiaqing interdit l'importation et l'usage de l'opium, ainsi que les plantations de pavot.

1800-1810 : Les pirates ravagent les côtes.

1805 : Échec de la mission russe Golovkine.

1807 : Troubles au Shenxi, au Sichuan, au Gansu.

1808 : Les Anglais débarquent à Macao et menacent Amoy.

1812 : 361 millions d'habitants recensés.

1813 : Complot et tentative d'assassinat contre Jiaqing.

1816 : Échec de l'ambassade de lord Amherst.

1820 : Mort de Jiaqing, frappé par la foudre à Jehol ; avènement de :

Daoguang (1820-1850) :

1839 : Lin Zexu chargé de réprimer le trafic d'opium.

1840-1842 : Guerre de l'Opium et traité de Nankin (Hongkong à la Grande-Bretagne ; Canton, Shanghai, Amoy, Fuzhou et Ningbo ouverts aux importations d'opium ; droit d'établissement des missionnaires garanti).

1845 : Fixation des limites de la concession britannique à Shanghai. Soulèvement musulman au Yunnan.

1846 : 421 millions d'habitants recensés.

Xianfeng (1850-1862) :

1857 : Bombardement de Canton par les Anglais et les Français.

1858 : Traité de Tientsin.

1859-1860 : Une expédition punitive franco-anglaise prend Pékin et saccage le « Palais d'Été » (*Yuanming yuan*). Les Russes occupent une partie de la Mandchourie.

1860 : Traité de Pékin (Kowloon cédé aux Anglais ; nouvelles concessions internationales ; nombreux ports ouverts au commerce international).

Tongzhi (1862-1875) :

1862 : Le pouvoir effectif revient à la mère de l'empereur mineur, la concubine de Xianfeng, Cixi (Tseu-hi), qui l'exercera jusqu'à sa mort en 1908.

1864 : La révolte paysanne des Taiping, commencée en 1850, est écrasée par les forces impériales qu'appuient les Occidentaux.

Guanxu (1875-1908) :

1883-1885 : Guerre franco-chinoise : l'Indochine cesse d'être vassale de la Chine et devient colonie française.

1886 : La Chine perd sa suzeraineté sur la Birmanie, au bénéfice de l'Angleterre

1893 : La Chine perd sa suzeraineté sur le Siam.

1894-1895 : Guerre sino-japonaise ; le Japon occupe la Corée et détruit la flotte chinoise. Traité de Shimonoseki : Taiwan et les Pescadores cédés au Japon.

1897-1898 : Les concessions étrangères se multiplient.

Mai-septembre 1898 : L'empereur Guangxu lance une brève campagne de réforme, les *Cents Jours*, que font avorter les conservateurs autour de Cixi (Tseu-hi).

1900 : Révolte des Boxers, soulèvement xénophobe. Seconde entrée des Puissances à Pékin. Les Russes occupent la Mandchourie.

1904-1905 : Les Russes écrasés par le Japon en Mandchourie et en mer de Chine (Tsushima).

1905 : Sun Wen (Sun Yatsen) crée au Japon une ligue révolutionnaire pour renverser la dynastie mandchoue et établir la république.

1906-1910 : Multiplication des révoltes.

Novembre 1908 : Mort de Guangxu et de Cixi. Le nouvel empereur, Puyi, a quatre ans.

Xuandong [Puyi] (1908-1912) :

1909 : Le prince régent Shun convoque des assemblées provinciales.

10 octobre 1911 : Insurrection républicaine à Wuchang.

Décembre : Sun Wen (Sun Yatsen) élu président de la République.

1er janvier 1912 : Instauration de la **République** et du calendrier grégorien.

1er octobre 1949 : Proclamation par Mao de la **République populaire de Chine**.

N.B.— Une chronologie très riche de l'histoire de la Chine figure dans GERNET, *Le Monde chinois*, éd. 1972, pp. 593-710. Le lecteur pourra en trouver une plus sommaire, en annexe de « *Quand la Chine s'éveillera...* ».

VIII. MONNAIES

L'unité monétaire chinoise est le *tael* (ou *liang*). 1 tael = une once d'argent = 37,72 g. Les sommes libellées en taels sont payables en lingots ou copeaux d'argent, systématiquement pesés. Le tael est subdivisé en 10 *mas*, 100 *condorins*, 1 000 *sapèques*. La sapèque (ou *sien*) est en cuivre ; elle est percée d'un trou carré. Mille sapèques reliées par une cordelette font une « ligature », qui vaut un tael.

Est d'usage courant, sur le littoral chinois, une monnaie d'origine hispano-américaine, appelée *dollar* par les Britanniques et *piastre* par les Français ; les Chinois la nomment *fan ping yuan* (disques étrangers), et par abréviation *yuan*. Ce dollar n'a rien à voir avec le $ US qui est adopté par les États-Unis en 1793. C'est le *peso gordo* de l'Empire espagnol, qui s'est répandu dans l'océan Pacifique, surtout à partir du Mexique, dès la fin du XVIe siècle.

Cette monnaie d'argent vaut 0,72 tael, ou encore 0,25 livre sterling. La livre sterling vaut donc 3 taels, ou 4 « dollars » (« piastres »). La livre de la fin du XVIIIe siècle est estimée à environ 600 F 1989. Un tael de Qianlong équivaut à 200 F 1989 ; une piastre (ou dollar), à 150 F 1989.

En 1790, il faut 22,5 livres tournois ou francs, pour 1 livre sterling ; 7,10 pour 1 tael ; 5,11 pour 1 piastre, ou dollar. *Cf.* DERMIGNY, *Le Commerce à Canton, op. cit.*, p. 1565.

IX. POIDS ET MESURES

Chine :
 1 *li* = de 556 à 603 m = un peu plus de 1/2 km = 1/3 mille (= 1 800 pieds chinois)
 1 *chang* = 3,58 m
 1 *mou* = 40,46 ares = 4 062 m² = 0,4 ha
 1 *picul* = 60,5 kg
 1 *tan* = environ 100 litres
 1 *cheng* = environ 1 litre

Grande-Bretagne :
 1 *yard* = 0,914 m
 1 *mille* = 1 760 yards = 1 609 m (*mille nautique* = 1 853 m)
 1 *acre* = 16,14 ares = 1 614 m² = 0,16 ha
 1 *pied* = 30,48 cm
 1 *pouce* = 2,54 cm
 1 *livre* = 453 g (2 000 livres = 1 *ton*)
 1 *pinte* = 0,568 litre
 1 *gallon* = 4,54 litres

France d'Ancien Régime :
 1 *lieue* = 3 898 m (= 2 000 toises)
 1 *toise* = environ 1,95 m
 1 *aune* = 1,118 m
 1 *setier* = environ 150 litres
 1 *arpent* = de 35 à 51 ares

REMERCIEMENTS

Comment exprimer ma reconnaissance à tous ceux qui m'ont aidé à rassembler une documentation foisonnante ?

Le professeur Hou Renzhi, archéologue de l'université de Pékin, m'a accompagné dans la « Tartarie » de Macartney, jusqu'à la Cité impériale de Jehol ; ses indications pour reconstituer l'itinéraire de l'ambassade et en retrouver les résidences m'ont été précieuses. Le professeur Zhang Zhilian, de l'université Beida, et M. Xu Yipu, directeur général des Archives impériales, m'ont guidé dans le repérage des lettres de Cour et de la bibliographie chinoise. Le père Yves Raguin a effectué des reconnaissances, qui se révélèrent infructueuses mais qui étaient indispensables, dans les archives Qin transférées à Taipeh. Zhu Yong m'a fait bénéficier de ses recherches approfondies dans les archives du Grand Conseil et du Grand Secrétariat, entreposées dans la Cité interdite.

Trois jeunes et brillants sinologues, Roger Darrobers, Pierre-Henri Durand, Sylvie Pasquet, ont traduit, de la difficile langue de la Cour mandchoue, les textes inédits que j'avais pu ramener de Pékin ; Roger Darrobers, en outre, a accompli avec moi les trois derniers des huit voyages en Chine populaire, à Hongkong et à Macao, que j'ai effectués sur les traces de Macartney. Ils ont été complétés pour divers travaux de déchiffrage et de traduction, par Fan Ke-li, Liu Huijie, Xiao-Ming Huang, Huo Datong, Guat-Kooi Peh, William Shen, Bérangère Lecoq, Belinda Palmer, P.-H. Genès, Marie-Thérèse Chabord.

M. W.R. Erwin m'a procuré le manuscrit du petit Thomas Staunton, détenu par la Duke University de Caroline du Nord. Le Dr Min Chih-chu, conservateur de la Wason Collection à Cornell, le Dr B. Johnston, conservateur du département des manuscrits à l'université de Nottingham, m'ont aussi livré des inédits. Le professeur Kazuo Enoki, directeur du Toyo Bunko de Tokyo, a mis à ma disposition les journaux manuscrits de Macartney et d'Alexander qui y sont conservés. M. Jacques Dupont, ambassadeur de France en Afrique du Sud, m'a donné accès aux papiers Macartney de l'université de Witwatersrand à Johannesburg et de la South African Library du Cap. Le professeur Cranmer-Byng, de Toronto, dont l'érudition va bien au-delà des limites du livre qu'il a consacré à l'édition d'une partie du journal de Macartney, et le professeur Roebuck de Coleraine, pour qui la vie de Macartney n'a pas de secret, m'ont favorisé de leur aide. Michael Galvin m'a permis de prendre connaissance du manuscrit du journal de lord Amherst et m'a autorisé à en reproduire des extraits.

Les pères Dehergne et Duclos m'ont ouvert les archives de la Société de Jésus à Chantilly ; les pères Baldacchino et Bendinelli, celles des Lazaristes à Paris et Rome ; le père Lenfant, celles des Missions étrangères. A Macao, Mgr Teixeira, supérieur de Saint-Joseph, et Mme Adelina Costa Braga, directrice des Archives, m'ont fait profiter des archives civiles et ecclésiastiques de la colonie portugaise.

Xavier Walter m'a aidé à dépouiller la vaste littérature concernant les relations entre l'Occident et l'Extrême-Orient aux XVIIe, XVIIIe et XIXe siècles et a établi les index et diverses annexes. Françoise Kearns m'a permis de mettre la main en Grande-Bretagne — surtout au *Public Record Office* et à l'*India Office* —, en Irlande, aux États-Unis, sur des documents inespérés, concernant Macartney, Staunton père et fils, Amherst, les missionnaires. Chantal Jacquelin et Nathalie Brochado ont patiemment et minutieusement dactylographié plus de cinq fois mes rédactions successives.

La science sinologique du professeur Jacques Gernet, du général Jacques Guillermaz, du père Claude Larre, S.J., des professeurs Marie-Claire Bergère, Lucien Bianco, Marianne Bruguière-Bastid, Michel Cartier, Charles Commeaux, Jean-Luc Domenach, Danielle et Vadim Elisseeff, François Joyaux, André Lévy, Kristofer Schipper, Léon Vandermeersch, Pierre-Étienne Will, Erik Zürcher, m'a été d'un grand secours. Le père Armogathe, les professeurs Georges Balandier, François Crouzet, Jacques Lacant, Serge Lebovici, Jean Meyer, René Pommeau, consultés dans le domaine de leurs spécialités, m'ont donné d'utiles conseils. Enfin, mes amis Jacques Bompaire, Jean-Jacques de Bresson, Vincent Labouret, Jacques Leprette, Alain de Lyrot, Philippe Moret, m'ont fait part de leurs critiques avec leur franchise coutumière.

Que tous trouvent ici l'expression de mon amicale gratitude.

Il va de soi, cependant, que ce livre n'engage que son auteur.

TABLE DES ILLUSTRATIONS

TABLE DES CARTES

Les cinq premières représentent les itinéraires de l'expédition Macartney (établis à partir des cartes publiées avec le récit officiel de Staunton en 1797 et francisées par Castera en 1798)

Table des matières

TROISIÈME PARTIE

ARROGANCE CONTRE SUFFISANCE
A L'OMBRE DE L'EMPEREUR
(2 septembre-6 octobre 1793)

QUATRIÈME PARTIE

LA VRAIE AMBASSADE COMMENCE
(5 octobre-11 novembre 1793)

CINQUIÈME PARTIE

NOUVEAUX REBONDISSEMENTS, NOUVEAUX ESPOIRS
(11 novembre 1793-6 septembre 1794)

SIXIÈME PARTIE

L'APRÈS-MACARTNEY
OU UN ENCHAÎNEMENT DE MALHEURS

CONCLUSION
LE PLANÉTAIRE ET LE CLOISONNÉ 462

Cet ouvrage a été composé par C.M.L., Montrouge
et achevé d'imprimer en juillet 1989
sur presse CAMERON
dans les ateliers de la S.E.P.C.
à Saint-Amand-Montrond (Cher)
pour le compte de la librairie Arthème Fayard
75, rue des Saints-Pères - 75006 Paris

35.57.7797.03
ISBN 2-213-02025-6
Dépôt légal : juillet 1989
N° d'Édition : 4175. N° d'Impression : 1436.

Imprimé en France

L'esprit lucide et le style clair, exempt de préjugés et se refusant à toutes passions idéologiques, Alain Peyrefitte porte un témoignage probant.

René BAILLY,
Télé 7 Jours.

Le succès de cet énorme pavé s'explique par l'intelligence et le talent indéniables que Peyrefitte démontre tout du long. Mais une intelligence, un talent pernicieux (...). Le grand reproche, chez Peyrefitte comme chez les autres auteurs bourgeois, c'est celui du non-respect, en Chine, des « libertés individuelles ». Mais le meilleur garant des libertés individuelles n'est-il pas la suppression d'un système capitaliste oppressif ? (...) Toutes questions qui n'effleurent pas l'esprit de Peyrefitte, ni de ses confrères en dénigrement du « miracle » chinois.

Marcel BARANG,
Politique Hebdo.

Admirablement écrit, accessible à toutes et à tous, il enseigne en racontant... Un tour de force.

Jacqueline BARDE,
Elle.

Comprendre ce pays inaccessible, c'est l'impossible pari que Peyrefitte a tenté et a gagné.

Marc BEAUCHAMP,
Nouvelle Action française.

Une chronique et une interprétation passionnantes (...). Un saisissant livre-carrefour.

A. BERTRICAU,
La Documentation française.

Ce best-seller déjà célèbre mérite son succès, tant il brille à la fois — impossible gageure ! — par l'étendue de l'information, le brio de l'intelligence et l'honnêteté de l'esprit critique.

Pierre DE BOISDEFFRE,
La Revue des Deux Mondes.

Pages que j'ai dévorées avidement et avec une certaine stupéfaction...

Philippe BOUVARD,
R.T.L.

Témoignage hors de pair par la mesure, la perspicacité, une vision à la fois avertie et fraîche. Je veux dire sans tarder mon constant plaisir et profit ; et comme est juste, à mon sens, ce qu'avance la conclusion sur la pluralité des races humaines.

Roger CAILLOIS,
de l'Académie française.

Grâce à lui, avec lui, me voici riche de la Chine. Je voudrais aussi dire mon admiration entière pour le style de ce livre : style de vision, de réflexion, de compréhension. Lorsqu'on a sous la main l'un des plus *grands* voyageurs du monde, on aimerait qu'après la Chine, il nous parlât du monde entier.

Jean CAU,
Paris-Match.

L'ouvrage le plus important et le mieux équilibré paru sur la Chine (...). Il n'est pas fréquent qu'un « best-seller » soit un écrit d'une telle valeur.

Jean CAZENEUVE,
La France catholique.

Incontestablement un grand livre (...). Peyrefitte ne se scandalise pas de ce qu'il raconte : il nous en laisse le soin. Le livre achevé pourtant, nul ne peut douter de l'effroyable contre-civilisation que représente l'expérience chinoise.

Marcel CLÉMENT,
L'Homme nouveau.

Un livre riche (...) Une vision lucide (...) Un débat aussi passionnant qu'utile.

Jean DAUBIER,
Le Monde diplomatique.

Un monument intelligent et passionnant (...) Une formidable interpellation.

J.-P. DUBOIS-DUMÉE,
Télérama.

Un remarquable ouvrage, où le souci d'objectivité, l'honnêteté sont perceptibles à chaque page.

Bernard ÉLUY,
Est-Éclair.

Une surprise heureuse : après tant d'enfers ou de paradis chinois, quel réconfort de lire un ouvrage (...) qui (...) se garde avec probité du manichéisme, de l'anathème, du zélotisme (...). Un bilan intelligent, alerte, objectif, touchant l'état de la Chine en 1971, au reflux de la « grande révolution culturelle » (...). Peyrefitte évalue le coût et l'évalue justement : des morts par millions ; l'activisme brouillon, l'enthousiasme candide ; la mort de tout esprit critique ; la mort de beaucoup d'esprits critiques ; de la vertu certes, mais au prix de la sainte règle des ordres monastiques : le mouchardage mutuel (...). On lit ce livre, ce fut mon cas, d'une traite nocturne.

ÉTIEMBLE,
Le Monde.

Fait l'unanimité des sinologues sur ses qualités de synthèse, de clarté, d'observation.

Jean-Louis ÉZINE,
Nouvelles littéraires.

Un ouvrage très fouillé, très équilibré, très subtil et très clair à la fois, très bien écrit (...) Un tour de force.

Alfred FABRE-LUCE,
Historia.

Enquête sérieuse, consciencieuse, intelligente. Il faut admettre que Peyrefitte s'est tiré d'affaire avec habileté et qu'il est sorti vainqueur de cette navigation au milieu des récifs. Il nous laisse libres de conclure.

François FONVIEILLE-ALQUIER,
Témoignage chrétien.

Georges Pompidou, avant de partir pour Brégançon, avait mis dans sa valise Proust et Dostoïevski. Et puis aussi le livre — du reste fort perspicace — d'Alain Peyrefitte : *Quand la Chine s'éveillera...* Le président de la République s'apprêtait en somme à passer ses vacances en compagnie de la doulce France, de la Russie éternelle et de l'Empire de Mao.

Franz-Olivier GIESBERT,
Le Nouvel Observateur.

Une œuvre appelée à faire date. Pas seulement un récit de voyage réussi, mais une analyse fine et équilibrée, nourrie d'histoire, de psychologie collective et d'économie (...) Les développements les plus novateurs (...) La dimension religieuse du communisme chinois est magistralement établie.

Bruno GRÉMILLOT,
Combat.

Un compte rendu d'enquête impartial, inspiré par l'« esprit de relativité ». On n'y prétend pas avoir tout vu : mais on a assez vu pour poser les problèmes fondamentaux.

Jean GUÉHENNO,
Le Figaro.

« Rapport d'enquête » brillant, vivant et dense, froidement objectif (...) mais en même temps si personnel et si brûlant que la réflexion, l'interrogation, parfois le doute suivent sans cesse le témoignage comme autant d'ombres. Les mécanismes par lesquels s'exerce l'action du pouvoir sur l'individu et sur la société sont décrits avec une précision bouleversante mais exempte de sensiblerie. L'auteur prend grande pitié des intellectuels formés à nos valeurs et il reviendra longuement dans sa quatrième partie sur le coût de la réussite. Un livre lucide, salutaire et durable, que rehausse encore un style aisé et pur, parsemé de saisissants raccourcis et d'éblouissantes formules.

Jacques GUILLERMAZ,
Le Point.

J'y ai retrouvé cette grande tradition d'intelligence, qui passe par Montesquieu, Mme de Staël, Tocqueville, Taine. Ce sera plus tard un classique, une « prophétie ». Que de pensées se lèvent en lisant cette admirable étude !

Jean GUITTON,
Le Figaro.

Complet, honnête, passionnant, écrit dans une langue d'une admirable précision. D'éblouissantes formules. Un constant plaisir.

Thérèse HAMEL,
Marie-France.

Un livre clair, précis, vivant, complet, amical, compréhensif et équilibré.

Georges HOURDIN,
La Vie Catholique.

Cet ouvrage fascinant surprend par son ampleur, sa densité, son équilibre, sa profondeur.

Yves HUGONNET,
La Montagne.

Peyrefitte se situe dans la grande tradition des voyageurs prestigieux : Marco Polo pour la Chine, Custine pour la Russie ou Tocqueville pour l'Amérique. L'ouvrage tient ses promesses. Il s'impose par sa profondeur et sa dimension (...). Par l'équilibre de ses jugements et la vigueur de son style, restera l'une des réflexions les plus pénétrantes qui aient jamais été publiées sur la Chine.

François JOYAUX,
Politique étrangère.

Un livre de plus sur la Chine, dira-t-on ? Non pas. Une vision différente (...) Un voyage passionnant (...) Le meilleur livre écrit depuis longtemps sur le sujet.

Max-Olivier LACAMP,
Le Figaro.

Ce livre fera pour longtemps partie du bagage minimal de celui qui voudra découvrir la Chine (...). Tout est dit ou suggéré par Peyrefitte, souvent avec verve, parfois avec éclat. Livre intelligent, informé et ambigu.

Jean LACOUTURE,
Nouvel Observateur.

Un livre d'une richesse extrême (...). On ne peut plus parler de la Chine si on ne l'a pas lu.

Hervé LAUWICK,
Jours de France.

Cet ouvrage est bien ce que l'on peut lire de plus complet et de plus suggestif sur le sujet et la lecture la plus excitante de ces derniers mois.

Guy LE CLEC'H,
Lecture pour tous.

On ne sait trop qu'admirer davantage : l'acuité de son regard, la richesse de son information, la vivacité de son récit. Il donne là une très belle leçon aux ethnologues, qui pourront apprendre de lui comment marier un souci scrupuleux d'exactitude avec une narration sans lourdeur et même, souvent, pleine de gaieté.

Claude LÉVI-STRAUSS,
de l'Académie française.

Ouvrage que tout homme qui s'intéresse au monde dans lequel nous sommes, ne doit pas rater.

René MAINE,
Journal du Dimanche.

Cette éclatante publication frappe dès l'abord par la culture, la sagacité, l'honnête travail de l'esprit : une virtuosité intellectuelle.

Jean MARIN,
A.F.P.

Crépitant d'intelligence, riche de vues contrastées, assez compréhensif pour reconnaître les éléments positifs du bilan d'une fantastique évolution, mais assez lucide pour s'inquiéter de la mutation orientée de tout un peuple, ce livre est passionnant (...) Le mélange heureux d'observations et de réflexions, dans une langue rapide, témoigne de l'habileté de l'écrivain et de l'intelligence du philosophe.
Christian MELCHIOR-BONNET,
Historia.

Sans doute la description la mieux informée, l'analyse la plus pénétrante et la réflexion la moins partisane qu'on ait jamais écrites sur l'empire de Mao.
Georges MENANT,
Paris-Match.

Avec l'esprit de synthèse qui le caractérise, c'est-à-dire ce don de clarifier les sujets les plus difficiles (...) Un livre exhaustif et qui fera date.
Jacques DE MONTALAIS,
La Nation.

Un authentique historien du présent : sa culture d'anthropologue, d'humaniste et d'homme politique amasse sous nos yeux les détails révélateurs, les rapproche et les assemble en de vastes synthèses.
Gérard MOATTI,
Les Informations.

Contre ces fascinations tout autant que pour l'édification du lecteur, il dresse le coût, à vrai dire effrayant, de tous ces bouleversements révolutionnaires (...). Il a l'œil vif et l'esprit averti. C'est bien agréable, un homme intelligent, même quand il n'est pas de votre paroisse.
Marcel PAILLET,
L'Express.

Tel un archéologue, il a réussi à reconstituer tout le monument en fouillant en profondeur, pour atteindre les fondations. Le résultat est éclatant.
André PARROT,
de l'Académie des Inscriptions.

Admirable d'intelligence...
René SÉDILLOT,
La Vie française.

La Chine mystérieuse, je l'ignore moins depuis que j'ai savouré cet ouvrage, que je n'ai pas lâché avant de parvenir à son terme (...). Une jouissance intellectuelle et artistique gagne le lecteur.
François SEYDOUX DE CLAUSONNE,
La Revue des Deux Mondes.

Une fois lu cet extraordinaire reportage grouillant de vie, on a le sentiment d'avoir enfin compris, sans le moindre ennui, d'une façon rigoureuse et intelligente, ce qu'est la Chine d'aujourd'hui.
Henri TRINCHET,
Indépendant de Perpignan.

M. Peyrefitte fait preuve d'une érudition rare chez un non-sinologue et que bien des soi-disant « pékinologues » auraient tout intérêt à acquérir (...). Un témoignage honnête et sincère (...). C'est la Chine vue par un intellectuel français intelligent et compréhensif.
TSIEN TCHE-HAO,
La Nouvelle Chine.

Une densité exceptionnelle ; des portraits magistraux ; une psychanalyse très convaincante du peuple chinois ; une prose irréprochable, qu'anime seulement la sourde passion de comprendre. Peyrefitte est très lucide sur le passif du bilan : les violences, les épurations (...). L'utopie la plus maléfique qu'un cerveau de révolutionnaire ait jamais conçue : l'arasement intégral de tout individu au niveau inférieur des « masses ». L'âge magdalénien, plus la bombe atomique ! C'est terrifiant.
José VAN DEN ESCH,
L'Aurore.

Il est désormais impossible d'avoir une conversation véritable sur la Chine sans s'être plongé dans « le Peyrefitte ».
Pierre YSMAL,
L'Yonne républicaine.

35-7797-0